O DIA D

PARA FORREST POGUE,
PRIMEIRO HISTORIADOR DO DIA D

Stephen E. Ambrose

O DIA D

6 de junho de 1944

A batalha culminante da Segunda Grande Guerra

15ª EDIÇÃO

Tradução
Múcio Motta

Revisão Técnica
Luis Cesar Fonseca

BERTRAND BRASIL
Rio de Janeiro | 2023

Título original: *D-Day,june 6, 1944: the climatic battle ofthe World War II*

Capa: Silvana Mattievich

Editoração eletrônica: Imagem Virtual Editoração Ltda.

2023
Impresso no Brasil
Printed in Brazil

CIP-Brasil. Catalogação na fonte
Sindicato Nacional dos Editores de Livros, RJ.

A53d Ambrose, Stephen E., 1936-
15ª ed. O dia D, 6 de junho de 1944: a batalha culminante da Segunda Grande Guerra/ Stephen E. Ambrose; tradução Múcio Bezerra: revisão técnica Luis Cesar Fonseca -15ª ed. -Rio de Janeiro: Bertrand Brasil, 2023.
756p., [16]p. de estampas: il.

Tradução de: D-Day, june 6, 1944: the climatic battle of the World War II
Apêndice
Inclui bibliografia
ISBN 978-85-286-0974-5

1. Guerra Mundial, 1939-1945 – campanhas – França. I. Título.

CDD — 940.5421
02-0980 CDU — 940.53

EDITORA BERTRAND BRASIL LTDA.
Rua Argentina, 171 – 3º andar – São Cristóvão
20921-380 – Rio de Janeiro – RJ
Tel.: (21) 2585-2000

Atendimento e venda direta ao leitor:
sac@record.com.br

Sumário

"A mais difícil e complicada operação de todos os tempos."
Winston Churchill

"A destruição do desembarque inimigo é o único fator decisivo em toda a condução da guerra e, por conseguinte, em seus resultados finais."
Adolf Hitler

"A história da guerra não tem conhecimento de uma empresa comparável no que se refere à amplitude de concepção, grandiosidade de escala e mestria de execução."
Joseph Stalin

"Boa sorte! E vamos todos rogar a bênção de Deus Todo-Poderoso sobre este grande e nobre empreendimento."
Dwight Eisenhower
Ordem do Dia, 4 de junho de 1944.

"Quero dizer-lhes nesta coluna o que a abertura da Segunda Frente acrescentou, de modo que possam saber, apreciar e ser sempre humildemente agradecidos não só aos mortos como também aos vivos que a realizaram por todos."
Ernie Pyle, 12 de junho de 1944.

Divisões aeroterrestres (paraquedistas) e de infantaria, dos exércitos da Segunda Guerra Mundial, eram compostas de

Grupos de combate (geralmente de nove a doze homens);
Três grupos de combate formando um pelotão;
Três ou quatro pelotões formando uma companhia;
Três ou quatro companhias formando um batalhão;
Três ou quatro batalhões formando um regimento;
Três ou quatro regimentos formando uma divisão,
Acrescidos de engenheiros, artilharia, serviços médicos e pessoal de apoio.

As divisões de infantaria norte-americanas, britânicas e canadenses tinham o efetivo de 15.000 a 20.000 homens no Dia D.

As divisões aeroterrestres aliadas tinham cerca da metade desse efetivo.

A maioria das divisões alemãs tinha menos de 10.000 homens.

Agradecimentos

O dr. Forrest Pogue iniciou o processo de compilação de depoimentos de veteranos do Dia D em 6 de junho de 1944. Ele era um sargento (com doutoramento em História) servindo com a equipe de historiadores chefiados por S. L. A. Marshall no Departamento de História do Exército, encarregado pelo general George C. Marshall de reunir dados fornecidos por homens de todas as graduações para uma história oficial da guerra. Essa equipe acabou produzindo a obra *O Exército dos Estados Unidos na Segunda Guerra Mundial* (conhecida como *Os Livros Verdes* por causa da cor de suas encadernações), uma série de volumes respeitada em todo o mundo por sua exatidão e meticulosidade. Em 1954, o dr. Pogue publicou o penúltimo na série ETO (Teatro Europeu de Operações), *O Comando Supremo*. Baseado nos documentos produzidos pelo SHAEF (Comando Supremo da Força Expedicionária Aliada) e em entrevistas concedidas por Eisenhower, Montgomery e seus principais subordinados, *O Comando Supremo* é inegavelmente considerado um grande trabalho e um relato autorizado.

No Dia D, porém, o dr. Pogue estava ocupado na outra extremidade da cadeia de comando. Ele estava num LST (barcaça de desembarque de *tanks* (carros de combate)) posto a serviço de um navio-hospital ao largo da *Praia Omaha*, entrevistando feridos sobre suas experiências naquela manhã. Tratava-se de um trabalho pioneiro de história oral;

posteriormente o dr. Pogue foi um dos fundadores da Associação de História Oral.

Desde que comecei a trabalhar pela primeira vez para o general Eisenhower como um dos colaboradores de seus manuscritos de guerra, o dr. Pogue tem sido o meu modelo, guia e inspiração. Ele é importante para a minha vida e para este livro em diferentes aspectos que vão muito além de suas publicações (que compreendem sua clássica biografia em quatro volumes do general George C. Marshall). Durante três décadas ele vem sendo admiravelmente generoso com o seu tempo e sua sabedoria. Em conferências históricas, em oito longas viagens à Normandia e aos outros campos de batalha europeus, por correspondência e por telefone, ele me ensinou e me encorajou de mais maneiras do que me é possível contar.

Há centenas de historiadores jovens, e não tão jovens, da Segunda Guerra Mundial e da política externa americana que são devedores ao dr. Pogue. Ele educou toda uma geração de historiadores. Sua generosidade com o seu tempo e o seu conhecimento supera o chamado do dever. Vê-lo em uma conferência, rodeado de pesquisadores jovens e estudantes de pós-graduação ansiosos por ouvi-lo e aprender, é observar um grande homem prestando um grande serviço. Nenhum de nós poderá jamais pagar a dívida que temos com ele, nem expressar plenamente nossa gratidão. Ele tocou nossas vidas como pessoas e tornou-nos melhores em nossa profissão. É, indubitavelmente, o primeiro e o melhor historiador do Dia D. O fato de ele permitir que lhe dedique este livro enche-me de orgulho e prazer.

Meu interesse no Dia D, primeiramente inspirado pelos escritos do dr. Pogue, foi fortalecido em 1959 quando li *O Mais Longo dos Dias (The Longest Day)*, de Cornelius Ryan. Acreditei então, e ainda acredito, que é um soberbo relato de batalha. Embora eu tenha manifestado certos desacordos com Ryan sobre o que aconteceu no dia 6 de junho de 1944 e chegado a algumas conclusões diferentes, eu seria negligente se deixasse de reconhecer minha dívida para com o seu trabalho.

Este livro está amplamente baseado em histórias orais e escritas testemunhadas por homens que participaram do Dia D e descreveram suas experiências no Centro Eisenhower da Universidade de Nova Orleans durante os últimos onze anos. O Centro tem agora mais de 1.380 relatos de observações pessoais. Esta é a mais extensa coletânea de memórias pessoais existentes de uma única batalha. Ainda que as limitações de espaço tenham tornado impossível citar diretamente cada história oral ou memória escrita, todos os relatos contribuíram para minha compreensão do que aconteceu. A cada um deles que contribuiu, ofereço meus mais sinceros agradecimentos.

Russell Miller, de Londres, realizou extensas entrevistas com os veteranos britânicos do Dia D. Os pesquisadores no Centro Eisenhower reproduziram várias de suas fitas, que gentilmente me permitiram usar neste livro. O Imperial War Museum de Londres também forneceu fitas das entrevistas feitas pelo Estado-Maior ao longo de anos, que foram transcritas pelo Centro Eisenhower. André Heintz realizou entrevistas durante anos com habitantes da costa de Calvados; estão hoje no Battle of Normandy Museum, em Caen; ele graciosamente me permitiu usá-las neste livro. O United States Army Military Institute em Carlisle, Pensilvânia, permitiu-me usar sua valiosa coleção de entrevistas feitas por Forrest Pogue, Ken Heckler e outros, bem como o seu amplo acervo manuscrito.

Phil Jutras, um pára-quedista americano que se estabeleceu em Ste.-Mère-Église e que lá é diretor do Museu do Pára-Quedas, também recolheu histórias orais dos veteranos e de habitantes de Ste.-Mère-Église, que muito generosamente doou ao Centro Eisenhower e me permitiu usar neste trabalho.

O capitão Ron Drez, USMC (Corpo de Fuzileiros Navais dos Estados Unidos), comandante de companhia de fuzileiros em Khe Sahn em 1968, é o diretor-assistente do Centro Eisenhower. Há quase dez anos ele vem fazendo entrevistas em grupo e individuais nas reuniões de veteranos em Nova Orleans e pelo país. Devido à sua honrosa ficha de combate, ele tem um excelente relacionamento com os veteranos, levando-os a falar e a rememorar como poucos podem fazê-lo. Sua contribuição para este livro é inestimável. O dr. Günter Bischof, nascido na Áustria, cujo pai foi soldado da *Wehrmacht* (Forças Armadas Alemães) e por fim POW (Prisoner of War — prisioneiro de guerra) na América, é um dos diretores do Centro. Ele fez e está fazendo entrevistas com veteranos alemães. Sua contribuição também é inestimável. O Centro é extremamente afortunado por ter Drez e Bischof na equipe.

A senhorita Kathi Jones é a força maior do Centro Eisenhower. Sem ela, nenhum de nós poderia fazer o seu trabalho. Ela trata da correspondência, conserva os livros, mantém os programas, prepara encontros, administra as conferências anuais, dirige estudantes pesquisadores nas suas tarefas de transcrição, organiza os relatos e memórias orais, é amiga dos veteranos, conforta egos magoados, e em geral serve como nosso chefe do Estado-Maior. Sua dedicação ao trabalho e sua capacidade de manter nossa miríade de atividades num transcorrer desembaraçado são exemplares. Ela faz tudo isso, e mais, sem perder a calma e o bom humor. Dwight Eisenhower certa vez chamou Beetle Smith de "o perfeito chefe do Estado-Maior". É o que dizemos nós com respeito a Kathi Jones.

A senhora Carolyn Smith, secretária do Centro Eisenhower, juntamente com os pesquisadores Marissa Ahmed, Maria Andara Romain, Tracy Hernandez, Jerri Bland, Scott Peebles, Peggy Iheme, Jogen Shukla e Elena Marina, os estudantes de pós-graduação Jerry Strahan, Olga Ivanova e Gunther Breaux, e os voluntários coronel James Moulis, Mark Swango, C. W. Unangst, John Daniel, Joe Flynn, John Niskoch, Joe Molyson, Stephenie Ambrose Tubbs e Edie Ambrose são todos precariamente pagos (ou não recebem pagamento algum) e trabalham em excesso. Eles fizeram dessa tarefa compromisso de honra; sem eles não haveria Centro Eisenhower, nem coleção de história oral. Os tradutores passaram por maus bocados no que se refere aos nomes das vilarejos franceses (como eram pronunciadas pelos pracinhas americanos) mas perseveraram e triunfaram. Minha dívida para com eles é enorme.

O Centro Eisenhower continuará a compilar histórias orais e memórias escritas, artefatos e cartas do tempo da guerra, enquanto houver sobreviventes. Instamos a que todos os veteranos escrevam para nós na Universidade de Nova Orleans, New Orleans, La. 70148, referindo-se a instruções sobre a preparação de suas histórias.

Em 1979 meu caríssimo amigo dr. Gordon Mueller convenceu-me a liderar uma excursão ao campo de batalha: "Do Dia D ao Reno nas Pegadas de Ike." Peter McLean da Peter McLean Ltd., em Nova Orleans, organizou-a. Richard Salaman, de Londres, serviu como guia de viagem. Foi uma grande experiência para mim, primeiro porque mais de duas dúzias de veteranos do Dia D se juntaram à excursão — desde oficiais generais a soldados rasos — e fizeram-se relatos no local de suas experiências no Dia D. Nós repetimos a excursão oito vezes.

McLean e Salaman são grandes figuras para se trabalhar, e como amigos queridos muito contribuíram para o meu conhecimento e a minha compreensão do Dia D.

Assim o fizeram outros, estudiosos, autores, documentaristas e veteranos, um número grande demais para relacionar aqui — eles sabem quem são.

Alice Mayhew, como sempre, foi uma editora exemplar. Seus auxiliares em Simon & Schuster, especialmente Elizabeth Stein, realizaram, como sempre, um excelente trabalho de produção. Meu agente, John Ware, foi uma fonte magnífica de encorajamento e apoio.

Minha mulher Moira tem sido minha parceira na empresa, voando de um lado para o outro sobre o Atlântico, para participar de reuniões de veteranos nos Estados Unidos. Cada um das centenas de veteranos com quem ela se encontrou pode testemunhar que Moira tem um jeito maravilhoso de lidar com eles, deixando-os descontraídos, sempre à vontade, sentindo prazer em sua companhia, fascinada com as suas histórias, dando um suave e sensível toque feminino a nossas refeições, aos nossos encontros, a nossas caminhadas pelos campos de batalha, a nossas controvérsias a bordo de aeronaves. Além disso, como acontece com tudo o que escrevo, ela é meu primeiro e mais crítico leitor. Sua contribuição para o meu trabalho e minha existência vai além de qualquer medida; na verdade, ela me é tão cara como a própria vida.

Como tentei deixar claro nos parágrafos precedentes, este livro é um esforço de equipe. Gosto de pensar que o general Eisenhower o teria aprovado. A partir do momento em que assumiu suas responsabilidades como Comandante Supremo da Força Expedicionária Aliada até a rendição alemã, ele insistiu na realização de um trabalho de equipe. De todas as suas características como líder da Cruzada na Europa de múltiplas nações e de múltiplos serviços, sua insistência no trabalho de equipe foi a chave para a vitória.

O general Eisenhower gostava de falar sobre a fúria de uma Democracia provocada. Foi na Normandia, a 6 de junho de 1944, que as democracias ocidentais manifestaram a sua fúria. O sucesso deste grande e nobre empreendimento foi um triunfo da democracia sobre o totalitarismo. Como presidente, Eisenhower afirmou querer que a democracia sobrevivesse pelos séculos afora. Tal é, também, a minha aspiração. Minha mais extremosa esperança é que este livro, que é em sua essência um canto de amor à democracia, seja uma pequena contribuição para essa grande meta.

Stephen E. Ambrose
Diretor, Centro Eisenhower
Universidade de Nova Orleans

Prólogo

Às 00:16 hora do dia 6 de junho de 1944,* o planador Horsa fez um pouso acidentado ao lado do canal de Caen, cerca de 50 metros da ponte móvel sobre o canal. O tenente Den Brotheridge, à frente de vinte e oito homens do primeiro pelotão, Companhia D, Regimento de Infantaria Leve de Oxfordshire e Buckinghamshire, 6ª Divisão Aeroterrestre britânica, saiu do planador. Ele agarrou o sargento Jack "Bill" Bailey, um comandante de seção, e murmurou-lhe ao ouvido: "Mantenha seus homens em movimento." Bailey partiu com o seu grupo a fim de arremessar granadas no ninho de metralhadoras que sabia encontrar-se ao lado da ponte. O tenente Brotheridge reuniu o restante do pelotão, murmurou: "Vamos, rapazes", e começou a correr para a ponte. Os quase 50 alemães que defendiam a ponte não se deram conta que a tão esperada invasão acabara de começar.

Enquanto Brotheridge conduzia os seus homens em passo acelerado na direção do barranco e para cima da ponte, o soldado Helmut Romer, dezessete anos, um dos sentinelas localizados na ponte, viu os 21 pára-quedistas britânicos — aparecendo, até onde ele podia perceber, literalmente de lugar nenhum — vindo em sua direção, com as

* Horário de verão britânico. Na França era 1 hora mais cedo. Em toda a Europa ocupada pelos nazistas, os relógios estavam certos pela hora de Berlim; os alemães não adotavam o horário de verão, ao passo que os britânicos acertavam seus relógios com duas horas de adiantamento.

armas apoiadas nos quadris, preparados para atirar. Romer deu meia-volta e correu através da ponte, gritando: "Pára-quedistas!" para o outro homem da guarda naquele local. O sentinela sacou sua pistola de sinalização e disparou um foguete; Brotheridge descarregou um pente inteiro de trinta e dois cartuchos da sua metralhadora Sten.

Aqueles foram os primeiros tiros disparados por 175.000 soldados de diversas nacionalidades — britânicos, americanos, canadenses, franceses livres, poloneses, noruegueses e outros participantes da Força Expedicionária Aliada — prontos para invadir a Normandia nas próximas vinte e quatro horas. Os tiros derrubaram o sentinela, que se tornou assim o primeiro alemão a morrer em defesa da Fortaleza Européia de Hitler.

Brotheridge, de vinte e seis anos de idade, vinha sendo treinado para esse momento durante dois anos, e durante seis meses para a tarefa específica de tomar a ponte numa operação de golpe-de-mão. Era um elemento vindo das fileiras; o comandante da sua companhia, major John Howard, tinha-o recomendado para Unidade de Treinamento para Formação de Oficiais, já em 1942. Os demais oficiais do seu pelotão eram homens de formação universitária, ricos ou pelo menos abastados, se não aristocratas pelo menos de classe alta, e de início ficaram um pouco constrangidos quando Brotheridge voltou como oficial — porque, "sabe como é, ele não era um dos nossos".

Brotheridge jogava futebol, não críquete. Era um atleta de primeira classe, tão bom que se chegava a comentar que se tornaria um jogador de futebol profissional depois da guerra. Comunicava-se facilmente com seus homens e não fazia a menor idéia do vasto abismo que tantas vezes separa os tenentes britânicos das praças.

Brotheridge costumava ir ao quartel à noite, sentar-se na cama do seu bagageiro, Billy Gray, e discorrer sobre futebol com os rapazes. Tinha por hábito trazer as botas e engraxá-las enquanto falava. O soldado Wally Parr nunca se recuperou da visão de um tenente britânico engraxar as botas enquanto seu bagageiro se recostava na cama, tagarelando sobre o Manchester United, o West Ham e outros times.

Den Brotheridge era um tipo esguio, sorridente e simpático, e seus companheiros oficiais simpatizavam com ele; todos o admiravam, porque era imparcial, consciencioso, cheio de energia, rápido em aprender, um mestre em todas as armas da companhia, professor capaz e aluno esperto — um líder por natureza. Quando o major Howard escolheu Brotheridge como comandante do 1º Pelotão, os outros tenentes da companhia concordaram em que Den era o homem certo para liderar as primeiras tropas a entrar em ação no Dia D. Brotheridge era tão bom quanto qualquer oficial subalterno do Exército britânico, um dos melhores que o país havia produzido para combater por sua liberdade naquela luta de vida ou morte.

Brotheridge tinha mais a perder na luta do que a maioria, pois era um dos poucos homens casados na Companhia D, e sua mulher, Margaret, estava grávida de oito meses. Por isso ele tivera na mente a imagem de um filho por nascer durante o vôo sobre o canal da Mancha.

O grito de Romer, o foguete de sinalização e os tiros dados por Brotheridge se combinaram para levar as tropas alemãs que guarneciam os ninhos de metralhadoras e as trincheiras estreitas em ambos os lados da ponte a um alerta máximo. Eles começaram a abrir fogo com suas metralhadoras pesadas e com rifles e carabinas (MG-34).

Quase do outro lado da ponte, com seu pelotão a segui-lo, os homens atirando apoiados nos quadris, Brotheridge tirou uma granada da sacola e lançou-a no ninho de metralhadoras à sua direita. Ao fazer isso, foi derrubado pelo impacto de uma bala no pescoço, caindo para frente. Seu pelotão passou por ele correndo, com dois novos pelotões, de outros planadores vindos logo atrás. Os homens da Companhia D desobstruíram rapidamente os ninhos de metralhadoras e as trincheiras estreitas; por volta de 00:21 hora o inimigo nas proximidades da ponte ou estava morto ou havia abandonado o local.

O soldado Parr saiu à procura de Brotheridge, que, segundo se supunha, fora estabelecer seu posto de comando num bar ao lado da ponte. "Onde está Danny?", perguntou Parr a outro praça. (Na frente dele, todos os homens o tratavam por "senhor Brotheridge". Os oficiais chamavam-no de "Den". Mas os homens pensavam nele e a ele se referiam como "Danny".)

"Onde está Danny?", Parr repetiu. O praça não sabia. Parr correu para o bar e encontrou Brotheridge na estrada oposta ao bar. Tinha os olhos abertos e seus lábios se moviam, mas Parr não conseguia entender o que ele estava dizendo. Parr refletiu: que desperdício! Tantos anos de treinamento para fazer este trabalho — durou apenas segundos e lá está ele prostrado.

Padioleiros levaram Brotheridge de volta pela ponte a um posto de socorro. O médico da companhia, John Vaughan, encontrou o tenente ferido "deitado de costas olhando para as estrelas e parecendo terrivelmente surpreso". Vaughan deu-lhe uma injeção de morfina e começou a cuidar do buraco aberto pela bala no meio do pescoço. Antes que pudesse completar o primeiro socorro, Brotheridge morreu. Foi ele o primeiro soldado aliado a ser morto pelo fogo inimigo no Dia D.

O tenente Robert Mason Mathias foi o comandante do 2º Pelotão, Companhia E, 508º Regimento de Infantaria Pára-Quedistas, 82ª Divisão Aeroterrestre dos Estados Unidos. À meia-noite do dia 5 para 6 de junho de 1944, ele estava se deslocando num avião Dakota C-47 sobre o canal da Mancha, na direção da península Cotentin na Normandia. Duas horas depois, o avião estava sobre a França e começando a receber fogo antiaéreo alemão. Às duas horas e vinte e sete minutos, o tenente Mathias viu a luz vermelha acender sobre a porta aberta do avião, o sinal de alerta.

"Levantar e enganchar", gritou o tenente Mathias para os dezesseis homens atrás dele enquanto enganchava o grampo do seu pára-quedas à linha estática que descia do meio do teto da aeronave. Caminhou até a porta aberta, pronto para saltar no instante em que o piloto decidisse que o avião estava sobre a zona de lançamento e acendesse a luz verde.

Embaixo, os alemães atiravam furiosamente na força aérea de 822 C-47 transportando as 82ª e 101ª Divisões Aeroterrestres para o combate. Flakvierling-38s (canhões antiaéreos com quatro canos de 20 mm) enchiam os céus de explosões; munição traçante de metralhadoras — verdes, amarelos, vermelhos, azuis e brancos — desenhavam arcos no céu. O cenário era ao mesmo tempo grandioso (quase todos os pára-quedistas achavam que aquele era o mais resplandecente espetáculo pirotécnico do 4 de Julho que já tinham visto) e assustador. Para cada munição traçante visível, havia cinco balas invisíveis. Não se viam, mas certamente podiam-se ouvi-las — as balas pipocavam contra as asas dos C-47 como pedras batendo em latas de estanho. Voando a menos de 1.000 pés e a uma velocidade inferior a 120 milhas por hora, os aviões tornavam-se alvos fáceis.

Olhando pela porta, o tenente Mathias pôde ver um intenso fogo de artilharia. Um celeiro de feno na periferia da aldeia de Ste.-Mère-Église estava queimando, provavelmente por causa de um traçante perdido e ardia intensamente, iluminando o horizonte. Na medida em que os C-47 guinavam nesta ou naquela direção, conseqüência das vãs tentativas do piloto para escapar do fogo antiaéreo, os homens atrás de Mathias gritavam "Vamos", "Por Jesus Cristo", ou "Saltem, merda, saltem". Enquanto as balas das metralhadoras perfuravam a fuselagem, os homens punham instintivamente as mãos para proteger suas genitálias. Já tinham feito uma dúzia ou mais de saltos de treinamento, mas nunca lhes ocorrera que ficariam tão ansiosos para abandonar um avião em vôo.

Mathias tinha as mãos apoiadas pelo lado de fora da porta, pronto para lançar-se na noite no momento em que a luz verde acendesse. Um projétil estourou bem ao lado dele. O fogo antiaéreo rasgou-lhe o pára-quedas de reserva, atingiu-lhe o peito e o fez perder o equilíbrio e atirou-o ao chão. Com um vigoroso esforço, ele procurou refazer-se. A luz verde acendeu.

Aos 28 anos, Mathias era uns cinco anos mais velho que os outros tenentes do 508°, mas não parecia. Tinha cabelos louro-avermelhados e sardas de irlandês, o que lhe dava uma aparência de garoto. Comprido e esguio (um metro e oitenta e cinco, 79 quilos), ele se achava numa soberba forma física, todo ossos e músculos, forte o bastante para sobreviver a um impacto que teria derrubado um touro e recuperar-se quase instantaneamente. Ele tornou a pôr-se de pé e reassumiu o seu posto à porta.

Era o tipo de ação que os seus homens haviam aprendido a esperar de Bob Mathias. Ele era imensamente popular no pelotão e entre os seus companheiros oficiais. Durante dois anos estivera se preparando junto com o pelotão para este momento. Sabia-se que era um sujeito positivamente imparcial, totalmente dedicado. Era o melhor pugilista do regimento, e o que melhor marchava. Numa marcha acelerada de 40 quilômetros, um exercício exaustivo do seu pelotão, quando todos já estavam à beira do limite, um de seus companheiros cansou. Mathias carregou-o no ombro pelos últimos 1.200 metros.

Quando ele censurava a correspondência, segundo um de seus soldados, Harold Cavanaugh, "esforçava-se ao máximo para ser tolerante com o texto de cada carta. Se encontrava qualquer coisa muito indiscreta, então e só então se permitia olhar para o nome do remetente. Ele costumava levá-la pessoalmente ao signatário, explicando-lhe por que certos trechos deviam ser eliminados. Feita a correção, a carta seguia o seu caminho. Perdia-se o mínimo tempo possível e o autor sempre sabia o que seria lido pelo destinatário".

Mathias era um católico devoto. Ia à missa sempre que possível e fazia tudo para tornar o culto na igreja conveniente para os seus homens. Nunca dizia palavrões. Comentou sobre ele o comandante da sua companhia: "Mathias pode agüentar além dos limites da paciência ao lidar com o mais teimoso dos homens; porém você nunca o ouvirá usar uma palavra suja."

Quando um homem do 2º Pelotão tinha um problema, Mathias sempre percebia. Costumava oferecer discretamente seus conselhos, mas nunca intervinha. Um de seus soldados relembrou: "Fazia concessões, mas não comprometia os seus princípios. Parecia profundamente magoado nas poucas ocasiões em que deixávamos de corresponder às suas expectativas, contudo, nunca perdia a calma."

Ele se preparara de todas as maneiras possíveis para o próximo combate. Ele era um estudioso da História Militar. Havia se tornado mestre no manejo com qualquer arma e dispunha de habilidade necessária para lidar com uma companhia de fuzileiros. Estudara armamento, organização e tática dos alemães. Aprendera a língua alemã o bastante para usá-la com fluência, e o francês, o necessário para pedir orientações. Havia ensinado a seus homens ordens de comando alemãs e frases francesas. "Valiosas lições", observou Cavanaugh. Com medo de que os alemães usassem gás, Mathias deu ao seu pelotão instruções sobre vesicantes, substâncias lacrimogêneas e coisas semelhantes. "Este conhecimento resultou depois inútil", observou

Cavanaugh, "mas ele não estava descuidando de uma fase sequer da luta armada."

O coronel Roy E. Lindquist, no comando do 508º, disse de Mathias. "Ou ele ganhará a Medalha de Honra ou será o primeiro homem do 508º a morrer em ação."

No campo de pouso, na noite de cinco de junho, quando o 508º carregava os aviões, Mathias apertou a mão de todos os membros do seu pelotão, que estavam sendo conduzidos em dois aparelhos; o soldado Cavanaugh, que estava no outro grupo de pára-quedistas, recordou: "Havia um ar de merecida confiança em torno daquele sujeito fora do comum. Apertamos as mãos e ele disse: 'Vamos surrá-los, não é mesmo, irlandês?'"

Quando o tenente Mathias foi ferido por uma explosão de granada e a luz acendeu, restavam-lhe forças suficientes para sair do caminho, para que os homens atrás dele pudessem saltar. Se fizesse isso, a tripulação do C-47 poderia ter-lhe aplicado os primeiros socorros e — talvez — o tivesse levado de volta à Inglaterra em tempo para uma operação de urgência. Posteriormente, cada homem do seu grupo estava certo de que Mathias devia ter tido esse pensamento.

Em vez disso, Mathias levantou o braço direito, exclamou: "Sigam-me!" e jogou-se na noite. Se a causa foi o choque do seu pára-quedas abrindo-se, ou o choque ao atingir o chão, ou grande perda de sangue de suas feridas múltiplas, ninguém sabe, mas quando ele foi localizado, cerca de meia hora depois, ainda estava em seu pára-quedas, morto. Foi o primeiro oficial americano morto pelo fogo alemão no Dia D.

A operação *Overlord*, a invasão, em junho de 1944, da França ocupada pelos alemães, foi tremenda em sua extensão. Em uma noite e um dia, 175.000 combatentes e seus equipamentos, entre os quais 50.000 veículos de todos os tipos, incluindo motocicletas, carros de combate e *bulldozers* blindados, foram transportados por sessenta a cem milhas de mar aberto e desembarcaram numa praia hostil enfrentando intensa oposição. Eles eram conduzidos ou apoiados por 5.333

navios e embarcações dos mais variados e por quase 11.000 aviões. Vinham do sudoeste, do sul e da costa leste da Inglaterra. Era como se as cidades de Green Bay, Racine e Kenosha, Wisconsin, fossem apanhadas e transportadas — cada homem, cada mulher e cada criança, todos os automóveis e caminhões — para a costa leste do lago Michigan em uma noite.

O esforço por trás desse movimento singular — que o primeiro-ministro britânico Churchill chamou corretamente de "a mais difícil e complicada operação jamais levada a efeito" — começara há três anos e envolvia os esforços de literalmente milhões de pessoas. Os números de produção dos Estados Unidos, em embarcações de desembarque, belonaves, aeroplanos de todos os tipos, armamentos, remédios e tantas outras coisas, eram fantásticos. Os números do Reino Unido e Canadá eram mais ou menos semelhantes.

Mas a despeito do que essa força industrial e essa capacidade de organização americanas podiam fazer, a despeito de tudo com que os britânicos e canadenses podiam contribuir, a despeito dos planos e preparações, a despeito do brilho do esquema de simulação, a despeito de liderança tão inspirada, no final o sucesso ou o fracasso da Operação *Overlord* reduzia-se a um número relativamente pequeno de oficiais subalternos, suboficiais, soldados ou marinheiros nos exércitos, marinhas, forças aéreas e guardas costeiras americana, britânica e canadense. Se as tropas de pára-quedistas e as tropas aerotransportadas por planadores se escondessem por trás das cercas vivas ou se escondessem em celeiros em vez de buscar ativamente o inimigo; se os timoneiros não dirigissem suas embarcações de desembarque para a praia e, com medo do fogo inimigo, arriassem as rampas em águas profundas demais; se os homens nas praias se entrincheirassem atrás da muralha marítima; se os oficiais subalternos e sargentos falhassem em conduzir seus homens até e além do mar e da costa para enfrentar o fogo inimigo — nesse caso, então, a mais minuciosamente planejada ofensiva da história militar, uma ofensiva apoiada por quantidades incríveis de poderio de fogo naval, de bombas e de foguetes, fracassaria.

Tudo se reduziu a um punhado de jovens de dezoito a vinte e oito anos de idade. Eram magnificamente treinados, equipados e apoiados, mas apenas alguns já haviam estado em combate. Apenas alguns chegaram a matar ou viram um companheiro morto. A maioria deles era como Brotheridge e Bob Mathias — nunca ouvira um tiro disparado com rancor. Eles eram soldados-cidadãos, não profissionais.

Era questão aberta, por volta do fim da primavera de 1944, se uma democracia tinha condições de produzir soldados capazes de lutar eficazmente contra o melhor que a Alemanha nazista pudera produzir. Hitler estava certo de que a resposta era não. Nada do que ele ficara sabendo da atuação do Exército britânico na França em 1940 e novamente no Norte da África em 1942-44, ou do que soubera sobre o Exército americano na África do Norte e no Mediterrâneo em 1942-44, lhe deixara qualquer dúvida de que, quando se aproximava a igualdade de números, a Wehrmacht prevaleceria. O fanatismo e a disciplina totalitários sempre conquistaram o liberalismo e a fidalguia democráticos. Disso Hitler estava certo.

Houvesse Hitler visto Den Brotheridge e Bob Mathias em ação no começo do Dia D, possivelmente teria reconsiderado. É de Mathias, Bob e seus companheiros, os jovens nascidos na falsa prosperidade dos anos 20, e que cresceram na dura realidade da depressão dos anos 30, que este livro retrata. A literatura que eles leram quando garotos era antibélica, cínica, retratando patriotas como otários, molóides como heróis. Nenhum deles desejava tomar parte em outra guerra. Eles queriam estar jogando beisebol, não granadas de mão, atirando com armas calibre 22 em coelhos, não com carabinas M-1 em outros jovens. Mas quando veio o teste, quando houve que escolher entre lutar pela liberdade ou abandoná-la, eles lutaram. Eram os soldados da democracia. Eram homens do Dia D, e a eles devemos nossa liberdade.

Antes, porém, que possamos compreender o que aqueles jovens realizaram, e como eles o fizeram, e apreciar a sua façanha, devemos avaliar o panorama geral.

1. Os Defensores

No começo de 1944, o problema fundamental da Alemanha nazista consistia em que ela havia conquistado mais território do que podia defender; mas Hitler tinha uma mentalidade de conquistador e insistia em manter cada polegada de solo ocupado. Para atender às suas ordens, a Wehrmacht confiava em improvisações, das quais as mais importantes eram as tropas estrangeiras recrutadas, jovens alemães em idade escolar e homens idosos, bem como posições defensivas fixas. Ela mudou também sua doutrina tática e o projeto das armas, transformando-se do Exército de guerra-relâmpago altamente móvel de 1940-41 que empregara carros de combates leves e rápidos e uma infantaria acostumada a marchas forçadas, no Exército maciço e quase imóvel de 1944, que apresentava carros de combate lentos e pesados e infantaria entrincheirada.

Como tudo o mais que aconteceu na Alemanha nazista, isso foi obra de Hitler. Ele aprendera a lição da Primeira Guerra — que a Alemanha não pode ganhar uma guerra de atrito — e sua política nos primeiros dois anos da Segunda Guerra Mundial fora a realização de guerras-relâmpago (*blitzkrieg*). Mas no fim do outono de 1941 sua guerra-relâmpago resultara malsucedida na Rússia. Ele cometeu então o mais incompreensível de seus muitos erros, declarando guerra aos

Estados Unidos — na mesma semana em que o Exército Vermelho lançava sua contra-ofensiva fora de Moscou![1]

No verão de 1942, a Wehrmacht novamente tentou fazer a *blitzkrieg* contra o Exército Vermelho, mas numa escala muito reduzida (um grupo de Exército em uma frente em vez de três grupos em três frentes), para fracassar de novo quando a neve começou a cair. No fim de janeiro de 1943, quase 250.000 soldados alemães se renderam em Estalingrado. Em julho de 1943, a Wehrmacht lançou sua última ofensiva na Frente Oriental, em Kursk. O Exército Vermelho interceptou-lhe a marcha, infligindo terríveis baixas.

De Kursk em diante, Hitler não tinha mais esperança de obter uma vitória militar contra a União Soviética. Isso não significava que a sua causa estava perdida. Ele tinha um espaço considerável para procurar ganhar tempo na Frente Oriental, e com o tempo era inevitável que se desfizesse a estranha aliança — Grã-Bretanha, União Soviética e Estados Unidos — que só ele podia ter concretizado.

Sua morte e a derrota total da Alemanha nazista conduziriam certamente à dissolução da aliança, mas Hitler queria que a dissolução se efetuasse enquanto ainda pudesse beneficiá-lo, e tinha um bom motivo para crer que isso podia acontecer — se ele conseguisse convencer Stálin de que jamais poderia depender dos Estados Unidos e da Grã-Bretanha. Nesse caso, Stálin bem podia concluir que o custo da vitória para o Exército Vermelho lutando sozinho seria alto demais. Desde que o Exército Vermelho tivesse retornado à linha de partida de junho de 1941 — isto é, a ocupação da Polônia Oriental — Stálin poderia estar disposto a negociar uma paz baseada na divisão da Europa Oriental entre os nazistas e os soviéticos.

Entre agosto de 1939 e junho de 1941, os impérios nazista e soviético haviam sido parceiros, unidos numa aliança baseada na divisão da Europa Oriental entre eles. Para voltar a esta situação, Hitler tinha de convencer Stálin de que a Wehrmacht ainda era capaz de infligir baixas inaceitáveis ao Exército Vermelho. Para fazer tal coisa, Hitler precisava de mais efetivos e de máquinas. Para consegui-los, seria obrigado a desguarnecer sua Frente Ocidental. Para tornar isso viável, ele tinha de empurrar a próxima invasão de volta para o mar.

Aí esta a razão por que o Dia D foi decisivo. Na Ordem nº 51 do Führer, do dia 3 de novembro de 1943, Hitler explicou tudo com clareza cristalina: "Durante os dois últimos anos e meio a amarga e dispendiosa luta contra o bolchevismo exigiu sempre o grosso de nossos recursos e energias militares... A situação mudou desde então. A ameaça do leste permanece, mas um perigo ainda maior avulta no oeste: o desembarque anglo-americano! No leste a vastidão do espaço permitirá, como um último recurso, uma perda de território, inclusive em maior escala, sem que se sofra um golpe mortal quanto à oportunidade de sobrevivência da Alemanha.

"O mesmo não acontece no oeste! Se o inimigo conseguir penetrar nossa defesa numa frente ampla, conseqüências de tremendas proporções se seguirão dentro de curto tempo." O que ele queria dizer era que uma ofensiva anglo-americana vitoriosa em 1944 seria uma ameaça direta ao coração do complexo industrial básico da Alemanha, a região Reno-Ruhr. O sudeste da Inglaterra está mais perto de Colônia, Düsseldorf e Essen do que estas de Berlim; dito de outra maneira, no outono de 1943 a linha de frente no leste estava a mais de 2.000 quilômetros de Berlim, enquanto no oeste a linha de frente estava a 500 quilômetros do Reno-Ruhr, 1.000 quilômetros de Berlim. Uma ofensiva bem-sucedida do Exército Vermelho em 1944 devastaria partes da Ucrânia e da Rússia Branca, áreas importantes mas não decisivas para a capacidade de guerrear da Alemanha. Uma ofensiva anglo-americana vitoriosa, em 1944, devastaria o Reno-Ruhr, áreas que eram indispensáveis para aquela capacidade favorável de a Alemanha fazer a guerra.

Assim, declarou Hitler, era na costa francesa que a batalha decisiva seria travada. "Por este motivo, não posso mais justificar posterior enfraquecimento do oeste em favor de outros teatros de operações. Decidi, portanto, fortalecer as defesas no oeste..."[2]

Isto modificava radicalmente uma política estabelecida no outono de 1940, com o abandono de preparações para a Operação *Seelöwe* (Leão-Marinho), a invasão da Inglaterra. Desde aquele tempo, a Wehrmacht havia desmembrado as suas forças na França, transferindo homens e equipamentos para a Frente Oriental numa escala sempre crescente.

As razões de Hitler para transferir a prioridade para o oeste em 1944 eram mais políticas que militares. No dia 20 de março, ele disse aos seus principais comandantes do oeste: "A destruição da tentativa de desembarque do inimigo significa mais do que uma decisão puramente local na Frente Ocidental. É o único fator decisivo na condução total da guerra e conseqüentemente no seu resultado final."[3] Ele continuou a explicar: "Uma vez derrotado, o inimigo nunca tentará invadir novamente. Afora suas pesadas baixas, ele precisaria de meses para organizar uma nova tentativa. E o fracasso de uma invasão daria um golpe esmagador no moral britânico e americano. Por um lado, impediria que Roosevelt fosse reeleito — com um pouco de sorte ele findaria na cadeia em algum lugar! Por outro, o desgaste da guerra constrangeria cada vez mais a Inglaterra, e Churchill, já um velho doente com a influência declinando, não seria capaz de levar a cabo uma nova operação de invasão." Naquele ensejo, a Wehrmacht poderia transferir quarenta e cinco divisões do oeste para o leste, a fim de ali "revolucionar a situação... De modo que todo o resultado da guerra depende de cada homem em combate no oeste, e isso significa também o destino do Reich!"[4]

Esta era a única esperança da Alemanha. Mais corretamente, era a única esperança de Hitler e dos nazistas; para o povo e para a nação alemã, a decisão de continuar lutando importava em catástrofe. De qualquer modo, mesmo que o roteiro de Hitler tivesse obtido êxito, no verão de 1945, a Força Aérea dos Estados Unidos, segura em suas bases na Inglaterra, teria começado a lançar bombas atômicas sobre Berlim e outras cidades alemãs. Mas, como era natural, no início de 1944 ninguém sabia quando, ou mesmo se o Projeto Manhattan americano teria condições de produzir semelhante bomba.

O problema de Hitler não eram suas prioridades, mas como empurrar a futura invasão de volta para o mar. Esse problema era composto por muitos fatores, resumidos em uma palavra: insuficiência. Insuficiência de navios, de aviões, de homens, de canhões, de carros de combate. A Alemanha tinha-se expandido excessivamente numa extensão mais ampla do que na Primeira Guerra Mundial. Hitler havia criticado o Kaiser por participar de uma guerra em duas frentes, mas no final de 1943 estava travando uma guerra em três frentes. Na Frente Oriental, suas tropas estavam espraiadas por uma extensão de mais de 2.000 km; na Frente Mediterrânea, que ia do sul da Grécia, percorrendo a Iugoslávia e então através da Itália e do sul da França, suas forças estavam defendendo uma linha de uns 3.000 km; na Frente Ocidental, suas tropas foram requisitadas para defender 6.000 quilômetros de linha costeira, desde a Holanda ao extremo sul da baía de Biscaia.

Na verdade, havia uma quarta frente em casa. A ofensiva aérea aliada contra as cidades alemãs havia deslocado a Luftwaffe para fora da França, forçando-a a lutar nos céus da Alemanha para defender as cidades alemãs. O bombardeio não tivera um efeito decisivo sobre a produção bélica alemã — nem mesmo chegara perto, visto que a Alemanha estava aumentando a sua produção de carros de combate e canhões no curso de 1943, embora não rapidamente o bastante para compensar as perdas — mas pusera a Luftwaffe na defensiva.

Hitler odiava isso. Tudo na sua psicologia, tudo na tradição militar alemã, clamava pela tomada da ofensiva. Mas Hitler não podia atacar seus inimigos, pelo menos até que suas armas secretas entrassem em operação. Considerava isto insuportável, mas tinha de permanecer na defensiva.

Essa necessidade de tal modo lhe ficara atravessada na garganta, que o levou a cometer disparates estratégicos e tecnológicos da maior importância. Quando os físicos alemães lhe disseram em 1940 que haveria possibilidade de construir uma bomba atômica em 1945, ele ordenou que abandonassem o projeto alegando que, naquela ocasião, a guerra já teria sido ganha ou perdida. Essa era quase certamente uma decisão sensata, não porque sua predição fosse precisa mas porque a Alemanha não tinha os recursos industriais e naturais para produzir a bomba atômica. Na verdade, os cientistas alemães foram trabalhar em outras armas; por insistência de Hitler, eram armas ofensivas, como submarinos a diesel, aeronaves sem piloto e foguetes. As *Vergeltungswaffen* (armas vingativas) eram projetadas e utilizadas, enfim, mas de modo algum decisivas. O V-2, o primeiro míssil balístico mundial de alcance médio, não era absolutamente uma arma militar mas um dispositivo terrorista. (Os mísseis Scud usados pelo Iraque na Guerra do Golfo, em 1991, eram apenas versões ligeiramente melhoradas do V-2; como o V-2, careciam de precisão e conduziam apenas uma pequena carga explosiva.)

A paixão de Hitler por bombardear Londres e sua indiferença

quanto a defender as cidades alemãs levou a um monstruoso erro de decisão que mudou a história. Em maio de 1943, o professor Willy Messerschmitt projetara o caça a jato bimotor ME-262 para ser produzido em série. Sua velocidade de cruzeiro era de 520 milhas por hora, cerca de 120 milhas por hora mais rápido do que qualquer avião que os aliados podiam mandar em seu encalço, e comportava quatro canhões de 30 mm. O *Reichmarschall* Hermann Goering queria o avião, mas tinha de obter a aprovação de Hitler. Hitler havia sido importunado inúmeras vezes pelas promessas de Goering, e só em dezembro de 1943 ele pôde ver uma demonstração das possibilidades do 262. Hitler ficou impressionado, mas queria um bombardeiro para atingir Londres, não um caça para defender a Alemanha. Goering assegurou-lhe que o 262 podia ser modificado para transportar bombas, pelo que Hitler mostrou grande entusiasmo pensando no que o bombardeiro a jato poderia fazer a Londres e aos desembarques antecipados das forças aliadas na França.

Goering, como de costume, não tinha conhecimento do que estava falando. Messerschmitt não podia converter um caça em bombardeiro, e um avião a jato maior estava exigindo demais da tecnologia. Por isso ele ignorou a ordem de Hitler e a fábrica de Messerschmitt começou a produzir o 262, num total de cerca de 120 em abril de 1944. Ao receber esta notícia Hitler estimulou Goering e deu-lhe severas ordens de que não só o 262 não devia ser construído como um caça, mas que ninguém devia sequer referir-se a ele como tal — ele devia ser conhecido como bombardeiro relâmpago.

Durante os seis meses seguintes, Messerschmitt tentou bravamente fazer de um caça um bombardeiro. Não chegou a lugar nenhum. Finalmente, em novembro de 1944, Hitler autorizou a formação do primeiro esquadrão de caças a jato. Mas naquela ocasião o sistema de transporte era uma mixórdia, a força de pilotos de caça fora dizimada, e as fontes de combustível se exauriram.* A Luftwaffe nunca conseguiu mais que uma força inexpressiva no ar antes que as coisas se fizessem em pedaços.

Os alemães construíram mais de 1.000 ME-262, mas só nas últimas

* Os jatos usavam combustível sintético, razão pela qual a safra de batatas de 1944 foi convertida em álcool. O povo alemão pagou um terrível preço em 1945 por esta loucura.

6 semanas da guerra chegaram a ter 100 voando. Mas como salientava um relatório secreto de 1960 dirigido ao presidente D. Eisenhower: "Durante aquele tempo os alemães literalmente traçavam círculos em torno de nossos caças e faziam buracos em nossas formações de bombardeiros com inteira impunidade... Por exemplo, 14 grupos de caças escoltavam o ataque aéreo de 1.250 B-17 sobre Berlim no dia 18 de março (1945) — quase numa proporção de escolta de um para um. Eles foram atacados por um único esquadrão de ME-262 que derrubou 25 bombardeiros e cinco caças — embora, *grosso modo*, em desvantagem de 100 para 1. Os alemães não perderam um único avião."

O relatório (que Eisenhower pedira fosse preparado apenas para seu uso pessoal) foi escrito pelo oficial do Estado-Maior da Casa Branca Ralph Williams. Ele disse que havia falado com o general Carl Spaatz, comandante da Oitava Força Aérea na Segunda Guerra Mundial. Spaatz "admitiu abertamente que nenhum de nossos caças era adversário para os jatos alemães... acrescentando que se os alemães tivessem tido condições de levá-los a se desdobrarem em grandes quantidades para a costa francesa eles poderiam ter-nos negado superioridade aérea impedindo o desembarque na Normandia, nos forçando a procurar nosso rumo para a Europa através da rota italiana".[5]

Mas o que podia ter sido não foi; não havia jatos alemães sobre a França ou sobre o canal da Mancha em junho de 1944, e poucos e preciosos aviões a hélice.

Havia também um escasso e precioso número de belonaves, e aquelas que lá estavam eram *E-boats* (barcos torpedeiros alemães), uma versão superdimensionada do barco-patrulha americano (PT-boat), quase tão grande quanto um destróier de escolta (o *E* significava "inimigo"). Eles eram capazes de lançar minas, atirar torpedos e fugir em alta velocidade. Além dos barcos torpedeiros, a única contribuição que a marinha alemã podia fazer para a defesa da Fortaleza Européia era lançar minas.

Desprovidos de força aérea e de marinha, os defensores alemães da Fortaleza Européia estavam cegos e forçados a aumentar a sua frente para cobrir cada posição concebível onde pudesse acontecer um desembarque. O controle do ar e do mar deu aos aliados uma mobilidade sem precedentes e uma quase certa surpresa — na forma mais sucinta, eles saberiam onde e quando a batalha seria travada, e os alemães não.

Na Primeira Guerra Mundial, as preparações para uma ofensiva maciça não podiam ser ocultadas. A formação de tropas levava semanas; a preparação da artilharia levava dias; na hora em que a ofensiva começava, os defensores sabiam onde e quando ela eclodiria e podiam fortalecer suas posições no ponto de combate. Mas na primavera de 1944 os alemães podiam apenas imaginar.

O mentor espiritual de Hitler, Frederico, o Grande, havia advertido: "Aquele que defende tudo, não defende nada."[6]

Foi o desperdício humano e material da guerra na Frente Oriental que forçou Hitler a ignorar a advertência de Frederico e a adotar no oeste uma política de fortificações fixas. As perdas da Wehrmacht haviam sido impressionantes. Em junho de 1941, a Wehrmacht entrou na Rússia com 3,3 milhões de homens. Pelo fim de 1943 tinha sofrido aproximadamente 3 milhões de baixas, cerca de um terço das quais eram permanentes (mortos, desaparecidos, capturados, ou incapacitados para o combate devido a ferimentos). Apesar dos esforços heróicos para compensar o déficit reduzindo o efetivo na França e convocando novos recrutas de dentro da Alemanha, após a batalha de Kursk (depois de Verdun, a maior batalha já travada, com mais de dois milhões de homens empenhados), a Wehrmacht na Frente Oriental estava abaixo de 2,5 milhões, tentando manter uma linha que se estendia de Leningrado, no norte, ao mar Negro, no sul, aproximadamente 2.000 quilômetros.

Quando a Wehrmacht invadiu a União Soviética, orgulhava-se da sua "pureza racial". A desesperada necessidade de recompletamentos forçou-a a modificar drasticamente e, por fim, a abandonar essa política. De início os pretensos *Volksdeutsche* ("alemães raciais") da Polônia e dos países bálticos eram requisitados para se apresentar como "voluntários". Eles eram classificados como *Abteilung 3 dur Deutschen Volkslists* (Seção 3 da Lista Racial Alemã); isto significava que eles eram revestidos de cidadania alemã por um período probatório de dez anos e estavam sujeitos ao serviço militar mas não podiam ir além do posto de soldado de primeira classe. Nos anos de 1942-43, o recrutamento nos territórios ocupados da União Soviética foi levado a cabo agressivamente visando à luta contra o comunismo; de início havia certa verdade no que se refere à designação destes recrutas como *Freiwilligen* (voluntários), como homens das repúblicas ocidentais do império soviético alistados para a luta contra Stálin. Quando a retirada alemã começou, havia menos *Freiwilligen*, mais *Hilfswilligen* (auxiliares) convocados dos territórios ocupados e dentre os prisioneiros de guerra do Exército Vermelho. No início de 1944, a Wehrmacht tinha "voluntários" da França, da Itália, da Croácia, da Hungria, da Romênia, da Polônia, da Finlândia, da Estônia, da Letônia, da Lituânia, da Rússia asiática, da África do Norte, da Rússia, da Ucrânia, da Rutênia, das repúblicas muçulmanas da União Soviética, bem como os Volga-tártaros, Volga-finlandeses, tártaros crimeanos e até mesmo indianos.

Os chamados batalhões *Ost* (oriente) tornaram-se cada vez menos confiáveis após a derrota alemã em Kursk; eles eram, portanto, enviados para a França em troca de tropas alemãs. Na praia chamada *Utah* no dia da invasão, o tenente Robert Brewer do 506º Regimento de Infantaria Pára-quedista, 101ª Divisão Aeroterrestre, Exército dos Estados Unidos, capturou quatro asiáticos com uniforme da Wehrmacht. Ninguém sabia falar a língua deles; finalmente se veio a saber que eram coreanos. Como é possível que coreanos findassem lutando em favor de Hitler para defender a França contra os americanos? Parece que eles haviam sido recrutados no Exército japonês em 1938 — a Coréia era então uma colônia japonesa —, capturados pelo Exército Vermelho nas batalhas de fronteira com o Japão em 1939, forçados a entrar no Exército Vermelho, capturados pela Wehrmacht em 1941 fora de Moscou, forçados a entrar no Exército alemão, e enviados para a França.[7] (O que aconteceu a eles o tenente Brewer nunca veio a saber, mas ao que se presume eles foram enviados de volta à Coréia. Se este foi o caso, eles teriam sido quase certamente recrutados de novo, quer no Exército sul-coreano, quer no norte-coreano. É possível que em 1950 eles terminassem lutando novamente, ou contra o Exército dos Estados Unidos ou com ele, dependendo da parte da Coréia da qual procedessem. Tais são os caprichos da política no século vinte.) Por volta de junho de 1944, um em seis fuzileiros alemães na França era do batalhão *Ost*.

Além do mais, a Wehrmacht relaxou acentuadamente seus padrões físicos para levar mais alemães autênticos para a linha de frente. Homens com doenças do estômago e dos pulmões eram mandados para a frente. O tempo de convalescença foi cortado, como aconteceu com o tempo de treinamento para recrutas. Homens mais jovens e mais velhos eram convocados; de um exército de 4.270.000 homens em dezembro de 1943, mais de um milhão e meio estava acima de trinta e quatro anos; na 709ª Divisão, na península do Cotentin, a idade média era de trinta e seis; na Wehrmacht como um todo a idade média era de trinta e um e meio (no Exército dos Estados Unidos a idade média era de vinte e cinco e meio). Nesse meio-tempo, as classes de 1925 e 1926 foram convocadas.[8]

Como conseqüência destas medidas desesperadas, a Wehrmacht não tinha recursos para conduzir uma defesa em profundidade baseada em contra-ataques e contra-ofensivas. Carecia de suficientes tropas de alta qualidade, carecia de suficiente mobilidade blindada. Os velhos, os rapazes e as tropas estrangeiras só tinham valor se fossem colocados em trincheiras ou fortificações de cimento, com sargentos alemães por trás deles, de pistola na mão, prontos para atirar em qualquer homem que deixasse o posto.

Em 1939 Hitler havia caracterizado a Wehrmacht como "um Exército tal como o mundo jamais viu". Estava longe disso em 1943. O Departamento de Guerra dos Estados Unidos descrevia o soldado alemão como "um de vários tipos diferentes... O veterano de muitas frentes e muitas retiradas é um sujeito prematuramente idoso, um cínico cansado de guerra, ou desencorajado ou desiludido ou estupidificado demais para ter qualquer pensamento próprio. Todavia ele é um veterano amadurecido, com todas as probabilidades de ser um suboficial, e executa os seus deveres com o mais alto grau de eficiência.

"O novo recruta, exceto em algumas unidades de elite da SS (*Schutzstaffel*, ou Destacamento de Proteção), ou é jovem demais ou velho demais e muitos têm problemas de saúde.

"Ele foi deficientemente treinado por falta de tempo, mas, se jovem demais, compensa essa deficiência por meio de um fanatismo que raia a loucura. Se velho demais, é levado pelo medo do que seus propagandistas lhe disseram que acontecerá à Pátria em caso de uma vitória aliada, e até mais pelo medo do que lhe disseram que acontecerá a ele e à sua família se não executar as ordens exatamente como foram dadas. Assim, mesmo os velhos e doentes atuam, até certo ponto, com a coragem do desespero.

"O alto comando alemão foi particularmente bem-sucedido ao colocar os vários tipos de homens onde eles melhor se ajustavam, e ao selecionar como bucha de canhão aqueles a quem foi dito para resistir até o último homem, enquanto são feitos todos os esforços para preservar as unidades de elite, que agora são quase inteiramente parte das Waffen SS (tropas de combate da SS). O soldado alemão nestas unidades está numa categoria preferencial e constitui a espinha dorsal das Forças Armadas Alemãs. Ele assume o compromisso de nunca se render e não tem nenhum código moral a não ser lealdade a sua organização. Não havia limite para a sua brutalidade."[9]

Além das Waffen-SS, o melhor dos recrutas jovens foi ou para a *Fallschirmjäger* (tropa de pára-quedistas) ou para unidades *panzer* (blindados). Estas tropas de elite foram cuidadosamente educadas na Alemanha nazista exatamente para este desafio. Nascidos em 1920 e 1925, eles haviam crescido na Alemanha de Hitler, sujeitos à maciça e constante propaganda, membros da juventude nazista. Deram-lhes bom equipamento — e eles tinham o melhor que a Alemanha podia produzir, o que em armas leves, veículos blindados e artilharia, estava entre os melhores do mundo — e se constituíam em combatentes de primeira classe.

Em defesas costeiras fortes por natureza e fortalecidas ainda mais pela habilidade dos engenheiros alemães, até mesmo tropas de segunda e terceira classes podiam infligir pesadas baixas a uma força de ataque. Hitler declarou categoricamente que o dever de um soldado era "permanecer e morrer em suas defesas".[10] Essa era uma mentalidade da Primeira Guerra Mundial, a grande distância da *blitzkrieg*, inadequada para a era dos blindados, mas, dada a situação, inevitável. O que deu ao conceito certa credibilidade foi o plano para usar as tropas de elite Waffen-SS, tropas de pára-quedistas e tropas blindadas num contra-ataque imediato. No fim de 1943 essas tropas e blindados ainda estavam na Frente Oriental, ou em formação dentro da Alemanha, mas a Ordem de Hitler de 3 de novembro de 1943 significava que muitas delas, talvez bastantes, ficariam posicionadas atrás da muralha atlântica quando o assalto começasse.

No começo de março de 1942, Hitler estabeleceu o princípio básico da Diretriz nº 40. Ele ordenou que as defesas costeiras do Atlântico deviam estar tão organizadas e as tropas de tal forma desdobradas no terreno que qualquer tentativa de invasão seria esmagada antes do desembarque ou imediatamente após.[11] Em agosto de 1942, ele decretou que as construções fortificadas na França procedessem com fanatismo para criar um cinturão de fogos entrelaçados que emanasse de estruturas de concreto à prova de bombas. Nas palavras do historiador americano oficial, Gordon Harrison, "Hitler não estava, então, e nunca estaria, convencido de que a defesa não se pode tornar invulnerável se não se, verter nela bastante resolução e concreto".[12]

Em setembro de 1942, numa conferência de três horas com Goering, o ministro do Reich, Albert Speer (chefe da Organização Todt, a organização da construção alemã), o marechal-de-campo Gerd von Rundstedt, comandante do oeste, o general Guenther Blumenstedt (chefe do Estado-Maior da Frente Ocidental — OB West) e outros, Hitler reiterou suas ordens para preparar as mais sólidas fortificações fixas possíveis ao longo da muralha atlântica. Elas devem ser construídas, disse ele, na suposição de que os anglo-americanos desfrutassem da supremacia aérea e naval. Somente o concreto podia resistir ao peso esmagador de bombas e granadas. Ele queria, pois, 15.000 pontos fortes de concreto que deviam ser ocupados por 300.000 homens. Como parte alguma da costa era segura, o todo teria de ser protegido por muralhas. Ele queria as fortificações terminadas no dia 1º de maio de 1943.[13]

A maior parte deste plano era pura fantasia e, afora as posições de prioridade máxima, quase nada dele fora realizado no fim de 1943. Mas a política foi estabelecida, o compromisso assumido.

Rundstedt estava infeliz com a idéia de fortificações fixas. Ele argumentava que os alemães deviam manter suas unidades blindadas a boa distância da costa, fora do alcance do fogo naval aliado, capaz de montar uma verdadeira contra-ofensiva. Mas carências de blindados, de homens, de combustível e de cobertura aérea tornaram essa medida questionável.

O que Hitler podia fazer era tentar antecipar o local do desembarque, manter toda a força blindada disponível para o oeste, próxima daquele lugar, e usá-la para contra-ataques locais enquanto a muralha atlântica detinha os invasores. Os blindados poderiam impedir qualquer penetração; podiam repelir a primeira investida blindada leve e não blindada de invasores de volta para o mar, se as fortificações fossem sólidas o bastante para evitar que os aliados estabelecessem o *momentum*. O estratagema consistia em escolher o lugar para prover as fortificações da solidez requerida.

O Passo-de-Calais era o lugar lógico para a invasão por duas esmagadoras razões: entre Dover e Calais ficava o lugar onde o canal da Mancha é mais estreito, e a linha reta de Londres ao Reno-Ruhr e para Berlim percorre Londres-Dover-Calais-Bélgica.

Hitler tinha de fazer uma aposta, e em 1943 apostou que a invasão seria em Passo-de-Calais. De certo modo, tentou forçar os aliados a invadir por ali. No verão de 1943, decidiu instalar bases de lançamento para as armas *Vergeltungs* V-1 e V-2 naquela área. Ele acreditava que quaisquer que pudessem ter sido os planos anteriores dos aliados, as armas V seriam tão perigosas que os forçariam a atacar diretamente no Passo-de-Calais, a fim de devastar as bases de lançamento.

Assim a área em torno de Calais se tornou sem dúvida alguma a mais fortificada da *Kanalküste* (costa do canal), e em 1944 a localização da maior concentração de blindados alemães no Oeste. Era lá que a muralha do atlântico chegava mais perto do que a propaganda alemã declarava ser uma fortaleza inexpugnável.

Era um homem estranho, o Führer alemão. Na visão do subchefe de operações do Oberkommando der Wehrmacht (OKW) Alto-Comando das Forças Armadas; general Walter Warlimont, "ele conhecia detalhadamente a localização das defesas melhor que qualquer simples oficial do Exército". A paixão de Hitler pelo detalhe era impressionante. Em certa ocasião, salientou que havia menos dois canhões antiaéreos nas ilhas do canal do que na semana anterior. O oficial responsável por esta suposta redução foi punido. Acontece que tudo não passou de um erro de contagem.

Hitler passava horas estudando os mapas que mostravam as instalações alemãs ao longo da muralha do Atlântico. Ele exigia relatórios sobre o progresso das construções, a espessura do material, a espécie de concreto usado, o sistema utilizado para colocar o reforço de aço — e estes relatórios muitas vezes se alongavam por mais de dez páginas.[14] Mas depois de ordenar que se construísse a maior fortificação da história, nunca se incomodou em inspecionar qualquer parte da mesma. Após deixar Paris em triunfo no verão de 1940, não voltou a pôr o pé em solo francês até meados de junho de 1944. Todavia, declarou que aquele era o teatro decisivo!

2. Os Atacantes

O problema aliado era desembarcar, penetrar na muralha atlântica, e assegurar posições numa área apropriada para viabilizar reforços e expansão. A *conditio sine qua non* da operação era conseguir o fator surpresa. Se os alemães soubessem onde e quando o ataque estava vindo podiam com certeza concentrar homens, concreto, blindados, e artilharia no local para derrotar o assalto.

Ia ser bastante difícil mesmo contando com o fator surpresa. As operações anfíbias são inerentemente as mais complicadas na guerra; poucas alcançaram êxito. Júlio César e Guilherme, o Conquistador, tinham-no conseguido, mas quase todas as outras invasões tentadas contra uma oposição organizada fracassaram. Napoleão não tivera condições de cruzar o canal da Mancha, nem Hitler. Os mongóis foram derrotados pelo tempo quando tentavam invadir o Japão, como o foram os espanhóis quando tentaram invadir a Inglaterra. Os britânicos foram frustrados na Criméia no século dezenove e derrotados em Galipoli na Primeira Guerra Mundial.

Na Segunda, o índice melhorou. No final de 1943, os aliados haviam lançado três ataques anfíbios bem-sucedidos — África do Norte (8 de novembro de 1942), Sicília (10 de julho de 1943) e Salerno (9 de setembro de 1943), todos envolvendo forças americanas e britânicas de terra, mar e ar sob o comando do general Dwight D. Eisenhower. Nenhuma das linhas costeiras, todavia, fora fortificada. (O único ataque contra uma costa fortificada, pelos canadenses em Dieppe, no norte da França, em 1942, fora decisivamente derrotado.) Na África do Norte os aliados tiveram o fator surpresa quando atacaram um exército colonial francês sem uma declaração de guerra, e mesmo então encontraram muitas dificuldades. Na Sicília a oposição fora constituída principalmente de desanimadas tropas italianas; havia, porém, confusões tremendas, como seja o abatimento pela aviação naval aliada de aeronaves que conduziam a 82ª Divisão Aeroterrestre para a batalha. Em Salerno, os alemães haviam se recuperado rapidamente das duplas surpresas da traição italiana e dos desembarques marítimos e chegaram terrivelmente perto de repelir as tropas anglo-americanas de volta para o mar, apesar de inferiores em número e canhões.

Considerando, em suma, o ano de 1944, havia pouco exemplo precedente ou histórico que os aliados pudessem considerar para alguma inspiração. O que eles pretendiam tentar ainda não fora feito.

Mas tinha de ser feito. O chefe do Estado-Maior do Exército dos Estados Unidos, George C. Marshall, quisera invadir a França no fim de 1942, e mais ainda nos meados de 1943. A hesitação britânica e a necessidade política haviam forçado uma diversão para o Mediterrâneo. Entretanto, no fim de 1943, os britânicos superaram suas dúvidas e os aliados se comprometeram a desfechar um ataque através do canal como o esforço decisivo para 1944.

Havia múltiplas razões, predominando a questão óbvia de que as guerras são ganhas por ações ofensivas. A despeito de toda a sua hesitação sobre o momento exato em que a ofensiva devia começar, o primeiro-ministro britânico Winston Churchill sempre soube que ela era inevitável. Já no início de outubro de 1941, ele dissera ao capitão lorde Mountbatten, chefe das Operações Combinadas: "O senhor deve se preparar para a invasão da Europa; a não ser que desembarquemos para combater Hitler e derrotar as suas forças em terra, jamais ganharemos esta guerra."[1]

Precisamente para esta finalidade, Marshall havia transformado o Exército dos Estados Unidos, de um efetivo de 170.000 homens em 1940 para um exército, três anos depois, de 7,2 milhões (2,3 milhões na Força Aérea do Exército). Era mais equipada e com mais mobilidade, com maior poder de fogo do que qualquer exército em terra. Este feito foi um dos maiores na história da República.

Usar esse Exército apenas na Itália era inaceitável. O fracasso em montar um assalto para criar uma segunda frente seria uma traição a Stálin, e podia levar precisamente à conseqüência política — um armistício separado nazi-soviético — com a qual Hitler estava contando. Ou, talvez pior, à libertação pelo Exército Vermelho (e, portanto, ocupação de pós-guerra) da Europa Ocidental. No mínimo, nenhum ataque através do canal de 1944 protelaria a vitória contra os nazistas até pelo menos o final de 1945, possivelmente até 1946. Entrementes, a pressão política para dizer aos britânicos: "Para o inferno com isso, se vocês não lutarem na França, levaremos nosso Exército ao Pacífico" — se tornaria quase irresistível.

Assim, era preciso haver um assalto. E a despeito de todas as dificuldades, a despeito de todas as vantagens dos alemães — linhas terrestres de comunicação, luta defensiva, fortificações fixas — os aliados possuíam a vantagem decisiva. Graças ao seu controle do mar e do ar, e à produção em massa de uma incrível variedade de barcos de desembarque, os aliados tinham uma mobilidade sem precedentes. Eles poderiam escolher quando e onde em que a batalha deveria ser travada.

Tão logo, porém, a batalha começasse, a vantagem se voltaria para os alemães. Uma vez na França, os pára-quedistas aliados e as tropas transportadas por mar ficariam relativamente imóveis. Até que a cabeça-de-praia se tivesse expandido para permitir o desembarque de artilharia auto-propulsada e caminhões, o deslocamento seria feito à pé e não em viaturas. Os alemães, porém, podiam deslocar-se ao som dos canhões por estradas e trilhos — e por volta da primavera de 1944, teriam cinqüenta divisões de infantaria e onze divisões blindadas na França. Os aliados dificilmente podiam esperar muito mais do que cinco divisões no ataque do primeiro dia, o bastante para lhes dar superioridade local necessária para se sentirem seguros, mas os reforços, cada bala, cada atadura, cada ração de combate teriam de cruzar o canal da Mancha para entrar no campo de batalha.

Por isso os aliados precisavam realmente superar dois problemas: desembarcar, e ganhar a batalha da concentração de forças. Uma vez que tivessem estabelecido uma cabeça-de-praia segura e ganho espaço para se desenvolverem no interior, as armas produzidas em quantidade maciça nos Estados Unidos poderiam ser levadas para a França, selando o destino alemão. Agora, apenas uma questão de quando e a que preço a rendição incondicional seria alcançada, mas se a Wehrmacht conseguisse trazer dez divisões de infantaria e blindados para a batalha no final da primeira semana com o propósito de lançar um contra-ataque coordenado, seu potencial humano e suas vantagens de poder de fogo poderiam ser decisivos. A longo prazo, o problema dos aliados talvez fosse até maior, pois haveria mais de sessenta divisões alemãs na França na primavera de 1944, enquanto os aliados precisariam de sete semanas depois do Dia D para completar o comprometimento de quarenta e tantas divisões que reuniriam na Grã-Bretanha.

Para ganhar a batalha da concentração, os aliados podiam dispor de grandes frotas aéreas com o propósito de tolher o movimento alemão — mas a interdição só seria eficaz à luz do dia e em tempo claro. Muito mais eficaz seria imobilizar as divisões *panzer* por meio de artimanhas — burlando os alemães não só antecipadamente ao ataque, mas fazendo-os acreditar que a verdade era uma simulação. Este requisito seria o fator-chave na escolha do local da invasão.

Qualquer que fosse o local escolhido, o assalto seria um ataque frontal direto contra posições preparadas. Como fazer isso com sucesso a um custo aceitável era um problema que embaraçou os generais em todos os lados entre 1914 e 1918 e não estava resolvido no final de 1943. A Wehrmacht havia superado em flanqueamento e movimento seus oponentes na Polônia em 1939, na França em 1940 e na Rússia em 1941. Os ataques frontais diretos feitos pelo Exército Vermelho contra a Wehrmacht em 1943 e pelos britânicos e americanos na Itália naquele mesmo ano tinham sido custosos e relativamente ineficazes. E o ataque frontal no Dia D se daria do mar para a terra.

Na Primeira Guerra Mundial, todos os ataques frontais haviam sido precedidos de tremendos bombardeios de artilharia, às vezes por uma semana ou mais. Graças à sua enorme frota, os aliados tinham o poder de fogo para duplicar semelhante preparação de artilharia. Mas os planejadores aliados decidiram que a surpresa era mais importante que um longo bombardeio, de modo que limitaram o bombardeio pré-assalto a mais ou menos meia hora, a fim de assegurar o fator surpresa.

(Posteriormente, os críticos fizeram a acusação de que as pesadas baixas sofridas na praia chamada *Omaha* teriam sido menos numerosas se houvesse um bombardeio pré-invasão de terra e ar por vários dias, como foi feito posteriormente no Pacífico em Iwo Jima e Okinawa. O que a crítica deixou de ver foi o ponto central. Como escreveu Samuel Morrison na sua história oficial da Marinha dos Estados Unidos: "Os aliados estavam invadindo um continente onde o inimigo tinha imensas possibilidades de reforço e contra-ataque, não uma pequena ilha isolada pelo poder naval das fontes de suprimento... Mesmo uma completa pulverização da muralha atlântica em *Omaha* não nos serviria de nada, se o comando alemão tivesse recebido uma comunicação de 24 horas para mobilizar reservas, a fim de contra-atacar. Tivemos que aceitar o risco de pesadas baixas nas praias para evitar outras muito mais pesadas no planalto e entre as cercas vivas de proteção.")[2]

Na Primeira Guerra Mundial, quando a barragem de artilharia era suspensa, a infantaria deixava as trincheiras tentando cruzar a terra de ninguém. Num assalto anfíbio, a infantaria atacante não teria trincheiras como base perto da linha do inimigo; antes precisaria lutar fora da água na areia molhada, o que embaraçaria o seu equipamento e a sua agilidade.

E como desembarcariam de navios de transporte apropriados para trazê-los pelo canal até a praia? No começo da Segunda Guerra Mundial, ninguém sabia. No fim da década de 30, os fuzileiros americanos, antecipando o fato de que uma guerra contra o Japão compreenderia ataques a ilhas, pressionaram a Marinha para construir embarcações de desembarque, mas a Marinha estava interessada em porta-aviões e em encouraçados, não em barcos de pequeno porte, de modo que pouca coisa foi feita. A Wehrmacht tinha planejado cruzar o canal e atacar a Inglaterra em 1940 usando balsas para transportar suas unidades de infantaria de assalto. Essas balsas foram construídas para os sistemas de canais e rios da Europa. No canal desimpedido, sem nada mais que tranqüilidade absoluta, seriam no mínimo inúteis.

Os britânicos deram início a uma solução em 1941, com o navio de desembarque de carros de combate (LST) e o barco de desembarque de carros de combate (LCT). O LST era tão grande quanto um cruzador leve, com 99 metros de comprimento, deslocando 4.000 toneladas, mas tinha fundo chato e assim de difícil controle em qualquer tipo de mar. Era capaz de encostar e descarregar carros de combate ou caminhões em praias rasas em declive; quando abicava, duas portas de proa se abriam para os lados e uma rampa era abaixada para permitir que veículos se dirigissem à terra. Podia conduzir dezenas de carros de combate e caminhões em seu porão cavernoso, juntamente com pequenos barcos de desembarque no seu convés.

O LCT (no linguajar da Marinha americana, um "navio" tinha mais de 61 metros de comprimento, uma "embarcação" menos do que isso) era uma embarcação de fundo chato de 34 metros, capaz de carregar de quatro a oito carros de combate (posteriormente fabricaram-se quatro tipos de LCT), através de relativamente vastas extensões de água, tais como o canal, mesmo em mares agitados, e descarregar seu conteúdo sobre uma rampa. Quando a América entrou na guerra, assumiu a tarefa de produção de todos os LST e da maioria dos LCT, melhorando consideravelmente os projetos no processo.

Os LST e os LCT tornaram-se os burros de carga dos aliados. Eles eram as embarcações básicas para o transporte de veículos, usadas com sucesso no Mediterrâneo em 1942 e 1943. Mas tinham alguns defeitos. Eram lentos, pesados, alvos fáceis (os que estiveram em LST diziam que as iniciais queriam dizer Longo Alvo Lento (Long Slow Target). Não eram apropriados para desembarcar pelotões de combatentes, os soldados que teriam de ir na primeira leva. Para esse trabalho, era preciso uma embarcação reduzida de pequeno calado com uma hélice protegida que poderia abicar pela praia, recuar rapidamente e dispor de um pequeno círculo rotatório que lhe possibilitasse alcançar mar alto sem perigo de ficar de través numa arrebentação pesada. Exigiria também uma rampa para que os fuzileiros pudessem chegar à praia numa arremetida (de preferência, pulando sobre os lados).

Vários projetistas da América, dentro e fora da Marinha, começaram a estudar o problema. Apresentaram-se com uma variedade de respostas, algumas delas valiosas. As melhores eram as LCI (embarcações de alto mar para desembarque de tropas com 49 metros de comprimento, capazes de transportar uma companhia de infantaria reforçada (aproximadamente 200 homens) e descarregá-la em rampas a cada lado da proa), as LCM (embarcações médias) e as LCVP (embarcações mistas de desembarque de veículos e pessoal).[3]

Havia muitos outros tipos, inclusive o mais estranho de todos, um caminhão flutuante de duas e meia toneladas. O engenho foi projetado por um funcionário civil do Departamento de Pesquisas Científicas e Desenvolvimento, Palmer C. Putnam. Ele usou um caminhão de 2,5 toneladas — o básico (e muito respeitado) caminhão do Exército dos Estados Unidos — e transformou-o num anfíbio dando-lhe a flutuação através de uma carroceria feita em grande parte de tonéis vedados e vazios, mais um par de pequenas hélices com a finalidade de proporcionar movimento para a frente na água. Uma vez atingida a areia, ele funcionava como um caminhão. O veículo tinha condições de fazer cinco e meio nós num mar calmo, cinqüenta milhas por hora em terra. Podia transportar peças de artilharia, homens, ou carga geral.

Quase todo mundo, no início, riu deste híbrido, mas ele logo mostrou sua qualidade e foi adotado. O Exército chamou-o de DUKW: D para 1942, o ano do projeto; U para anfíbio; K para tração em todas as rodas, W para eixos traseiros duplos. Os usuários chamavam-no de Pato (Duck).[4]

A produção foi um problema tão grande quanto o projeto. As dificuldades para construir uma frota grande o bastante para desembarcar três a quatro divisões em um dia eram enormes. Nem a Marinha nem os estaleiros tinham experiência em tais questões. Havia prioridades competitivas. Em 1942, navios-escolta e embarcações mercantes constituíam necessidades mais imediatas e recebiam o aço disponível e motores marítimos.

Como resultado, havia muitas insuficiências, tão sérias que o principal fator limitativo do planejamento era a falta de navios e embarcações de desembarque suficientes. Na verdade, este era o fator isolado mais importante para a formulação de toda a estratégia de guerra, no Pacífico, no Mediterrâneo, no Atlântico. Churchill se queixava com certo amargor de que "Os destinos de dois grandes impérios... pareciam estar amarrados em certas malditas coisas chamadas LST."[5]

O fato de estas deficiências terem sido superadas foi um milagre de produção e um triunfo do sistema econômico americano. A Marinha não queria mexer com os barcos pequenos, e seus grandes empreiteiros, os grandes estaleiros, pensavam da mesma maneira. Forçosamente, o trabalho coube a pequenos homens de negócios, empresários, industriais de alto risco com estaleiros de embarcações de pequeno porte, projetando barcos de modo especulativo, produzindo-os na base de um contrato feito com um aperto de mão.

Havia muitos homens desta categoria, mas o maior projetista e construtor de embarcações de desembarque foi Andrew Jackson Higgins, de Nova Orleans.

A primeira vez que encontrei o general Eisenhower, em 1964, no seu escritório em Gettysburg, para onde ele me havia chamado para discutir a possibilidade de eu me tornar um dos seus editores oficiais, ele me disse no fim da conversa: "Vejo que o senhor leciona em Nova Orleans. Chegou a conhecer Andrew Higgins?"

"Não, senhor", retruquei. "Ele morreu antes que eu mudasse para a cidade."

"Que lástima", disse Eisenhower. "Ele foi o homem que ganhou a guerra para nós."

Meu rosto deve ter revelado o espanto que senti ao ouvir uma afirmação daquele peso vindo de uma fonte tão valiosa. Eisenhower prosseguiu, explicando: "Se Higgins não tivesse projetado e construído aqueles LCVP, nunca conseguiríamos desembarcar numa praia aberta. Toda a estratégia de guerra teria sido diferente."

Andrew Higgins era um gênio autodidata em desenho de barcos de pequeno porte. Na década de 30 ele se dedicara à construção de barcos para a indústria de petróleo, que estava fazendo explorações nos pântanos do sul de Louisiana e precisava de uma embarcação de pequeno calado que pudesse escalar um banco e sair por si mesma. O seu barco *Eureka*, feito de madeira, satisfez plenamente a necessidade. Ele estava tão confiante em que haveria uma guerra e a necessidade de milhares de barcos pequenos, e tão certo sobre a futura escassez de aço, que comprou das Filipinas toda a safra de mogno de 1939 e armazenou-a para uso futuro.

Quando os fuzileiros forçaram a Marinha a dar início a experimentos com embarcações de desembarque, Higgins entrou na competição. A diretoria de Engenharia Naval da Marinha pretendia ela mesma fazer o desenho e não queria participação alguma desse irlandês esquentado e ruidoso que bebia diariamente uma garrafa de uísque, construindo seus barcos de madeira em vez de metal, cuja empresa (Higgins Industries) era uma firma de "fundo de quintal" no Golfo e não uma firma estabelecida na costa Leste, e que insistia em que "a Marinha não entende nada de barcos pequenos".

A luta entre a burocracia e o inventor solitário durou cerca de dois anos, mas de uma maneira ou de outra Higgins conseguiu forçar a Marinha a deixá-lo entrar na competição por contratos — e os fuzileiros adoraram o que ele produziu, o LCVP. Era de tal maneira superior a tudo o que os projetistas da Marinha ou os competidores civis podiam produzir, que a excelência levou a melhor sobre a cega, estúpida e retrógrada burocracia.

Uma vez conseguido o contrato inicial, Higgins mostrou que era gênio tanto na produção em massa quanto em projeto. Ele possuía linhas de montagem espalhadas por toda Nova Orleans (algumas sob teto de lona). Chegou a empregar, no pico da produção, 30.000 trabalhadores. Era uma força de trabalho constituída de negros, mulheres e homens, a primeira já instalada em Nova Orleans. Higgins inspirava seus operários da maneira pela qual um general tenta inspirar suas tropas. Uma enorme tabuleta pendia de uma de suas linhas de montagem: "Quem trabalha com desleixo está ajudando o inimigo." Pendurou retratos de Hitler, Mussolini e Hirohito sentados em privadas, nos banheiros de suas fábricas. "Vamos entrar, irmão", diz a legenda. "Não tenha pressa. Cada minuto que você desperdiçar aqui vai nos ajudar um bocado." Ele pagava elevados salários, independente do sexo ou raça.[6]

Higgins melhorou o desenho dos LCT e produziu centenas deles; ajudou a desenhar os barcos-patrulha (PT-boats) e construiu dezenas; teve um importante papel de subempreiteiro no Projeto Manhattan; fez também várias outras contribuições ao esforço de guerra.

Principalmente, porém, as Indústrias Higgins construíram LCVP. Tudo estava baseado no projeto Eureka, mas substituíram a proa tornando-a quadrada, agora realmente uma rampa para a descida. Com 11 metros de comprimento e 3,20 de largura, era uma espécie de caixa de charutos flutuante, impelida por uma hélice protegida e acionada por um motor a diesel. Podia conduzir um pelotão de trinta e seis homens ou um jipe e um grupo de uma dúzia de homens. Tinha uma rampa de metal, mas os lados e a popa quadrada eram de madeira compensada. Mesmo num mar moderado, oscilaria e sacudiria à medida que as vagas arrebentassem sobre a rampa e os lados. Entretanto, podia conduzir um pelotão de fuzileiros para a linha costeira e descarregar os homens numa questão de segundos, em seguida retirar-se e voltar para o navio-tênder, a fim de receber uma outra carga. Satisfez perfeitamente a sua tarefa.

Pelo final da guerra, as Indústrias Higgins haviam produzido mais de 20.000 LCVP. Eles eram chamados "barcos de Higgins", e desembarcaram tropas de infantaria no Mediterrâneo, na França, em Iwo Jima, Okinawa e outras ilhas do Pacífico. Mais combatentes pisaram terra firme em barcos de Higgins do que em todos os outros tipos de embarcações de desembarque reunidos.*

Os barcos de Higgins eram carregados através do Atlântico — e posteriormente através do canal — nos conveses dos LST. Eles eram arriados por meio de turcos. (Uma das discussões de Higgins com a diretoria de Engenharia Naval fora a respeito do comprimento; ele insistia em que um barco de 11 metros tinha o comprimento certo para satisfazer as exigências, ao passo que a Marinha alegava que devia ser um barco de 9,15 metros, porque os turcos, nos LST, eram projetados para um barco desse comprimento. "Mudem os turcos", trovejava Higgins, e por fim a solução do bom senso foi adotada.)

* Depois da guerra, Higgins se viu assediado por problemas, alguns causados por ele próprio. Higgins não era um bom homem de negócios. Ele não podia tomar a decisão de fazer cortes porque odiava deixar sua força de trabalho sem emprego. Ele combateu os sindicatos operários e perdeu. Estava à frente do seu tempo e tentou mudar para a fabricação de helicópteros e barcos de passeio a motor e a vela, carros-reboque providos de tendas de armação automática, e outros produtos para as horas de lazer; tudo acabou dando certo, mas não em 1946-47. Ele era brilhante em projetos, mas ruim em *marketing*, um mestre de produção mas péssimo guarda-livros. Acabou indo à bancarrota. Suas indústrias faliram. Mas foi o homem que ganhou a guerra para nós, e é uma vergonha que o tenham esquecido, a nação e a cidade de Nova Orleans.

Juntamente com os LCT e outras embarcações eles proporcionaram aos aliados uma mobilidade sem precedentes.

Os aliados tiveram outras vantagens ajudando a resolver os seus problemas. Os alemães, que tinham sido pioneiros na criação de uma força de tropas de pára-quedistas, acabaram desistindo de operações aeroterrestres depois de sofrerem perdas desastrosas na captura de Creta em 1941 — e, seja como for, eles não tiveram capacidade de transporte para montar muito mais do que pequenos destacamentos de assalto. Mas os exércitos — americano, britânico e canadense — tinham divisões aeroterrestres, e dispunham de aviões para conduzi-las por trás das linhas inimigas. Esses aviões eram os C-47, conhecidos como Dakotas.

Cada um podia conduzir dezoito pára-quedistas. O Dakota era a versão militar do DC-3, um bimotor construído pela Douglas Aircraft na década de 30. Não possuía armas nem blindagem, mas era um aparelho versátil. Era lento (230 milhas por hora em velocidade máxima), porém o mais confiável, o mais robusto, o melhor projeto até então construído. (Mais de meio século depois, a maioria dos DC-3 produzidos nos anos trinta ainda estava em serviço, principalmente voando como transportes comerciais sobre as montanhas das Américas do Sul e Central.)

Os homens que os Dakotas conduziam eram tropas de elite. Havia duas divisões aeroterrestres britânicas, a 1ª e a 6ª, e duas americanas, a 82ª e a 101ª. Cada pára-quedista era um voluntário (a infantaria transportada por planadores não tinha voluntários). Cada pára-quedista passava pelo mais rigoroso curso de treinamento. A experiência os havia ligado e sua coesão se tornara notável. Os homens eram soberbamente condicionados, altamente motivados, peritos em armamento individual. As companhias de fuzileiros nas divisões aeroterrestres aliadas eram tão boas quanto qualquer outra do mundo. O mesmo ocorria com as outras formações de elite aliadas, tais como as Tropas de Assalto Anfíbio (*Rangers*) e os comandos britânicos.

As divisões de infantaria do Exército americano não eram de elite, por definição, mas tinham certas características notáveis. Embora fossem compostas principalmente de tropas recrutadas, havia uma ampla diferença entre os convocados americanos e os convocados alemães (para não mencionar os batalhões *Ost*). O Serviço Seletivo Americano era exatamente isto: seletivo. Um terço dos homens convocados para o serviço militar era rejeitado depois dos exames físicos, tornando o convocado médio mais brilhante, mais saudável e mais bem educado que o americano padrão. Tinha 26 anos de idade, um metro e setenta e seis de altura, sessenta e cinco quilos de peso, 85 centímetros de tórax e 78 de cintura. Depois de treze semanas de treinamento básico, ele ganhava três quilos (e convertia muito dos originais gramas de gordura em músculos) e acrescentava pelo menos 2,5 centímetros ao tórax. Aproximadamente metade dos convocados tinha diploma de escola secundária; um em dez tinha alguma formação superior. Como observa Geoffrey Perret em sua *História dos Estados Unidos na Segunda Guerra Mundial*: "Eram os pracinhas mais bem-educados de qualquer exército na história."[7]

No final de 1943 o Exército dos Estados Unidos era o mais inexperiente do mundo. Das quase 50 divisões de infantaria, blindada e pára-quedista escolhidas para participar na campanha no noroeste da Europa, apenas duas — a 1ª de infantaria e a 82ª de pára-quedista — tinham estado em combate.

Nem o grosso do Exército britânico havia experimentado ação. Embora a Grã-Bretanha estivesse em guerra com a Alemanha havia quatro anos, apenas um pequeno número de divisões tinha enfrentado combate, e nenhuma daquelas designadas para um assalto tinha mais que um punhado de veteranos.

Tal fato suscitava problemas e causava apreensão, mas oferecia certa vantagem. De acordo com o soldado Carl Weast, do 5º Batalhão de "*RANGERS*" (Tropa de Assalto Anfíbio), "um soldado de infantaria veterano é um soldado de infantaria assustado".[8] O sargento Carwood Lipton do 506º Regimento de Pára-Quedistas da 101ª Aeroterrestre comentou: "Corri riscos no Dia D que nunca voltei a correr posteriormente na guerra."[9]

Em *Wartime*, Paul Fussell escreve que os homens em combate passam por dois estágios de racionalização seguidos de percepção. Considerando a possibilidade de um ferimento grave ou morte, a primeira racionalização do soldado mediano é: "*Não pode* acontecer comigo. Sou destro/ágil/treinado/bonito/amado/ bem protegido etc.

demais." A segunda racionalização é: "*Pode* acontecer comigo, e é melhor que eu seja mais cuidadoso. Posso evitar o perigo observando mais prudentemente a maneira com que me abrigo/me entrincheiro/exponho minha posição ao disparar minha arma/mantenho-me superalerta a todo momento etc." Finalmente a compreensão é: "*Vai* acontecer comigo, e somente se eu não estiver lá é que eu posso evitá-lo."[10]

No que diz respeito a um ataque frontal direto sobre uma posição inimiga preparada, homens que não viram o que uma bala ou mina terrestre ou um obus que explode perto pode fazer a um corpo humano são preferíveis a homens que já viram a carnificina. Homens no final da adolescência ou na casa dos vinte, vinte e poucos anos têm uma sensação de invulnerabilidade, como se vê na observação de Charles East da 29ª Divisão. Informado pelo seu oficial comandante na véspera do Dia D de que nove em dez soldados seriam atingidos na campanha a ser iniciada, East olhou para o homem à sua esquerda, em seguida para o homem à sua direita, e pensou consigo mesmo: "Pobres infelizes!"[11]

Homens como o sargento Lipton e a praça East — e havia milhares deles no Exército americano — podiam superar o problema da inexperiência com o seu zelo e a sua atitude temerária.

As divisões comuns de infantaria do Exército britânico eram outro assunto. Eles haviam estado em quartéis desde que a Força Expedicionária britânica se retirou do Continente em 1940. O soldado comum não era tão bem-educado nem estava tão fisicamente em forma quanto seu parceiro americano. A disciplina superficial — uniforme, saudação etc. — era muito melhor que entre os GIs (recrutas americanos), mas a verdadeira disciplina, receber e executar ordens, era frouxa. O Ministério da Guerra britânico tivera receio de impor uma disciplina rígida a um exército democrático baseado na estranha suposição de que poderia diminuir o espírito combativo dos homens nas fileiras.

Os soldados britânicos veteranos tinham sido duramente batidos pela Wehrmacht em 1940; seus companheiros de ultramar haviam se rendido a um Exército japonês inferior em Cingapura em fevereiro de 1941, a um Exército alemão inferior em Tobruk, Líbia, em junho de 1942 e novamente a uma força alemã inferior na ilha grega de Leros em novembro de 1943. A única vitória britânica na guerra, em El

Alamein em novembro de 1942, fora conquistada sobre um Afrika Korps exaurido de suprimentos, homens e armas. Perseguindo o derrotado Afrika Korps na Tunísia, como nas subseqüentes campanhas na Sicília e na Itália, o Oitavo Exército Britânico não deu grande demonstração de um instinto sanguinário.

Os alemães que lutaram muitas vezes com os ingleses expressaram a sua surpresa ante a maneira pela qual as tropas britânicas fazem apenas o que se espera delas, e nada mais. Acharam notável que os britânicos costumassem abandonar uma perseguição para preparar o seu chá, e inclusive mais notável que as tropas britânicas resolvessem se render quando sua munição escasseava, o combustível chegava ao fim, ou quando eram cercados. O general Bernard Law Montgomery, comandante do Oitavo Exército, escreveu ao seu superior, chefe do Estado-Maior Imperial, marechal-de-campo Alan Brooke: "O problema com os nossos rapazes é que eles não são assassinos por natureza."[12]

Um dos motivos para as deficiências do Exército britânico da Segunda Guerra Mundial era o armamento inferior. Seus carros de combate, caminhões, a artilharia, as armas de pequeno calibre não eram tão bons quanto os de seus inimigos, ou os de seus parceiros americanos. Outro motivo era a maneira pela qual o veneno do pacifismo havia corroído a alma da juventude britânica depois das catástrofes de Somme, Flandres, e alhures na Primeira Guerra Mundial. Além disso, os oficiais superiores eram sobreviventes das trincheiras. Tinham pesadelos depois daquela experiência. Eles desconfiavam de ações ofensivas em geral, e muito mais de assaltos frontais diretos. O que os seus generais ordenassem, como investir através da terra de ninguém, eles não o fariam. Sabiam que era estúpido, inútil, um suicídio. Seu erro consistia em pensar que as lições da Primeira Guerra Mundial se aplicavam a toda ação ofensiva.

Na véspera da invasão, o general Montgomery visitou a Companhia D, a Infantaria Ligeira de Oxfordshire e Buckinghamshire, uma unidade de planadores da 6ª Divisão Aeroterrestre. Seu oficial comandante era o major John Howard. A Companhia D tinha uma missão especial. Era composta de voluntários, possuía excelentes oficiais subalternos, estava bem treinada e bem preparada. Enfim, uma excelente companhia de fuzileiros. As palavras de despedida de Montgomery a Howard foram: "Traga de volta tantos rapazes quantos puder."[13]

A visão de Montgomery no que se refere ao lançamento de uma ofensiva diferia em muito da do marechal-de-campo Douglas Haig na Primeira Guerra Mundial, e era certamente muito mais louvável. E assim mesmo aquelas eram palavras estranhas para dizer ao comandante de uma força de elite que devia executar uma tarefa sem dúvida alguma decisiva. Poder-se-ia pensar que algo assim como: "John, aconteça o que acontecer, faça o seu trabalho", seria mais apropriado.

Em parte, a cautela de Montgomery era simples realismo. A Grã-Bretanha havia atingido os limites do seu efetivo humano. O Exército britânico não podia suportar perdas maciças; não havia nenhum meio de repará-las. Mas era precisamente este ponto que enfurecia os americanos. Na sua maneira de ver, o meio para minimizar as baixas consistia em assumir riscos de ganhar o mais cedo possível, e não usar de cautela numa ação ofensiva.

Algo mais irritava os americanos — o arrogante desprezo por tudo que era americano, que alguns oficiais britânicos não podiam esconder, e a pretensa superioridade das técnicas, métodos e táticas britânicas. E a liderança que quase todos os oficiais britânicos compartilhavam e que muitos deles ostentavam. Para falar sem rodeios, a maioria dos oficiais britânicos considerava os americanos como neófitos na guerra, apenas favorecidos com equipamento em quantidades maciças, e soldados soberbamente condicionados, mas inexperientes. Ditos oficiais sentiam como seu dever, seu destino, treinar e ensinar os ianques. Escreveu da Tunísia à Brooke o marechal-de-campo *Sir* Harold Alexander sobre os americanos: "Eles simplesmente não sabem cumprir suas tarefas como soldados e isso acontece do mais alto ao mais baixo escalão, do general ao soldado raso. Talvez o elo mais fraco de todos seja o oficial subalterno, que simplesmente não lidera, com o resultado de que os seus homens não combatem de verdade."[14]

Outro problema de vulto enfrentado pelos aliados no fim de 1943 era precisamente o fato de serem aliados. "Dêem-me aliados contra os quais eu possa lutar", disse Napoleão apontando para uma verdade óbvia. Os ianques enervavam os britânicos; os *Limeys* (soldados ingleses) enervavam os americanos. Isto era exacerbado pela proximidade; quando o Exército americano na Grã-Bretanha começou a crescer antecipadamente à invasão, a desinteligência aumentou. De acordo com os britânicos, o problema com os ianques era que eram "pagos em excesso, sensuais em excesso e excessivos aqui". As praças respondiam que o problema com os ingleses era que estavam sendo mal pagos (uma verdade) e pouco dados ao sexo, o que tendia a ser verdadeiro, na medida em que as garotas davam em cima dos GIs, que tinham dinheiro para esbanjar e eram alojados em aldeias em vez de serem segregados em quartéis isolados.

Na Tunísia, na Sicília, na Itália os Tommies e os GI (apelido dado aos soldados ingleses e americanos) haviam lutado lado a lado, mas houvera excesso de atrito, pouquíssimo funcionamento falando-se em termos de equipe. Se eles iam penetrar a muralha atlântica, iam ter de aprender a trabalhar em conjunto. Uma indicação de que podiam fazer tal coisa foi a denominação da força. Nos idos de 1917, quando se perguntou aos membros da Força Expedicionária Americana o que queria dizer AEF, os ianques responderam: "Depois que a Inglaterra fracassou." (After England Failed.) Mas em 1943 AEF significava Força Expedicionária Aliada. (Allied Expeditionary Force.)

Em oposição ao Exército americano com sua pretensiosa expressão: "danem-se os torpedos; a todo vapor, avante", e ao excessivamente cauteloso Exército britânico cansado de guerra, os alemães podiam pôr em combate tropas que (segundo descrição de Max Hastings) possuíam uma reputação histórica como soldados formidáveis. No tempo de Hitler, o seu Exército atingiu o auge. Assevera Hastings: "Ao longo da Segunda Guerra Mundial, sempre que as tropas britânicas e americanas se confrontavam com os alemães em tudo o que dizia respeito à igualdade de força, os alemães prevaleciam."[15]

A apreciação de Hastings tornou-se popular entre os historiadores militares meio século após a guerra. O soldado alemão na Segunda Guerra Mundial foi revestido de uma qualidade mística como o melhor combatente, não só naquela guerra, mas na maioria das guerras já travadas.

A apreciação está errada. A Wehrmacht tinha muitas unidades excelentes e muitos soldados excepcionais, mas eles não eram superhomens. Nem mesmo as tropas de elite das Waffen SS de 1944-45 eram muito, se tal coisa aconteceu, melhores do que as tropas aliadas comuns. E as unidades de elite aliadas, os pára-quedistas, os *Rangers* e os *Comandos* ("Forças Especiais" ingleses) eram melhor do que tudo o que os alemães puseram em campo.

O que fez os alemães parecerem tão bons, o que tanto impressionou Hastings e outros, foi o índice de extermínio. A coisa se fazia quase na proporção de dois para um em favor da Wehrmacht, às vezes mais do que isso. Mas esse critério ignora um fato básico: a Wehrmacht contra os exércitos anglo-americanos estava quase sempre lutando na defensiva atrás de posições preparadas e fortificações fixas, tais como a linha Mareth na Tunísia, a linha de Inverno na Itália, a muralha atlântica na França, a muralha ocidental na defesa final das fronteiras alemãs. Mesmo então, os alemães nunca conseguiram manter uma posição — e eram sempre obrigados a recuar. Como é natural, a apreciação consiste em que eram forçados a recuar por um poder de fogo esmagador, que os aliados ganharam porque excederam os alemães em produção, não porque os superaram em combate. Há verdade quanto a isso.

Mas a única vez na Segunda Guerra Mundial em que a Wehrmacht empreendeu uma autêntica ofensiva contra tropas americanas, foi vigorosamente escorraçada. Nas Ardenas, em dezembro de 1944, os alemães tiveram a vantagem do efetivo humano e do poder de fogo. Em Bastogne, onde a 101ª aeroterrestre estava cercada, a vantagem foi quase de dez para um. O controle aliado do ar foi inútil durante a primeira semana de batalha, devido às péssimas condições do tempo. Os alemães estavam perto dos seus depósitos de suprimento, inclusive de seus locais de atividade fabril — os carros de combate saindo das fábricas na região Reno-Ruhr podiam começar a atirar quase ao deixar o portão da fábrica. Os alemães tinham algumas de suas melhores divisões Waffen SS e *panzer* no ataque. Dispunham de um amplo apoio de artilharia. Mas a 101ª, provida de armamentos leves, com os suprimentos cortados, com frio, com fome, incapaz de cuidar devidamente dos seus feridos, com escassez de munição ou mesmo sem nenhuma e com pouco apoio de artilharia, resistiu aos desesperadores ataques alemães por mais de uma semana.

A unidade de elite americana prevaleceu sobre as unidades de elite alemãs. Em outro lugar em Ardenas o mesmo padrão prevaleceu. Uma vez que se tinham recuperado do fator surpresa, as unidades regulares de infantaria americana tiveram um desempenho excelente.

Em 1980, o colunista da revista *Time*, Hugh Sidey, pediu ao general Maxwell Taylor, comandante da 101ª Aeroterrestre, que avaliasse o desempenho dos soldados americanos sob o seu comando na Segunda Guerra Mundial. Surgiram, inicialmente, muitos problemas, mas em dezembro de 1944, havia companhias em sua divisão "que eram melhores que tudo o que existia em qualquer lugar. Os homens estavam calejados, os oficiais testados, o equipamento aperfeiçoado e eles tinham uma maravilhosa flexibilidade e autoconfiança conferida por uma sociedade democrática. Nenhum outro sistema poderia produzir soldados desta maneira, apenas levou certo tempo".[16]

Assim, embora o Exército alemão contivesse algumas unidades excelentes, não tem fundamento chamar esse exército como um todo de o melhor da guerra. Seria mais exato dizer que depois de 1941 o lado da defesa quase sempre se saiu melhor.

Nem na frente tecnológica eram os alemães superiores aos aliados. Na verdade, suas armas de infantaria tendiam a ser melhores, e eles tinham alguns dispositivos inovadores, tais como bombardeiro V-1 sem piloto, e alguns avanços tecnológicos autênticos, como o submarino *snorkel* e o míssil balístico V-2. Mas haviam ficado muito para trás no que se refere à qualidade e projeto de aeronaves tipo caça e bombardeiro (com exceção do muito tardio ME 262), eles não estavam sequer na corrida pela bomba atômica, o seu sistema de codificação, a máquina Enigma, tinha sido irremediavelmente comprometido e — estranho o bastante para um país que tinha a Mercedes e a Volkswagen — estavam extremamente superados no que se refere a transporte motorizado.

Os britânicos sobressaíam em ciência e tecnologia. A espoleta de aproximação, o radar, o sonar constituíam inovações britânicas, tais como a penicilina. A maior parte do trabalho básico com a bomba atômica foi feita com os físicos britânicos. Por exemplo, estavam trabalhando em blindados especiais chamados *Hobart's Funnies* (Os Pândegos de Hobart), do nome do general Percy Hobart da 79ª Divisão Blindada. Em março de 1943, Hobart recebera a incumbência de encontrar um meio de obter apoio blindado no desembarque e extensão nas praias, abrir brechas no concreto e no campo minado da muralha atlântica. Ele apresentou como solução os carros de combate flutuantes, que foram chamados de Duplex Drive — acionamento duplo (DD) conforme as suas hélices duplas acionadas diretamente pelo motor principal. Eles possuíam uma tela de lona à prova de água cheia de ar em volta de todo o casco, dando ao DD a aparência de um carrinho de bebê. A tela inflável era deixada cair quando o carros de combate alcançava a costa.

Outro dos "Pândegos" de Hobart levava uma ponte de vigas de caixão de 12 metros com a finalidade de atravessar fossos anti-carros. O "Caranguejo" (Crab) era provido de um tambor rotativo na frente da viatura; ao girá-lo, malhava o chão em frente com correntes de aço, detonando sem perigo minas que se encontravam à sua frente. Havia outros achados soberbos.

Mais impressionante ainda que carros de combate flutuantes era a idéia de rebocar portos pré-fabricados através do canal. No fim de 1943, milhares de operários britânicos estavam ajudando a construir os portos artificiais (codinome, Mulberries), e os quebra-mares para protegê-los. As "docas" consistiam em molhes flutuantes conectados à praia por faixas de rodagem. Os molhes eram projetados de modo que a plataforma, ou faixa de rodagem, pudesse deslizar para cima e para baixo com a maré sobre quatro postes que ficavam no fundo do mar. O quebra-mar (codinome Phoenix) combinava caixões ocos e flutuantes de concreto com cerca de seis andares de altura juntando velhos navios mercantes. Alinhados de extremo a extremo ao largo da costa, os navios e os Phoenixes eram afundados abrindo-se suas válvulas de segurança. Resultado: um quebra-mar instantâneo protegendo instalações portuárias imediatas, posicionadas e prontas para funcionar no Dia D mais um.*

---

* Os Mulberries não ficaram em operação por muito tempo, uma forte tempestade, duas semanas depois do Dia D, derrubou o Mulberry americano e danificou terrivelmente o britânico. Mas a grande frota de LST mais do que compensou a diferença, levantando a questão: foi sensato o dispêndio de tanto material e mão-de-obra na construção dos Mulberries? A resposta de Russell Weigley é sim. Ele escreve: "Sem a perspectiva de que os Mulberries pudessem permitir que as praias funcionassem como portos, Churchill e seu governo teriam provavelmente desistido afinal da *Overlord*." (Russell Weigley, *Eisenhower's Lieutenants: The Campaigns of France and Germany, 1944-45*. Bloomington: Indiana Universitary Press, 1981, p. 103).

* * *

Houve muitos outros triunfos britânicos. Um dos mais importantes foi o Ultra, codinome para o sistema cuja finalidade era decodificar a máquina do Enigma alemão. De 1941 em diante, os britânicos estavam lendo partes significativas do tráfego radiofônico alemão, dando quase sempre aos aliados um quadro preciso, e de vez em quando exato e total da ordem de batalha do inimigo. Como isto é o que há de mais básico e inestimável em todo o serviço de informações secretas na guerra — onde estão as unidades do inimigo? De que força dispõem? Com que capacidades? — o Ultra deu aos aliados uma imensa vantagem.

Quando o segredo do Ultra foi finalmente revelado no começo da década de 70, as pessoas perguntaram: "Se estávamos ouvindo o tráfego radiofônico alemão durante o desenrolar da guerra, como é possível que não a tivéssemos ganho mais cedo?" A resposta é: ganhamos mais cedo.

A vantagem do serviço secreto era inclusive maior graças ao Sistema Double Cross (Traição) britânico e à presunção alemã. Em 1940, os britânicos conseguiram deter todos os espiões alemães no Reino Unido. Eles eram "convertidos", levados sob a coação de um revólver a operar como agentes duplos. Durante os próximos três anos eles enviaram informações a seus controladores em Hamburgo via código Morse, informações cuidadosamente selecionadas pelos britânicos. Eram sempre precisas, já que o propósito da operação era fazer com que a Abwehr confiasse pelo serviço de segurança (alemão) nos agentes, mas eram sempre inócuos ou tarde demais para serem de qualquer utilidade.[17]

Às vezes a informação passada adiante podia resultar desconcertante para as forças aliadas que se preparavam para a invasão. O sargento Gordon Carson da 101ª dos Estados Unidos estava servindo em Aldbourne, a oeste de Londres, no fim de 1943. Ele gostava de ouvir "Axis Sally"no rádio. Sally, conhecida pelos homens como a "Cadela de Berlim", era Midge Gillars, uma garota de Ohio que quisera ser atriz mas se tornara uma modelo parisiense. Lá ela encontrou Max Otto Koischwitz, casou com ele e se mudou para Berlim. Quando veio a guerra, ela se tornou *disc-jockey*. Gozava de popularidade com as tropas americanas por causa do seu sotaque e da sua voz doce e *sexy* e porque tocava os últimos sucessos, entremeados de grosseira propaganda (Por que lutar pelos comunistas? Por que lutar pelos judeus?) que despertava o riso dos homens. Mas eles não riam quando Sally entremeava o seu comentário com observações que provocavam calafrios na espinha de seus ouvintes, tais como: "Alô para os homens da Companhia E, do 506º, da 101ª A/B em Aldbourne. Espero, rapazes, que tenham aproveitado seus passes para Londres no último fim de semana. Oh, a propósito, por favor digam aos funcionários municipais que o relógio da igreja está atrasado três minutos."[18]

Axis Sally estava em dia com os fatos e centenas de soldados americanos e britânicos contavam histórias semelhantes à de Carson sobre o relógio. Cinqüenta anos depois, os veteranos ainda meneiam a cabeça e conjecturam: "Como é que ela podia saber daquilo?" Ela sabia porque o sistema Double Cross lhe dera a informação.*

O recebimento de tantas informações da parte de seus agentes reforçou o conceito alemão de que eles tinham o melhor conjunto de espiões do mundo. Isto aumentou-lhes a convicção de que Enigma era a melhor máquina de codificação, absolutamente inviolável, e levou-os a pensar que tinham os melhores sistemas de espionagem e contra-espionagem do mundo.

Enganar os alemães no que se refere às capacidades e intenções aliadas constituiu o lado negativo da luta da espionagem. O lado positivo consistia em colher informações sobre a ordem alemã de batalha. É claro que o Ultra estava prestando uma inestimável contribuição nisto; para suplementar o Ultra, os aliados tiveram duas fontes que, no fim de 1943, eles estavam prontos para pôr em ação total. A primeira foi o reconhecimento aéreo. Com a Luftwaffe lutando na defensiva, em grande parte dentro da Alemanha, os americanos e britânicos estavam livres para voar sobre a França e tirar todas as fotografias que desejassem.

Mas os carros de combate e a artilharia podiam ser escondidos nos bosques, em embasamentos de campanha camuflados, o que pôs em ação a segunda fonte aliada, a Resistência Francesa. Em parte para

---

* Depois da guerra, a senhora Gillars foi julgada e condenada à prisão. Ela serviu uma dezena de anos num reformatório federal. Libertada em 1961, ensinou música em Colombo, Ohio. Morreu com a idade de 87 anos em 1988.

manter a economia funcionando a toda capacidade, em parte porque na França os ocupantes alemães tentaram agir de maneira decente, a fim de fazer amigos, os civis franceses não foram evacuados das áreas costeiras. Eles podiam ver onde os alemães estavam posicionando os seus canhões, escondendo os seus carros de combate, colocando as suas minas. Quando chegou a hora, tinham meios de passar aquelas informações para a Inglaterra, primeiramente operando com a Executiva de Operações Especiais (SOE), parte da vasta rede britânica de recolhimento de informações secretas que foi um dos grandes feitos britânicos na guerra.

É demasiado simples dizer que o casamento dos cérebros britânicos com a força muscular dos americanos selou o destino da Alemanha nazista no Oeste: os britânicos contribuíram consideravelmente com força muscular, por um lado, e os americanos contribuíram consideravelmente com cérebros. Há, contudo, certa verdade nisto. Se os milagres britânicos da Segunda Guerra Mundial compreendiam os "Pândegos" de Hobart, os Mulberries, o Ultra e o Sistema Double Cross, os milagres americanos compreendiam a produção de materiais de guerra tais como o mundo jamais tinha visto.

No começo de 1939, a indústria americana ainda estava bem atrasada. A produção fabril era menos que a metade do que ela podia desenvolver. O desemprego estava acima de 20 por cento. Cinco anos depois o desemprego era de um por cento enquanto a capacidade fabril tinha dobrado, em seguida dobrou novamente e ainda uma terceira vez. Em 1939, os Estados Unidos produziram 800 aviões militares. Quando o presidente Roosevelt exigiu a produção de 4.000 aviões *por mês*, as pessoas pensavam que ele estava louco. Mas em 1942, os Estados Unidos estavam produzindo os 4.000 mensais, e no final de 1943 já eram 8.000 por mês. Havia semelhantes e inacreditáveis saltos para a frente na produção de carros de combate, navios, embarcações de desembarque, rifles e outras armas. E tudo isso aconteceu enquanto os Estados Unidos envidavam um esforço considerável na maior proeza industrial daquele tempo: a produção de bombas atômicas (apenas começada em 1942, completada em meados de 1945).

O fato de se ter inclusive como perspectiva um ataque através do canal contra a muralha atlântica constituiu um tributo ao que Dwight Eisenhower chamou de "a fúria de uma democracia provocada". O que tornou possível o Dia D foi o infindável fluxo de armas das fábricas americanas, o Ultra e o Sistema Double Cross, a vitória na batalha do Atlântico, o controle do ar e do mar, a inventividade britânica, a Resistência Francesa, a criação de exércitos de cidadãos nas democracias ocidentais, a persistência e o gênio de Andrew Higgins e outros inventores e empresários, a cooperação do comércio, do governo e da mão-de-obra nos Estados Unidos e no Reino Unido e mais — tudo resumido numa única expressão — "trabalho de equipe".

3. Os Comandantes

Os dois homens tinham muito em comum. Nascido em 1890, Eisenhower era apenas um ano mais velho do que Erwin Rommel. Eles cresceram em cidades pequenas, Eisenhower em Abilene, Kansas; Rommel em Gmünd, Suábia. O pai de Eisenhower era mecânico, o de Rommel um professor. Ambos os pais eram clássicos pais germânicos que impunham uma severa disciplina a seus filhos, reforçada pela punição física. Ambos eram atletas ardorosos. Os esportes de Eisenhower eram o futebol e o beisebol, os de Rommel o ciclismo, o tênis, a patinação, o remo e o esqui. Embora nenhuma das duas famílias tivesse tradição militar, cada garoto partiu para a escola militar; em 1910 Rommel entrou para a Real Escola Militar em Danzig, enquanto em 1911 Eisenhower foi para a Academia Militar dos Estados Unidos em West Point.

Como cadetes, nenhum dos dois foi um aluno excepcional, mas ambos eram competentes e ambos compartilhavam uma inclinação para quebrar regras. Rommel usava um monóculo proibido, enquanto Eisenhower fumava cigarros proibidos. Ambos eram galhardamente bem-apessoados em seus uniformes, cada um cortejou e ganhou a mão de uma beldade vivaz, jovem e muito requisitada — em 1916 Rommel casou com Lucie Mollin; no ano seguinte, Eisenhower casou-se com Mamie Doud.[1]

Suas carreiras divergiram na Primeira Guerra Mundial. Rommel foi um líder combatente na França e na Itália, altamente condecorado (Cruz de Ferro, primeira e segunda classe, e o cobiçado *Pour le Merite*). Eisenhower permaneceu nos Estados Unidos encarregado de um centro de treinamento, um duro golpe para ele, do qual temia nunca se recuperar. Todavia, como oficiais subalternos, ambos davam provas de notável capacidade de liderança.

Theodor Werner, um dos comandantes de pelotão de Rommel, recordou: "Quando o vi pela primeira vez (em 1915), ele era de constituição franzina, quase como um colegial, inspirado por um zelo santo, sempre impaciente e ansioso por agir. De certa maneira curiosa seu espírito impregnava o regimento desde o começo, primeiro de modo quase despercebido pela maioria mas ao mesmo tempo crescendo dramaticamente até que todo o mundo estava inspirado pela sua iniciativa, pela sua coragem, pelos seus deslumbrantes atos de bravura... Seus homens o idolatravam e tinham fé ilimitada nele."[2]

O sargento Claude Harris recordou com referência a Eisenhower: "(Ele) era um disciplinador severo, um soldado nato, mas extremamente humano, atencioso... Apesar de sua juventude, compreendia em alto grau o que era organização... Este princípio granjeou-lhe alta admiração e lealdade da parte dos seus oficiais, talvez só igualadas por uns poucos oficiais comandantes."[3] O tenente Ed Thayer, um dos subordinados de Eisenhower, escreveu sobre ele: "Nosso novo capitão, de nome Eisenhower, é, acredito, um dos mais eficientes e melhores oficiais do nosso Exército. Ele nos tem ensinado maravilhosos exercícios de baioneta. Faz funcionar a imaginação do sujeito e berra e vocifera e faz-nos gritar e pisar firme até arremetermos contra o ar como se a ação fosse de verdade."[4]

Nos anos que entremearam as guerras, Rommel permaneceu um oficial de tropa, enquanto Eisenhower o era do Estado-Maior. As promoções eram lentas na melhor das hipóteses, mas nenhum deles jamais pensou em outra vida a não ser a de soldado, embora fossem ambos ambiciosos e pudessem ter sido um sucesso em qualquer tipo de ocupações civis. Eles impressionavam seus superiores. O comandante do regimento de Rommel escreveu sobre ele em 1934: "Intelectualmente e fisicamente acima da média, em todos os aspectos como comandante de batalhão".[5] Naquele mesmo ano o superior de Eisenhower, chefe do Estado-Maior Douglas MacArthur, escreveu: "Este é o melhor oficial do Exército. Quando vier a próxima guerra, ele vai direto para o topo."[6]

A guerra tirou os dois homens da obscuridade. Rommel fez a sua reputação primeiro como comandante da divisão *panzer* que liderou a entrada na França em 1940; acrescentou enorme brilho ao feito e se tornou uma figura mundial como comandante do Afrika Korps no deserto norte-africano em 1941-42. Eisenhower tornou-se uma figura mundial em novembro de 1942, no deserto norte-africano ocidental, como comandante das forças aliadas.

Apesar das suas vitórias espetaculares no deserto, depois que perdeu a batalha de El Alamein no final do outono de 1942, Rommel tornou-se o que Hitler chamou de um derrotista, mas outros chamariam de realista. No dia 20 de novembro, quando ele tomou conhecimento de que, de cinqüenta aviões de transporte que traziam combustível para os seus carros de combate, quarenta e cinco foram derrubados (graças a uma intercepção do Ultra), Rommel foi dar um passeio no deserto com um de seus jovens majores comandantes de batalhão, o barão Hans von Luck.

"Luck, este é o fim!" — recordou o major as palavras de Rommel. "Não podemos manter sequer a Tripolitânia, devemos recuar para a Tunísia. Lá, além do mais, daremos com os americanos... Nosso orgulhoso Exército da África e as novas divisões que desembarcaram no norte da Tunísia estarão perdidos..."

O major Luck protestou que eles ainda tinham uma oportunidade.

Rommel respondeu que não. Conforme Luck lembrou da conversa, Rommel disse: "Os suprimentos não aparecerão. O QG de Hitler já está fora deste teatro da guerra. Tudo o que ele exige agora é que o soldado alemão resista ou pereça!... Luck, a guerra está perdida!"[7]

Apesar de seus pressentimentos, Rommel continuou lutando. Os americanos, vindos do oeste, estavam esperando pelo Afrika Korps na Tunísia. Ali, em fevereiro de 1943, Rommel e Eisenhower se chocaram pela primeira vez, na Batalha do Passo de Kasserine. Aliando surpresa a audácia, Rommel conquistou vitórias iniciais contra as imaturas e mal treinadas tropas americanas, que eram conduzidas por generais inexperientes e bisonhos — inclusive Eisenhower, que estava travando a sua primeira batalha de verdade. Eisenhower cometeu muitos erros, mas logo se recuperou, usou com eficácia sua superioridade de poder logístico e de fogo, e finalmente ganhou a batalha.

Por aquela época Rommel estava sofrendo de pressão alta (como também Eisenhower), violentas dores de cabeça, exaustão nervosa e reumatismo. Em parte com o fito de preservar a saúde de Rommel, em parte com o de preservar a sua reputação (a rendição na África do Norte estava para acontecer), em parte com o fito de poupá-lo dos pedidos diários de mais suprimentos para o norte da África, Hitler ordenou-lhe que voltasse para a Alemanha, depois de promovê-lo a marechal-de-campo. Ele passou a maior parte de 1943 sem comando.

Eisenhower passou o resto de 1943 comandando os assaltos na Sicília e em toda a Itália. Os ataques foram bem-sucedidos, mas as campanhas que se seguiram foram desapontadoras. Na Sicília, o Sétimo Exército americano (composto de cinco divisões) e o Oitavo Exército britânico (composto de quatro divisões) levaram cinco semanas para expulsar duas divisões alemãs da ilha; na Itália continental o progresso foi demasiado lento, e os alemães conseguiram impor um impasse no extremo sul de Roma.

Apesar das decepções e da exaustão pessoal, Eisenhower estava firmemente otimista. Ele escreveu a sua mulher: "Quando a pressão sobe e a tensão aumenta, todo o mundo começa a mostrar fraqueza de constituição. Cabe ao comandante esconder a sua, acima de tudo esconder a dúvida, o medo e a desconfiança." O quanto ele estava em condições de fazer o que dizia mostrou-o um membro de sua equipe, que escreveu do norte da África: "(Eisenhower) era um dínamo vivo de energia, de bom humor, impressionante memória quanto a detalhes, e admirável coragem em relação ao futuro."[8]

Ele fez um estudo sobre liderança que na sua opinião não era uma arte mas uma habilidade a ser aprendida. "A única qualidade que pode ser desenvolvida pela reflexão diligente e pela prática é a liderança de homens", declarou o general. Ele escreveu que foi no seu primeiro comando, em Gibraltar no começo de 1942, "que primeiro compreendi quão sólida e inevitavelmente o esforço e a tensão atuam de maneira desgastante na resistência do líder, na sua compreensão e confiança". Independente da má situação a que cheguem, do estado de ansiedade que tome conte dos seus subordinados, o comandante tem de "preservar o otimismo em si e em seu comando. Sem confiança, entusiasmo e otimismo na liderança, dificilmente se alcança a vitória".

Eisenhower compreendeu que "o otimismo e o derrotismo são contagiantes e se espalham mais rapidamente da cabeça para baixo do que em qualquer outra direção". Ele aprendeu que a confiança de um comandante "tem um efeito excepcionalmente extraordinário em todos aqueles com quem ele entra em contato. Com esta clara compreensão, decidi firmemente que as minhas peculiaridades e meus discursos em público espelhariam sempre a entusiasmada certeza da vitória — que qualquer pessimismo e desalento que eu pudesse sentir seriam reservados para o meu travesseiro."[9]

Eisenhower nunca falou com um subordinado da maneira como Rommel falou com o major Luck (Eisenhower, é claro, tinha muito mais razões para ser otimista). Mas havia outras diferenças notáveis entre os dois homens, baseadas tanto na personalidade deles quanto nas suas posições. Rommel era impaciente com as dificuldades da logística e da administração, enquanto Eisenhower, quase por duas décadas um oficial do Estado-Maior, era senhor de ambas. Rommel tendia para a arrogância enquanto Eisenhower cultivava cuidadosamente uma imagem de si mesmo como um simples adolescente de fazenda do Kansas tentando fazer o melhor. Rommel não gostava de seus aliados italianos, na verdade mal tentava esconder o desprezo por eles, enquanto Eisenhower tinha verdadeira simpatia pelos britânicos e fazia todo o possível para que sempre houvesse uma agradável cooperação com eles. Rommel deixava, muitas vezes, que seu temperamento explodisse com os seus subordinados (como acontecia com Eisenhower) e achava difícil delegar autoridade, uma área em que Eisenhower era exatamente o seu oposto. Rommel era um gênio isolado e solitário, um general levado pela inspiração e pela intuição; Eisenhower era um jogador de equipe, um gerente de amplas empresas, um general que conduzia decidindo qual era o melhor plano após cuidadosa consulta ao seu estado-maior e comandantes, reunindo em seguida todo o mundo por trás do plano.

No campo de batalha, Rommel era agressivo e assumidor de riscos, Eisenhower um calculador cauteloso. Rommel ganhou batalhas através de brilhantes manobras, Eisenhower esmagando o inimigo. Como Rommel sempre comandou forças inferiores em número e em poder de fogo, seu método era apropriado à situação; como Eisenhower sempre comandou forças superiores, também ele agia conforme a situação. Talvez tivessem atuado de outra maneira se suas situações fossem invertidas, mas não se pode duvidar — a forma como eles exerciam suas lideranças se ajustava a suas personalidades.

Malgrado todas as diferenças, eles tinham semelhanças notáveis. O historiador Martin Blumenson escreveu de Rommel: "Se ele exigia mais de seus homens, não dava menos de si mesmo. Trabalhava com afinco, lutava com empenho, vivia simplesmente, falava facilmente com as suas tropas, e era dedicado à mulher e ao filho."[10] Exatamente estas palavras podem ser escritas sobre Eisenhower.

Cada general tinha um casamento sólido e feliz. Durante os anos de guerra, ambos escreveram regularmente a sua esposa. Nas cartas, eles diziam coisas que não diriam a nenhuma outra pessoa, revelavam suas esperanças e apreensões, queixavam-se das pequenas irritações, expressavam um constante desejo de voltar para desfrutar de uma tranqüila vida doméstica, lembravam incidentes dos primeiros anos de seus casamentos e, em suma, usavam os momentos em que escreviam cartas como uma oportunidade de encontrar paz e quietude no meio da guerra que rugia em volta deles.[11]

Cada general tinha um filho. Manfred Rommel alistou-se na Luftwaffe como artilheiro antiaéreo no começo de 1944, logo após completar quinze anos. John Eisenhower era um cadete de West Point que se formou no dia 6 de junho de 1944 e foi direto para o Exército. Os filhos tiveram uma carreira bem-sucedida num campo diferente do de seu pai, Manfred como político, John como historiador militar.

Rommel e Eisenhower compartilhavam outro traço fundamental: os dois odiavam a guerra e o que a guerra os levou a fazer. Eles queriam construir, não destruir, alimentar a vida, e não extingui-la. A destruição os aterrorizava. Certa vez Rommel disse que, quando a guerra terminasse, ele queria trabalhar como engenheiro hidráulico, construindo geradores acionados a água por toda a Europa. (Seu filho, como prefeito de Stuttgart, patrocinou extraordinários projetos de construção naquela progressiva cidade nas décadas de 70, 80 e 90.) Com a Rota Marítima de St. Lawrence e o Sistema Interestadual de

Rodovias, o presidente Eisenhower tornou-se um dos grandes construtores da história americana. Se tivesse vivido, Rommel teria desempenhado um papel semelhante como chanceler da Alemanha Ocidental. O que sabemos sobre ele leva-nos a crer que podia ter sido um político tão popular quanto Eisenhower chegou a ser.

No fim de outubro de 1943, o general Alfred Jodl, chefe de operações no *Oberkommando der Wehrmacht* (OKW) sugeriu a Hitler que desse a Rommel o comando tático do Oeste, sob o comando do marechal-de-campo Gerd von Rundstedt, comandante-em-chefe do Setor do Oeste. Rundstedt, era o marechal-de-campo mais antigo na ativa da Alemanha, aos sessenta e nove anos, velho demais para um comando em combate. Ele estava com falta de energia e de suprimentos; por isso, embora tivesse sido encarregado de construir uma inexpugnável muralha atlântica, fora do Passo de Calais muito pouco foi feito. A idéia de Jodl era de que Rommel daria o impulso mais que necessário para dar continuidade ao trabalho.

Como era de esperar, Hitler contemporizou. Ele não deu a Rommel o comando tático para o combate da invasão, mas deu-lhe instruções para fazer uma inspeção da muralha atlântica e enviar-lhe um relatório a respeito. Ao informar a Rommel esta notícia, no dia 5 de novembro, Hitler enfatizou a importância dessa designação: "Quando o inimigo invadir no Oeste, será o momento decisivo nesta guerra, e tal momento deve resultar em nossa vantagem. Devemos extrair implacavelmente cada grama de esforço da Alemanha."[12]

Rommel passou as duas semanas no meio do mês de dezembro em sua viagem de inspeção, deslocando-se do mar do Norte às montanhas dos Pireneus. Ficou chocado com o que viu. Denunciou a muralha atlântica como uma farsa, "uma ficção, um *Wolkenkuckucksheim* (castelo no ar) de Hitler... um enorme blefe... mais enganador para o povo alemão do que para o inimigo... e o inimigo, através dos seus agentes, sabe mais a respeito daquilo do que nós".

Valendo-se da sua experiência no norte da África, Rommel disse ao seu oficial comandante de engenharia, general Wilhelm Meise, que o controle aliado do ar impediria o movimento de reforços alemães para a área de combate. Por isso, "nossa única oportunidade possível estará nas praias — onde o inimigo é sempre mais fraco". Para dar início à construção de uma autêntica muralha atlântica ele ordenou: "Quero minas anti-pessoal, minas anti-carros, anti-pára-quedista. Quero minas para afundar navios e embarcações de desembarque. Quero campos de minas projetados de modo a que nossa infantaria possa cruzá-los, mas não os blindados inimigos. Quero minas que detonem quando um arame for pisado; minas que detonem quando um arame for cortado, minas que possam ser manejadas por controle remoto, e minas que saltem pelos ares quando um feixe de luz for interrompido."[13]

Rommel predizia que os aliados lançariam sua invasão com bombardeios aéreos, bombardeios navais e assaltos aeroterrestre, seguidos de desembarques anfíbio. Não importava quantos milhões de minas fossem colocados, ele sentia que as defesas fixas podiam apenas deter o assalto, não fazê-lo recuar; seria necessário um rápido contra-ataque no próprio Dia D pela infantaria móvel e divisões *panzer* para obter tal coisa. Por isso essas unidades tinham de ser deslocadas para perto da costa, para estar em posição de desencadear o contra-ataque defensivo.

Quanto a esta questão decisiva, Rundstedt discordou. Rundstedt queria deixar que os aliados se movimentassem para longe da costa, em seguida travar a batalha decisiva no interior da França, bem fora do alcance dos pesados canhões dos encouraçados e cruzadores americanos e britânicos.

O desacordo fundamental incomodaria o alto comando alemão durante o Dia D e além. Rundstedt e Rommel eram generais de mentalidade ofensiva, como o eram os oficiais treinados pela Wehrmacht. Mas agora estavam se defendendo. Os generais alemães nunca souberam enfrentar este tipo de posição, embora num sentido tático acabassem se tornando peritos — como o Exército Vermelho pôde comprovar. No sentido estratégico, nunca aprenderam a simples lição que o Exército Vermelho podia ter-lhes ensinado, se tivessem estudado a estratégia deles — de que uma defesa flexível que possa recuar sob pressão e revidar quando o atacante se excedesse no avanço era o que melhor convinha às condições da Segunda Guerra Mundial.

A réplica de Rommel, de que o poder aéreo aliado tornaria o movimento para o interior difícil, se não impossível, ignorava o ponto de vista de Rundstedt, de que lutando na praia os alemães estariam se colocando sob as armas da frota aliada.

Apesar do seu desacordo, Rommel e Rundstedt prosseguiram juntos, e seja como for, eles estavam de acordo em que o ataque tinha toda a probabilidade de acontecer no Passo de Calais. Rundstedt recomendou ao Quartel-General do Grupo de Exército B de Rommel recebesse o comando do 15º e 17º Exércitos, estendendo-se da Holanda ao rio Loire na Bretanha meridional. Hitler concordou. No dia 15 de janeiro de 1944, Rommel assumiu seu novo comando.

No fim de novembro de 1943, Roosevelt, Churchill e seus estados-maiores dirigiram-se a Teerã, no Irã, para uma reunião com Stálin. O líder soviético queria ser informado sobre a segunda frente. Roosevelt assegurou-lhe que a invasão estaria definitivamente pronta na primavera de 1944. Ela tinha um codinome, escolhido por Churchill de uma lista mantida pelos chefes de estado-maior — *Overlord*. Stálin insistiu em saber com quem estava o comando. Roosevelt replicou que a indicação ainda não fora feita. Stálin disse que nesse caso ele não acreditava que os aliados ocidentais agissem com seriedade no que se refere à operação. Roosevelt prometeu fazer a escolha em três ou quatro dias.

Apesar da sua promessa, Roosevelt esquivou-se da desagradável tarefa de tomar a decisão. Sua solução preferida — o chefe do Estado-Maior George Marshall para a operação *Overlord*, com Eisenhower retornando a Washington para se tornar chefe do Estado-Maior do Exército — tinha pouco a recomendá-la. Faria de Eisenhower o chefe de Marshall, uma situação absurda e — pior — colocaria Eisenhower em condição de dar ordens ao seu velho chefe, MacArthur, agora comandante no Teatro Sudoeste do Pacífico. Não obstante, Roosevelt queria desesperadamente dar a Marshall sua oportunidade de comandar o Exército que ele havia organizado, equipado e treinado. Quando a comitiva chegou ao Cairo, capital do Egito, no começo de dezembro, Roosevelt pediu a Marshall para expressar sua preferência pessoal e tomar, assim esperava o presidente, a decisão por ele. Mas Marshall retrucou que enquanto pudesse, de bom grado, servir onde quer que o presidente lhe indicasse, não seria juiz em causa própria.

Roosevelt tomou sua decisão com relutância. Quando a última reunião do Cairo estava para terminar, Roosevelt pediu a Marshall que escrevesse a Stálin uma mensagem. Conforme Roosevelt ditava, Marshall escrevia: "A indicação imediata do general Eisenhower para o comando da *Overlord* já foi decidida."[14]

Eisenhower obteve à revelia o mais cobiçado comando da guerra, ou assim pareceu. Explicando depois o seu raciocínio, Roosevelt disse que não podia descansar com Marshall fora do país. Uma vez que o comando tinha de ser americano (porque os americanos estavam contribuindo com três quartos da força total confiada à *Overlord*), um processo de eliminação fez com que ele coubesse a Eisenhower.

Mas havia múltiplas razões positivas para a escolha de Eisenhower. Ele tinha comandado três invasões bem-sucedidas, todas elas operações conjuntas envolvendo forças britânicas e americanas de terra, mar e ar. Ademais se dava bem com os britânicos, e vice-versa. O general Montgomery, já escolhido como comandante das forças terrestres confiadas à *Overlord*, disse de Eisenhower: "Sua verdadeira força reside nas suas qualidades humanas... Ele tem o poder de chamar para si os corações dos homens como um magneto atrai a peça de metal. Basta que lhe sorria, e você logo confia nele."[15]

O almirante *Sir* Andrew Cunningham, primeiro lorde do Almirantado, disse a Eisenhower que havia sido uma grande experiência servir sob o seu comando no Mediterrâneo. Ele observara Eisenhower reunir as forças de duas nações, compostas de homens de educação diferente, que tinham idéias conflitantes quanto a trabalho de grupo — e, "aparentemente, irreconciliáveis idéias" básicas — e amalgamá-los numa só equipe. "Não acredito", disse Cunningham, "que qualquer outro homem além do senhor pudesse fazer isso."[16]

A palavra-chave era "equipe" A ênfase de Eisenhower em trabalho de equipe, sua incansável insistência em colaboração, era a mais importante razão para a sua escolha.

No dia 7 de setembro de 1943, Eisenhower encontrou Roosevelt em Túnis, onde o presidente tinha feito uma parada em seu caminho de volta para Washington. Roosevelt saiu do avião para o carro de Eisenhower. Quando o automóvel começou a andar, o presidente voltou-se para o general e disse, quase casualmente: "Bem, Ike, você vai comandar a *Overlord*."[17] Seu título era Comandante Supremo da Força Expedicionária Aliada.

Por insistência de Marshall, Eisenhower voltou aos Estados Unidos para uma licença de duas semanas, seguida de instruções finais e reuniões. Ele voou para a Grã-Bretanha em meados de janeiro, desembarcando na Escócia e tomando um trem para Londres. No dia 15 de janeiro de 1944, assumiu seu novo comando.

Quando Eisenhower visitara Londres pela primeira vez, em junho de 1942, havia uma suíte à sua espera no Claridge, então o melhor e mais caro hotel de lá. Mas os empregados de libré não correspondiam ao seu desejo, nem o vestíbulo ornamentado, e ele não gostou da sua suíte, com a sala de estar negro-dourada e o quarto de dormir cor-de-rosa. Mudou-se então para um hotel menos elegante e mandou que os ajudantes lhe conseguissem um lugar sossegado no campo onde pudesse relaxar. Arranjaram-lhe uma pequena e modesta casa de dois quartos em Kingston, Surrey, chamada Telegraph Cottage.

Quando Eisenhower voltou a Londres em janeiro de 1944, logo se queixou de que a localização da sede da *Overlord* na cidade levava à distração. Churchill, o embaixador americano, e outros VIPs sentiam-se à vontade para visitá-lo a qualquer hora, e o pessoal achava as tentações da vida noturna de Londres boas demais para não serem aproveitadas. Dentro de duas semanas ele mudou o quartel-general para Bushy Park, fora da cidade. Ali o Estado-Maior, resmungando a valer, se instalou em barracas. Os ajudantes-de-ordens acharam uma mansão próxima de Kingston Hill para sua residência e ele a considerou muito suntuosa. Perguntou sobre a Telegraph Cottage e descobriu que seu subcomandante, marechal-do-ar Arthur Teddy, estava morando lá. Então convenceu Teddy a trocar de residências. O comandante supremo teve assim a casa menos pretensiosa entre os oficiais generais na Inglaterra.

Quando Rommel foi a Paris no início de 1944 para encontrar-se com Rundstedt (que estava vivendo esplendorosamente no Hotel George V), a cidade pareceu-lhe uma Babel. Ele queria estabelecer seu quartel-general em outro lugar qualquer. Seu ajudante naval, vice-almirante Friedrich Ruge, disse que tinha exatamente o lugar desejado. Numa viagem de volta a Paris vindo da costa, Ruge tinha parado em Château la Roche-Guyon, localizado à margem do rio Sena, numa aldeia de 543 moradores uns sessenta quilômetros a jusante de Paris. O castelo servira como sede dos duques de La Rochefoucauld durante séculos. Thomas Jefferson ali fora hóspede no fim do século dezoito, quando era embaixador americano na França e amigo do mais famoso dos duques, o escritor François, autor das *Máximas*.

Ruge era um ávido leitor das máximas de La Rochefoucauld e visitara a duquesa para apresentar seus respeitos. Ruge disse a Rommel que a localização era perfeita, fora de Paris, a igual distância dos Quartéis Generais do 17º e do 15º Exércitos, e o castelo era amplo o bastante para abrigar o Estado-Maior. Por isso, resmungando muito, o Estado-Maior deixou Paris para estabelecer a sua sede na sonolenta aldeia de La Roche-Guyon.

Eisenhower queria um cão como companhia. Os ajudantes descobriram-lhe um pequeno Scottish terrier. Ele chamou-o de Telek, uma forma abreviada de Telegraph Cottage. Rommel queria um cão como companhia. O ajudante-de-ordens arranjou-lhe um Dachshund. Os cães dormiam nos respectivos quartos dos seus donos.

Havia mais comparações significativas. Cada general pisava firme nos estribos, tomava as rédeas e galopava em ação. Onde houvera hesitação e falta de iniciativa, havia agora convicção e movimento. A firmeza de ânimo que os caracterizava era absoluta. "Vou lançar-me neste novo trabalho com tudo o que tenho", escreveu Rommel a sua mulher, "e vou vê-lo converter-se num sucesso."[18] Eisenhower disse, por ocasião da chegada: "Estamos nos aproximando de uma tremenda crise com riscos incalculáveis."[19]

Os generais mantinham um ritmo de trabalho que deixavam os homens de cinquenta e poucos anos ofegantes e exaustos. Eles estavam diariamente na estrada por volta das seis horas da manhã, inspecionando, dirigindo, treinando, preparando seus homens. Comiam às pressas rações ou um sanduíche e uma xícara de café. Só voltavam aos quartéis bem depois de escurecer. Eisenhower dormia em média quatro horas por noite, Rommel, pouco mais. Uma diferença: Eisenhower fumava quatro maços de cigarros por dia, ao passo que Rommel nunca fumou.

Existiam outras diferenças significativas. Embora ambos os militares tivessem grande espírito de iniciativa, o defensor não podia olvidar-se das dúvidas que o assaltavam, ao passo que o atacante se recusava a alimentar qualquer tipo de dúvida. No dia 17 de janeiro, Rommel escreveu a sua mulher: "Acho que vamos, certamente, ganhar a batalha pela defesa do oeste, desde que tenhamos tempo bastante para organizar as coisas."[20] Para Eisenhower não havia "desde que", apenas desafios. No dia 23 de janeiro ele disse a seus oficiais superiores do Estado-Maior das Forças Armadas: "Cada obstáculo deve ser superado, cada inconveniência suportada e cada risco corrido para assegurar que nosso golpe seja decisivo. Não nos podemos permitir um fracasso."[21]

Um fator existente no pessimismo de Rommel era a confusa estrutura de comando. Apesar da sua tagarelice sobre o princípio de Hitler de *ein Volk, ein Reich, ein Führer* (um povo, um Estado, um líder), os nazistas administravam suas forças armadas como administravam o governo, pelo princípio de "dividir e mandar". Hitler misturou deliberadamente as linhas de autoridade, de modo que ninguém jamais sabia precisamente quem estava no comando do quê. Esta característica do Führer era exacerbada pela tendência natural e universal de as forças de terra, mar e ar se deixarem levar por rivalidades quanto à distribuição de tarefas. Assim, no caso de Rommel, ele não tinha poder sobre a Luftwaffe na França, nem sobre a Marinha, nem sobre os governadores administrativos nos territórios ocupados. Não possuía controle efetivo das unidades Waffen-SS (tropas combatentes da SS) na França, nem dos pára-quedistas e nem das unidades anti-aéreas subordinadas à Luftwaffe).

A fragmentação do comando alcançou proporções ridículas. Por exemplo, os canhões navais costeiros ao longo do canal ficariam sob controle naval quando as frotas aliadas se aproximassem da terra. Mas, no momento em que os aliados começassem a desembarcar, o comando das baterias costeiras reverteria à Wehrmacht.

Muito ruim para Rommel, nunca se sabia ao certo se ele ou Rundstedt controlaria a batalha. O pior de tudo era que o próprio Hitler queria comandar. Hitler mantinha o controle das divisões *panzer* nas suas mãos. Elas podiam ser enviadas para a batalha apenas por suas ordens. Mas seu quartel-general estava a milhares de quilômetros do cenário, e aquelas eram as divisões com que Rommel contava para um contra-ataque no primeiro dia. Uma loucura.

Eisenhower não tinha esses problemas. Seu comando era bem demarcado, absoluto. Inicialmente, não recebera o comando das forças de bombardeio aliadas (a Oitava Força Aérea dos Estados Unidos, o Comando de Bombardeiros Britânico), mas quando ele ameaçou renunciar se não lhe permitissem usar os bombardeiros quando achasse conveniente, o CCS (Estado-Maior Conjunto) deu-lhe o que ele queria. Cada soldado, cada aviador, cada marinheiro, cada unidade no Reino Unido, na primavera de 1944, recebia ordens de Eisenhower. Assim as democracias desmentiram a afirmação nazista de que elas eram por natureza ineficazes, e as ditaduras, por natureza, atuantes.

Graças à bem demarcada autoridade de comando, uma clareza unitária de propósito difundia-se no Comando Supremo das Forças Expedicionárias Aliadas (SHAEF) em contraste com a situação do Quartel-General da Frente Ocidental e do Grupo do Exército B. Fator que criava a unidade no SHAEF era o relacionamento de Eisenhower com seus subordinados imediatos, que contrastava acentuadamente com a estrutura de comando de Rommel. Eisenhower trabalhara com a maioria da sua equipe no Mediterrâneo e desempenhara um papel na seleção da maior parte de seus comandantes de Exército, Corpo e Divisão, enquanto Rommel mal conhecia os generais que comandavam os seus Exércitos, seus Corpos, suas Divisões.

Isto não vale dizer que Eisenhower gostava de todos os seus subordinados, ou até os queria. Não gostava do general Montgomery e temia que ele fosse cauteloso demais em combate. Mas Eisenhower sabia que Monty, o único herói britânico até então na guerra, tinha necessariamente de desempenhar um papel destacado e por isso estava determinado a trabalhar com ele tão eficazmente quanto possível — como o fizera no Mediterrâneo. Ele achava o chefe do Comando Tático Aéreo, vice-marechal-do- ar *Sir* Trafford Leigh-Mallory, cauteloso e pessimista demais, mas resolveu obter o máximo dele. Por outro lado, gostava imensamente do subchefe, o marechal-do-ar Tedder; e também do chefe do Comando Naval, almirante Bertram Ramsay.

Eisenhower havia trabalhado estreitamente e bem com Tedder e Ramsay no Mediterrâneo.

O principal comandante das forças terrestres americanas, general Omar N. Bradley, era seu colega de West Point, um velho e íntimo amigo e homem em cujas decisões Eisenhower confiava implicitamente. Seu chefe de Estado-Maior, general Walter B. Smith, tinha estado com ele desde meados de 1942. Eisenhower caracterizava Smith como "o perfeito chefe de Estado-Maior", uma muleta para quem só tem uma perna. "Gostaria de ter uma dúzia como ele", disse Eisenhower a um amigo. "Se eu a tivesse, simplesmente compraria uma vara de pescar e escreveria para casa todas as semanas sobre meus feitos maravilhosos na condução da guerra."[22]

Rommel nunca havia trabalhado com seus comandantes de Exército, o general Hans von Salmuth do 15º e o general Frierich Dollmann, do 7º. Com Salmuth, ele costumava ter discussões acaloradas. Dollmann tinha pouca experiência de combate, não estava com boa saúde, e não gostava muito de Rommel. Nem Salmuth nem Dollmann eram nazistas ardorosos. O general barão Leo Geyr von Schweppenburg comandou o grupo *panzer* oeste. Um veterano da Frente Oriental, Schweppenburg estava horrorizado com a proposta de Rommel de usar os blindados tão próximos; no seu ponto de vista, isto significava usá-los mal como artilharia fixa. A controvérsia entre eles nunca foi resolvida, mas pouco importava, visto que Rommel não comandava o grupo *panzer*.

Rommel demitiu seu primeiro chefe do Estado-Maior. O sucessor foi o general Hans Speidel, um suabiano do distrito de Württemberg, que lutara com Rommel na Primeira Guerra Mundial e tinha servido com ele na década de vinte. Speidel era um conspirador ativo contra Hitler, mais hábil e mais cônscio sob o ponto de vista político do que o seu chefe. Sabe-se hoje que foi ele quem convenceu Rommel a apoiar a conspiração contra Hitler, que estava tomando vulto nos primeiros meses de 1944.

A propósito, existia profunda diferença entre Rommel e Eisenhower. Eisenhower acreditava de todo o coração na causa pela qual estava lutando. Para ele, a invasão era uma cruzada para pôr fim à ocupação nazista e destruir para sempre o flagelo do nazismo. Ele odiava os nazistas e tudo o que representavam. Ainda que patriota, Rommel não era nazista — mesmo se às vezes se tivesse mostrado bajulador de Hitler.

Para Rommel a batalha que se acercava seria travada contra um inimigo que ele nunca odiara e que na verdade respeitava. Ele abordou aquela batalha com competência profissional, mas não com o zelo de um Cruzado.

4. Onde e Quando?

Em meados de março de 1943, após a Batalha do Passo de Kasserine e quase dois meses antes da vitória final na Tunísia, o CCS (Chefe do Estado-Maior Conjunto) indicou o tenente-general britânico Frederick Morgan para o posto de chefe do Estado-Maior do Comando Supremo Aliado e encarregou-o de "coordenar e levar adiante os planos para as operações através do canal neste ano e no próximo". Dentro de um mês o CCS decidiu que nenhuma operação semelhante poderia ser montada em 1943; a ordem final, emitida no fim de abril, ordenou que Morgan fizesse planos para um "assalto em grande escala contra o continente em 1944, tão cedo quanto possível".[1]

Seria difícil imaginar uma diretriz mais ampla. "Onde" poderia ser em qualquer lugar entre a Holanda e Brest; "tão cedo quanto possível" poderia ser qualquer data entre março e setembro de 1944. Morgan reuniu uma equipe composta de oficiais britânicos e americanos, mas com o major-general Ray Marker do Exército dos Estados Unidos como seu subchefe, chamou o grupo de COSSAC segundo as letras iniciais do seu título, Chefe do Estado-Maior do Comando Supremo Aliado, e foi trabalhar.

O COSSAC agiu sob uma restrição particularmente rigorosa — o número de embarcações de desembarque destinado à operação limitava os planejadores a três divisões de assalto. Acoplada à suposição de que os alemães com certeza iam melhorar a muralha atlântica, aquela limitação afastou toda a tentação de desenvolver planos de ataques dispersos. Desde o início, o COSSAC definiu para os aliados o princípio de concentração de forças. Haveria *um* local de invasão, desembarcando as divisões lado a lado.

Onde? Havia muitas exigências. O lugar tinha de ser ao alcance dos aviões de caça aliados com base no Reino Unido. Teria de haver nas proximidades pelo menos um porto principal que pudesse ser tomado do lado terrestre e posto em funcionamento o mais cedo possível. Não se pensava em desembarcar onde a muralha atlântica era contínua, isto é, em torno dos portos franceses; a desastrosa operação contra Dieppe feito pelos canadenses em agosto de 1942 convenceu o COSSAC de que um assalto frontal direto contra um porto bem defendido podia não chegar a bom resultado. Portanto, as praias escolhidas tinham de ser apropriadas para prolongadas operações de descarga diretamente dos LST, e dispor de saídas para veículos e rede de estradas adequada atrás deles, a fim de que se pudesse dar procedimento a rápido e maciço avanço para o interior.

Essas eram as exigências táticas. A maioria delas poderia ser facilmente satisfeita na costa mediterrânea francesa ou na Bretanha. Mas a exigência estratégica era desembarcar tão perto do objetivo final, a região Reno-Ruhr, quanto possível, pela razão óbvia de que quanto mais distante do objetivo o desembarque se efetuasse, maior seria a distância a ser coberta e mais extensa a linha de suprimento.

A Holanda e a Bélgica tinham portos excelentes, mas eram perto demais da Alemanha e das bases da Luftwaffe, a área interior, inundada com excessiva facilidade, muito bem defendida. A costa do Passo de Calais, no extremo setentrional da França, era ideal sob todos os pontos de vista menos um — tratava-se do lugar óbvio para desembarcar, e assim era ali que os alemães haviam construído a parte mais forte da muralha atlântica.

Le Havre, no extremo norte da Normandia, na margem norte da embocadura do Sena, era um excelente porto, mas tinha numerosas desvantagens. Para tomá-lo os aliados deviam desembarcar em ambos os lados do rio. As duas forças poderiam não ter condições de apoiar-se mutuamente, o que permitiria que os alemães as derrotassem separadamente. No leste de Le Havre a linha costeira é dominada por rochedos com apenas algumas praias pequenas que tinham, inclusive, menos saídas.

Com Brest como seu porto principal, e com portos menores mas bons ao longo da sua costa norte, a Bretanha oferecia vantagens, mas ofuscadas pela distância do Reino Unido e do objetivo. Cherbourg era mais perto de ambos, o que tornaria tentadora a Península do Cotentin. Mas a costa ocidental do Cotentin estava sujeita a tempestades que vinham do Atlântico e era guardada pela ilhas do canal Guernsey e Jersey, em poder dos alemães. A costa ocidental do Cotentin era constituída de terreno baixo, facilmente inundável. Além disso, a estreita base de Cotentin tornaria relativamente fácil para os alemães o bloqueio da cabeça-de-praia.

Um processo de eliminação reduziu a escolha à costa de Calvados da Normandia. O porto de Caen, embora pequeno, podia ser capturado num ataque rápido — provavelmente no assalto inicial. Havia um campo de pouso nas proximidades de Caen, chamado Carpiquet, que podia ser capturado no primeiro dia por assalto aeroterrestre. A captura de Caen cortaria os acessos ferroviários e rodoviários de Paris a Cherbourg, isolando assim simultaneamente a Península do Cotentin e pondo os invasores numa posição de ameaçar Paris.

Havia outras vantagens. A embocadura do rio Orne era a divisa entre dois exércitos da Wehrmacht, o 15º a nordeste e o 7º a sudoeste, e limites entre exércitos são naturalmente áreas frágeis. O ataque viria contra o Sétimo Exército, que tinha apenas uma divisão *panzer* (a 21ª) para cinco do 15º Exército. Calvados estava a mais ou menos cento e cinqüenta quilômetros dos grandes portos meridionais britânicos de Southampton e Portsmouth.* A península do Cotentin o protegia dos piores efeitos das tempestades do Atlântico. Da embocadura do rio

* As distâncias são dadas de duas maneiras, por metro e quilômetro e por jardas e milhas, como se faz, respectivamente, na França e na Grã-Bretanha. Para a Inglaterra, eu uso milhas; para a França, quilômetros. Mas é natural que quando os aliados na França falavam sobre distâncias, usavam jardas e milhas. Isto causa indubitavelmente certa confusão. Para fazer uma comparação, um método simples consiste em lembrar que um metro é apenas ligeiramente mais comprido do que uma jarda e pode ser considerado como equivalente; um quilômetro é seis décimos de milha, por isso basta multiplicar por seis décimos para passar de quilômetros a milhas (oitenta quilômetros são 49,7 milhas; cem quilômetros são 62,4 milhas, e assim por diante).

Orne para o oeste havia trinta quilômetros de praias planas e arenosas, na maioria com apenas um interior de elevação gradual, e havia uma boa rede de estradas no interior. De Arromanches para o oeste na extensão de outros dez quilômetros as ribanceiras eram quase verticais, mas começando em Colleville elas recuavam da linha costeira por uma extensão de dez quilômetros. Embora a ribanceira atrás tivesse de quarenta a cinqüenta metros de altura, não era vertical e a praia era plana, arenosa, e mais ou menos com 200 metros de largura na maré baixa, 10 metros na maré alta. Havia três bacias com estradas que levavam àquela praia e conduziam a saídas apropriadas.

Os britânicos já haviam recolhido uma enorme quantidade de informações sigilosas sobre a costa francesa. Logo após Dunquerque, a BBC tinha divulgado um apelo para que se enviassem cartões-postais recolhidos ao longo dos anos de famílias que haviam passado férias na França em períodos anteriores à guerra; 30.000 chegaram na primeira mala postal e finalmente dez milhões de fotografias foram recolhidas. Por todo o ano de 1942 e 1943 foram recolhidas vistas aéreas de reconhecimento, reunidas em fotos panorâmicas. A Resistência Francesa forneceu informações sobre obstáculos costeiros, pontos fortes, unidades inimigas e documentos semelhantes. Informações sobre marés, correntes e topografia podiam ser retiradas de velhos guias de viagem. Assim, muita coisa se veio a saber sobre a costa de Calvados, mas não a resposta a uma pergunta-chave. As praias a oeste da embocadura do rio Orne suportariam DUKW (caminhões anfíbios), carros de combate, *bulldozers* e caminhões? Havia motivos para recear que não, porque os geógrafos e geólogos britânicos informaram que houvera uma erosão considerável da linha costeira nos últimos dois séculos. O porto original em Calvados, velho porto romano, está dois quilômetros fora da linha costeira do século vinte. O pessoal da Resistência Francesa conseguiu contrabandear quatro volumes de mapas geológicos para fora de Paris, um em latim feito pelos romanos, que haviam feito um levantamento em todo o seu império no propósito de elaborar um relatório sobre fontes de combustível. O levantamento indicava que os romanos tinham recolhido turfas de imensas reservas na costa de Calvados. Se houvesse campos pantanosos de turfas sob uma fina camada de areia na costa atual, o terreno não suportaria blindados e caminhões.

O COSSAC tinha de saber, e a única maneira era obter amostras. O Grupo de Operação Combinada nº 1, de Reconhecimento Costeiro e Pilotagem, formado pelo major Logan Scott-Bowden e sargento Bruce Ogden-Smith, partiu na véspera do Ano-Novo de 1943 num submarino de bolso para colher amostras. Eles imaginavam que os alemães estariam celebrando aquela noite. O capitão-tenente Nigel Willmott das Operações Combinadas estava no comando, com um mestre de submarino e um engenheiro. O major Scott-Bowden e o sargento Ogden-Smith nadaram para a praia, conduzindo pistolas, facas, bússolas de pulso, lâmpadas elétricas portáteis à prova d'água, e uma dúzia de tubos de doze polegadas.

Eles entraram com a maré subindo na aldeia costeira de Luc-sur-Mer na praia que recebeu posteriormente o codinome de *Sword* (Espada). Eles podiam ouvir canções entoadas pela guarnição alemã. Os dois homens nadaram cautelosamente para a praia, caminharam um pouco para o interior, deitaram-se no chão quando o raio de luz do farol varria a extensão da praia, caminharam um pouco mais. Tiveram o cuidado de permanecer abaixo da marca da preamar, de modo que seus rastos fossem apagados pela maré antes que amanhecesse. Enterraram seus tubos na areia, colhendo amostras e anotando a localização de cada uma em pranchetas à prova d'água que usavam nos braços.

"A encrenca começou pra valer", lembrou Scott-Bowden, quando eles encheram os tubos. "A arrebentação era muito forte e nós estávamos simplesmente atolados e em frangalhos com todo o nosso equipamento; tentamos sair para o mar e fomos lançados para trás." Eles descansaram um pouco, tentaram novamente, foram lançados para trás uma segunda vez. "Assim fomos o mais longe que pudemos, havia ondas menores vindo sobre nós, e observamos o ritmo dessa arrebentação até podermos calcular-lhe o tempo. Na terceira tentativa, avaliando o tempo corretamente, nós saímos, mas nos separamos um pouco e nadamos como o diabo para certificar-nos de que não íamos ser lançados de volta novamente. Não chegamos a perder contato."

De repente o sargento Ogden-Smith começou a berrar. "Pensei que provavelmente ele tivera uma câibra ou algo semelhante", descreveu Scott-Bowden, "mas quando me aproximei o bastante, o que ele estava gritando era 'Feliz Ano-Novo!' Que bom camarada, que sujeito maravilhoso. Roguei uma praga, e então lhe desejei também um Feliz Ano-Novo."[2]

As amostras revelaram que a areia podia suportar o peso necessário. Os Grupos de Operação Combinada de Pilotagem (COPP) fizeram uma série de reconhecimentos ao longo de toda a costa de Calvados naquele inverno, em praias chamadas *Juno* e *Gold*. Às vezes eles assentavam o submarino de bolso no fundo do mar a uma profundidade periscópica para obter marcações e fotografias. Scott-Bowden explicou: "Podíamos ver coisas que não apareciam em fotografias aéreas, como se estivéssemos olhando a partir da visão de um verme. Foi uma operação muito delicada, porque se alguém se move inadvertidamente dentro de um submarino de bolso e está assentado a uma altura de periscópio numa praia cheia de ondas, pode perturbar o equilíbrio da embarcação, jogar a popa para baixo, pôr a proa para cima, ou provocar qualquer outro desastre, de modo que se tinha de ter muito cuidado mesmo."[3]

Certa ocasião, o submarino passou bem por baixo de uma traineira de pesca francesa, com um observador de tiro alemão na proa. Scott-Bowden pôde observar operários na praia usando carroças de duas rodas puxadas por cavalos. Ele e Ogden nadaram outras vezes, inclusive numa praia entre Colleville e Vierville (naquele tempo, no fim de janeiro, codinominada *Omaha*), e fizeram novas missões de reconhecimento.

No fim de janeiro, Scott-Bowden foi chamado ao quartel do COSSAC em Norfolk House, na Praça St. James, para dar informações ao almirante Ramsay, ao general Bradley, ao general Smith, e a quatro outros generais e mais cinco almirantes. O contra-almirante George Creasy, chefe do Estado-Maior de Ramsay, abriu as cortinas e disse: "Agora, descreva o seu reconhecimento."

Scott-Bowden olhou para o mapa. Era grande demais. Geral demais. "Bem, senhor, receio que vai ser bem difícil dar muitos detalhes com base neste mapa."

"Oh", retrucou Creasy, "temos mais um mapa na outra extremidade, pode ser melhor." Assim, o major seguiu-o através da ampla sala, olhou para o mapa ali pendurado, e concordou que serviria. Creasy exclamou: "Vamos, rapazes, tragam suas cadeiras para cá." Quando os generais e os almirantes pegaram as suas cadeiras e se aproximaram, o Scott-Bowden de trinta e oito anos de idade pensou: "Ai, meu Deus, estou partindo para um mau começo".

"Nunca fui confrontado com tal constelação antes", relembrou ele, "de modo que vacilei na minha exposição. Então eles começaram a bombardear com perguntas, nisso levando uma hora. A Marinha não estava tão interessada no que eu tinha a dizer, mas o general Bradley estava. Ele queria que eu assegurasse que os carros de combate Sherman podiam seguir esta ou aquela trilha. Pensei nas carroças de duas rodas e disse que devia ser possível, e assim por diante."

Quando os chefões militares ficaram sem perguntas, Scott-Bowden apresentou uma opinião. "Senhor, se o senhor não se importar com o que eu vou falar", disse ele a Bradley, "acho que com todos estes tremendos embasamentos, com canhões varrendo as praias daqui e dali e por toda parte vai ser, na verdade, um empreendimento muito árduo."

Bradley deu um tapinha no ombro de Scott-Bowden e disse: "Sim, eu sei, meu rapaz, eu sei."[4]

Quando Eisenhower e sua equipe chegaram a Londres para assumir o comando do COSSAC, eles estudaram o plano de Morgan e aceitaram a sua lógica, exceto que todos os implicados — Montgomery, Eisenhower, Smith, Bradley e os outros — insistiram para que a frente da invasão tivesse de ser ampliada a um assalto com cinco divisões. Eles exigiram, e obtiveram, uma dotação de embarcações de desembarque adicionais. A extensão para o leste, no sentido de Le Havre, não era aconselhável porque poria as tropas sob o fogo dos canhões costeiros ali existentes, entre os mais formidáveis da muralha atlântica. Morgan refutara a extensão para o oeste, no ângulo sudoeste da península do Cotentin, pelo fato de que ali os alemães estavam inundando o interior.

Eisenhower contrariou Morgan, decidindo por uma extensão para o oeste. Ele lidaria com o problema de áreas inundadas atrás da linha costeira lançando no interior as divisões aeroterrestres americanas, e dando-lhes a tarefa de tomar as estradas altas que cruzavam as áreas inundadas, de modo que as tropas de assalto transportadas pelo mar pudessem mover-se por elas para o interior.

A 4ª Divisão de Infantaria dos Estados Unidos tomaria a dianteira para chegar ao Cotentin, onde a praia recebeu o codinome de *Utah*. A 29ª e a 1ª Divisões de Infantaria dos Estados Unidos desembarcariam na costa de Calvados codinominada *Omaha*. Os britânicos e os canadenses chegariam às praias que se estendem no sentido oeste da embocadura do Orne, codinominadas (do leste para o oeste) *Sword*, (a 3ª Divisão Britânica, mais os Comandos Britânico e Francês *Juno* (3ª Divisão Canadense) e *Gold* (50ª Britânica). A 6ª Aeroterrestre Britânica saltaria entre os rios Orne e Dives para proteger o flanco esquerdo.

O COSSAC fora tentado a usar apenas um exército, britânico ou americano, no assalto inicial — o que tornaria as coisas muito mais simples e eliminaria o que é sempre o ponto mais fraco em qualquer linha aliada, o limite entre as forças de duas nacionalidades. Mas era politicamente impossível. Bem que declarara o general Barker em 1943: "Pode ser aceito com absoluta certeza que o Primeiro-Ministro britânico não permitiria, por um momento sequer, que o assalto fosse feito em sua totalidade pelas tropas americanas. O mesmo é verdadeiro com relacão ao governo dos Estados Unidos. Devemos ser práticos sobre esta questão e encarar os fatos."[5]

Assim ficou estabelecido. A invasão seria contra a costa de Calvados, com os ingleses à esquerda e os americanos em *Omaha*, com uma extensão à direita para a costa do Cotentin em *Utah*.

A grande desvantagem da costa de Calvados era que o desembarque poria os exércitos aliados em terra a sudoeste do rio Sena, colocando assim entre eles e o seu objetivo as consideráveis barreiras fluviais do Sena e do Somme. Mas os inconvenientes poderiam ser transformados em vantagens; neste caso, o COSSAC acreditava que as pontes sobre o Sena podiam ser destruídas em bombardeios de pré-invasão, tornando assim difícil para a Wehrmacht transportar divisões *panzer* do Passo de Calais através do rio para o cenário da batalha.

As maiores vantagens de Calvados eram que o fator surpresa podia ser conseguido ali e que os alemães podiam ser levados a crer que o desembarque seria uma simulação, destinada a afastar suas forças blindadas do Passo de Calais para o oeste do Sena. A razão básica para o fator surpresa era que, indo a Calvados, os aliados se estariam deslocando ao sul da Inglaterra, longe da área que os alemães forçosamente tinham que defender, o Reno-Ruhr, e não a leste da Inglaterra em linha reta no sentido do seu objetivo. Havia possibilidade de convencer os alemães na base de uma continuada pós-invasão, de que Calvados era uma simulação, montando-se uma operação fictícia objetivada no Passo de Calais.

O COSSAC reconhecia a impossibilidade de reverter o processo; isto é, os aliados não seriam capazes de atacar o Passo de Calais e montar em Calvados uma operação fictícia que tivesse credibilidade. Se o ataque viesse por terra no Passo de Calais, os alemães não manteriam tropas na baixa Normandia com medo de serem isolados. Em vez disso, eles trariam suas forças da baixa Normandia para o Passo de Calais e para o combate. Mas podiam ser convencidos a manter tropas no Passo de Calais em seguida a um desembarque na costa de Calvados, quando os homens e os blindados no Passo de Calais ainda permaneceriam entre as forças aliadas e a Alemanha. Em suma, a geografia ajudaria a confinar as forças blindadas alemãs no Passo de Calais.

Para reforçar a necessidade alemã de manter seus exércitos blindados a nordeste do Sena, o COSSAC propôs (e Eisenhower, depois que assumiu o comando, montou) um elaborado plano de despistamento. O codinome era *Fortitude*; os objetivos consistiam em levar Hitler e seus generais a pensar que o ataque estava vindo de onde não estava, e acreditar que tudo não passava de uma simulação. Cada objetivo exigia que se convencessem os alemães de que a força de invasão aliada era cerca de duas vezes tão poderosa quanto realmente era.

Fortitude foi um esforço comum das equipes britânica e americana trabalhando em conjunto. Ela fez pleno uso do Sistema Double Cross, do Ultra, de exércitos simulados, de tráfego radiofônico falso, e de elaboradas precauções de segurança. *Fortitude* tinha muitos elementos destinados a fazer com que os alemães pensassem que o ataque podia acontecer na costa de Biscaia ou na região de Marselha, ou mesmo nos Balcãs. As partes mais importantes eram *Fortitude Norte,* que estabe-

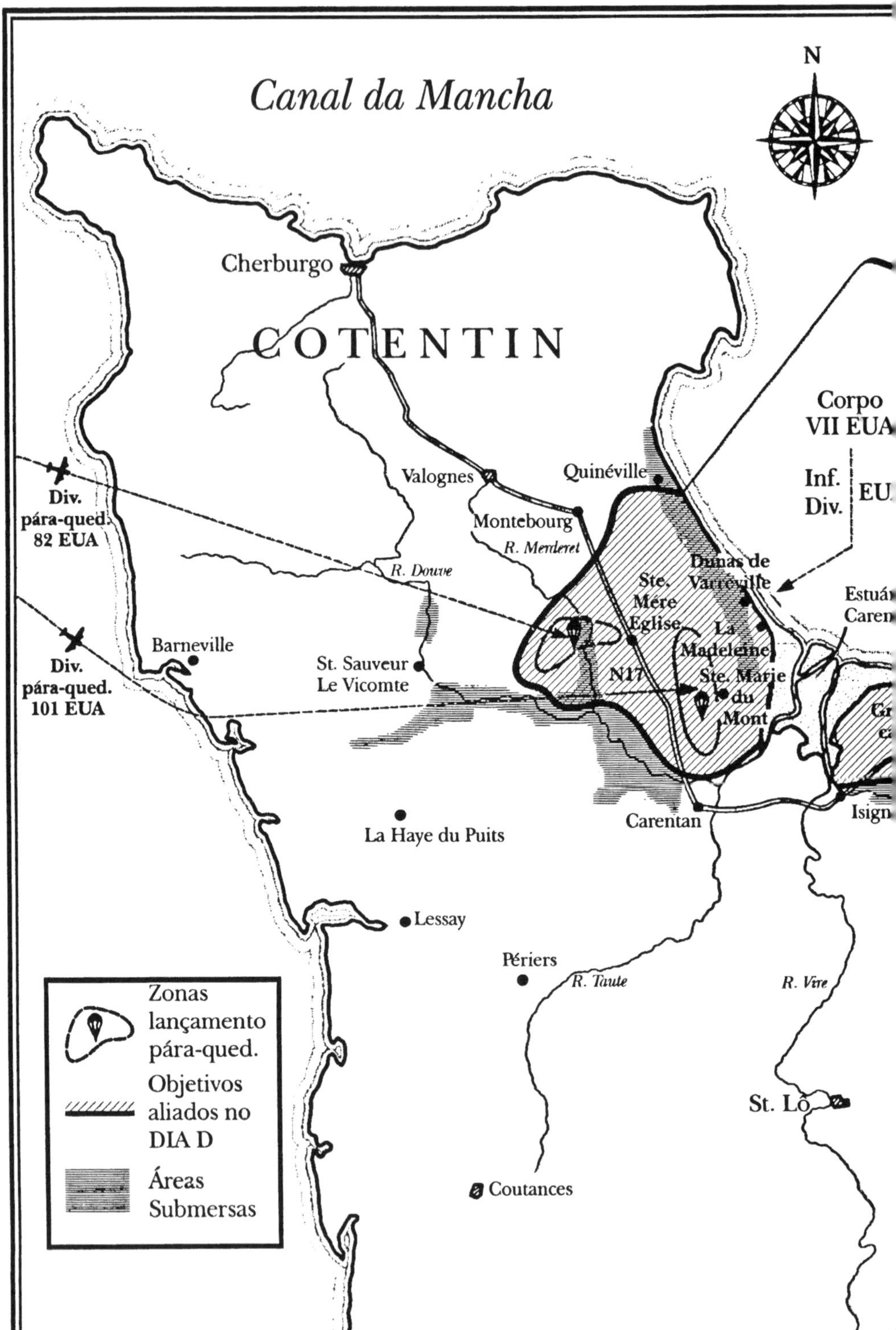

Canal da Mancha
N
Cherburgo
COTENTIN
Corpo
VII EUA
Inf.
Div.
EU
Valognes
Quinéville
Montebourg
R. Merderet
Div.
pára-qued.
82 EUA
R. Douve
Dunas de
Varreville
Ste.
Mère
Eglise
La
Madeleine
Estuá
Caren
Barneville
Div.
pára-qued.
101 EUA
St. Sauveur
Le Vicomte
N17
Ste. Marie
du
Mont
Carentan
Isign
La Haye du Puits
Lessay
Périers
R. Taute
R. Vire
Zonas
lançamento
pára-qued.
Objetivos
aliados no
DIA D
Áreas
Submersas
St. Lô
Coutances

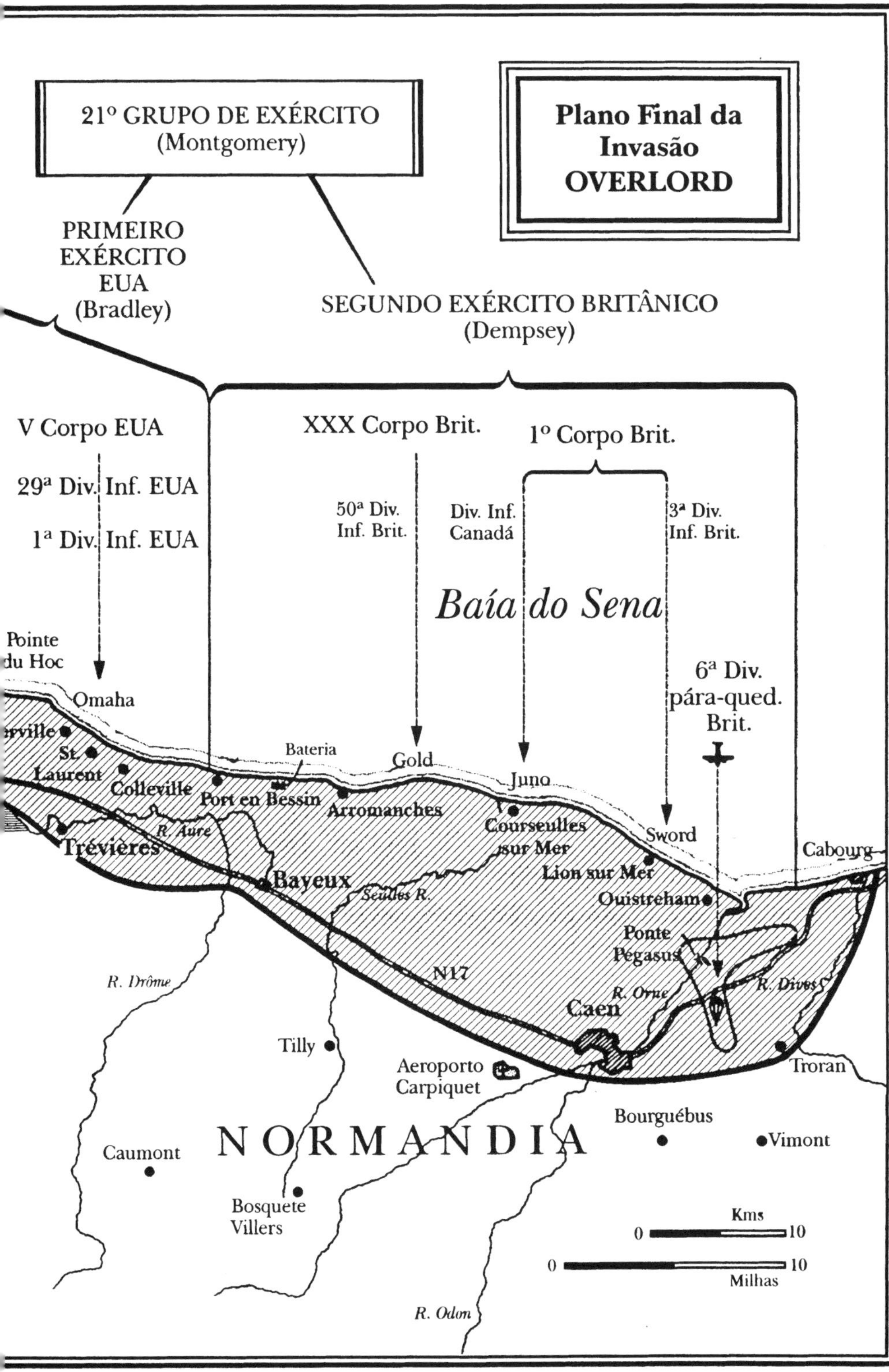
Plano Final da Invasão OVERLORD
21º GRUPO DE EXÉRCITO
(Montgomery)
PRIMEIRO EXÉRCITO EUA
(Bradley)
SEGUNDO EXÉRCITO BRITÂNICO
(Dempsey)
V Corpo EUA
XXX Corpo Brit.
1º Corpo Brit.
29ª Div. Inf. EUA
1ª Div. Inf. EUA
50ª Div. Inf. Brit.
Div. Inf. Canadá
3ª Div. Inf. Brit.
Baía do Sena
6ª Div. pára-qued. Brit.
Pointe du Hoc
Omaha
St. Laurent
Colleville
Bateria
Gold
Juno
Sword
Port en Bessin
Arromanches
Courseulles sur Mer
Lion sur Mer
Ouistreham
Cabourg
Trévières
R. Aure
Bayeux
Seulles R.
Ponte Pegasus
R. Orne
R. Dives
N17
Caen
R. Drôme
Tilly
Aeroporto Carpiquet
Troran
Bourguébus
Vimont
NORMANDIA
Caumont
Bosquete Villers
Kms
0
10
0
10
Milhas
R. Odon

leceu a Noruega como alvo (o local das bases de submarinos de Hitler, essencial para as únicas operações ofensivas que lhe restavam e, assim, uma área para com a qual ele se mostrava extremamente preocupado), e *Fortitude Sul*, com o Passo de Calais como alvo.

Para fazer com que os alemães se voltassem para a Noruega, os aliados precisavam primeiro convencê-los de que tinham bastantes recursos para realizar um ataque diversionário ou secundário. Isto era duplamente difícil por causa da acentuada falta de navios de desembarque — certamente até o Dia D vivia-se na incerteza quanto a se haveria ou não embarcações suficientes para levar, como fora planejado, seis divisões à costa da Normandia. Portanto, os aliados tinham de criar divisões e barcaças de desembarque fictícias em larga escala. Isso foi feito principalmente com o Sistema Double Cross, os talentos das indústrias cinematográficas americanas e britânicas, e sinais de rádio.

O Quarto Exército Britânico, por exemplo, estacionado na Escócia para invadir a Noruega em meados de julho, existia apenas nas ondas de rádio. No começo de 1944, cerca de duas dúzias de idosos oficiais britânicos dirigiram-se para o extremo norte da Escócia, onde passaram os meses seguintes trocando mensagens de rádio. Eles enchiam o ar com uma duplicação exata do tráfego radiofônico que acompanha a reunião de um verdadeiro exército, comunicando-se em baixa frequência e num código que se podia quebrar com facilidade. Conjuntamente, as mensagens criaram uma impressão da existência de quartéis generais e divisões espalhadas por toda a extensão da Escócia.

É lógico que as mensagens não podiam dizer: "Invadiremos a Noruega em meados de maio." Os alemães nunca acreditariam em semelhante subterfúgio. Em vez disso, eles diziam: "80ª Divisão requisita 1.800 pares de grampos, 1.800 pares de correias de esqui," ou "O 7º Corpo solicita os prometidos demonstradores do método Bilgeri de escalar superfícies rochosas", ou "A Companhia Motorizada do 2º Corpo solicita manuais sobre motores que funcionam em baixas temperaturas e grandes altitudes." Não havia nenhuma 80ª Divisão, nenhum 7º Corpo, nenhuma Companhia Motorizada do 2º Corpo, mas os alemães não sabiam disso e teriam de chegar à sua própria conclusão quanto ao que estava se passando na Escócia.[6]

Enganar os alemães não era coisa fácil; eles eram peritos em despistamento por rádio. No começo de 1942, haviam montado uma das mais elaboradas e bem-sucedidas operações simuladas da Segunda Guerra Mundial: a Operação *Kreml*. Seu objetivo fora levar o Exército Vermelho a pensar que a principal ofensiva alemã para 1942 se realizaria na frente de Moscou, não em Estalingrado. Como escreve o historiador Earl Ziemke, o *Kreml* "era uma operação de papel, uma rematada farsa, mas tinha substância para torná-la uma obra-prima dessa forma altamente especulativa da arte militar". Os alemães usavam tráfego radiofônico para fabricar exércitos que supostamente ameaçariam Moscou; na maioria dos seus pontos essenciais, o *Kreml* era semelhante ao *Fortitude*.[7]

Graças ao Sistema Double Cross, todavia, os aliados tinham uma vantagem sobre o *Kreml*. Os espiões alemães "convertidos" no Reino Unido, cuja confiabilidade havia sido "provada" para a Abwehr (Serviço Secreto) durante os últimos três anos, foram postos a trabalhar. Eles enviaram mensagens de rádio codificadas para a Abwehr em Hamburgo descrevendo o intenso tráfego ferroviário na Escócia, uniformes com divisas de novas divisões vistas nas ruas de Edimburgo, e rumores entre as tropas sobre um deslocamento para a Noruega. Além disso, "bombardeiros" bimotores de madeira começavam a aparecer nos aeródromos escoceses. Os comandos britânicos fizeram algumas incursões sobre a costa da Noruega, localizando locais de radar, recolhendo amostras do solo, tentando parecer uma força de pré-invasão.

A recompensa foi espetacular. No fim da primavera, Hitler tinha treze divisões do Exército na Noruega (juntamente com 90.000 efetivos da Marinha e 60.000 da Luftwaffe). Aquelas não eram exatamente tropas de alta qualidade, mas ainda podiam encher as trincheiras ao longo da muralha atlântica. No final de maio, Rommel convenceu Hitler a deslocar cinco divisões de infantaria da Noruega para a França. Elas tinham começado a embarcar e a se deslocar quando a Abwehr passou para Hitler outro conjunto de mensagens "interceptadas" sobre a ameaça à Noruega. Ele cancelou a ordem de movimento. Parafraseando Churchill, nunca na história da guerra tantos foram imobilizados por tão poucos.[8]

Fortitude Sul foi um plano mais amplo e mais elaborado. Baseava-se no Primeiro Grupo de Exército dos Estados Unidos (FUSAG) estacionado em Dover e cercanias, ameaçando o Passo de Calais. Estava provido de tráfego radiofônico, embarcações de desembarque simuladas e precariamente camufladas nos portos de Ramsgate, Dover e Hastings, campos cheios de papel machê e carros de combate de borracha, e a utilização total do Sistema Double Cross. Os espiões falavam da existência de grande atividade em torno de Dover, incluindo construções, movimentos de tropas, intenso tráfego ferroviário e coisas semelhantes. Eles mencionavam a falsa doca de petróleo de Dover, construída por carpinteiros das indústrias cinematográficas, como se estivesse ativa e funcionando.

O verdadeiro ponto alto da *Fortitude* foi a escolha feita por Eisenhower do General-de-Divisão George S. Patton para comandar o FUSAG. Os alemães consideravam Patton o melhor comandante no campo aliado e esperavam que ele liderasse o assalto. Eisenhower, que estava guardando o general para a fase do aproveitamento do êxito da campanha vindoura, usou a reputação e a presença física de Patton com o objetivo de fortalecer *Fortitude Sul*. Os espiões informaram a sua chegada à Inglaterra e os seus movimentos. O mesmo fizeram os jornais britânicos (que chegavam aos alemães dentro de um dia ou dois via Portugal e Espanha; além disso, os agentes alemães em Dublin tinham os jornais londrinos no dia em que eram impressos e podiam enviar matérias quentes pelo rádio). Os sinais de rádio do FUSAG falavam aos alemães das idas e vindas de Patton e mostraram que ele assumira com pulso firme o seu novo comando.

O FUSAG continha tantas divisões, corpos e exércitos reais quanto imaginários. A ordem de combate do FUSAG compreendia o Terceiro Exército americano, que existia mas ainda em grande parte nos Estados Unidos; o Quarto Exército britânico, puramente imaginário; e o Primeiro Exército canadense, real e com base na Inglaterra. Havia, ainda, ao que se supunha, cinqüenta divisões de acompanhamento nos Estados Unidos, organizadas como 14° Exército americano que era imaginário — esperando embarque que seria no Passo de Calais depois que o FUSAG estabelecesse sua cabeça-de-praia. Muitas das divisões do 14° Exército eram verdadeiras e estavam incorporadas ao 1° Exército de Bradley no sudoeste da Inglaterra.

O sucesso de *Fortitude* era medido pela estimativa alemã da força aliada. Pelo fim de maio, os alemães acreditavam que a força aliada incorporava oitenta e nove divisões, quando de fato o número era de quarenta e sete. Os alemães pensavam que os aliados tinham suficientes navios de desembarque para pôr em terra vinte divisões na primeira leva, quando eles poderiam considerar-se felizes se conseguissem seis. Em parte porque atribuíam aos aliados tamanho poderio, em parte porque constituía bom senso militar, os alemães acreditavam que a invasão seria precedida ou seguida por ataques diversionários e fintas.[9]

Era mais importante para os alemães *não* saberem que Calvados era o local, do que pensarem ser no Passo de Calais (e a Noruega). "O sucesso ou o fracasso das operações vindouras vai depender da possibilidade ou não de o inimigo obter informações de natureza exata", declarou Eisenhower num memorando de 27 de fevereiro de 1944.[10]

Para garantir a segurança, os aliados tomaram todas as providências. Em fevereiro, Eisenhower pediu a Churchill que proibisse toda circulação de visitantes às áreas costeiras no sul da Inglaterra, onde a base para o ataque era organizada e onde estavam sendo feitos exercícios de treinamento, com receio de que pudesse haver um possível espião entre os visitantes. Churchill disse não — ele não podia ir tão longe a ponto de transformar as vidas das pessoas. O general Morgan resmungou que a resposta de Churchill era "pura política" e advertiu: "Se falharmos, não haverá mais política."[11]

Ainda assim o governo britânico permaneceu sem agir. Mas quando Montgomery disse que queria os visitantes fora de suas áreas de treinamento, Eisenhower enviou um eloqüente apelo ao Gabinete da Guerra. Ele advertiu que "seria terrível para nossas consciências se tivéssemos de admitir, em anos vindouros, que por desprezar qualquer precaução de segurança tivéssemos comprometido o êxito de operações vitais ou desperdiçado desnecessariamente vidas humanas." Churchill cedeu. Os visitantes tiveram o acesso interditado.[12]

Eisenhower convenceu também um relutante Gabinete da Guerra a impor uma interdição a comunicações diplomáticas privilegiadas do Reino Unido. Eisenhower disse que considerava as malas diplomáticas como "o mais grave risco à segurança de nossas operações e às vidas de nossos marinheiros, soldados e aviadores".[13] Quando o governo impôs a proibição, no dia 17 de abril (ela não se aplicava aos Estados Unidos e à União Soviética), os governos estrangeiros protestaram vigorosamente. Isto deu a Hitler uma pista útil quanto ao tempo de execução da *Overlord*. Ele observou no início de maio que "os ingleses tomaram medidas que podem ser sustentadas por apenas seis a oito semanas".[14]

Com o governo britânico cooperando de forma tão admirável, Eisenhower não podia fazer menos. Em abril, o general-de-brigada Henry Miller, chefe da Intendência da Quinta Força Aérea dos Estados Unidos e um colega de Eisenhower em West Point, foi a um coquetel no Hotel Claridge. Ele começou a falar indiscretamente, queixando-se das dificuldades para obter suprimentos, mas acrescentando que seus problemas terminariam depois do Dia D, que, ele afirmou, seria antes de 15 de junho. Quando questionado sobre a data, ele sugeriu fazer apostas. Eisenhower tomou conhecimento da indiscrição na manhã seguinte e agiu imediatamente. Ordenou que Miller fosse rebaixado ao seu posto original de coronel e enviou-o de volta aos Estados Unidos — a extrema vergonha para a profissão de soldado. Miller protestou. Eisenhower insistiu, e ele voltou mesmo. Miller reformou-se logo em seguida.[15]

Houve outra bordoada em maio quando um oficial da Marinha dos Estados Unidos ficou bêbado e revelou detalhes pendentes, incluindo áreas, movimento de tropas, efetivos e datas. Eisenhower escreveu a Marshall: "Fico tão zangado com a ocorrência de eventuais riscos desnecessários como estes que eu mesmo de bom grado poderia atirar no infrator. Um incidente como este logo em seguida ao caso Miller é quase o quanto basta para abalar os nervos de uma pessoa."Aquele oficial também foi enviado de volta para os Estados Unidos.[16]

Para verificar como estavam funcionando *Fortitude* e a segurança, o SHAEF contava com intercepções do Ultra. Cada semana o Comitê de Informações Conjuntas britânico publicava o resumo da "Apreciação Alemã das Intenções Aliadas no Oeste", panoramas gerais de uma ou duas páginas de onde, quando e em que proporções os alemães esperavam o ataque. Semana após semana os resumos deram ao SHAEF exatamente as notícias que ele esperava receber: que os alemães estavam antecipando um ataque na Noruega, ataques diversionários no sul da França, na Normandia, na Baía de Biscaia e o assalto principal, com vinte ou mais divisões, contra o Passo de Calais.

Os alemães lançaram mais concreto para fazer novas fortificações no passo de Calais do que em qualquer outro lugar. Eles ali estacionaram mais tropas, apoiadas pelas divisões blindadas. Concentraram suas minas no Canal fora da costa do Passo de Calais. Exageraram grosseiramente os recursos de que dispunha o SHAEF. Estavam, em suma, muito enganados.

Mas não completamente. A mobilidade de que desfrutava a AEF (Força Expedicionária Aliada) graças à superioridade aérea e marítima forçou os alemães a considerar qualquer praia adequada como um possível local de desembarque. Numa conferência de 19 de março em Berchtesgaden, Hitler colocou o problema para seus comandantes mais antigos: "É óbvio que teremos uma invasão anglo-americana no oeste. Exatamente como e onde ninguém sabe, e não é possível especular." Mas ele não deixou de especular, visto que a capacidade alemã de penetrar *Fortitude* era inexistente e sua capacidade de penetrar as medidas de segurança da AEF era limitada. Alguns aviões de reconhecimento chegaram a ter êxito; eles, de fato, localizaram a construção de navios nos portos meridionais de Southampton e Portsmouth; mas como Hitler assinalou, tais informações eram quase inúteis. "Não se pode tomar irrefletidamente concentrações de navios como alguma espécie de indício de que a sua escolha recaiu em qualquer setor particular da nossa longa frente ocidental da Noruega até a Baía de Biscaia", disse ele, porque "tais concentrações podem ser mudadas ou transferidas a qualquer momento, sob a cobertura de má visibilidade, e serão obviamente usadas para nos ludibriar."

Isso não o impediu de conjeturar; na verdade, ele tinha de fazê-lo. "As áreas de desembarque mais adequadas, e por conseguinte as que estão em maior perigo, são as duas penínsulas da costa ocidental de Cherbourg e Brest: elas oferecem muitas possibilidades tentadoras..."[17] Foi uma má conjetura.

O almirante Theodor Krancke, comandando o Grupo da Armada do Oeste, supôs que a Invasão viria entre Bolonha e Cherbourg, ou no Cotentin na embocadura do Orne, do Sena, ou do Somme, que era um pouco melhor — mas como de Bolonha a Cherbourg compreendia a maior parte da *Kanalküste* (Costa do Canal) dificilmente haveria precisão.[18]

A suposição de Rommel era pelo passo de Calais. Ele passou mais tempo lá do que em qualquer outro lugar da sua longa frente, inspecionando, estimulando, construindo defesas. No início de maio, começou a se voltar ligeiramente para o sudoeste, dizendo ao tenente-general Gerhard von Schwerin, que comandava a 116ª Divisão Blindada de Elite do Décimo Quinto Exército: "Esperamos a invasão em qualquer dos dois lados do estuário do Somme."[19]

Mas todos os indícios de que dispunham os alemães continuavam a indicar o passo de Calais. O padrão da atividade aérea da AEF, por exemplo, reforçava *Fortitude*. Havia duas vezes mais vôos de reconhecimento da AEF sobre o setor do 15º Exército do que sobre o do 17º Exército; havia quase dez vezes mais as incursões aéreas sobre alvos a nordeste do Sena do que na baixa Normandia. Por isso Rommel continuou a contar com o passo de Calais. Ele estava confiante em que, se a AEF invadisse aquele local, ele podia esmagar o assalto.

No dia 27 de abril, as lanchas torpedeiros alemães chamados *E-boats* pelos aliados com o sentido de "barco inimigo") penetraram em uma concentração aliada de embarcações para um exercício prático — codinome *Tigre* — e afundaram dois LST. Para a AEF a perda de mais de 700 homens foi um duro golpe; para os alemães, a informação de que os aliados estavam praticamente em Slapton Sands, na costa sul da Inglaterra, foi potencialmente útil. Hitler viu isso de imediato. Embora nunca tivesse ido à Inglaterra, ou ao Cotentin ou a Calvados, ele tinha espantosa habilidade para armazenar informações topográficas na mente. Naquele ensejo, notou a semelhança entre Slapton Sands e a praia de Cotentin (razão pela qual a AEF estava executando exercícios práticos em Slapton Sands) e começou a insistir energicamente na necessidade de reforçar a defesa na baixa Normandia.[20]

Dentro dos rígidos limites em que se exigia que a Wehrmacht atuasse no oeste, isto foi feito. No dia 29 de maio, o resumo informativo semanal da AEF trazia uma gélida frase: "A tendência do atual movimento das forças terrestres alemãs no sentido de Cherbourg tende a apoiar o ponto de vista de que a área Havre-Cherbourg é considerada como um provável, e talvez até o principal ponto de assalto."[21] Tinham os alemães penetrado o segredo da *Overlord*? Só o resultado o diria; entretanto, a boa notícia era que as principais forças blindadas permaneciam a nordeste do Sena, com o 15º Exército.

FORÇA
ALEMÃ
na Europa
Ocidental
6-Junho-1944
Mar do Norte
GRÃ-BRETANHA
Londres
Portsmouth
Canal da Mancha
Cherburgo
Le Havre
Caen
Brest
St. Lô
7º
Exército
Rennes
Calais
15º
Exército
(Movendo-se para a Itália)
Bruxelas
BÉLGICA
Amiens
OB OESTE*
(Rundstedt)
Paris
15º
Exército
PAÍSES BAIXOS
Amsterdam
ALEMANHA
R. Reno
Lux.
LUXEMBURGO
R. Meuse
Estrasburgo
R. Seine
Orleans
GRUPO DO EXÉRCITO B
(Rommel)
Tours
R. Saône
Berna
SUÍÇA
Baía
de
Biscaia
GRUPO DO EXÉRCITO G
(Blaskowitz)
R. Loire
Lyon
1º Exército
FRANÇA
R. Rhódano
ITÁLIA
Km
0 100
0 100
Milhas
Bordeaux
R. Garonne
19º Exército
Toulouse
Marselha
ESPANHA
Divisões de Ataque-Infantaria
Divisiões Inativas e de Reserva
Divisiões Panzer
Divisiões Panzer-Granadeiros
* Oberbefehlshaber West
(Comandante Supremo do Oeste)
Mar
Mediterrâneo
© A. Karl / J. Kemp. 1994

* * *

Quando? A diretiva de Morgan considerava "o mais cedo possível". Março havia terminado. Mesmo se a AEF fosse agraciada com uns dias propícios para cruzar e desembarcar, a probabilidade de uma tempestade de primavera desabando sobre a costa de Calvados durante a fase de preparação e concentração tornou março arriscado demais. No dia primeiro de abril, a data prevista pelo Estado-Maior das Forças Armadas dos Estados Unidos (JCS) não era boa por causa do tempo incerto e imprevisível no canal e porque o degelo da primavera na Rússia tornaria impossível ao Exército Vermelho lançar uma ofensiva coordenada. Morgan, portanto, escolheu o 1º de maio. Quando Eisenhower assumiu o comando, transferiu a data prevista para 1º de junho, a fim de fazer uso de uma produção mensal extra de LST, LCVP e outras embarcações de desembarque.

A data prevista significava que a AEF iria no primeiro dia conveniente depois de 1º de junho. Uma série de exigências entrou na escolha do Dia D, sendo a principal a que se relacionava com as marés e com as condições da lua. Os almirantes queriam cruzar o canal à luz do dia para evitar confusão, para controlar os milhares de embarcações envolvidas na operação e para maximizar a eficácia do apoio de fogo. Os generais da força aérea queriam a luz do dia antes que as primeiras levas descessem à praia, a fim de maximizar a eficácia de suas incursões de bombardeio. As duas partes cederam à insistência dos generais-de-exército em cruzar à noite, a fim de preservar a surpresa até o último minuto, fazendo o desembarque logo ao amanhecer, o que lhes daria um dia inteiro para estabelecer-se.

Rommel antecipava que o ataque viria com a maré alta, o que daria às primeiras levas as praias livres de menor comprimento para atravessar, mas isso apenas mostrava o pouco que ele sabia sobre operações anfíbias. De início, a AEF estava determinada a desembarcar na maré enchente para que as embarcações pudessem invadir diretamente a praia, e em seguida flutuar livres na elevação.

A AEF precisava de pelo menos uma lua em quarto-crescente na noite do cruzamento, bastante para fornecer iluminação à frota e às tropas de pára-quedistas que estariam saltando na França umas cinco horas antes da Hora H.

Uma maré enchente à primeira claridade em seguida a uma noite com luz conveniente ocorreu durante dois períodos em junho, nos dias 5, 6 e 7, e novamente nos dias 19 e 20. Eisenhower escolheu o 5 de junho para o Dia D.

A costa sudoeste do Cotentin e a costa de Calvados da baixa Normandia seriam o lugar. O dia 5 de junho, a data. A Hora H cairia na madrugada.

Rommel não tinha a menor idéia de que a AEF sofria uma falta de embarcações de desembarque. Ele pensava exatamente o oposto. Além do mais, os espiões do Double Cross estavam lhe fornecendo informações falsas. Sua suposição quanto à data, portanto, estava fora da realidade. Em abril, ele pensou que seria na primeira ou terceira semana de maio. No dia 6 de maio, escreveu para a sua mulher, Lucie: "Estou ansiando pela batalha com o máximo de confiança — pode ser no dia 15, pode não ser senão no fim do mês."[22] No dia 15 de maio, ele escreveu a Lucie: "Meados de maio. Até agora, nada... Acho que ainda vai demorar algumas semanas."[23] Em 1º de junho, consultou as tábuas da lua e das marés e declarou que não eram boas as marés para invasão (maré cheia ao alvorecer, na sua opinião) até 20 de junho. No dia seguinte, escreveu a Lucie: "Ainda não há nenhum sinal de que a invasão esteja iminente."[24]

Hitler não estava em melhor situação. Ele alimentava a esperança de que nunca haveria invasão. No dia 6 de abril, declarou: "Não posso deixar de sentir que tudo isso não passa de uma farsa sem-vergonha." Mas de um modo mais realista, ele chegou a se queixar: "Não temos nenhum meio certo de descobrir o que eles realmente vão fazer."[25]

"Não podemos nos permitir fracassar", dissera Eisenhower. A AEF agiu apoiada nessa base. Não havia nenhum planejamento de contingência. Numa ofensiva terrestre geral, montada em área específica sobre uma frente ampla, os atacantes da Segunda Guerra Mundial tinham certa flexibilidade em seus planos. Se o assalto inicial não forçasse um rompimento de linhas, as unidades de apoio podiam ser desviadas para os flancos ou recuar para tentar outro dia em outro lugar. A *Overlord*, todavia, era tudo ou nada. Hitler e Rommel estavam absolutamente certos ao admitir que se a Wehrmacht pudesse negar um ponto de apoio à AEF, os aliados não teriam condições de montar outra ofensiva em 1944.

As proporções do jogo na *Overlord* concentravam maravilhosamente as mentes dos homens da AEF, mas também aumentavam a carga de trabalho e elevavam a tensão a níveis quase insuportáveis. "Se eu pudesse lhe dar uma descrição diária exata da semana passada", escreveu Eisenhower a Mamie no final de janeiro, "você teria alguma idéia do que faz realmente uma pulga sobre uma chapa de ferro quente!" Pelo fim de maio, ele escreveu: "Pareço viver numa rede de fios de alta-tensão."[26]

5. Utilizando os Meios

Na Primeira Guerra Mundial, o lado que empreendia uma ofensiva sempre tinha de se preocupar com uma contra-ofensiva inimiga quase em qualquer lugar ao longo da linha que ia da fronteira suíça à costa do Canal. Forças apropriadas deviam ser mantidas por toda aquela linha. O mesmo era verdade no que se refere aos alemães na Europa Ocidental na Segunda Guerra Mundial. O SHAEF tinha uma enorme vantagem ali. Não havia qualquer possibilidade de uma ofensiva alemã contra o Reino Unido, por isso a AEF estava livre para concentrar todos os seus recursos no ponto de ataque.

Antes de 1918, quando se formaram os primeiros esquadrões de bombardeio e começaram a realizar operações iniciais (embora ainda muito pequenas), não havia nenhum meio físico pelo qual uma força atacante na Primeira Guerra Mundial pudesse alcançar a retaguarda do inimigo para desbaratar a manobra de seus efetivos e suprimentos para a área de combate. Só podia fazê-lo por meio de simulações e ardis. O SHAEF fez uso total de simulações e ardis, mas além disso a AEF tinha três meios de impedir, ou pelo menos de desbaratar, o movimento de reservas e reforços alemães para a área do território conquistado, isolando a baixa Normandia e tornando-a uma espécie de ilha estratégica. Os três meios envolviam Divisões Aeroterrestres, a Resistência Francesa e a Força Aérea Estratégica. Pelo fato de serem novos e não utilizados, havia grandes controvérsias quanto à maneira de usá-los eficazmente. Mas, no final de contas, chegou-se a um acordo e o trabalho foi feito.

O plano inicial do COSSAC exigia a utilização da 6ª Divisão Aeroterrestre britânica em Caen e suas redondezas para tomar a cidade e o aeródromo em Carpiquet. Aquele era um plano audacioso, audacioso demais para Montgomery, que insistia em usar a Divisão no que fosse essencialmente um papel defensivo, lançando-a na área entre os rios Dives e Orne para isolar a praia *Sword*.* Bradley, entretanto, decidiu usar a 82ª e a 101ª Divisões Aeroterrestre por trás das linhas alemãs no Cotentin, para impedir que os alemães lançassem contra-ataques locais na praia de *Utah* e tomar as saídas daquela praia de modo que a 4ª Divisão de Infantaria pudesse deslocar-se para o interior.

Quando o general Marshall viu esses planos, ficou perturbado. No começo da guerra, Marshall alimentara grandes esperanças nos pára-quedistas como um novo meio de combate, mas as suas esperanças não se tinham realizado. Em setembro de 1943, por exemplo, um plano para lançar a 82ª Aeroterrestre em campos de pouso em torno de Roma foram abandonados no último minuto como arriscados demais e em vez disso a Divisão foi usada para apoio tático da cabeça-de-praia de Salerno.

No começo de 1944 Marshall disse a Eisenhower que o fracasso no que se refere à utilização de tropas pára-quedistas num papel estratégico fora um grande desapontamento para ele. Ele pensava que a AEF podia fazer muito mais para explorar sua supremacia aérea e as divisões aeroterrestre de elite que tinham sido organizadas a muito custo. Marshall sentiu que houvera uma "falta de concepção" causada por uma abordagem fragmentária, com "cada comandante deitando mão a um fragmento para ajudar sua fase particular na operação". Se ele tivesse recebido o comando da *Overlord*, disse Marshall, teria insistido numa única e ampla operação aeroterrestre: "Mesmo consi-

* Além do mais, Montgomery esperava que a sua 3ª Divisão Britânica teria na praia *Sword*, condições de tomar Caen nas primeiras horas da invasão.

derando a possibilidade de que os britânicos pudessem não estar de acordo eu a executaria exclusivamente com tropas americanas."

Marshall sugeriu a Eisenhower que a AEF usasse os pára-quedistas ao sul de Evreux, a uns cento e tantos quilômetros além de Caen. Havia quatro bons campos de pouso perto de Evreux que podiam ser rapidamente capturados de modo que as tropas pudessem receber reforços.

"Este plano me atrai", declarou Marshall, "porque sinto que é um verdadeiro envolvimento vertical e criaria tamanha ameaça estratégica para os alemães que exigiria uma revisão da maior parte de seus planos defensivos." Seria uma surpresa completa, ameaçaria diretamente tanto as passagens sobre o rio Sena quanto Paris, e serviria como um ponto de reagrupamento para a Resistência Francesa. O único empecilho que Marshall podia ver era "que nunca fizemos nada de parecido anteriormente, e para dizer a verdade, essa reação me cansa".[1]

Eisenhower odiava discordar de Marshall e quase nunca o fazia. Assim, sua resposta foi longa e defensiva. Ele disse que por mais de um ano um de seus assuntos de contemplação preferidos era adiantar-se ao inimigo em algum método importante de operação, e que o uso estratégico de tropas pára-quedistas era uma possibilidade óbvia. Não obstante, com relação a isto, Marshall estava errado.

Primeiro, Eisenhower disse ao seu chefe, que ele precisaria ter forças aeroterrestres no flanco em *Sword* e por trás das linhas alemãs em *Utah*, a fim de desembarcar. Segundo, e mais importante, uma força aeroterrestre bem no interior não seria auto-suficiente, careceria de mobilidade e seria, portanto, destruída. Os alemães haviam mostrado de vez em quando que não temiam uma "estratégia de envolvimento". Usando as redes rodoviárias da Europa Ocidental, eles podiam concentrar imenso poder de fogo contra uma guarnição isolada e derrotá-la completamente. Ânzio foi um exemplo. Uma força aeroterrestre para o interior, desprovida de toda espécie de suprimentos, exceto o que poderia ser trazido pelo ar, sem carros de combate ou caminhões, imóvel e insuficientemente armada, seria destruída.

Eisenhower disse a Marshall que, longe de ser uma ameaça estratégica aos alemães, tropas aeroterrestres em Evreux seriam um puro desperdício. "Por uma questão de instinto desagrada-me sempre apoiar o conservador em oposição ao audacioso", concluiu Eisenhower, mas insistiu em usar a 6ª, a 82ª e a 101ª Divisões Aeroterrestre como Montgomery queria usá-las — para manter os reforços alemães distantes das praias de invasão.[2]

Quando Eisenhower assumiu o comando, a Luftwaffe tinha sido impelida de volta à Alemanha para se empenhar numa ação defensiva, deixando aos aliados a supremacia aérea sobre a França. A Grã-Bretanha e a América haviam envidado um esforço tremendo para construir suas forças aéreas, inclusive caças mas acima de tudo bombardeiros médios e pesados. As despesas foram tremendas. Uma das razões para a falta de navios de desembarque, por exemplo, era a quantidade de ferro, motores, e a capacidade de produção em geral que haviam sido empregadas na fabricação de bombardeiros. Além disso, as forças aéreas começavam a ter prioridade na requisição de pessoal, à custa dos exércitos, onde os oficiais subalternos e a liderança de suboficiais e sargentos sofreram como conseqüência. A construção de armadas aéreas, em suma, tinha sido um investimento de risco em tecnologia e em técnica. As armadas deram aos aliados o comando do ar e milhares de aviões para explorá-lo. Esses dois fatos deram à AEF uma grande vantagem, única na história da guerra. Valeu o esforço? Essa era uma pergunta que já não valia a pena fazer; a vantagem existia. Mas deixou uma pergunta relevante: como usá-la.

Não havia disputa quanto à maneira pela qual se devia usá-la no Dia D. Todos concordavam em que logo antes da Hora H e durante o Dia D, cada bombardeiro aliado em condições de voar participaria do ataque às defesas costeiras da Normandia. Mas havia intensa disputa quanto ao papel dos bombardeiros nos dois meses precedentes à invasão.

O general Karl Spaatz da Oitava Força Aérea dos Estados Unidos e o marechal-do-ar Sir Arthur Harris do Comando de Bombardeiros da RAF estavam aferrados à teoria de que os bombardeiros, por si, podiam ganhar a guerra. O general J.F.M. Whiteley, um oficial britânico que havia servido como subchefe do Estado-Maior de Eisenhower no Mediterrâneo, fora à conferência Churchill-Roosevelt dos Chefes de Estado Maior Conjunto em Quebec em setembro de 1943. Whiteley declarou que houve muita discussão sobre a *Overlord*. Sua impressão era de que dentro da RAF e das Forças Aéreas do Exército dos Estados Unidos (AAF, comandada pelo general Henry "Hap" Arnold), havia grupos poderosos "que esperavam que *Overlord* obtivesse todo sucesso, mas lamentavam por não poder dar assistência direta porque, é claro, estavam superpreocupados com a guerra verdadeiramente importante com a Alemanha".[3]

Reduzida ao essencial, a disputa entre os aviadores e os soldados de terra foi colocada em termos simples. Spaatz e Harris acreditavam que quanto mais além das linhas de frente seus bombardeiros atuassem — isto é, dentro da própria Alemanha, atacando alvos estratégicos — mais eficientes eles seriam. Eisenhower e o Estado-Maior do SHAEF acreditavam que quanto mais perto das linhas de frente os bombardeiros atuassem, isto é, dentro da França, atacando alvos táticos — mais podiam contribuir para a *Overlord*.

Havia além disso uma disputa entre os comandantes de bombardeiros. Embora eles concordassem em que a *Overlord* não era realmente necessária, Harris e Spaatz tinham suas próprias estratégias. Harris julgava que o Comando dos Bombardeiros da RAF poderia acarretar uma capitulação alemã por meio de aterrorizantes bombardeios das cidades alemãs; Spaatz sentia que a Oitava Força Aérea podia acarretar uma rendição alemã através de uma destruição seletiva de certas indústrias-chave, especialmente instalações de petróleo e de produção de combustível sintético.

Os comandantes do Exército, acima de tudo Eisenhower, acreditavam que o único meio de acarretar uma rendição alemã era dominar a Alemanha no solo, e que fazê-lo exigia inicialmente uma *Overlord* bem-sucedida. Acreditavam, ainda, que apenas a superioridade aérea tornava a *Overlord* praticável.

Como acontece tantas vezes com os militares, a disputa foi travada não sobre a questão direta da escolha de alvos, mas sim sobre a questão mais complexa relativa à estrutura de organização e de comando. Aqui as coisas estavam bem embaralhadas. Embora Eisenhower fosse o comandante supremo, de fato ele comandava apenas as forças que lhe foram designadas pelo CCS, e estas não abrangiam o Comando de Bombardeiros da Oitava Força Aérea. O único poder aéreo que o SHAEF possuía era a Força Aerotática britânica e a Força Aerotática americana (Nona Força Aérea), sob o comando imediato do vice-marechal-do-ar Sir Trafford Leigh-Mallory. A experiência de Leigh-Mallory tinha sido unicamente com caças; ele era um tipo cauteloso e pessimista; Harris e Spaatz nem gostavam dele nem lhe dedicavam confiança; eles se recusaram a servir sob o seu comando, ou sob o SHAEF.

Em janeiro, Eisenhower discutiu com Marshall e com Arnold sobre comando. Ele insistia em que Harris e Spaatz deviam estar subordinados ao SHAEF por um período de várias semanas antes da invasão, de modo a que o SHAEF pudesse escolher os alvos. Ele afirmou a Arnold que tinha "sólidas opiniões" sobre o assunto. Para sua surpresa e alívio, Arnold disse que concordava em que os bombardeiros "deviam ser colocados sob o seu comando direto para as operações pendentes".[4]

Eisenhower tencionava usar os bombardeios para paralisar o sistema ferroviário francês. Ele acreditava que isto podia ser feito e que, uma vez realizado, poderia impedir o movimento alemão de reforços para a baixa Normandia. O programa, chamado de Plano do Transporte, levaria tempo — poderia não ser executado com uma *blitz* de dois ou três dias na véspera da *Overlord*. Os comandantes da Força Aérea Estratégica estavam se oferecendo para participar de um programa de interdição que começaria pouco antes do Dia D e se concentraria no corte de linhas, bombardeio intensivo, desmantelamento de pontes e a destruição de alguns centros ferroviários focais. O Plano do Transporte exigia um prolongado ataque sobre pátios de ferrovia, desvios, abrigos, oficinas de conserto, rotundas, plataformas giratórias, sistemas de sinalização, comutadores, locomotivas e material ferroviário rodante.

Forrest Pogue, o historiador oficial do SHAEF, escreve que "no empenho de conseguir que a sua proposta fosse adotada, Eisenhower, Tedder e Leigh-Mallory enfrentaram vigorosa oposição, tanto em bases estratégicas quanto políticas, pela maioria dos comandantes de bombardeiros, pelos membros da equipe do 21º Grupo de Exército, pelo primeiro-ministro e pelo Gabinete de Guerra".[5]

Harris e Spaatz lideraram o protesto. Harris argumentou que o Comando dos Bombardeiros, organizado para incursões noturnas e bombardeios de áreas, não podia alcançar a precisão exigida para atingir pátios de manobras, instalações para a execução de reparos, pontes e outros alvos ferroviários isolados. Tedder, o mais forte defensor do Plano do Transporte no SHAEF, na verdade o homem que convencera Eisenhower da sua necessidade, chegou a acusar Harris de escamotear números para provar que seus bombardeiros não podiam atingir os alvos propostos. Spaatz insistia em que o contínuo sucesso das operações contra as refinarias de petróleo alemãs asseguraria o maior apoio à *Overlord*; ele convenceu Arnold a mudar o seu parecer e a apoiá-lo; Spaatz alegou que o seu Plano do Petróleo imobilizaria a longo prazo os alemães muito mais eficazmente do que o Plano do Transporte.

Eisenhower retrucou que o Plano do Petróleo não teria nenhum efeito imediato. Os alemães haviam acumulado estoques de petróleo e gasolina na França em depósitos dispersos e camuflados. Apenas quando esses suprimentos acabassem — isto é, depois do Dia D — uma paralisação da produção de petróleo afetaria as operações militares alemãs na França. Spaatz ignorou esta proposição dizendo que o Plano do Transporte seria apenas de insignificante ajuda no que se refere a isolar o campo de batalha, enquanto que o Plano do Petróleo seria de maior ajuda posteriormente. Este era o ponto essencial da questão. Spaatz pressupunha que seria fácil descer à praia e permanecer lá; Eisenhower, não.

O Plano do Petróleo também permitira que a Oitava Força Aérea resguardasse a sua independência do SHAEF, um ponto em que Spaatz insistia por causa de Leigh-Mallory. Eisenhower estava desconcertado com a franca hostilidade de Spaatz a Leigh-Mallory e tentou tranqüilizar Spaatz dizendo que Tedder supervisionaria pessoalmente a campanha aérea. Mais tarde, como Spaatz anotou no seu diário, Eisenhower "tentou sutilmente vender Leigh-Mallory (a mim) dizendo que... sentia que talvez não se tivesse dado o devido crédito à inteligência do homem. Eu lhe disse que meus pontos de vista não tinham mudado e não mudariam".[6]

Incapaz de convencer os comandantes da Força Aérea, Eisenhower voltou-se para seus superiores. Ele convenceu Churchill de que Tedder podia agir como o "lóbulo da aviação" do seu cérebro, ignorando Leigh-Mallory no que dizia respeito aos bombardeiros — mas não pôde convencer Churchill no ponto-chave. O primeiro-ministro ordenou que "não pode haver nenhuma questão quanto a passar... o comando dos bombardeiros britânicos como um todo para o comandante supremo e para o seu imediato no comando". Churchill insistiu, ainda, em que os planos do SHAEF deviam estar sujeitos à aprovação do CCS. Eisenhower não concordou em submeter os seus planos ao CCS e "discordou de tudo, exceto o completo controle operacional da totalidade do comando dos bombardeiros e das Forças Estratégicas Americanas". Ele se exaltou a tal ponto que disse a Churchill que a menos que lhe dessem o comando dos bombardeiros "simplesmente teria de ir para casa".[7]

Esta extrema ameaça — quase que única na história da guerra, evidentemente, nunca ocorreu a Rommel dizer a Hitler que se não obtivesse o comando dos *panzer* "iria para casa" — dobrou os britânicos. O Gabinete da Guerra redigiu uma Ordem que deu a Eisenhower a "supervisão" dos bombardeiros. Marshall sugeriu que a palavra fosse mudada para "comando". Os britânicos recusaram, deixando Eisenhower "espantado". No dia 22 de março ele escreveu no seu diário: "Caso não se consiga chegar a uma resposta satisfatória, vou tomar uma atitude drástica e informar ao CCS que, a não ser que a questão seja solucionada já, solicitarei minha substituição no Comando." Naquela mesma manhã os chefes britânicos estavam se reunindo. Quando Eisenhower ouviu o resultado de suas deliberações, acrescentou um pós-escrito ao apontamento do seu diário: "Disseram-me que a palavra 'direção' era aceitável... Amém!"[8]

Tedder preparou uma lista de mais de setenta alvos ferroviários na França e na Bélgica (pela razão óbvia de que revelaria o local da invasão, o bombardeio não podia ficar concentrado em torno da baixa Normandia). No dia 3 de abril ela foi apresentada ao Gabinete da Guerra para a aprovação. Os britânicos haviam antecipadamente proibido ataques aéreos em países ocupados nos quais houvesse riscos de elevadas baixas civis, e agora se retiravam do Plano do Transporte por este motivo. "As razões para a concentração sobre estes alvos particulares", escreveu Churchill a Eisenhower, "estão muito satisfatoriamente equilibradas em bases militares." Ele acrescentou que o gabinete "teve uma concepção um tanto grave, e, no todo, adversa da proposta". O secretário das Relações Exteriores Anthony Eden foi especialmente inflexível. Ele declarou que depois da guerra a Grã-Bretanha teria de viver numa Europa que já estava contando com a Rússia "mais do que ele desejaria". Ele não queria que o povo francês considerasse os britânicos e americanos com ódio.[9]

Eisenhower retrucou que estava convencido de que o Plano do Transporte era necessário para o sucesso da *Overlord*, "e a não ser que se possa provar que se trata de uma conclusão errônea, não vejo como podemos falhar em dar prosseguimento a este programa". Ele fez lembrar a Churchill que o povo francês era "escravo" e que se beneficiaria sobremaneira da *Overlord*. "Nunca devemos esquecer", acrescentou Eisenhower no seu mais forte argumento, "que um dos fatores fundamentais que conduzem à decisão de empreender a *Overlord* foi a convicção de que nossa esmagadora força aérea tornaria praticável uma operação que de outro modo poderia ser considerada extremamente arriscada, senão temerária." Ele disse que seria "pura tolice" recusar a aprovação do Plano do Transporte.[10] Churchill apresentou os pontos de vista de Eisenhower ao Gabinete da Guerra. Ele falou eloqüentemente das onerosas responsabilidades de Eisenhower. Devia-se tomar cuidado, disse ele, para não aumentar ainda mais o seu fardo de problemas. Contudo, ele se queixava de que nunca compreendera o fato de que o poderio aéreo pudesse tomar uma forma tão cruel e impiedosa. O Plano do Transporte, dizia ele com receio, "manchará o bom nome das Reais Forças Aéreas através do mundo".[11]

Churchill queria que os franceses fossem consultados. O chefe do Estado-Maior de Eisenhower, general B. Smith, falou então com o general Pierre-Joseph Koenig, o representante do Conselho Francês de Libertação Nacional de Charles de Gaulle, sediado na Argélia. "Para minha surpresa", declarou Smith, "Koenig assume um ponto de vista mais insensível do que o nosso. Sua observação foi: 'Isto é guerra, e é de se esperar que haja extermínio de pessoas. Nós assumiremos a perda antecipada para nos vermos livres dos alemães.'"[12]

Churchill ficou quase, mas não totalmente, convencido. Ele decidiu levar a questão a Roosevelt e, assim, forçar os americanos a assumir a sua parte da responsabilidade quanto à aprovação do plano. Mais tarde ele falou a Roosevelt da ansiedade do Gabinete da Guerra no que toca a "estes açougueiros franceses" e às dúvidas britânicas "quanto a se quase tão bons resultados militares não podiam ser produzidos por outros métodos". Roosevelt tinha de decidir. Ele retrucou que as considerações militares tinham de predominar. O Plano do Transporte havia vencido.[13]

O SHAEF pôs os bombardeiros em ação contra o sistema de ferrovias francesas. No Dia D os aliados lançaram 76.000 toneladas de bombas (setenta e seis quilotons, ou cerca de sete vezes o poder explosivo da bomba atômica usada contra Hiroxima) sobre alvos ferroviários. As pontes do rio Sena a oeste de Paris foram virtualmente destruídas. Com base num índice de 100 para janeiro-fevereiro de 1944, o tráfego ferroviário caiu de 69 em meados de maio para 38 por cento até o Dia D.

Mas de modo algum isto foi levado a cabo exclusivamente pelos bombardeiros — a Resistência Francesa desempenhou um papel relevante. Havia certo ressentimento francês, embora não tanto quanto Eden temia. As baixas foram mais leves do que os pessimistas do Gabinete da Guerra haviam prognosticado.

No dia 3 de junho, em "Sumário Semanal de Informações nº 11", o SHAEF avaliou os resultados até aquele momento. O relatório começou: "O sistema ferroviário controlado pelo inimigo no oeste sofreu e continua a sofrer um ataque tamanho que nenhum sistema de transporte recebeu até aqui seja em intensidade seja em duração." Cerca de 1.700 locomotivas e 25.000 vagões tinham sido destruídos ou postos fora de ação, o que dava para impressionar, mas constituía apenas 13 por cento e 8 por cento, respectivamente, dos números precedentes aos ataques aéreos. Pior, os alemães tinham conseguido repor o material ferroviário rodante tirando-o de serviços necessários aos civis franceses. Como observava o sumário: "O mais sacrificado foi o povo francês. O tráfego francês tem sido invariavelmente despojado à custa das exigências alemãs e uma economia francesa já consideravelmente estrangulada tem passado por outros reveses." Conseqüentemente, as perdas "não chegam ao ponto de impedir que o inimigo desloque suprimentos e reforços na medida das exigências, embora tal movimento seja feito com menos eficácia".

Além de ser dirigido contra o material rodante ferroviário, o Plano do Transporte também o era contra depósitos, plataformas giratórias e pontes. Cerca de 58.000 toneladas de bombas tinham sido lançadas sobre noventa alvos, infligindo grandes danos, mas infelizmente os alemães eram hábeis em consertos. "Em muitos casos (o dano) fora reparado e as linhas eram reabertas dentro de 24 horas, e em muitos mais dentro de 48 horas." Mais encorajador era o relatório sobre pontes ferroviárias através do Sena de Paris para o mar; oito das nove existentes tinham sido destruídas. Das nove pontes rodoviárias atacadas, sete tinham sido destruídas ou parcialmente avariadas.

Na véspera do Dia D, a conclusão do G-2 do SHAEF era ameaçadora: "Os dados quanto ao efeito sobre os movimentos de tropas alemãs permanecem insatisfatórios, mas os efeitos até agora não parecem ter sido muito sérios."[14]

Essa apreciação lançou dúvidas sobre a sensatez do Plano do Transporte. Os comandantes de bombardeiros nunca foram convencidos de que ele fosse sensato ou eficaz; depois da guerra, os historiadores oficiais da Força Aérea e do Exército dos Estados Unidos escreveram: "Muito depois do Dia D, permanecia a solene pergunta sobre se os resultados do plano estavam em conformidade com o custo em esforço aéreo e com a ruína infligida às cidades francesas e belgas."[15]

Mas aqueles em melhor condição de saber, os generais alemães, estavam "firmes em sua crença de que os vários ataques aéreos eram ruinosos para os seus planos de contra-ofensiva".[16]

O avião que causou os maiores estragos foi o Marauder B-26, aperfeiçoado pela Companhia Glenn L. Martin. Um bombardeiro médio voava em baixas altitudes e podia ser extremamente preciso, por isso era o principal atacante das pontes ferroviárias e dos pátios de manobras. Depois da guerra, o chefe do Estado-Maior de Rommel, Hans Speidel, disse: "A destruição de rodovias estava tornando o suprimento regular impossível já em meados de maio de 1944... A falta de combustível parou todo o movimento. As pontes do Sena abaixo de Paris e as pontes do Loire abaixo de Orleans foram destruídas por ataques aéreos antes de 6 de junho de 1944." (A declaração de Speidel está inscrita no monumento do B-26 no Museu da Aeronáutica da USAF em Dayton, Ohio.)

Numa entrevista em 1946, o general Jodl disse que "a construção completa das defesas costeiras ainda não estava terminada e nunca o seria porque a areia e o cimento necessários já não podiam ser trazidos".[17] Gordon Harrison, o historiador oficial do ataque através do Canal, concluiu que até o Dia D "o sistema de transporte (na França) estava à beira do colapso total", e isto "teria um resultado crítico na batalha pela Normandia".[18]

Havia algo mais envolvido no desmantelamento do sistema de transporte do que apenas os bombardeios. A Resistência Francesa desempenhou um papel que foi talvez tão importante e que certamente foi mais eficaz por libra de explosivo.

A Resistência crescera praticamente do nada nos escuros dias de 1940 para constituir uma força considerável por volta de 1944. À semelhança de todas as operações clandestinas bem-sucedidas, sua organização era complexa e fragmentada, dividida regional e politicamente. Seu chefe era reconhecidamente Charles de Gaulle, mas ele estava na Argélia, longe do cenário e incapaz de exercer qualquer tipo de ação como controle rígido. A ligação era proporcionada pela Executiva de Operações Especiais (SOE) estabelecida pelos britânicos no fim de 1940 (os primeiros agentes saltaram de pára-quedas na França na primavera de 1941) e pelo Departamento Americano de Serviços Estratégicos (OSS), calcado na SOE. O OSS começou a operar em 1943.

A Resistência tinha muitas fraquezas significativas. Estava sempre sujeita à penetração alemã. Estava insuficientemente armada; em muitos casos totalmente desarmada. As linhas de autoridade tendiam a ser obscuras. A comunicação dentro das unidades era insatisfatória entre as unidades quase que inexistentes. Era vista com desconfiança pelo grosso da população, já que a maioria do povo francês não queria problemas com os alemães e temia as conseqüências de provocá-los.

A Resistência tinha pontos positivos, inclusive bravura, uma vontade de fazer sacrifícios pessoais tendo por meta a libertação, e ardente patriotismo. Acima de tudo, estava por trás das linhas inimigas. Poderia fornecer informações com máxima exatidão ("Eu vi com meus próprios olhos"), podia sabotar linhas ferroviárias, pontes e coisas semelhantes, e podia fornecer um exército subterrâneo em zonas da retaguarda alemã que seriam capazes de retardar a mobilização das forças alemãs para o campo de batalha.

Com respeito à coleta de informações, a Resistência era a melhor fonte possível na muralha atlântica porque a maior parte daquela muralha foi construída pelos franceses. M. Clement Marie de Port-en-Bessin, em Calvados, foi um dos muitos que em 1942 se viu forçado pelos alemães a trabalhar na construção de uma fortaleza de grande porte em Pointe-du-Hoc (bem a oeste do que veio a ser chamado de *praia Omaha*). Não havia qualquer tipo de equipamento pesado; tudo era feito com pá, carrinho de mão, constituindo-se a força de trabalho de cavalos e de homens. A fortificação era cavada no chão a 7 metros de profundidade. Todos os trabalhos, túneis, trincheiras etc. eram cobertos; os *bunkers* acima do nível do solo também eram cobertos com solo arável e grama. Marie ajudou a amontoar terra nos lados dos *bunkers*, de modo a se inclinar suavemente do topo para o nível natural do solo.

Marie trabalhou também em Pointe-de-la-Percée (a margem ocidental de *Omaha*) construindo posições de radar para a *Kriegsmarine* alemã. Ele recordou o momento, no começo de 1944, em que foi anunciado que Rommel vinha fazer uma inspeção. Os alemães deram aos trabalhadores franceses uma ordem para tirar os bonés quando o marechal-de-campo aparecesse. "Com grande rapidez", diz ele, "o rumor se espalhou e quando Rommel chegou não havia um só homem em Port-en-Bessin usando um boné ou chapéu e, conseqüentemente, nenhuma obrigação de saudar."[19]

Naturalmente, Rommel não notou esse pequeno ato de rebeldia. Seja como for, ele precisava de mais trabalhadores para compensar a ausência de equipamento pesado. (Sob muitos aspectos a muralha atlântica foi construída exatamente da mesma maneira que a Grande Muralha da China, pelo trabalho humano; mas a grande diferença era que os alemães tinham concreto e barras de reforço de aço. "Façam os camponeses franceses ajudarem na construção de obstáculos", disse Rommel a uma divisão perto de Le Havre. "Paguem-lhes bem e logo. Mostrem-lhes que o inimigo tem possibilidades mínimas de invadir onde se tiver levantado o maior número de obstáculos. Os fazendeiros franceses se exultarão de alegria em encher suas bolsas."[20]

Naturalmente, os alemães nunca pagaram bastante — eles estabeleceram uma taxa de câmbio entre o marco e o franco que foi ruinosa para os franceses — nem alimentaram os trabalhadores bem o bastante para conquistar sua lealdade. Por isso os operários se queixavam e resmungavam entre si, e alguns deles passaram adiante informações para ativar os números da Resistência.

A SOE tinha muitos meios engenhosos de remeter as informações para Londres, incluindo o uso de pombos-correio lançados de aviões. André Rougeyron foi um membro da Resistência na Normandia; numa nota biográfica ele descreveu do seguinte modo o casamento de um antigo método de comunicação com a mais moderna tecnologia: "Recebi uma visita de Ernest Guesdon. Ele está muito feliz desde que encontrou no seu pasto um pombo-correio que fora lançado de pára-quedas. Este é um dos muitos pombos descobertos. Este método dos serviços de informação britânica funciona excepcionalmente bem. Os pássaros são lançados à noite numa gaiola presa a um pequeno pára-quedas. Eles são encontrados na manhã seguinte pelo usuário de um pasto ou de um pomar. O equipamento para executar esta comunicação é meticulosamente arrumado: um pacote de comida para o pássaro, um envelope de pergaminho contendo todas as instruções necessárias, e dois tubos moldados para enviar mensagens.

"Os tubos são presos ao aro em torno da perna do pombo. Há um pouco de papel especial muito fino, um lápis, e instruções sobre como alimentar e devolver o pássaro, um questionário sobre as tropas de ocupação, seus movimentos, seu moral, sem falar nos trabalhos defensivos."

Rougeyron era chefe de uma seção de fuga que resgatou muitos jovens pilotos americanos e tripulações abatidas sobre a França. Ele usava pombos para enviar mensagens dizendo que os homens — apenas o último nome, nenhuma patente — estavam a salvo. "Não queríamos dizer nada mais, com medo de que o pombo fosse abatido no seu percurso."[21]

Os alemães construíram baterias de quatro canhões sobre o rochedo a oeste de Port-en-Bessin. Grandes fortificações, grandes canhões 155 mm. Belamente camufladas com redes e aterro de detritos, não podiam ser vistas do ar.

O fazendeiro em cuja terra elas foram construídas ficou furioso porque não podia apascentar o seu gado ou cultivar o seu campo. Ele demarcou a distância entre os *bunkers*, dos *bunkers* até o posto de observação bem na margem do rochedo, do rochedo aos *bunkers*, e assim por diante. Ele tinha um filho cego, de oito ou nove anos de idade, que à semelhança de muitas pessoas cegas, tinha uma memória fabulosa. Pelo fato de ser cego, os alemães pouca atenção prestavam nele.

Certo dia, no começo de 1944, o garoto pegou uma carona até Bayeux. Lá ele conseguiu entrar em contato com André Heintz, um jovem de dezoito anos participante da Resistência. O garoto deu a Heintz a informação que levava; Heintz a enviou à Inglaterra através do seu pequeno transmissor de rádio feito em casa (escondido numa lata de Sopa Campbell, hoje em exibição no Museu da Batalha da Normandia em Caen); assim a Marinha britânica, no Dia D, tinha as coordenadas exatas dos *bunkers*.[22]

Na pequena aldeia de Benouville, na margem do canal onde uma ponte cruzava o aqueduto, a senhora Thérèse Gondrée tinha um café. Os alemães que compravam vinho e lanches ali não sabiam que ela falava alemão. Ela passava o que apanhava das conversas à senhora Vion, chefe do hospital-maternidade local (e da Resistência local), que a passava a seus superiores na Resistência em Caen, que a passavam aos agentes da SOE na área, que a enviavam à Inglaterra via rádio ou avião pequeno. Assim, o major John Howard da Ox and Bucks, 6ª Divisão Aeroterrestre, que estava treinando sua companhia para uma operação de golpe de mão contra a ponte no Dia D, sabia um bocado sobre o inimigo, inclusive a localização do botão que desencadearia a carga de demolição para explodir a ponte e impedir a captura.[23]

0 506º Regimento de Infantaria de Pára-Quedistas da 101ª Divisão Aeroterrestre tinha como um de seus objetivos no Dia D a aldeia de Santa Maria do Monte. Graças à Resistência, o tenente Richard Winters da Companhia E do 506º sabia, entre outras coisas, que o comandante alemão local estava visitando o professor local e que todos os dias levava o seu cão para um passeio exatamente às 17 horas.[24]

M. Guillaume, de Bayeux, possuía uma loja de bicicletas. Ele fora um ciclista profissional antes da guerra. Numa entrevista, ele declarou: "Eu podia, sob a ocupação, renovar minha licença e sob o pretexto de treinar podia me deslocar pelas redondezas sem dificuldade." Graças à política de trabalho compulsório, ele podia obter dos trabalhadores informações específicas sobre construção de defesas, infra-estruturas, armamentos, localizações de tropas, obstáculos costeiros e coisas semelhantes. "A pessoa responsável regional com quem eu mantinha contato era M. Meslin, vulgo comandante Morvin, chefe da subdivisão. Todas as semanas eu me encontrava com ele na rua Saint-Jean 259, em Caen, de modo que podia passar-lhe informações solicitadas que havíamos obtido."[25]

Graças às informações recolhidas e passadas adiante pela Resistência Francesa, suplementadas e aumentadas pelas intercepções do Ultra e do reconhecimento aéreo, a AEF possuía indubitavelmente melhores informações sobre as disposições e sobre as tropas do inimigo do que qualquer força atacante na história.

A sabotagem era outra especialidade da Resistência. No período de 1941-43, consistia de alfinetadas esporádicas e descoordenadas contra indústrias bélicas, ferrovias, canais e sistemas telefônicos e telegráficos. Não era feita numa escala suficiente para causar muita preocupação aos alemães. Mas começando no início de 1944, depois que a SOE passou para o controle do SHAEF, a sabotagem ferroviária foi consideravelmente acelerada e ligada ao Plano do Transporte. Um resistente com uma banana de dinamite que sabia onde colocá-la numa ponte podia ser muito mais eficiente do que um B-27 lançando uma bomba de 227 kg de uma altura de 4.500 metros sobre o mesmo alvo. O homem no local também podia cronometrar a explosão de modo a eliminar uma locomotiva quando a ponte explodia. Nos primeiros três meses de 1944, a Resistência destruiu 808 locomotivas em comparação com 387 danificadas pelo ataque aéreo. Depois que o Plano do Transporte entrou em vigor, os números se reverteram: em abril e em maio os bombardeios puseram 1.437 locomotivas fora de ação comparadas com apenas 292 creditadas à Resistência.[26]

Os britânicos esperavam por mais apoio direto da Resistência. Uma comissão composta de representantes da SOE e do Exército consideraram a possibilidade de uma insurreição total. A Resistência podia prestar uma contribuição estratégica à *Overlord* se fosse "apoiada por uma greve geral ou por um levante em escala nacional". Prevaleceram as cabeças mais serenas. Um oficial francês salientou que a noção de um levante em massa "pressupunha a existência de coragem universal, enquanto que a coragem inspirava apenas uns poucos homens — como sempre inspirou a poucos e não a muitos. E a idéia de insurreição significava combater blindados modernos com catapultas lança-pedras do tempo de César".[27]

O SHAEF foi mais realista. Queria usar os grupos da Resistência com o intuito de preparar demolições para explodir linhas-tronco principais conducentes à área de ocupação, começando no Dia D. A isto se deu o nome de *Plan Vert*. Por volta de maio, a SOE pôde declarar ao SHAEF que 571 alvos ferroviários estavam prontos para ser demolidos. O *Plan Vert* era suplementado pelo *Plan Tortue*, um projeto destinado a bloquear os movimentos rodoviários do inimigo através de ação de guerrilha — o que significava na prática abrir fogo com metralhadoras leves Sten e Bren sobre as colunas alemãs, e em seguida correr para os bosques, esperando que os alemães fossem atrás.

Como os alemães estavam regularmente apanhando membros da Resistência e torturando-os para obter informações, a Resistência não podia saber antecipadamente a data do Dia D. Por conseguinte, providências tinham de ser tomadas para ordenar a execução de planos de sabotagem por mensagens codificadas, difundidas pela BBC. Os líderes eram informados de que deviam ouvir as irradiações da BBC nos dia 1, 2, 15 e 16 de cada mês. Se a invasão estivesse iminente, eles ouviriam uma mensagem codificada preparatória. Ficariam então em alerta para ouvir uma mensagem "B" confirmatória, que seria seguida dentro de 24 horas por um código que lançava as unidades em ação. Cada região tinha um código diferente.

Em Bayeux, o código de ação para a unidade de M. Mercader era "Está quente em Suez", seguido de "Os dados estão no tapete". Ele relembrou o dia em que ouviu estas palavras pelas ondas da BBC: "Em Bayeux, na minha adega, o rádio estava ligado. Às seis e trinta da tarde, a primeira mensagem veio assim: 'Está quente em Suez. Está quente em Suez.' Duas vezes. Depois, um silêncio precioso. Em seguida, 'Os dados estão sobre o tapete. Os dados estão sobre o tapete.'

Duas vezes de novo, juntamente com outras mensagens que não nos diziam respeito. Atordoado ante o que ouvira, fui tomado por um instante de emoção, mas logo me recuperei, e depois de ter desligado o rádio e subir os degraus da adega de quatro em quatro, informei em primeiro lugar a minha mulher sobre o que acabara de ouvir. Peguei então a minha bicicleta e fui contatar o meu principal pessoal responsável para lhes dar a notícia de um desembarque iminente. A noite ia ser longa."[28]

O SHAEF deliberou limitar a atividade de sabotagem no Dia D à baixa Normandia. Forte argumento para fazê-lo era esperar em outras regiões até que a destruição de pontes se tornasse imediatamente útil ao AEF. Isto aplicava-se em especial no sul da França, onde outro desembarque estava programado para meados de agosto. Além disso, se a Resistência entrasse em ação por toda a França, exporia seus membros à identificação e à captura pelos alemães, que, entrementes, teriam tempo de reparar os danos. Esses argumentos deram lugar à consideração de que era preferível obter a máxima quantidade de caos por trás das linhas inimigas no momento do desembarque, e de qualquer modo o SHAEF calculava que era impossível manter os vários grupos da Resistência tranqüilos depois que a notícia do Dia D se espalhasse.

Anthony Brooks, um inglês de vinte anos que havia crescido na Suíça de fala francesa e que estivera estudando na França quando a guerra começou, era em 1944 um agente da SOE no sul da França, perto de Toulouse. Ele vinha recebendo lançamentos aéreos de explosivos que distribuía ao seu pessoal da Resistência, que os escondia em fossas sanitárias ou até mesmo em locomotivas quando os maquinistas eram da Resistência. ("Costumávamos esconder os explosivos numa locomotiva elétrica", recordou ele, "e nenhum soldado alemão ia abrir uma coisa que diz que tem nela 16.000 volts e que tem uma chave.") Alguns iam para cisternas de lavatório; elas comportavam até vinte quilos de explosivo. À semelhança da maioria dos agentes da SOE, Brooks achou que seus recrutas estavam impacientes, ansiosos por ação, de modo que "tivemos de permitir que vez por outra eles dinamitassem trens, mesmo se fosse cedo demais e não tivéssemos ordens. De vez em quando descarrilávamos o trem errado e, pode-se dizer, éramos malhados pela imprensa, e um trem que descarrilamos era da Cruz Vermelha Suíça e havia quatro enormes vagões cheios de ovos e as pessoas estavam tentando tirar as gemas do rio com uma concha para fazer omeletes e xingando-nos o tempo todo".[29]

Em abril de 1944, a 2ª Divisão *Panzer SS* (a *Das Reich*) se deslocou para uma cidade perto de Toulouse chamada Montauban. Ela estava se refazendo depois de árdua permanência na Frente Oriental, recebendo carros de combate novos em folha, Tigres, os maiores e melhores que os alemães podiam produzir. Os carros de combate eram beberrões de gasolina (os Tigres pesavam sessenta e três toneladas e faziam meia milha por galão). Estavam sujeitos a problemas mecânicos. Tinham apenas lagartas de aço, que se desgastavam rapidamente ao rodar por estradas. Por conseguinte, os alemães sempre transportavam os Tigres para qualquer distância em vagões ferroviários. Os Tigres estavam concentrados em Montauban e mantidos sob pesada guarda. Os vagões ferroviários que os transportavam eram escondidos em desvios ferroviários de aldeia, em torno de Montauban, cada um deles oculto por um par de caminhões franceses fora de uso, colocados por cima. Estes vagões transportadores não eram vigiados.

Brooks pôs seus agentes a trabalhar. Um deles era uma bela jovem de dezesseis anos chamada Tetty; "filha do chefe local que dirigia uma garagem, ela tinha longas madeixas e sua mãe estava sempre beijando-as e dizendo-lhe para não brincar com elas." Durante o mês de maio, Tetty e seu namorado, e sua irmã de quatorze anos e outros saíram a passeio de bicicleta depois que escureceu na direção dos vagões, onde retiraram com um tubo todo o óleo dos eixos, substituindo-o por um pó abrasivo lançado de pára-quedas pela SOE. Brooks disse a Tetty e aos outros que jogassem o óleo fora, mas "naturalmente os franceses disseram que era absurdo jogar fora aquele belo óleo verde, de modo que o aproveitaram, pois era verdadeiro óleo de motor de alta qualidade", alcançando um ótimo preço no mercado negro.

No Dia D, a *Das Reich* recebeu ordens de se deslocar para a Normandia. Os alemães puseram os seus Tigres nos vagões ferroviários. Cada vagão parou de funcionar antes de chegar a Montauban. Os danos causados aos eixos dos vagões foram tais que eles não puderam ser consertados. Só após uma semana a divisão encontrou vagões alternativos, em Perigueux, a cem quilômetros de distância — má sorte para as lagartas dos tanques e para o suprimento de combustível. A Resistência atormentou a divisão desde Montauban até Perigueux. Como conseqüência, a *Das Reich*, esperada por Rommel na Normandia por volta do Dia D mais três ou quatro, na verdade chegou em D mais dezessete. Além disso, como nota Brooks com certa satisfação, "nenhum trem foi para o norte de Montauban depois da noite de cinco de junho até que pudesse levar desfraldada a bandeira francesa ou o Union Jack (pavilhão do Reino Unido)."[30]

As contribuições das tropas de pára-quedistas na noite antes do Dia D e dos bombardeiros e da Resistência nas semanas antes do Dia D não podem ser avaliadas nem valorizadas com precisão. Mas é claro que enquanto Eisenhower nunca teve de se preocupar com a sua retaguarda, Rommel sempre teve.

6. Planejando e Preparando

De acordo com o general Eisenhower, antes que a batalha seja travada os planos são tudo.[1] Na qualidade de comandante supremo, ele dirigia uma operação de planejamento que parecia de alcance infinito, complexo quase além de qualquer descrição, e da qual dependia o resultado da guerra. Ele insistia e conseguia um esforço total dos oficiais do Estado-Maior do SHAEF juntamente com os do 21º Grupo de Exército (o quartel-general de Montgomery), do Segundo Exército britânico e do Primeiro Exército americano, dos corpos, das divisões, batalhões e companhias e todos os níveis de planejamento nos vários comandos da Força Aérea, da Marinha e da Guarda Costeira. Como resultado, a *Overlord* foi a operação anfíbia mais completamente planejada da história.

Quando Eisenhower visitou o quartel-general de Bradley, disse aos oficiais: "Esta operação não está sendo planejada com quaisquer outras alternativas. Esta operação tem por plano uma vitória, e é assim que ela vai ser. Vamos indo para lá, estamos jogando tudo o que temos nela, e dela faremos um sucesso."

(Numa entrevista de 1964 com Walter Cronkite, Eisenhower repetiu estas palavras. Ele falou com intensidade, franzindo um pouco as sobrancelhas, fazendo lembrar algo do antigo poder da sua voz, da sua postura corporal, da sua atitude e da aura de certeza e comando que ele havia demonstrado em 1944. Em seguida, relaxou visivelmente, deixou aquele sorriso tímido insinuar-se pelo canto da boca, e acrescentou: "Mas não há nada certo na guerra. A não ser que se ponha um batalhão contra um grupo de combate, nada é certo."[2]

O trabalho dos planejadores é certificarem-se o máximo possível. Para fazer isso, eles precisavam estar em relação constante com as tropas no terreno, controlando os resultados dos exercícios e treinando para decidir o que funcionaria, o que talvez funcionasse, o que deixaria de funcionar. Eles tinham de reunir essas informações com a entrada dos demais serviços para apresentar um plano abrangente com o qual todos concordassem.

O processo começou no topo e passou a descer. Eisenhower decidiu onde e quando. Para lidar com a objeção de que acrescentar o Cotentin (a *praia de Utah*) seria oneroso demais por causa das áreas alagadas atrás da praia, o chefe do Estado-Maior de Eisenhower, o general Smith, sugeriu que se usassem divisões aeroterrestre para tomar as vias elevadas que levavam ao interior sobre as áreas alagadas. Havia uma intensa oposição da parte dos comandantes de operações aerotransportadas, mas Eisenhower decidiu em favor de Smith.[3]

Pelo fim de janeiro, as decisões básicas de Eisenhower estavam posicionadas. No dia 25 de fevereiro o quartel-general de Bradley tinha um plano geral delineado; o Segundo Exército britânico concluiu o dele um mês após. O processo descia até os níveis dos corpos, divisões, regimentos e batalhões.

O general Freddie de Guingand, Chefe do Estado-Maior de Montgomery, lembrou que ao longo da cadeia de comando "nada era proposto que não enfrentasse acalorada oposição". Se o corpo o queria, a divisão pensava o contrário. Se o Exército propunha e a Marinha concordava, a Força Aérea na certa ia objetar.

De Guingand declarou que foi o pessoal do 21º Grupo de Exército de Monty que tomou a decisão de enviar os carros de combate flutuantes para o combate na primeira leva, com canhões navais atirando sobre suas cabeças. "Nossos motivos para usar os carros de combate na vanguarda consistiam em obter um elemento de surpresa que pudesse ser eficaz na desmoralização do inimigo; eles forneceriam também pontos de reagrupamento para a infantaria."[4]

Nos níveis mais altos, a tentação de descer para resolver os problemas dos escalões inferiores era grande, mas foi superada. Explicou o general de Guingand: "No início todos tentamos descobrir uma solução acadêmica para a composição das ondas de assalto — canhões, engenheiros, carros de combate, infantaria, em que ordem, onde etc., mas após o primeiro ensaio de treinamento decidimos que a noção de uma única fórmula era tolice e deixamos cada seção de assalto resolver o seu próprio problema."[5]

"O seu próprio problema" dependia da natureza dos trabalhos defensivos que defrontavam o corpo, a divisão, o regimento, o batalhão. Cada um tinha um problema diferente, dependendo da configuração da praia que iria assaltar, e ainda mais dos trabalhos defensivos de Rommel. Mas Rommel não podia planejar, apenas preparar. O planejamento tornou possível uma concentração de energia e força, mas exigia um conhecimento de onde e quando, que Rommel não tinha. A preparação para um ataque em qualquer lugar obrigava a uma dispersão de energia e força.

Em cada praia remotamente apropriada para um desembarque anfíbio, Rommel construiu defesas. Ao largo, a primeira linha de defesa dos alemães consistia em minas ancoradas no canal, não suficientes para satisfazer Rommel, mas o que bastava para causar um problema maior para as marinhas aliadas. No litoral, as defesas diferiam para ajustar-se às condições de terrenos locais, mas os obstáculos costeiros no banco de maré entre os pontos mais alto e mais baixo eram semelhantes em *Omaha*, em *Utah* e nas praias britânicas.

Os obstáculos dos bancos de maré começaram com os chamados portões belgas, que eram estruturas em forma de portão construídas com molduras de ferro de 3 metros de altura. Estas últimas assentavam-se em cintos que corriam paralelamente à linha costeira, cerca de 150 metros fora da linha de preamar. Minas Teller (minas anticarro conduzindo 6 quilos de TNT) eram presas às estruturas, ou velhas granadas da artilharia francesa, trazidas da Linha Maginot, apontadas para o mar e prontas para disparar. O almirante Ruge não tinha fé em minas terrestres e bombas de artilharia emperravam quando submersas, visto que não tinham nenhuma proteção contra a água, mas as minas marítimas que ele preferia não eram disponíveis em quantidade suficiente.[6]

Em seguida, a cerca de cem metros do ponto mais alto da maré, uma faixa de toros pesados era introduzida na água num ângulo que apontava na direção do mar, com minas Teller amarradas ao topo de alguns dos toros. A cerca de setenta metros da costa, o principal cinturão de obstáculos apresentava uma espécie de fortificações (três ou quatro trilhos de aço cortados em comprimentos de dois metros e soldados nos centros) que podiam rasgar o fundo de qualquer embarcação de desembarque.

Rommel defendeu a França como um colosso. Ele podia, e o fez, inundar a zona rural represando rios ou deixando o mar entrar. Podia — e o fez — erradicar e evacuar civis franceses, pôr abaixo casas e edifícios de veraneio para proporcionar a sua artilharia um melhor campo de tiro, derrubar florestas e apanhar as árvores de que necessitava para armar os obstáculos costeiros.

Os obstáculos forçaram os aliados a escolher entre arriscar seus navios de desembarque numa maré cheia ou vir numa maré enchente dando assim aos soldados alemães uma oportunidade de abater as primeiras levas de atacantes no momento em que eles lutavam ao longo do baixio até a primeira configuração da praia, que em *Omaha* era um banco de cascalhos (pequenas rochas lisas),* ou uma linha de dunas de areia em *Utah* que podia proporcionar certa cobertura. Para fazer uso total da zona de extermínio, Rommel mantinha suas divisões estáticas (muitos dos batalhões eram unidades *Ost*; em algumas divisões eram cinqüenta por cento poloneses ou russos), dispostas no terreno quase coladas umas nas outras.

Em cada uma das saídas da *praia Omaha,* por exemplo, fuzileiros e metralhadores estavam alojados em trincheiras na parte inferior, no meio e no topo do penhasco. Espalhados ao longo das encostas dos barrancos, e na planície acima, havia centenas de *Tobruks*, buracos circulares forrados de concreto grandes o bastante para abrigar uma peça de morteiro, uma metralhadora, ou mesmo a torre de um carro

* A praia que os visitantes vêem hoje está muito diferente do que era em 1944. Os engenheiros do Exército dos Estados Unidos derrubaram a maior parte da muralha marítima e removeram inteiramente a barragem de cascalho durante as operações de descarga no verão de 1944.

de combate. Os *Tobruks* eram conjugados por meio de túneis subterrâneos. Ao lado e em torno deles, os alemães tinham fortificações fixas de concreto armado voltadas diretamente para a praia. Nelas, como nos *Tobruks*, havia esboços panorâmicos das características do solo à sua frente, dando alcance e deflexão para alvos específicos. Por outras palavras, eles estavam assestados.

Na *praia Omaha* propriamente dita, os alemães tinham doze fortins construídos com o propósito de facilitar o disparo de tiros de enfiada na extensão da praia. Canhões de grande porte, de 88 e até de 105 mm, eram colocados em casamatas com viseiras que se abriam para a praia, não para o mar. As casamatas tinham uma ala extra no lado voltado para o mar com o fito de esconder o sopro dos canhões das marinhas aliadas.

No alto do penhasco havia três casamatas de concreto e quatro posições, para canhões de 75 e 88 mm, todas localizadas para desfechar fogo rasante e penetrante sobre cada metro de praia. Os canhões vieram de todas as partes do império nazista: 75 mm franceses, grandes canhões russos, de 105 mm da Tcheco-Eslováquia e outros da Polônia.

As grandes casamatas podiam suportar qualquer bomba que o poderio naval aliado pudesse lançar contra elas e ainda proteger os canhões; para proteger as casamatas da ameaça real, um assalto de infantaria com granadas e lança-chamas, os alemães as rodeavam com minas terrestres e arame farpado.

Assim, o soldado que atingisse a praia na primeira leva em *Omaha* teria de passar pelos campos minados do canal sem que o seu LST explodisse, em seguida ir do navio para a praia num barco Higgins sob o fogo das baterias do interior, em seguida abrir caminho através de um banco de areia juncado de obstáculos de cerca de 150 metros sob fogo cruzado de metralhadoras e fuzis, com bombas de grande calibre assoviando por perto e obuses explodindo em todas as direções, para encontrar sua primeira proteção atrás dos cascalhos. Ali ele seria apanhado num tríplice fogo cruzado — metralhadoras e artilharia pesada dos lados, armas portáteis da frente, granadas de obuses caindo de cima.

Se o soldado não fosse morto ao descer da sua embarcação ou ao cruzar o banco de maré, se por algum milagre conseguisse chegar aos cascalhos, Rommel o queria ferido antes que ele chegasse; se não ferido, paralisado pelo medo. Para mantê-los encurralados, Rommel mandara colocar mais minas. Entre os cascalhos e o penhasco havia um baixio de superfície costeira (em alguns lugares, pantanoso). Rommel carregou no emprego de arame farpado, mas confiava principalmente nas minas. Elas estavam irregularmente espalhadas por todo o baixio e eram de todos os tipos. Algumas, simples cargas de TNT cobertas de pedras e detonadas por arame de disparo. As minas tipo S eram verdadeiros dispositivos do demônio; saltavam ao serem ativadas, e em seguida explodiam à altura da cintura. Havia outras. Ao todo Rommel colocou 6,5 milhões de minas, e queria muitos milhões mais (sua meta era a colocação de 11 milhões de minas anti-pessoal)[7]. Por trás das minas e montados nos barrancos havia fossos anti-carros, com mais ou menos 2 metros de profundidade, além de barreiras de cimento através das estradas de saída.

Tudo isto apoiado por canhões de grande porte em Pointe-du-Hoc, onde devia haver uma bateria de seis canhões 155, capaz de atingir a massa de navios ao largo das praias *Omaha* e *Utah*, outra em St. Marcouf, voltada diretamente sobre *Utah*, outra em Longues-sur-Mer cobrindo *Gold*, e assim por diante.

Por trás de *Omaha*, uma vez que se conseguisse chegar ao interior partindo do planalto, não havia defesas fixas de qualquer espécie. Isto principalmente refletiu a impossibilidade de Rommel de construir uma verdadeira muralha atlântica que tivesse bastante profundidade — mas o comprimento era grande demais, os recursos insuficientes. Em parte refletia a atitude de Rommel de tudo-ou-nada no que se refere ao combate pelas praias. Mas como cada soldado americano que lutou na Normandia pode testemunhar, no país das cercas vivas e das aldeias muradas de pedras, casas de fazenda, celeiros e anexos, fortificações fixas não eram necessárias. O campo de cercas vivas da Normandia era ideal para travar uma luta defensiva com as armas dos meados do século vinte.

Em *Gold*, em *Juno* e em *Sword*, os obstáculos costeiros eram consideráveis, mas as dunas não eram tão altas como em *Utah*, e em vez de penhascos atrás da muralha marítima havia casas de veraneio francesas. Algumas delas eram derrubadas para proporcionar melhor campo de tiros, outras eram usadas como pontos fortificados. Havia casamatas, grandes e pequenas, espalhadas ao longo da costa. Como em toda parte, não existia profundidade na defesa.

Em *Utah*, os obstáculos costeiros estavam posicionados, mas não havia barrancos por trás da praia, apenas dunas de areia de 30 a 90 cm depois da muralha marítima, e assim ficava dispensado o sistema extenso de trincheiras guarnecido pela infantaria; contudo, os alemães haviam escavado nas dunas uma série de *Tobruks* com torres de carros de combate montadas acima, conectados por trincheiras subterrâneas, juntamente com casamatas contendo artilharia pesada, milhares de milhas de arame farpado, e milhares de minas.

O ponto fortificado em *Utah* era um fortim em La Madeleine. Tinha um canhão de 88 mm, dois canhões anti-carro de 50 mm, dois de 75 mm, um obuseiro de 16 polegadas, cinco morteiros lançadores de granadas, dois lança-chamas, três metralhadoras pesadas, uma sob uma torre blindada, e oito "Golias". Estes eram carros de combate em miniatura pouco maiores que um carrinho de criança, mas abarrotados de explosivos e com um mecanismo de orientação pelo rádio.

Atrás das dunas de *Utah*, uma estrada corria paralela à praia. Quatro estradas sobre aterro, ou *causeways* como as chamavam os americanos, dirigiam-se para o interior perpendicularmente à praia. As *causeways* cruzavam os campos alagados em decorrência do represamento dos rios locais. Por trás dos campos alagados, Rommel possuía tropas estacionadas em cada aldeia, juntamente com artilharia de campanha pré-assestadas sobre as *causeways*. As tropas vieram da 709ª e da 716ª Divisões (que formavam o Batalhão Georgiano e o Batalhão *Ost* 642). Eles quase não tinham transporte motorizado.

Estas unidades do interior eram usadas para construir defesas nas proximidades, dando o trabalho de enterrar toros no chão em qualquer campo aberto apropriado para o desembarque de um planador. Os aliados tinham usado planadores extensivamente, com algum sucesso, na Sicília em julho de 1943, e Rommel admitia que eles o fariam novamente. Para evitar que isso acontecesse, ele projetou "os aspargos de Rommel", toros de 3 metros enterrados no chão, para serem encimados com bombas amarradas por arames interconectados. As bombas só chegaram de Paris depois do Dia D, mas os toros eram por si mesmos bastantes para rebentar um planador de madeira voando a mais de 100 quilômetros por hora.

Para fins de despistamento, Rommel construiu casamatas desprovidas de canhões. Recordou o almirante Ruge: "Baterias fictícias atraíam um número considerável de ataques aéreos aliados e ajudavam os canhões verdadeiros a sobreviver."[8]

Os americanos estavam fazendo uso extensivo de borracha, blindados sucateados e outros veículos pesados como parte da *Operação Fortitude*, mas os alemães não desenvolveram dispositivos semelhantes.

Em vez disso, Rommel usou mais concreto e plantou mais "aspargos". O coronel-general Georg von Sodenstern, comandante do Décimo Nono Exército no sul da França, achou que Rommel estava louco. Ele comentou sobre as suas defesas fixas: "Como homem algum em sã consciência poria a cabeça na bigorna sobre a qual é brandido o martelo do ferreiro, assim nenhum general aglomeraria suas tropas no ponto em que com certeza o inimigo vibrará o primeiro golpe poderoso com sua superioridade material."

Ao que Rommel replicou: "Nossos amigos do Leste não podem imaginar para que estão aqui. Não se trata de uma horda de fanáticos a ser jogada em massa contra nossas linhas, sem nenhum respeito no que se refere a baixas e pouco recurso à habilidade tática; aqui estamos enfrentando um inimigo que aplica toda a sua inteligência no uso de seus muitos recursos técnicos, que não poupa despesa alguma de material e cuja operação que lhe é própria segue o seu curso como se tivesse sido o objeto de repetido ensaio."[9]

Ele estava certo em sua análise do Exército americano, mas, no parecer do barão general Leo Geyr von Schweppenburg, muito errado em sua conclusão sobre a maneira pela qual enfrentar o ataque. Schweppenburg comandava o Grupo *Panzer* do Oeste. Quando Rommel começou a deslocar a 2ª Divisão *Panzer* mais perto da costa, ao norte de Amiens, Schweppenburg protestou. Rommel insistiu e pôs a principal tropa de combate bem na costa, entrincheirado. Ele murmurou para o almirante Ruge: "As divisões *panzer* vão ser deslocadas para a frente, quer gostem quer não!"[10]

Logo em seguida, um zangado general Schweppenburg, acompanhado pelo especialista em *panzers* de Hitler, general Heinz Guderian, confrontou-se com Rommel. Este último disse-lhes suavemente que tencionava entrincheirar cada carro-de-combate na linha costeira. Guderian ficou chocado e insistiu em que "a verdadeira força das formações *panzer* reside em seu poder de fogo e em sua mobilidade". Ele aconselhou Rommel a recuar os carros a uma distância fora de alcance dos canhões navais dos aliados. Insistiu em que a lição dos desembarques da Sicília e de Salerno eram mais do que claras — os alemães não podiam travar uma batalha decisiva enquanto estivessem sob o fogo daqueles canhões navais. Guderian sabia que uma força anfíbia não está no seu ponto mais vulnerável quando permanece metade na praia, metade no mar. Está no seu ponto de maior poderio naquele momento, graças àqueles grandes canhões navais. Ele instou com Rommel para que pensasse em uma contra-ofensiva lançada nos termos da Wehrmacht em certo ponto de obstrução quando o inimigo se tivesse estendido demais. Essa foi a maneira como atuaram os russos, como Guderian podia testemunhar.

Rommel não arredaria pé. "Se o senhor deixar as divisões *panzer* na retaguarda", advertiu ele, "elas nunca irão para a frente. Uma vez começada a invasão, o poder aéreo do inimigo impedirá qualquer coisa de se mover."[11]

Quando Guderian relatou o fato a Hitler, ele recomendou que se recuasse e lutasse no interior, o que significava especificamente manter o controle e o comando das divisões *panzer* fora das mãos de Rommel. Hitler tentou uma solução conciliatória irresoluta e tíbia. No dia 7 de maio, ele passou três divisões *panzer* para Rommel, a 2ª, a 21ª e a 116ª. As outras quatro divisões *panzer* tinham de ser mantidas no interior. O general Alfred Jodl, chefe do OKW, garantiu a Rommel que embora as quatro divisões estivessem sob o controle do OKW, elas "serão liberadas para operações — sem posterior aplicação pelo senhor — no momento em que estivermos certos das intenções e do foco de ataque do inimigo".[12]

Isso parecia razoável, mas passava por cima deste fato: o princípio de liderança levara a uma situação em que o comandante das divisões *panzer* alemãs contaria numa crise não com um homem mas com três para o recebimento de suas ordens — Rommel, Rundstedt e Hitler. As aparentemente sensatas palavras de Jodl também ignoraram o fracasso quanto à escolha de estratégias competitivas. Hitler não dava apoio nem a Rommel nem à equipe Schweppenburg/Guderian. Exatamente como não podia confiar nas pessoas, ele também não podia confiar num plano de preferência a outro. Ele esfacelou os seus recursos e suscitou a derrota por inteiro.

Rommel manteve suas três divisões *panzer* o mais perto possível, especialmente a 21ª, que acampou em torno de Caen. A 21ª tinha sido a preferida de Rommel na África, onde havia sido dizimada. Fora reconstruída em torno de um quadro de ex-oficiais, inclusive o coronel Hans von Luck. Seu comandante era o general Edgar Feuchtinger, cujas qualificações para o trabalho consistiam em que ele organizara as exibições militares nas reuniões anuais do partido. Ele não tinha nenhuma experiência de combate, não sabia nada sobre blindados. De acordo com Luck, Feuchtinger "era uma pessoa que se guiava pela filosofia do viva e deixe viver. Ele gostava de todas as boas coisas da vida, pelo que Paris era uma atração natural". Era vivo o bastante para deixar a realidade do comando nas mãos de seus subordinados imediatos.[13]

Rommel colocou as duas outras divisões *panzer* sob seu comando, a 12ª SS e a *Panzer Lehr*, igualmente distantes de Calais e Calvados. Elas não estavam perto o bastante para chegarem às praias em algumas horas, era, porém, um reflexo da imensa linha de frente que os alemães tinham de cobrir. O general Fritz Bayerlein, que comandava a *Panzer Lehr*, descreveu a divisão como "a mais bem equipada divisão *panzer* que a Alemanha já teve. Era cem por cento blindada; até mesmo a infantaria era completamente blindada". Quando ele assumiu o comando, Guderian lhe disse: "Só com esta divisão, o senhor deve repelir os aliados para o mar. Seu objetivo é a costa — não, não a costa, é o mar."

Afora as três divisões *panzer*, as forças de Rommel tinham pouca mobilidade. Rundstedt, certo na sua análise de que travar um combate móvel no interior era preferível a travar uma batalha campal partindo de fortificações fixas, concentrou a maior parte dos seus esforços nos primeiros cinco meses de 1944 na melhoria da infra-estrutura de transporte para as divisões costeiras. Mas os esforços de Rundstedt para pôr rodas sob o seu Exército foram contrabalançados pela insistência de Rommel em entrincheirar cada soldado e canhão disponíveis ao longo da costa. Seja como for, como Gordon Harrison observa: "As noções alemãs de mobilidade no oeste em 1944 mal correspondiam aos conceitos americanos de um exército motorizado." As unidades alemãs "móveis" tinham, na melhor das hipóteses, um ou dois caminhões para transportar suprimentos essenciais, com uma artilharia e transporte geral tracionados a cavalos. Os homens eram considerados "móveis" porque cada um tinha uma bicicleta[14].

A Wehrmacht de 1944 era um exército estranho. Nas divisões *panzer*, havia forças altamente móveis com poder de fogo superior, inteiramente atualizadas. Mas não tinha o combustível para sustentar as operações. Graças à campanha de bombardeamento aliado contra os campos de petróleo romenos, os alemães sofriam desesperadoras faltas de combustível. Na França, isso significava que as divisões *panzer* tinham de reduzir severamente o seu treinamento. Nas divisões de infantaria, contudo, a Wehrmacht de 1944 era quase uma réplica do exército do Kaiser de 1918. Era dependente de trilhos e de cavalos para seus suprimentos, do poder das pernas para o movimento. Em organização, tática e doutrina estava preparada para travar uma batalha de 1918, exatamente como a muralha atlântica era uma tentativa de construir uma réplica do sistema de trincheiras da Primeira Guerra Mundial.

Apesar da desvantagem de um equipamento insuficiente, as divisões de infantaria alemãs podiam ter alcançado maior mobilidade através de treinamento de manobras. Mas tão grande era a obsessão de Rommel em verter concreto e enterrar toros nos baixios que ele pôs seus efetivos de combate no trabalho de construir obstáculos costeiros. Desafiado por um subordinado que desejava dar ênfase ao treinamento, Rommel ordenou: "Por meio destas palavras proíbo qualquer treinamento, e exijo que cada minuto seja usado no trabalho de construção dos obstáculos costeiros. É na praia Sword que o destino da invasão será decidido, e, o que é mais importante, durante as primeiras 24 horas."[15] Até mesmo as unidades da 21ª *Panzer* em torno de Caen eram empregadas em colocar "aspargos".

Em março, após o degelo de primavera que imobilizara os exércitos na Frente Oriental, Hitler começou a transferir unidades para o oeste. Rommel colocou-as na linha onde elas eram mais necessárias. O Cotentin recebeu uma nova divisão, a 91ª, supostamente móvel, e o 6º Regimento de Pára-Quedistas, comandado pelo coronel Frederick von der Heydte, lendário por suas façanhas em Creta. Seu regimento era uma unidade de elite, composta de voluntários. A idade média era de dezessete anos e meio (na 709ª Divisão de Infantaria no Cotentin, a idade média era de 36 anos). Quando chegou à Normandia, o coronel ficou chocado "com a mediocridade do armamento e do equipamento das divisões alemãs. Havia armas de todos os países que tinham caído nas mãos dos alemães durante os últimos trinta anos". Seu próprio regimento tinha quatro espécies de lançadores de granadas e sete tipos de metralhadoras leves.

Heydte também ficou chocado quando lhe mostraram um documento e lhe disseram para assinar. Vinha da parte de Hitler. Ele queria que cada comandante fizesse promessa por escrito de permanecer no posto, de manter cada polegada de chão, quando o invasor viesse. Heydte recusou-se a assinar; o comandante do seu corpo simplesmente deu de ombros.[16]

Por todo Cotentin, em maio, Rommel tinha três divisões: a 243ª, a 709ª e a 91ª. Ao longo da costa de Calvados estava a 352ª, de frente para *Omaha*, a 716ª nas praias britânicas, com a 21ª *Panzer* em torno de Caen.

Isto não resultou em nada de definitivo. Tudo o que se visava ao verter todo aquele concreto e cavar todas aquelas trincheiras ao longo da costa era refrear o inimigo o tempo bastante para permitir um contra-ataque *panzer* concentrado antes do fim do Dia D. Mas com apenas uma divisão para cobrir toda a linha costeira Calvados-Cotentin, e somente duas para cobrir a área de Le Havre à Holanda, Rommel não podia de modo algum promover um ataque *panzer* concentrado inicial. Negando a Rommel o comando dos blindados, Hitler negou a Rommel a sua estratégia. Numa hora dessas, um general menos teimoso poderia ter tomado medidas para começar a implementar a estratégia na qual não acreditava, mas que tinha sido forçado pelas circunstâncias a adotar. Não Rommel. Ele se aferrou a uma estratégia que, pela sua própria lógica, dados os recursos disponíveis, não podia funcionar.

No dia em que a batalha fosse travada, portanto, as poderosas divisões blindadas da Wehrmacht seriam imobilizadas não tanto pelas forças aéreas aliadas, ou pelas marinhas aliadas, ou pela Resistência, mas sim pelo princípio de liderança do Terceiro Reich.

Mas suponha-se que Rommel tivesse convencido Hitler a pôr as divisões blindadas sob seu comando imediato. Suponha-se ainda que ele tivesse tido sorte e estacionado uma divisão *panzer* em Bayeux, outra em Carentan (segundo o general Bayerlein, comandante da Divisão *Lehr Panzer*, ele queria fazê-lo).[17] Em seguida suponha-se que no Dia D Rommel lançasse um contra-ataque liderado por blindados contra a 4ª Divisão de Infantaria em *Utah* e outro no flanco esquerdo em *Omaha* e no direito em *Gold*. Isto certamente teria criado uma crise e causado certo caos nas praias de desembarque, bem como grande número de baixas.

Mas considere-se o preço para a Wehrmacht. Com a rede de comunicações aliadas, inclusive grupos de controle de fogo na costa e no ar em contato radiofônico com os artilheiros navais, as marinhas americana e reais, apoiadas pelas belonaves canadenses, norueguesas, polonesas e francesas teriam aniquilado cada carros de combate no assalto. Em suma, a idéia mais fundamental de Rommel, imobilizar os invasores na praia, era falha. Colocar os *panzers* ao alcance do fogo das marinhas aliadas era loucura, como alegara Guderian. Na Sicília e novamente em Salerno, os carros de combate alemães conseguiram penetrar nas linhas aliadas e descer até as proximidades da praia. Ali eles foram aniquilados pelos destróieres aliados. Mas Rommel não estivera na Sicília ou em Salerno.

Rundstedt estava certo; a melhor esperança para os alemães era afastar-se da costa (como os japoneses estavam aprendendo a fazer nas ilhas do Pacífico) e travar combate fora do alcance de uma esmagadora barragem naval. Isto exigiria profundidade para a defesa, uma série de fortins, como na Primeira Guerra Mundial, a que recorrer. Se ele tivesse a mesma quantidade de mão-de-obra empregada na construção de posições defensivas em cada ponto de estrangulamento, cruzamentos fluviais, e assim por diante, como a que foi empregada na construção da muralha atlântica, então os alemães poderiam ter permanecido na França até que o inverno encerrasse as operações em 1944. Semelhante retardo, porém, não teria ganho a guerra para a Alemanha porque na primavera de 1945 os aliados teriam podido lançar um tremendo bombardeio aéreo e terrestre sobre as linhas alemãs, culminando em agosto numa bomba atômica sobre Berlim.

Mas isso levaria tempo, e a única esperança da Alemanha séria posta em jogo. Um inverno prolongado no Sena ou no Somme teria tido um efeito terrivelmente depressivo no moral aliado, e dado um impulso ao alemão. Um inverno prolongado ao longo do Sena teria feito Stálin pensar se não levaria a melhor alcançando uma paz conciliatória. Um inverno prolongado daria tempo aos alemães para introduzir suas armas secretas, principalmente os ME 262.

A decisão de Rommel de empregar ao máximo o seu efetivo na praia, por trás das mais sólidas fortificações possíveis, baseava-se no seu parecer militar. A decisão de Hitler de aprovar (em parte) a concepção de Rommel da muralha atlântica apoiava-se em sua megalomania política. Sua mentalidade de conquistador proibia-lhe ceder qualquer território sem luta.

Rommel e Hitler cometeram erros fundamentais ao desenvolver os seus planos com relação ao Dia D, baseados em raciocínios imperfeitos. O velho marechal Rundstedt, que estava ali como figura decorativa, foi quem percebeu a coisa certa — sair de baixo daqueles canhões navais.

Mas Rommel e Hitler eram combatentes terrestres. Eles tinham mais receio de aviões do que de navios. Olhavam para cima, em vez de para o mar, em busca do perigo. Cometeram um engano.

O Dr. Detlef Vogel do *Militargeschichtliches Forschungsamt* em Freiburg comenta: "É verdadeiramente espantoso que altos comandantes do Exército, que conduziram uma vez operações móveis, de repente quisessem esconder-se por trás de um baluarte."[18]

Igualmente espantosa foi a maneira com que Rommel, que fizera sua reputação como um comandante que usava táticas brilhantes, movimentos de grande raio de ação e ataques-relâmpago, tivesse adotado tão completamente uma postura defensiva. No dia 11 de maio ele visitou La Madeleine na *praia de Utah.* O comandante da companhia na fortificação era o tenente Arthur Jahnke, um oficial de vinte e três anos que fora gravemente ferido na Frente Oriental. Rommel chegou no seu Horch, com a mala atulhada de acordeões; Rommel tinha o hábito de dar um acordeão a unidades que estavam com desempenho satisfatório.

O tenente Jahnke e os seus homens não receberam o instrumento. Rommel estava de mau humor, que piorou quando caminhou com passadas largas ao longo das dunas, seguido por seus auxiliares e pelo desafortunado Jahnke. Sua crítica caiu como uma saraivada de granizo: insuficientes obstáculos na praia, insuficientes minas em torno do fortim, insuficiente arame farpado. Jahnke se aborreceu, protestando:

"Senhor marechal, eu uso todo o arame que me enviam, mas não posso fazer mais do que isso."

"Suas mãos, tenente! Eu quero ver suas mãos!", ordenou Rommel.

Embaraçado, Jahnke tirou as luvas. À vista dos arranhões profundos que desfiguravam as palmas de suas mãos, Rommel abrandou o tom. "Muito bem, tenente", disse ele. "O sangue que o senhor perdeu construindo as fortificações é tão precioso quanto o que perdeu em combate." Ao voltar para o seu Horch, Rommel aconselhou Jahnke a "ficar de olho em cada maré cheia. Eles certamente virão com a maré cheia".[19]

Os aliados, nesse meio-tempo, foram à frente com os planos que, estavam certos, funcionariam. Para eles a muralha atlântica era formidável mas de modo algum inexpugnável. No dia 7 de abril, Sexta-feira da Paixão, o 21º Grupo de Exército tinha concluído o esboço geral do plano e estava pronto para apresentá-lo aos comandantes de Divisão, dos Corpos e de Exército. Montgomery presidiu a reunião no seu quartel-general, em St. Paul's School (do qual ele era um diplomado). "Este exercício", começou ele, "está sendo realizado com o propósito de pôr todos os oficiais generais de posse do esboço geral do plano no que diz respeito à *Overlord*, de modo a assegurar mútua compreensão e confiança." Em seguida apresentou o plano.

Operando da esquerda para a direita, ele exigia que a 6ª Divisão Aeroterrestre começasse seu assalto logo após a meia-noite, com os objetivos de destruir uma bateria inimiga em Merville, capturando intactas as pontes sobre o rio Orne e o canal Orne, explodindo as pontes sobre o Dives, e agindo geralmente como proteção de flanco. A 3ª Divisão britânica, com comandos franceses e ingleses incorporados, devia investir através da *praia Sword*, e em seguida passar por Ouistreham para capturar Caen e o aeródromo de Carpiquet. A 3ª Divisão canadense devia investir através da *praia Juno* e continuar até cortar a rodovia Caen-Bayeux. A 50ª Divisão britânica em *Gold* tinha um objetivo semelhante, mais a tomada do pequeno porto de Arromanches e a bateria em Longues-sur-Mer da retaguarda.

Em *Omaha*, as 1ª e 29ª Divisões deviam deslocar-se para as saídas, tomar as aldeias de Colleville, St.-Laurent e Vierville, e em seguida investir para o interior. Os batalhões das tropas de assalto anfíbias incorporadas deviam capturar a bateria em Pointe-du-Hoc, por terra, por mar ou por ambos. Em *Utah*, a 4ª de Infantaria devia cruzar a praia, estabelecer o controle da estrada costeira, e deslocar-se na direção oeste pelas estradas de saída (*causeways*) para o interior terrestre elevado, pronta para girar à direita, a fim de se dirigir a Cherburgo. A 101ª Aeroterrestre seria lançada a sudoeste de Ste.-Mère-Église, assegurando o lado interior das *causeways* e destruindo as pontes nas proximidades de Carentan na medida em que fazia a captura de outras para proteger o flanco sul em *Utah*. A 82ª Aeroterrestre seria lançada a oeste de St.-Sauveur-le-Vicomte, para bloquear o movimento de reforços de inimigos em direção a Cotentin na metade ocidental da península.

Nessa reunião, Montgomery agia na suposição de que desembarcar na praia não era o problema. O que o preocupava era permanecer na praia. Disse ele aos seus subordinados: "É provável que Rommel mantivesse suas divisões móveis afastadas da costa até certificar-se de onde viria nosso ataque principal. Então ele as concentrará rapidamente e desferirá um duro golpe. Suas divisões estáticas se esforçarão defensivamente por manter a posse de um terreno dominante e agir como pivôs para os contra-ataques. Pelo anoitecer de D menos 1 o inimigo estará certo de que a área Netuno (codinome para a porção transportada por mar da *Overlord*) deve ser atacada maciçamente. Pela noite do Dia D ele saberá a extensão da frente e o número aproximado de nossas divisões de assalto." Montgomery pensava que Rommel mobilizaria duas divisões *panzer* contra a posição assaltada no Dia D mais 1; por volta do Dia D mais 5 seriam seis divisões *panzer*. Proteger e expandir a área conquistada seria mais difícil do que estabelecê-la.[20]

Com os seus objetivos determinados, os generais e coronéis foram trabalhar em níveis de divisão, de regimento e batalhão para desenvolver planos específicos para o desembarque. Enquanto eles e seus auxiliares trabalhavam de fevereiro a março, Rommel estava construindo, derramando concreto, preparando posições. Eles não podiam estar tão confiantes quanto Montgomery de que desembarcar era o menor de seus problemas. Para eles, era o primeiro de seus problemas, aquele que tinha de ser superado ou não haveria mais problemas.

O plano que veio à tona foi o seguinte:

Os primeiros regimentos a alcançar a praia viriam nos calcanhares de um bombardeio aéreo e naval de pré-assalto. Tinha por meta neutralizar posições de tiro conhecidas e desmoralizar as tropas inimigas. Começaria à meia-noite, com um ataque da RAF contra as baterias costeiras da embocadura do Sena a Cherburgo (1.333 bombardeiros pesados lançando 5.316 toneladas de bombas). Ao raiar do dia, a Oitava Força Aérea dos Estados Unidos atingiria as defesas costeiras do inimigo na área de desembarque. Pontos fortificados em *Omaha* deviam ser atingidos por 480 B-24 conduzindo 1.285 toneladas de bombas. Tropas programadas para desembarcar em *Omaha* tiveram a garantia de que haveria inumeráveis crateras nas praias, mais do que o bastante para proporcionar proteção e abrigo.

Os bombardeios começariam ao nascer do sol e continuariam até H menos cinco minutos (o nascer do sol era às 5:58, a Hora H acertada para 6:30). Em *Omaha* os encouraçados *Texas* e *Arkansas* disparariam seus canhões de 14 e de 12 polegadas, respectivamente, a dezoito quilômetros da costa, concentrando-se em Pointe-du-Hoc e pontos fortificados do inimigo que defendiam as saídas. Receberiam o reforço de três cruzadores com canhões de 6 polegadas e de oito destróieres com canhões de 5 polegadas.

Se esse bombardeio não conseguisse deixar os defensores mortos, incapacitados, ou imobilizados pelo terror, embarcações menores de apoio de fogo precederiam a primeira leva para aumentar a desgraça dos alemães. Em *Omaha*, dezesseis LCT conduzindo quatro carros de combate flutuantes cada um foram ajustados de modo a que dois carros de combate pudessem desfechar 150 disparos por canhão por sobre a rampa, começando de uma distância de tiro de três quilômetros, no horário H menos quinze minutos. Dez LCTs conduziriam 36 obuseiros de 105 mm (autopropulsados) dos 58º e 62º Batalhões de Artilharia Auto-propulsados; os obuseiros eram montados de modo a que pudessem desfechar 100 disparos por canhão dos LCT a uma distância de oito quilômetros, começando em H menos trinta minutos. Finalmente, quatorze LCT(R) foram equipados com lançadores de foguetes; cada LCT(R) disparava 1.000 foguetes de alto teor explosivo simultaneamente de três quilômetros da costa. Sob essa cobertura, as primeiras levas desembarcariam.

Os planos para os desembarques de assalto variavam de regimento a regimento, de praia a praia. O do 116º de Infantaria da 29ª Divisão no flanco oriental (direito) em *Omaha* era representativo. Como mostra o mapa de acompanhamento, o plano do 116º para romper as defesas era complexo e detalhado até os segundos. Em H menos cinco minutos, exatamente quando se suspendessem os bombardeamentos naval e aéreo, e os foguetes lançados dos LCT(R) assoviassem por sobre as cabeças, as companhias B e C do 743º Batalhão de Carros de Combate (composto de trinta e dois carros de combate flutuantes) desembarcariam à direita, a uma distância de 5.500 metros da praia. Eles tomariam posição de fogo à beira da água para dar cobertura à primeira leva de infantaria.

Na Hora H, 6:30, oito LCT desembarcariam à esquerda, trazendo com eles para a praia a Companhia A do 743º Batalhão de Carros de Combate. Com a Companhia A haveria oito carros de combate *dozers* rebocando carros de explosivos para serem usados por engenheiros de combate na operação de demolir obstáculos antes que a maré os cobrisse.

Em H mais um minuto a primeira leva de infantaria desembarcaria, a Companhia A à extrema direita em *Dog Green*, as companhias E, F e G em *Easy Green*, *Dog Red* e *Dog White*. Cada companhia era composta de cerca de 200 homens; o poder de fogo compreendia fuzis, metralhadoras, torpedos *bangalore**, bazucas, morteiros e granadas. Atrás destas escaramuças viriam engenheiros, seguidos por artilharia ligeira e baterias antiaéreas, e mais engenheiros; em seguida, em H mais cinqüenta minutos, outra leva de infantaria (as companhias C, L, I, K do 116º). Em H mais sessenta minutos, dois batalhões de *Rangers* assomariam na direita; em H mais 110 minutos, DUKW trariam a artilharia pesada. Em H mais três horas, unidades de recuperação de material da Marinha e companhias de transporte avançariam. Naquele momento, a praia estaria limpa, as companhias de fuzileiros se deslocando para o interior.

---

* Tubos que se acoplam no tamanho desejado, com carga explosiva detonada eletricamente para abrir passagem em obstáculos de cimento ou arame. (N. do R.)

O general Norman "Dutch" Cota, sub comandante da 29ª divisão, não gostava da idéia de se lançar em terra uma hora depois do alvorecer. Ele tinha pouca fé na precisão do bombardeio aéreo e naval, julgava que seria pouco proveitoso, e queria desembarcar a primeira tropa em total escuridão. Dessa maneira as levas de assalto poderiam cruzar o baixio com segurança e poderiam tomar posições de tiro e de ataque ao pé do penhasco antes que os alemães pudessem vê-los. "De qualquer maneira, a praia vai estar bagunçada", declarou ele. "A escuridão não alterará substancialmente a porcentagem de precisão de acesso à praia — não o bastante para compensar as desvantagens de um assalto à luz do dia." Seu argumento foi indeferido.[21])

Cada movimento exigia um programa exato de cronometragem que começaria três ou quatro dias antes da Hora H em portos no sudoeste da Inglaterra que estavam a até 160 quilômetros de *Omaha*. Homens e equipamentos embarcariam em LST, LCI e LCT. Fora das embocaduras dos portos, os comboios tomariam posição. Depois de cruzar o canal, os navios ancorariam ao largo da costa da França. Os homens desceriam pelas redes de cordas para seus LCVP, ou desceriam em barcos que seriam arriados por meio dos turcos. Eles circulariam, circulariam, circulariam até que obtivessem desembaraço para formar a linha de frente e seguir.

Havia muito mais para o plano de assalto do que o que está esboçado aqui, e havia variações em diferentes setores e praias, mas basicamente o plano do 116º era semelhante aos outros. A ênfase era posta num crescendo de altos explosivos que atingiriam as defesas costeiras durante meia hora antes que os carros de combate chegassem, devendo ser imediatamente seguidos pela primeira onda de atiradores, que poderiam tirar vantagem do inimigo atordoado e tomar as trincheiras bem como as saídas da praia. Depois disso era uma questão de obter bastante transporte e poder de fogo na praia, rápido o bastante para tomar o planalto e mover-se para o interior. Tudo isto estava planejado num horário excessivamente rígido e complicado — e era feito sem um único computador.

* * *

LOCAL DE DESEMBARQUE, PRAIA OMAHA
(Setor do 116º RI)

	EASY GREEN	DOG RED	DOG WHITE	DOG GREEN
H-5			◊◊◊◊ ◊◊◊◊ ◊◊◊◊ ◊◊◊◊ Co C (DD) 743 Tk Bn	◊◊◊◊ ◊◊◊◊ ◊◊◊◊ ◊◊◊ Co B (DD) 743 Tk Bn
HORA H	T T T T Co A 743 Tk Bn	T T T T Co A 743 Tk Bn		
H+01	V V V V V V Co E 116 Inf	V V V V V V Co F 116 Inf	V V V V V V Co G 116 Inf	A A A A A A Co A 116 Inf
H+03	M M M 146 Engr CT	M M M M 146 Engr CT; Demolitions Control Boat	M M M 146 Engr CT	M M M A A 146 Engr CT; Co C 2d Ranger Bn
H+30	V V V V V AAAW Btry; Co H; HQ Co E; Co H; AAAW Btry; 116 Inf	HQ V V, V, HQ V, V, HQ Co V V, V 2d Bn; Co H; HQ Co F; Co H; 2d Bn; AAAW Btry; 116 Inf	V V V V V AAAW Btry; Co H; HQ Co G; Co H; AAAW Btry; 116 Inf	A A A A A A A A V Co B; HQ Co A; Co B; AAAW Btry; 116 Inf
H+40	M 112 Engr Bn	V V V V M Co D 81 Cml Wpns Bn; 112 Engr; 149 Engr Beach Bn	V M 149 Engr Beach Bn; 121 Engr Bn	HQ A A A A M V V V V V V 1 st Bn 116; 149 Beach Bn; 121 Engr; Co D 116 Inf
H+50	V V V V V V V Co L 116 Inf	V V V V V V V Co I 116 Inf	V V V V V V Co K 116 Inf	M V V V V V V V 121 Engr Bn; Co C 116 Inf
H+57		V V V V V V V V V HQ Co 3d Bn; Co M 116 Inf		V V V V Co B 81 Cml Wpns Bn
H+60	T	V T T T T 112 Engr Bn	V HQ & HQ Co 116 Inf	T T T A A A A A 121 Engr Bn; Co A & B 2d Ranger Bn

	EASY GREEN	DOG RED	DOG WHITE	DOG GREEN
H+65				A A A A A A A 5th Ranger Bn
H+70	I 149 Engr Beach Bn	I 112 Engr Bn	I Alt HQ & HQ Co 116 Inf	M T T — A A A A A A A A 121 Engr Bn — 5th Ranger Bn
H+90			T T T T T 58 FA Bn Armd	
H+100			I 6th Engr Sp Brig	
H+110	D D D D — D D D D — D D D D D 111 FA Bn (3 Btrys in DUKWS)	D D D — D D D — D AT Plat 2d Bn — AT Plat 3d Bn — 29 Sig bn		D D D — D D D D D D D AT Plat 1st Bn — Gn Co 116 Inf
H+120	T T T 467 AAW Bn — AT Co 116 Inf — 467 AAW Bn	T T T T T AT Co 116 Inf — 467 AAW Bn — 149 Engr Beach Bn	T T 467 AAW Bn	T T 467 AAW Bn
H+150		DD Tanks T T T	I HQ Co 116 Inf 104 Med Bn	
H+180 a H+215	T T	D D D D D D D D D D D D 461 Amphibious Truck Co	M T M T M T Navy Salvage	T T T T T
H+225	D D D D D D D D D D D D D D D D D D 461 Amphibious Truck Co	T	T T	

I LCI — M LCM — T LCT — A LCA — V LCVP — ◇ DD Tank — D DUKW

Nota: Plano de 11 de Maio

DIVISÃO DE HISTÓRIA, DEPTO. DE GUERRA

Quando o praça John Barnes, da Companhia A, do 116º de Infantaria, assistiu à apresentação do plano de assalto, ficou sobremaneira impressionado. Ele estaria descendo na praia na Hora H; um minuto mais tarde a Companhia E viria atrás dele, seguida por engenheiros na Hora H mais três minutos. Em seguida viria a Companhia de Comando e a artilharia antiaérea, depois mais engenheiros, a seguir a Companhia L na Hora H mais cinqüenta minutos, e assim por diante, pelo dia afora. "Parecia tão organizado", recordou Barnes, "que nada poderia sair errado, nada poderia deter o plano. Era como um horário de trem; éramos quase como passageiros. Estávamos cientes de que havia muitas embarcações de desembarque atrás de nós, todas alinhadas chegando no horário. Nada poderia deter aquilo."[22]

Outros não estavam tão certos. O capitão Robert Miller, do 175º Regimento, 29ª Divisão, relembrou seu oficial comandante, coronel Paul "Pop" Good, apresentando o plano de operação ao regimento. "Era mais grosso que o maior catálogo telefônico que já se viu. Depois que a instrução foi concluída, o coronel Good se levantou, pegou-o e tentou rasgá-lo pela metade, mas era tão grosso que aquele homem robusto não conseguiu fazê-lo. Assim, simplesmente o atirou por sobre o ombro e disse: "Esqueçam esta merda de coisa. Vocês põem a bunda na praia. Eu estarei lá esperando e lhes direi o que fazer. Não há nada neste plano que vá dar certo."[23]

Se Eisenhower tivesse ouvido as observações, teria concordado. Sempre que ele dizia que antes da batalha os planos são tudo, acrescentava que tão logo a batalha se travava, os planos eram inúteis.

Por meados de maio, os planos até o nível de regimento estavam completos, mas não cimentados. Foram feitas mudanças até o Dia D em resposta a novas informações ou ao ritmo das atividades de construção das posições defensivas de Rommel. Em *Omaha*, por exemplo, o major Kenneth Lord, assistente G-3 (operações) da 1ª Divisão, localizou um fato ameaçador. Até meados de abril, a equipe da 1ª Divisão tinha felizmente notado que os pontos de resistência fortificados e os obstáculos do portão belga estavam empilhados nas praias e não postos no lugar. Mas quando aconteceu de um B-17 alijar algumas bombas na *praia Omaha* antes de retornar para a Inglaterra de uma incursão que fora suspensa, Lord examinou uma fotografia das bombas explodindo. Ele viu uma série de detonações de minas submarinas bem em *Easy Red Beach*.

O major Lord exortou a Marinha a tomar cuidado com as minas, salientando que o manual oficial de operações de desembarque deu a ela responsabilidade até a marca de preamar. A Marinha não discordou; simplesmente disse que não tinha a capacidade para demolir aquelas minas. A 1ª Divisão apelou para o SHAEF e conseguiu que dois batalhões de engenharia fossem designados para a operação. O QG da divisão os colocou na primeira leva. Quando Lord informou aos engenheiros que iriam na frente, eles ficaram muito chocados. Lord assegurou-lhes que teriam muito apoio dos carros de combate flutuantes — salientando que eles tinham trabalhado "belamente" durante exercícios de treinamento.[24]

Aquelas minas explosivas causaram consternação no Vigésimo Primeiro Grupo de Exército. Seriam elas elétricas, ou sob pressão, ou magnéticas, ou o quê? Para descobri-lo, enviaram o capitão George Lane, um oficial dos *Comandos*, para trazer uma amostra. Uma noite no fim de abril ele se pôs a nadar entre os obstáculos. Pôde encontrar apenas minas Teller. Trouxe uma consigo. Seus superiores "quase morreram de susto quando eu a apresentei, porque ela não era impermeabilizada, nunca veio a ser uma mina submarina, de modo que eles julgaram que a corrosão devia ter destruído o seu mecanismo e ela podia explodir a qualquer minuto".* Eles disseram a Lane que "deve haver mais alguma coisa" e mandaram-no de volta, não só para procurar novos tipos de minas, mas para tirar fotografias infravermelhas dos obstáculos submarinos.

Em maio, eles o mandaram de volta novamente, e sua sorte acabou. Ele foi capturado por um barco torpedeiro (E-boat) alemão e levado ao quartel-general de Rommel em La Roche-Guyon. Um elegante oficial do Estado-Maior entrou na sala e perguntou: "Bem, como vão as coisas na Inglaterra? O tempo deve estar bonito. O fim de maio

---

* Por isso o almirante Ruge estivera certo ao dizer a Rommel que as minas do exército não serviam para aquele fim.

é sempre bom na Inglaterra." O fato era que ele tinha uma esposa inglesa. Ele levou Lane para ver Rommel.

"O senhor está numa situação muito séria", disse Rommel, "porque pensamos que o senhor é um sabotador."

Lane voltou-se para o intérprete: "Queira dizer a Sua Excelência que eu sei que se ele pensasse que eu era um sabotador, não me teria convidado a vir aqui."

Rommel riu. "Então o senhor considera isto um convite?"

"Sim, de fato", respondeu Lane, "e considero isto verdadeiramente uma grande honra, e estou encantado com o acontecimento."

Rommel riu de novo, e em seguida perguntou: "Então como está o meu amigo Montgomery?"

Lane disse que não conhecia Montgomery.

"Bem, que é que o senhor pensa que ele está fazendo?"

"Só sei o que leio no *Times*. Lá se diz que ele está preparando a invasão."

"O senhor realmente acha que vai haver uma invasão? Os britânicos invadirão?"

"Isso é o que eu leio no *Times*, assim, acredito que vai."

"Bem, se eles vão, esta vai ser a primeira vez que o Exército britânico travará algum combate."

"Que poderá o senhor estar querendo dizer?", perguntou Lane.

"Eles sempre conseguem com que outras pessoas lutem por eles, os australianos, os canadenses, os neozelandeses, os sul-africanos. São uma gente muito esperta, esses ingleses."

Rommel ficou sério. "Bem, onde o senhor pensa que a invasão será feita?"

"Seguramente não sei, eles não dizem a oficiais subalternos. Mas se dependesse de mim, eu a faria através do caminho mais curto possível."

"Sim", afirmou Rommel balançando a cabeça, "isso é muito interessante."

Eles falaram sobre política. Rommel achava que os britânicos deviam estar lutando lado a lado com os alemães contra os russos. Lane achava que não.

Quando Lane foi dispensado, foi levado a Paris e enviado à Gestapo. Mas a Gestapo não fez perguntas, não usou nenhuma espécie de tortura; afinal, ele tinha sido interrogado pelo próprio Rommel. Assim, Lane teve muita sorte, bem como os aliados — todas as missões de Lane tinham sido dirigidas à costa francesa de Calvados.[25]

Outros ajustamentos tiveram de ser feitos. No Cotentin, a chegada no fim de maio da 91ª Divisão alemã na área onde a 82ª Aeroterrestre estava programada para descer causou uma mudança no plano. No dia 28 de maio, a zona de lançamento foi mudada para o oeste, estendendo-se sobre o Merderet, com o objetivo de conquistar o terreno entre os rios Merderet e Douve.

"Diariamente eu examinava novas fotografias aéreas de *Utah*", recordou o coronel James Van Fleet, comandante do 8º Regimento, 4ª Divisão. "Os alemães estavam trabalhando furiosamente para fortalecer suas defesas. Parecia terrível fazer um assalto contra dispositivos de defesa feitos de aço e canhão. Pus-me a pedir à Marinha que nos desembarcasse mais ao sul, para escaparmos dessas defesas. Mas nos foi dito que a água era rasa demais e que os barcos encalhariam."

Van Fleet ganhou realmente uma luta contra a Marinha. O manual de operações dizia que os patrões dos LCT decidiriam quando lançar os carros de combate flutuantes. Van Fleet não tinha muita fé nos mesmos. Ele queria que a Marinha os dispusesse tão perto quanto possível antes do lançamento, porque eles se moviam com muita lentidão na água e eram terrivelmente vulneráveis à artilharia. A Marinha insistia em que o capitão decidiria quando lançá-los. Recordou Van Fleet: "Eu contra-argumentei com tanta força que a Marinha recuou; o comandante do carro de combate daria a voz de comando para o lançamento."[26]

Multipliquem-se as experiências de Lord e de Van Fleet por centenas para se ter alguma idéia da extensão da sempre mutante operação de planejamento. Com tamanha dedicação, e com tamanho e aterrador poder de fogo, como poderia a invasão não funcionar?

Montgomery não tinha dúvidas. No dia 15 de maio ele dirigiu o grande ensaio geral para a *Overlord* do seu quartel-general em St. Paul's School. Churchill estava lá, o rei Jorge VI e todos os chefes militares, almirantes e generais dos Estados Unidos, do Reino Unido e do Canadá. Montgomery presidiu numa ampla sala de conferências; a platéia observava de um auditório em forma de crescente; sobre o assoalho, Montgomery colocara um enorme mapa colorido da baixa Normandia. Churchill chegou fumando um charuto; quando o rei chegou, Churchill "se curvou na sua costureira maneira desajeitada segurando o charuto numa das mãos".

"Quando tomamos nossos lugares", escreveu posteriormente o almirante Morton Deyo da Marinha dos Estados Unidos, no comando do grupo de bombardeio destinado a *Utah,* "a sala estava em silêncio e a tensão era palpável. Parecia à maioria de nós que o próprio funcionamento de tantas engrenagens precisaria de nada menos que da orientação divina. Uma falha num ponto poderia pôr em desequilíbrio o momento e resultar em caos. Todos naquela sala estavam cientes da gravidade dos elementos em pauta."

Eisenhower foi o primeiro a falar. Foi breve. "Eu salientaria apenas uma coisa", disse ele. "Considero ser o dever de cada um dos presentes que vir um defeito no plano não deixar de apontá-lo." De acordo com Deyo, "seu sorriso valia vinte divisões. Ante o calor que emanava da sua serena confiança, os nevoeiros da dúvida se dissiparam".[27]

Montgomery assumiu a palavra. Ele estava usando um bem talhado uniforme de campanha, com as calças muito bem vincadas. Ele tinha o ar elegante e falou num tom enérgico e tranqüilo. De acordo com o escrevente, Churchill vez por outra o interrompia para fazer perguntas com o fito de alardear seu conhecimento sobre assuntos militares. "Em certo ponto o primeiro-ministro interveio dizendo com alguma ironia que em Ânzio nós tínhamos posto em terra 160.000 homens e 25.000 veículos e havíamos avançado apenas doze milhas. Ele achava, por conseguinte, que assumir um risco vez por outra certamente não faria mal." Montgomery permanecia "tranqüilo e ponderado".

A mensagem de Montgomery foi: "Temos suficiência de tropas; temos todo o equipamento necessário; temos um plano excelente. Esta é uma operação perfeitamente normal com a certeza de sucesso. Se alguém tem alguma dúvida no seu espírito, que fique para trás."

Ele estava mais realista com respeito aos planos de Rommel do que estivera em abril, quando esperava que o inimigo segurasse os seus blindados durante os primeiros dias. Agora ele dizia: "Rommel é um comandante enérgico e determinado; ele fez uma enorme diferença desde que assumiu o comando. Ele é ótimo em atacar para desbaratar outro ataque, o seu forte é a ruptura; ele é impulsivo demais para o tipo de batalha pré-organizada. Usará de toda a sua categoria para nos pregar um 'Dunquerque'... usando os blindados sob o seu comando bem à frente."

Montgomery disse: "Nós temos a iniciativa. Devemos confiar:

(a) na violência do nosso assalto;

(b) no nosso grande poder de fogo naval e aéreo;

(c) na simplicidade;

(d) na índole forte."

Ele passou a dizer certas palavras que mais tarde voltariam a assediá-lo: "Devemos abrir nosso caminho para a terra e conquistar um bom ponto de apoio antes que o inimigo possa trazer reservas suficientes para nos desalojar. As colunas blindadas devem penetrar em profundidade no interior, e rapidamente, no Dia D; isto transtornará os planos e tenderá a mantê-lo a distância enquanto nos fortalecemos. Devemos ganhar espaço rapidamente e demarcar o que conquistarmos bem no interior."[28]

A reunião começou às 9:00 e foi concluída às 14:15, "terminando, assim", de acordo com as anotações, "a maior assembléia de liderança militar que o mundo jamais conheceu". Churchill estava todo enfatuado. No começo de 1944 ele manifestara apreensões a respeito da *Overlord*, dizendo a Eisenhower em certa ocasião: "Quando penso nas praias da Normandia abarrotadas com a flor da juventude americana e britânica, e quando, na minha mente, vejo as marés ficando vermelhas com sangue deles, eu tenho minhas dúvidas... Eu tenho minhas dúvidas." No começo de maio Eisenhower almoçara sozinho com o primeiro-ministro. Quando eles partiram, Churchill ficou comovido. Com lágrimas nos olhos ele dissera: "Estou com o senhor nisto até o fim, e se fracassar cairemos juntos." Mas depois do ensaio geral de St. Paul's, Churchill agarrou Eisenhower pelo braço e disse: "Estou mais firme no que diz respeito a este empreendimento." Já era um pouco tarde para estar entrando na equipe, mas foi bom que ele tivesse finalmente aderido. Quanto a Eisenhower, sua confiança estava elevada.[29]

7. Treinando

Não importa quão brilhante fosse o plano, não importa quão eficaz a simulação, não importa quão intenso o bombardeio marítimo e aéreo de pré-invasão, a *Overlord* fracassaria se os grupos de combate de assalto não avançassem. Para ter certeza de que avançariam, os aliados envidaram um esforço tremendo no treinamento.

Os americanos pensavam que haviam enfatizado o treinamento em 1942 — na verdade, eles estavam fazendo passar as divisões por um regime de treinamento tão severo como nenhum no mundo. Em fevereiro de 1943, no passo de Kasserine, descobriram que o seu treinamento era lamentavelmente impróprio aos rigores da arte da guerra moderna. Os homens tinham corrido, os comandantes entraram em pânico. Os que pensavam estar no máximo da forma física descobriram que não estavam. "Nossa gente desde o nível mais alto ao mais baixo aprendeu que isto não é um jogo de crianças e está pronta e ansiosa para descer aos pontos fundamentais", escreveu Eisenhower a Marshall. "De agora em diante vou colocar como uma regra fixa que nenhuma unidade, do momento em que alcançar este teatro até que a guerra seja ganha, jamais parará de treinar."[1] Como comandante supremo, ele reforçou esta regra.

O objetivo do treinamento era desembarcar. Tudo estava engrenado para o assalto do Dia D. Posteriormente o AEF pagou um preço por esta obsessão. Nada foi feito para treinar para o combate onde houvessem cercas vivas; técnicas adequadas para ação ofensiva na Normandia tiveram de ser aprendidas no local. Mas é claro que não haveria combate entre as cercas vivas se o AEF não tivesse desembarcado.

Para algumas divisões o treinamento de assalto começara nos Estados Unidos. As divisões aeroterrestres tinham sido formadas em 1941-42 com o propósito de saltarem por trás da muralha atlântica, e o seu treinamento refletia essa meta. Depois do curso básico de salto, as tropas pára-quedistas haviam executado manobras de salto, de reunião e de ataque por todo o centro-sul.

O coronel James Van Fleet assumiu o comando do 8º Regimento de Infantaria da 4ª Divisão no dia 21 de julho de 1941. O 8º havia sido ativado um ano mais cedo com o expresso propósito de desenvolver táticas para deter uma ofensiva *blitzkrieg*, mas quando Van Fleet assumiu, a situação tinha mudado, e ele treinou o 8º "como uma unidade de assalto; a força americana que faria os primeiros desembarques". Explicou: "A ênfase do nosso treinamento era atacar e tomar pontos fortificados do inimigo, tais como casamatas. No momento em que as forças aliadas alcançassem a Europa, o inimigo teria tido anos para construir plataformas de concreto, a fim de proteger a artilharia e suas armas pesadas. Passamos longos meses praticando como assaltar estas posições, começando com grupos de combate até o nível de companhia e batalhão."

O 8º tinha soldados de vários procedências, mas era composto inteiramente de americanos. Como observou Van Fleet, fora historicamente um regimento do sul, compreendendo rapazes do campo da Flórida, do Alabama e da Geórgia. Chamava-os de "caçadores de esquilo". Eles podiam deslocar-se pelos bosques à noite sem medo e sabiam como disparar um fuzil. Quando os convocados começaram a chegar, muitos deles eram de Nova York e outras cidades do leste. Não sabiam nada sobre armas ou bosques, mas tinham conhecimentos que os jovens sulistas não tinham, tais como motores e comunicações. "O casamento norte-sul foi um casamento feliz", comentou Van Fleet.

Ao treinar o 8º para um assalto, Van Fleet dava ênfase à coordenação e ao poder de fogo. Se dois homens estivessem atacando um ninho de metralhadoras, um faria fogo contínuo pela seteira enquanto o outro se arrastaria para ela do outro lado. Quando o homem em movimento se tornava um alvo, ele se jogava no chão e começava a responder ao fogo, enquanto seu parceiro, agora se arrastando, se aproximava do objetivo. Por fim, alguém chegava perto o bastante para lançar uma granada dentro do ninho. "Esta espécie de ataque exige bravura, confiança no companheiro e paciência", observou Van Fleet. "Interpretamos este roteiro por ocasiões incontáveis de 1941 a 1943, muitas vezes com munição real."[2]

Dois anos era um longo tempo para estar treinando. Os homens ficavam impacientes. Um dos mais agressivos tenentes de Van Fleet, George L. Mabry, insistia em entrar logo em combate. Para isso, requereu transferência para a Força Aérea do Exército. Van Fleet chamou-o para um papo. Sabendo que o seu comandante estaria contrariado, Mabry estava tremendo "como vara verde" quando se apresentou.

"Você quer ir para a Força Aérea?", perguntou Van Fleet.

"Sim, senhor."

"Você já esteve num avião?"

"Não, senhor."

"Bem, é melhor recuar e cancelar o pedido. Você pode ficar enjoado num avião."

"Sim, senhor."

Mabry continuou com Van Fleet, tornando-se um dos melhores oficiais da 4ª Divisão.

A 29ª Divisão navegou para a Inglaterra em setembro de 1942 a bordo do *Queen Mary*, transformado de transatlântico de luxo em navio-transporte de tropas. O *Queen Mary* navegava sozinho, dependendo de sua velocidade para evitar submarinos. A 500 milhas do continente, e assim ao alcance da Luftwaffe, apareceu uma escolta de navios britânicos. Um cruzador, o HMS *Curaçao*, atravessou diante da proa do *Queen Mary* de 83.000 toneladas. O *Queen* abalroou o cruzador de 4.290 toneladas e cortou-o pelo meio, matando 332 membros da tripulação. Não foi um começo auspicioso para a grande invasão aliada.

A divisão ocupou o aquartelamento de Tidworth, próximo de Salisbury. Este era o melhor quartel da Inglaterra, mas lamentavelmente desprovido daquilo a que os soldados estavam acostumados nos campos de treinamento dos Estados Unidos. Para homens que haviam treinado no sul do seu país, o tempo na Inglaterra era terrível. O praça John R. Slaughter, da Companhia D, 116º Regimento, recordou: "O moral não era bom durante aqueles primeiros meses nas ilhas britânicas. Saudades de casa, tempo sombrio e longas semanas de treinamento sem uma pausa fizeram muitos de nós resmungar."[3]

Isto não impediu que a 29ª se tornasse um grupo experimental. Foi a única grande unidade americana de combate no Reino Unido. Não teve nenhuma missão específica durante o primeiro ano. Em vez disso, executava exercícios de treinamento que eram, com efeito, experimentos para o desenvolvimento de doutrina militar, procedimentos e técnicas em assaltos anfíbios. Em suma, os homens se viam testados como porquinhos-da-índia.

Para piorar as coisas, a comida era horrível. Os britânicos tinham estado na guerra durante mais de dois anos; não havia ovos frescos, a carne era escassa, excesso de couves-de-bruxelas. O tenente Robert Walker da Companhia de Comando, 116º Regimento, relembrou que, quanto a problemas de campanha, "recebíamos almoços em sacos, consistindo em sanduíches feitos com pão de centeio seco; um tinha uma bolinha de geléia no meio, o outro uma fatia de carne de porco em conserva. Nós os chamávamos de refeições de geléia e Spam (carne de porco enlatada)".[4] Qualquer turista americano que já comprou um destes sanduíches numa loja de Londres sabe exatamente o quanto são ruins.

As licenças de fim de semana para Salisbury ou, melhor ainda, para Londres, eram difíceis de conseguir e altamente valorizadas. Como os Ianques recebiam um soldo maior que o dos Tommies, seus uniformes eram mais vistosos, e atraíam as garotas. Isto causou um considerável ressentimento. Houve também atrito entre soldados negros e brancos, principalmente nos Serviços de Suprimento (SOS). Quando se misturavam num bar, era quase certo haver briga, não raras vezes culminando em tiroteio. O exército resolveu dividir os bares — uma noite para negros, outra para brancos. Acima de tudo, porém, considerando que por ocasião do Dia D havia cerca de 2 milhões de Ianques numa ilha apenas ligeiramente maior do que o Colorado, a "ocupação" americana da Grã-Bretanha foi executada com notável sucesso. Além de qualquer medida, ajudou o fato de que todos tinham o mesmo objetivo.

Ajudou, também, por terem os americanos usado de mais rigor com o seu padrão de disciplina. O coronel Charles Canham comandou o 116º Regimento. Canham foi um cadete de West Point, turma de 1926. O praça Felix Branham caracterizou-o como "um flamejante sujeito idoso que cuspia fogo e enxofre". O coronel "era tão severo que costumávamos chamar-nos de 'Campo de Concentração do coronel Canham'". Se um homem se atrasava alguns minutos na sua licença, era multado em 30 dólares e detido no campo por trinta dias. Certa vez Branham ouviu, por acaso, uma conversa entre Canham e o comandante da 29ª Divisão, general-de-brigada Charles Gerhardt. Gerhardt disse a Canham:

"Você é duro demais com seus homens."

"Para o inferno com isso, Charles", retrucou, ríspido, Canham, "este é o meu regimento e quem comanda sou eu."

"Sabe como é", replicou Gerhardt, "os homens não se incomodam com esses 30 dólares, mas odeiam os tais trinta dias." Canham se fez de cordato, mas só um pouco. "Eu lhe digo, nós treinamos", declarou Branham. "Iniciamos em vários tipos de embarcações de desembarque. Navegamos em LST, LCVP, LCI e LCM; desembarcamos de navios britânicos, desembarcamos de navios americanos. Cite qualquer coisa, treinamos nela. Lançamos os mais variados tipos de granadas de mão. Aprendemos a usar as armas do inimigo."[5]

Gerhardt formou-se em West Point, era um velho cavalariano e um jogador de pólo, brilhante em seu uniforme, extremamente zeloso em seu comportamento. Ele fazia tudo pelo regulamento e insistia em que seus homens se fardassem da melhor maneira, sempre andassem de barba caprichosamente feita, sempre mantivessem seus jipes luzindo. Mas também queria entusiasmo, e uma maneira de consegui-lo era fazer seus homens entoarem um grito de guerra nas marchas sobre as dunas: "Vinte e nove, avante!" Quando um antigo soldado da 1ª Divisão, um veterano de combates da África do Norte e da Sicília, ouviu aquilo, berrou, por sua vez: "Avante, vinte e nove!, marcharemos bem atrás de vocês!"[6]

A 29ª marchou por todo o sudoeste da Inglaterra. Os homens passavam noites no campo, dormindo em abrigos individuais. Eles aprendiam a lição básica que os soldados de infantaria devem aprender: amar o solo, como usá-lo para sua vantagem, como ele determina um plano de combate, acima de tudo como nele viver durante dias seguidos sem nenhum dano à eficiência física. Eram ensinados a distinguir ondulações no terreno que nenhum civil notaria. Atacavam cidades, colinas, bosques. Escavavam inumeráveis trincheiras. Tinham problemas, ao atacar seus objetivos, com os tiros de artilharia, morteiros e metralhadoras que caíam sobre eles. Eles se concentravam com um só pensamento em táticas ofensivas.

Um membro da 29ª Divisão recordou "carregarmos e descarregarmos embarcações, desembarcarmos e nos dispersarmos rapidamente para a frente, arrastar-se sob arame farpado com tiro real de metralhadora a apenas polegadas de nossas cabeças, e explosões reais, estrategicamente colocadas, detonando por toda parte. Éramos instruídos no uso de explosivos: cargas de sacola e torpedos *bangalore* eram excelentes para abrir buracos em arame farpado e neutralizar *bunkers* fortificados. As baionetas eram usadas para esquadrinhar minas ocultas. Exercícios com gás venenoso, primeiros socorros, identificação de aviões e blindados, uso e detecção de armadilhas de minas etc. deram-nos a confiança de um preparo total. Creio que a nossa divisão estava tão competente para lutar quanto qualquer tropa inexperiente na história".[7]

Eles passavam horas incontáveis exercitando-se em estandes de tiro. O sargento Weldon Kratzer, da Companhia C, 116º, relembrou o dia em que Eisenhower, acompanhado por Montgomery e outros mandachuvas, se aproximou para observar. Pouco depois, Eisenhower chamou Kratzer: "Sargento, eu estava observando seus exercícios de tiro", disse ele, "e devo cumprimentá-lo." Prosseguiu: "Eu costumava ser bom de tiro, posso experimentar o seu fuzil?"

"Seria uma honra, senhor."

Eisenhower tomou a posição deitada, ajustou a bandoleira, apontou, fez menção de puxar o gatilho e nada aconteceu.

"O fuzil está travado, senhor", disse Kratzer.

"Eu não o censuro por tomar precauções", retrucou Eisenhower, corando e destravando a arma. O general abriu fogo num alvo a 600 metros. "Ele não foi mal", contou Kratzer. A maioria dos seus tiros foram entre as posições quatro ou cinco horas. Quando um tiro nem ao menos acertou o alvo e o apontador registrou o erro, Eisenhower exclamou: "O erro é seu".

Depois de Eisenhower ter disparado um pente inteiro, Kratzer se ofereceu para recarregá-lo. Eisenhower disse não, obrigado. "Vocês, companheiros, precisam praticar mais do que eu." Ao partir, Eisenhower disse a Kratzer: "Sargento, estou impressionado com a sua pontaria. O senhor aprendeu a acertar o alvo fazendo a correção pelo vento de Kentucky."

"General Eisenhower", retrucou Kratzer, "eu sou da Virgínia. Eu uso a correção pelo vento da Virgínia."

"Macacos me mordam", disse o general. "Acho que todos estaríamos em melhores condições se aprendêssemos a atirar corrigindo pelo vento da Virgínia."[8]

Eisenhower passava grande parte do seu tempo no campo, inspecionando, observando os exercícios de treinamento. Queria ver tantos homens quantos fosse possível e fazer com que o vissem. Ele conseguia falar com centenas pessoalmente. Em quatro meses, de 1º de fevereiro a 1º de junho, visitou vinte e seis divisões, vinte e quatro aeródromos, cinco navios de guerra, e incontáveis depósitos, oficinas, hospitais e outras instalações.

À turma que se formou em Sandhurst, na primavera de 1944, Eisenhower fez um discurso de improviso no qual falou das grandes questões pendentes. Ele tornou cada diplomado ciente de que suas próprias oportunidades de levar uma vida feliz e decente estavam diretamente radicadas no sucesso da *Overlord*. Afirmou aos oficiais recentemente comissionados que deviam ser como pais para os seus homens, mesmo quando tivessem o dobro da idade deles, que deviam manter os homens fora de encrencas e ir em seu auxílio se cometessem uma transgressão. Seus companheiros eram como uma grande família e eles eram os chefes dessa família, assegurando que a unidade fosse firme, bem treinada, bem equipada, pronta para seguir. A resposta dos graduados de Sandhurst, de acordo com Thor

Smith, um oficial de relações públicas do SHAEF, "foi elétrica. Eles decididamente o amavam".[9]

Além do treinamento com armas, do condicionamento físico, e da familiarização com as várias embarcações, os homens passavam por exercícios de assalto. Todo o possível era feito para torná-los realistas, da descida por redes de cordas para os barcos Higgins em alto-mar às construções e aos terrenos nas praias. O sargento Tom Plumb, do Corpo de Fuzileiros Reais de Winnipeg, 3ª Divisão Canadense, descobriu, ao atingir a costa no Dia D perto de Bernières-sur-Mer (*praia Juno*) que "era idêntica à praia onde estivéramos treinando em Inverness, na Escócia, inclusive as localizações exatas dos ninhos de metralhadoras".[10]

O tenente-coronel Paul Thompson comandou o Centro de Treinamento de Assalto dos Estados Unidos em Woolacombe. Ele estabeleceu áreas de treinamento em praias apropriadas, das quais a mais extensa era Slapton Sands em Devonshire, na costa sul. Aproximadamente 3.000 habitantes foram desalojados de suas casas nas aldeias e fazendas da área. Em Slapton Sands a geografia era quase uma réplica da linha costeira do Cotentin. A praia de cascalho grosso levava no interior a lagoas rasas.

Thompson, um diplomado de 1929 por West Point, era um extraordinário engenheiro, um criador imaginativo de exercícios realistas de treinamentos e dedicado ao seu trabalho, que consistia em desenvolver doutrinas e técnicas para assaltar uma praia fortemente defendida. Sua tarefa inicial consistia em treinar tropas de demonstração e colocá-las através de exercícios de treinamento à apreciação de vários observadores de alta patente. Uma vez que seus superiores aprovaram suas idéias, ele se tornou responsável pelo treinamento de todas as tropas de assalto para a invasão.[11]

Em agosto de 1943, Thompson iniciou seu trabalho. Em Slapton Sands e em oito outras localizações ele supervisionou a construção de uma área de obstáculos defensivos para treinamento de batalhão, um campo de assalto para treinamento de companhia, uma área de praia para lançar das embarcações fogo de artilharia e obuses contra uma costa hostil, um polígono de tiro, um campo para corte de arame e treinamento no uso de torpedos *bangalore* e outros dispositivos para romper arame, um campo de demolições de infantaria para treinamento no uso de cargas acondicionadas em sacolas para serem lançadas contra ninhos de metralhadora e a ruptura de obstáculos submarinos e terrestres, uma área de pistas de obstáculos, e um campo polivalente para exercitar o uso de lança-chamas, foguetes e granadas. Thompson também estabeleceu uma infra-estrutura de treinamento para engenheiros.

Depois de muitos experimentos, Thompson e o seu pessoal concluíram que as primeiras levas que desceriam à praia em barcos Higgins, com capacidade de trinta homens por barco, deviam ser fracionadas em pelotões de assalto constituídos por uma equipe de cinco fuzileiros, um grupo de quatro homens com a incumbência de cortar arame e lançar foguetes *bangalore*, uma equipe de quatro homens com a finalidade de lançar mísseis, um par de homens com lança-chamas, um grupo de quatro homens providos de fuzis Browning automáticos, uma equipe de quatro homens com morteiros de 60 mm, uma unidade de demolição composta por cinco homens, e dois oficiais.

Thompson dividiu o treinamento em quatro fases. Primeira, treinamento individual em pista de obstáculos. Segunda, treinamento de equipe para os cortadores de arame e os homens da demolição. Terceira, exercício da companhia. Quarta, exercício dos batalhões. Presentes aos trabalhos achavam-se juízes para julgar, criticar e sugerir. O treinamento era duro e difícil. Munição real era usada muitas vezes, e aconteciam acidentes. Em meados de dezembro, um tiro curto de artilharia matou quatro homens e feriu seis; alguns dias depois, três embarcações emborcaram, afogando quatorze homens.

A 29ª Divisão foi a primeira a passar pela escola. O general Gerhardt elogiou as "soberbas instalações de treinamento", que, segundo ele, tornaram sua divisão "capaz de desembarque bem-sucedido nas praias da fortaleza européia".[12]

No verão e na primavera de 1944, milhares de soldados passaram por exercícios todas as semanas. Nessas ocasiões, observadores fiscalizavam o que funcionava e o que não funcionava e fizeram ajustamentos nos planos de acordo com as exigências. Por exemplo, os exercícios indicavam que o uso de fumaça para criar uma cobertura tendia a confundir tanto as tropas de assalto quanto os defensores, que a fumaça pode não ser suficientemente controlada, e que interferia com o tiro observado das belonaves. Por isso, eliminou-se a fumaça.

O experimento, ademais, convenceu os planejadores de que o melhor emprego para os carros de combate não era como uma força blindada, mas como peça de artilharia para apoio aproximado. Abrindo mão das características blindadas do choque e mobilidade, os planejadores decidiram que, em vez de usar carros para liderar a investida contra fortificações, eles disparariam só com as torres a descoberto, dando apoio por trás, em vez de serem empregados à frente.

Nenhuma destas lições — para surpresa dos combatentes — decorreu da experiência americana anterior no Pacífico. Havia certa correspondência entre a 1ª Brigada Especial de Engenharia na Europa e a 2ª Brigada no Pacífico, e alguns oficiais eram trazidos do Pacífico para o Reino Unido, mas em geral não existia intercâmbio. Depois da África do Norte, da Sicília e da Itália, os comandantes na Europa não sentiam necessidade de perguntar aos militares no Pacífico sobre as suas experiências.

Em abril e no começo de maio, exercícios de assalto que equivaliam a ensaios gerais se realizaram por toda a Inglaterra. Entre eles destacavam-se o dispositivo das tropas, embarque e navegação, aproximação e assalto, finalmente reorganização na praia. Os ensaios reuniram as unidades que iriam para a França como uma equipe: forças de assalto O (*Omaha*), G (*Gold*), U (*Utah*), J (*Juno*) e S (*Sword*). O Exército começou a conhecer a Marinha, e vice-versa.

As forças aéreas também estavam na operação: como declarou o quartel-general de Leigh-Mallory: "É importante que os pilotos de todas as aeronaves possam ver uma ampla concentração de forças de assalto no mar. Reciprocamente, é de importância que o pessoal nas forças de assalto tenha uma idéia da cobertura e do apoio aéreo que eles podem esperar."[13]

O tenente Dean Rockwell, de trinta e dois anos, estava encarregado do treinamento das tripulações dos LCT. Antes da guerra ele fora lutador profissional de luta-livre e treinador de escola secundária em Detroit. Embora nunca tivesse estado em água salgada, ingressou na

Marinha depois de ouvir do campeão dos pesos-pesados Gene Tunney uma conversa sobre recrutamento. A Marinha fez dele um instrutor, mas Rockwell não aprovou o programa de educação física da Marinha e disse isso. Expressou suas críticas tantas vezes e com tanta veemência que adquiriu a reputação de "criador de casos". Como punição, foi colocado numa embarcação de desembarque, o que seus superiores consideravam como um suicídio.

Os oficiais de Marinha julgavam que a embarcação de desembarque era feio e impróprio para marinheiros; Rockwell os adorava, e tornou-se excepcionalmente hábil em seu manejo e na compreensão do seu específico comportamento. Ele começou com LCVP e LCM, foi promovido a sargento e partiu para a Inglaterra. Mostrou-se tão bom no que fazia que obteve uma rápida promoção para o posto de subtenente e em seguida tenente, e em março de 1944 deram-lhe o comando do programa de treinamento para os LCT.

O tenente R/2 Eugene Bernstein que comandava um LCT(R), relembrou os exercícios de treinamento como "muito realistas. Costumávamos reunir todos os navios em comboios especiais, embarcar tropas, carros de combate, munição, suprimentos de todas as espécies e partir. Cerca de meia-noite costumávamos abrir um conjunto de ordens para saber se devíamos ir para Slapton Sands ou qualquer outra parte, passando então por todo o processo de desembarque. Costumávamos virar 180 graus, seguir para Slapton Sands, disparar nossos foguetes nos alvos determinados (se o LCT(R) estivesse se deslocando a uma velocidade de dez nós, quando todos os 1.060 foguetes fossem disparados, haveria tal recuo que a embarcação seria impulsionada para trás a três nós), desembarcar veículos-transporte em pequenos barcos e assaltar a praia. Estas eram operações em escala total com cobertura aérea e furioso bombardeio naval. Em seguida, iríamos para casa. Logo repetiríamos tudo de novo. Nós e os britânicos fizemos esta operação de treinamento doze vezes. Assim passou a primavera de 1944". "Quando chegou a hora para a operação de verdade", acrescentou Bernstein, "levantamos ferro e calmamente nos pusemos a caminho como se se tratasse de outro exercício de treinamento."[14]

O major R. Younger, que comandou um esquadrão de carros de combate de assalto britânicos do Royal Engineers, recordou que "a maioria dos exercícios iniciais eram bem catastróficos. Todas as nossas ações davam errado, mas estávamos aprendendo... Veículos entravam em pane. Sair de uma embarcação metido num carro de combate, quando o mar está agitado, não é nada fácil, às vezes acontecia de um veículo enguiçar na rampa do LCT e ter que ser rebocado — e assim por diante.

"Nós certamente necessitávamos de treinamento. Radiotelegrafia, por exemplo. Você não pode falar com nenhum dos carros de combate subordinados ao seu comando sem radiotelegrafia, e nunca tínhamos usado essa engenhoca; e éramos inicialmente prolixos demais no emprego de nosso transmissor, mas quando ficamos mais confiantes, tornamo-nos muito mais rápidos — as pessoas reconheciam a sua voz e você podia reduzir tudo, de modo que no final as conversas eram apenas clique, clique, clique, e você sabia exatamente o que os homens estavam querendo dizer. O problema com a verbosidade no ar é que alguém sempre tem alguma coisa muito importante a dizer e não pode entrar no ar porque está bloqueado por aquelas infindáveis declarações."[15]

Os exercícios combinados revelaram defeitos. No ensaio para o 7º Corpo em *Utah*, *Operação Tigre,* praticado na noite de 27 a 28 de abril em Slapton Sands, havia alguns programas malsucedidos que resultaram em engarrafamentos e algumas embarcações chegaram tarde nas zonas de embarque. Muito pior, torpedeiros alemães enganaram a proteção de destróieres britânicos e afundaram dois LST, danificando outros seis. Mais de 749 homens foram mortos e 300 feridos nas explosões ou se afogaram posteriormente.

Foram aprendidas lições que salvaram vidas no Dia D. Não houvera nenhuma embarcação de resgate na formação *Tigre*. Os comandantes navais compreenderam que elas seriam necessárias. Os homens não tinham sido ensinados a usar seus coletes salva-vidas. Após a *Tigre,* eles o foram. Resultava que os britânicos estavam operando com ondas de rádio diferentes daquelas com que operavam os americanos, o que contribuiu para o desastre. Isso foi sanado.

O que não podia ser tão facilmente contornado era o tempo. A visibilidade fora fraca no dia 27 para 28 de abril e os caças americanos não apareceram.

A *Operação Tigre* não foi a única manobra de treinamento a produzir baixas. O uso de munição real resultou em muitos feridos e algumas mortes, como aconteceu nos saltos noturnos, às tropas de pára-quedistas. Conta o major David Thomas, cirurgião do 508º Regimento de Infantaria Pára-Quedista: "Num salto de treinamento, o pára-quedas de um soldado deixou de abrir. Levamos três dias para encontrá-lo", relembra Thomas, "e quando o conseguimos, tirei as suas luvas e as lavei três ou quatro vezes para tirar delas o adocicado cheiro da morte. Não sou supersticioso, mas imaginei que aquelas luvas não podiam ser azaradas duas vezes." Ele mesmo as usou no Dia D.[16]

Ninguém ainda dissera aos soldados americanos e aos ingleses onde ou quando iam atacar, mas os exercícios não deixaram dúvidas aos homens de divisões como a 29ª e a 4ª que eles iriam na frente, fosse onde fosse. A confiança era alta, mas não havia a menor dúvida de que ocorreriam baixas. As companhias de fuzileiros estavam sendo reforçadas ao ponto de terem um superefetivo, e especialmente em oficiais subalternos e sargentos.

O praça Harry Parley uniu-se à Companhia E, do 116º, no início de 1944. Ele jamais esqueceu o momento da sua chegada: "O oficial comandante entrou, disse que o seu nome era capitão Lawrence Madill, que nossa companhia devia ser a primeira leva na invasão, que se esperava uma percentagem de baixas de 30 por cento, e que nós estávamos entre eles!", começou Parley: "Fiquei triste em pensar no que aconteceria a alguns dos meus companheiros."[17]

A 1ª, a 4ª e a 29ª Divisões de Infantaria dos Estados Unidos, a 50ª e a 3ª Divisões de Infantaria britânica e a 3ª Divisão de Infantaria canadense fariam o assalto, apoiadas nos flancos pela 6ª Aeroterrestre britânica e pelas 82ª e 101ª dos Estados Unidos. A 1ª e a 82ª haviam estado em combate no Mediterrâneo; para as outras, no Dia D seria o batismo de fogo (como também para o 16º Regimento, que se uniu à 1ª Divisão na Inglaterra). Como escreve Geoffrey Perret: "A *Overlord* foi a suprema tarefa para a qual o Exército do tempo de guerra fora criado. Se a máquina de fazer divisões funcionasse realmente, seria possível lançar mão de divisões não experimentadas como a 4ª, a 29ª e a 101ª Aeroterrestre, pô-las em combate contra tropas alemãs experientes e vê-las saírem vitoriosas."[18]

As Divisões de Infantaria eram compostas, esmagadoramente, de recrutas. As divisões aeroterrestres eram todas voluntárias (exceto no que se refere às unidades transportadas por planadores) e assim, por definição, de elite. A motivação dos pára-quedistas, nas palavras do praça Robert Rader, do 506º Regimento, 101ª Divisão, era "um desejo de ser melhor do que o outro cara".[19] A gratificação de salto mensal no valor de 50 dólares era também um atrativo. Eles se julgavam especiais, e estavam certos, mas descobriram na campanha no noroeste da Europa em 1944-45 que as tropas transportadas por planadores, bem como as 1ª, a 4ª e a 29ª Divisões eram quase igualmente boas — um tributo ao treinamento dos recrutas.

Todavia, era verdade que as tropas pára-quedistas passaram por um treinamento ainda mais duro que a Infantaria. Já na Geórgia, no fim de 1942, por exemplo, o 506º tinha feito uma marcha forçada de três dias, conduzindo equipamento completo, num total de 136 milhas. Quando o regimento chegou à Inglaterra em setembro de 1943, o treinamento se intensificou. Havia numerosos exercícios de campanha com a duração de três dias, começando com um salto. O álbum de recortes do regimento descreveu a marcha de volta ao quartel: "Dando uma olhada na coluna você concluía que todos tinham aquela expressão de combate, um rosto não barbeado mostrando extremo cansaço e tristeza, com lama empastada da cabeça aos pés, e cada uniforme com aparência enxovalhada. Você finalmente arrastava seu corpo exausto por aqueles quilômetros que restavam e jogando-se no catre dizia: 'O combate não pode ser tão duro como isto!'"[20]

O objetivo de todo o treinamento, seja de infantaria, seja de blindados, seja de engenheiros, seja de pára-quedistas, consistia em fazer os homens acreditarem que o combate não poderia ser pior do que o que eles estavam passando, de modo que ficassem na expectativa da liberação do treinamento e da mobilização para a batalha.

"Mas é claro", comentou o sargento D. Zane Schlemmer do 508º Regimento de Infantaria Pára-Quedista, "descobri que nunca se treina o bastante. Quando se entra em combate, descobre-se que nunca se treinou o bastante para o conflito. A impossibilidade é total".[21]

* * *

Algumas unidades tinham treinamento altamente especializado. O major Howard, da Companhia D dos Ox and Bucks pediu ao pessoal da topografia que pesquisasse o mapa da Grã-Bretanha e descobrisse um lugar onde um rio e um canal corressem a pequena distância um do outro e fossem cruzados por pontes na mesma estrada, como ocorre nas vias navegáveis do Orne. Eles descobriram tal lugar nas imediações de Exeter. Howard deslocou sua companhia até lá e durante seis dias, de dia e de noite, atacou essas pontes, praticando todas as situações concebíveis — se ao menos um de seus 6 planadores, cada um conduzindo um pelotão, alcançasse o objetivo, aquele pelotão saberia o que fazer para completar a missão sozinho.

Para assegurar o máximo possível que os planadores aterrissassem perto das pontes, os pilotos (todos sargentos, todos membros do Regimento de Pilotos de Planadores; havia dezesseis deles, dois para cada um dos seis planadores programados para entrar em ação no Dia D, mais quatro reservas) passaram pela *Operação Deadstick*. O coronel George Chatterton, comandante do Regimento, tornou o exercício infernalmente difícil. Ele fazia os pilotos descerem ao lado de um pequeno bosque em forma de L, deslizando três planadores pelo L e três pelo lado cego. À luz do dia, num percurso direto, era relativamente fácil. Mas então Chatterton começou a fazê-los soltar-se de seus aviões-reboque a sete mil pés de altura e voar por tempos e trajetos, usando um cronômetro, fazendo duas ou três voltas completas antes de passar sobre o bosque. Isso também não era muito ruim, porque, como Jim Wallwork, piloto do planador nº 1 explicou: "Em plena luz do dia você sempre pode trapacear um pouco."

Em seguida Chatterton colocou vidros coloridos nos óculos deles para transformar o dia em noite, e advertiu aos pilotos: "É bobagem trapacear nesta situação porque vocês têm de fazer tudo direito quando chegar a hora." Wallwork, todavia, no começo tirava os óculos se julgasse que estava se excedendo, "mas logo começamos a fazer a coisa da maneira certa". Pelo início de maio eles estavam voando ao luar, lançando-se a seis mil pés, a oito milhas do bosque. Voavam com qualquer tempo. Giravam e volteavam no céu, tudo pelo cronômetro.

Fizeram quarenta e três vôos de treinamento em *Deadstick*, mais da metade deles à noite. Agora estavam prontos.[22]

O 2º e o 5º Batalhões de Tropas de Assalto Anfíbias dos Estados Unidos eram compostos de voluntários. Há quem se refira a eles como "esquadrões suicidas", mas o tenente James Eikner do 2º Batalhão discordou: "Éramos simplesmente pessoas jovens e ardorosas que assumimos a idéia de que, se vamos ser um soldado combatente, devemos também estar entre os que há de melhor; também estávamos ansiosos para levar a guerra a um desfecho favorável e retornar para os nossos entes queridos o mais cedo possível."[23]

Naturalmente, essas tropas de elite tinham uma missão especial: capturar a bateria em Pointe-du-Hoc. Como esta operação exigiria a escalada do rochedo, as tropas de assalto adquiriram uma soberba condição física. Em março, eles foram para as Highlands da Escócia, onde o Comando Nº 4 de lorde Lovat os empregou em marchas de velocidade extenuantes (média de vinte e cinco milhas por dia, culminando numa marcha de trinta e sete milhas), através do que se considerava a mais dura pista de obstáculos do mundo. Eles escalaram montanhas, treparam por rochedos, praticaram combate desarmado. Aprenderam a se disfarçar, e como praticar ataques de surpresa. Em dez dias de treino semelhante, o peso do soldado caía de 93 para 77 kg.[24]

Em seguida praticavam operações de desembarque anfíbio na costa escocesa, atingindo praias especialmente preparadas com arame farpado, obstáculos costeiros e todo tipo de dispositivos antiassalto para combater as armas de que Rommel dispunha. Em abril, as tropas de assalto anfíbias foram para o Centro de Treinamento de Assalto. No começo de maio, partiram para Swanage para um treinamento especial em escalada de rochedos abruptos, usando arpéus e cordas de rebocar lançadas para o topo por foguetes, além de escadas de trilhos doadas pelo Corpo de Bombeiros de Londres e conduzidas em DUKW.[25]

O tenente Walter Sidlowski, engenheiro, maravilhou-se com as tropas anfíbias. "Meus rapazes sempre sentiram que estávamos em boa forma fisicamente", recordou ele, "mas observando as tropas de assalto a maior parte do tempo em passo acelerado, com e sem armas e equipamentos, realizando exercícios de flexão e vários exercícios físicos sempre que não estavam fazendo outro esforço, era motivo de maravilha."[26]

"Posso assegurar-lhes", comentou o tenente Eikner do 2º Batalhão de Tropas Anfíbias de Assalto, "que quando entramos em combate depois de todo este treinamento não houve nenhum tremor de joelhos, nem choro, nem reza; sabíamos em que nos estávamos metendo; sabíamos que cada um de nós tinha se apresentado como voluntário para qualquer missão muito perigosa; entramos em combate confiantes; claro que ficávamos tensos debaixo de fogo, mas tínhamos decidido finalizar o trabalho. Estávamos realmente na expectativa de cumprir a nossa missão."[27]

Os engenheiros de combate cuidavam do trabalho mais complexo. Eles estavam organizados em três brigadas de três batalhões cada; a 6ª Brigada Especial de Engenharia estava incorporada ao 116º Regimento no flanco direito de *Omaha*; a 5ª BEE acompanharia o 16º Regimento à esquerda em *Omaha*; a 1ª BEE uniu-se à 4ª Divisão em *Utah*.

Quase um quarto das tropas americanas que embarcavam na manhã do Dia D seria de engenheiros. Suas tarefas, mais ou menos nesta ordem, eram: demolir obstáculos costeiros, explodir minas na praia, erguer sinais para guiar as embarcações de desembarque através dos canais desobstruídos, erigir painéis para orientar as tropas e equipamento (a cor do painel dizia aos navios ao largo o tipo de suprimentos que deviam ser enviados), limpar as rodovias de acesso partindo da praia, abrir brechas na muralha anticarro, estabelecer depósitos de suprimento e agir como guias de desembarque (policiais do tráfego).

Havia toda espécie de unidades incorporadas às BEE. Batalhões navais costeiros dispunham de semáforos e heliógrafos além de rádio, a fim de fazer a comunicação entre a praia e a frota. Um batalhão químico estava pronto para descontaminar qualquer instrumento atingido por gás venenoso e lidar com materiais radioativos (temia-se que os alemães estivessem avançados o bastante em suas pesquisas atômicas para usarem tais venenos). Havia batalhões de saúde, batalhões de material bélico, companhia de registro de sepulturas, polícias militares para lidar com prisioneiros, batalhões de DUKW, companhias de comunicações para a colocação de fios telefônicos — dezesseis unidades especializadas ao todo, organizadas em grupos e batalhões especiais. Como observou o tenente-coronel Thompson, que assumiu o comando da 6ª BEE depois que o trabalho do Centro de Treinamento de Assalto foi concluído: "Haveria por acaso outra unidade tão meticulosamente organizada, tão precisamente projetada para uma missão específica como esta?"[28]

As BEE passaram pelo Centro de Treinamento de Assalto em Slapton Sands. O sargento Barnett Hoffner da 6ª BEE participou da *Operação Tigre*, no exercício de 27 e 28 de abril, no qual os LST foram perdidos. "Eu estava na praia com o meu grupo. Praticando o exercício de remoção de minas, vimos os corpos se aproximarem flutuando. Eu nunca chegara a ver pessoas mortas antes. Precipitamo-nos para a beira da água a fim de resgatar os corpos quando ouvi uma voz berrar: 'Sargento! Tire os seus homens daí!' Levantei os olhos, vi duas estrelas nos ombros e reconheci o general Hubner. Tirei rapidamente o meu grupo dali. Nunca se questiona nada do que um general diz."[29]

A verdade era que todo o mundo tinha um trabalho. O general Hubner queria que o sargento Hoffner se concentrasse no seu. Havia turmas encarregadas do registro de sepulturas para tomar conta dos mortos. No Dia D, o princípio básico era que ninguém devia parar para ajudar os feridos, muito menos os mortos — deixar estas medidas com os médicos e com as turmas encarregadas do registro de sepulturas, e prosseguir com a sua tarefa.

Havia muitas outras unidades especiais, inclusive equipes de demolição submarina, tripulações de submarinos de bolso para guiar as barcaças de desembarque a caminho da praia, miniaviões de um só tripulante com asas dobráveis que podiam ser trazidos em barcos Rhino (balsas de fundo chato medindo 12 x 53 metros com uma capacidade de quarenta veículos, rebocadas através do canal por LST, acionadas para o assalto na praia por grandes motores de popa), postos em operação na praia e utilizados para observação dos tiros de canhões navais. O 743º Batalhão de Carros de Combate flutuantes, à semelhança dos outros batalhões, passou meses aprendendo a maneira de manobrar suas viaturas no canal. O 320º Batalhão de Barragem de Balões (coloridos) praticou a colocação de seus balões na praia. Os operadores de rádio falando no idioma dos índios cherokee (quarenta no total, vinte para *Utah*, vinte para *Omaha*) operavam em seus aparelhos — eles podiam falar, confiantes de que os alemães não teriam condições de traduzir.

Todas as unidades de *Comandos* eram especiais, mas havia as que eram um pouco mais especiais que as outras. As 1ª e 8ª Tropas dos Comandos nº 10 eram francesas; o praça Robert Piauge servia na 1ª Companhia. Piauge nascera em Ouistreham, na embocadura do rio Orne, em 1920, de um pai já morto como resultado de um ferimento sofrido na Primeira Guerra Mundial. Ele se alistou no Exército francês em 1939, apesar dos lacrimosos protestos maternos, e conseguiu chegar à Inglaterra em junho de 1940, onde se uniu às forças de De Gaulle. Ele se juntou aos Comandos franceses, que eram parte da Marinha francesa, embora equipados, treinados e ligados aos Comandos britânicos. Que os franceses estavam ansiosos para voltar era óbvio — Piauge especialmente, depois de ter tomado conhecimento de que estaria desembarcando em Ouistreham, onde sua mãe ainda vivia.[30]

Os Comandos nº 10 vieram de toda a Europa. Vários soldados eram poloneses, holandeses, noruegueses e belgas. À semelhança dos Comandos franceses, eles estavam ansiosos para partir. Como todos os Comandos, as tropas de assalto anfíbias dos Estados Unidos, as tropas pára-quedistas e os outros especialistas, eles treinaram até o limite absoluto.

Os homens da 3ª Companhia, Comando nº10, não precisavam de motivação. Eram jovens judeus europeus que tinham de algum modo conseguido chegar à Inglaterra. A partir do momento em que chegaram, quer da Alemanha, da Áustria, da Tcheco-Eslováquia ou da Hungria, pleiteavam uma oportunidade de lutar. O almirante lorde Louis Mountbatten, comandante das Operações Combinadas, enviou-os para os Comandos, onde eles se organizaram da 3ª Companhia, com a idéia de que passariam por treinamento regular e, em seguida, convertidos em especialistas em questões de patrulhamento e informações. A chave era a sua capacidade lingüística. Se desafiados numa patrulha, podiam responder em bom alemão; podiam também conduzir o interrogatório urgente de prisioneiros. Eram treinados em todos os assuntos pertinentes à Wehrmacht — organização, documentos, armas, metodologia.

O cabo Peter Masters era membro da 3ª Companhia. Nascido em Viena em 1922, estava lá quando os alemães invadiram a Áustria no dia 12 de março de 1938. "Vivi sob o domínio dos nazistas durante seis meses, o suficiente para me transformar do garoto criado como pacifista num voluntário ansioso para entrar em ação." Em agosto de 1938 ele conseguiu chegar a Londres; e logo entrou para os Comandos.

"Você sabe atirar?", perguntou o oficial encarregado do recrutamento. "Sabe manejar um barco? Que é que você sabe sobre rádio?" Masters disse que certa vez disparara uma espingarda de chumbo, tinha remado um barco mas não navegado, e que nada sabia sobre rádios. Mas estava tão entusiasmado que, afinal de contas, os Comandos o aceitaram.

Instado para escolher um novo nome a fim de evitar uma represália alemã se capturado, e como lhe deram apenas alguns minutos para pensar, escolheu Masters. Ganhou uma placa de identidade registrada "Peter Masters", mais "Igreja da Inglaterra". Ele e todos os outros na 3ª Companhia tinham de inventar histórias para explicar por que falavam inglês com sotaque. A história de Masters era de que seus pais viajavam muito e que ele fora criado por uma babá de fala alemã que não sabia muito inglês.[31]

Harry Nomburg era também da 3ª Companhia. "Nasci na Alemanha", declarou ele, "e com a idade de quinze anos fui enviado à Inglaterra por meus pais para escapar da perseguição nazista. Deixei Berlim no dia 21 de maio de 1939. Era, por sinal, um domingo, Dia das Mães. Nunca vi meus pais novamente. Com a idade de dezoito anos, alistei-me no Exército britânico e no começo de 1943 entrei como voluntário para os Comandos. Juntamente com minha boina verde recebi também um nome novo em folha." Ele escolheu "Harry Drew", mas voltou a adotar Nomburg depois da guerra. Masters ficou com seu nome inglês.[32]

(Havia um ex-membro da Juventude Hitlerista entre as tropas de pára-quedistas americanas. Fred Patheiger nasceu em dezembro de 1919 em Rastatt, Alemanha. Adolescente, alistou-se na Juventude Hitlerista. Sua tia queria casar; uma investigação do Partido Nazista revelou que o bisavô fora judeu. Expulsaram-no da Juventude Hitlerista. Sua mãe entrou em contato com parentes em Chicago; em abril de 1938 Patheiger emigrou para os Estados Unidos. Seus pais, sua tia e outros parentes morreram em campos de concentração. Quando ele tentou se alistar em 1940, foi classificado como "Não Aceitável — Estrangeiro Inimigo". Ele escreveu para J. Edgar Hoover, do FBI, para protestar, dizendo que queria combater nazistas, não alemães. Logo em seguida foi classificado como "Aceitável" e ingressou no Exército. Ele se tornou cabo na 101ª Aeroterrestre.[33])

Os homens da 3ª Companhia foram divididos para o Dia D em grupos de cinco, cada um designado para uma brigada de *Comandos* diferente. Masters foi com uma tropa de ciclistas. Eles tinham bicicletas dobráveis com cestas na frente para carregar suas mochilas. As bicicletas não tinham pára-lamas nem pedais, apenas hastes, e Masters achou-as detestáveis, mas perseverou como soldado, radiante por poder prestar serviço. Os nazistas, que viviam pelo ódio, haviam disseminado muito rancor na Europa nos últimos cinco anos. Com Piauge, Masters, Nomburg, Patheiger e outros jovens refugiados, os nazistas estavam para receber o troco.

O racismo estava no coração da filosofia nazista. O racismo também estava presente no Exército americano. Em 1937 um grupo de oficiais da Escola Superior de Guerra dos Estados Unidos tinha feito um estudo para avaliar os pontos fortes e os pontos fracos dos soldados negros. Sua conclusão foi de que "como indivíduo o negro é dócil, acessível, despreocupado, alegre e bonachão. Se injustamente tratado, é provável que se torne grosseiro e teimoso, embora esta geralmente seja uma fase temporária. É descuidado, indolente, irresponsável e sonso, e a melhor maneira de manejá-lo é valendo-se de louvor e pelo ridículo. Ele é amoral, mentiroso e o seu senso de justiça é relativamente inferior".

Quanto aos pontos fortes, "o negro é alegre, leal e costuma ser submisso se razoavelmente bem alimentado. Tem uma natureza musical e um acentuado sentido de ritmo. Sua arte é primitiva. É religioso. Com a devida orientação em massa, os negros são habilidosos. Revelam-se emocionais e podem ser excitados a um alto grau de entusiasmo".

Na Primeira Guerra Mundial, duas divisões de negros dos Estados Unidos haviam lutado na França. Uma, servindo com o Exército francês, saiu-se bem; ganhou muitas medalhas e um pedido da França de mais tropas negras. A outra, servindo com o Exército americano, com sulistas brancos como oficiais e equipamento e treinamento miseravelmente insatisfatórios, deixou a desejar. Os oficiais da Escola Superior de Guerra em 1937 concentraram-se no fracasso e ignoraram o sucesso, o que os levou a concluir que os negros não eram capazes como combatentes. Em conseqüência, não foram organizadas divisões de infantaria negras para a Segunda Guerra Mundial, e apenas alguns batalhões foram preparados para o combate.[34]

Por volta de março de 1944, havia cerca de 150.000 soldados americanos negros no Reino Unido. A maioria deles estava empregada em Serviços de Suprimento, principalmente trabalhando em portos, descarregando navios, ou dirigindo caminhões. Eram severamente segregados. Na mitologia do tempo, isto não significa que eram objeto de discriminação. Separados mas iguais era a lei da terra lá em casa, e também na Grã-Bretanha.

O general Eisenhower emitiu um ofício-circular aos generais-comandantes de mais alta patente, ordenando: "A discriminação contra as tropas negras deve ser diligentemente evitada." Mas ele reconheceu, em Londres e em outras cidades "onde tanto soldados negros quanto brancos virão com passe ou licença, seria uma impossibilidade prática providenciar medidas de segregação no que diz respeito a comodidades de bem-estar e recreação". Quando a Cruz Vermelha não teve condições de providenciar clubes separados para negros, Eisenhower insistiu em que fosse dado a eles igual acesso a todos os clubes da Cruz Vermelha. Mas prosseguiu recomendando aos comandantes locais que "usassem o seu próprio discernimento, a fim de evitar discriminação por motivo de raça, minimizando ao mesmo tempo causas de atrito por meio da rotação de privilégios de passes". Em outras palavras, onde havia apenas um clube da Cruz Vermelha em determinada área, ou apenas alguns bares, os soldados negros teriam passes em uma noite, os brancos em outra.[35]

A Cruz Vermelha construiu vinte e sete clubes separados para as tropas negras, mas não eram bastantes. Havia certa mistura de raças em clubes de brancos, e até mais nos bares. Daí resultaram algumas cenas de hostilidade. Brigas de socos quase sempre irrompiam quando soldados negros e brancos estavam bebendo no mesmo bar. Havia alguns tiros, a maior parte dados por brancos contra negros (o general-de-brigada Ira Eaker, comandante da Oitava Força Aérea, declarou que as tropas brancas eram responsáveis por 90 por cento do problema) e alguns homicídios — todos encobertos pelo Exército.

Eisenhower enviou outro ofício-circular. Ele disse a seus oficiais superiores que no interesse da eficiência militar "a difusão de declarações depreciativas sobre o caráter de qualquer grupo de tropas dos Estados Unidos, branco ou de cor, deve ser considerada uma conduta prejudicial à boa ordem e disciplina militares e os ofensores devem ser imediatamente punidos... *É meu desejo que isto seja levado à atenção de todos os oficiais nesta área. Para esse fim, sugiro que os senhores pessoalmente discutam isto com os seus oficiais subalternos e os instruam a dar andamento ao assunto através dos canais de comando*".

O general-de-divisão J.C.H. Lee, comandando os Serviços de Suprimento, e, assim, o homem que mais se achava exposto, ordenou a todos os seus oficiais que lessem a carta de Eisenhower aos subordinados imediatos e os advertissem de que "o general Eisenhower quer dizer exatamente o que ele expressa".

A ordem teve pouco efeito. Os incidentes raciais continuaram. Eisenhower ordenou que se fizesse uma inspeção na correspondência dos soldados; os oficiais encarregados de censurar as cartas dos recrutas relataram que a maioria das tropas brancas fez comentários, com graus variáveis de espanto, sobre a ausência de segregação na Grã-Bretanha. Eles estavam indignados ante o grau de associação das mulheres britânicas com os soldados negros, e expressavam temores sobre o efeito que a experiência dos negros americanos na Grã-Bretanha desencadearia no retorno ao lar depois da guerra. Os soldados negros, contudo, expressavam prazer com os ingleses e deleite ante a ausência de discriminação. Um oficial, após analisar os relatórios de censura por várias semanas, opinou, pelo fim de maio de 1944, que "a nota predominante é que, se a invasão não ocorrer logo, haverá encrenca".[36]

A melhor maneira de evitar encrenca era manter as tropas, fosse qual fosse a cor, trabalhando duro. Eisenhower ordenou que "as tropas devem treinar juntas, trabalhar juntas e viver juntas a fim de conseguir um trabalho de equipe bem-sucedido na campanha (vindoura)".[37] Enquanto os infantes praticavam a descida na praia nos barcos Higgins, os soldados negros carregavam e descarregavam LST e outros barcos. O treinamento era intenso e parecia nunca terminar.

Os alemães na França pouco treinavam. Na verdade, metiam mais estacas no chão, mais obstáculos na praia, trabalhando de abril a maio como batalhões de construção em vez de praticarem manobras. Uma exceção era a 21ª Divisão *Panzer.* O coronel Luck, comandante do 125º Regimento, executou exercícios noturnos com seus blindados. Ele punha ênfase em pontos de reunião, rotas diversificadas para a costa ou para as pontes sobre o rio Orne e o canal, fogo e movimento, velocidade e audácia. No dia 30 de maio, Rommel inspecionou a divisão. Ele ficou entusiasmado ao observar uma demonstração com munição real do chamado Órgão de Stálin, um lançador de foguetes com quarenta e oito canos. Naquela noite, Rommel disse aos oficiais da 21ª que permanecessem extremamente vigilantes. E encerrou com estas palavras: "Os senhores não devem contar com o inimigo vindo com bom tempo e de dia."

Ficar vigilante não era fácil. Como registra Luck, "para uma divisão *panzer*, que nas campanhas até então havia sido acostumada a uma guerra de movimento, a inatividade era desgastante e perigosa. A vigilância era facilmente relaxada, sobretudo depois de deliciar-se com uns goles de Calvados e sidra, ambas bebidas típicas da região. Havia, ainda, a incerteza quanto a se o desembarque teria mesmo lugar em nosso setor".[38]

Em outras palavras, até mesmo a elite da Wehrmacht na Normandia amolecera desfrutando a vida fácil de ocupantes na terra do gado gordo e de maçãs excelentes. Para o soldado da Wehrmacht comum, ou um adolescente de Berlim, ou um polonês de quarenta anos, ou um russo num batalhão *Ost*, a vida consistia em trabalho maçante durante o dia, diversão à noite, esperando e orando para que a invasão fosse em outro lugar — tudo menos mobilizar-se para o combate de suas vidas.

A longa ocupação da França conduziu a problemas especiais. Houve uma crescente incidência de soldados alemães que se divorciavam de suas esposas alemãs a fim de se casar com mulheres francesas. Além disso, havia o perigo de que indivíduos e até unidades se rendessem em massa à primeira oportunidade. Obviamente, isto era assim com os batalhões *Ost*, mas também ocorria com os soldados nascidos na Alemanha que, de acordo com um relatório secreto do alto comando datado de dezembro de 1943, tinham "a ilusão de confronto com um adversário que age humanitariamente". Como acentua o dr. Detlef Vogel da *Militargeschichtliches Forschungsamt*, "como resultado, quase ninguém estava com muito medo de se tornar um prisioneiro de guerra dos aliados. Isto não era exatamente uma condição favorável ao estoicismo e à firmeza, como é constantemente exigido pelos comandantes".

O dr. Goebbels pôs a sua máquina de propaganda a funcionar com o propósito de convencer os soldados alemães no oeste que eles enfrentariam uma "luta de vida e morte, um conflito total". Logo depois do desembarque, o general Jodl tentou encorajar os espíritos arrazoando: "Veremos quem luta melhor e quem morre mais facilmente, o soldado alemão diante da destruição da sua pátria ou os americanos e britânicos, que sequer sabem por que estão lutando na Europa."

Rommel não podia contar com isso. Como escreve o dr. Vogel, na véspera da invasão: "Permanecia bastante duvidoso se as tropas alemãs no oeste resistiriam desafiando a morte da mesma maneira como estavam freqüentemente fazendo contra o Exército Vermelho, pois muitas vezes o suposto motivo do soldado alemão que defendia sua pátria certamente não tinha a mesma significação para os soldados no oeste quanto para seus irmãos em armas na Frente Oriental."[39]

Para rebater semelhante derrotismo, os comandantes mentiam para suas tropas. Peter Masters descobriu em seus interrogatórios de prisioneiros de guerra, no Dia D e depois, que haviam dito aos homens: "Facilmente os impeliremos de volta para o mar. Os Stukas os bombardearão em picada; os submarinos subirão à superfície atrás da sua frota e os bombardearão e torpedearão; bombardeiros afundarão seus navios de desembarque; os *panzers* os destroçarão nas praias."[40]

Quantos, se os houve, acreditaram em tais fantasias é uma questão em aberto. A verdade é que a Wehrmacht estava cheia de dúvidas, que eram melhor expressas pela insistência de Rommel de que mais concreto fosse derramado, mais estacas fincadas no chão, em vez de treinar para movimentos rápidos e golpes-relâmpagos. No outro lado do canal, todavia, os homens da AEF estavam empregando quase todo o seu tempo no preparo para o confronto.

8. Organizando e Instruindo

Partindo na primeira semana de maio, os soldados e marinheiros da AEF começaram a descer no sul da Inglaterra. Eles vieram por mar num fluxo infindável de navios-transporte e LST. Os navios saíram do estuário de Clyde e Belfast, para o mar da Irlanda passando pela ilha de Man, por Liverpool, Swansea e Bristol. Entraram em formação, vinte navios, quarenta navios, 100 navios, para navegarem para o Atlântico e em seguida passando por Lands End, e girarem à esquerda em direção de seus portos de destino — Plymouth, Torquay, Weymouth, Bournemouth, Southampton, Portsmouth, Eastbourne e outros.

Eles vieram por terra, por trem, de ônibus, de caminhão ou a pé, homens e equipamentos da Irlanda do Norte, das Midlands e de Gales. Formavam às centenas em companhias e batalhões, aos milhares em regimentos, para marchar por estreitas estradas inglesas, na direção do sul. Quando chegaram às suas áreas de reunião, alinharam-se por divisões, corpos e exércitos em centenas de milhares — no total quase dois milhões de homens, aproximadamente meio milhão de veículos. Foram precisos 54.000 homens para fornecer os serviços necessários para a força, incluindo mais de 4.500 cozinheiros do Exército recentemente treinados. Foi o maior movimento maciço de forças armadas da história dos exércitos britânico e americano. Culminou numa concentração de militares e armamentos no extremo sul da Inglaterra como o mundo jamais vira, ou veria novamente.*

O 175º Regimento da 29ª Divisão marchou para a sua área de reunião, chamada "lingüiça", perto de Falmouth. (As lingüiças receberam esse nome devido à sua forma; no mapa, as longas e estreitas áreas cercadas, geralmente ao lado de uma estrada, pareciam exatamente lingüiças.) Lá o regimento foi isolado. Os homens mudaram-se para barracas; caminhos de cascalho haviam sido construídos e ordens foram emitidas para que ninguém se afastasse deles, a fim de evitar que os aviões de reconhecimento alemães tirassem fotografias reveladoras de novas sendas em suas andanças através dos campos. Os veículos eram estacionados rente a sebes. Tudo estava camuflado sob redes de arame. As lingüiças eram cercadas por PMs; ninguém tinha permissão para sair; nenhum tipo de fogueira era permitido mesmo se as noites em meados de maio na Inglaterra fossem ainda frias, com geada no chão pelas manhãs.

O tenente Eugene Bernstein levou o LCT(R) que ele comandava através do mar da Irlanda para a ilha de Man, onde apanhou provisões ("na maioria bifes, que comíamos três vezes por dia"), e prosseguiu para Falmouth, onde lhe disseram que estava no lugar errado. Depois de muita confusão e de muita troca de mensagens, ordenaram-lhe quc fosse para Dartmouth, no rio Dart. Por ocasião da sua chegada, disseram-lhe para navegar pelo rio e deitar âncora do outro lado de Greenway House, a casa de Agatha Christie. Era uma "bela mansão de pedra, com estufas e flores dominando o panorama e um caminho

* Se a invasão das ilhas domésticas do Japão tivesse prosseguido como se planejara no outono de 1945, aquela teria sido uma operação maior. No décimo aniversário do Dia D, numa entrevista à imprensa, o presidente Eisenhower vaticinou que o mundo nunca mais veria uma concentração como aquela em área tão pequena porque na era atômica seria vulnerável demais. Na Operação Tempestade no Deserto em 1990-91 as forças das Nações Unidas reunidas para atacar o Iraque eram menos de um quarto do tamanho da AEF. Os números de homens envolvidos em várias batalhas na Frente Oriental na Segunda Guerra Mundial eram mais elevados do que os do Dia D, mas na Frente Oriental os números de aviões estavam muito abaixo dos do Reino Unido, e, é claro, não havia armada marítima.

de cascalho serpeante que corria ao lado". A senhora Christie a passara para a Marinha dos Estados Unidos, que estabeleceu ali um quartel-general.[1]

Os pára-quedistas foram para campos próximos de aeródromos do sul da Inglaterra. Para o 506º, isto queria dizer Uppottery; para as tropas transportadas por planadores dos Ox and Bucks, era Tarrant Rushton. Os engenheiros tinham suas próprias áreas de agrupamento; o 6º Batalhão de Engenharia de Combate estava fora de Portsmouth.

As "lingüiças" estavam abarrotadas de equipamentos. O sargento John Robert Slaughter do 116º Regimento, 29ª Divisão, relembrou: "Cada campo e local vago era empilhado com material para o caso de uma grande batalha iminente. Carros de combate e outros veículos movidos por lagartas; caminhões, jeeps e transportadores de armas; aviões de observação Piper Cub; peças de artilharia de todos os calibres, gasolina, água, comida, bujões para gasolina, caixas, tambores, era só pedir que a coisa estava lá, em abundância."[2]

Os veículos tinham que ser impermeabilizados. Cada parte móvel era protegida por Cosmoline, uma substância gordurosa que costumava desidratar e proteger o metal da ação corrosiva da água salgada. Tubos emergiam dos carburadores para tomada de ar. "Os motoristas e atiradores que mourejavam sob as redes de camuflagem não eram descuidados", observou o tenente Ralph Eastridge do 115º Regimento, 29ª Divisão. "O descuido aqui podia significar um veículo enguiçado no minuto decisivo em que descia a rampa de desembarque e se dirigia para a praia. Os atiradores cobriam cuidadosamente as culatras de suas armas com tela e protegiam os cantos com pasta de borracha. Os operadores de rádio protegiam seus delicados aparelhos com sacos de borracha."[3]

"Camisinhas" eram distribuídas aos milhões. Algumas eram enchidas de ar até explodirem ou enchidas com água e jogadas fora, mas a maioria era empregada de maneira mais prática, ainda que não premeditada. Os soldados de infantaria as colocavam sobre as bocas de seus fuzis M-1; as borrachas evitariam o contato com a areia e a água e não teriam de ser retiradas antes que as armas fossem disparadas. Centenas de homens colocavam os seus relógios dentro de camisinhas e as amarravam; infelizmente, as camisinhas não tinham espaço bastante para abrigar carteiras.

Os homens recebiam material para ajudar na fuga, em caso de captura. "Estes eram equipamentos de escoteiro", observou o major Howard. Entre eles achava-se uma lima de metal que devia ser costurada na blusa do uniforme, um botão de latão nas calças que fora magnetizado de forma a que, quando equilibrado na cabeça de um alfinete, se tornava uma minibússola, um cachecol de seda com o mapa da França, tabletes purificadores de água, e francos franceses (impressos pelos governos dos Estados Unidos e do Reino Unido, apesar do protesto de De Gaulle, cerca de 10 dólares para cada homem). "Este tipo de negócio deixava as tropas inteiramente eufóricas", disse Howard. "Nunca vi tamanho entusiasmo sobre coisas tão simples."[4]

Cada soldado tinha uma arma nova em folha. Os fuzis e metralhadoras tinham de passar por teste de fogo e calibradas nos estandes de tiro. Recordou Slaughter que "quantidades ilimitadas de munição eram dadas a cada um de nós para a prática de tiro. Baionetas e facas de combate eram caprichosamente afiadas".[5]

Cada homem recebia um novo conjunto de uniforme impregnado de uma substância química que protegia contra o gás venenoso. Eles odiavam estes uniformes. O praça Edward Jeziorski do 507º falou por todos os homens do Dia D quando declarou: "Eram os mais nojentos, mais frios, mais viscosos, mais duros, mais fedorentos artigos de vestuário que jamais se imaginou serem usados por pessoas. Certamente o cara responsável por aquela coisa maluca recebeu a Medalha do Mérito Militar das mãos do próprio diabo."[6] (Os homens usaram estes uniformes durante toda a campanha da Normandia, em certos casos até depois a substância química impedia que o tecido "respirasse", de modo que os homens congelavam nele à noite, suavam que era um horror durante o dia, e fediam sempre.)

Em compensação, a comida era maravilhosa. "Bife e costeletas de porco com todos os acompanhamentos", relembrou Slaughter, "coroados com torta de limão; havia iguarias compondo um típico *menu*, e a coisa era na base do coma-o-que-puder". Ovos frescos — os primeiros que a maioria dos homens havia saboreado desde a chegada à Inglaterra — mais sorvete, pão branco e outros luxos que não existiam anteriormente eram devorados com prazer, acompanhados do inevitável motejo de que "estão nos engordando para a matança".[7]

Cinemas eram montados em barracas, onde filmes rodados pela primeira vez, vindos de Hollywood, eram passados ininterruptamente, com pipocas e balas grátis. A maioria dos soldados pode relembrar os nomes daqueles filmes, senão os enredos — entre os preferidos achavam-se *Mr. Lucky*, com Cary Grant e Laraine Day, *Going my Way*, com Barry Fitzgerald e Bing Crosby, e *The Song of Bernadette*.

O treinamento chegara ao fim. Até que as instruções finais começassem, além de disparar armas e afiar facas, ou assistir a filmes, havia pouca coisa para fazer. O cabo Peter Masters relembrou aquilo como um "tempo sem fim". Após a intensa atividade dos meses anteriores, os homens excepcionalmente condicionados logo se encheram de tédio. De acordo com Masters, "a guerra total começa na área de concentração, porque quando as pessoas têm excesso de munição em seu poder, alguém colocará o dedo no gatilho por engano. De vez em quando havia baixas. Ouvia-se uma explosão e um grito — Médicos!"[8] Na Companhia A, 116º Regimento, um brincalhão jogou um pente de munição de M-1 calibre .30 num barril em chamas; os rapazes que se encontravam na área riram, praguejaram e correram.[9]

Na medida em que os dias passavam, a tensão aumentava, ia-se perdendo a paciência. "Não se exigia muito de uma diferença de opinião para botar para fora o instinto brigão", recordou o praça Jeziorski.[10] Brigas a socos eram coisa comum. O tenente Richard Winters do 506º entrou numa contenda com o tenente Raymond Schmitz e quebrou-lhe duas vértebras, o que o enviou para o hospital.[11] Como sempre acontece num acampamento do Exército, especialmente naquele, rumores de toda espécie corriam pelas "lingüiças".

O esporte foi uma maneira de queimar um pouco daquela energia reprimida. Inicialmente, bolas de futebol foram distribuídas, mas a maioria dos comandantes de companhia coibiram isso quando os jogos ficaram violentos demais e alguns ossos foram quebrados. O beisebol era melhor. Havia barris cheios de luvas e bolas e constantes jogos de apanhar a bola. Vários homens recordaram que estes foram os últimos jogos de apanhar a bola que jogaram por causa das feridas recebidas ou dos braços perdidos durante a campanha que se seguiu.

Entre as "lingüiças" achavam-se bibliotecas, compostas de livros em brochura (a revolução da brochura na publicação de livros começou em 1939 quando a Pocket Books lançou dez títulos a 25 centavos cada; a Avon Books apareceu em 1941, rapidamente seguida pela Popular Library e Dell. Havia edições especiais de maior tamanho e grátis para as Forças Armadas, 22 milhões de cópias foram impressos para os militares americanos). Um dos mais populares foi *A Tree Grows in Brooklyn* mas, um tanto surpreendente, o máximo foi *The Pocket Book of Verse* (para fins morais, não continha nenhum dos poemas amargos escritos pelos veteranos ingleses da Primeira Guerra Mundial[12]).

O jogo era o antídoto preferido contra o tédio. Havia praticamente jogos ininterruptos de dados e de pôquer. Grandes somas de dinheiro mudavam de dono. O praça Arthur "Dutch" Schultz do 505º ganhou 2.500 dólares num jogo de dados. "Sei, porque parei e me pus a contar o dinheiro", relembrou ele. "Eu havia quebrado todo o mundo no jogo com exceção de um sub-tenente pelo qual eu tinha grande antipatia e que ainda possuía 50 dólares. Eu estava determinado a tomar todo o seu dinheiro. Minha sorte mudou e perdi meus 2.500 dólares."[13]

Não havia nenhuma bebida alcoólica disponível. Alguns homens conseguiam escapulir de suas "lingüiças" e ir aos bares locais matar a sede, mas rápidas detenções por parte dos PMs punham um fim a isso. O major David Thomas, cirurgião do 508º, relembrou que cada médico recebia um cantil de álcool para usar com finalidades de esterilização quando chegasse à Normandia. Observou ele secamente: "Duvido que uma gota dele tenha saído da Inglaterra."[14]

Os comandantes de companhia faziam os seus homens marchar pelas estradas. Isto lhes proporcionava algum exercício e ajudava a aliviar o tédio e a acalmar a tensão; fazia também, que valorizassem a extensão do empreendimento e um sentimento de confiança de que uma força de combate de tão imensas proporções não podia ser negada. Marchando através do campo e de pequenas aldeias, eles viam quantidades incríveis de equipamentos, números incontáveis de aviões. E viam o poder do mundo livre reunido para destruir os nazistas; homens nos uniformes da Nova Zelândia, da Noruega, da Polônia, da França, da Austrália, do Canadá, da Grã-Bretanha, da Holanda, da Bélgica e dos Estados Unidos. Como relembrou o sargento Slaughter, "soldados de cada nação de todas as partes do mundo pareciam estar em todos os lugares".[15]

Um pouco do ressentimento dos Tommies contra os Ianques veio à tona. O cabo Masters relembrou que passou marchando com a 3ª Companhia por uma unidade americana, que também estava marchando. Alguns ianques pararam para conversar com uma mãe e sua filha de três anos de idade (todas as comunicações com civis eram estritamente proibidas, mas sempre aconteciam). Quase com certeza a garotinha estava fazendo a pergunta que todas as crianças na Grã-Bretanha tinham há muito tempo aprendido a fazer aos soldados americanos: "Tem um chiclete, cara?"

"Mas quando passamos em marcha", disse Masters, "uma voz enojada atrás do nosso grupo resmungou para os americanos: 'Pelo menos vocês podiam deixá-las crescer!' "[16]

Entre os milhões de homens reunidos no sul da Inglaterra para participar da invasão da França, apenas um pequeno número conhecia os segredos da *Overlord* — onde e quando o assalto seria feito. Esses raros tinham uma denominação de supersegurança, acima de Ultra-Secreto; chamavam-nos *Bigots* (Fanáticos); dizia-se que eram fanáticos (*bigoted*).

Lentamente o círculo dos que estavam por dentro se ampliou. O SHAEF e os oficiais do Estado-Maior do Vigésimo Primeiro Grupo informaram as oficialidades dos corpos e exércitos, que por sua vez informaram os comandantes de divisão e de regimento, descendo para os oficiais de pelotão e de companhia, que passaram a informação para seus sargentos e praças. Nos níveis inferiores os nomes de lugar não foram revelados a não ser quando os homens estavam realmente navegando para a França; por outro lado, as informações eram extraordinariamente detalhadas e precisas com respeito a características de terreno, completamente realista a respeito dos números e da qualidade dos defensores alemães, e consideravelmente otimistas quanto ao que os bombardeios naval e aéreo iam fazer àqueles defensores.

Os relatos foram feitos em caixões de areia ou, no caso do 12º Regimento, 4ª Divisão, numa enorme réplica de borracha esponjosa da península do Cotentin feita em escala horizontal e vertical, completada em mínimos detalhes com estradas, pontes, edifícios, linhas de força, áreas minadas, fortificações e obstáculos. Um membro do 12º relembrou: "Era como se os homens tivessem sido transportados de repente de avião e estivessem observando as próprias praias nas quais logo estariam desembarcando e o próprio chão sobre o qual teriam de lutar."[17]

Os oficiais foram instruídos a nível de regimento. O tenente Ralph Eastridge, do 115º Regimento, 29ª Divisão, escreveu um relato das instruções a que assistiu. O oficial de informações, S-2 do regimento, começou com um mapa da *praia Omaha*. Ele explicou que o 16º (1ª Divisão) e o 116º (29ª Divisão) desembarcariam lado a lado; o 115º seguiria o 116º. Ele descreveu os obstáculos costeiros e as fortificações fixas de *Omaha*, o terreno, inclusive a distância da muralha marítima ao pé do penhasco (cerca de 200 metros), a altura do penhasco (trinta metros, em média) e outros detalhes.

"Vocês podem ver que as defesas são mais pesadas nestes pontos onde os pequenos vales conduzem para o interior. Estas fendas ou bacias no penhasco são nossas saídas de praia, e a chave para o sucesso no assalto inicial será a ocupação destas saídas.

"Entre as defesas encontram-se campos minados, arame farpado, fossos anti-carros e fogos cruzados de armas automáticas, concentradas nas saídas. Cada uma destas posições é guarnecida por cerca de um batalhão, com outro batalhão disposto ao longo do penhasco entre os dois. Eles são parte da 916ª Divisão, uma divisão estática, assim chamada por ter de lutar no local atuando de posições fixas.

"Esta divisão estática é composta por cerca de quarenta por cento de alemães, muitos deles parcialmente inválidos. Mas, lembrem-se, um soldado maneta é tão capaz de puxar o gatilho de uma metralhadora fixa numa casamata quanto um soldado com duas mãos.

"Os restantes sessenta por cento da divisão são compostos de mercenários, em grande parte russos, com alguns poloneses, iugoslavos e outros balcânicos... São homens rudes, simples e ignorantes e têm pouco interesse pelo valor de uma vida. Eles vêm de uma parte do mundo onde a luta tem sido a principal ocupação durante gerações. Seus oficiais e suboficiais são alemães; eles lutarão até a morte.

"Atrás desta divisão estática acham-se divisões móveis, tropas de primeira linha. O pessoal é em grande parte alemão. A maioria já viu combate nas frentes russa ou italiana. Seu ponto fraco é a falta de transporte...

"Agora, quanto ao plano em detalhe. O 16º e o 116º atingirão a praia em embarcações de assalto às 6:30 aproximadamente. Os barcos vão parar em torno dos primeiros obstáculos submarinos, na maré enchente. O objetivo imediato será conquistar o solo elevado acima das praias, negando aos alemães fogo direto e observação da praia. Nosso regimento desembarcará na Hora H mais noventa minutos, deslocar-se-á imediatamente para esta aldeia (indicando St.-Laurent-sur-Mer no mapa, mas sem nome) e tomará posição à direita...

"Até agora, esta primeira parte é um trabalho comparativamente fácil. O trabalho árduo será feito pelo 116º, antes de desembarcarmos. Se o 116º proceder corretamente na sua investida, vai ser uma barbada."

"Senhor", perguntou um oficial, "que é que acontece se o 116º não limpar a praia na hora planejada?"

"Então nos incumbiremos da missão deles."

"Quantas divisões na primeira leva?", perguntou outro oficial.

"Será um grande espetáculo", respondeu o S-2 com um sorriso, "acredite-me. Mas devemos preocupar-nos apenas com o nosso setor."

"Quando é o Dia D?"

"Não sei ainda. Cerca de 3 ou 4 (de junho), mas é uma suposição."

Os oficiais do 115º gostaram dessa conversa de "barbada", mas não acreditaram nela. "As perspectivas se afiguravam sombrias. Os diagramas das defesas da praia indicavam que os alemães foram fantasticamente meticulosos. O 116º tinha uma parada dura pela frente."[18]

Na verdade, o praça Felix Branham o do 116º ouvira seu instrutor dizer ao seu pelotão que se os homens pegassem o equipamento excedente que estariam conduzindo para a praia — granadas de morteiros, minas terrestres, caixas de munição, rádios e baterias etc. — estariam dando uma ajuda. Entrando na retaguarda o 115º não estaria tão pesadamente carregado e os seus homens "viriam apanhar o que tínhamos levado para a terra, e fariam o seu trabalho, mesmo se tivessem de caminhar sobre cadáveres".[19]

Um realismo sanguinário semelhante não era fora do comum. A maioria dos oficiais estava otimista e inspirando confiança ao instruir suas companhias e pelotões. Quarenta e tantos anos depois, os veteranos de *Omaha* ainda relembravam, com certo amargor, o que lhes disseram: "O instrutor explicou que não haveria nenhum problema porque a Força Aérea estava vindo em grande número, o bombardeio da Marinha seria tremendo, os navios lançadores de foguetes disparariam milhares de mísseis, ia ser uma barbada, nada com que se preocupar. Nossas preocupações viriam dois ou três dias depois, quando os contra-ataques *panzer* começassem." (149ª de Engenheiros de Combate)[20]

"Diziam-nos que muitos milhares de toneladas de bombas seriam lançados sobre a nossa praia pela Nona Força Aérea pouco antes da invasão. Eu me preocupava com o fato de que teríamos problemas ao conduzir nossos caminhões ao longo dela, porque as crateras abertas pelas bombas ficariam muito perto e teriam grande profundidade." (6ª Brigada Especial de Engenharia)[21]

"O oficial que nos instruia fez-nos uma preleção ligeira, indicando que mais de 1.000 aviões de bombardeio nos precederiam no ataque e, ainda, que os encouraçados arrasariam tudo o que estivesse no mapa: casamatas, artilharia, morteiros e os rolos de arame farpado. Tudo seria moído em pedacinhos, numa varredura geral!" (26º Regimento)[22]

"Fomos induzidos a pensar que nenhuma resistência se oporia a nós na praia. Segundo nos garantiam, seria tão fácil como um piquenique." (5ª Brigada Especial de Engenharia)[23]

Quase todas as unidades programadas para dar seguimento à invasão tinham uma experiência semelhante. Para que se inteirassem devidamente da operação, os oficiais eram encorajados a estudar os caixões de areia ou réplicas sempre que desejassem, e milhares deles passavam horas observando, discutindo, familiarizando-se com seus objetivos. Eles também obtinham fotografias, algumas de apenas poucas horas, que revelavam o mais recente andamento relacionado à construção da muralha atlântica. Com essas informações tão precisas, que possibilidades poderiam ter os alemães?

Havia conversas em voz enérgica. O instrutor do 91º Esquadrão de Transporte de Tropas (pilotos de reboque de planadores) fez uma advertência: "Os pilotos só soltarão os planadores quando o C-47 que conduz a formação iniciar um giro gradual à esquerda para voltar à costa. Se algum piloto de C-47 soltar seu planador cedo demais, é melhor continuar voando, porque se voltar aqui, estarei à sua espera."

Um dos pilotos de planador tinha uma dúvida. De uma maneira muito inocente, ele perguntou: "Que faremos depois de aterrissar nossos planadores, senhor?"

O instrutor ficou surpreso. Após certo silêncio, confessou: "Eu não sei. Acho que na verdade nunca pensamos realmente nisso." Ouviram-se gargalhadas nervosas quando o piloto de planador que estava sentado perto do sargento Charles Skidmore deu sua própria resposta: "Correr como o diabo!"[24]

Sendo o Exército o Exército, inevitavelmente haverá alguns imbecis em volta. O sargento Alan Anderson do 116º Regimento recordou que foi chamado a uma barraca onde certo coronel de relações públicas "se levantou e fez um discurso apaixonado e patriótico sobre o nosso privilégio pela oportunidade de participar da grande invasão que mudaria a história do mundo, e em seguida, no fim do discurso, completou com a notável declaração de que lamentava não poder ir conosco. Meu companheiro, Arkie Markum, me cutucou e disse: 'Bem, ele pode ficar com o meu lugar se deseja mesmo ir!' "

O coronel RP passou a dizer que o Exército estava pronto para suportar aproximadamente 100 por cento de baixas nas primeiras vinte e quatro horas. Anderson relembrou: "Todos nos viramos, olhamos uns para os outros, e dissemos: 'Bem, é duro vocês terem que ir.' "[25]

Uma vez instruídas, as tropas eram rigorosamente confinadas. PMs perambulavam pelas áreas de concentração e adjacências, ninguém tinha licença de entrar sem identificação, ninguém tinha licença de sair sem as devidas ordens. O capitão Cyril Hendry, um oficial britânico de blindados, relembrou que seu pai morrera no dia 1º de junho, sendo sepultado no dia 3. "Não me deram licença para ir ao funeral, mas meu irmão do Exército, que estava servindo em Damasco, teve licença de voar para casa para acompanhar o funeral."[26]

A fanfarronice manifesta-se com facilidade em jovens que se vêem como indestrutíveis, mas as instruções e o amplo estudo das defesas costeiras teve um efeito moderador mesmo sobre os soldados mais desligados. Em tudo quanto disseram uns aos outros, nada podia ser pior do que o regime de treinamento, e eles tinham certo sentido do efeito que balas e *shrapnel* podem produzir sobre um corpo humano.

Na grande maioria, não haviam estado em combate, mas tinham lido ou visto notícias de guerra desde setembro de 1939. Nos periódicos de sua cidade natal ou nos jornais cinematográficos eles tinham seguido o vendaval da Wehrmacht através da Europa, viram-na derrotar o melhor que os poloneses, os noruegueses, os belgas, os britânicos, os franceses, os iugoslavos, os gregos e os russos puderam mobilizar. Os homens da AEF compreendiam que a Wehrmacht era um Exército plenamente experimentado no combate, cujo avanço fora impossível de deter e que podia agora constituir uma força invencível.

Como resultado destas tomadas de consciência, após as instruções os capelães fizeram um grande negócio. Depois de perder seus 2.500 dólares, "Dutch" Shultz foi se confessar. O padre, um capelão britânico, "na verdade me repreendeu severamente sobre alguns dos pecados que lhe confessei envolvendo o Sexto Mandamento". Shultz ia à missa sempre que lhe surgia a oportunidade "e devo lembrar que era um espetáculo muito inspirador para mim ver o capitão Stef, o major Kellam, o major McJinty e outros oficiais do batalhão servindo como ajudantes de missa".[27]

O major Thomas, do 508º, não se ligava muito durante a instrução. "Eu estive na força aeroterrestre tempo bastante para saber que os saltos noturnos nunca ocorriam como planejados." Posteriormente, entrou num jogo de pôquer. Estava perdendo e por isso pensou: "É melhor que eu vá ouvir o capelão, a fim de me garantir. Quando eu estava me sentando num banquinho na última fila, o único assento vazio na casa, o capelão Elder diz: 'O Senhor não está particularmente interessado naqueles que só se voltam para ele em momentos de necessidade.' Pensei: 'Puxa, ele deve ter-me visto entrar.' Por isso levantei-me e saí."[28]

Quando John Barnes soube que a sua unidade, a Companhia A do 116º de Infantaria, seguiria na frente, ele foi à missa, "pensando que aquela podia ser minha última vez". Ele fora criado por uma mãe devota cujo desejo sincero era que ele se tornasse padre. Quando ele concluiu o curso secundário, disse a ela que não se sentia talhado para a vida religiosa. Mas quando ele orava na missa, "decidi que faria um trato com Deus. Se minha vida fosse poupada, eu me tornaria padre. Em seguida, pensei que aquele era um trato insatisfatório, tanto para Ele quanto para mim, por isso resolvi correr os riscos".[29]

Outros havia que decidiram não correr risco algum. "Dutch" Schultz recordou um pára-quedista que "acidentalmente" dera um tiro no pé. Um sargento da 1ª Divisão, Joseph Dragotto, observou com espanto um homem de outra companhia colocar uma porção de fumo de cachimbo entre dois pedaços de pão e comer o "sanduíche". Esse gesto estranho o levou para o hospital e para fora da invasão. Dragotto viu também um homem levantar o fuzil e começar a dispará-lo nas barracas de campanha. Quando os PMs caíram sobre ele, Dragotto ficou imaginando por que estava fazendo uma coisa maluca como aquela, "e então compreendi que ele não queria ir para a guerra".[30]

Outros homens lidavam com os seus medos assumindo uma aparência ainda mais temível do que já tinham. No 115º Regimento os homens de um grupo de combate tiveram uma idéia sensacional e começaram a cortar o cabelo, tosando-o até chegar ao couro cabeludo. A idéia se espalhou rapidamente; logo a companhia, e em seguida quase todo o regimento, tomou a aparência de uma colônia de sentenciados.

Os pára-quedistas aderiram à mania, exceto que deixavam uma faixa no meio do couro cabeludo, de modo que pareciam índios ("Mohawks", era o nome do estilo). O coronel Robert Sink, no comando do 506º Regimento de Infantaria Pára-quedista, viu o corte de cabelo e disse: "Esqueci-me de lhes dizer que faz algumas semanas fomos oficialmente notificados de que os alemães estão dizendo aos civis franceses que as forças de invasão aliadas serão conduzidas por pára-quedistas americanos, todos eles criminosos sentenciados e psicopatas, facilmente reconhecidos pelo fato de rasparem a cabeça ou quase isso."[31]

Os oficiais subalternos e os sargentos ficavam apreensivos: estariam à altura da tarefa de liderança de que os incumbira o Exército? O sargento Alan Anderson falou com um de seus praças, George Mouser, a respeito de seus medos. Mouser respondeu: "Bem, sarja, a única maneira em que esta guerra pode terminar é nós atravessarmos o canal e acabar com ela. Quanto mais depressa fizermos isso, melhor. E de todos os homens com quem treinei, prefiro ir para o combate com o senhor a qualquer outro."[32] No 506º, os sargentos Carwood Lipton e Elmer Murray passavam longas horas discutindo diferentes situações de combate que podiam ocorrer e a maneira pela qual eles as resolveriam.

Havia aproximadamente 175.000 homens nas "lingüiças" à espera de cruzar o canal no Dia D e é obviamente impossível generalizar sobre o seu estado de espírito. Alguns estavam apreensivos, alguns ansiosos, alguns determinados, alguns receosos. Em parte, o comportamento dependia da idade. Charles Jarreau tinha dezessete anos. Ele considerava "velhos" os seus camaradas de vinte e dois e vinte e três, achava que a idéia era a seguinte: "Puxa, vamos acabar logo com esta droga para podermos voltar para casa." Era a sua opinião: "Vamos dar um pulo à França para nos divertirmos um pouco."[33]

Arriscando uma generalização, havia mais expectativa entre os americanos do que entre os britânicos. Para os ianques, o caminho para casa levava a leste, na Alemanha. Quanto aos Tommies, eles já estavam em casa. O capitão Alistair Bannerman, um comandante de pelotão em Sussex no sudoeste da Inglaterra, escreveu à sua mulher uma longa carta, enquanto matava o tempo na sua "lingüiça". A carta expressa seu estado de espírito e de pelo menos de alguns dos Tommies que o acompanhavam.

"Não nos sentimos importantes no momento", escreveu ele no dia 28 de maio. "Há pequenos aborrecimentos demais nesta vida. O treinamento infindável, o ficar pressionado, botas ferradas, meias suadas, e agora também a existência engaiolada... Tentei explicar ao meu pelotão que estamos para fazer história e que um dia os seus filhos lerão sobre nossas façanhas nos livros, mas tudo que consegui foram sorrisos amarelos.

"Para os soldados, a retórica radiofônica de Churchill soa um tanto embaraçosa. Eles não têm grande fé no novo mundo, não acreditam em qualquer grande missão libertadora. Sabem que a guerra vai virar um depósito de cadáveres. Tudo que eles querem é pôr um fim a isso e voltar para a vida civil, para suas casas, suas vidas privadas e seus entes queridos."

No dia 31 de maio Bannerman escreveu: "Que gigantesco esforço cada homem tem agora de fazer, para enfrentar algo desta natureza. Homens que possivelmente têm tido apenas pouca coisa da vida, homens com pouca educação e pouco conhecimento, e sem quaisquer suportes filosóficos, homens com famílias doentes, separadas, pobres ou necessitadas, homens que nunca foram amados, nunca tiveram grandes ambições ou desejaram uma nova ordem mundial. Todavia, todos estamos aqui, todos avançando, como foi ordenado, ansiosos por entrar em combate."[34]

Nos primeiros dias de junho, a AEF começou a carregar, tomar posição e se deslocar para a jornada através do canal. Os homens deixavam para trás seus sacos de lona com seus pertences, levando apenas o que podiam carregar — principalmente armas e munições, máscaras contra gases, fotografias de seus entes queridos, uma muda de roupa (ao embarcar, eles recebiam seus pacotes de cigarros e rações C e K). O tenente-coronel Thompson falou por todos os homens quando observou: "Qualquer um que esteve lá lembra com nostalgia as semanas passadas nas áreas de concentração e reunião."[35]

Um dos grandes mistérios da Segunda Guerra Mundial é o fato de que, embora os alemães vissem a preparação no sul da Inglaterra — dificilmente poderiam ter deixado de ver —, não conseguiram em absoluto tirar as conclusões exatas da concentração. Havia incursões de bombardeios noturnos sobre as "lingüiças", não grande coisa, raras vezes mais de meia dúzia de bombardeiros, e vôos regulares sobre os portos, com aeronaves lançando minas. Os aviões de reconhecimento alemães de quando em quando conseguiam penetrar, tirar algumas fotografias, e se afastar rugindo na direção do leste. A situação exigia um esforço sobre-humano da Luftwaffe para bombardear os portos e as áreas de reunião, mas isso nunca aconteceu. Naturalmente a Luftwaffe era apenas uma sombra do que fora na Batalha da Grã-Bretanha de 1940, e naturalmente as falsas embarcações de desembarque no leste da Inglaterra que davam apoio à operação de despistamento *Fortitude* confundiram os alemães, mas ainda assim ter perdido a oportunidade de atingir os portos e as "lingüiças" com o que quer que tivessem foi algo incompreensível e inexplicável. "Parece mesmo um milagre", comentou Richard Freed, da Marinha Mercante.[36]

Outro mistério: depois do grande sucesso no fim de abril contra *Tigre*, quando os torpedeiros alemães afundaram 2 LST e danificaram 6 outros, sem nenhuma perda, por que a Marinha alemã não fez um esforço total para usar os torpedeiros contra a preparação aliada? De fato, os torpedeiros não fizeram qualquer tipo de esforço. Os submarinos alemães, o que restava deles, estavam nesse meio-tempo no norte do Atlântico. Na primeira semana de junho, (*U-boats*) submarinos afundaram dois destróieres americanos no meio do Atlântico, mas não executaram missões de reconhecimento nem ataques com torpedos contra a esquadra da *Overlord*.

O fato de os alemães deixarem de concluir, do que sabiam da preparação, que a baixa Normandia era o alvo, não é de surpreender. O fato de a AEF ter-se reunido no sul da Inglaterra não foi uma revelação quanto ao local da invasão. Portsmouth é mais perto do Passo de Calais do que de Caen. O controle do mar significava que a frota que se deslocava no canal poderia dirigir-se diretamente para o leste, para Calais, ou então para o sul, para Calvados e o Cotentin, ou para o sudoeste na direção da Bretanha. A AEF teve uma mobilidade sem precedentes na história da guerra. Como observa corretamente John Keegan, graças às embarcações de desembarque especializadas, à criação de divisões aeroterrestre, e à utilização da supremacia aérea para isolar a zona de desembarque, precisamente "onde os aliados sentiam estar seu ponto mais vulnerável em sua estratégia da Segunda Frente [que] residia sua maior força; pois confiavam no mar para o movimento de suas forças".[37]

Os aliados executaram muitas *Operações Fortitude* em pequena escala nas semanas antes do Dia D, enviando navios de desembarque com cobertura de cruzadores e destróieres para simular assaltos contra várias praias na França. Estes assaltos fictícios mantiveram os alemães preocupados e revelaram posições de radar e a potencialidade local da Luftwaffe.

Informações muito mais exatas sobre os alemães vieram das intercepções do Ultra, do contínuo e maciço reconhecimento aéreo, e da Resistência Francesa. No dia 3 de junho, a Subcomissão Conjunta de Informações apresentou informes sobre o relato "Estimativa Alemã das Intenções Aliadas com Relação à *Overlord*". Tratava-se de um documento muito encorajador. Começava com as palavras: "Não houve quaisquer informações, durante a semana passada, sugerindo que o inimigo avaliou com exatidão a área na qual nosso principal assalto vai ser feito. Parece que ele espera vários desembarques entre o Passo de Calais e Cherburgo." O documento observava que os alemães continuam a "superestimar as proporções das forças aliadas com probabilidades de lutar" e estão na expectativa de desembarques na Noruega.[38]

Em "Resumo Semanal de Informações nº 11", também publicado no dia 3 de junho, o SHAEF G-2 avaliou o poderio alemão, observando o movimento de divisões alemãs na França e próximo da costa. Posteriormente, deu-se grande importância ao deslocamento de algumas formações no Cotentin e na *praia Omaha*, como se isto indicasse que Hitler, Rundstedt e Rommel tivessem finalmente penetrado o segredo; de fato, muitas unidades alemãs estavam se deslocando, reforçando a muralha atlântica de noroeste a sudoeste (o 67º Corpo, por exemplo, foi deslocado no primeiro dia de junho para o estuário do Somme, com o QG em Amiens). O poderio total alemão na França aumentara quase 20 por cento, de cinqüenta para sessenta divisões (dez blindadas); inevitavelmente alguns desses reforços foram para o local da invasão, mas não os *panzers*.[39]

Conjuntamente, as informações colhidas pelos aliados eram, de um modo geral, precisas, detalhadas e úteis — exatamente o oposto das informações colhidas pela Abwehr. Os aliados sabiam o que estavam enfrentando; os alemães podiam apenas conjeturar.

Na *Widerstandsnest 62* (WN 62), uma fortificação a cavaleiro do barranco de Colleville na *praia Omaha*, o praça Franz Gockel de vinte anos de idade estava envolvido num debate com seus camaradas. Metade dos membros do seu pelotão afirmava que os aliados viriam por ali, dentro de uma ou duas semanas. A outra metade afirmava que as defesas em Colleville eram muito fortes — os aliados não ousariam atacar aquele ponto.

A WN 62 abrigava uma posição de observação de artilharia que orientava uma bateria de campanha, localizada a cerca de cinco quilômetros para o interior. Na frente da posição havia canhões de 105 mm assestados em alvos antecipadamente escolhidos. A WN 62 consistia em duas casamatas com canhões de 75 mm, um canhão anti-carro de

50 mm, duas metralhadoras leves e duas pesadas, e vinte homens, todos, com exceção do *Oberfeldwebel* e dos dois suboficiais, abaixo dos dezenove anos de idade. Os *bunkers* tinham tetos de concreto de dois metros de espessura e estavam ligados por trincheiras.

O praça Gockel nunca vira o mar antes de ser indicado para servir em Calvados no início de 1944, na 352ª Divisão. Ele se sentava atrás da sua metralhadora dupla noite após noite, em março, abril e junho, observando, esperando, calculando. Durante o dia, cavava. Como declarou um de seus camaradas na tarde de 3 de junho: "Se houver enfim uma possibilidade de sobreviver a um ataque, será apenas com a ajuda desta trincheira. Trate de cavar!"

Naquela noite, relembrou Gockel, "nada se movia na calma superfície da água, apenas as fracas vagas abriam o seu caminho para a praia. Os barcos de pesca de Grandcamp e Port-en-Bessin permaneciam no ancoradouro. Até maio eles haviam feito suas excursões rotineiras ao longo da costa, mas agora o mar estava vazio."[40]

9. Carregando

Eisenhower estabelecera o Dia D para 5 de junho. A movimentação de embarque para o assalto começou no dia 31 de maio, indo de oeste para leste — de Falmouth e Fowey para a 29ª Divisão, de Dartmouth, Torquay e Exmouth para a 4ª Divisão, de Weymouth e Portland e para a 1ª Divisão todas americanas, de Southampton para a 50ª e para a 3ª divisões britânica e canadense, respectivamente, e de Portsmouth e Newshaven para a 3ª Divisão britânica. Os que vinham de longe se dirigiram para os cais de ônibus ou de caminhão; aqueles cujas "lingüiças" se achavam perto dos portos incorporavam-se a seus grupos de combate, pelotões e companhias, e marchavam.

Tudo estava em movimento, jipes, caminhões, peças grandes de artilharia, carros de combate, veículos meia-lagartas, motocicletas e bicicletas. Multidões aglomeravam-se nas ruas para ver a procissão que parecia jamais ter fim. Os adultos faziam o sinal do V da Vitória, mas, quando uma companhia da 1ª Divisão marchava através de uma aldeia, um garoto de onze ou doze anos gritou para um sargento: "Você não vai voltar." A mãe do garoto engoliu em seco, agarrou-o e correu para a frente da coluna. Quando o sargento passava, o garoto soluçou por entre lágrimas: "Você *vai voltar, sim, vai voltar!*"[1]

A morte estava na mente de muitos homens. Como relembrou o soldado Clair Galdonik falando de sua viagem de ônibus para Dartmouth: "Poucas palavras eram proferidas entre nós. Não havia engraçadinhos querendo divertir-se à custa da situação. Sentíamo-nos mais próximos uns dos outros então do que em qualquer momento anterior."[2] O timoneiro Charles Jarreau da Guarda Costeira estava no LCI 94, observando a aglomeração no cais de Weymouth. "As tropas estavam verdadeiramente inundando as docas", relembrou ele. "Havia gente por toda parte. Os sacerdotes estavam no seu apogeu. Vi inclusive judeus recebendo a comunhão. Todo o mundo estava morrendo de medo."[3]

Na maioria dos casos a antecipação sobrepôs-se ao medo. Os homens estavam ansiosos para partir. A excitação que pairava no ar era quase esmagadora. O Alto Comando Aliado havia deliberadamente levado os homens ao mais alto nível profissional, mental e fisicamente. O treinamento tinha perdurado, na maioria dos casos, durante dois anos ou mais. Embora tivesse havido transferências e substituições, a maioria dos homens permanecia em grupos de combate e pelotões que tinham estado juntos desde treinamento como recrutas. Eles haviam compartilhado a labuta e as exigências físicas e mentais do treinamento, odiado ou amado juntos os seus comandantes, fazendo juntos suas refeições, dormido no mesmo abrigo por ocasião de manobras, embriagando-se juntos. Haviam formado um vínculo, haviam se tornado uma família. Conheciam-se intimamente, sabiam o que esperar do cara à sua esquerda ou à sua direita, o que ele gostava de comer, como cheiravam.

Não eram muitos os que estavam ali por escolha. Apenas uns poucos manifestavam uma paixão patriótica. Mas quase todos prefeririam ter morrido a faltar a seus camaradas ou parecer covardes na frente deles. De todas as coisas que este longo período de treinos conseguiu realizar, este sentimento de solidariedade grupal foi a mais importante.

Alguns comandantes reuniram os seus homens para as últimas palavras antes de eles embarcarem em seus navios-transporte. O comandante do 115º Regimento, coronel Eugene Slappey, olhou para todas as cabeças raspadas do seu pessoal, tirou o capacete, arranhou a própria cabeça calva, e declarou: "Homens, vocês têm uma boa idéia do que está se passando. Muitos, mais lúcida. Mas eu não compreendi que há muito tempo estava me preparando para uma invasão."

Após a gargalhada, ele ficou sério, falando aos homens como um pai aos seus filhos: "Não há muito, camaradas, que possamos fazer agora. O sucesso desta invasão cabe a vocês, rapazes. Planejamos um bocado: gostaria que vocês pudessem saber o quanto de preparação entrou em tudo isso. Trata-se do maior esforço militar que o mundo já viu. E todos vocês sabem o que está em jogo, o curso da história depende do nosso sucesso. É uma grande satisfação saber que nenhuma unidade jamais foi mais bem preparada para entrar em combate; eis por que recebemos esta missão."

Slappey concluiu: "Verei vocês na França." Enquanto o tenente Eastridge se afastava, foi assaltado pelo pensamento de que seria um dia triste para o regimento se chegassem a perder aquele velho.[4]

O general Bradley reuniu quase mil oficiais num amplo hangar de aviões: os oficiais generais na plataforma, os coronéis nos bancos da fila da frente, os tenentes na parte de trás. O general-de-brigada Theodore Roosevelt, Jr., filho do falecido presidente, era subcomandante da 4ª Divisão. Devido à sua idade, cinqüenta e seis anos, e à sua condição física (ele tinha problemas de coração), Roosevelt fora forçado a obter uma porção de dispensas e ordens especiais e em seguida solicitar permissão para saltar em terra em *Utah* numa das primeiras investidas. Ele obteve finalmente o que queria. Sentou-se na plataforma, mostrando os dentes num sorriso largo.

Bradley iniciou: "Senhores, este vai ser o maior espetáculo da terra. Os senhores têm o privilégio de ocupar assentos na tribuna de honra."

Roosevelt franziu o sobrolho, sacudiu a cabeça, e, num profundo sussurro, disse: "Inferno, maldição! Não estamos na tribuna de honra, estamos sentados em cima da grelha!"

A acústica do hangar era tal que todo mundo ouviu. Houve uma explosão de gargalhadas e um alívio da tensão reinante. Bradley sorriu entre dentes e continuou com suas palavras de incentivo.[5]

As tripulações da Guarda Costeira e da Marinha estavam esperando pelos homens. Charles Jarreau recordou que no LCI 94 havia quatro oficiais e vinte e seis praças. Os oficiais foram formados em 90 dias na Escola de Treinamento de Oficiais, estavam na casa dos vinte anos, mas o chefe deles era um homem com trinta e dois. Tinha dez anos de Marinha Mercante, e "as regras eram as dele, não as da Marinha; aliás, ele não gostava das da Marinha". Dois dias antes de o LCI 94 apanhar os seus soldados, ele disse a Jarreau: "Ninguém conseguirá sair deste navio, por isso vá buscar a bebida que temos e vamos fazer uma festa." A coisa começou às 7:00 "e, cara, no fim do dia estava todo mundo em petição de miséria, mas isso seguramente aliviou a tensão. Depois de uma noite de sono voltamos à sobriedade e começamos a pôr as tropas a bordo."[6]

A familiaridade com o processo de carregamento ajudou muito a aliviar a tensão. Os homens da AEF tinham passado pelos exercícios muitas vezes. Pelo começo de junho de 1944, o fluxo contínuo de montagem, disposição, embarque e desembarque tinha-se tornado monótono e rotineiro. Muitas das pessoas envolvidas no processo comentaram posteriormente que poderiam tê-lo feito durante o sono; outras disseram que, até quando o anúncio definitivo foi transmitido pelo alto-falante do navio, eles quase acreditaram que era apenas outro exercício. Estas eram exatamente as atitudes que seus comandantes queriam deles.

As tropas se entregavam à velha tendência que têm os combatentes que vão para a frente de levar excesso de bagagem consigo. Os exercícios do Centro de Treinamento de Assalto haviam levado os planejadores a recomendar que os participantes das levas de assalto não deviam carregar mais de 20 kg de equipamento, mas a maioria levava mais que o dobro. Em parte era culpa dos comandantes de regimento, que queriam que as primeiras levas carregassem para o assalto minas terrestres, sacolas com cargas, munição extra, rádios sobressalentes, morteiros etc.; e em parte culpa dos próprios homens, que tinham sempre alguma coisa a mais para levar — um livro de frases em francês ou uma Bíblia, uma faca ou pistola não autorizada, principalmente cigarros.

Os cigarros eram distribuídos nos cais, juntamente com as rações. O praça Robert Patterson do 474º Batalhão Antiaéreo pediu ao intendente que não se incomodasse com os cigarros, "pois eu não fumo".

"Você também deve levá-los", replicou o intendente; "no momento em que você chegar do outro lado, já estará fumando." Quarenta anos depois, Patterson comentava: "Ele estava certo. Naquele navio aprendi a fumar e continuei fumando por muitos anos."[7]

Um soldado da 4ª Divisão era viciado em Camels. Ele entrou em pânico ante a idéia de ficar desprovido, por isso comprava, pedia emprestado ou negociava cada maço que podia. Embarcou conduzindo dez pacotes. A maioria dos homens levava dois pacotes e dependiam do Exército para conseguir mais.

Os veículos também eram maciçamente sobrecarregados com munição, latas de gasolina, picaretas e pás, cantis, rações de campanha, armas etc. O carregamento, todavia, prosseguiu tranqüilamente de acordo com o minucioso programa. Parecia impossível que os milhares de navios e embarcações de desembarque pudessem encontrar o lugar específico que lhes cabia, ou que os soldados pudessem localizar as embarcações corretas, mas o fizeram. Carros de combate, artilharia, caminhões entravam de ré em seus LCT — os últimos a subir eram os primeiros a descer. Eles usavam "embarcadouros" especialmente construídos, plataformas de embarque de cimento que se estendiam na inclinação correta para acomodar os LCT.

Os homens se deslocavam para seus LST e LCI ou outros navios-transporte "num tempo impressionantemente curto," como afirmou o tenente Eastridge. Quase instantaneamente ambos os conveses do LST 459 foram carregados, sendo veículos e canhões acorrentados ao convés. O navio estava superlotado, com apenas um beliche para cada grupo de três homens, de modo que eles alternavam as horas de sono, oito para cada um. Não havia espaço suficiente nas docas e nos ancoradouros para todos os barcos de transporte e para os LST, e por isso grande número das companhias de infantaria era transportado para navios ancorados nas baías em barcos Higgins.

O LST 459 afastou-se do cais, navegou lentamente para o centro do rio no porto de Plymouth e foi amarrado a outro LST. "Estávamos lado a lado com tantas embarcações", disse Eastridge, "que um homem podia saltar de um convés para outro por meia milha ou mais. Na direção do mar, podíamos ver destróieres e navios maiores ancorados. O porto estava congestionado demais."[8]

Ao todo havia 2.727 navios, variando de belonaves a navios-transporte e embarcações de desembarque que fariam o cruzamento por si mesmos. Eram oriundos de doze nações — Estados Unidos, Grã-

Bretanha, Canadá, Austrália, Nova Zelândia, África do Sul, França, Bélgica, Noruega, Polônia, Grécia e Holanda. Dividiam-se na Força-Tarefa Naval do Ocidente (931 navios, com destino a *Omaha* e *Utah*) e Força-Tarefa Naval do Oriente (1.796 navios, com destino a *Gold, Juno* e *Sword*). Nos conveses dos LST estavam os barcos Higgins e outras embarcações pequenas demais para cruzar o canal por si mesmas. Havia 2.606 delas. Assim, o total da armada perfazia 5.333 navios e embarcações de todos os tipos, mais naves — como salientou o almirante Morrison — "do que havia em todo o mundo quando Elizabeth I era rainha da Inglaterra."[9]

Os primeiros a se moverem foram os navios varredores de minas. Seu trabalho consistia em fazer a varredura ao longo da costa inglesa, caso a Luftwaffe e os torpedeiros alemães (*E-boats*) tivessem espalhado minas na área, em seguida dar procedimento à limpeza de cinco canais para as diferentes forças de assalto (O, U, G, J e S), assinalando-os com bóias luminosas espaçadas a intervalos de uma milha ao longo dos canais de 400 metros de largura, e finalmente limpar a área em que os navios-transporte ancorariam ao largo das praias. Havia 245 navios utilizados nesse colossal trabalho de varredura; eles começaram seu trabalho na noite de 31 de maio para 1º de junho.

No dia 3 de junho, os navios de apoio de artilharia e de bombardeio da Força-Tarefa Naval do Ocidente zarparam de Belfast com destino ao sul através do mar da Irlanda. Entre eles achavam-se os encouraçados *Nevada*, veterano do ataque de Pearl Harbor, *Texas*, o mais velho da frota dos Estados Unidos, e o *Arkansas*, juntamente com sete cruzadores e vinte e um destróieres. Eles seguiriam na frente. Depois de terem circundado Lands End e passado pela ilha de Wight, seguiriam os LST, os LCT, os LCM e os navios-transporte, os quais deveriam iniciar a jornada horas antes do amanhecer do dia 4, reunir-se e alinhar-se em comboios.

Ao se dirigirem para seus navios-transporte e embarcações de desembarque, recebiam a ordem do dia do general Eisenhower. Começava assim: "Soldados, marinheiros e aviadores da Força Expedicionária Aliada:

"Estamos prestes a embarcar na Grande Cruzada, para a qual nos temos esforçado durante numerosos meses. Os olhos do mundo estão voltados para nós. A esperança e as orações das pessoas amantes da liberdade em toda parte nos acompanham...

"A que vamos executar não será uma tarefa fácil. O inimigo está bem treinado, bem equipado e é forte. Lutará furiosamente.

"Mas este é o ano de 1944!... A maré mudou! Os homens livres do mundo estão marchando juntos para a Vitória!

"Tenho plena confiança na coragem, dedicação ao dever e habilidade na batalha de todos nós. Não aceitaremos menos que a vitória total!

"Boa sorte! E vamos implorar as bênçãos de Deus Todo-Poderoso para este grande e nobre empreendimento."[10]

O sargento Slaughter fez os seus camaradas assinarem a sua cópia. Embrulhou-a em plástico, colocou-a em sua carteira, e conduziu-a através da Normandia e por todo o percurso até o rio Elba na Alemanha oriental. "Ainda tenho esse documento numa moldura pendurada sobre a minha escrivaninha", disse Slaughter. "E é minha mais preciosa recordação da guerra."[11]

Milhares dos que receberam a ordem do dia de Eisenhower a conservaram. Não posso contar o número de vezes em que entrei no gabinete de um veterano do Dia D para fazer uma entrevista e a vi numa moldura e pendurada num lugar destacado. Tenho uma na parede do meu escritório.

O praça Felix Branham do 116º de Infantaria conseguiu que todo o mundo no seu navio assinasse uma nota de 500 francos que ele tinha ganho num jogo de pôquer. "Um cara perguntou: 'Por quê?' E eu disse: 'Companheiros, alguns de nós não vão sair vivos desta luta. Pode ser que nunca mais voltemos a ver-nos. Podemos ficar inválidos ou coisa parecida. Portanto, assinem isto.' Eu tenho aquela nota pendurada na minha parede, numa moldura. Não a trocaria *por coisa alguma*."[12]

Oficiais muito mais modernos ficaram tentados a fazer os seus próprios discursos. Depois que o seu LST 530 recebeu sua carga de carros de combate Churchill, jipes, canhões, seis barcos Higgins e 600 soldados britânicos destinados à *praia Omaha*, o tenente Tony Duke, da Marinha dos Estados Unidos, teve a idéia de manifestar-se pelo alto-falante do navio. Pensamentos de Shakespeare e *Henrique V* passaram pela sua mente. Mas um coronel do Exército britânico veio até a ponte, "pôs sua mão no meu ombro, nunca esquecerei isso, e disse: 'Cuidado, meu jovem. A maioria dos meus homens viu o pior na luta do deserto e um bom número deles estava na França, escapando através de Dunquerque. Por isso eu o aconselho a agir com moderação, a ser rápido, e a não se deixar levar pela dramaticidade do momento ou pela emoção.' Meus sentimentos estavam palpitando e em conflito dentro de mim, mas eu segui seu conselho e fiz um discurso bastante simples. Compreendi depois que teria feito um papel de idiota se tivesse procedido de acordo com o que estava sentindo."[13]

A primeira coisa que a maioria das tripulações fazia era alimentar os soldados. "A bóia da Marinha era excelente", recordou Eastridge. "Nossos homens estavam falando em transferir-se para a Marinha na próxima guerra."[14]

A bordo do navio-transporte *Samuel Chase*, o capitão Oscar Rich, um observador do 5º Batalhão de Artilharia de Campanha da 1ª Divisão (cujo pequeno avião L-5 fora desmontado, com as asas dobradas para trás e a hélice colocada dentro da aeronave, que era acomodada a bordo por meio de um guincho), desceu para estudar o mapa de borracha esponjosa da linha costeira de Calvados. "Era a coisa mais detalhada que eu já tinha visto na minha vida. As árvores estavam lá, os trilhos, as estradas, as casas, os obstáculos costeiros — tudo estava lá e eu passava horas examinando-o... Eu podia ver minha primeira pista de pouso, num pomar de maçãs afastado do barranco que se projetava de *Easy Red*, na *praia Omaha*. Tudo estava em escala — era realmente como estar no avião, cerca de 150 metros acima da praia a olhar para ela e ver o panorama inteiro em verdadeira perspectiva. Foi muito habilidosa a maneira como eles construíram este mapa." Finalmente ele deixou o mapa de lado e entrou num jogo de pôquer. Entre os jogadores achavam-se Robert Capa, o famoso fotógrafo da revista *Life*, e o correspondente Don Whitehead.[15]

Uma vez a bordo, havia pouca coisa a fazer para a maioria dos soldados a não ser jogar, ler e espalhar boatos. O praça Clair Galdonik achou uma bola de beisebol e duas luvas. Começou a jogar com um companheiro mas fez um mau lançamento e a bola se perdeu.[16] Walter Sidlowski da 5ª ESB (Brigada Especial de Engenharia) descobriu no seu LCT que o patrão proibira o uso do banheiro para o pessoal do Exército, a fim de evitar um excesso de pessoas nas instalações. Sidlowski e seus companheiros puseram suas habilidades técnicas para funcionar e construíram assentos de privada pendentes, o que deu certo momento de descontração quando todos os assentos estavam ocupados no exato momento em que passava um escaler de almirante.[17]

Os homens escutavam rádio. Gemiam quando Axis Sally lhes dizia para vir, "estamos esperando por vocês". Alegraram-se quando a queda de Roma foi anunciada. Entregavam-se à leitura de livros: o tenente Frank Beetle, do 16º Regimento, 1ª Divisão, relembrou que lia ("acredite se quiser") sobre Platão numa edição em brochura da *História da Filosofia* de Will Durant.[18]

Algumas das companhias do Batalhão de Tropas de Assalto Anfíbias *Rangers* embarcaram no *New Amsterdam*, um pequeno navio de passageiros, para a travessia do canal. Era um barco britânico com uma tripulação britânica — e também comida britânica, o que queria dizer guisado de rim, que causou muitas queixas. Sendo as tropas de assalto anfíbias o que são, não havia lugar para ficar sentado esperando. Eles continuavam seu treinamento e seu condicionamento estirando cordas até o mastro para praticar escalada. Faziam exercícios de flexão, abdominais e inclusive de ordem-unida.[19]

Houve algumas confusões. O capitão Robert Walker, do 116º Regimento, fizera exercícios de treinamento em LCVP, LCT, Ducks (caminhões anfíbios) e LCM. O único tipo de embarcação de desembarque em que ele nunca estivera fora um LCI. Para a invasão, ele foi indicado para o LCI 91 e designado oficial encarregado do alojamento. A capacidade do navio era de 180 homens, mas ele tinha uma relação de 200 em sua lista. Além do mais, o LCI 91 já estava carregando grandes rolos de fio telefônico, torpedos *bangalore*, sacolas com cargas várias, ganchos de abordagem, lança-chamas suplementares, "e muito, muito mais". Todavia, Walker conseguiu acomodar todo mundo, e em seguida conversou com o patrão, um tenente da Guarda Costeira originário de Boston. O patrão disse que havia entrado para a Guarda Costeira esperando passar a guerra na costa do Atlântico perto de Boston, mas agora estava em vésperas da sua terceira invasão.[20]

O tenente Charles Ryan do 18º Regimento, 1ª Divisão, estivera fazendo exercício num LCI, por isso sabia o que esperar quando a sua embarcação se deslocasse para o canal aberto. Ele descreveu o LCI como "uma caixa de metal projetada por um sádico para transportar soldados através da água, causando-lhes tamanho sentimento de desconforto físico, enjôo, degradação física e raiva, a ponto de induzi-los a desembarcar com ânsias de ódio, capaz de levar à destruição, devastação e à morte qualquer pessoa ou coisa ao alcance da vista ou da audição. A nave combinava movimentos de montanha-russa, potro selvagem e camelo".[21]

Em torno dos aeródromos, tropas de planadores e de pára-quedistas verificavam o seu equipamento mais ou menos pela milésima vez, pensavam em algum lugar para levar mais um pacote de cigarros ou uma granada extra, reviam pela última vez os modelos do Cotentin ou dos rios Orne e Dives — e em seguida outra última vez. Estavam completamente confinados, prontos para o aviso para se deslocarem para o aeródromo e embarcar nos planadores Horsa de fabricação britânica ou nos C-47 de fabricação americana para dar início à invasão.

Num outro aeródromo, Fairford em Gloucester, uma unidade pouco conhecida preparava-se para o vôo sobre o canal. Tratava-se de uma operação do Serviço Aéreo Especial (SAS). O SAS era uma unidade do Exército britânico formada para operar por trás das linhas do Eixo. Consistia em três regimentos, um para operar na França, com mais dois batalhões franceses e uma companhia belga. O capitão Michael R.D. Foot era oficial de informações da brigada SAS. Desde agosto de 1942, vinha estudando as ocupações alemãs na França e suas defesas. Ele havia participado de uma incursão com os *Comandos*. Agora estava se preparando para enviar algumas equipes especiais para tirar proveito do que aprendera sobre os alemães na Normandia. (Pelo fato de ser um fanático intolerante, não tinha permissão de transitar por trás das linhas inimigas.)

Foot tinha vivido momentos difíceis na consecução de suas equipes para a operação codinominada *Titanic* (Foot escolhera *Titanic* de uma lista, "confiando em que isto soaria como algo grandioso para um alemão"). Ele tinha abordado o comandante do seu regimento, que estava preparando seus grupos para a destruição de pontes por trás das linhas e outros atos de sabotagem, a fim de requisitar quatro pequenos destacamentos de tropas do SAS.

"Para fazer o quê?", perguntou o comandante com rispidez.

"Para proporcionar um pouco de simulação no sentido de ajudar o desembarque."

"Não."

"Coronel, esta é uma ordem."

"Não para mim. Ponha isso por escrito se quiser e vou responder por escrito por que não o farei. Mas, por que devemos desperdiçar papel? Eu lhe direi isso agora mesmo."

Ele abrandou um pouco e explicou: "Nos primeiros dias do regimento, fomos instruídos para fazer uma incursão sobre um campo de pouso italiano. O serviço de informações o cancelou no último minuto. Fomos de licença para o Cairo, voltamos curtindo nossas ressacas e nos disseram: 'Certo, rapazes, vai ser hoje à noite, vocês partem agora.' Pouquíssimos de nós voltaram. E eu jurei então que não ia ter mais qualquer tipo de entendimento com nenhum pessoal de informações. Fora!"

Foot foi procurar o coronel Francks, comandante de um dos outros regimentos no SAS, "com quem eu fizera meu primeiro salto de pára-quedas, sendo também o primeiro salto dele. Nós mantínhamos um certo grau de amizade e, ainda que com relutância, ele concordou com *Titanic*, mas apenas se fosse reduzida de quatro destacamentos para dois".

Foot concordou. Ele se dirigiu a Fairford, que estava congestionada de equipes do SAS preparando-se para combater na França, e ali ele deu a suas equipes — consistindo cada uma de um oficial, um subofi-cial e dois praças — o equipamento especial que ele ajudara a conceber e a missão que lhes cabia.

O equipamento consistia em cerca de 500 bonecos em pára-quedas, um gravador, e uma grande quantidade de pistolas de sinalização Very e munição. Foot explicou às duas equipes que a idéia era lançar os bonecos, que se autodestruiriam no solo com uma pequena explosão luminosa; em seguida, eles saltariam conduzindo o equipamento. Ao tocar o solo, deviam ligar o gramofone. O disco tocaria fragmentos de conversas de soldados, intercaladas de fogo de armas portáteis. Então eles deviam percorrer a área, disparando as pistolas de sinalização. Um grupo penetraria a cerca de meio caminho entre Rouen e Le Havre, o outro, próximo de Isigny.

O batalhão francês do SAS tinha suas próprias missões especiais, inclusive uma para um grupo avançado capturar uma pista de pouso, a fim de trazer todo o batalhão para a Bretanha. O líder era um caçador de animais de grande porte chamado Bourgoin que perdera um braço mas aprendera a saltar de pára-quedas com um braço só. Os franceses do grupo estavam escalados para ser os primeiros soldados aliados a descer na França.[22]

Através de toda a Inglaterra, desde os grupos de quatro homens do SAS aos grandes efetivos das Divisões Aeroterrestres da 6ª, 82ª e 101ª, os homens que iam para a França pelo ar estavam prontos.

Ao entardecer do dia 3 de junho, as ondas de assalto da AEF estavam embarcadas. A Força O, conduzindo a 29ª Divisão para o flanco direito em *Omaha*, saindo de Falmouth, tinha a distância maior a percorrer de modo que foi a primeira a partir, durante a noite. Para o general Eisenhower, "o cheiro da vitória estava no ar."[23]

Na costa distante, tudo permanecia tranqüilo. Rommel passou o dia 2 de junho caçando veados. No dia 3 ele se dirigiu a Paris para comprar sapatos para o aniversário de Lucie, no dia 6 de junho. Em Paris, conferenciou com Rundstedt, que concordou com ele em que "ainda não há nenhum sinal de que a invasão esteja iminente". As marés no estreito de Dover não estariam propícias a uma invasão até meados de junho. Rommel verificou o boletim meteorológico — que indicava nebulosidade crescente, ventos fortes e chuva. Ele decidiu ir a Herrlingen para o aniversário de Lucie, e em seguida a Berchtesgaden para ver Hitler com o propósito de pedir reforços. Queria mais duas divisões *panzer* e o controle de todos os blindados. Escreveu em seu diário: "O problema que se afigura mais urgente consiste em convencer Hitler conversando pessoalmente."[24]

Embora Rommel tivesse a metade ou menos do que ele calculava necessitar em homens, canhões, minas, "aspargos", obstáculos costeiros e embasamentos fixos, ele transpirava confiança. Trouxera para a sua tarefa entusiasmo manifesto e segurança. O moral parecia elevado por toda a extensão da muralha atlântica, ou assim diziam entre si os líderes alemães. Um relatório secreto da Gestapo sobre o moral declarava que as tropas estavam realmente na expectativa da invasão. "As pessoas a vêem como nossa única chance de mudar a maré", dizia ele. "Não há, por assim dizer, nenhum medo visível da invasão que se possa discernir."[25]

Rommel conseguira convencer alguns de seus oficiais e parte das suas tropas de que não só tinham de fato a chance, mas eles triunfariam. A maioria dos soldados alemães na costa confiava em que a invasão acontecesse longe deles, mas, se os atingisse, muitos estavam preparados para resistir e lutar. *Er soll nur kommen*, foram as palavras escarnecedoras de Goebbels. (Eles que venham.)

E por que não? Até os batalhões *Ost* dispunham de obstáculos contra desembarque, arame farpado e minas na frente de suas trincheiras, além de ninhos de metralhadoras fortificados. Na retaguarda, morteiros e peças de artilharia estavam assestados para cada configuração da praia. Aos lados havia casamatas com canhões de 88 mm preparados para abrir fogo cruzado em toda a frente. Atrás postavam-se sargentos alemães, com as pistolas prontas. As autoridades aliadas que disseram aos seus homens que as tropas que enfrentariam no Dia D eram inferiores e certamente abandonariam a luta haviam feito a coisa errada. Os instrutores que lembravam aos seus homens que os batalhões *Ost* eram compostos de soldados rudes, simples e ignorantes, com oficiais e suboficiais alemães encarregados de assegurar que eles lutassem, haviam tomado a decisão certa.

Mas para o alto comando alemão havia o inquietante problema da rendição. Eles receavam que muitos dos seus homens aproveitassem a primeira oportunidade para se tornar prisioneiros de guerra (POW) e tinham raciocinado certo.

* * *

Na *praia Omaha*, o general Dietrich Kraiss comandava a 352ª Divisão que se deslocara de St.-Lô para Calvados em maio. Kraiss era um veterano da Frente Oriental, onde se havia distinguido, mas a disposição de suas forças em Calvados deixava muito a desejar. Na Frente Oriental, a prática alemã consistia em deixar que o Exército Vermelho atacasse, para em seguida contra-atacar com reservas mantidas atrás da linha de frente. Essa não foi, é claro, a idéia de Rommel na Normandia, mas de acordo com a doutrina alemã Rommel deixava as decisões táticas para seus subordinados. Assim em *Omaha* — o único local do setor de Kraiss na costa (que ia da embocadura do rio Vire a Arromanches) onde um ataque anfíbio podia desembarcar —, ele tinha posicionado apenas um batalhão de artilharia e dois batalhões de infantaria (do 716º Regimento de Infantaria). Kraiss tinha em reserva, dez batalhões de infantaria e quatro batalhões de artilharia, a doze milhas da costa.

Havia uma vantagem para os alemães neste dispositivo: o serviço aliado de informações não conseguira ver o movimento de parte das forças da 352ª para a costa. A 29ª Divisão recebeu a informação que *Omaha* seria defendida apenas por tropas de segunda classe da 716ª Divisão.

À semelhança de Rommel, o general-de-brigada Dollmann, que comandava o Sétimo Exército na Normandia, estava convencido de que a deterioração das condições atmosféricas impediria uma invasão. Ele ordenou que uma manobra na carta fosse conduzida em Rennes no dia 6 de junho. Todos os comandantes de divisão e dois comandantes de regimento por divisão receberam ordem para participar. O almirante Krancke cancelou as patrulhas marítimas dos torpedeiros por causa do mau tempo.

Só o general perneta Erich Marcks, no comando do 84º Corpo no setor ocidental da costa de Calvados e no Cotentin, ficou apreensivo. Ele estava especialmente preocupado com a 716ª e a 352ª em Calvados. Cada divisão tinha uma linha de cinqüenta quilômetros para defender. "É o setor mais fraco de todo o meu Corpo", lamentou-se ele. No dia primeiro de junho, ele foi a Arromanches. Olhando para o mar, disse a um capitão que estava a seu lado: "Se conheço os britânicos, eles irão à igreja no domingo pela última vez, e zarparão na segunda (5 de junho). O Grupo de Exército B informa que eles ainda não virão, e quando vierem realmente, será em Calais. Por isso acho que os estaremos recebendo na segunda, bem *aqui*."[26]

10. A Decisão de Avançar

No fim de maio, quando o carregamento começou, o vice-marechal-do-ar Trafford Leigh-Mallory, que de início duvidara da sensatez de lançar as duas divisões aeroterrestres americanas no Cotentin, procurou o general Eisenhower no seu quartel-general em Southwick House (o QG do Almirante Ramsay, tomado pelo SHAEF para seu posto de comando na invasão) bem ao norte de Portsmouth, para protestar mais uma vez. O serviço de informações havia descoberto que os alemães tinham colocado sua 91ª Divisão no centro de Cotentin, exatamente onde a 82ª Aeroterrestre deveria saltar. A 82ª tinha mudado sua zona de lançamento para o oeste com o fito de evitar os alemães, mas Leigh-Mallory não achou afastado o bastante.

Ele disse a Eisenhower: "Não devemos executar esta operação aeroterrestre." Ele previa 70 por cento de baixas nos efetivos dos planadores e pelo menos 50 por cento na tropa aeroterrestre antes mesmo que os pára-quedistas atingissem o solo. Advertiu sobre "a matança inútil" de duas divisões excelentes, inútil porque as divisões não poderiam dar qualquer contribuição à batalha. Enviá-las para o Cotentin não passava de "puro sacrifício".[1]

Eisenhower foi para o seu *trailer*, cerca de uma milha de Southwick House "e refletiu sobre a situação novamente. Eu não tinha necessidade alguma de especialistas de última hora". Mais tarde ele descreveu este como o mais angustiante momento na guerra, e registrou em suas memórias: "Seria difícil conceber um problema que mais atormentasse a alma."

Repassou toda a operação na sua mente, e em seguida concentrou-se nas forças aeroterrestres americanas. Ele sabia que se desconsiderasse a advertência de Leigh-Mallory, e se ela resultasse precisa, "então eu levaria para o meu túmulo o fardo insuportável de uma consciência acusando-me, com razão, do estúpido e insensato sacrifício de milhares de indivíduos da fina flor da nossa juventude."[2] Mas sentia que, se cancelasse a missão aeroterrestre, teria de cancelar o desembarque na *praia Utah*. Se as tropas de pára-quedistas não estivessem lá para conquistar as saídas elevadas, toda a 4ª Divisão estaria em perigo. Mas o cancelamento de *Utah* desorganizaria de tal modo o minucioso plano, que poria em perigo toda a operação *Overlord*. Além disso, Leigh-Mallory estava apenas fazendo uma conjetura, e a experiência com pára-quedista na Sicília e na Itália (onde Leigh-Mallory não estivera presente; *Overlord* foi o seu primeiro envolvimento em operação com tropas de pára-quedistas), mesmo que o desempenho em 1943 tenha tido falhas, de modo algum justificava o extremo pessimismo de Leigh-Mallory.

"Assim percebi que tínhamos de empregar aquelas divisões", relatou Eisenhower, "e elas tinham de tomar Ste.-Mère-Église e capturar as saídas elevadas, e proteger nosso flanco." Ele chamou Leigh-Mallory para falar-lhe da sua decisão e enviou-lhe depois uma carta. Escreveu para Leigh-Mallory: "Não há outro jeito" senão ir, e ordenou-lhe evitar que as dúvidas pessoais e seu pessimismo fossem espalhados entre as tropas.[3]

Enquanto Rommel ia ver Hitler para pedir mais carros de combate e uma estrutura de comando mais firme, Eisenhower foi visitado por Churchill, que vinha ao comandante supremo para pedir um favor. Ele queria acompanhar a invasão, no HMS *Belfast*. ("É claro, ninguém gosta de ser baleado", observou Eisenhower posteriormente, "mas devo dizer que há mais gente querendo ir do que ficar, no que se refere a esta operação.") Segundo o relato que Eisenhower fez da história: "Eu lhe disse que ele não podia fazê-lo. Eu estava no comando desta operação e não ia correr o risco de perdê-lo. Ele era valioso demais para a causa aliada.

"Ele pensou um momento e disse: 'O senhor tem o comando de todas as forças, mas não é responsável administrativamente pela formação das tripulações.'

"E concordei: 'Sim, isto é certo.'

"Ele retrucou: 'Bem, então posso ir como um membro da tripulação de um dos navios de Sua Majestade, e não há nada que o senhor possa fazer a respeito.'

"Eu acrescentei: 'Correto. Mas, primeiro-ministro, o senhor tornará o meu fardo muito mais pesado se o fizer.' "

Churchill disse que ia fazê-lo de qualquer modo. Eisenhower fez com que seu chefe do Estado-Maior, o general Smith, chamasse Jorge VI para explicar o problema. O rei disse a Smith: "Meninos, deixem Winston comigo." Ele chamou Churchill para dizer: "Uma vez que o senhor acha que é proveitoso ir junto, penso que é o meu dever ir com o senhor." Churchill desistiu.[4]

Com De Gaulle, quem pedia o favor era Eisenhower. Churchill trouxe De Gaulle à Southwick House, onde Eisenhower lhe deu uma explicação sobre a *Overlord*. Esta era a primeira vez que De Gaulle tomava conhecimento do plano, e submeteu Eisenhower a uma preleção de uma hora sobre o que ele estava fazendo de errado; Eisenhower retrucou que desejaria ter podido beneficiar-se da experiência de De Gaulle mais cedo, mas agora era tarde demais. Em seguida, Eisenhower mostrou-lhe uma cópia do discurso que estaria fazendo aos franceses no Dia D, instando os franceses a "executarem as minhas ordens".

Ele pediu a De Gaulle que instasse pelo rádio seus concidadãos a aceitar os francos impressos pelo SHAEF. De Gaulle disse *non*. O povo francês devia obedecer a ele, e não ao SHAEF; somente o governo francês, do qual ele era presidente, tinha o direito de emitir moeda. Eisenhower insistiu com ele, sem nenhum proveito. A coisa inteira foi, nas palavras de Eisenhower, "uma embrulhada muito lamentável".[5]

* * *

Quando Churchill e De Gaulle se foram, Eisenhower escreveu um memorando para o seu diário, que intitulou de "Preocupações de um Comandante". No alto da lista estava De Gaulle, e ele escreveu três parágrafos sobre as dificuldades de lidar com os franceses. Em seguida veio a meteorologia. Ele estava para ir a uma reunião sobre o tempo. "Meu pensamento", escreveu ele, "é que a conveniência para se dar início na próxima maré favorável é tão grande e a incerteza do tempo é tamanha, que jamais poderíamos antecipar realmente o tempo perfeito coincidente com as condições de maré apropriadas. Devemos ir a não ser que haja uma grave piora no tempo."[6]

Eisenhower, seus principais subordinados, e todos os oficiais e homens da AEF haviam passado meses treinando, planejando, preparando-se para este momento. "A poderosa hoste", nas palavras de Eisenhower, "estava tensa como uma mola espiral", pronta para o momento em que a sua energia pudesse ser liberada e saltar sobre o Canal da Mancha."[7] Ele estava determinado a ir, se, de algum modo, isto fosse possível.

Na manhã de três de junho, os LCT que estavam no rio Dart começaram a se deslocar. Centenas de cidadãos britânicos enfileiravam-se na costa, dizendo adeus e desejando boa sorte. O segundo-tenente Edwin Gale que estava no LCT 853, uma parte da Flotilha 17, tinha vinte anos de idade, uma "maravilha de noventa dias"*. Seu patrão voltou-se para ele e disse: "Edwin, você sabe, é possível que não tornemos a fazer algo de tão valioso em nossas vidas. É maravilhoso estar aqui."[8]

O tenente Dean Rockwell, ex-treinador de futebol de escola secundária, comandava uma flotilha de dezesseis LCT. Cada LCT estava conduzindo quatro carros de combate flutuantes, programados para atingir a praia na frente da primeira onda de infantaria, por isso ele era um dos primeiros a se deslocar para o canal. Seu LCT começou a partir de Weymouth tarde no dia 3 de junho. Logo ficou "escuro como breu, nenhuma luz, coisa alguma. E dizer que reinava um pandemô-

---

* Nome que se dava, na Segunda Guerra Mundial, a um oficial incorporado a um ramo das Forças Armadas, depois de um período muito curto de treinamento.

nio era eufemismo, porque tínhamos não só LCT mas também barcos de vigilância e embarcações de escolta e todas as espécies de navios tentando se posicionar". Prevalecia silêncio rádio total, os navios não podiam usar sinalizadores Morse, "não podíamos falar nada a não ser praguejar e dizer palavrões até que aquilo tudo ficasse organizado."[9]

Em torno dos navios e das embarcações de desembarque, as belonaves circulavam para formar seus próprios comboios. O quarteleiro Homer Carey que estava no LCT 505 relembrou a cena de dois cruzadores britânicos "no suave crepúsculo, passando velozmente por nós na direção do sul para a costa da França. Suas proas perfeitas cortavam a água e passavam por nós como se estivéssemos parados. Belos — como dois galgos. Confortava saber que eles estavam do nosso lado".[10]

O 2º Batalhão do 116º Regimento estava na navio-transporte *Thomas Jefferson*. Os homens conheciam bem o navio, tendo feito dele dois desembarques de treinamento. O praça Harry Parley observou que naquele momento, todavia, "o humor era esporádico e forçado. Meus pensamentos focalizavam-se no lar, na família, e, é claro, naquilo em que estávamos nos metendo. Entristecia-me pensar no que aconteceria a alguns dos meus companheiros, que eu passara a amar". Seu coração voltava-se especialmente para o tenente Ferguson, que iniciara uma discussão sobre filosofias da morte com Parley. "Não invejava a sua posição", disse Parley. "Ele chegara a conhecer os homens com grande intimidade como resultado da obrigação que tinha de ler e censurar toda a correspondência de saída. A perda de qualquer um dos seus homens seria uma dupla tragédia para ele."

O praça Parley conduzia um lança-chamas de 38 kg, mais uma pistola, pá, colete salva-vidas, capa de chuva, cantil, um bloco de dinamite, rações, e três pacotes de cigarros. Estava preocupado em acompanhar o passo da sua equipe de assalto na investida através da praia. Ele enchia de medo os seus companheiros usando uma habilidade que acabara de aprender. Ele podia acender uma pequena chama na boca do seu lança-chamas, produzindo o mesmo som sibilante que se ouvia quando a arma estava sendo realmente disparada, sem acionar o mecanismo de propulsão. Postado no convés do *Thomas Jefferson*, usava tranqüilamente o lança-chamas para acender um cigarro, pondo uma vintena ou mais de homens para correr em todas as direções.[11]

O praça George Roach da Companhia A, 116º, estava rezando o rosário. Ele também se preocupava com as baixas, "porque íamos estar na primeira leva e imaginávamos que as oportunidades de sobreviver eram muito escassas. Mais da metade dos homens da sua companhia vinham da mesma cidade, Bedford, Virgínia. A maior parte do regimento vinha do sudoeste da Virgínia.[12]

O sargento Joe Pilck do 16º Regimento, 1ª Divisão, estava no navio-transporte *Samuel P. Chase*. "Enquanto dávamos voltas no Canal", lembrou ele, "estávamos alegres porque aquela era a briga de verdade. Não que nós quiséssemos assumi-la, mas sabíamos que tinha de ser enfrentada e por isso queríamos terminar logo com aquilo."[13]

O tempo, que estivera bonito — céu claro, pouco vento — durante os primeiros três dias de junho, começou a piorar. As nuvens se formaram e começaram a baixar, o vento se intensificou, havia um cheiro de chuva no ar. No seu LCT, o cabo Robert Miller estava acabrunhado. Começou a chuviscar, estava frio. Ele estava no convés aberto, sem abrigo. As ondas se agitavam e começavam a sacudir o seu LCT. O convés de aço era escorregadio demais para deitar nele, de modo que tentou tirar um cochilo sobre a lona que cobria os caminhões; mas o vento, a chuva e o balanço aumentaram, de modo que ele desistiu.[14]

O praça Henry Gerald, do Corpo de Fuzileiros Reais de Winnipeg, também estava num LCT. À luz do dia, no 4 de junho, quando a embarcação se deslocava para o Canal, ele se reuniu a seus colegas nos alojamentos da tripulação para assistir a uma instrução dada pelo comandante do pelotão. O LCT "subia cerca de 6 metros e a seguir desabava sob nossos pés. Aqueles que ontem pareciam verdes, estavam lívidos naquela manhã". O convés estava todo vomitado. Gerald se felicitava por não ficar enjoado quando "um companheiro em frente a mim começou a usar o seu saco de vômito. Tinha uma dentadura postiça superior que se soltou e desapareceu no recipiente em que ele estava vomitando. O espetáculo era suportável até ele pôr a mão no saco, recuperar a dentadura e metê-la de novo na boca". Diante de tal cena, Gerald perdeu o seu café da manhã.[15]

No canal, o chuvisco transformou-se numa chuva fria e penetrante. A maioria dos homens nos LCI e LCT não tinha qualquer tipo de abrigo. Os conveses eram escorregadios, balançavam as embarcações na água picada. Todo mundo estava molhado e infeliz. Eisenhower sentia o cheiro de vitória no ar, mas para os homens da AEF cujos navios-transporte e barcos de desembarque haviam deixado o porto, o cheiro no ar era de vômito.

Durante os primeiros dias de junho, Eisenhower e seus principais assessores tinham realizado reuniões, duas vezes por dia, com a Comissão de Meteorologia do SHAEF — às 9:30 e às 16:00. O capitão J. M. Stagg, de vinte e oito anos de idade e descrito por Eisenhower como um "escocês durão mas esperto",[16] fez as previsões do tempo, em seguida respondeu a perguntas. Eisenhower tinha-se encontrado em caráter reservado com Stagg durante um mês para ouvir suas opiniões, de modo a ter alguma compreensão no que Stagg fazia e se ele era bom — aprendendo com ele que, definitivamente, "o tempo neste país é praticamente imprevisível".[17]

A reunião final sobre o tempo foi programada para as 4:00 de 4 de junho, quando mais navios zarpavam de seus portos e os que já estavam no mar começavam a se colocar em comboios. Stagg tinha más notícias. Um sistema de alta pressão estava desaparecendo, dando lugar a um de baixa pressão. O tempo no dia 5 de junho seria coberto e agitado, com uma base de nuvens de 0 a 500 pés e ventos de Força 5. Pior, a situação estava se deteriorando tão rapidamente que a previsão antecipada de mais de 24 horas apresentava um alto grau de incerteza.

Eisenhower pediu as opiniões de seus companheiros. Montgomery queria ir. Tedder e Leigh-Mallory optavam por um adiamento. Ramsay disse que a Marinha podia fazer a sua parte, mas advertiu que a exatidão do bombardeio naval seria muito reduzida pela má visibilidade e pelo mar agitado, e que os barcos Higgins seriam difíceis de controlar.

Eisenhower observou que a *Overlord* estava sendo lançada com forças terrestres que não eram esmagadoramente poderosas. A operação era viável apenas por causa da superioridade aérea aliada. Sem essa vantagem, a invasão seria arriscada demais. Ele perguntou se algum dos presentes discordava. Silêncio geral. Eisenhower decidiu adiar por pelo menos um dia, esperando melhores condições para 6 de junho. Às 6:00 horas, deu a sua ordem: deixar tudo em suspenso.

Por volta daquele momento, Rommel começou sua longa jornada para o leste, afastando-se da costa, para encontrar sua mulher e o *Führer.* Ao partir, sob uma leve garoa, ele observou: "*Não vai haver* invasão. E se houver, eles nem sequer descerão às praias!"[18]

A ordem para adiar foi enviada aos comboios aliados, que estavam observando rigoroso silêncio rádio por meios diversos. O tenente Benjamin Frans, da marinha americana, era encarregado do tiro a bordo do destróier *Baldwin.* O *Baldwin* estava ainda em Portland quando a mensagem chegou. Ele ia zarpar em velocidade de manobra para os comboios que estavam na dianteira. Logo o imediato comunicou através de um megafone aos patrões dos navios-transporte e das embarcações de desembarque: "A operação foi adiada. Retornem à base." O *Baldwin* alcançou o navio varredor de minas quando ele estava a cinqüenta quilômetros da costa francesa.[19]

O tenente Rockwell ia na direção do seu ponto de reunião, quando um barco de vigilância veio pelo costado do seu LCT 535 e passou-lhe uma mensagem: "Posto Mike Um", o que queria dizer faça a volta e retorne ao porto. "Assim, todos retornamos. Centenas e centenas de navios de vários tamanhos." Cerca de meio-dia, ele estava novamente em Weymouth.

Para Rockwell, o adiamento "foi uma bênção disfarçada. Tinha havido algumas colisões durante a noite. Delicados mecanismos de lançamento e desembarque foram danificados, motores precisavam de substituição e reparos".[20] O próprio LCT 535 de Rockwell exigia um novo motor. Conseguiram fazer a reposição antes do anoitecer.

O segundo-tenente Sam Grundfast comandava o LCT 607. Ele recebeu a ordem de abortar a missão por bandeirolas de sinalização. "Imagine a confusão, aquelas centenas de embarcações tentando reentrar no porto de Portsmouth. Estávamos em um grande engarrafamento. Você podia caminhar através daquele vasto porto passando de barco à barco."[21] Tornando a cena ainda mais vívida, cada embarcação e cada navio tinha um balão de barragem balançando ao vento no alto. Os balões estavam ligados aos barcos por cabos de aço. Sua finalidade era impedir que a Luftwaffe fizesse incursões de baixa altura contra a frota.

Para as tropas, 4 de junho foi um dia terrível. Os homens da 4ª Divisão de Infantaria passaram-no no mar — não havia tempo para fazer todo o percurso de volta a Devonshire se Eisenhower decidisse por um desembarque no dia 6. Os navios-transporte e as embarcações de desembarque faziam círculos ao largo da ilha de Wight. As ondas rebentavam sobre os lados, a chuva caía forte. Os homens estavam prontos para o combate, mas sem destino nenhum. Ninguém queria jogar dados ou pôquer, ou ler um livro ou ouvir outra instrução. O acabrunhamento tomava conta dos espíritos.

Nos portos, ou na extensão dos rios, onde os navios e demais embarcações podiam ancorar ou atracar um no outro, os homens não tinham licença para sair de seus navios. Eles se xingavam, sentavam, esperavam. "Desencadeamos uma tempestade", relembrou o praça Branham do 116º Regimento, "porque queríamos ir. Nós queríamos ir. Parece loucura, tínhamos chegado a este ponto, tínhamos esperado sentados na Inglaterra tanto tempo, desejávamos pôr um fim naquela situação e voltar logo para casa."[22]

"A espera para a história que seria escrita era muito difícil", recordou o praça Clair Galdonik. "Eu passava horas em oração. O fato de estar engaiolado tornava as coisas piores. Como todo mundo a bordo, eu estava enjoado e o fedor de vômito impregnava nossas embarcações."[23]

As tropas aeroterrestres tinham os pés no chão firme e ficavam a coberto da chuva, mas também estavam muito infelizes. Eles tinham se aprontado, feito a última verificação nas armas, acondicionado o seu equipamento, quando veio o aviso de que a missão estava adiada. O major Howard escreveu no seu diário: "O tempo piorou — que sorte cruel. Estou mais abatido do que ouso mostrar. Vento e chuva, quanto tempo isso durará? Quanto mais demorar, mais preparados estarão os hunos, maior será a oportunidade de obstáculos na zona de lançamento. Deus queira que o tempo abra amanhã."[24]

Alguns dos recrutas na companhia de Howard foram ao cinema. Viram *Stormy Weather*, com Lena Horne e Fats Waller. Os oficiais se reuniram no quarto do tenente David Wood e deram cabo de duas garrafas de uísque. Duas vezes o tenente Den Brotheridge, que comandava o primeiro pelotão da Companhia D, caiu em depressão. Wood podia ouvi-lo recitar um poema que começava assim: "Se eu morresse..."[25]

O praça Edward Jeziorski do 507º, 82ª Aeroterrestre, conferiu e tornou a conferir o seu equipamento. "Então, lembro-me vivamente, tirei o retrato da minha namorada da carteira e prendi-o dentro do capacete, pensando que ali estaria muito mais seguro." Quando chegou o aviso do cancelamento, "alguns rapazes ficaram um pouco aliviados, mas para a maioria de nós era um verdadeiro sofrimento permanecer na expectativa. Todos estávamos ansiosos por ir".[26]

O sargento Jerry Eades, do 62º Batalhão de Artilharia Auto-propulsada, num LCT, voltou para Weymouth no fim do dia 4 de junho. "É claro que não sabíamos o que estava acontecendo, mas todo mundo estava praguejando e se enfurecendo ante a perspectiva de outro exercício de treinamento. Agora desperdiçaram mais um dia." O sargento Eades era do Exército regular. Ele sabia que o Exército tinha os seus meios, "que apresse-se e espere" era a sina do soldado, por isso ele disse a seus praças: "Não tem importância, temos um bocado de dias a perder."[27]

O tenente James Edward do 115º Regimento voltou ao porto em Plymouth naquela tarde. "Ele (o porto) apresentava uma visão inesquecível, navios de um muro a outro, atracados juntos por falta de espaço. Que alvo teriam os alemães se o soubessem."[28]

Na verdade, houve apenas uma incursão aérea alemã naquela noite. Uma esquadrilha de quatro bombardeiros enfrentou a tempestade e sobrevoou Poole, também congestionado por navios e soldados. O tenente Eugene Bernstein, comandando um LCT (R), relembrou que aquelas incursões improváveis "foram recebidas com um bombardeio dos navios que deve tê-los espantado. O céu estava incendiado com o fogo antiaéreo".[29]

* * *

Rommel passou o dia na estrada. Ele chegou a Herrlingen a tempo de dar um passeio ao crepúsculo com Lucie. Ela estava experimentando os sapatos novos, presente de aniversário do seu marido. O general Salmuth do 15º Exército estava caçando nas Ardenas. O general Dollmann do 7º Exército estava à caminho de Rennes, a fim de se preparar para o exercício simulado programado para 6 de junho. O general Feuchtinger da 21ª Divisão *Panzer*, acompanhado por seu oficial de operações, estava à caminho de Paris para visitar a namorada. Os alemães haviam conseguido penetrar em alguns grupos da Resistência na França e estavam detectando algumas frases codificadas que eram transmitidas para a Resistência ordenando aos grupos que se preparassem para entrar em ação, mas houvera muitos alarmes falsos em maio, as marés no estreito de Dover estavam incertas, e o tempo se fechava com tanta rapidez que não deram grande crédito às mensagens. Como declarou um dos oficiais do serviço de informações de Rundstedt, seria um absurdo os aliados anunciarem a invasão através dos canais da BBC.[30] Antes de partir para Rennes, o general Dollmann cancelou um alerta planejado para a noite, achando que as condições atmosféricas impossibilitariam a invasão. Em muitas noites anteriores do mês de maio, suas tropas estiveram em alerta total.

Parte do Segundo Batalhão de Tropas de Assalto estava a bordo de um velho navio vapor do Canal, o *Prince Charles* (em janeiro o navio transportara tropas de assalto para a cabeça-de-praia de Ânzio, na Itália). Passou o dia circundando a ilha de Wight. O patrão britânico disse ao tenente Kerchner: "Eles vão ter de entrar em ação sem demora, ou teremos de voltar. Estamos quase sem combustível e sem alimento." De acordo com Kerchner: "A comida britânica não era lá essas coisas, e pouco nos preocupava; mas o combustível, sim."[31]

Preocupava ainda mais o almirante Ramsay. Quando Eisenhower tomara a decisão do adiamento, o almirante advertira de que um segundo adiamento não poderia ser feito para o dia 7, porque a frota tinha de se reabastecer de combustível. Isso significava que a *Overlord* devia se efetuar em 6 de junho ou Eisenhower teria que aceitar um adiamento de duas semanas até a próxima maré favorável em 19 de junho.

No entardecer de 4 de junho, Eisenhower encontrou-se no refeitório de Southwick House com Montgomery, Tedder, Smith, Ramsay, Leigh-Mallory, Bradley, general Kenneth Strong (SHAEF G-2) e vários outros oficiais de alta patente do Estado-Maior. O vento e a chuva batiam nas vidraças em *staccato*. O refeitório era amplo, com uma pesada mesa numa extremidade e poltronas na outra. Café era servido e jogava-se conversa fora.

Às 21:30, entrou Stagg com o último boletim meteorológico. Trazia boas notícias; disse que havia antecipado uma interrupção na tempestade. Recordou o general Strong que, à previsão de Stagg, "o entusiasmo tomou conta dos espíritos. Jamais alguém ouviu homens de meia-idade entusiasmar-se daquele jeito!"[32] A chuva bastante forte daquele momento, continuou Stagg, passaria antes do alvorecer. Haveria trinta e seis horas em que as condições do tempo se apresentariam mais ou menos claras. Os ventos seriam moderados. Os bombardeiros e caças deviam estar prontos para a ação na noite de segunda-feira, de 5 para 6 de junho, ainda que tivessem sua tarefa dificultada pelas nuvens esparsas.

Ao ouvir isso, Leigh-Mallory perdeu o entusiasmo. Instou para que se adiasse a operação para 19 de junho. Eisenhower começou a caminhar pela sala cabisbaixo, o queixo metido no peito, as mãos entrançadas por trás das costas.

De repente apontou o queixo para Smith: "Que é que você acha?"

"É uma jogada infernal, mas a melhor jogada possível", retrucou Smith.

Eisenhower concordou com a cabeça, continuou a passear, parou, olhou para Tedder e pediu sua opinião. Tedder "achou" a situação perigosa, e quis adiar. Eisenhower assentiu novamente com a cabeça, perambulou, deteve-se, voltou-se para Montgomery e perguntou: "Você vê alguma razão para não ser na terça?" Montgomery olhou para Eisenhower olho no olho e retrucou: "Eu proponho: vamos!"

O alto comando da AEF estava dividido. Somente Eisenhower podia decidir. Smith estava impressionado com "a solidão e o isolamento de um comandante numa hora em que devia decidir tal questão, com pleno conhecimento de que o fracasso ou o sucesso só a ele seria atribuído". Eisenhower continuou passeando, com o queixo enterrado no peito. Deteve-se e observou: "A questão é: por quanto tempo você pode pendurar esta operação na ponta de uma árvore e deixá-la ali pendurada?"

Ninguém se manifestou para responder a esta pergunta. Eisenhower voltou a caminhar. Os únicos sons na sala eram o matraquear das portas duplas e da chuva. Mas parecia difícil que um ataque anfíbio pudesse ser lançado num tempo como aquele. Às 21:45 Eisenhower tomou sua decisão: "Estou bem convencido de que a ordem deve ser dada."[33]

Ramsay saiu precipitadamente para dar a ordem à frota. Eisenhower voltou ao seu *trailer* para dormir um pouco. Por volta das 23 horas todo navio na frota tinha recebido a ordem para navegar. O Dia D seria 6 de junho de 1944. Pela meia-noite, 4 para 5 de junho, os comboios começaram a alinhar-se. O almirante Ramsay emitiu uma ordem do dia para cada oficial e cada homem na sua frota: "É privilégio nosso participar da maior operação anfíbia da história...

"As esperanças e orações do mundo livre e das pessoas escravizadas da Europa estarão conosco e não podemos desapontá-las...

"Confio em que cada homem faça o seu máximo para assegurar o sucesso deste grande empreendimento... Boa sorte e êxito!"[34]

Eisenhower acordou às três e meia, em 5 de junho. O vento estava sacudindo o seu *trailer*. A chuva parecia estar caindo em faixas horizontais. De acordo com Stagg, a chuva teria diminuído. Ele se vestiu e se dirigiu sombriamente através de uma milha de lama a Southwick House para a última reunião sobre a meteorologia. Ainda não era tarde demais para adiar a operação, fazer a frota voltar a um porto seguro e tentar de novo no dia 19 de junho — e se a tempestade continuasse, era o que teria de ser feito.

No refeitório, o café fumegante ajudou a sacudir o humor sombrio e o sentimento de insegurança, mas como relembrou Eisenhower: "O tempo era terrível. Southwick House sofria tremores. Oh, estava realmente desabando uma tempestade."

Stagg entrou e, para deleite de Eisenhower, "trazia um ar risonho no rosto. Ele não era de rir muito, mas certamente um bom homem". E disse: "Bem, vou lhes dar uma boa notícia."

Estava agora mais certo do que estivera cinco horas antes de que a tempestade abrandaria antes do alvorecer. Mas havia também a má notícia: só existia probabilidade de tempo bom na terça-feira; a quarta-feira podia ser chuvosa novamente. Isso suscitava o perigo de que as primeiras levas desembarcariam mas não as unidades de acompanhamento.

Eisenhower pediu opiniões, voltando a perambular, projetando o queixo, como era seu hábito. Montgomery ainda queria arriscar, como também Smith. Ramsay estava preocupado com a pontaria apropriada para o fogo de artilharia naval, achava que o risco valia a pena. Tedder relutava. Leigh-Mallory ainda achava que as condições atmosféricas estavam abaixo do mínimo aceitável.

Os navios estavam avançando no Canal. Se tivessem de ser chamados de volta, a decisão tinha de ser tomada agora. O comandante supremo era o único homem que podia fazê-lo.

Ele voltou a vaguear pelo recinto. Alguns dos que ali estavam acharam que ele ficou andando por uns cinco minutos. Eisenhower achava que fora por somente quarenta e cinco segundos: "Tenho certeza de que não foram cinco minutos", disse ele posteriormente. "Cinco minutos, em tais condições, pareceriam um ano." Ele reconsiderou na sua mente as alternativas. Se Stagg estivesse errado, na melhor das hipóteses a AEF estaria desembarcando homens enjoados sem cobertura aérea ou um bombardeio naval eficaz. Mas adiar de novo seria torturante e perigoso. Os homens haviam sido instruídos, não podiam ser mantidos em seus navios-transporte ou embarcações de desembarque por duas semanas; o risco de que os alemães penetrassem o segredo da *Overlord* era muito alto.

Caracteristicamente, a preocupação de Eisenhower era com os homens. "Não se esqueça", disse ele numa entrevista vinte anos depois, "umas centenas de milhares de homens estavam aqui em torno de Portsmouth e muitos deles já tinham sido embarcados há algum tempo, particularmente aqueles que iam realizar o assalto inicial. Aquelas pessoas preparadas para lutar estavam engaioladas, eis a verdade. Você não poderia dizer outra coisa. Estavam confinados, amontoados, e todo mundo se sentia infeliz."

Eisenhower continuou: "Deus sabe, aqueles homens significavam um bocado para mim. Mas estas são as decisões inevitáveis quando se está numa guerra. Você diz para si mesmo: vou fazer alguma coisa para benefício do meu país pelo mínimo custo. Você não pode dizer sem qualquer custo. Você sabe que vai perder alguns dos homens, e é muito, muito difícil."

Ele parou de andar, encarou seus subordinados, e então disse tranqüila mas claramente: "Muito bem. Vamos."[35]

E novamente soaram vivas em Southwick House.[36] Então os comandantes se precipitaram de suas cadeiras e correram para os seus postos de comando. Dentro de trinta segundos o refeitório estava vazio, a não ser pela presença de Eisenhower. Seu isolamento era simbólico, pois, tendo emitido a ordem, agora se achava impotente. Como ele mesmo declarou: "Essa é a hora mais terrível para um comandante. Ele fez tudo o que podia, planejou tudo, procurou prever o máximo. Não há mais nada que possa fazer."[37]

Eisenhower tomou seu café-da-manhã e, em seguida foi para Portsmouth observar os navios partindo e o processo de carregamento das unidades de apoio ao assalto. Andou para cima e para baixo nos ancoradouros. Logo após o amanhecer, a chuva cedeu, o vento amainou. Ao meio-dia voltou para o seu *trailer*, onde jogou uma partida de damas sobre uma caixa de biscoitos com o seu ajudante-de-ordens da Marinha, o capitão Harry Butcher. Butcher estava ganhando, quando Eisenhower, numa boa jogada, conseguiu um empate. Ele achou que era um bom presságio.[38]

Depois do almoço, Eisenhower sentou-se frente a sua mesa portátil e rabiscou uma informação à imprensa, para ser usada em caso de necessidade. "Nossos desembarques... fracassaram", começou ele, "e retirei as tropas. Minha decisão de atacar neste momento e local baseou-se nas melhores informações possíveis. As tropas de terra, ar e mar fizeram tudo o que a bravura e a dedicação ao dever podem fazer. A culpa de qualquer fracasso relacionado à tentativa é apenas minha."[39]

Rommel passou um 5 de junho tranqüilo com Lucie. Ele colheu flores silvestres para fazer um buquê. Seu chefe de Estado-Maior, general Hans Speidel, preparava-se para uma festa no castelo em La

Roche-Guyon naquela noite. Ele telefonou para vários amigos a fim de convidá-los, dizendo numa oportunidade: "O velho foi embora."[40] O general Dollmann estava em Rennes, pronto para o exercício simulado na carta geográfica que devia começar às primeiras horas da manhã de terça-feira. O general Feuchtinger estava em Paris, onde pretendia passar a noite com sua namorada antes de se dirigir para Rennes no dia seguinte. Outros comandantes de subunidades e de regimento do 7º Exército tinham de viajar e começaram a pôr-se, de tarde, a caminho de Rennes.

No dia 5 de junho, o general Marcks chamou ao seu gabinete o coronel Frederick von der Heydte, dizendo que estava muito preocupado em deixar suas tropas naquela noite; ia pôr-se a caminho de Rennes ao amanhecer e queria que Heydte o acompanhasse.[41] Fora de Caen, o coronel Luck da 21ª Divisão *Panzer* deu ordens para que uma de suas companhias fizesse um exercício noturno, "de acordo com o plano de treiná-la para ação noturna".[42]

(Em toda a península de Cotentin, outras companhias estavam se preparando para exercícios noturnos. Os fuzis seriam carregados com munição de festim. Os soldados americanos que mais tarde apanharam pentes desta munição ficaram furiosos com os alemães. Eles acreditavam que as balas de madeira iriam causar ferimentos graves e eram uma monstruosa violação das leis da luta armada. Na verdade, o festim era de madeira de balsa, macio; não penetraria no corpo, mas indicaria onde a bala tinha atingido.)

Em Berchtesgaden, Hitler teve um dia rotineiro. Como posteriormente escreveu o general Walter Warlimont, subchefe do Estado-Maior do general Jodl: "No dia 5 de junho de 1944... o supremo quartel-general alemão não tinha a menor idéia de que o acontecimento decisivo da guerra ia desabar em cima deles."[43]

Na tarde de 5 de junho, as tropas pára-quedistas começaram a se preparar para a batalha. Cada fuzileiro conduzia seu M-1 (desmontado, num estojo acolchoado que tinha o nome de recipiente Griswold, ou já montado), 160 pentes de munição, duas granadas de fragmentação, uma granada de fósforo branco e uma fumígena de cor laranja, além de uma granada Gammon (duas libras de explosivo plástico, poderoso o bastante para danificar um carro de combate). Muitos conduziam uma pistola — o maior medo do soldado pára-quedista era ser atingido no ar, o seguinte era ser apanhado no momento de pousar, antes que pudesse pôr seu fuzil para funcionar —, além de uma faca e uma baioneta. Surpresa indesejável era uma ordem para conduzir uma mina antitanque Mark IV, pesando cerca de dez libras. O único lugar para acondicioná-la era o bornal de provisões, o que levava a muita confusão e rearrumação de cargas.

Os atiradores levavam suas metralhadoras desmontadas, e duas fitas extras de munição. Morteiros, bazucas e rádios eram acondicionados em fardos de equipamento A-5, acoplados a pára-quedas de carga. Cada homem levava uma quantidade de ração de campanha para três dias e, naturalmente, dois ou três pacotes de cigarros. Um sargento ainda levava uma bola de beisebol, com uma inscrição: "Vá para o inferno, Hitler." Afirmou que pretendia lançá-la quando seu avião estivesse nos céus da França (ele o fez).[44] Havia máscaras contra gases, lugar ideal para levar um pacote extra de cigarros (o capitão Sam Gibbons do 501º meteu duas latas de cerveja Schlitz no dele).[45] Os homens tinham estojos de primeiros socorros com ataduras, tabletes de sulfa, e duas injeções de morfina, "uma para a dor, e outra para a eternidade". Eles recebiam também um grilo de brinquedo com as instruções de que podia ser usado em lugar da identificação e da senha. Um clique-clique devia ser respondido com dois clique-cliques.

Pára-quedistas precursores iriam primeiro para marcar a zona de lançamento com um dispositivo chamado Sistema de Feixe de Radar Eureca/Rebecca, que podia enviar um sinal até o avião C-47 guia em cada vôo. O cabo Frank Brumbaugh, um pára-quedista precursor com o 508º, tinha não só o Eureca de 29 quilos para carregar, mas também dois recipientes com pombos-correio. Depois que ele montasse o seu Eureca, esperava-se que fizesse um apontamento nesse sentido e o pusesse no tubinho da perna do primeiro pombo, em seguida soltando-o. Disseram-lhe para liberar o segundo pombo às 6:30 com informações sobre como estavam indo as coisas. Mas quando ele chegou à área de posicionamento, descobriu que não tinha como alimentar ou dar água aos pombos, de modo que os deixou ir. Despido, Brumbaugh tinha 62 quilos. Com todo o equipamento, incluindo os pára-quedas principal e de reserva, pesava 143 quilos.[46]

Por volta das 20 horas, Axis Sally, a "Cadela de Berlim", começou a falar pelo rádio. "Boa noite, 82ª Divisão", disse ela. "Amanhã de manhã o sangue das suas entranhas estará lubrificando as engrenagens das rodas de nossos blindados." Isso incomodou alguns dos homens; outros os tranqüilizaram — ela estivera dizendo coisa parecida nos dez dias anteriores.[47]

Todavia, isso deu o que pensar aos homens. O praça John Delury do 508º falou ao seu amigo Frank Tremblay sobre as oportunidades que tinham de escapar vivos. "Ele achava que receberia um ferimento leve e sobreviveria. Eu acreditava que ia ser morto. Aquela foi a última vez em que o vi."[48]

O praça Tom Porcella, também do 508º, estava se torturando com pensamentos de matar outros seres humanos (isto era comum; os capelães trabalhavam muito tranqüilizando os soldados com o argumento de que matar pela pátria não era pecado). "Mate ou será morto", disse Porcella a si mesmo. "Aqui estou eu, criado como um bom cristão, obedeça a isso e faça aquilo. Dizem os Dez Mandamentos: 'Não matarás.' Há alguma coisa de errado com os Dez Mandamentos, ou há alguma coisa de errado com as regras do mundo. Eles nos ensinam os Mandamentos e nos mandam para a guerra. Isto não faz nenhum sentido."[49]

Quando todos os homens estavam prontos, os regimentos se reuniram em torno de seus comandantes para uma última palavra. A maioria deles apegou-se ao básico — reunir rapidamente era o ponto principal — mas um ou dois acrescentavam palavras de incentivo. As mais famosas foram pronunciadas pelo coronel Howard *"Jumpy"* Johnson, no comando do 501º. Cada homem no regimento lembrava-se vividamente do fato, e podia citar palavra por palavra a sua conclusão. Como o tenente Carl Cartledge descreveu a fala de Johnson: "Ele fez um grande discurso guerreiro, falando de vitória e libertação e morte ao inimigo, e que alguns de nós morreriam, e que a paz custava um preço, e assim por diante. Em seguida, disse: 'Quero apertar a mão de cada um de vocês hoje à noite, por isso enfileirem-se.' E com isso, achegou-se, puxou a faca da bota e levantou-a acima da cabeça, prometendo-nos num grito de guerra: 'Antes do alvorecer de um outro dia, enfiarei esta faca no coração do mais asqueroso dos safados nazista!' Um retumbante brado prorrompeu dos 2.000 de nós quando levantamos nossas facas em resposta."[50]

Depois das reuniões de regimento, as companhias e os pelotões se reuniram em torno de seus comandantes para uma palavra final. Os oficiais davam o pedido da senha, a senha e a contra-senha: *Flash* (Clarão), *Thunder* (Trovão) e *Welcome* (Bem-vindo). A palavra *Welcome* foi escolhida porque os alemães a pronunciariam "Velcom". Quando o capitão Charles Shettle do 506º distribuiu os sinais, o dr. Samuel Feiler, oficial dentista do regimento e que havia se apresentado como voluntário para acompanhar o escalão de assalto, aproximou-se dele. Feiler era um judeu alemão que tinha fugido de Berlim em 1938. "Captain Shettle", perguntou Feiler, *vat* do I do?" (Capitão Shettle, que é que eu faço?)

"Doutor", retrucou Shettle, "quando o senhor desembarcar, não abra a boca. Pegue uns grilos a mais e, se for intimado, estale duas vezes." Posteriormente, quando Shettle estava inspecionando cada carga de avião antes da decolagem, ele achou Feiler com grilos presos nos dois braços, nas duas pernas, e uma provisão extra nos bolsos.[51]

Por volta de 19 horas, o general Eisenhower fez uma visita à 101ª Divisão Aeroterrestre em Greenham Common. Ele circulou entre os homens, ostensivamente para levantar o moral, mas, como observou o tenente Wallace Strobel do 502º: "Acho honestamente que o moral dele é que foi melhorado por estar conosco." Eisenhower disse ao capitão L. "*Legs*" Johnson: "Fiz tudo o que pude, agora cabe a vocês."[52] Ele disse a um grupo de recrutas que não se preocupasse, pois tinham o melhor equipamento e os melhores líderes do mundo, com uma grande força se aproximando por trás deles. Um sargento do Texas começou a falar: "Com os diabos, não nos preocuparemos, general. Os *krauts* é que devem estar se preocupando agora."[53]

Falando com um grupo, Eisenhower perguntou: "Há alguém aqui do Kansas?" O praça Sherman Oyler, de Topeca, retrucou: "Eu sou do Kansas, senhor."

"Qual é o seu nome, filho?"

Oyler ficou tão aturdido por ser abordado diretamente pelo comandante supremo que congelou e esqueceu o nome. Depois de uma pausa embaraçosa, seus camaradas gritaram: "Diga-lhe o seu nome, Oyler."[54] Eisenhower fez-lhe um sinal de incentivo com os polegares para cima e disse: "Vá pegá-los, Kansas."

O comandante supremo voltou-se para o tenente Strobel, que tinha uma placa pendurada em volta do pescoço com o número 23, indicando que ele lideraria o salto no avião número 23, e perguntou-lhe pelo nome e de onde ele era.

"Strobel, senhor. Michigan."

"Oh, sim, Michigan. Grandes pescarias. Eu gosto de lá." Eisenhower perguntou então a Strobel se ele estava pronto. Strobel retrucou que todos tinham sido bem preparados, bem instruídos, e estavam prontos. Ele acrescentou que achava que não haveria grandes problemas. Uma voz exclamou: "Agora deixe de se preocupar, general, tomaremos conta disto para o senhor."[55]

Aproximadamente às 22 horas, a ordem soou: "Preparem os pára-quedas." Cada homem começou a tediosa tarefa de afivelar seu pára-quedas e tentar encontrar um lugar vazio para pendurar ou amarrar a pequena montanha de equipamentos que levava para o combate. Com tudo preso no lugar, os homens acharam impossível fazer o xixi de última hora. Eles marcharam para seus aviões e deram a primeira olhada na "camuflagem" dos C-47, três faixas de branco pintadas em torno da fuselagem e das asas. (Cada avião aliado que participou do dia D fora pintado assim nos dias anteriores, esgotando *toda* a tinta branca da Inglaterra. A finalidade era o reconhecimento imediato; na Sicília, navios e tropas aliadas haviam atirado em seus próprios aviões.)

O praça John Richards do 508º olhou para o seu C-47 e notou que tinha uma pintura de um demônio segurando uma garota em traje de banho sentada numa bandeja com uma inscrição dizendo "O céu pode esperar." Ele pensou com os seus botões: "Esperamos que assim seja."[56]

"Dutch" Schultz do 505º, que tinha conseguido perder seus 2.500 dólares que ganhara jogando, ainda tinha o relógio de Jerry Columbi, que recebera como garantia por um empréstimo de 25 dólares. Era o presente de formatura de Columbi na escola secundária, com uma inscrição de seus pais no verso. Columbi estava em outro grupo. Schultz dirigiu-se a ele para devolver o relógio, dizendo: "Aqui está o

seu relógio de volta, Jerry. Você me deve algum dinheiro e não se esqueça de me pagar."[57]

O 505º estava no aeródromo de Spanhoe. Quando Schultz estava se preparando para o ajudarem a entrar no seu C-47 (os homens estavam levando uma carga pesada demais para entrarem nos aviões por si mesmos), ouviu uma explosão. Uma granada, conduzida por um dos homens da Companhia de Comando, 1º Batalhão, havia detonado. Ateou fogo ao avião e matou três homens, ferindo outros dez. Dois sobreviventes ilesos foram transferidos para outro avião; ambos morreram em combate antes do alvorecer.

Um tanto abalado, Schultz achou seu lugar no C-47, "e a primeira coisa que fiz foi apanhar meu rosário; criado como um garoto católico, eu tinha grande fé na eficácia das orações à Virgem Santíssima. E passei a rezar um terço após outro, prometendo à Virgem que jamais, jamais voltaria a violar o Sexto Mandamento".[58]

Quando o crepúsculo se tornava escuridão, os últimos homens subiram a bordo dos seus aviões. Eisenhower estava fora, na pista de decolagem, exclamando "Boa sorte!" Ele observou um soldado baixinho, segundo as palavras de Eisenhower, "mais equipamento que soldado", que lhe fez uma saudação. Eisenhower devolveu-a. Em seguida o praça se voltou para o leste e exclamou: "Cuidado, Hitler. Aqui vamos nós!"[59]

Os pilotos ligaram os seus motores. Uma gigantesca cacofonia de sons engolfou o aeródromo na medida em que cada C-47 se posicionava na pista de rolamento. Na extremidade da pista de decolagem, os pilotos travavam os freios e acionavam os motores até zunirem. Então, a intervalos de dez segundos, eles soltavam os freios e corriam na pista, vagarosamente de início, ganhando velocidade, tão sobrecarregados que a custo começavam a subir.

Quando o último avião se afastou rugindo, Eisenhower voltou-se para a sua motorista, Kay Summersby, que viu lágrimas nos seus olhos. Ele começou a caminhar lentamente para o carro. "Bem", disse tranqüilamente, "a sorte está lançada."[60]

Antes de ir dormir, o almirante Ramsay fez um registro final no seu diário: "Segunda-feira, 5 de junho de 1944. Assim foi tomada a decisão vital e decisiva de efetuar o grande empreendimento que — assim o espero — será o meio imediato de provocar a queda do poderio da Alemanha e da opressão nazista, resultando numa próxima cessação das hostilidades.

"Não me deixo levar por ilusões quanto aos riscos envolvidos na mais difícil de todas as operações... O resultado está na balança. Devemos confiar em nosso mérito invisível para inclinar a balança em nosso favor.

"Pediremos todo o auxílio que Deus nos pode conceder e creio ser impossível que não esteja para chegar."[61]

Cansado como devia estar, Ramsay captou perfeitamente o espírito e a alma do grande empreendimento, sobretudo em sua esperança de que os resultados fossem em favor da Europa ocupada e do mundo, seu reconhecimento de que a empresa era cheia de perigos, e sua confiança de que Deus estava abençoando esta causa.

11. Rompendo a Muralha Atlântica

Os Pára-quedistas na Normandia

Os pára-quedistas precursores iam primeiro, precedendo o corpo principal das tropas por mais ou menos uma hora. Sua missão consistia em marcar as zonas de lançamento com radiogoniômetros, conjuntos Eureca, e luzes Holophane em forma de T no chão. Mas um bloco de nuvens forçou os pilotos ora a ficar acima, ora abaixo, de modo que os precursores saltavam de uma altitude excessivamente baixa ou excessivamente alta. Por outro lado, o fogo antiaéreo fazia com que os pilotos realizassem ações evasivas, o que os lançava fora do curso. Como conseqüência, das oito equipes pára-quedistas precursoras americanas, apenas uma desceu como fora previsto. Uma equipe desceu no Canal.

O sargento Jones do 505º saltou mais ou menos a 100 metros do local. Antes de saltar do C-47, ele fez uma breve oração: "Senhor, seja feita a Vossa vontade. Mas se eu tiver de morrer, por favor, ajude-me a morrer como um homem." Seu pára-quedas abriu-se no ar, ele olhou para verificar o velame, e precisamente nesse rápido momento seus pés atingiram o chão. Foi um pouso "suave". (Uma vantagem do pouso noturno: os homens não podem ver o chão, de modo que não ficam tensos quando estão para atingi-lo.) O pára-quedas murchou sobre a sua cabeça "e a primeira coisa que eu pensei, antes mesmo de livrar-me dele, foi: 'Ora, viva, acabei de romper a muralha atlântica.' "

Jones reuniu sua equipe, dispôs os sete homens com as luzes apagadas posicionadas para seu T, disse-lhes para não ligarem senão quando ouvissem os aviões se aproximando, ajustou o seu rádio, e começou a enviar o seu sinal. Era ele um dos poucos precursores no lugar exato.[1]

A Companhia D do major John Howard dos Ox and Bucks foi a primeira a entrar em ação como unidade. O piloto sargento Jim Wallwork pôs seu planador Horsa no chão exatamente onde Howard queria que ele aterrissasse, ao lado da ponte do Canal do Orne. O tenente Brotheridge levou o 1º Pelotão para o outro lado da ponte. Os Horsas que conduziam o 2º e o 3º Pelotões pousaram bem atrás de Wallwork. Dentro de minutos os homens se apoderaram da área em torno da ponte, desbaratando no processo cerca de cinqüenta defensores alemães. Dois outros pelotões desceram perto da ponte do rio Orne e a conquistaram. Por volta de 00:21 do dia 6 de junho, cinco minutos depois da aterragem, a Companhia D havia conquistado seus objetivos. Foi um brilhante feito militar.[2]

Quando os pára-quedistas precursores estavam se organizando e os homens de Howard executavam seu golpe-de-mão, os 13.400 pára-quedistas americanos e os quase 7.000 britânicos começaram a chegar. Os americanos estavam seguindo uma rota precisa, assinalada a intervalos de dez milhas com conjuntos Eureca e a intervalos de trinta milhas com marcadores aéreos sobre a Inglaterra. Trinta milhas sobre o Canal, um barco patrulha britânico Gallup assinalava o caminho. Havia trinta milhas adicionais para o ponto de controle *"Hoboken"*, assinalado por uma luz de um submarino britânico. Naquele ponto os aviões fizeram uma curva acentuada para o sudeste, passaram entre as ilhas de Jersey e Guernsey (ocupadas pelos alemães, que estavam executando fogo anti-aéreo) e se dirigiram a suas zonas de lançamento no Cotentin. Todos os aviões estavam mantendo silêncio rádio total, por isso nenhum dos pilotos foi advertido pelos grupos precursores a respeito do excesso de nuvens sobre o Cotentin.

Nos C-47 Dakotas, os homens se preparavam para "o salto no qual os problemas começam *depois* que vocês atingem o solo". Este era o salto de 10.000 dólares (os soldados americanos eram obrigados a fazer uma apólice de seguro de vida nesse valor). O vôo sobre a Inglaterra e depois sobre o Canal foi um período — duas horas e mais — que veio entre o fim do treinamento, da preparação, da instrução e o início do combate. O General Matthew Ridgway, que comandava a 82ª, observou que "os homens se sentavam tranqüilamente, imersos em seus próprios pensamentos".[3]

O tenente Eugene Brierre, do quartel-general da Divisão, era ajudante-de-ordens do General Maxwell Taylor, que comandava a 101ª. Este seria o salto de qualificação de Taylor (exigiam-se cinco saltos para qualificar o candidato para o brevê de pára-quedista), mas ele não sentia a menor excitação. Ele trouxera consigo alguns travesseiros e os estendeu sobre o assoalho do avião. Brierre ajudou-o a desvencilhar-se do seu pára-quedas, Taylor acomodou-se sobre os travesseiros e caiu num pesado sono de uma hora. Quando Brierre o acordou, foram precisos cinco minutos para recolocar o pára-quedas.[4]

O praça Dwayne Burns do 508º relembrou: "Aqui nós sentamos, cada homem sozinho na escuridão. Os homens ao meu redor eram os melhores amigos que eu haveria de ter. Eu imaginava quantos iriam morrer antes que o sol nascesse. 'Senhor, eu suplico, por favor, deixe-me fazer tudo certo. Não me deixe matar ninguém e também não me deixe ser morto. Acho sinceramente que sou muito jovem para isto.'"[5]

O praça Ken Russell do 505º tinha acabado de entrar no seu C-47. Duas semanas antes ele estivera com febre alta, resultado das vacinas que recebera, e foi mandado para o hospital. No dia 4 de junho ainda tinha muita febre, mas "como todo mundo, eu estivera na expectativa do Dia D desde 1940 — quando ainda freqüentava o curso secundário. Agora eu estava com muito receio de perder a oportunidade". Ele pediu para que o deixassem sair do hospital e conseguiu reunir-se à sua companhia no dia 5 de junho. Voando sobre o Canal, foi tomado pelo pensamento de que sua turma da escola secundária no Tennessee estava se formando naquela noite.[6]

À semelhança de muitos soldados católicos, *"Dutch"* Schultz estava "totalmente absorvido com meu rosário". Clayton Storeby estava sentado perto de George Dickson, que "estava às voltas com aquele rosário, rezando um bocado de ave-marias. Cerca de dez minutos depois, parecia que aquilo o estava ajudando, então eu disse: 'George, quando você acabar com isso, você me empresta?'"[7]

"Era tempo de oração", relembrou o praça Harry Reisenleiter do 508º, "e suponho que todos fizeram algumas promessas precipitadas a Deus." Ele disse que até onde se lembrava, todo mundo estava com medo — "medo de se ferir, medo de causar ferimentos em outras pessoas para sobreviver, e o mais poderoso sentimento de todos: medo de ter medo."[8]

Os pilotos estavam com medo. Para a maioria dos pilotos do Comando de Transporte de Tropas aquela ia ser a primeira missão de combate. Eles não tinham sido treinados para vôos noturnos, nem para fazer frente ao fogo antiaéreo ou ao mau tempo. Seus C-47 eram projetados para conduzir carga ou passageiros, e não eram blindados nem armados. Seus tanques de gasolina não eram nem protegidos nem autovedantes.

A possibilidade de colisão em pleno ar estava na cabeça de cada piloto. Os pilotos eram parte de uma gigantesca armada aérea: foram precisos 432 C-47 para conduzir a 101ª à Normandia, cerca do mesmo número para a 82ª. Eles estavam voando numa formação V-de-V, estendida através do céu, com 300 milhas de comprimento, com a largura de nove aviões, sem radiocomunicação. Somente o piloto líder em cada grupo de quarenta e cinco tinha um conjunto Eureca, com grupos de luzes colocadas na torre de observação de *plexiglass* para orientação dos aviões seguintes. Em cada grupo de nove, os aviões ficavam separados 30 metros, de ponta a ponta de asa, e distantes 300 metros um grupo do outro, sem luzes a não ser pequenos pontos azuis na cauda do avião à frente. Aquela era uma formação cerrada para vôos noturnos em aparelhos que tinham 19 metros de comprimento e 29 metros de envergadura.

Cruzaram o Canal a 150 metros ou menos de altura para fugir à detecção do radar alemão, em seguida elevavam-se a 500 metros para escapar das baterias antiaéreas nas ilhas do Canal (que de fato abriram fogo sobre eles, inutilmente, a não ser para despertar pára-quedistas adormecidos — os comprimidos contra enjôo que os médicos haviam distribuído nos aeródromos tinham levado muitos homens, incluindo Ken Russell, a cochilar). Ao se aproximarem da costa do Cotentin, desceram a 200 metros mais ou menos, a altitude de salto calculada para reduzir o tempo em que o pára-quedista ficava totalmente vulnerável e sem possibilidade de defesa.

Ao cruzar a costa, eles atingiram um bloco compacto de nuvens e perderam totalmente a visibilidade. Os pilotos separaram-se instintivamente, alguns descendo, outros subindo, todos girando para a direita ou para a esquerda, a fim de evitar uma colisão em pleno ar. Ao emergirem das nuvens, dentro de segundos ou no máximo minutos, estavam irremediavelmente separados. O tenente Harold Young da 326ª de Engenheiros Pára-Quedistas relembrou que quando o seu avião saiu das nuvens, "estávamos sós. Lembro-me do meu espanto. Para onde tinham ido todos aqueles C-47?"[9]

Simultaneamente, para usar as palavras de muitos dos pilotos, "as portas do inferno se abriram". Holofotes, traçantes e explosões enchiam o céu. O piloto Sidney Ulan, do 99º Esquadrão de Transporte de Tropas, estava mastigando chiclete, "e a saliva na minha boca secou completamente de tanto pavor. Parecia quase impossível voar através daquela muralha de fogo sem ser alvejado, mas eu não tinha outra escolha. Não havia retorno".[10]

Eles podiam aumentar a velocidade, como fez a maioria. Esperava-se também que diminuíssem a velocidade para noventa milhas por hora ou menos, a fim de reduzir o choque de abertura para os pára-quedistas, mas noventa milhas por hora a 200 metros de altura faziam deles alvos fáceis para os alemães no solo, por isso empurraram o acelerador e alcançaram a velocidade de 150 milhas por hora, nesse meio-tempo descendo a 100 metros ou subindo a 600 ou mais. Eles se torciam e giravam, espalhando seus passageiros e sua carga. Eram atingidos por fogo de metralhadora, granadas de 20 mm, e outras mais pesadas de 88 mm. Viam aviões voando à esquerda, à direita, acima e abaixo deles. Viam aviões explodindo. Não tinham idéia alguma da sua posição, a não ser que estavam sobre o Cotentin.

Os pilotos tinham acendido as luzes vermelhas sobre as portas ao cruzar as ilhas do Canal. Este era o sinal para os mestres-de-salto ordenarem a seus homens: "Levantar e enganchar." Os pilotos acendiam a luz vermelha quando supunham que estavam em algum lugar próximo da zona de lançamento. Aquele era o sinal para ação.

Muitos pára-quedistas viam aviões abaixo deles quando saltavam. Pelo menos um avião foi atingido por um fardo de equipamento, que lhe arrancou quase 90 centímetros da extremidade da asa. Virtualmente, cada avião foi atingido por alguma coisa. Um piloto quebrou o silêncio rádio para gritar em desespero: "Tenho um pára-quedista pendurado na minha asa." Outro piloto entrou no ar com um conselho: "Diminua a marcha e ele escorregará daí."[11]

Em meio a essa assombrosa loucura de tiros de canhão e o céu misturado com pára-quedistas saltando e aviões zunindo, o piloto Chuck Ratliff relembrou: "Supúnhamos ter perdido a zona de lançamento e estávamos agora para trás e sem rumo sobre as águas. Sentimo-nos atônitos. Que fazer?"

Ratliff: "Virei aquele puto e girei para trás." Ele desceu a 200 metros. O mestre-de-salto forçou a passagem até a cabina de comando ajudando a localizar a zona de lançamento. Ele viu o que pensou ser a coisa. "Desaceleramos, quase estolando", disse Ratliff, "acendi a luz verde e os pára-quedistas saltaram na noite escura. Mergulhamos aquele avião a 30 metros do chão e partimos para a Inglaterra em meio a fogo pesado, à semelhança de um gato escaldado."[12]

O sargento Charles Bortzfield, do 100º Esquadrão de Transporte de Tropas, estava junto à porta, usando um fone no ouvido para o sistema de intercomunicação, passando a sua informação para o mestre-de-salto. Quando a luz verde acendeu, ele foi atingido por fogo de metralha. Ao tombar em conseqüência de quatro ferimentos no braço e na mão, ele quebrou a perna. Um pára-quedista lhe perguntou, momentos antes de saltar: "Você está ferido?"

"Acho que sim", replicou Bortzfield.

"Eu também", gritou o pára-quedista sobre o seu ombro ao saltar para a noite.*

---

* O avião de Bortzfield teve de fazer um pouso de emergência na Inglaterra, com o motor esquerdo pifado e sem nenhuma pressão hidráulica. Uma ambulância o recolheu na pista e o levou às pressas para o hospital. Ele recordou: "Eu era uma verdadeira celebridade porque naquele momento era o único paciente que eles tinham. Todos

* * *

Dentro dos aviões os pára-quedistas estavam aterrorizados, não com o que estava à frente deles, mas por causa do sentimento inútil de ser baleado e cair por ali incapaz de fazer qualquer coisa a respeito. Quando os aviões serpeavam e giravam, subiam ou mergulhavam, todos os pára-quedistas eram jogados no solo numa desesperada confusão de braços, pernas e equipamento. Nesse meio-tempo, balas atravessavam as asas e a fuselagem. Para o praça John Fitzgerald do 502º, "o som era como milho pipocando". O tenente Carl Cartledge assemelhava o som a "pedras numa lata de estanho".[13]

Pelas portas abertas, os homens podiam ver balas traçantes varrendo o espaço em arcos graciosos em câmara lenta. Eram de cor laranja, vermelha, azul, amarela. Pareciam aterradoras, hipnotizantes, belas. A maioria dos pára-quedistas que procuraram descrever as balas traçantes usaram certa variação de "a maior exibição pirotécnica de 4 de Julho, que eu já vi". Acrescentaram que, quando se lembravam de que apenas uma em seis das balas que vinham sobre eles era traçante, não conseguiam imaginar como poderiam sobreviver ao salto.

Para o praça William True do 506º, era "inacreditável" que houvesse "pessoas lá embaixo atirando em *mim*. Tentando matar Bill True!" O tenente Parker Alford, oficial de artilharia designado para o 501º, lembra. "Olhei em redor do avião e vi na outra ponta do corredor um garoto que fez um ar de riso. Tentei rir de volta mas meu rosto ficou congelado."[14] O coração do praça Porcella estava batendo forte. "Eu estava tão apavorado que meus joelhos tremiam e só para aliviar a tensão eu tinha de dizer alguma coisa, por isso gritei: 'Que horas são?' Alguém respondeu: 1:30."[15]

Os pilotos acenderam a luz vermelha e o mestre-de-salto gritou a ordem: "Levantar e enganchar." Os homens engancharam as linhas presas atrás das mochilas de seus pára-quedas principais à linha de aço que corria no meio do topo da fuselagem.

---

os outros haviam sido evacuados e eles estavam esperando pelas baixas do Dia D. Eu estava na enfermaria por volta das 6:00 horas quando os rapazes estavam atingindo as praias. Os médicos realmente me interrogavam (informação oral de Charles Bortzfield, (Centro Eisenhower).

"Respondam para a verificação do equipamento." Da traseira do avião vinha a chamada, "dezesseis, tudo bem!" em seguida "quinze, tudo bem!" e assim por diante. Os homens na traseira começaram a fazer pressão para a frente. Sabiam que os alemães estavam esperando por eles, mas nunca em suas vidas haviam estado tão ansiosos de saltar de avião.

"Vamos! Vamos!", gritavam eles, mas os mestres-de-salto os impediam, esperando pela luz verde.

"Meu avião ia aos saltos, como alguma coisa fora de controle", lembrou o praça Dwayne Burns do 508º. Eu podia ouvir os projetis de metralhadora passando através das asas. Era difícil ficar em pé e os soldados caíam e se levantavam, alguns vomitando. De todo o treinamento que tivemos, não houve nada que nos tivesse preparado para isso."[16]

Nos exercícios, os pára-quedistas podiam antecipar a luz verde; antes que o piloto a acendesse, costumava reduzir a velocidade e levantar a cauda do avião. Não naquela noite. A maioria dos pilotos aumentou a velocidade e começou a mergulhar. "*Dutch*" Schultz e todos os homens no seu grupo caíram no chão. Levantaram-se de novo e voltaram a gritar: "Vamos!"

O avião do sargento Dan Furlong foi atingido por três granadas de 88 mm. A primeira bateu na asa esquerda, arrancando cerca de 90 centímetros da extremidade. A segunda atingiu pelo lado da porta e destruiu o painel luminoso. A terceira veio pelo chão. Abriu um buraco de cerca de 60 centímetros indo atingir o teto, e explodiu, criando um buraco de 1,20m, matando três homens e ferindo quatro outros. Recordou Furlong: "Basicamente, os *krauts* como que tinham cortado o avião pela metade.

"Eu estava na traseira, como auxiliar do mestre-de-salto gritando: 'Vamos!'" Os pára-quedistas, inclusive três dos quatro homens feridos, foram os primeiros a mergulhar de cabeça, para fora do avião. O piloto conseguiu manter o controle do aparelho e retornar à base mais próxima na Inglaterra para um pouso de emergência. (Aqueles Dakotas podiam receber um castigo terrível e ainda continuar voando.) O quarto homem ferido caíra inconsciente; quando voltou a si, sobre o Canal, estava delirando. Tentou jogar-se do avião. O chefe da tripulação teve de se sentar sobre ele até a hora do pouso.[17]

U.S. ARMY SIGNAL CORPS

General Dwight David Eisenhower, Comandante Supremo da Força Expedicionária Aliada.

Marechal-de-Campo Erwin Rommel numa viagem de inspeção à muralha atlântica nos primeiros dias de maio de 1944. "Nossa única chance possível está nas praias", declarou ao assumir o comando do Grupo de Exército B na França, em janeiro. Ele era um furacão de atividade, cheio de determinação.

EISENHOWER CENTER

IMPERIAL WAR MUSEUM

Rommel ordenou que enchessem as praias de toda sorte de obstáculos: minas, arame farpado, toras de madeira, postes de metal. Aqui as tropas alemãs corriam para se proteger quando um avião de reconhecimento sobrevoava a praia. Em meados de maio, meio milhão desses obstáculos estavam espalhados.

Os portões belgas ficavam debaixo d'água com a maré alta, cobertos por minas. Foram amontoados por *bulldozers* americanos na *praia Utah* em 8 de junho.

U.S. ARMY SIGNAL CORPS

Os alemães despejaram milhões de toneladas de concreto na muralha atlântica. Esta posição fortificada em St.-Marcouf, por trás da *praia Utah*, tinha paredes de concreto reforçadas com aço numa espessura de 4,5 m. A despeito de furiosos ataques aéreos e navais, ainda continuava ativa no Dia D mais dois.

U.S. COAST GUARD

EISENHOWER CENTER

Para atacar a muralha atlântica, os Aliados precisavam de embarcações de assalto capazes de desembarcar em terra. Andrew Higgins, de Nova Orleans, projetou o LCVP (barco Higgins) e produziu 20.000 unidades — um dos grandes feitos na guerra.

Houve outras produções milagrosas. Planadores da Aviação do Exército norte-americano chegam à Inglaterra desmontados (parte dianteira da foto), recebem fuselagens (no centro) e as asas (no alto), ficando prontos para entrar na luta.

WIDE WORLD

Todos os tipos de viaturas especial foram projetados para o Dia D. Aqui vemos os "Ducks", veículos anfíbios fabricados nos Estados Unidos, sendo examinados após chegar à Inglaterra.

DUAS FOTOS: WIDE WORLD

Tropas americanas chegam à Inglaterra em todo o tipo de navios imagináveis. O recrutas mais felizes viajaram no *Queen Mary*, aqui visto durante um exercício d treinamento. O *Queen Mary* e o *Queen Elizabeth* transportaram mais de 250.000 soldados para a Inglaterra.

O número de ianques na Grã-Bretanha cresceu continuamente, interferindo na vida dos ingleses de muitas maneiras — mas certos hábitos não mudaram. Maio de 1944: americanos em manobras na Rockstone Road, Bassett, Southampton, enquanto civis britânicos vão levando a vida de sempre.

U.S. ARMY SIGNAL CORPS

O treinamento era intenso e realista. Aqui o Comandante Supremo Dwight Eisenhower e o Comandante das Forças Terrestres General Bernard Montgomery observam exercícios com blindados em março de 1944.

Enquanto as forças de assalto treinam, as forças aéreas destroem o sistema ferroviário francês. Os Marauders B-26 da 9ª Força Aérea dos EUA atacam pátios de estradas de ferro no norte da França, em 2 de maio de 1944, como parte do "Plano do Transporte". Em 6 de junho, mais de 76.000 toneladas de bombas arrasaram objetivos nas vias férreas.

IMPERIAL WAR MUSEUM

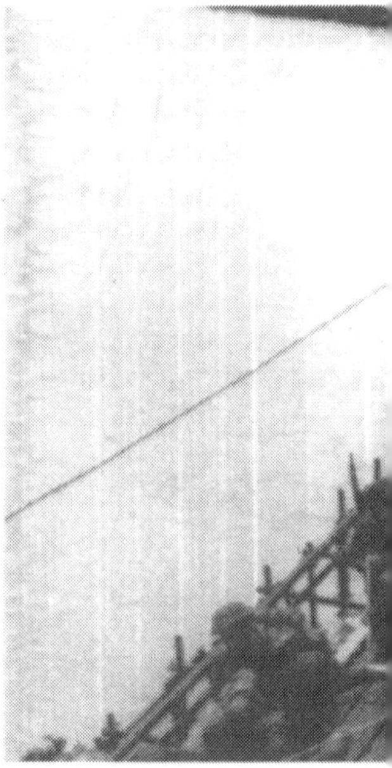

IMPERIAL WAR MUSEUM

Em cima, à esquerda, forças de desembarque em Southampton, 1º de junho de 1944, parte do enorme esforço no sul da Inglaterra para a invasão. Estes são LCT (barcaças-transporte de carros de combate) e LCH (para transporte dos estados-maiores).

Acima, à direita, engenheiros ingleses a bordo de um LCI (barcaças-transporte de infantaria).

Embaixo, LST (navios-transporte de carros de combate) americanos em Brixham preparando-se para a invasão, 27 de maio de 1944.

Acima, à direita, os soldados americanos fazem fila para receber cigarros instantes antes de embarcar para a invasão. Um dos soldados diz: "Não, obrigado. Eu não fumo." "Leve-os de qualquer maneira", replica o intendente, "porque quando você chegar aonde vai, começará a fumar." Ele estava certo.

Embaixo, homens da 4ª Divisão, 1º Exército, EUA, embarcando num LCI, 2 de junho. O tempo estava excelente, embora começasse a ventar muito.

QUATRO FOTOS: WIDE WORLD

WIDE WORLD

Serviço religioso a bordo de um LCI. "Os padres exultavam", lembra um soldado da patrulha costeira. "Vi até judeus pedindo-lhes a bênção." O censor obliterou a patente das ombreiras.

U.S. ARMY SIGNAL CORPS

Ike com a 101ª Divisão Aeroterrestre em Greenham Common, 5 de junho, 19:00. O tenente Wallace Strobel traz, passado no pescoço, um cartão com o número do seu avião — 23. "Vá e dê-lhes uma surra", Ike está dizendo.

Página à direita, em cima. LCT 763 navegando para a costa enquanto o USS *Arkansas* rompe fogo com seus canhões de 12 polegadas. O *Arkansas*, que entrou em serviço em 1912, foi uma das "velhas damas" em atividade. "Foi o maior poder de fogo que já ouvi", disse um correspondente que mais tarde cobriu a Coréia e o Vietnã. "Muitos de nós achamos que era o maior momento das nossas vidas." O general Omar Bradley comentou o bombardeio inicial dos navios de guerra: "Nunca ouvi nada igual na minha vida."

Página à direita, embaixo. O USS *Nevada* abre fogo com seus canhões de 14 polegadas. O *Nevada* sobreviveu a Pearl Harbor, foi o único navio de guerra a continuar ativo em 7 de dezembro.

IMPERIAL WAR MUSEUM

U.S. NAVY

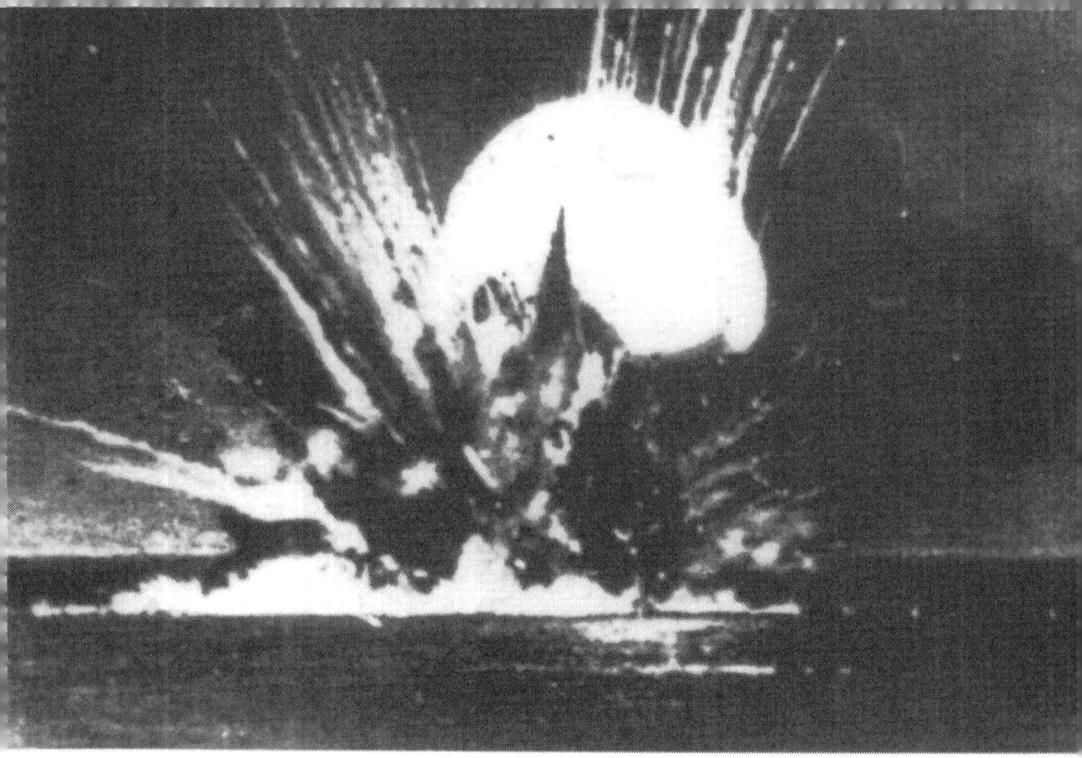

Às 5:37, meia dúzia de *E-boats* alemães realizou o único ataque da *Kriegsmarine* do Dia D, quando se aproximou da frota aliada e lançou uma descarga de torpedos. Houve um só impacto, contra o *Svenner*, um destróier norueguês. "Uma explosão luminosa ocorreu entre os barcos", relembrou um jornal, "seguida pela irrupção de fogo e fumaça que se espalharam bem alto no ar. O *Svenner* partiu-se ao meio e afundou."

Uma "embarcação-armamento" navega através das ondas da *praia Utah*, suas armas antiaéreas em posição de disparo. Os aviões germânicos não apareceram.

U.S. ARMY SIGNAL CORPS

Vista aérea da *praia Utah* pela manhã, 6 de junho. Graças aos bombardeios aéreo e naval, e aos pára-quedistas atrás das linhas germânicas, o assalto obteve quase tanto sucesso quanto se projetou.

WIDE WORLD

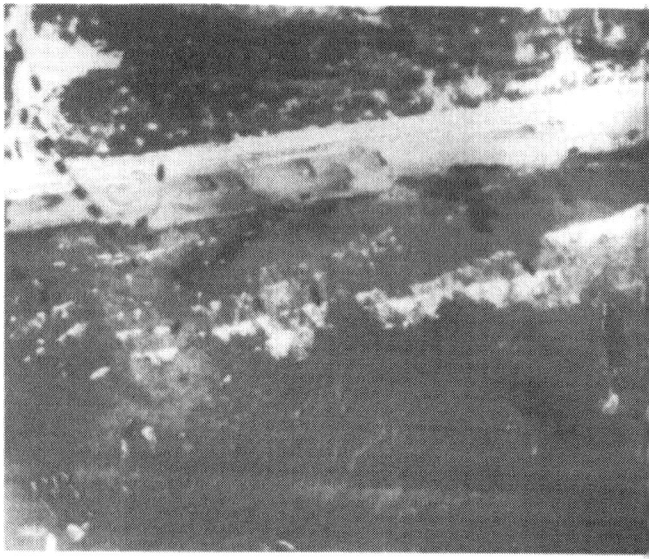

Homens da 4ª Divisão de Infantaria deslocam-se para a *praia Utah*, no entardecer de 6 de junho.

U.S. COAST GUARD

A invasão de *Utah* foi relativamente fácil, mas mesmo assim houve baixas. Médicos administraram primeiros socorros a soldados feridos em Les Dunes de Madeleine.

U.S. ARMY SIGNAL CORPS

Planadores, trazendo reforços e suprimentos para as 82ª e 101ª Divisões Aeroterrestres por trás da *praia Utah* na tarde de 6 de junho, sobre as tropas da 4ª Divisão em Les Dunes de Madeleine.

Não existem fotografias dos pousos noturnos das forças aeroterrestres e apenas poucas, preciosas, das lutas dos pára-quedistas em 6 de junho. Aqui vemos alguns *Screaming Eagles* da 101ª Divisão Aeroterrestre confraternizando com beldades em Ste.-Marie-du-Mont, próximo à *praia Utah*, na manhã de 7 de junho.

Página oposta, no alto. Um barco Higgins alvejado por metralhadora alemã. O timoneiro, soldado da patrulha costeira Delba Nivens, de Amarillo, Texas, conseguiu levar o barco para a praia, pôs os homens em terra, livrou-se do ataque inimigo e voltou para trazer novas tropas a terra firme.

Página oposta, embaixo. Forças não identificadas chegam em um barco Higgins na *praia Omaha* em 6 de junho, pela manhã.

U.S. COAST GUARD

DUAS FOTOS: WIDE WORLD

Robert Capa, da revista *Life*, acompanhou o segundo grupo no setor de Easy Red, *praia Omaha*, com a Companhia E, 16º Regimento. Tirou 106 fotografias, abandonando a praia para voltar a Portsmouth na madrugada de 6 de junho. A seguir tomou o trem para Londres e entregou o filme para ser revelado. O auxiliar da câmara escura ficou tão ansioso para ver as fotos que exagerou no fornecimento de calor durante a secagem dos negativos. As emulsões se derreteram, escorrendo. Somente oito fotografias se salvaram. Aqui vemos duas delas.

DUAS FOTOS: U.S. ARMY SIGNAL CORPS

As primeiras levas de soldados americanos em *Omaha* foram atingidas por uma tremenda barragem de metralhadoras e fogo de rifles, canhões de 75 e 88 mm, explosão de minas, morteiros e granadas de mão. A Companhia A do 116º Regimento foi a primeira a alcançar a terra — e sofreu 90 por cento de baixas. Aqui vemos um soldado ferido do 16º Regimento, apoiado no penhasco abaixo de Colleville.

Homens do 16º Regimento sob o penhasco abaixo de Colleville. Neste ponto, cerca de 8:00, o plano de operações à *Omaha* estava paralisado, e as tropas — que tinham perdido suas armas no esforço da invasão — estavam sem chefia e desmotivadas.

A bordo de aviões ainda voando mais oú menos no nível, quando a luz verde acendeu os pára-quedistas bateram o recorde no tempo de saída. Todavia, muitos deles recordaram em seus pensamentos toda suas vidas. Quando chegaram à porta e saltaram. Ansiosos como estavam para ir, o céu cheio de traçantes lhes deu uma pausa. Quatro homens no 505º, dois no 508º, um no 506º e outro no 507º "se *recusaram*". Preferiram, nas palavras de John Keegan, "enfrentar selvagens conseqüências disciplinares e a total ignomínia social de ficar no avião a se lançar na escuridão da noite da Normandia".[18]

Todos os homens sem problema físico saltaram. O praça John Fitzgerald, do 502º, tomara um banho frio todas as manhãs durante dois anos para se preparar para aquele momento. O praça Arthur De Filippo, do 505º, podia ver as balas traçantes vindo diretamente sobre ele "e tudo o que eu pedia a Deus era que me deixasse descer com segurança e então eu cuidaria de mim mesmo".[19] O praça John Taylor, do 508º, ficou apavorado quando chegou à porta; seu avião estava tão baixo que ele pensou que "nem precisamos de pára-quedas para isto; para nós, basta uma escada de mão".[20] O praça Oyler, o rapaz de Kansas que esquecera o nome quando o general Eisenhower falou com ele, lembrou sua cidade natal quando chegou à porta. Seu pensamento foi: "Gostaria que a turma em Wellington High pudesse me ver agora — em Wellington High."[21]

Quando o praça Len Griffing, do 501º, chegou à porta, diz ele: "Deparei com o que parecia uma sólida muralha de balas traçantes. Lembro-me disso com tanta clareza como se tivesse acontecido esta manhã. Está gravado nas células do meu cérebro. Disse para mim mesmo: 'Len, você está tão emrascado agora como nunca mais vai estar. Se sair desta, ninguém poderá jamais fazer-lhe coisa alguma que lhe possa esquentar a cabeça.' "

Nesse instante uma granada de 88 mm atingiu a asa esquerda e o avião entrou num acentuado giro horizontal. Griffing foi lançado ao chão, em seguida conseguiu se levantar e pulou na noite.[22]

A maioria dos grupos de pára-quedistas saltou baixo demais de aviões que se deslocavam com muita velocidade. O choque era intenso. Em centenas, senão milhares de casos, os pára-quedistas balançaram uma vez, e em seguida atingiram o chão. Outros saltaram de muito alto; para eles parecia uma eternidade antes que atingissem o chão.

Por causa da maneira pela qual seu avião girou, o grupo do praça Griffing ficou muito separado. O homem que saltou antes dele estava meia milha atrás; o que saltou depois de Griffing estava meia milha adiante. "Meu pára-quedas abriu no ar e eu era o único pára-quedista no céu. Levei cem anos para descer." Abaixo dele, uma peça de artilharia antiaérea com quatro canhões de 20 mm atirava sem parar, "e eu era o único alvo que eles tinham Balas traçantes passavam sob mim e eu nada podia fazer a não ser encolher as pernas". A peça de artilharia antiaérea continuou atirando nele, mesmo depois que atingiu o chão. "Eu teria sido alvejado pela pura perseverança teutônica se a próxima leva de aviões não tivesse chegado e eles deixaram de atirar em mim para atirar neles."[23]

O praça Fitzgerald continuou: "Levantei os olhos para verificar meu velame e observei com desinteressado espanto que as balas haviam perfurado o pára-quedas. Eu estava hipnotizado pela cena ao meu redor. Todas as cores do arco-íris estavam brilhando no céu. Fardos de equipamentos presos a pára-quedas que não se tinham aberto por completo passavam entrechocando-se, capacetes que se haviam desprendido pelo choque de abertura, pára-quedistas que vinham flutuando. Abaixo de mim, corriam figuras em todas as direções. Pensei: 'Cristo, vou pousar bem no meio de um punhado de alemães!' Meu pára-quedas se emaranhou nos galhos de uma macieira e me deixou cair no chão com um baque surdo. As árvores estavam em plena floração e acrescentavam um estranho e doce perfume a esta cena inverossímil." Para alívio de Fitzgerald, os "alemães" não eram senão apenas vacas correndo à procura de abrigo. "Senti uma exaltação estranha: eu permanecia vivo!"[24]

Esperava-se que o 506º pousasse a dez quilômetros mais ou menos a sudoeste de Ste.-Mère-Église, mas alguns grupos do regimento desceram na cidade. Era 1:15. Um pequeno celeiro de feno no lado sul do largo da igreja estava em chamas, causadas evidentemente por uma bala traçante. O major Alexandre Renaud convocou os moradores para formar uma brigada de baldes com o fito de apanhar água na bomba da cidade para apagar o fogo. A guarnição alemã enviou um grupo para observar a infração do toque de recolher.

O sargento Ray Aebischer foi o primeiro a atingir o solo. Ele pousou no largo da igreja, por trás dos que apanhavam água e despercebido pelos guardas alemães (o grande sino de bronze da igreja estava tocando para despertar os cidadãos, tendo abafado o ruído da sua descida). Ele conseguiu desvencilhar-se, e começou a se mover vagarosamente na direção da porta da igreja, esperando encontrar um santuário. A porta estava trancada. Ele se esgueirou para a parte de trás da igreja em seguida ao longo de uma parede de cimento. Os alemães começaram a atirar, não nele, mas nos seus companheiros que desciam. Ele viu um homem cujo pára-quedas tinha-se emaranhado numa árvore ser crivado de balas por uma pistola-metralhadora. Ao todo, quatro homens foram mortos pelo fogo alemão.[25]

O praça Don Davis pousou no largo da igreja; fingiu-se de morto, foi revirado por um alemão desconfiado e saiu ileso.* Aebischer, entretanto, tirou proveito da confusão para tentar escapar. Dentro de poucos minutos, a tranqüilidade voltou a reinar em Ste.-Mère-Église; no chão o esforço de combate ao fogo recomeçou. Mas os guardas alemães agora estavam alertas para quaisquer outras descidas de tropas de assalto.

O sargento Carwood Lipton e o tenente Dick Winters da Companhia E, do 506º, desceram nas proximidades da cidade. Lipton descobriu o lugar onde estavam, lendo a placa de sinalização ao luar, uma letra de cada vez. Winters juntou-se a uma turma de efetivo aproximado a um grupo de combate e começou a fazer a caminhada para o objetivo da sua companhia. Ste.- Marie-du-Mont.

Winters não sabia, mas o seu oficial comandante sucumbira. O tenente Thomas Meehan e a Companhia de Comando estavam voando no avião líder no grupo de pára-quedistas 66. A aeronave foi atingida por projéteis que a atravessaram saindo pelo teto e lançando fagulhas. O avião manteve o rumo e a velocidade por alguns momentos, fez uma lenta curva para baixo e para a direita. O piloto Frank DeFlita, que vinha atrás, lembrou que "as luzes de pouso do avião

---

* Davis foi morto alguns dias depois fora de Carentan. William True tinha sido alojado junto a Davis na Inglaterra. Havia 16 homens no alojamento, só 3 regressaram ilesos à Inglaterra em meados de julho (relato oral de William True, Centro Eisengower).

acenderam, e parecia que eles iam conseguir, quando o avião atingiu uma sebe e explodiu". Não houve sobreviventes.[26]

O sargento McCallum, um dos precursores do 506º, estava no chão, cerca de dez quilômetros de Ste.-Marie-du-Mont. Os alemães haviam antecipado que o campo onde ele estava podia ser usado como uma zona de lançamento, por isso tinham metralhadoras e morteiros posicionados em três lados do local. Num quarto lado, tinham embebido um celeiro de querosene. Quando os aviões, conduzindo o capitão Charles Shettle e a sua companhia, saltaram os alemães lançaram uma tocha ao celeiro. O fogo clareou a área inteira. Quando as tropas de assalto chegaram à terra, os alemães começaram a atirar. Disse o sargento McCallum: "Nunca esquecerei a tristeza do meu coração quando vi meus companheiros descerem naquela armadilha mortal."

O capitão Shettle desceu em segurança, a despeito das granadas de morteiros que explodiam e das balas traçantes entrecruzando o campo. Shettle era o S-3 (oficial de operações); esperava-se que a companhia com a qual ele saltara se reunisse no celeiro, mas isso era obviamente impossível; Shettle moveu-se rapidamente para o ponto de reunião alternativo e começou a soprar o apito. Em meia hora ele tinha cinqüenta homens a cercá-lo — mas apenas quinze eram do 506º. Os demais eram membros do 501º.

Essa espécie de confusão e mistura de unidades estava acontecendo o tempo todo no Cotentin. Uma única companhia, a E do 506º, tinha homens espalhados de Carentan a Ravenoville, uma distância de vinte quilômetros. Os homens do 82º estavam na zona de salto do 101º e vice-versa. Os exercícios padronizados para as tropas pára-quedistas, praticados inúmeras vezes, consistiam em grupar "fazendo mover o grupo". Os primeiros homens a saltar seguiriam a linha de vôo do avião; os homens do meio permaneceriam na mesma posição; os últimos homens se moveriam na direção oposta à rota do avião. Em manobras de exercício, tudo ia bem. Em combate, naquela noite, foi bem apenas para alguns felizardos.

O capitão Sam Gibbons do 501º (mais tarde, durante muito tempo, congressista pela Flórida) estava sozinho em sua primeira hora na França. Finalmente, ele viu uma figura, acionou o seu clique, obteve uma resposta de dois cliques, e "de repente me senti mil anos mais jovem. Ambos caminhamos para a frente a fim de nos tocarmos.

Murmurei o meu nome e ele murmurou o seu. Para minha surpresa, não era do meu avião. De fato, não era sequer da minha divisão".[27]

O tenente Guy Remington caiu na área inundada perto do rio Douve. Ele estava subindo a margem quando ouviu um barulho. Ficou congelado, puxou sua submetralhadora Thompson, e em seguida acionou o seu clique. Nenhuma resposta. Preparava-se para atirar quando ouviu uma voz dizendo "amigo". Afastou uns arbustos e lá estava o embaraçado coronel Johnson, seu oficial comandante, que explicou: "Perdi o maldito do meu clique."[28]

Alguns homens ficaram sozinhos toda a noite. "Dutch" Schultz era um deles. Quando Schultz usou o seu grilo em desespero, esperando encontrar alguém, "obtive uma rajada de metralhadora. Peguei o meu M-1 e o apontei para os alemães apenas para descobrir que tinha deixado de carregar o fuzil". Ele se esgueirou, pensando: "estou totalmente despreparado para isso".[29]

Relembrou o praça Griffing: "Havia tantos cliques e contracliques naquela noite que ninguém podia dizer quem estava acionando um clique para quem."[30] O praça Storeby pousou num fosso. Depois de se desvencilhar, ele se arrastou para o topo e ouviu um clique. Não de um grilo; era um som claro de alguém que está destravando um M-1. Storeby puxou o seu clique, "apertei-o desesperadamente muitas vezes e finalmente aquele cara me disse para sair com as mãos para cima. Reconheci sua voz; era Harold Conway de Ann Arbor, Michigan. Eu disse: 'Não tenho a menor idéia de onde estamos ou do que vamos fazer aqui.' " Eles saíram em busca de amigos.[31]

Em contraste com quase todos os outros batalhões, o 2º do 505º fez um salto excelente. Seus precursores tinham pousado no lugar exato e prepararam seus Eurecas e suas luzes. O piloto que liderava, num Dakota que conduzia o comandante do batalhão, tenente-coronel Benjamin Vandervoort, viu o T iluminado exatamente onde esperava. À 1:45, vinte e sete dos trinta e seis grupos de pára-quedistas do batalhão ou haviam atingido a zona de lançamento ou pousado dentro de uma milha de distância. Vandervoort quebrou o tornozelo ao pousar; amarrou com mais força o cordão da bota, usou o fuzil como muleta, verificou sua localização, e começou a lançar foguetes verdes como um sinal para que o seu batalhão se reunisse a ele. Dentro de meia hora ele tinha 600 homens em torno; nenhuma outra unidade com efetivo semelhante conseguira uma reunião tão completa com tanta rapidez.

A missão do 2º Batalhão era conquistar Neuville-au-Plain, bem ao norte de Ste.-Mère-Église. Era uma longa caminhada; Vandervoort era um homem grande demais para ser carregado; ele deu com dois sargentos que puxavam uma carreta de munição desmontável e perguntou-lhes se eles se importavam em dar-lhe uma carona. Um dos sargentos retrucou que "eles não tinham feito todo aquele percurso para a Normandia para no fim de contas carregar um maldito coronel". Vandervoort observou posteriormente: "Convenci-os de outra maneira."[32]

O general Taylor não teve tanta sorte quanto Vandervoort. O comandante da 101ª pousou sozinho, fora de Ste.-Marie-du-Mont. Durante vinte minutos andou sem rumo, tentando achar seu ponto de reunião. Finalmente encontrou o primeiro homem, um praça do 501º, se identificou com o seu clique-clique e abraçou-o. Alguns minutos mais tarde o ajudante-de-ordens de Taylor, tenente Brierre, apareceu. O grupo de três homens perambulou pelas adjacências até que Taylor, no escuro, colidiu com o seu comandante da artilharia divisonária, General Anthony McAuliffe. Ele também não sabia onde estavam.

Brierre puxou uma lanterna elétrica, os generais puxaram um mapa, os três homens meteram-se por uma cerca viva, estudaram o mapa e chegaram a três conclusões diferentes quanto ao lugar em que se encontravam.

O tenente Parker Alford e seu radioperador (sem o seu aparelho, perdido na queda, um acontecimento típico), juntou-se ao grupo de Taylor. Naquele momento ele consistia em dois generais, um coronel, três tenentes-coronéis, quatro tenentes, sargentos radioperadores, e mais ou menos uma dúzia de praças. Taylor olhou em torno, riu e disse: "Nunca, nos anais da guerra, foram tão poucos comandados por tantos." Ele decidiu partir na direção que, esperava, o levaria a seu objetivo principal, a cidade de Pouppeville, onde começava a estrada de aterro n º1.[33]

* * *

O tenente-coronel Louis Mendez, que comandava o 3º Batalhão do 508º, estava ainda em piores condições do que Taylor. Ele saltou de 700 metros, "um longo percurso. Pousei cerca das 2:30 e não vi ninguém durante cinco dias". Nesse meio-tempo ele deve ter matado mais soldados inimigos do que qualquer outro coronel na guerra: "Peguei três alemães com três tiros da minha pistola, dois com uma carabina e um com uma granada de mão." Segundo sua estimativa, ele caminhou noventa milhas através de Cotentin ocidental até encontrar outro americano.[34]

Em La Madeleine, em seu abrigo, o tenente Arthur Jahnke estava confuso. Os aviões não o preocupavam tanto, mesmo sendo em maior número do que era comum. Mas qual seria o significado das rajadas do fogo de armas automáticas e de metralhadoras que ele estava ouvindo à retaguarda? Jahnke alertou os seus homens, dobrou os guardas, e ordenou que uma patrulha fosse fazer um reconhecimento.

Simultaneamente, o praça Louis Merlano da 101ª, segundo pára-quedista em seu grupo, pousou nas dunas a alguns metros de distância da posição de Jahnke. Horrorizado, ele ouviu os gritos de onze de seus camaradas ao caírem no Canal da Mancha e se afogarem. Meia hora depois, a patrulha alemã retornou a La Madeleine com dezenove pára-quedistas americanos, inclusive Merlano, capturado na praia. Deliciado com a sua captura, Jahnke tentou telefonar para o comandante do seu batalhão, mas quando começava a relatar o fato, a linha emudeceu. Um pára-quedista em algum lugar no interior tinha cortado a linha.

Jahnke trancou os prisioneiros num ninho de metralhadoras e colocou um guarda na frente. Às 4:00, o guarda veio informá-lo de que os prisioneiros estavam nervosos e continuavam insistindo em ser transferidos para a retaguarda. Jahnke não pôde compreender; havia uma maré baixa de madrugada e Rommel lhe dissera que os aliados só viriam na maré alta. De que estavam com medo os homens capturados?[35]

* * *

Em Ste.-Mère-Église, o fogo estava se alastrando sem controle. Os homens do 506º que tinham pousado na cidade e perto dela, tinham-se espalhado. À 1:45, o segundo pelotão da Companhia F, do 505º, tivera a má sorte de saltar bem no coração da cidade, onde a guarnição alemã mantinha alerta total.

Ken Russell estava naquele grupo. "Ao descer", relembrou ele, "olhei para a direita e vi aquele cara, e instantaneamente ele sumiu. Havia apenas um pára-quedas descendo vazio. Evidentemente, haviam atingido suas granadas Gammon."

Horrorizado, Russell olhou para a sua esquerda. Ele viu outro membro do seu grupo, o praça Charles Blankenship, sendo arrastado para o fogo (sugando oxigênio, o fogo estava puxando o pára-quedas em sua direção). "Ouvi-o gritar uma vez, em seguida novamente antes que atingisse as chamas, e então não gritou mais."

Os alemães enchiam os céus com traçantes. Russell estava tentando "se esconder atrás do meu pára-quedas de reserva porque éramos alvos fáceis". Ele foi atingido na mão. Viu o tenente Harold Cadish e os praças H. T. Bryant e Ladislaw Tlapa pousarem em postes telefônicos em torno da praça da igreja. Os alemães atiraram neles antes que pudessem se desembaraçar. "Era como se tivessem sido crucificados."[36]

O praça Penrose Shearer pousou numa árvore defronte a igreja e foi morto enquanto permanecia pendurado. O praça John Blanchard, também pendente numa árvore, conseguiu, com sua faca de campanha, cortar as cordas do pára-quedas. No processo, decepou um dos dedos "e só depois é que veio a perceber".[37]

Russell manobrava as cordas para evitar o fogo e desceu no telhado de ardósia de uma igreja. "Sacudi, e um bocado das minhas cordas de suspensão ficaram presas em torno da torre da igreja, então deslizei pelo teto." Ele estava pendurado na beirada. "E Steele, o praça John Steele, de quem você ouviu falar um bocado (no livro e no filme *The Longest Day*), desceu e seu pára-quedas cobriu a torre." Ele foi atingido no pé.

O sargento John Ray pousou no largo da igreja, a poucos passos de Russell e Steele. Um soldado alemão apareceu na esquina. "Nunca o esquecerei", relatou Russell. Ele tinha o cabelo vermelho, e quando dobrou, baleou o sargento Ray no estômago. Em seguida voltou-se para Russell e Steele e preparou sua metralhadora de mão para atirar neles. "E o sargento Ray, enquanto agonizava, sacou sua .45 e atirou na nuca do alemão e o matou."

Em todo o desenrolar destes fatos o sino da igreja estava sempre tocando. Russell não se lembra de ter ouvido o sino, mas Steele, que estava pendurado do lado de fora do campanário, ficou surdo por umas semanas por causa disso. (Ele foi puxado para dentro por um observador alemão no campanário, feito prisioneiro, mas escapou alguns dias depois.)

Russell, "morto de medo", conseguiu pegar sua faca de campanha e se desembaraçar. Ele caiu no chão e lançou-se através da rua "enquanto o fogo das metralhadoras levantava pedaços de terra ao meu redor, e me precipitei para um bosque à margem da cidade e me senti o homem mais solitário do mundo. Em um país estranho, e sendo apenas um garoto, poderia estar me formando na escola secundária e não num outro país".

Havia uma peça de artilharia antiaérea no bosque, atirando nos Dakotas que passavam. "Saquei a minha granada Gammon e joguei-a contra o canhão, e o canhão emudeceu." Ele se afastou da cidade. Um soldado alemão vinha pela estrada numa bicicleta. Russell fuzilou-o. Em seguida encontrou um americano, da 101ª (provavelmente um infante do 506º que havia pousado em Ste.-Mère-Église meia hora antes).

Russell perguntou: "Você sabe onde está?"

"Não", respondeu o infante. E partiram em busca de alguém que soubesse.[38]*

---

* M. André Mace, um habitante de Ste.-Mère-Église, escreveu naquela noite em seu diário: "ALERTA! Um grande número de aviões sobrevoa a cidade em baixa altitude — passando rente ao cimo dos telhados; é como um barulho de trovoada; subitamente, o alarme é dado, há incêndios na cidade. Nesse meio- tempo, os alemães atiram com tudo o que podem contra os aviões. Corremos para nos esconder, o que é que está acontecendo? Milhares (*sic*) de pára-quedistas estão saltando em toda parte, em meio ao fogo de artilharia. "Estamos amontoados na garagem de M. Besselievre com nossos amigos. Nossos libertadores estão aqui!" (Original no Museu do Pára-Quedista, Ste.-Mère-Église, cópia em EC.)

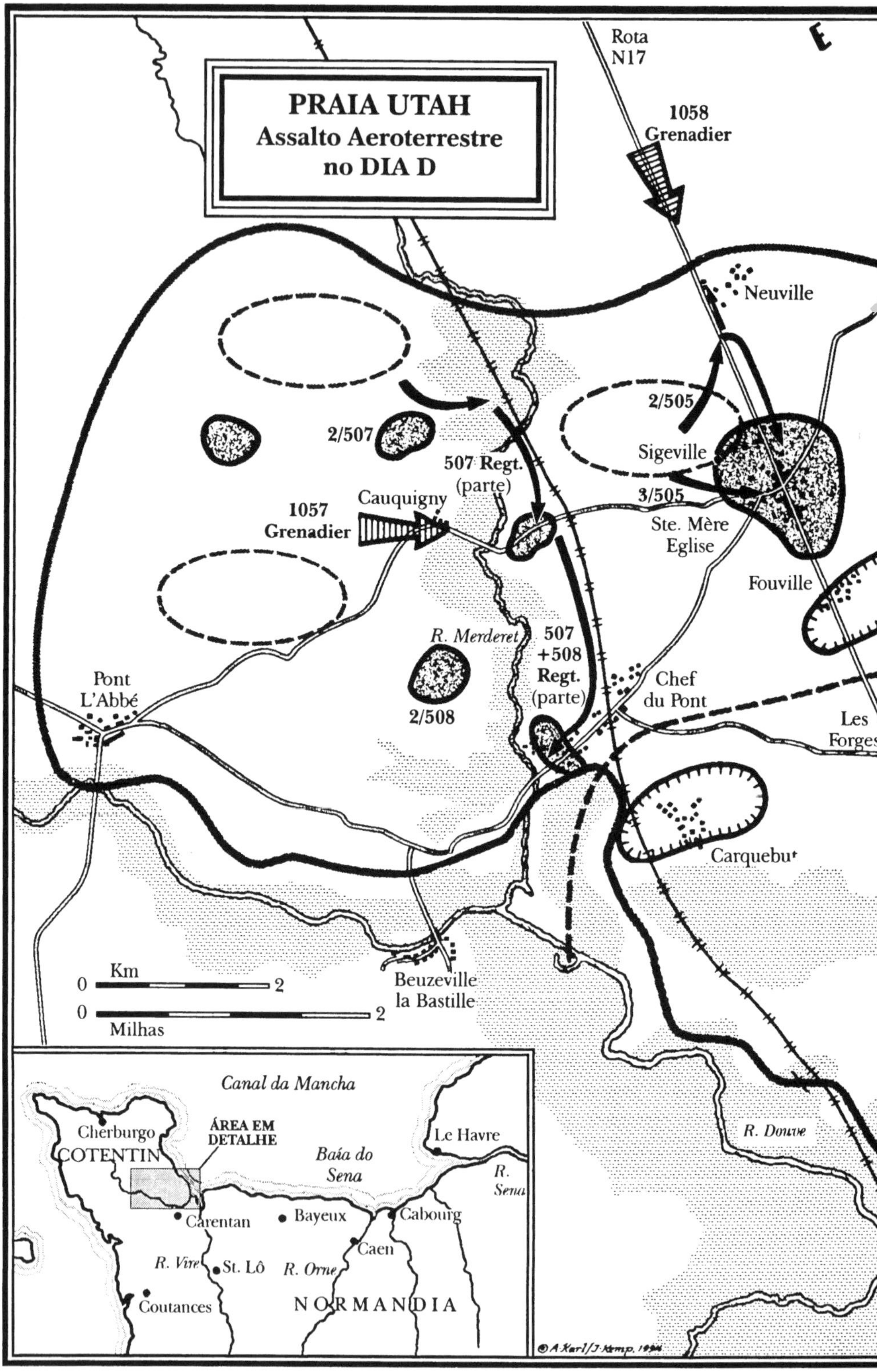
PRAIA UTAH
Assalto Aeroterrestre
no DIA D
Rota
N17
1058
Grenadier
Neuville
2/505
Sigeville
2/507
507 Regt.
(parte)
3/505
Ste. Mère
Eglise
Cauquigny
1057
Grenadier
Fouville
R. Merderet
507
+508
Regt.
(parte)
Pont
L'Abbé
Chef
du Pont
2/508
Les
Forges
Carquebut
Km
0
2
Beuzeville
la Bastille
0
2
Milhas
Canal da Mancha
Cherburgo
ÁREA EM
DETALHE
COTENTIN
Le Havre
Baía do
Sena
R.
Sena
Carentan
Bayeux
Cabourg
Caen
R. Vire
St. Lô
R. Orne
Coutances
NORMANDIA
R. Douve
© A. Karl/J. Kemp, 1994

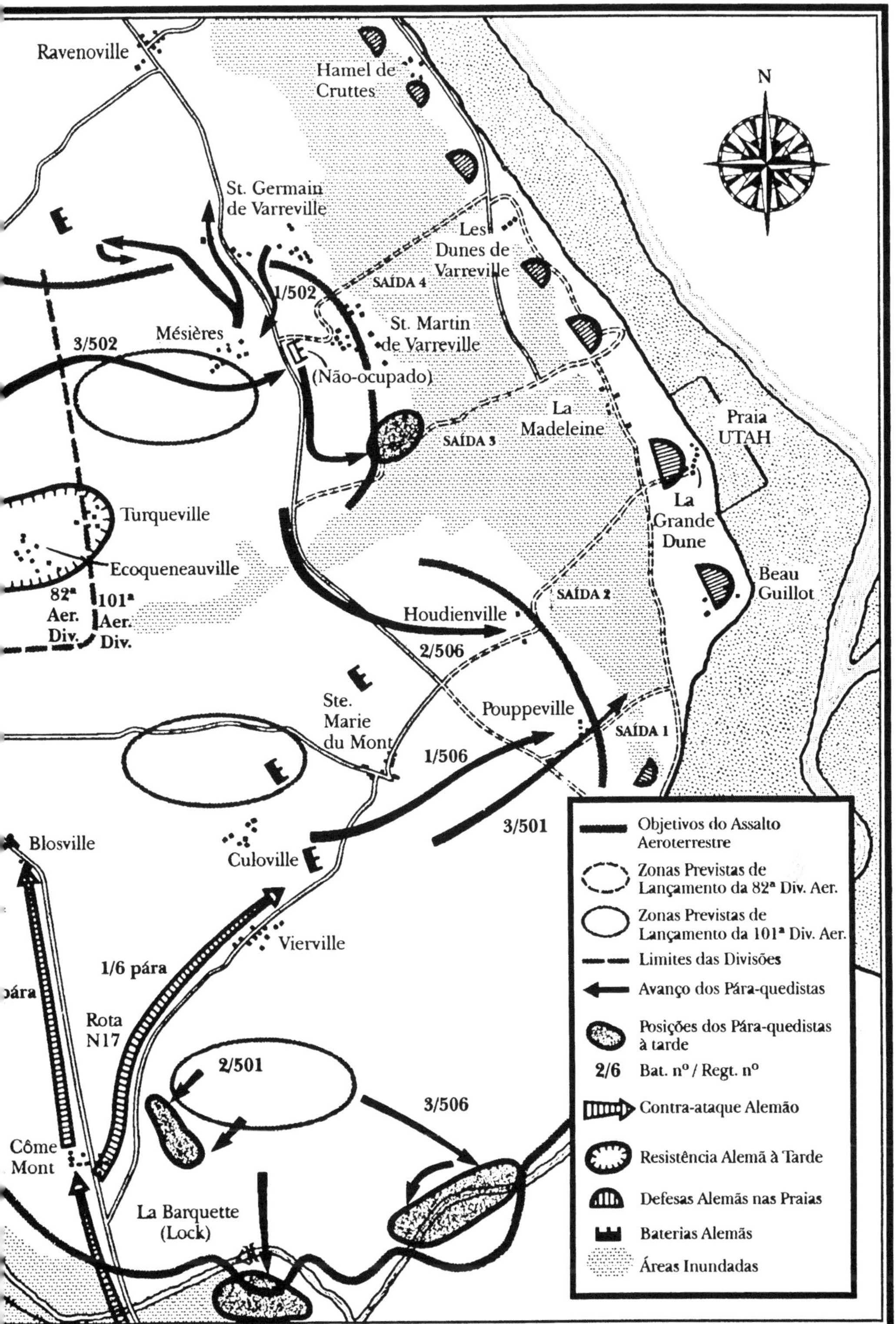
Ravenoville
Hamel de Cruttes
N
St. Germain de Varreville
Les Dunes de Varreville
SAÍDA 4
1/502
St. Martin de Varreville
Mésières
3/502
(Não-ocupado)
La Madeleine
SAÍDA 3
Praia UTAH
La Grande Dune
Turqueville
Ecoqueneauville
82ª Aer. Div.
101ª Aer. Div.
Beau Guillot
SAÍDA 2
Houdienville
2/506
Ste. Marie du Mont
Pouppeville
SAÍDA 1
1/506
3/501
Blosville
Culoville
Vierville
1/6 pára
pára
Rota N17
2/501
3/506
Côme Mont
La Barquette (Lock)
Objetivos do Assalto Aeroterrestre
Zonas Previstas de Lançamento da 82ª Div. Aer.
Zonas Previstas de Lançamento da 101ª Div. Aer.
Limites das Divisões
Avanço dos Pára-quedistas
Posições dos Pára-quedistas à tarde
2/6 Bat. nº / Regt. nº
Contra-ataque Alemão
Resistência Alemã à Tarde
Defesas Alemãs nas Praias
Baterias Alemãs
Áreas Inundadas

* * *

O praça James Eads, da 82ª, pousou numa enorme pilha de estrume, típico da Normandia. Pelo menos foi um pouso macio. Três soldados alemães saíram da fazenda e correram na sua direção. "Inferno!", disse Eads para si mesmo, "fora de uma frigideira, dentro de uma latrina, e agora isto." Seu fuzil ainda estava preso ao peito por uma correia. Ele não pôde se livrar dos suspensórios do colete. (Os pára-quedistas britânicos tinham um dispositivo de liberação rápida, mas os americanos deviam desafivelar suas correias, uma empresa difícil mesmo na melhor das circunstâncias.) Eads sacou sua .45, puxou o cão com o polegar e começou a atirar. Os primeiros dois homens caíram, o terceiro continuou caminhando. Eads só tinha uma bala. Ele derrubou o terceiro homem bem a seus pés.

Ainda equipado e no estrume, Eads tentava desvencilhar-se quando uma metralhadora alemã abriu fogo contra ele. "Diabo", comentou alto, "será que todo o Exército alemão está atrás de um pobre soldado ruivo e amedrontado?" As balas atravessavam seu bornal de provisões. Tentou enterrar-se no estrume. Ouviu uma explosão e o fogo parou. Conseguiu ver-se livre e começou a se deslocar. Ouviu um barulho atrás dele, decidiu tentar a sorte, e acionou o seu grilo. Dois cliques em resposta vieram imediatamente.

"Eu seria capaz de beijá-lo", Eads recordou. "Suas primeiras palavras foram 'peguei esses dois metralhadores *krauts* apavorados com uma granada, mas o impacto me levou o capacete e não consigo encontrá-lo'. A seguir, respirou fundo e exclamou: 'Puxa vida! Como você está fedendo!'"[39]

Para muitos dos homens da 82ª Divisão, cujas zonas de lançamento estavam a oeste de Ste.-Mère-Église, a cavaleiro do rio Merderet, criara-se um inferno especial. Rommel ordenou que as comportas próximas da embocadura do rio, perto de Carentan, fossem abertas com a maré alta e fechadas com a maré baixa, de modo a inundar o vale. Pelo fato de a grama ter crescido acima da área inundada, as fotografias de reconhecimento aéreo aliado deixaram de revelar a armadilha. A água geralmente não tinha mais que um metro de profundidade, mas agora era profunda o bastante para afogar um homem equipado que não pudesse levantar-se ou livrar-se do equipamento com uma faca.

O praça Porcella, especialmente, não teve sorte. Ele pousou no próprio rio, com água cobrindo-lhe a cabeça, tendo que pular para tomar fôlego. "Meu coração estava batendo com tanta rapidez que eu pensei que fosse estourar. 'Oh, Deus, não me deixe morrer afogado nesta maldita água.' " Ele se curvou para tirar as correias da perna, mas a fivela não abriu. Pulou à procura de mais ar, descobrindo finalmente que se ficasse na ponta dos pés podia manter o nariz acima da água.

Acalmando-se um pouco, decidiu cortar as correias. Curvou-se abaixo da água e puxou a faca da bota esquerda. Deu um pulo, inspirou profundamente, curvou-se e correu a faca entre a perna e a correia, deslizando-a para trás e para a frente com movimentos para cima.

"Nada aconteceu. Eu estava em pânico. Subi para outra tomada de fôlego e pensei que o meu coração fosse rebentar de pavor. Eu queria gritar por socorro mas sabia que tornaria as coisas piores. Disse a mim mesmo: 'Pense! Eu devo pensar! Por que esta faca não quer cortar a correia, a lâmina não está afiada?' "

Porcella pulou à procura de mais ar e conseguiu dizer "Ave-Maria". Então compreendeu que tinha a lâmina invertida. Colocou-a na posição certa e se desprendeu.

Isso ajudou. Mas o peso do bornal de provisões e da mina terrestre que ele estava carregando ainda o mantinham preso ao fundo. Mais uns golpes da faca e lá se foram. Ele se deslocou vagarosamente para um lugar mais raso, até que a água ficou à altura do seu peito. Só então percebeu o fogo de metralhadora e fuzil zunindo sobre a sua cabeça. "Todo o treinamento que recebi não me tinha preparado para isto."

Súbito houve uma enorme explosão de chamas alaranjadas no céu. Um C-47 recebera um golpe direto e se transformara numa bola de chamas. "Oh, meu Deus. Está vindo na minha direção!", gritou Porcella.

O avião estava fazendo um barulho de relincho, que soava como o de um cavalo que está para morrer. Porcella tentou fugir. O avião espatifou-se ao lado dele. "Subitamente ficou escuro, seguindo-se uma grande tranqüilidade."

Porcella continuou a caminhar para o solo mais elevado. Ouviu uma voz exclamar: *Flash*, e não conseguia acreditar. "Pensei que fosse o único louco do mundo naquele transe." Reconheceu a voz. Era seu camarada Dale Cable. Porcella estendeu a mão para tocar Cable, que gritou novamente *Flash!*, agora destravando o seu M-1. Sua boca estava a polegadas do rosto de Porcella. Porcella relembrou a resposta e gritou de volta: *Thunder!*

Juntos, saíram os dois ao encontro de outros companheiros, também patinhando na água da área inundada. Após outras aventuras, finalmente conseguiram chegar a terra firme.[40]

O tenente Ralph De Weese, do 508º, pousou de costas em 90 centímetros de água. Antes que tivesse a oportunidade de se desvencilhar, o vento inflou o seu velame e começou a arrastá-lo. O pesado equipamento sobre o seu estômago (pára-quedas de reserva, fuzil, mina, mochila de campanha) impedia-o de levantar-se. Os tirantes estavam atravessados por cima de seu capacete, que por sua vez estava preso pela jugular, de modo que ele não podia retirá-lo. Tinha a cabeça sob a água. O pára-quedas arrastara-o várias centenas de jardas.

"Várias vezes pensei que era inútil e decidi abrir a boca e me afogar, mas cada vez o vento abrandava o bastante para que eu pusesse a cabeça fora da água e tomasse fôlego. Devo ter engolido muita água, porque nada bebi durante dois dias após o sucedido."

Com o que ainda lhe restava de energia, sacou sua faca de campanha e cortou o tirante. "Balas de metralhadoras e fuzis passavam cantando sobre minha cabeça, mas eu não ligava porque naquela situação estava completamente desligado."

De Weese finalmente conseguiu safar-se, encontrou alguns de seus homens, e se puseram a caminhar pela estrada. Ele viu dois franceses e perguntou se tinham encontrado outros americanos. Não conseguiam compreendê-lo, apontou para a bandeira americana na sua manga. Um francês, felizmente, fez um sinal afirmativo com a cabeça, tirou um maço de cigarros Lucky Strike, e apontou para a estrada. "Me senti um sujeito feliz ao ver aqueles Luckies."

(Dois meses mais tarde, de volta à Inglaterra, De Weese escreveu à mãe sobre suas experiências do Dia D. Ele disse que a parte pior era que não tinha cigarros secos, mas sentia que não podia privar os franceses daqueles Luckies. E acrescentou que seus bolsos estavam cheios de peixinhos.)*

O praça David Jones, do 508º, também descera na área inundada. Ele foi impelido para a margem; seu pára-quedas enrolou-se numa árvore e ele pôde sair da água puxando as linhas de suspensão. Quando se desvencilhou e passou para o solo firme, levou outro susto. Na Inglaterra, durante um exercício noturno, ele entrara num bar de beira de estrada e acabara "numa boa briga" com outro soldado. Depois que os seus companheiros os separaram, aquele soldado jurou que, quando entrassem em combate, "ele ia me enrabar". Agora, na Normandia, "imaginem, a primeira pessoa que encontrei à margem daquela inundação foi o tal soldado. Ele até me teve sob a mira da sua submetralhadora Thompson; bem, depois nós nos abraçamos e batemos nas costas um do outro, dizendo-nos quão felizes éramos por termos chegado até ali, e nos pusemos em marcha juntos".[41]

Ao todo, trinta e seis homens das tropas de assalto da 82ª morreram afogados naquela noite. Um relatório posterior à ação, preparado no dia 25 de julho de 1944, observou que "um grupo do 507º ainda está desaparecido". Outros 173 pára-quedistas haviam quebrado um braço ou uma perna na descida; sessenta e três homens foram feitos prisioneiros.[42]

A maioria deles foi aprisionada antes que pudesse desvencilhar-se dos paraquedas, como foi o caso do praça Paul Bouchereau, um *cajun* (descendente dos colonizadores franceses) da Louisiana. Ele foi levado para um posto de comando alemão onde outros prisioneiros de guerra estavam sendo asperamente interrogados. O capitão alemão, falando inglês, exigia que informassem quantos americanos haviam saltado na área.

"Milhões e milhões", retrucou um dos soldados.

---

* De Weese foi morto em ação na Holanda no dia 23 de setembro de 1944. Uma cópia da sua carta encontra-se no Centro Eisenhower.

O capitão, zangado, fez a Bouchereau a mesma pergunta. Com seu forte sotaque *cajun*, Bouchereau respondeu: "Só eu! (*Jus' me!*)

Furioso, o capitão mandou que os americanos colocassem as mãos por trás da cabeça e fê-los marchar, acompanhados de guardas. Depois de alguns minutos, sem se saber por que motivo, o sargento alemão encarregado abriu fogo sobre os prisioneiros com sua pistola-metralhadora.

"Ainda posso relembrar sua aparência", disse Bouchereau. "Era baixo, atarracado e de má catadura. Sua característica mais impressionante era uma cicatriz do lado direito do rosto." Bouchereau foi atingido perto do joelho esquerdo. "Senti como uma forte ferroada de abelha."

O sargento alemão acalmou-se e a marcha recomeçou. Bouchereau tentou manter-se firme, apesar do sangue que pingava na sua bota a cada passo. Finalmente, caiu no chão.

"Um *kraut* se aproximou e me virou de costas. Ele engatilhou o fuzil e apontou-o para a minha cabeça. Nunca rezei tão rápido, mas em vez de puxar o gatilho, o alemão riu, em seguida curvou-se e me ofereceu um cigarro americano. Acho que devia agradecer pela vida poupada, mas em vez disso fiquei furioso com a tortura física e mental a que fora submetido. Minha mente e meu coração se encheram de ódio. Eu sonhava com o dia em que pudesse retribuir-lhes à altura o que me fizeram sofrer."*

O tenente Briand Beaudin, cirurgião do 508º, teve uma experiência mais feliz como prisioneiro de guerra. Mais ou menos às 3 horas estava cuidando de feridos numa casa de fazenda que fazia as vezes de posto de socorro quando ela foi atacada pelos alemães. Ele meteu o capacete com sua cruz vermelha numa vara comprida e fê-lo aparecer fora da porta. Os alemães pararam de atirar e levaram os feridos americanos para um posto de socorro alemão, "onde nós, médicos, éramos tratados como amigos pelos nossos colegas alemães". Os doutores trabalharam juntos pela noite adentro e nos dias seguintes. Embora prisioneiro por algumas semanas, Beaudin achou sua estada

---

* Bouchereau foi libertado ainda naquele mês e conseguiu sua vingança na Holanda (relato oral de Bouchereau, CE).

no 91º *Feldlazarett* (Hospital de Campanha) "muito interessante". Ele aprendeu técnicas alemãs e ensinou-lhes métodos americanos.[43]

Os alemães que guarneciam as baterias antiaéreas fizeram um trabalho louvável contra a força aérea aliada, mas a reação no solo contra os pára-quedistas foi confusa e hesitante. Em parte isto se deu porque todos os comandantes de divisão e muitos comandantes de regimento estavam em Rennes para o exercício simulado, mas havia muitas outras razões. A mais importante era o fracasso do Comando do Transporte de Tropas em lançar os pára-quedistas em zonas de lançamento seguras onde se esperava que eles estivessem. À 1:30, o quartel-general do Sétimo Exército alemão possuía relatórios sobre pousos de tropas de pára-quedistas a leste e a noroeste de Caen, em St.-Marcove, em Montebourg, em ambas as margens do rio Vire, na costa leste do Cotentin etc. Não havia padrão discernível para os saltos, nenhuma força concentrada — apenas dois homens aqui, quatro ali, meia dúzia em outra parte qualquer.[44]

Os alemães foram ainda confundidos pelos falsos pára-quedistas lançados pelas duas equipes do SAS que o capitão Foote organizara. Um grupo desceu pouco antes da meia-noite entre Le Havre e Rouen. Mais ou menos uma hora mais tarde, o comandante em Le Havre enviou um agitado telegrama ao quartel-general do Sétimo Exército, repassado a Berlim, dizendo que houvera um grande desembarque na sua região e que ele temia estar isolado. O segundo grupo soltou seus simuladores e acionou suas gravações de tiroteios a sudeste de Isigny. O regimento alemão de reserva na área, cerca de 2.000 homens, passou as primeiras horas do dia 6 de junho batendo os bosques à procura de um vultoso desembarque aeroterrestre que não estava lá. Para os aliados, este foi o resultado extraordinariamente proveitoso de um pequeno investimento.[45]

Os alemães não podiam dizer se se tratava da invasão, de uma série de incursões espalhadas, de uma diversão para preceder desembarques no passo de Calais ou uma operação de suprimento à Resistência. De um modo geral, todavia, embora atirassem nos aviões que passavam, falharam completamente em lidar com a verdadeira ameaça. Aqui e ali comandantes de companhias locais enviavam patrulhas para investigar rumores de pára-quedistas na área, mas na maioria dos casos a Wehrmacht permaneceu em seus quartéis. A doutrina da Wehrmacht era contra-atacar imediatamente a qualquer movimento ofensivo, mas não nesta noite.

As comunicações constituíram um fator no fracasso alemão. Os pára-quedistas americanos receberam instrução de que, se não pudessem fazer mais nada, podiam pelo menos cortar as linhas de comunicação. Os alemães na Normandia vinham usando telefones e linhas a cabo durante anos e conseqüentemente tinham ficado um tanto relaxados com o sistema. Mas no dia 6 de junho, entre 1:00 e a madrugada, infantes agindo sozinhos ou em pequenas equipes estavam derrubando postes telefônicos, cortando linhas com suas facas, isolando as unidades alemãs espalhadas nas aldeias.

Por volta de 1:30 o oficial de comunicações no QG do 6º Regimento de Pára-Quedistas do coronel Heydte captou uma mensagem alemã indicando que tropas de pára-quedistas inimigos estavam pousando nas proximidades de Ste.-Mère-Église. "Tentei alcançar o general Marcks, mas toda a rede telefônica estava cortada", relembrou Heydte.[46]

Na maioria dos casos o corte de fios era feito em alvos ocasionais, mas em outras ocasiões era planejado. O tenente-coronel Robert Wolverton, que comandava o 3º Batalhão do 506º, recebera a missão de destruir o elo de comunicação entre Carentan e as forças alemãs no Cotentin. Wolverton designou para a tarefa o capitão Shettle, comandante da Companhia I. Shettle disse que precisava saber a localização exata, por isso no fim de maio o pessoal do serviço de informação apanhara um francês da Resistência em Carentan e o levara para a Inglaterra. O francês descreveu o lugar onde os alemães haviam enterrado linhas de comunicação e uma casamata de concreto que podia ser aberta para ter acesso a elas.

Em meia hora após seu salto, Shettle reunira quinze homens da sua companhia. Pôs mãos à obra, achou a casamata, colocou as cargas e a destruiu. (Anos depois um oficial do 6º Regimento de Pára-Quedistas alemão estacionado na área disse a Shettle que os alemães ficaram "espantados com o fato de os americanos terem sido capazes de desmantelar sua fonte principal de comunicação tão rapidamente").[47]

O coronel Heydte comandava o 6º Regimento de Pára-Quedistas. Ele era um soldado profissional com enorme reputação ganha na Polônia, França, Rússia, Creta e África do Norte. Heydte tinha o seu posto de comando em Périers, seus batalhões espalhados desde lá até Carentan. Aos 0:30 ele colocou seus homens em atividade, mas a confusão causada pelos rumores de desembarques por toda a península impediu-o de dar ordens mais específicas do que "Fiquem em alerta!" Ele precisava desesperadamente entrar em contato com o general Marcks, mas não conseguia completar a ligação.[48]

Sem o conhecimento de Heydte, um pelotão do seu regimento, aquartelado numa aldeia perto de Périers, estava dando uma festa. Recordou o praça Wolfgang Geritzlehner: "De repente um mensageiro correu em nossa direção gritando: 'Alerta, alerta, tropas de pára-quedistas inimigas!' Rimos ao lhe dizer que não se agitasse daquela maneira. 'Sente-se e beba um pouco de Calvados conosco.' Mas em seguida o céu ficou repleto de aviões. Isto nos trouxe de volta à sobriedade! De repente havia soldados aparecendo em todos os cantos. Era como um enxame de abelhas enlouquecidas."

Os 3.500 homens do 6º Regimento de Pára-Quedistas alemão começaram a se reunir. A ordem não se fez rapidamente. Eles estavam espalhados em aldeias por toda a área, tinham apenas setenta caminhões à sua disposição, muitos dos quais eram quase peças de museu, pouco operacionais. Aqueles setenta caminhões eram de cinqüenta marcas diferentes, por isso faltavam peças de substituição para equipamento quebrado. As tropas de elite de Heydte teriam de seguir para a batalha marchando. Eles também não tinham fartura em armas pesadas, somente armas leves. Quando o coronel requisitara morteiros pesados e canhões anticarro ao Estado-Maior, responderam-lhe com um sorriso: "Ora, vamos, Heydte, para combater, os pára-quedistas só precisam de uma faca."

Todavia, as tropas de pára-quedistas alemãs estavam confiantes. "Para falar com franqueza, não sentíamos medo", relembrou Geritzlehner. "Estávamos tão convencidos de que tudo seria resolvido em algumas horas que (quando nos reunimos) sequer levamos muitos pertences. Apenas armas, munição e um pouco de comida. Todo mundo estava confiante."[49]

* * *

Para o leste, onde os efetivos britânicos e canadenses aerotransportados por planadores e tropas de pára-quedistas estavam desembarcando, os alemães também estavam imobilizados, não pelo que os aliados representavam, mas por causa da sua própria estrutura de comando. O 125º Regimento do coronel Luck (da 21ª Divisão *Panzer*) era aquele com o qual Rommel contava para contra-atacar forças invasoras no leste do Canal e do rio Orne. À 1:30, Luck recebeu os primeiros relatos sobre pousos. Imediatamente ele reuniu seu regimento e em menos de uma hora seus oficiais e homens estavam postados ao lado de seus carros de combate e veículos blindados, motores funcionando, prontos para partir.

Mas embora Luck estivesse preparado exatamente para este momento, sabendo para onde ir — a ponte do Canal do Orne, para retomá-la do major Howard — e por onde ir e suas alternativas, ele não podia dar a ordem para partir. Apenas Hitler podia liberar os *panzers*, e Hitler estava dormindo. Rundstedt também. Rommel acompanhava a esposa. O general Dollmann permanecia em Rennes. O general Feuchtinger estava em Paris. O Quartel-General do Sétimo Exército não podia compreender aquela situação.

Às 2:40, o comandante interino do Grupo de Exército do Oeste, de Rundstedt, afirmou: "Não estamos em confronto com uma ação de grande porte." Seu chefe do Estado-Maior retrucou: "Pode ser exatamente isso, em vista da profundidade de penetração." A discussão continuou sem resultado.[50]

Luck não tinha dúvidas. "Minha idéia", afirmou ele quarenta anos depois, "era contra-atacar antes que os britânicos pudessem organizar suas defesas, antes que sua força aérea estivesse aqui, antes que a marinha britânica pudesse nos atingir. Estávamos muito familiarizados com o terreno e acho que poderíamos ter tido condições de alcançar as pontes." Se ele o tivesse feito, a companhia de Howard disporia apenas de uns poucos foguetes anti-carro Piat, disparados manualmente para detê-lo. Mas Luck não podia agir por iniciativa própria, por isso permanecia ali sentado, justamente o comandante de divisão com que Rommel mais contava para expulsar os aliados para o mar se eles atacassem próximo de Caen; pessoalmente muito certo do que podia realizar, mas imobilizado pelas complicações do princípio de liderança do Terceiro Reich.[51]

Desde às 3:00, os planadores começaram a se aproximar para reforçar os pára-quedistas. No flanco esquerdo, sessenta e nove planadores traziam um regimento e o comandante da 6ª Divisão Aeroterrestre, general-de-brigada Richard Gale. Eles aterrissaram perto de Ranville em pistas desimpedidas por pára-quedistas que haviam saltado algumas horas antes. Quarenta e nove dos planadores aterrissaram com segurança na excelente zona de pouso, trazendo consigo jipes e canhões anti-carro.

No flanco direito, cinqüenta e dois planadores americanos desceram rapidamente em Hiesville, a seis quilômetros de Ste.- Mère-Église. Eles estavam conduzindo tropas, jipes, canhões anti-carro e um pequeno trator. O general Don Pratt, sub-comandante da 101ª Divisão estava no planador da frente. O tenente Robert Butler era o piloto do segundo planador. Quando os aparelhos se aproximaram da zona de aterragem, o fogo antiaéreo alemão fez com que os pilotos rebocadores em seus Dakotas subissem, de modo que, quando Butler e os outros se livraram de seus cabos de reboque de náilon de 300 jardas de comprimento, tiveram de "voltear e voltear". Aviões e planadores começaram a ser derrubados.

Para aqueles que sobreviveram ao fogo antiaéreo, o problema era agora as cercas vivas normandas. Os campos que elas cercavam eram pequenos demais para uma zona de aterragem adequada. Pior, as árvores eram muito mais altas do que se esperava. (Esta foi uma das grandes falhas do serviço de informações aliado. Segundo o sargento Zane Schlemmer, da 82ª: "Ninguém nos tinha informado das imensas proporções das cercas vivas francesas. Disseram-nos, é claro, que estaríamos num país de cercas vivas, mas supusemos que seriam semelhantes às inglesas, que eram como pequenos obstáculos que os caçadores de raposas saltavam à cavalo.")[52] Na Normandia, as cercas vivas tinham mais de um metro e oitenta centímetros de altura e eram praticamente impenetráveis. As estradas entre as cercas vivas estavam afundadas, o que queria dizer que os alemães tinham o que equivalia a um vasto campo de trincheiras naturais. Por que o serviço de informações deixou de ver esta óbvia e importante característica do campo de batalha constitui um mistério.

Se os pilotos dos planadores se aproximassem em vôo baixo, veriam árvores aparecendo na frente deles, tentariam subir para sobrevoar, estolariam e cairiam. Se viessem em vôo alto, não poderiam aterrissar os planadores nos pequenos campos a tempo de evitar as cercas no extremo oposto. O resultado, nas palavras do sargento James Elmo Jones, da 82ª, um pára-quedista precursor, que estava marcando um campo para planadores, "foi trágico. Jamais houve morticínio maior do que o que aconteceu naquela noite. Foi a coisa mais horrível que alguém pudesse ver".[53]

Em frente ao tenente Butler, o coronel Mike Murphy tinha os comandos do planador guia. Butler pôde ver quando o planador recebeu alguns tiros de uma metralhadora alemã — o general Pratt estava morto, o primeiro general a morrer em cada um dos lados naquele dia — e Murphy colidiu com uma cerca viva, quebrando as duas pernas.[54]

O sargento Leonard Lebenson, da 82ª, estava num planador que atingiu o topo de uma árvore, ricocheteou, caiu no solo, foi de encontro a uma casa de fazenda resvalando para finalmente colidir com outra árvore. "Havia pedaços do nosso planador espalhados pelos confins daquele campo relativamente pequeno, mas milagrosamente apenas um companheiro foi ferido."[55]

O tenente Charles Skidmore, piloto, pousou com segurança numa área inundada. Ele conseguiu sair da água e imediatamente se viu sob fuzilaria. Os tiros vinham de um *bunker* que alojava uma dúzia de soldados poloneses recrutados, sob o comando de um sargento alemão. Os homens que Skidmore havia trazido juntaram-se a ele e começaram a revidar o fogo. Houve um intervalo na troca de tiros. Em seguida um tiro isolado. Depois, gritos e gargalhadas. Logo os poloneses saíram com as mãos para cima, entregando-se. Eles haviam fuzilado o sargento alemão.[56]

O praça Reisenleiter, do 508º, estava num campo em frente a outro onde um planador havia descido. Na escuridão, com as cercas vivas avultando sobre ele, Reisenleiter mal podia ver o que estava acontecendo. Ouviu certo movimento no outro lado e exclamou: *Flash.*

"Flash é a tua bunda", teve como resposta. "Eles estão nos matando aqui e estamos dando o fora." Reisenleiter deixou-os ir; ele calculou que somente um americano podia ter dado uma resposta como aquela a sua intimação.*[57]

O praça John Fitzgerald, do 502°, observou o pouso do planador. "Podíamos ouvir os sons de aviões a distância, depois total silêncio. A isso seguiu-se uma série de ruídos sibilantes. Somando-se ao progressivo crescendo de sons havia o rompimento de galhos de árvores seguidos de altos estrondos e gritos intermitentes. Os planadores estavam chegando rapidamente, um após outro, de todas as direções. Muitos ultrapassaram o campo e pousaram nos bosques circunjacentes, enquanto outros colidiram com casas de fazenda e muros de pedra.

"Num instante, o campo era um caos completo. O equipamento se desprendia e ricocheteava ao atingir o solo, levantando enormes montes de terra. Corpos e fardos era lançados em toda a extensão do campo. Alguns dos soldados eram espetados pela madeira lascada dos frágeis aparelhos de compensado. Tentamos imediatamente ajudar os feridos, mas primeiro tínhamos que decidir quem podia ser ajudado e quem não podia. Um posto de socorro provisório foi organizado e começamos o doloroso processo de separar os vivos dos mortos. Vi um homem com as pernas e as nádegas projetando-se para fora da fuselagem de lona de um planador. Procurei retirá-lo. Ele não se movia. Quando olhei para dentro dos destroços, pude ver que o seu tronco fora esmagado por um jipe."[58]

Alguns dos planadores conduziam tratores destinados a abrir pistas de pouso para posteriores aterrissagens de aparelhos. O sargento Schlemmer, do 508°, recordou que "o som de um planador que atingia uma árvore era semelhante ao esmagamento de mil caixas de fósforos de uma só vez, e eu podia apenas visualizar o pobre piloto com aquele minitrator chocando-se contra ele".[59]

As baixas dos planadores da 82ª foram pesadas. Dos 957 homens que partiram para a Normandia naquela noite, vinte e cinco foram

---

* A primeira coisa que as tropas transportadas por planadores aprendiam a fazer depois de uma aterrissagem era correr à procura de abrigo nos bosques ou o que quer que houvesse em torno da zona de aterragem — eles *nunca* deviam ficar expostos. Isto explica a resposta a Reisenleiter.

mortos, 118 feridos, quatorze desapareceram (um índice de baixas de 16 por cento). Dezenove dos 111 jipes ficaram imprestáveis, como aconteceu com dezessete canhões anti-carro.

Todas as vezes em que uma unidade sofre 16 por cento de baixas antes mesmo de entrar em ação, alguém deve ter cometido um grande erro. Mas Leigh-Mallory temera que as tropas transportadas por planadores sofressem 70 por cento de baixas, antes de tudo por causa dos "aspargos" de Rommel. Concluindo, aqueles postes enterrados no solo eram inconseqüentes; foram as cercas vivas que causaram os problemas. E os jipes e os canhões anti-carros que ficaram operantes mostraram ser inestimáveis.

Por volta das 4:00, os pára-quedistas americanos e as tropas americanas transportadas por planadores tinham-se espalhado por toda parte e percorrido o Cotentin. Com raras exceções, se perderam. Exceto o 2º Batalhão de Vandervoort (do 505º), eles estavam sozinhos ou em grupos de três, cinco, dez e no máximo trinta homens. Eles haviam perdido o grosso de seus fardos de equipamento; as luzinhas azuis presas aos fardos, na maioria, deixaram de funcionar. Muitos homens perderam suas mochilas com munição extra, rádios de campanha, tripés para metralhadoras e muitas outras coisas. Os poucos rádios que eles recuperaram ou tinham sido molhados nas áreas inundadas ou danificados ao atingir o chão e não funcionavam. Eles tinham sofrido pesadas baixas, no choque de abertura, na chegada ao solo com muita força como resultado de saltos baixos demais, do fogo alemão, das colisões dos planadores.

O tenente Carl Cartledge, do 501º, pousou num pântano. Esperava-se que a sua companhia se reunisse a um toque de corneta, mas o corneteiro se afogou. Ele encontrou o praça John Fordik e um praça chamado Smith. Smith não podia caminhar — ele havia quebrado a coluna. Outros membros do grupo haviam se afogado. Cartledge reuniu dez homens do seu pelotão. Eles conduziram Smith para terra firme e o cobriram com mato. Ele insistia em conservar os dois pombos-correio que trazia consigo. Um deles tinha uma mensagem na perna que dizia que o batalhão estava sendo eliminado; o outro dizia que estava cumprindo a sua missão. Haviam dito a Smith que soltasse um ou outro ao amanhecer.

Quando o pelotão se preparava para se deslocar, as últimas palavras de Smith a Cartledge foram: "Enviarei a mensagem correta. Não me faça passar por mentiroso."

Quando o pelotão partiu, uma metralhadora alemã abriu fogo. Os homens correram de volta para o pântano. Cartledge não tinha rádio. Ele estava perdido, com água à altura do peito, tomando tiros sem ter condições de revidar. O praça Fordik, "um rude mineiro de carvão da Pensilvânia", inclinou-se para dizer-lhe ao ouvido: "Sabe, tenente Cartledge, acho que os alemães estão ganhando esta guerra."[60]

Dez semanas mais tarde, quando as tropas pára-quedistas estavam de volta à Inglaterra, preparando-se para outro salto, possivelmente à noite, os comandantes de regimento e de batalhão da 82ª se reuniram em Glebe Mount House, Leicester, para uma conferência de relato de missão. Eles fizeram uma análise do que deu errado e do que deu certo.

Começaram com os pilotos. No futuro os comandantes de pára-quedistas queriam que os pilotos treinassem para missões de combate e mau tempo. Queriam que eles fossem forçados a reduzir velocidade — uma sugestão apresentada consistia em que cada piloto do Comando de Transporte de Tropas fosse levado a saltar de um avião numa velocidade de 150 milhas por hora. Que se dissesse aos pilotos que ação evasiva num céu cheio de balas traçantes não fazia nenhum bem, mas causava muito mal.

Eles não disseram isso, mas parece claro que o silêncio rádio também fez mais mal do que bem. As guarnições antiaéreas alemãs estavam enfim plenamente alertadas pelos aviões-guias. Se os pilotos precursores transmitissem informação sobre o bloco de nuvens, os pilotos na formação principal teriam sido alertados. Se eles tivessem tido condições de falar uns com os outros pelo rádio, a dispersão das aeronaves não teria sido tão grande.

Apenas os comandantes de batalhão do 505º tinham algo de bom a dizer sobre o sistema do T iluminado — o tenente-coronel Edward Krause, comandante do 3º Batalhão, disse que, quando viu o seu T, "senti que tinha achado o Santo Graal". Nenhum dos outros vira seus T (que na maioria dos casos não foram preparados porque os precursores não tinham a certeza de estar no lugar certo). Ninguém demonstrava ter fé no sistema Eureca.

Havia um acordo geral de que os fardos de equipamento tinham de ser amarrados juntos e um melhor sistema de iluminação devia ser projetado. Os comandantes queriam que cada homem levasse uma mina (e fizesse uso imediato colocando-a numa estrada; os homens, quanto ao mais, deviam ser instruídos para ficar afastados das estradas). Era preciso achar um jeito para levar uma bazuca com cada grupo de combate. A granada Gammon "era muito satisfatória". Cada homem devia receber uma pistola 45, "para ficar disponível imediatamente após a aterragem".

No que se refere à reunião, os comandantes achavam que os foguetes de sinalização seriam o método mais eficaz, mas não em excesso. Bastaria um por batalhão, levado pelo comandante. Apitos, cornetas e instrumentos semelhantes haviam sido insatisfatórios, em parte por causa do barulho causado pelo fogo antiaéreo, em parte porque no país das cercas vivas o som não se propagava. O método de espaçar o salto do grupo dos pára-quedistas foi um fracasso por causa das cercas vivas e da natureza pouco concentrada dos saltos. Rádios melhores e em maior quantidade seriam uma grande ajuda. Os homens tinham de aprender como se desvencilhar de seus pára-quedas com mais rapidez (a simples solução para isso era livrarem-se das tais fivelas e adotarem o método britânico de mecanismo de liberação, o que foi feito).[61]

Assim os comandantes de pára-quedistas encontraram bastante o que criticar na operação. Todavia, contrariamente ao medo que o praça Fordik havia expresso ao tenente Cartledge, os alemães não estavam ganhando a guerra. Embora espalhados, os pára-quedistas e as tropas aerotransportadas por planadores estavam para entrar em ação, enquanto os alemães, na sua maioria, permaneciam entocados e muito confusos.

12. "Vamos Pegar Aqueles Safados"

O Ataque Noturno dos Pára-quedistas

No comentário analítico que se fez das missões em Glebe Mount House em agosto de 1944, os comandantes de regimentos e de batalhões da 82ª Divisão concluíram que as tropas deviam ser treinadas e reunidas com mais rapidez e que se deviam enviar grupos de busca, a fim de recuperar os fardos de equipamento. "É muito importante, todavia, que as horas de escuridão sejam utilizadas para a captura de pontos e objetivos-chaves. A reação do inimigo torna-se mais e mais violenta com o alvorecer."

Além disso, "a ação rápida e agressiva por parte de cada indivíduo é imperativa imediatamente após a chegada. Um indivíduo ou uma unidade de pequeno porte que 'se entoca' e não faz nada termina isolada e destruída. Uma unidade aeroterrestre tem a iniciativa ao pousar; deve ter isso em mente. Esta é a essência da reorganização bem-sucedida e do cumprimento de uma missão".[1]

Obviamente, os comandantes estavam insatisfeitos com alguns de seus homens. Muitos se haviam acomodado junto às cercas para esperar o alvorecer; alguns tinham até mesmo caído no sono. O praça Francis Palys, do 506º, viu o que era talvez a pior transgressão disciplinar. Ele tinha-se juntado a um grupo de combate perto de Vierville.

Ouvindo "todos os tipos de ruídos e cantoria a certa distância", ele e seus homens aproximaram-se sorrateiramente de uma casa de fazenda. Nela encontrava-se um grupo misto de duas divisões americanas. Os pára-quedistas tinham achado um barril de Calvados na adega (havia um em praticamente cada adega normanda) e "eles estavam mais bêbados que um bando de camponeses numa farra de sábado à noite. Inacreditável".[2]

O historiador do 505º, Allen Langdon, tentou explicar as ações destes e de outros homens que não estavam agindo agressivamente. Segundo suas palavras: "Um salto de pára-quedas e, em particular, um salto de combate (se a pessoa conseguisse sobreviver a ele) era tão estimulante que os iniciantes se inclinavam a esquecer o verdadeiro motivo pelo qual estavam ali — matar alemães. A impressão era: 'Demos o salto, agora os alemães devem cair e fazer-se de mortos.' Em cada regimento parecia que bastava dar um salto de combate para incutir a idéia de que saltar era apenas um meio de transporte. Outro fenômeno observado... era o choque da transição rápida de uma situação... pacífica para uma zona de guerra. Por este motivo, os soldados freqüentemente tinham relutância em atirar."[3]

O praça Dwayne Burns estava agachado ao lado de uma cerca viva, quando ouviu um barulho do outro lado. "Ergui-me e lentamente dei uma olhada, e, ao fazê-lo, um alemão do outro lado se levantou e procedeu da mesma forma. No escuro mal pude ver suas feições. Ficamos olhando um para o outro, então cada um voltou à posição anterior." Eles se deslocaram em direções opostas.[4]

Outros praças tiveram experiências semelhantes. O tenente Lynn Tomlinson, do 508º, caminhava rente a uma cerca. Olhando através de uma abertura na cerca, viu quatro soldados alemães caminhando na direção oposta. "Pareciam garotos. Eu estava a cerca de metro e meio deles." A lua tinha surgido, e "um daqueles garotos me viu e sorriu. Decidi que, se eles ficassem fora do nosso caminho, ficaríamos fora do deles."[5]

O praça R.J. Nieblas, do 508º, estava agachado junto de uma cerca com uma estrada pavimentada do outro lado. O comandante da sua companhia tinha lhe dado ordens para não atirar. Ele ouviu o som de botas ferradas na estrada, em seguida viu uma patrulha alemã que passava marchando. "Eram sujeitos jovens, meninos — bem, nós também éramos — e seus alinhados uniformes me impressionaram. Não atiramos e pensei, no momento: 'Deus, não sei se poderia atirar à queima-roupa num homem desconhecido.' "*

Alguns dos comandantes de batalhão e de companhia tinham dado ordens a seus homens para não atirar de noite com receio de revelar suas posições. Alguns chegaram ao ponto de ordenar que os homens não carregassem seus fuzis ou metralhadoras. Eles deviam usar granadas ou, melhor até, suas facas. Os comandantes da 82ª concordaram em seus relatos que aquelas ordens tinham sido um grande erro.

O sargento Dan Furlong, do 508º, não teria concordado. Ele caminhou sozinho e se dirigiu sorrateiramente para uma casa de fazenda, repleta de alemães. Podia ouvi-los conversando. Eles devem tê-lo ouvido também, porque um soldado foi verificar o pátio. Ele virou para o canto onde eu estava "e me viu colado à parede. Atingi-o no lado da cabeça com a coronha do fuzil e em seguida enfiei-lhe a baioneta e me mandei."[6]

Furlong ficou sozinho o resto da noite. E assim ficaram centenas de outros. "Dutch" Schultz perambulou, tentando mover-se em direção ao som dos tiroteios, mas antes que ele pudesse contactar seus companheiros americanos a área ficaria tranqüila. "A paz viria, e em seguida o barulho, a violência. De novo a paz e era quase como dar um passeio no campo numa tarde de domingo muito pacífica. A paz e, em seguida, a violência de novo."[7]

É claro que era tarefa dos comandantes no comentário analítico de operações ter espírito crítico; no momento (agosto de 1944) eles estavam fazendo planos para a próxima missão, que, segundo supunham, poderia ser à noite e por isso eles se concentraram nas falhas e enganos da operação do Dia D de preferência a se felicitar pelo possível bom desempenho deles e de seus homens. Mas embora o assalto aeroterrestre não tivesse sido um sucesso completo no sentido

* Naquele mesmo dia, mais tarde, Nieblas viu um pára-quedista pendurado em uma árvore. Apesar de obviamente estar sem ação, os alemães tinham atirado nele. Isto fez Nieblas ficar furioso e "acabou com meu problema de atirar em inimigo insuspeito. Agora, se usar uniforme alemão, eu atiro".

de executar todas as missões programadas, os pára-quedistas tinham feito bastante naquela noite para justificar a operação.

As missões totais das três divisões aeroterrestre eram desbaratar e confundir os alemães de modo a evitar um contra-ataque concentrado contra as tropas transportadas por mar que atacariam na madrugada e proteger os flancos nas *praias Sword* e *Utah*. Para a 6ª Divisão britânica, isto significava destruir as pontes sobre o rio Dives e capturar intactas as pontes sobre o canal e o rio Orne mantendo a linha divisória entre o Dives e o Orne, e destruindo a bateria alemã em Merville.

A bateria de Merville, quatro canhões de calibre indeterminado em quatro casamatas, ficava bem a leste da embocadura do rio Orne, em uma pastagem ampla e plana. A suposição dos planejadores aliados era de que aqueles canhões podiam bater com fogos a *praia Sword,* a fim de desbaratar e repelir os desembarques da 3ª Divisão, de modo que a tomaram como alvo prioritário. A bateria seria atacada por mar, terra e, se necessário, pelo fogo dos canhões navais.

O ataque aéreo, feito por 100 bombardeiros Lancaster da Real Força Aérea, começara às 2:00. Destinava-se mais a criar trincheiras em torno da bateria e atordoar os defensores alemães do que destruí-la; mesmo a sorte de um impacto direto não seria suficiente para penetrar o espesso concreto armado.

Em seguida viria um ataque por terra. Mas assim como as casamatas estavam bem defendidas contra bombardeio aéreo, também estavam preparadas para um ataque terrestre. Havia uma cerca de arame rodeando a área, com um campo de minas no interior, em seguida um emaranhado de arame farpado, outro campo de minas, um cinturão interior de arame farpado, finalmente um sistema de trincheiras para a infantaria alemã reforçado por dez metralhadoras. Estimava-se haver 200 soldados alemães defendendo a bateria.

Tão formidáveis eram as defesas, tão ameaçadores eram os canhões, que os britânicos destinaram mais de 10 por cento dos aerotransportados da 6ª Divisão para a missão. O trabalho coube ao tenente-coronel T. B. H. Otway, de 29 anos de idade, e a seu 9º Batalhão. Ele planejou executá-lo através de um golpe-de-mão, semelhante à do major Howard no canal de Orne (Pegasus Bridge), mas numa escala mais ampla. Howard dispunha de seis planadores e 180 homens; Otway dispunha de 750 homens, sessenta deles em planadores, o restante pára-quedistas. O plano era reunir seu batalhão num bosque a alguns quilômetros da bateria, entrar em posição, e atacar quando os planadores pousassem de qualquer maneira dentro das defesas, bem de encontro às muralhas das plataformas dos canhões. Se bem-sucedido, ele dispararia então uma pistola Very como sinal de sucesso.

A missão tinha que terminar por volta das 5:15. Se não houvesse nenhum sinal de sucesso por aquela ocasião, as belonaves britânicas ao largo da *Sword* começariam a atirar sobre Merville.

Isto no que diz respeito a planos. Na realidade, ao passo que os pilotos de planadores de Howard o haviam trazido exatamente onde ele queria estar (Leigh-Mallory disse que o feito do piloto Jim Wallwork naquela noite foi "a melhor proeza de vôo na Segunda Guerra Mundial"), os pilotos de Otway conseguiram espalhar muito seu batalhão. Eles não haviam atingido um bloco de nuvens, mas à semelhança de suas contrapartes americanas não estavam acostumados à artilharia antiaérea e assim eram incapazes de julgar o quanto ela era perigosa. Eles desenvolveram ações evasivas em excesso para escapar do que era essencialmente artilharia antiaérea leve; em conseqüência, o 9º Batalhão fez um mau salto.

Otway desceu bem junto de um quartel-general alemão. Ele se encaminhou para o ponto de reunião no bosque, onde seu subcomandante o cumprimentou: "Graças a Deus o temos aqui, senhor."

"Por quê?", perguntou Otway. "O salto está um grande caos. Não há quase ninguém aqui."[8]

Eram quase 2:00. Otway tinha menos de 100 homens consigo. Ele precisava alcançar o local em torno das defesas da bateria antes que os planadores viessem, mas precisava de mais de um sétimo do seu efetivo para isso. Então irritou-se e esperou.

Por volta das 2:30, 150 homens chegaram. Entre eles havia apenas uma metralhadora. Não dispunham de morteiros, canhões anti-carro, rádios, engenheiros, e detectores de minas. Os aviões deviam chegar em duas horas. Otway decidiu atacar com o que tinha.

Às 2:50, o grupo com efetivo aproximado de uma companhia pôs-se a caminho, esperando encontrar fora da bateria um pequeno grupo de reconhecimento que havia saltado mais cedo com os pára-quedistas precursores. Marchando em coluna por um para Merville, o grosso da tropa passou por uma bateria antiaérea alemã atirando nos aviões e planadores britânicos que chegavam. Era um alvo tentador ocasional e os homens queriam atacá-la, mas a tarefa de Otway era específica e urgente. Ele não quis revelar sua posição e de qualquer modo seu tempo estava se esgotando. Ele fez a ordem correr pela coluna — nada de tiros.

Dentro em pouco, o comandante do grupo de reconhecimento encontrou-se com Otway. Seu relato era confuso. Ele havia cortado a cerca de arame exterior e cruzado o primeiro campo de minas. O arame farpado não era tão ruim quanto temera. Mas ele não tinha consigo nenhuma fita para marcar o caminho que tinha seguido (procurando minas com os dedos). Pior, o bombardeio da RAF tinha sido um fracasso total. Nem uma bomba atingira qualquer lugar próxima da bateria.

Às 4:30, precisamente na hora, os aviões lá estavam, voando em círculos, esperando pelos sinais dos foguetes de sinalização de Otway que eram o aviso para executar a operação. Otway observava inutilmente — seus homens não tinham conseguido achar os fardos onde estavam os foguetes. Sem os foguetes, os pilotos dos planadores supuseram que algo saíra errado. Otway viu um planador deslizar sobre uma bateria, a não mais de trinta metros do chão e em seguida fazer a volta para pousar num campo à retaguarda.

Otway não tinha escolha. Deu a ordem para atacar. Seria um ataque frontal em apenas uma direção; não tinha tropas suficientes para circundar e atacar de todos os lados. Ele disse aos grupos que liderariam que ignorassem as trincheiras e fossem direto às casamatas. Os demais grupos atacariam os alemães nas trincheiras.

Os homens se engatinharam para frente no propósito de abrir brechas no arame interior. Quando o conseguiram, os fuzileiros e os metralhadores alemães no sistema de trincheiras começaram a atirar. Os homens de Otway se lançaram para a frente, ignorando as minas, gritando, atirando. Muitos tombaram, mas outros alcançaram as muralhas e fizeram fogo através das aberturas.

Os alemães que tinham conseguido sobreviver à investida se renderam. Em vinte minutos a operação estava terminada. Otway disparou a luz Very para assinalar o sucesso; um avião de observação a viu e passou o informe para a Marinha, quinze minutos antes da hora em que o bombardeio devia começar. O oficial de sinalização de Otway puxou um pombo da sua jaqueta e o libertou, para que levasse à Inglaterra a mensagem de que a bateria de Merville fora capturada.

Os alemães tinham cobrado um terrível preço. Praticamente a metade da força de 150 homens de Otway havia tombado, mortos ou feridos. Os alemães também pagaram um preço terrível; dos 200 defensores, apenas vinte e dois homens ilesos foram feitos prisioneiros.[9]

Otway destruiu os canhões lançando granadas Gammon dentro dos canos. Acontecia que eram velhos 75 mm franceses, trazidos da Linha Maginot, preparados para defesa costeira contra um ataque a leste da embocadura do Orne. Não constituiriam uma séria ameaça à *praia Sword.*

Não obstante, foi um brilhante feito militar. As tropas aeroterrestre britânicas tinham conseguido um início estupendo. Antes do alvorecer, haviam assumido o controle das pontes sobre o canal e o rio Orne, tomado a bateria de Merville, em ambos os casos exatamente no horário. Os homens de Howard haviam repelido um violento contra-ataque conduzido por dois carros de combate franceses, pequenos e velho. Tinham recebido reforço dos pára-quedistas do 7º Batalhão.

O plano de Howard na Pegasus Bridge tinha funcionado até o menor detalhe. O plano previsto para a tomada da bateria de Merville era muito confuso, até que Otway aterrasse. A capacidade de Otway de improvisar e inspirar, e a calma confiança e o plano brilhante de Howard mostraram que o Exército britânico da Segunda Guerra Mundial estava no auge de sua eficiência.

A 6ª Divisão Aeroterrestre teve muitas outras aventuras e sucessos naquela noite. Um dos mais espetaculares foi a odisséia do major A.J.C. Roseveare, um engenheiro do 8º Batalhão. Engenheiro civil antes da guerra, Roseveare recebeu a tarefa de fazer explodir as pontes sobre o rio Dives em Bures e Troarn. Para esse trabalho seu grupo havia trazido em fardos algumas dúzias de cargas com trinta libras de explosivos em cada uma.

Roseveare pousou na zona de lançamento errada, perambulou um pouco pelos arredores, contactou o tenente David Breeze e alguns de seus rapazes, e fez um inventário. O grupo de combate era composto de sete homens. Eles tinham um carrinho dobradiço e um recipiente com cargas. Sabiam onde estavam e onde queriam ir — a Troarn, a maior das duas pontes, oito quilômetros a sudeste. Roseveare tinha requisitado uma bicicleta. Melhor ainda, um jipe com reboque para serviços médicos fora trazido por planador. Como o recordou Roseveare, o reboque "foi carregado até as bordas com garrafas de sangue, ataduras, talas e todos os tipos de material para equipamento médico de campanha e instrumentos. E eu disse ao médico 'Siga-me'. Eu achava, talvez em desespero, que seria melhor dispor de algum transporte. Caminho afora, em Herouvillette, cortamos os fios telefônicos; parecia uma coisa sensata para fazer".

O sargento Bill Irving foi fazer o corte. "Eu tinha subido em dezenas de postes telefônicos como aquele em treinamento", disse ele. "Cheguei até a metade, e foi só, o meu equipamento era pesado demais." Assim, de fato os arames não foram cortados.

A caravana, com o jipe e o reboque atrás, prosseguiu. Num entroncamento rodoviário a cinco quilômetros de Troarn, oito soldados do 8º Batalhão juntaram-se a eles. Roseveare estava bastante aliviado. Ele lhes explicou o plano, disse que seus sapadores estavam prontos para explodir a ponte, uma vez que ela estivesse sob controle, e concluiu: "Infantaria, vá na dianteira!"

Não havia oficiais ou suboficiais no grupo. Os oito praças olharam uns para os outros e balançaram as cabeças. O desesperançado Roseveare recobrou a serenidade e elaborou um novo plano. Ele ordenou ao médico que descarregasse o reboque.

"Ele protestou?", perguntaram a Roseveare na sua entrevista.

"Ele não tinha direito a quaisquer sentimentos. Por isso carregamos todas as cargas especiais e o equipamento de detonação no reboque." Roseveare mandou seus sapadores se deslocarem para a ponte em Bures, dando-lhes a metade das cargas para explodi-la. Roseveare insistiu em dirigir o jipe — "Gosto de estar no comando das coisas" — e os sete homens restantes se amontoaram, enquanto um oitavo, o sapador Peachey, subiu para o reboque. Ele tinha uma metralhadora de mão Bren e daria proteção à retaguarda. Nos cantos da frente do capô, o sargento Irving e o sargento Joe Henderson se sentaram, empunhando metralhadoras de mão Sten. Os homens dentro do jipe mantinham as suas armas prontas, dando cobertura ao flanco.

O jipe partiu forcejando ao peso da sobrecarga, lutando para ganhar velocidade. Felizmente não havia colinas para subir e o caminho descia gradualmente na direção do rio. Roseveare dirigia cuidadosamente o veículo durante o percurso, gradualmente ganhando velocidade.

Ele fez uma curva sem reduzir, "e colidimos com um emaranhado de arame farpado", relembrou Irving, que foi lançado fora do jipe; havia uma pilha de braços e pernas, os eixos estavam enredados pelo arame farpado. Roseveare esperava um ataque alemão e pôs seus homens em posição de defesa imediata, em seguida segurou uma lanterna quando Irving foi trabalhar com seus cortadores de arame. Com a lanterna sobre ele, Irving disse: "Eu me sentia exatamente como uma ervilha esperando ser arrancada da vagem."

Mas não havia tropas alemãs na área. A guarnição em Troarn parecia estar dormindo. Irving terminou de cortar o arame e todos subiram iniciando a jornada.

Entraram furtivamente em Troarn. Roseveare deteve-se numa encruzilhada e ordenou que Irving fosse dar uma olhada adiante para ver se tudo estava limpo.

Nada estava se movendo. Irving fez sinal para que o jipe avançasse, "e eu me voltei para verificar ainda uma vez e passou assobiando por mim um soldado alemão numa bicicleta, obviamente retornando de uma noite fora". Os homens atrás do jipe derrubaram o alemão com uma rajada de tiros.

"A coisa está feita", disse Roseveare. Ele engrenou o jipe e foi direto para a rua principal de Troarn, correndo colina abaixo para o rio além da aldeia. Quase imediatamente, os alemães tinham-se levantado e começaram a atirar.

"E quanto mais longe íamos", disse Irving, "mais o fogo caía sobre nós, e quanto mais rápido Roseveare dirigia o jipe, mais revidávamos ao fogo e começamos a desenvolver ações evasivas." Irving calculou que dezoito a vinte alemães estavam atirando. Ele tinha começado a corrida empoleirado no canto esquerdo da frente do jipe, "abrindo fogo com a minha metralhadora de mão Sten em tudo o que se movia". Quando o jipe chegou ao fim da cidade, "eu não sei como aconteceu, mas eu estava estatelado no capô do veículo".

Irving acrescentou: "Estávamos tão excitados que na verdade não havia nenhuma sensação de susto."

Perto do fim da rua, um alemão saiu de uma casa com uma MG-34, e a colocou no meio da estrada. Atrasou-se um segundo demais; o jipe estava quase em cima dele, mas, lembrou Roseveare, "ele foi terrivelmente rápido". Agarrou a metralhadora e o tripé e correu apressadamente para um vão de porta. Assim que o jipe passou, ele se recompôs e súbito "balas traçantes passavam velozmente sobre nossas cabeças".

Novamente um segundo atrasado demais. O jipe estava agora no declive final, longo e gradual na direção do rio. Ganhou velocidade. Roseveare começou a ziguezaguear. O atirador não pôde abaixar sua arma o bastante para torná-la mais eficaz.

O jipe tombou para um lado. Peachey caiu do reboque (ele foi ferido e capturado). "E, de algum modo", disse Irving, "Joe Henderson, que começara comigo na frente do veículo, terminou sentado atrás no reboque. Portanto, no processo ele passou por cima do jipe. Não me pergunte como isso foi feito, mas ele o fez."

O grupo de combate alcançou a ponte desguarnecida. Roseveare parou, descarregou, deu as ordens. Pôs guardas em cada extremidade e disse aos sapadores que colocassem as cargas através do centro do arco principal. Em poucos minutos (dois, achou Irving, cinco, garantiu Roseveare), tudo estava no lugar.

Irving perguntou a Roseveare se ele queria acender o estopim.

"Não, você o acende."

"Sempre pensei que ele queria dizer que se a danada da coisa não explodisse, não teria nada a ver com ele", comentou Irving ao lembrar a troca.

A ponte foi pelos ares numa grande explosão. Tinha uma fenda de metro e oitenta no centro.

Roseveare dirigiu rio abaixo numa estrada de terra que logo terminou. O grupo abandonou o veículo para se pôr a caminho a pé na direção do comando do batalhão. Deslocaram-se para o interior de um bosque. Roseveare ordenou uma parada para descanso. "Depois de toda aquela excitação", disse Irving, "estávamos desesperadamente cansados. Literalmente arriamos e fomos dormir."

O sol estava aparecendo no horizonte, a leste. Eles acordaram em uma hora e chegaram ao QG sem novidade. Lá Roseveare veio a saber que os sapadores enviados para explodir a ponte em Bures tinham realizado sua missão.[10]

Para o batalhão aeroterrestre canadense o objetivo era a ponte a jusante sobre o Dives. Por volta de 2:00, o sargento John Kemp conseguira reunir o seu grupo de combate mas não sabia onde estava. Sua missão era dar proteção a uma equipe de sapadores que devia explodir a ponte Robehomme.

Fato insólito, na escuridão da noite Kemp ouviu a campainha de uma bicicleta tocando. O ciclista vinha a ser uma garota francesa que provavelmente estivera a cortar fios telefônicos, como se estava fazendo em toda a Normandia, aumentando as vicissitudes das comunicações dos alemães. Canadenses de língua francesa conversaram com a moça, que concordou em levá-los até a ponte que eles queriam; puseram-se a caminho. Mas ela os levou a um quartel alemão e pediu que o assaltassem. Kemp se recusou; seu trabalho era explodir a ponte, não provocar os alemães. Com relutância ela continuou. Quando chegaram à ponte Robehomme, Kemp descobriu que estava desguarnecida. Ele colocou sentinelas em cada extremidade e se sentou para esperar que os sapadores viessem com os explosivos.

A garota estava uma fera. "Vão ficar aí sem fazer nada?", perguntou ela, que correra grandes riscos levando-os até ali. "Vão ficar aí sentados?"

Felizmente, os sapadores chegaram, a ponte foi explodida e a garota ficou satisfeita.[11]

As tropas aeroterrestres britânicas tinham razão para ficar contentes com o seu desempenho naquela noite. Tinham arrasado a ponte que foram encarregados de explodir, tomado intactas as pontes que lhes disseram para capturar. Haviam tomado algumas das aldeias e encruzilhadas-chave espalhadas na península entre os rios Dives e

Orne. Tinham destruído a bateria Merville. Sua missão estava cumprida: o flanco esquerdo na *praia Sword*, que era o flanco esquerdo para toda a invasão, estava nas mãos da 6ª Divisão antes do alvorecer.

Mas a divisão continuava por trás das linhas inimigas. Estava desesperadamente com falta de armas pesadas de todas as espécies. Exceto sobre as pontes estreitas nas vias fluviais do Orne, não possuía linhas terrestres de comunicação com o resto do Exército britânico — e ninguém poderia dizer quanto tempo os comandos levariam para chegar à Pegasus Bridge.

No flanco direito, os americanos não estavam cumprindo suas missões específicas tão bem como suas contrapartes britânicas. Para a 101ª Aeroterrestre, o alvo principal era tomar as quatro saídas internas nas extremidades ocidentais dos caminhos elevados na área inundada a oeste de *Utah* entre St.-Martin-de-Varreville e Pouppeville. Outras missões eram destruir duas pontes através do rio Douve, uma na rodovia principal a noroeste de Carentan e a outra a ponte ferroviária a oeste. Além do mais, a 101ª devia tomar e manter a eclusa La Barquette e estabelecer cabeças-de-ponte sobre Douve, a jusante da eclusa. Em suma, a missão da 101ª consistia em abrir caminho para o campo de batalha para a 4ª Divisão de Infantaria com desembarque em *Utah* ao mesmo tempo isolando o campo de batalha dos alemães em Carentan.

A execução da tarefa teve um início enervante pela sua lentidão. As unidades levaram horas, até a madrugada e após (em alguns casos nunca no mesmo dia) para se reunirem num efetivo de batalhão, e em seguida outra semana para separar os homens da 101ª dos da 82ª.

O tenente-coronel Robert Cole, que comandava o 3º Batalhão, do 502º, desembarcou perto de Ste.– Mère-Église. Seu objetivo, as duas saídas a nordeste de *Utah*, estava a dez quilômetros de distância. Levou tempo para calcular sua posição, tempo para reunir os homens. Por volta das 4:00 tinha menos de cinqüenta homens reunidos. Ele pôs-se a caminho. Em algumas horas de caminhada em torno de Ste.– Mère-Église, o grupo chegou ao efetivo de setenta e cinco homens. Estabeleceu contato com um pequeno comboio alemão, matou vários dos inimigos e fez dez prisioneiros. Quando a madrugada surgiu, Cole ainda estava a uma hora do seu objetivo.

Para o tenente Cartledge, a madrugada trouxe uma trégua auspiciosa. Ele pensava estar no rio Douve quando realmente estava em Merderet. Por volta das 4:00 ele tinha reunido nove homens. Seu "grupo de combate" era representativo de muitas das unidades através do Cotentin. Cartledge tinha o tenente Werner Meyer, do serviço de informações, incorporado ao QG da divisão como intérprete; um homem de demolição; três operadores de rádio; um burocrata, e dois homens de sua própria companhia. "Com apenas três de nós treinados para combater", disse Cartledge, "era imperativo que dispuséssemos de um grupo maior."

Ele se dirigiu para o que achava ser a costa. "Quando veio o alvorecer, paramos ao lado de uma colina ao longo de uma estrada de terra, dispusemos nossas minas terrestres num grande círculo, tiramos nossas barras de chocolate da ração D e nossos cantis e tomamos o café da manhã. Meyer, Bravo, Fordik e eu nos sentamos juntos e começamos a trocar idéias, decidindo que caminho tomar."[12]

Naquele momento, um grande número de pára-quedistas da 101ª estava sentado, conversando. O praça John Fitzgerald tinha muito do que falar, mas ninguém para ouvi-lo. Fitzgerald era da 101ª; em torno das 4:00, ele encontrou um capitão e um praça da 82ª. Eles saíram à procura de outros. Os planadores estavam se acercando e uma bateria antiaérea alemã abriu fogo.

"Com todo aquele barulho, pudemos nos arrastar até vinte metros da bateria", relatou Fitzgerald. Ela estava atirando continuamente. O capitão murmurou qual será nosso plano de ataque, e em seguida exclamou: "Vamos pegar aqueles safados!" O praça da 82ª abriu fogo com o seu fuzil automático Browning atingindo dois alemães à direita da plataforma. O capitão lançou uma granada que explodiu diretamente sob o canhão.

"Esvaziei o pente da minha M-1 em dois alemães à esquerda", contou Fitzgerald. "Num momento estava tudo acabado. O suor corria da minha fronte, minhas mãos estavam tremendo. Era a primeira vez que eu havia atirado numa coisa viva. Notei a camisinha rasgada pendendo solta da extremidade do meu fuzil. Eu a tinha colocado ali antes do salto para manter o cano limpo, e depois me esqueci."[13]

Eles chegaram a outra bateria, desta vez maior. Atacaram-na e foram repelidos. Na retirada, se separaram. Assim, ao amanhecer Fitzgerald viu-se sozinho, imaginando onde poderia estar.

O capitão Gibbons, do 501º, reuniu um grupo misto de uma dúzia de homens e às 3:00 pôs-se a caminho. Eles expulsaram alguns alemães de uma aldeola, acordaram os habitantes franceses, apontaram e gesticularam para o mapa, e descobriram que acabavam de libertar Carquebut. Gibbons sabia que Carquebut estava fora do setor da 101ª era um objetivo da 82ª. Ele decidiu dirigir-se para o sul no sentido do seu objetivo original, as pontes sobre o Douve. Era uma longa caminhada. "Quando deixamos Carquebut", relembrou Gibbons, "a madrugada estava apenas começando."

Ele se dirigiu com uma dúzias de soldados desconhecidos para o seu objetivo a mais ou menos quinze quilômetros de distância sem qualquer equipamento para fazer explodir uma ponte. Mais tarde, observou Gibbons: "Esta certamente não foi a maneira pela qual eu imaginara que fosse a invasão, nem jamais a tínhamos ensaiado assim."[14]

Mas ele estava dando cumprimento à sua missão. No Cotentin inteiro, oficiais subalternos de ambas as divisões estavam fazendo o mesmo. Esta era a compensação pelas detalhadas instruções recebidas. Os comandantes de pelotão e de companhia conheciam as missões de seu batalhão. Por volta das 4:00 muitos deles tinham partido para executar suas missões, por mais distante que fosse o alvo.

O capitão Shettle achou seu objetivo antes da madrugada, um dos poucos a fazê-lo. Depois de ter feito explodir a rede de comunicações no norte de Carentan, dirigiu-se para as duas pontes sobre o Douve a jusante da eclusa. Ele devia estabelecer uma cabeça-de-ponte sobre a margem oposta e não explodir as pontes, que seriam necessárias para a ligação do flanco esquerdo oposta em *Utah* (onde estava Shettle naquele momento) e o flanco direito que vinha de *Omaha*.

Shettle tinha cerca de quinze homens com ele. Eles chegaram a uma casa de fazenda francesa, cercaram-na, chamaram a família e descobriram que o único alemão na área era um pagador conduzindo os soldos de todo o 6º Regimento de Pára-Quedistas. Shettle deu-lhe voz de prisão e confiscou o dinheiro. O fazendeiro levou o grupo até as pontes. Elas estavam defendidas por posições de metralhadoras sobre a margem sul, mas voluntários fizeram uma investida e afastaram o inimigo. Ao amanhecer, todavia, os metralhadores alemães forçaram a guarda avançada de Shettle a se retirar para a margem norte.[15]

Logo após a madrugada, o coronel Johnson, comandante do 501º conseguira tomar a eclusa de La Barquete e colocar alguns dos grupos de combate no outro extremo.

A missão da 82ª era isolar o Cotentin ao sul pela destruição das pontes sobre o rio Dove a montante de sua junção com o Merderet, em Pont-l'Abé e Beuzeville, ocupando e mantendo ambas as margens do rio Merderet, e em seguida protegendo o flanco sudoeste do VII Corpo mantendo a linha do rio Douve. Para o norte, o objetivo principal era Ste.– Mère-Église.

Às 4:00 o tenente-coronel Ed Krause, 3º Batalhão, do 505º, reunira aproximadamente 180 homens. Ele os pôs na estrada indo para o seu objetivo, Ste.– Mère-Église.

Na aldeia, o incêndio cessara, os habitantes tinham voltado para a cama, o mesmo acontecendo com a guarnição alemã. Foi surpreendente e inexplicável, mas verdadeiro. Quando Krause chegou à periferia da cidade sem ser molestado, mandou que uma companhia se deslocasse o mais quietamente possível com o objetivo de colocar barricadas nas estradas, com minas em frente. Depois de dar aos homens uma vantagem inicial de trinta minutos, Krause mandou a outra para a cidade, a fim de desobstruí-la. Um francês local, meio bêbado, que conduzira os batalhões até a cidade, indicou o acantonamento dos alemães. Trinta deles se renderam docilmente; dez foram alvejados por tentar resistir.

Num instante, um objetivo-chave fora tomado. Krause cortou a central dos cabos de comunicação. Seus homens mantiveram as estradas que levavam a Ste.-Mère-Église e, o que era mais importante, a principal rodovia de Caen a Cherburgo.*

* M. André Mace, escondido numa garagem na aldeia, escreveu em seu diário: "É um verdadeiro inferno por toda parte com tiro de armas portáteis, de metralhadoras, e de artilharia. Por volta das 3 horas da manhã arriscamos uma olhadela para ver o que estava acontecendo. Os americanos são os únicos nas ruas da cidade, não há mais alemães. É uma alegria indescritível. Eu nunca fui tão feliz em toda a minha vida." (Original no Museu do Pára-Quedista, Ste.-Mère-Église, cópia com CE.)

De madrugada, um desastre. Um jipe desembarcado por planador rebocando um canhão anti-carro veio descendo em alta velocidade a estrada de Chef-du-Pont. Antes que qualquer dos homens de Krause pudesse detê-lo, o jipe atingiu uma das minas, e não só "voou pelos ares juntamente com o canhão" mas também matou os dois homens que estavam no veículo e destruiu a barricada.

Felizmente, Krause havia trazido dois canhões anti-carro. Quando o sol surgiu, ele mantinha a cidade que os americanos deviam ocupar.[16]

Em nenhum outro lugar nenhuma das duas divisões americanas havia atingido seus objetivos antes da madrugada. As pontes não tinham sido tomadas nem explodidas, as vias elevadas não estavam garantidas. Nenhuma companhia americana contava com seu efetivo total; apenas algumas estavam com a metade das suas forças. Mais de uma hora depois do nascer do sol, os americanos ainda estavam tentando encontrar uns aos outros.

Isto levou à preocupante idéia de que talvez fosse melhor ter vindo de madrugada. Uma reunião à luz do dia seria muito mais rápida, de modo que por volta das 7:30 as unidades teriam estado a caminho — a mesma hora ou mais cedo do que muitos deles na realidade se puseram a caminho. (Vinte e duas horas depois do salto, no fim do Dia D, a 101ª conseguira reunir apenas cerca de 2.500 dos 6.000 homens que tinham sido lançados.[17]

Mas apesar do tempo perdido e do relativo fracasso na reunião da tropa, o salto noturno tinha conseguido alguns êxitos. Tinha certamente confundido os alemães. Os oficiais subalternos, tomando a iniciativa, conseguiram reunir muitos homens que estavam se mobilizando para os objetivos de suas companhias. Ste.-Mère-Église estava garantida.

Mas ao amanhecer, cada comandante de companhia americano se sentia isolado e cercado, e estava profundamente preocupado com a capacidade de sua unidade para executar a missão. Apesar da mistura de pessoal, as duas divisões não estavam em contato ou comunicação. A incursão não funcionou. Ninguém estava vindo apanhá-los. Eles precisavam lutar para conquistar terreno, mantê-lo e comunicar-se, mas dispunham apenas de cerca de um terço de seus homens para lutar. O que mais temiam era serem forçados a colocar as carroças em círculos e travar combates defensivos, como no tempo do "Velho

Oeste", sem comunicação por rádio ou qualquer idéia de onde estavam os outros americanos, tornados passivos pela sua debilidade numérica, talvez de antemão esmagados.

Pouco antes de amanhecer, o coronel Heydte finalmente entrou em contato com o general Marcks e recebeu ordens. Ele devia atacar com o seu regimento no sentido norte fora de Carentan e desobstruir a área entre a cidade e Ste.– Mère-Église.

Heydte pôs-se a caminho confiante em que podia fazer exatamente isso. Ele tinha sob o seu comando um regimento super-reforçado que valia, na sua opinião, duas divisões americanas ou britânicas. Seus pára-quedistas eram garotos obstinados, a média de idade era de dezessete anos e meio. Estavam com seis anos quando Hitler subiu ao poder. Tinham sido criados na ideologia nazista cuja meta era prepará-los precisamente para aquele momento. Eles tinham um experiente e renomado oficial comandante, um soldado profissional com antecedentes caracterizados pela audácia.

O 6º Regimento de Pára-Quedista era uma criação perfeita da nova Alemanha. Os nazistas uniram o profissionalismo do Exército alemão à nova juventude no nacional-socialismo. Deram-lhe novo equipamento. Eles lançariam o que tinham de melhor contra o melhor que os americanos podiam pôr no terreno. "Que venham", desafiara Goebbels com um sorriso de escárnio.

Agora eles tinham vindo, e estavam em áreas espalhadas, altamente vulneráveis. Quando o primeiro raio de sol apareceu, Heydte e a elite do sistema nazista marcharam para combatê-los. O primeiro contra-ataque significativo do Dia D estava a caminho. Lançaria uma força de elite americana contra uma força de elite alemã, um teste de sistemas.

13. "O Maior Espetáculo Jamais Encenado"

O Bombardeio Aéreo

"Ao amanhecer", disse o capitão Shettle do 506º, "observamos uma das cenas mais impressionantes de qualquer ação em tempo de guerra. Leva após leva de bombardeiros médios e leves podiam ser vistos varrendo as praias da invasão com o fito de lançar suas bombas."[1]

Foi a maior armada aérea que já se conseguiu reunir. Estava prestes a entrar na refrega em números espantosos. No Dia D, os aliados fizeram mais de 14.000 ataques aéreos comparados com os 250 da Luftwaffe (a maioria dos quais contra navios nas orlas da invasão).*

Muitos pilotos e tripulações de bombardeiros executaram três missões naquele dia, em média cada aviador enfrentou duas. Spaatz, Harris e Leigh-Mallory puseram no ataque tudo o que podia voar. Eles

---

* John Eisenhower graduou-se em West Point no Dia D. Uma semana depois, o segundo-tenente Eisenhower dirigia em torno da cabeça-de-praia com seu pai. O tenente Eisenhower estava espantado em ver veículos movendo-se pára-choque com pára-choque, numa total violação da doutrina dos regulamentos de West Point. "O senhor nunca se sairia dessa se não tivesse supremacia aérea", fez ele ver ao seu pai. O comandante supremo riu às gargalhadas. "Se eu não tivesse a supremacia aérea, eu não estaria aqui".

não mantiveram nenhuma reserva, uma viva lembrança de até que ponto haviam chegado na guerra aérea desde 1939-42, quando a RAF estava na defensiva e nem podia sonhar com o dia em que estariam deixando a Grã-Bretanha sem cobertura.

Eles tinham conquistado sua vitória na guerra aérea e haviam pago um preço por isso, parte em equipamento, mas principalmente em vidas humanas. Era a mais arriscada das três Forças na guerra. Era também a mais fascinante.

Os infantes invejavam os aviadores e se ressentiam com eles. Aos seus olhos, os rapazes do ar passeavam em torno do quartel sem fazer coisa alguma, saíam à noite, ganhavam as garotas e tinham oficiais e graduados em excesso.

O que os infantes não viam era a Força Aérea do Exército em ação. Sob o ponto de vista dos rapazes do ar, eles eram os veteranos que haviam estado na guerra desde 1939 (RAF) ou 1942 (EUA), enquanto os respectivos exércitos ficaram sentados em plena ociosidade.

Eles viviam uma estranha existência. Nos dias de mau tempo, que eram a maioria, gozavam tranqüilas vidas de caserna. De licença, eles tinham o melhor de Londres. A caminho da ação, durante horas sem fim, eles ficavam contraídos, frios, tensos, temerosos e chateados. Quando entravam em ação, entravam no inferno. Com o fogo antiaéreo alemão cerrado o bastante para lhes barrar, atirando por baixo e com os caças alemães vindo por trás e por cima, as tripulações passavam por uma hora ou mais de puro terror.

Eles não estavam desprotegidos. Os bombardeiros aliados estavam repletos de metralhadoras — no nariz, sob a barriga, no topo e na cauda. Diziam-lhes os entendidos que eles ficariam em melhores condições eliminando o peso daquelas metralhadoras e os homens que as manejavam (um B-17 levava treze metralhadoras de calibre .50). Com um avião mais leve, poderiam voar mais alto e mais rápido, e estariam muito mais seguros. Não, obrigado, replicavam os tripulantes. Era preciso ter condições de revidar.

Eles sofriam perdas pesadas. Sob o ponto de vista estatístico, as tripulações dos bombardeiros não podiam sobreviver a vinte e cinco missões. O *Catch-22* não era ficção. O sargento Roger Lovelace do 386º Grupo de Bombardeiros foi informado de que podia ir para casa depois de vinte e cinco missões. Depois foram trinta, em seguida trinta e cinco. No Dia D ele estava na sua sexagésima missão (e por fim fez um total de setenta e seis).[2] Nos dois meses precedentes ao Dia D, as forças aéreas aliadas perderam 12.000 homens e mais de 2.000 aviões.

Eles perseveraram e triunfaram. O quanto conseguiram na tentativa de eliminar a produção bélica alemã constitui assunto de contínua controvérsia, e também o que realizaram para expulsar a Luftwaffe da França, forçando-a a recuar para a Alemanha e a assumir um papel defensivo. Sim, eles superaram a superioridade aérea para conseguir a supremacia no ar.

As forças estratégicas não foram organizadas para dar apoio tático a exércitos terrestres. Mas com o clímax do Plano de Transporte começando no início de junho, essa se tornou a sua tarefa. Todos os que estavam envolvidos concordavam em que precedendo-o e no Dia D cada bombardeiro na Grã-Bretanha participaria de um ataque maciço à muralha atlântica. Houve desacordos quanto à maneira específica de fazer tal coisa.

O plano final era o seguinte: no Dia D menos dois, quase a metade do esforço de bombardeio se efetuaria no Passo de Calais como parte da *Operação Fortitude*. No dia seguinte, metade das tripulações descansava enquanto os outros receberiam as chamadas "missões rotineiras". O Comando de Bombardeiros da RAF abriria o Dia D com um bombardeio à meia-noite contra as baterias costeiras e de Caen. Ao amanhecer, a Oitava Força Aérea dos Estados Unidos, composta de 1.200 B-17 (Fortalezas Voadoras) e B-24 (Libertadores), bombardearia durante meia hora as praias nas costas de Calvados enquanto os B-26 (Marauders) da Nona Força Aérea saturariam a *praia Utah*. Se o céu estivesse claro, o bombardeio cessaria cinco minutos antes que as tropas chegassem à praia; se nublado, dez minutos.

Spaatz, Tedder e Leigh-Mallory queriam uma zona de segurança de 1.500 metros; a força terrestre queria 500 metros; eles concordaram em que se estabelecesse uma zona de 1.000 metros.

Depois que os bombardeiros pesados voltassem para a Inglaterra do seu ataque da madrugada, eles se reabasteceriam e sairiam de novo, desta vez para bombardear as pontes e as encruzilhadas no interior, ou Carentan, Caen e outras cidades. Spaatz argumentou contra estas operações considerando-as desumanas e com pouca probabilidade de causar muito impacto, mas Eisenhower apoiou Leigh-Mallory nesta disputa, e essas foram as ordens.[3]

Por volta de 4 de junho, lembrou-se o sargento Lovelace, "a eletricidade da tensão era tão espessa que podíamos ouvi-la, cheirá-la, senti-la". Por volta do entardecer de 5 de junho, "nós nos sentíamos como se estivéssemos sentados numa bomba com o estopim chiando.

"E então a coisa começou. Ouvíamos os aviões sobre nossas cabeças, os Dakotas rebocando os planadores. Postamo-nos todos do lado de fora e olhamos para o céu semi-escuro. Havia um número tão grande deles que deixava a pessoa perplexa."[4]

Nas salas de instrução, às 2:00 de 6 de junho, os homens cochichavam incessantemente. Eles concordavam em que só podia ser a invasão. Os oficiais instrutores, "sorrindo de orelha a orelha", pediram atenção, puxaram a cortina que cobria o mapa, e anunciaram o alvo. Como relembrou o tenente Carl Carden do 370º Grupo de Bombardeiros: "Tudo explodiu e os vivas ecoaram por toda a sala e houve um longo período de alegria. Estávamos falando sério e de agora em diante os americanos estariam no ataque."[5]

Os detalhes da instrução mantiveram em alta a maioria dos espíritos. Disseram às tripulações que elas estariam voando alto, que o fogo antiaéreo seria leve e a Luftwaffe inexistente. Todavia, que dizer da cobertura dos caças, perguntou alguém. "Haverá 3.500 caças aliados sobre a praia esta manhã", tranqüilizou-os um instrutor.

"Disseram que nosso trabalho era preparar o terreno com o melhor da nossa capacidade para possibilitar que a infantaria desembarcasse, permanecesse em terra, lutasse e ganhasse", disse o tenente John Robinson, do 344º Grupo de Bombardeiros, Nona Força Aérea. "Esperávamos também que enquanto estivessem a fazê-lo, liquidassem com muitas guarnições de antiaéreos, criaturas pelas quais não sentíamos nenhum amor nem piedade."[6]

Mas para as tripulações dos Marauders com destino à costa do Cotentin, onde bombardeariam embasamentos de artilharia, os detalhes da sua missão eram distintamente desencorajadores. Eles poderiam voar a 150 metros, se necessário.

"Você disse 150 metros?", perguntou o sargento Lovelace a um companheiro. "Aquilo nos abalou um pouco. A última vez em que os B-26 tinham descido àquela altitude tinham perdido dez em dez numa missão em baixa altitude na Holanda."[7]

O Marauder, um bombardeiro bimotor médio construído por Martin, tinha empenagens altas de cauda, fuselagem em forma de charuto e asas curtas. As tripulações chamavam o B-26 de "prostituta voadora" porque parecia "não ter meios de se "sustentar". Eles tinham uma afeição pela aeronave que era bem expressa pelo tenente Robinson: "Os Marauders eram, sem dúvida alguma, os melhores bombardeiros em todo o mundo."[8]

Para o tenente J. K. Havener, da Nona Força Aérea, o alvo era a posição de canhões perto de Barfleur em St.-Martin-de-Varreville. Seu avião levaria 20 bombas de 250 libras de uso múltiplo. "Nossa missão não era destruir as posições, mas atordoar os artilheiros e infantes alemães, mantendo-os entocados, e criar uma rede de abrigos já prontos que nossas tropas podiam usar quando tomassem pé no que devia tornar-se conhecido como *praia Utah*.[9]

Os B-17 deviam voar a 20.000 pés, 10.000 pés mais baixo do que o normal, com carga de bombas um terço maior que o de costume. Os alvos eram as baterias costeiras, *Omaha* e as praias britânicas da invasão. Cada Fortaleza conduzia dezesseis bombas de 500 libras.

Após as instruções, nos aeródromos por toda a Inglaterra, as tripulações tomaram o desjejum, depois embarcaram em caminhões indo até os anteparos, onde embarcaram em seus bombardeiros. Acionaram seus motores — nos Marauders, os motores Pratt e Whitney de 2.000 cavalos espirraram, tossiram e arrotaram fumaça com fogo pelo escapamento — e estavam prontos.

O tenente James Delong era o piloto de B-26 no 387º Grupo de Bombardeio. Ele fazia parte de uma formação de trinta e seis aeronaves, dois conjuntos de dezoito em grupos de seis. Ele relembrou que "a rolagem na pista era enlouquecedora. A decolagem era ruim do mesmo modo; um avião decolava do lado direito do campo; outro acionava o manete quando o primeiro atingia a metade da pista para virar para o lado esquerdo. Estava escuro e chuvoso. Um avião à minha frente explodiu numa bola de fogo. Seria minha carga pesada demais para decolar?"

Ele decolou e começou a subir. Em toda a sua volta, bombardeiros estavam subindo, com os manetes abertos no máximo, usando luzes de pouso para evitar colisões. Afinal houve algumas; os aviadores diziam que a reunião noturna criava um grande desconforto em cada assento.

"Mesmo já com a experiência de cinqüenta missões, minhas mãos estavam molhadas e eu me sentia exaurido de energia", admitiu Delong. Seu grupo atingiu um bloco de nuvens e separou-se. Quando ele emergiu a 8.000 pés, o céu estava claro. Ele não pôde ver nenhum avião do seu grupo, por isso se incorporou a outro grupo de B-26 e rumou para a Normandia.[10] Algo semelhante aconteceu a centenas de pilotos.

Em seu B-17, o tenente John Meyer ouviu o co-piloto queixar-se no interfone a respeito das nuvens: "Ele estava dizendo: 'É a merda de uma arma secreta alemã. Hitler conseguiu outra arma secreta.' "[11]

Em seu B-26, o co-piloto Havener estava passando por um processo de "angústia mental, mais ainda do que nas minhas vinte e quatro missões anteriores. Não consegui tirar da minha mente a idéia daqueles pobres-diabos na Holanda naquele vôo a baixa altitude. Aqui estávamos prestes a tomar a mesma atitude suicida com centenas de Marauders seguindo-nos a distância e intervalos regulares de apenas alguns minutos".[12]

O tenente A. H. Corry era bombardeador num B-26. Quando o seu avião emergiu das nuvens, estava sozinho. Num minuto, "vi um avião surgir das nuvens de repente, abaixo de mim. Era um B-26. Então peguei o meu sinalizador e enviei o código na sua direção. Ele respondeu afirmativamente com o código, em seguida se aproximou e ficou sob a minha asa direita. Momentaneamente, outro avião saiu das nuvens sob a asa esquerda. Em seguida mais e mais, até que três grupos de seis aviões foram formados e rumamos no sentido da costa da invasão".[13]

O capitão Charles Harris era o piloto de um B-17 no 100º Grupo de Bombardeio. Ele foi o último a decolar, às 3:45. "Como éramos conhecidos por Charlie Lanterninha em toda a Oitava Força Aérea, lembro-me de ter dado uma olhada para trás algumas vezes e não havia outro avião no ar atrás de nós, mas podíamos ver que adiante havia centenas e centenas de aviões."[14]

Quando os Marauders, voando baixo, se aproximaram da *praia Utah*, o sol brilhava e as tripulações viram um espetáculo único na história mundial. Nenhum dos homens o esqueceu jamais; todos eles acharam-no difícil de descrever. Abaixo deles, centenas de embarcações de desembarque estavam correndo para a praia, deixando esteiras brancas. Atrás dessas embarcações, havia os LST e outros navios-transporte, e também destróieres, cruzadores e encouraçados. "Quando olhei para baixo para ver aquela operação magnífica", contou o tenente Allen Stephens, co-piloto de um B-26 do 397ª Grupo de Bombardeio, "tive uma enorme sensação de que estava assistindo ao maior espetáculo jamais encenado."[15]

O tenente William Moriarity, piloto de B-26, disse: "Ao nos aproximarmos da costa, pude ver os navios bombardeando a praia. Um destróier, meio afundado, ainda estava atirando do lado em que flutuava. A praia era uma balbúrdia de bombas e granadas explodindo."[16]

O tenente Corry lembrou que "a água estava repleta de barcos, à semelhança de um enxame de formigas se arrastando lá embaixo. Imaginei todos aqueles jovens amontoados nas embarcações, sem dúvida morrendo de medo. Pude ver para onde eles estavam se dirigindo e orei por todos eles. Pensei: cara, estou aqui no alto olhando para aquelas coisas lá embaixo, e eles estão apenas esperando para pôr o pé naquela praia".[17]

Para as tripulações dos B-17, voando principalmente a 20.000 pés, acima das nuvens, não havia semelhante cena. Eles não podiam ver senão outros B-17. Aqueles que podiam, se acomodavam atrás de um avião guia conduzindo um radar. Com radar, o bombardeador líder teria condições de marcar uma área geral de alvos. Quando o avião-líder soltava suas bombas, assim o faziam os que o seguiam. Este não era um método constante dos manuais para dar apoio terrestre aproximado; semelhante bombardeio era claramente impróprio para a sua finalidade. Eisenhower dissera quando adiou a invasão que estava contando fortemente com o bombardeio aéreo para o desembarque;

ele acrescentou que os aliados não levariam a efeito a operação sem esse trunfo.

Por fim, após o abominável curto bombardeio no fim de julho, na véspera da Operação Cobra, Eisenhower aprendeu a lição de que o B-17 não era uma arma apropriada para prestar apoio tático terrestre. O testemunho dos pilotos e tripulações dos B-17 na descrição das suas experiências no Dia D sugere que o trunfo foi desperdiçado no Dia D, e que o uso apropriado teria sido aquele para o qual o B-17 fora construído: malhar sobre alvos de grande porte dentro da Alemanha (refinarias de petróleo, estações ferroviárias, complexos fabris, campos de pouso) e deixar o bombardeio das praias com os Marauders e os A-20 (Havocs).

Mas nem sequer os comandantes mais chegados à idéia de que o poder aéreo estratégico ganharia a guerra, aqueles que se tinham oposto ao Plano do Transporte com tanta veemência, jamais consideraram por um instante não participar do Dia D. Eles queriam estar lá, e Eisenhower os queria lá.

A 20.000 pés, com nuvens pesadas embaixo e o céu apenas começando a clarear, o "onde" poderia ser um mistério. Muitos pilotos nunca conseguiram se localizar. As ordens eram: se vocês não puderem ver o alvo, ou ficar atrás de um avião com radar, tragam as bombas para casa. No 446º Grupo de Bombardeio, sessenta e oito B-17 decolaram, conduzindo 400.000 libras de bombas. Somente trinta e dois foram capazes de lançar suas bombas. Aqueles que o fizeram, lançaram-nas cegamente através das nuvens sobre as praias britânicas.

O tenente Carden tinha um irmão lá embaixo. "Eu não sabia onde ele estava, mas queria ser preciso. Estávamos um pouco atrasados por causa do tempo, que afetou a precisão do bombardeio de quase todo o grupo que estava conosco."[18] Eles demoraram uma fração de segundos no cálculo, a fim de não atingir os homens que desciam na costa; como conseqüência, todas as bombas dos B-17 caíram inofensivamente duas ou três milhas no interior.

"Foi um dia de frustração", disse o tenente Meyer. "Certamente não fizemos como tínhamos planejado." A sorte dos B-17 foi que o fogo antiaéreo era leve e não havia Luftwaffe. "Foi um vôo rotineiro", concluiu Meyer.[19]

Na *praia Utah*, não havia vôos rotineiros para os Marauders. Eles voavam tão baixo que os alemães poderiam "nos apedrejar". O sargento Lovelace relembrou que viu "a primeira leva a apenas umas centenas de jardas da costa, ziguezagueando na direção da praia. Nós estávamos percorrendo a linha costeira à procura de alvos. Estávamos atraindo intenso fogo antiaéreo, não o costumeiro 88 mm mas a fuzilaria rápida de menor calibre. Tenho ainda em minha mente a imagem de um atirador de metralhadora posicionado junto de um celeiro, atirando em nós. Por um milésimo de segundo pude ver de perto o cano daquela metralhadora. Um artilheiro a meia nave ou um metralhador da cauda poderia revidar ao fogo, mas em cima, na torre, eu me senti inerme. Não podia colocar minhas metralhadoras em posição abaixo da horizontal, portanto não podia atirar em nada".[20]

O tenente Havener viu um avião em seu grupo ser atingido, fazer um completo *tonneau*, recuperar-se, e continuar. "Inacreditável!" observou ele. "Agora estamos em nossa corrida para o bombardeio e outra de nossas aeronaves recebe um golpe direto, explode e cai. À merda aquele instrutor e seu vôo rotineiro. O que é que há com todo este fogo antiaéreo!"[21]

O sargento Ray Sanders estava no avião de Havener. "Estávamos acostumados à fogo antiaéreo pesado", disse, "mas este foi o mais devastador, o mais pesado e o mais preciso que já experimentamos."[22]

O bombardeador Corry estava bem abaixo de 1.000 pés, baixo demais para usar seu visor de bombardeio. Ele podia ver homens saltando das embarcações de desembarque, rapazes que caíam e ficavam flutuando na arrebentação, balas traçantes vindas dos *bunkers*, borrifando a praia. Ele usou sua chave de desengate manual, fornecendo com o pé a linha de mira. Não fez nenhuma tentativa para ser preciso; ele supunha que "eu estava fazendo alguns buracos no chão para aqueles rapazes que estavam descendo na praia se abrigarem".[23]

No B-26 de Havener, o sargento Sanders ouviu "um barulhão como se nosso avião tivesse explodido, feito em pedaços. Este som era muito mais alto que qualquer coisa que eu já ouvi, e parecia vir de toda a superfície de nosso aparelho. Antes que o terrível barulho e o solavanco passassem, agarrei o interfone e gritei: 'Fomos atingidos!' E nosso co-piloto, tenente Havener, retrucou por interfone: 'Não, não fomos atingidos. Eram nossas próprias bombas explodindo.' Isso dá idéia de como estávamos voando baixo."[24]

Relembrou o tenente John Robinson: "As explosões realmente abalavam minhas asas naquela altitude. Era como dirigir um carro sobre os dormentes dos trilhos de uma via férrea."[25] Muitos outros tiveram experiências semelhantes, uma boa indicação do quanto o poder explosivo daquelas bombas repercutia no ar.

Mas isso não é tudo, como o tenente Arthur Jahnke em La Madeleine pôde testemunhar. Quando os Marauders apareceram, ele se enroscou no seu abrigo e fechou os olhos. Um tapete de bombas atingiu as dunas, jatos de areia esguichavam em colunas rodopiantes a vários metros de altura. Uma bomba caiu a apenas alguns metros do abrigo de Jahnke, soterrando-o. Ferido no braço, ele cavou para sair com grande dificuldade e se jogou numa cratera aberta por uma bomba. "Mesmo na Rússia", pensou ele, "nunca vi nada como isto."

Jahnke estava no local do atual museu da *Praia Utah*. Ele relembrou a cerimônia feita naquele lugar apenas uma semana antes. O general Marcks o condecorara com a Cruz de Ferro pela sua bravura na Frente Oriental. Houvera bebidas, festividades, e canto coral, seguidas de uma apresentação teatral por atores visitantes. A cena de abertura da peça era "Quanto tempo vocês vão ficar sentados neste barrilete de dinamite?" Os homens de Jahnke caíram na gargalhada.

Agora a dinamite havia explodido. Os dois canhões de 75 mm estavam destruídos, os 88 danificados, os dois canhões anti-carro de 50 mm acabados, como também os lança-chamas. As comunicações por rádio e por telefone de Jahnke não existiam mais. Seus homens haviam sobrevivido, encolhidos em seus *bunkers*; quando eles saíram, ficaram horrorizados. O auxiliar do cabo encarregado do rancho, um homem idoso, veio correndo na direção de Jahnke.

"Tudo está destroçado, *Herr Leutnant*. Os armazéns estão em chamas. Tudo está destroçado!"

Balançando a cabeça, ele acrescentou: "Temos de nos render, *Herr Leutnant*."

"Você perdeu o juízo, homem?", replicou Jahnke, de vinte e três anos de idade. "Se nós tivéssemos sempre nos rendido na Rússia nesta mesma situação, os russos já estariam aqui há muito tempo."

Ele emitiu uma ordem: "Todos para as trincheiras!" Bem no momento em que eles estavam executando a ordem, lá veio outra onda de Marauders. Os homens amontoaram-se atabalhoadamente na areia. Jahnke enviara um homem numa bicicleta para avisar o QG do batalhão, mas ele foi morto por uma bomba.

Quando o bombardeio terminou e o céu se abriu, Jahnke pôde ver a armada naval surgindo lentamente da escuridão e rumando diretamente no sentido de La Madeleine. A visão acabou com qualquer moral que ainda restava aos alemães. Os homens de Jahnke haviam acreditado que La Madeleine, com seu poderoso canhão, era inexpugnável; agora a fortaleza estava destruída e eles colocados frente a frente com a realidade de forças navais emergindo do mar. E tudo o que Jahnke tinha para opor aos invasores eram duas metralhadoras e dois lançadores de granada.[26] Os Marauders americanos tinham feito o excelente trabalho de destruir as fortificações fixas de Rommel em *Utah* antes que os alemães tivessem a oportunidade de disparar um tiro sequer.

Outro bombardeiro bimotor, o Havoc A-20, do 410º Grupo de Bombardeio (conhecido, pelo menos por eles, como "O Melhor Grupo de Bombardeio do Mundo", e agraciado com um elogio) era também eficaz em missões de vôo em baixa altitude. O 410º arrasou Carentan, tornando praticamente impossível para o coronel Heydte deslocar veículos da cidade para a batalha.

Após a incursão, os bombardeiros continuaram através da Península do Cotentin, em seguida viraram à direita, voaram em torno da extremidade da península e em seguida rumaram para a base na Inglaterra. Isto lhes proporcionou uma cena inesquecível. Assim a descreveu o tenente Delong: "Lá, sobre o campo francês, espalhados por toda parte, havia pára-quedas e pedaços de planadores acidentados. Não creio que tenha visto um ileso. Tive o pesaroso sentimento de que as coisas não estavam indo bem."[27]

O tenente Charles Middleton viu "pára-quedas em toda parte, e pedaços de planadores espalhados em redor. Você podia ver onde eles haviam atravessado as cercas, deixando asas atrás de si, alguns incendiados e alguns ainda intactos, embora não muitos". Em seguida viu o mais inverossímil quadro: "Não longe da zona de combate um fazendeiro estava arando o seu campo. Ele tinha um cavalo branco e parecia não dar a menor importância ao que estava acontecendo em torno dele."[28]

Por volta das 8 horas, muitas tripulações estavam de volta à base, tomando um segundo café da manhã. Em uma ou duas horas, eles estavam no ar novamente, bombardeando St.-Lô e outros alvos no interior. A RAF retornou a Caen, tentando concentrar-se na estação ferroviária. Os alemães em Caen, em retaliação, tiraram oitenta prisioneiros da Resistência Francesa de suas celas e os fuzilaram a sangue-frio.

Em contraste com o sucesso quase total dos B-26 em *Utah*, as grandes incursões de bombardeio levadas a efeito pelos B-17 e B-24 no dia 6 de junho contra *Omaha* e contra as praias britânicas resultaram num fracasso. Os aliados conseguiram lançar mais bombas sobre a Normandia em duas horas do que tinham feito em Hamburgo, a cidade mais severamente bombardeada em 1943, mas por causa do tempo e pelo fato de os aviadores não quererem atingir suas próprias tropas, a maioria das bombas arrasa-quarteirão caíram nos prados normandos (ou foram levadas de volta para a Inglaterra), e não sobre a muralha atlântica. Todavia, os pilotos e as tripulações dos B-17 fizeram o melhor que puderam e em alguns casos deram contribuições importantes, certamente muito mais do que a força de bombardeiros da Luftwaffe.[29]

No topo das elites das forças aéreas aliadas ficavam os pilotos de caça. Guerreiros jovens, petulantes, habilidosos, veteranos — numa guerra total travada por milhões, os pilotos de caça eram os únicos indivíduos glamurosos que restavam. Lá em cima, sozinhos, numa disputa homem a homem contra um caça da Luftwaffe, a habilidade, o treinamento e a máquina contra máquina, eles eram os cavaleiros de armadura reluzente da Segunda Guerra Mundial.

Viviam excitados, sempre no presente, mas por mais jovens que fossem, eram bastante inteligentes para compreender que o que estavam experimentando — Londres do tempo de guerra, a *blitz*, os riscos — era único e histórico. Seria aviltá-los dar-lhes o nome de atletas supremos, porque eram muito mais do que isso — mas eles tinham alguns traços do atleta. O mais importante era a gana de competir. Queriam voar no Dia D, participar nos combates aéreos, ajudar a fazer história.

Os pilotos dos P-47 eram os mais ansiosos. Em 1943, participaram de serviço de escolta para incursões de bombardeio estratégico, que lhes deu muita oportunidade de entrar em combates aéreos encarniçados. Por volta da primavera de 1944, todavia, o P-47 tinha deixado esse papel para o P-51, de grande raio de ação (a arma que ganhou a guerra, segundo muitos entendidos; o P-51 tornou possíveis as penetrações profundas dos B-17 e assim pôs a Luftwaffe para fora da França).

O P-47 Thunderbolt era um caça monomotor com linhas clássicas. Era uma alegria no vôo e uma jóia preciosa no combate. Mas durante as últimas semanas, os P-47 se haviam limitado a incursões de ataque ao solo no interior da França. Os pilotos estavam ficando entediados.

O tenente Jack Barensfeld pilotava um P-47. Às 18:30 de 5 de junho, ele e todos os outros pilotos na base receberam uma instrução geral. Primeiro veio o anúncio de que agora seria deveras "A Grande". Isso levantou os ânimos e produziu uma espécie de "excitação elétrica que jamais esquecerei", disse o tenente James Taylor. "Ficamos completamente loucos. Todas as emoções contidas por tanto tempo, na verdade botamos para fora. Sabíamos ser bons pilotos, estávamos realmente prontos para a briga."[30]

Rindo e conversando, os pilotos saíram em fila na direção das esquadrilhas, onde conheceriam suas missões específicas.

Barensfeld deu uma caminhada de três quartos de milha. Voltou-se para o tenente Bobby Berggren e disse: "Bem, Bob, isto é o que venho esperando — não vimos nenhum avião inimigo durante duas semanas e vamos estar amanhã na fila da frente e ter de fato uma oportunidade de fazer o nosso nome."

Berggren apostou com ele 50 dólares que não veriam nenhum avião inimigo.[31]

O tenente Taylor foi informado de que a sua esquadrilha estaria numa missão de patrulha, 120 milhas ao sul do local da invasão, à procura de submarinos e da Luftwaffe. Eles voariam para trás e para frente, numa varredura em grade.

"Estávamos realmente desolados", lembrou Taylor. "Olhei para Smith e Auyer e ambos estavam olhando para o chão, todos nós só sentíamos desespero. Foi uma sensação horrível, e muitos dos companheiros estavam resmungando, se lastimando e não sei mais o quê.' Taylor estava tão deprimido que não conseguiu tomar o café da manhã. Em vez de um cavaleiro de armadura reluzente, ele ia ser um escoteiro.[32]

Os primeiros P-47 começaram a decolar cerca de 4:30. Eles não haviam anteriormente decolado à noite, mas se saíram bem. Uma vez no ar, tornaram-se parte da armada aérea com destino à França. Acima deles estavam os B-17. Abaixo, Marauders e Dakotas. Os Dakotas estavam rebocando planadores. Em torno deles achavam-se outros caças.

O tenente (posteriormente general-de-brigada) Edward Giller era líder de uma esquadrilha de três P-47. "Lembro-me de uma experiência um tanto angustiante na subida por causa de algumas nuvens baixas. Havia um grupo de B-26 voando através das nuvens quando nós estávamos subindo por dentro delas e cada formação passou por dentro da outra. Isso produziu um momento de puro terror."

Os pilotos dos P-47 sentiam uma sensação agridoce ao passar sobre o canal. Relembrou o tenente Charles Mohrle: "Navios e barcos de toda natureza e tamanho escumavam a superfície encapelada do canal, aparentemente numa massa tão sólida que havia condições de caminhar de uma costa a outra. Lembro-me especificamente de pensar que Hitler devia ter estado louco em pensar que a Alemanha poderia derrotar uma nação capaz de encher o mar e o céu com tanto material bélico."[33]

A missão do tenente Giller era patrulhar as praias, assegurar que nenhum avião alemão tentasse abrir fogo sobre as embarcações de desembarque. "Voávamos tão alto", lembrou ele, "que estávamos desligados, essencialmente, da atividade no solo. Você podia ver a fumaça dos navios, podia ver atividades, mas de uma natureza indistinta e remota, sem nenhum sentido de envolvimento pessoal." Os operadores de radar na Inglaterra captaram a presença de caças alemães; Giller e todos os outros pilotos de caça na área precipitaram-se para o setor, só para descobrir que se tratava de um alarme falso.[34]

O tenente Mohrle também pilotou um P-47 de patrulha naquele dia. "Voar para um lado e outro sobre a mesma extensão de água durante quatro horas, esperando por um inimigo que nunca aparecia, era tedioso demais."

De tarde, Barensfeld deu apoio a um grupo de Dakotas que rebocavam planadores para a Normandia. Os P-47, voando a 250 milhas por hora, tinham de fazer suaves curvas em S para manter os C-47 em contato visual; de outra maneira, ultrapassariam a formação dos planadores. "Formação de combate, 2-300 jardas de distância, a seguir uma volta, passagem, em seguida nos alinhávamos novamente. Estávamos tão ocupados que não tínhamos nenhuma noção do tempo. É claro, estávamos à procura de aviões inimigos, não havia nenhum. Boca seca. Só a beira do assento. Silêncio. Tempo muito excitante."

Os planadores se soltaram. Barensfeld desceu abaixo de 1.000 pés para acompanhá-los à Normandia. Mas para os planadores o solo era acidentado e as cercas vivas juntas demais. Era algo muito desconcertante ver um deles se soltar, fazer o círculo e atingir uma cerca. Pensei: "Meu Deus, esta invasão vai ser um fracasso se depender destes planadores para qualquer tarefa."[35]

O P-38 Lightning, bimotor monoplace de dupla fuselagem, foi arquitetado pelo lendário Clarence "Kelly" Johnson, da Lockheed (posteriormente ele projetou a aeronave espiã U-2). Os alemães o chamavam de *Gabelschwanz Teufel* (Diabo com Rabo Bifurcado). Por causa da sua forma característica, o Lightning recebeu a função de dar apoio direto. A idéia era de que os artilheiros antiaéreos nas belonaves aliadas lhe reconheceriam a forma mesmo se deixassem de notar as faixas brancas pintadas nas asas e fuselagens.

Mas embora eles estivessem mais próximos da ação, os pilotos dos

P-38 viram as suas altas expectativas rapidamente se reduzirem. Primeiro, havia navios em excesso no mar com artilheiros superansiosos que tinham muita munição — os P-38 chegaram a ser alvejados por seus próprios navios de apoio, e não acharam nenhum avião alemão que atirasse neles. "Dávamos voltas e mais voltas no ar sobre nossos navios", disse o capitão Peter Moody. "Sentíamos uma certa inveja dos caças que tinham liberdade de voar sobre a costa francesa à procura de alvos. Em certo ponto ouvi um controlador de rádio britânico dizer para um de seus aviões: 'Roger, Corsário Vermelho, você está livre para fazer estripulias e brincar.' "[36]

Do ponto de vista do tenente William Satterwhite, pilotando um P-38 sobre a *praia Omaha*: "A resistência alemã parecia ser devastadora. As embarcações de desembarque estavam sendo viradas algumas explodiam, e os conteúdos, incluindo homens e equipamentos, eram cuspidos na arrebentação em grandes quantidades."[37]

Os aliados puseram 3.467 bombardeiros pesados, 1.645 bombardeiros médios, e 5.409 caças no ar no Dia D. Nenhum avião foi abatido pela Luftwaffe. As baterias antiaéreas conseguiram abater 113 aviões.

No cômputo geral, exceto em *Utah*, as contribuições feitas pelas forças aéreas aliadas no Dia D não podiam ser caracterizadas como decisivas, porque tinham cumprido a missão essencial em abril e maio de 1944. Eles isolaram o campo de batalha da maior parte do sistema ferroviário francês, haviam tornado difícil e até impossível os caminhões e blindados alemães se deslocarem de dia, haviam expulsado a Luftwaffe dos céus da França.

O que não fizeram foi desenvolver uma doutrina funcional para o uso dos bombardeiros pesados em apoio tático às tropas terrestres, nem criar um método operacional de comunicação entre as tropas no solo com os pilotos de P-38, ansiosos por atirar. Na guerra, foram desenvolvidas posteriormente técnicas que funcionaram; em dezembro de 1944, na Batalha do Bulge, a coordenação ar-terra foi excelente e decisiva para a vitória. Mas essas técnicas não existiam ainda no Dia D.

Mas o que as forças aéreas realizaram antes do Dia D mais do que justificaram o seu custo. Como os aliados controlaram completamente o espaço aéreo sobre o campo de batalha foi dramaticamente ilustrado pela única missão de bombardeio da Luftwaffe contra as praias. Aconteceu no lusco-fusco no Dia D. LSTs estavam congestionados ao largo de *Omaha*, barcos Higgins achavam-se na linha costeira, com jipes, caminhões, postos de atendimento médico, carros-de-combate, homens e outros equipamentos comprimidos na praia. Um alvo lucrativo para acertar em cheio.

Quatro JU-88s bimotores apareceram sobre a *praia Omaha*. O céu ficou subitamente aceso por balas traçantes, já que cada homem que manejava uma metralhadora ou um canhão antiaéreo naquela grande armada abriu fogo. "A barragem era magnífica, medonha, terrificante", comentou o tenente Donald Porter, controlador de caças num LCI esperando a sua vez de ir para terra. "A baixa trajetória do fluxo de balas traçantes, em sua maioria de metralhadoras calibre .50, nos fez buscar abrigo. Os alemães estavam numa altitude muito baixa, de modo que com nosso fogo estávamos atingindo nossos próprios navios. Eu estava no pequeno e apinhado convés, tendo como proteção apenas meu capacete e dois cobertores."

Porter levantou os olhos e viu balas traçantes convergindo bem acima de sua cabeça. Naquele momento, "o JU-88 explodiu em chamas de uma extremidade de asa à outra. Parecia que o avião em fogo se espatifaria bem em cima de nós, e nossos canhões estavam atirando nele mesmo já envolto em chamas". A umas 100 jardas de distância do LCI, a aeronave alemã derrapou e "mergulhou na água com um som sibilante. Nossos canhões ainda estavam atirando quando atingiu o mar cerca de cinqüenta jardas a boreste".[38]

A impressionante quantidade de metal quente que as frotas derramaram sobre aqueles JU-88s enviou um sinal: o que quer que acontecesse no solo, os céus acima da Normandia pertenciam à RAF e à Força Aérea dos Estados Unidos, ao passo que o canal pertencia à Marinha Real, à Marinha norte-americana e aos navios de guerra aliados.

Os pilotos dos P-47 não foram os únicos que se decepcionaram por não terem condições de participar mais diretamente do Dia D. As tripulações de terra por toda a Inglaterra ficaram ocupadas, reabastecendo aviões e consertando danos causados pelo fogo antiaéreo, dando uma contribuição direta mas ainda sentindo-se um pouco fora do tumulto. Os oficiais do Estado-Maior, em Londres e por toda a Inglaterra, das diferentes nacionalidades e serviços, muitas vezes desprezados pelos oficiais combatentes, fizeram seu trabalho por antecipação e no Dia D só puderam ser espectadores. A quantidade de puro esforço que os oficiais do Estado-Maior desenvolveram negou a alguns deles até mesmo o papel de espectadores.

Harry Crosby era oficial de navegação do 100º Grupo de Bombardeio da Oitava Força Aérea. Registra ele: "Durante a semana antes do dia D, eu trabalhei vinte e quatro horas por dia. Tinha de supervisionar o preparo de mapas e planos de vôo. Precisava organizar as formações para uma centena de missões e suas alternativas. Tinha de instruir os nossos navegadores como um grupo e cada navegador líder como um indivíduo.

Eu era uma parte pequena numa operação total mas trabalhei setenta e cinco horas sem sequer ver minha cama. Não me barbeava. Meu ordenança trouxe-me uma muda de uniformes. Não me lembro de ter comido. Recordo galões e galões de café, cada xícara tão quente e tão forte que me deixava totalmente sem sono."

No anoitecer de 5 de junho, Crosby era um zumbi. Seu comandante lhe disse que fosse dormir. Crosby protestou. O comandante deu às suas palavras um cunho de ordem. Crosby caiu na cama sem tirar a gravata nem os sapatos. Dormiu durante vinte e quatro horas. Por isso, quanto ao Dia D, "passei-o todo em branco".[39]

Logo depois que o capitão Shettle dos pára-quedistas viu a cena que tanto o impressionou, formação após formação de Marauders se aproximando, ele localizou uma bateria antiaérea alemã. "Mandei meu operador de rádio naval enviar as coordenadas para o seu navio. O fogo dos canhões navais manifestou-se quase imediatamente, e após corrigir sua pontaria, fizeram uma barragem que silenciou o fogo antiaéreo."[40]

O incidente ilustra a coordenação e o trabalho de equipe que foi a marca distintiva do esforço aliado no dia 6 de junho. Um pára-quedista por trás das linhas inimigas usa um oficial da Marinha que saltara com ele (provavelmente seu primeiro salto) para contactar belonaves no mar com o objetivo de silenciar uma bateria antiaérea que atirava em aviões aliados. Os homens que estavam sendo protegidos eram os que tornaram possível aos pára-quedistas e à Marinha estarem lá em primeiro lugar — os homens da Força Aérea do Exército.

14. Uma Longa Interminável Coluna de Navios

A Travessia e o Bombardeio Naval

Os navios varredores de minas (caça-minas) foram primeiro. Perfaziam um total de 255. Seu trabalho consistia em fazer a varredura das rotas oceânicas da ilha de Wight através do canal até a área de ancoragem ao largo da costa francesa. As minas que eles estavam procurando eram do tipo de contato e de antena, algumas flutuando, muitas ancoradas, mais minas de pressão plantadas no fundo e detonadas por uma mudança na pressão da água exercida pelo casco de um navio que se acercasse.[1] Estas minas constituíam a mais valiosa — na verdade praticamente a única — defesa naval alemã.

As minas podiam ter uma eficácia brutal. Uma delas causou as primeiras baixas aliadas durante a invasão. Por volta das 17:00 do dia 5 de junho, o navio varredor de minas, USS *Osprey* atingiu uma mina que abriu um grande buraco na casa dianteira de máquinas. As chamas irromperam e às 18:15 o navio teve de ser abandonado. O *Osprey* afundou logo em seguida com uma perda de seis homens.[2]

A frota de navios varredores, sob o comando direto do almirante Ramsay, prosseguiu com sua tarefa. Desimpediu um amplo canal, da ilha de Wight ao Ponto "Z", treze milhas a sudeste da ilha. Em torno

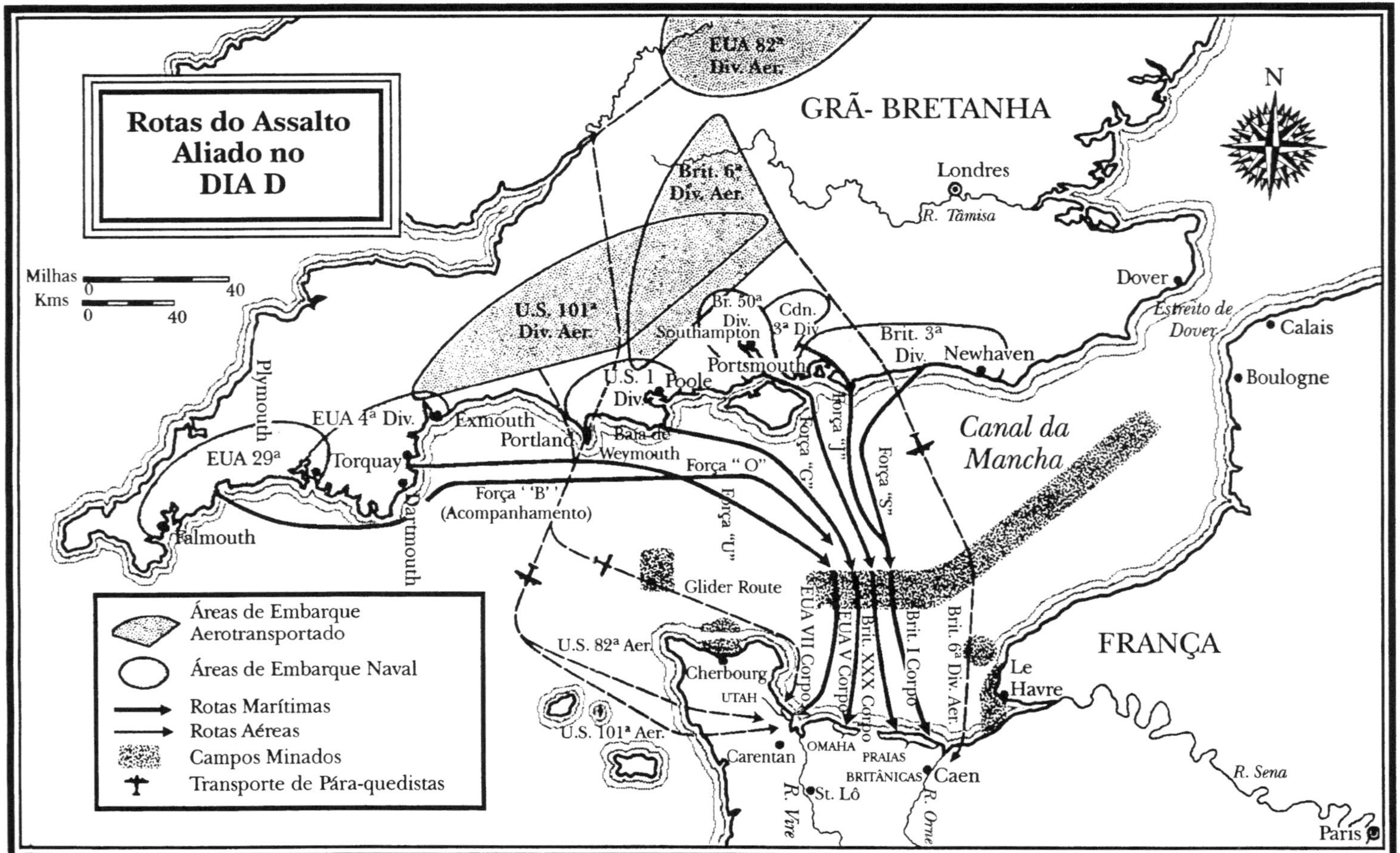
Rotas do Assalto Aliado no DIA D
Milhas 0 40
Kms 0 40
GRÃ- BRETANHA
N
Londres
R. Tâmisa
EUA 82ª Div. Aer.
Brit. 6ª Div. Aer.
U.S. 101ª Div. Aer.
Dover
Estreito de Dover
Calais
Boulogne
Br. 50ª Div.
Cdn. 3ª Div
Southampton
Brit. 3ª Div.
Newhaven
Portsmouth
U.S. 1 Div.
Poole
Plymouth
EUA 4ª Div.
Exmouth
Portland
Baía de Weymouth
EUA 29ª
Torquay
Falmouth
Dartmouth
Força "G"
Força "J"
Força "S"
Força " O"
Força ' 'B' ' (Acompanhamento)
Força "U"
Canal da Mancha
Glider Route
EUA VII Corpo
EUA V Corpo
Brit. XXX Corpo
Brit. I Corpo
Brit. 6ª Div. Aer.
FRANÇA
Le Havre
U.S. 82ª Aer.
Cherbourg
UTAH
U.S. 101ª Aer.
Carentan
OMAHA
PRAIAS BRITÂNICAS
Caen
St. Lô
R. Vire
R. Orne
R. Sena
Paris
Áreas de Embarque Aerotransportado
Áreas de Embarque Naval
Rotas Marítimas
Rotas Aéreas
Campos Minados
Transporte de Pára-quedistas

do Ponto "Z", havia um círculo com raio de cinco milhas, cognominado Piccadilly Circus, pelo qual todos os navios que vinham atrás passariam. A partir do Ponto "Z" os navios varredores se dividiram em grupos para limpar dez caminhos oceânicos para a França, dois para cada força-tarefa (um para os navios-transporte mais lentos, outro para os rápidos navios de guerra). Eles marcaram os caminhos com bóias sinalizadoras iluminadas. Quando esta tarefa foi concluída, sua atribuição seguinte consistia em se mobilizar para varrer as águas rasas das praias da invasão.

Os destróieres davam cobertura. O destróier-guia para a flotilha líder de caça-minas era oriundo da primeira nação que Hitler invadira: a Polônia, e se chamava *Slazak*, comandado pelo capitão Romuald Nalecz-Tyminski. Bem atrás do *Slazak* estava o HMS *Middleton*. Em seguida vinha ó destróier norueguês *Svenner*. Os varredores aos quais eles estavam dando cobertura eram britânicos, canadenses e americanos — um excelente espetáculo de unidade aliada. Às 23:15 de 5 de junho, os três destróieres entraram no canal nº10, lado a lado com os caça-minas que desobstruíram o caminho e o marcaram com bóias de sinalização. Às 3:03 do dia 6 de junho o trabalho estava feito e os destróieres retornaram à sua zona de patrulhamento em frente a Ouistreham (*praia Sword*).

Atrás dos varredores vinha a flotilha dos LCT. Cada LCT conduzia quatro carros-de-combate "flutuantes" e quatro jipes com reboque, cheios de munição, mais as suas tripulações. Para o setor da 29ª Divisão de *Omaha* (*Easy Green, Dog Red, Dog White* e *Dog Green*), dezesseis LCT, através do canal, estavam trazendo sessenta e quatro desses carros-de-combate. O plano consistia em lançá-los cinco quilômetros fora da costa. A cronometragem devia ser precisa; os carros-de-combate estavam programados para subir a praia e começar a atirar contra as casamatas na Hora H menos cinco minutos, a fim de dar cobertura à primeira leva de infantaria a desembarcar na Hora H (6:30, uma hora após o alvorecer e uma hora após a completa baixa-mar).

Os LCT estavam na vanguarda porque eram as embarcações mais lentas e mais difíceis de manobrar. Os LCT eram construídos em três seções cavilhadas, de modo a formar uma embarcação de 110 pés, com as pesadas maquinarias na popa ficando a proa alta e leve. Tinham o fundo chato e sem bolina. Num vento forte ou numa corrente marítima, seria impossível mantê-los no rumo.

O tenente Dean Rockwell comandava a flotilha de LCTs com destino a *Omaha*. No dia 5 ele se pôs a caminho na sua viagem de vinte e quatro horas. Em Piccadilly Circus teve o seu primeiro problema — o LCT 713 tinha se extraviado. Havia navios, embarcações e barcos de todos os tipos circulando e tentando alinhar-se, alguns com um grande *O* pintado lateralmente (para *Omaha*), outros com um *U* para *Utah*. Rockwell finalmente encontrou o LCT 713 com o seu *O* cruzando alegremente entre navios com grandes *U*s nos lados. "Emparelhei com ele e disse ao capitão para olhar em redor e ver onde se encontrava. 'Que coisa!', disse ele, e foi levado de volta para o lugar que lhe cabia."

Rockwell rumava para a França. O vento estava forte, manter a posição não era fácil, mesmo continuar flutuando era um problema. Aqueles carros-de-combate Sherman pesavam trinta e duas toneladas cada um e além da munição levavam comida, combustível e homens. "Assim, juntamente com o nosso peso, havia pouquíssimo espaço livre. De fato, o mar alto estava invadindo nossos conveses." Todo mundo estava acabrunhado, especialmente as tripulações dos carros-de-combate.[3]

Às 4:00 do dia 6 de junho, os LCT chegaram ao setor de transporte de *Omaha*. Às 4:15 eles passaram de condição 1 para postos de combate. Às 5:10 chegaram um quilômetro mais perto da praia, para sua posição de lançamento a cinco quilômetros da costa. Às 5:22 as tripulações nos postos de combate tomaram suas posições de acesso à praia.

Embora os fortes ventos de oeste continuassem, eles estavam agora a sotavento da península do Cotentin e o mar tornara-se relativamente moderado.

Atrás dos LCT vinham os encouraçados, cruzadores e destróieres. Havia seis encouraçados (três americanos, três britânicos), vinte cruzadores (três americanos, três franceses, os demais britânicos e canadenses), sessenta e oito destróieres (trinta e um americanos, um norueguês, um polonês, os outros britânicos e canadenses). Os encouraçados eram velhos; o *Nevada*, com dez canhões de 14 polegadas, tinha sido incorporado em 1916, e fora o único a estar ao largo em manobras em Pearl Harbor. O *Texas*, equipado com dez canhões de 14 polegadas, era dois anos mais velho; e o *Arkansas* (operacional em 1912, com doze canhões de 12 polegadas), cujo destino era ser desativado e foi poupado somente pela eclosão da guerra. O HMS *Warspite* tinha vinte e nove anos; levava oito canhões de 15 polegadas, como o HMS *Ramillies* (operacional em 1917); o HMS *Rodney*, com nove canhões de 16 polegadas, era o mais novo dos encouraçados (operacional em 1927).

Os marinheiros chamavam os encouraçados de "velhas senhoras" Eram candidatos a duelar com as baterias pesadas alemãs. No setor da *Praia Utah*, os alemães tinham 110 canhões, calibres entre 75 mm e 170 mm. No interior, possuíam dezoito baterias, as maiores com quatro canhões de 210 mm em casamatas perto de St.-Marcouf. As "velhas senhoras" eram sacrificáveis e esperava-se que pelo menos uma ou duas seriam perdidas, mas dariam sua contribuição direcionando sobre si, e não sobre a praia, as granadas de grande calibre.

O principal grupo de destróieres vinha atrás dos cruzadores e encouraçados, à frente dos navios-transporte, dos LCI, dos LCC (controle de embarcações de desembarque, conduzidas parte do percurso em LST antes de serem arriadas ao mar por meio de turcos), LCM, e outros. A frota inteira incluía 229 LST, 245 LCI, 911 LCT, 481 LCM todos autopropulsados, e 1.089 LCVP conduzidos em LST para a área de transporte mais vários outros navios cargueiros, lanchas de salvamento da Guarda Costeira, barcos patrulha, navios bloqueadores que seriam afundados para a criação de portos artificiais ao largo de *Omaha* e *Utah*, além de outros mais.

As embarcações mais canhestras, piores mesmo do que os LCT, eram as Rhino, barcaças engatadas umas às outras para a condução de caminhões, jipes, tratores e outros equipamentos pesados, rebocados por LST ao longo do canal, com motores de popa para fornecer sua própria propulsão tendo em vista a investida na praia.[4]

No *Bayfield* dos Estados Unidos, um navio-transporte que servia como quartel-general para o general Raymond O. Barton, comandante da 4ª Divisão de Infantaria, os conveses estavam congestionados de tropas e marinheiros. O subcomandante de Barton, general Theodore

Roosevelt, caminhava entre os homens, falando em tom suave e confortador. Inumeráveis membros da 4ª Divisão relembram as palavras de renovação de confiança que lhes disse Roosevelt, o mais velho dos homens que ia descer a terra naquele dia. Todos lembram também que ele começou a cantar e insistiu para que participassem. O tenente Robert Lewis descreveu a cena: "Durante a travessia, todos nos reunimos no convés do *Bayfield* e cantamos o 'Hino de Guerra da República' e 'Avante, Soldados Cristãos'. Aquele era um momento muito grave para cantar os versos 'Assim como Deus morreu para tornar os homens santos, morramos para tornar os homens livres.' "[5]

O marinheiro Joseph Donlan, um radioperador do *Bayfield*, relembrou ter pensado que naquele momento sua turma do curso secundário estava treinando para a cerimônia de colação de grau. Se ele não tivesse se alistado na Marinha, estaria participando daquele momento.[6] No LST 530, o marinheiro Gene Sizemore apresentou-se ao capitão Anthony Duke. Pouco antes de deixar a Inglaterra, Sizemore dissera a Duke: "Só tenho quinze anos, capitão, e não quero participar desta viagem." (Ele mentira sobre a idade quando se alistou.) Duke replicou então: "Ora, Sizemore, você vai indo de qualquer jeito."

"Bem, capitão, estou amedrontado", redargüiu Sizemore, "e quero descer, AGORA."

Duke disse que lamentava por ele, mas o melhor que podia fazer era dirigir-se ao passadiço a cada hora: "Desse modo, poderei ver como você está se portando e você poderá ver como eu estou me portando." Assim Sizemore agiu e estava se saindo bem.

O LST 530 tinha como destino a *praia Gold*, o segundo LST numa coluna de doze. Uma das primeiras coisas que Duke fez foi ordenar que o balão de barragem fosse solto. As cordas estavam estalando ao vento e constituíam um perigo para a tripulação. Outros patrões de LSTs fizeram o mesmo.

Lançando um olhar em torno, Duke relembrou: "Meu Deus, nunca esquecerei a sensação de poder — poder prestes a ser desencadeado — que crescia dentro de mim quando percebi as longas e infindáveis colunas de navios navegando na direção da Normandia."[7]

Apesar do vento e do mar agitado, o congestionado movimento de milhares de navios e pequenas embarcações aliadas transcorreu quase dentro do horário, com algumas batidas sem maiores conseqüências e sem colisões sérias. Este feito notável, de acordo com o almirante Morison, foi tão incrível a ponto de "se pensar em intervenção divina".[8]

Contra esta hoste, os alemães conseguiriam por em ação um punhado de canhoneiras, alguns submarinos, uma pequena frota de torpedeiros (E-boats) e nada mais. Na Primeira Guerra Mundial, a Alemanha desafiara a Grã-Bretanha no controle dos mares; por volta de 1944 os alemães tinham apenas três navios maiores do que destróieres ainda flutuando — os cruzadores *Prinz Eugene, Nürnberg e Emden* — e eles estavam no porto no Dia D.

Às 23:00 o *Nevada*, seguido pelos cruzadores *Quincy*, *Tuscaloosa* e HMS *Black Prince*, deixou Piccadilly Circus dirigindo-se para sul-sudeste, na direção de *Utah*. Às 2:30, o *Nevada* chegou à sua posição, a onze milhas da costa. "Quando nos aproximamos da nossa posição na baía do Sena", relembrou o tenente Ross Olsen, "tivemos a impressão de estar nas barbas dos alemães e falávamos aos sussurros, achando que podíamos ser ouvidos por eles na praia, o que, naturalmente, era impossível. Mas quando soltamos a âncora, ela fez um tremendo barulho quando a sua corrente passou pela abertura do escovém." Olsen tinha certeza de que os alemães deviam tê-lo ouvido.[9] Rapidamente a matraca de outras correntes passando através da abertura do escovém encheram o ar, ao largo de *Utah* e de outras praias.

Os alemães não notaram nada, não viram nada. Embora tenha havido um fluxo constante de navios provenientes de Piccadilly Circus desde bem antes da meia-noite, alinhados tão próximos em suas colunas que formavam praticamente uma ponte da ilha de Wight à Normandia, e embora os primeiros navios alcançassem as áreas de transporte por volta de 2:00, o radar alemão não detectou coisa alguma. Isto foi devido em parte à ineficácia alemã, mais à eficácia do bombardeio aéreo de pré-invasão, quando os bombardeiros fizeram das posições de radar na costa os alvos principais, destruindo alguns e danificando muitos mais. Além disso, os aviões aliados estavam lançando "janelas", tiras de lâminas de metal que causavam centenas de ecos nos radares alemães. O almirante Krancke cancelara as costumeiras patrulhas de torpedeiros por causa do mau tempo, de modo que os barcos ainda estavam no porto em Le Havre, Ouistreham e Cherburgo.

Às 3:09, o radar alemão finalmente localizou a frota. Krancke prontamente deu ordens às baterias da costa para que se preparassem para repelir uma invasão. Ele enviou as flotilhas de barcos torpedeiros (E-boats) e duas traineiras armadas para o combate, que já estavam a caminho por volta das 3:48.

Nos navios-transporte americanos, os cozinheiros alimentaram os soldados com sanduíches Spam e café. Nos LSTs britânicos, os homens tomaram um desjejum à base de ovos fritos (nadando em gordura) e um gole de rum. O capitão-de-corveta B. T. Winney (MR), o chefe de desembarque para a *praia Gold*, ficou espantado quando às 2:00 no refeitório dos oficiais no *Empire Arquebus* taifeiros elegantemente uniformizados usando luvas brancas apresentavam *menus*.[10]

Entre 1:00 e 4:00, dependendo de quando os homens deviam chegar à praia, os apitos dos contramestres soavam nos LSTs: "Atenção! Toda as tripulações guarneçam suas posições de combate." Os marinheiros corriam para seus postos. Os apitos dos contramestres soavam de novo: "Atenção! Todas as tropas de assalto se dirijam a suas áreas de desembarque." Os homens subiam em seus LCVP e outras embarcações. Quando o apito soou novamente, seguido pela ordem "Avante todos os barcos!", as embarcações pesadamente carregadas eram suspensas por meio de turcos e vagarosamente descidas para a água.

No *Empire Javelin*, um navio-transporte britânico que conduzia o 1º Batalhão, do 116º Regimento de Infantaria, da 29ª Divisão, ao largo da *praia Omaha*, o turco que arriava uma embarcação ficou emperrado por mais de meia hora à altura da metade do costado do navio, diretamente abaixo da vigia. "Durante esta meia hora, os intestinos da tripulação do navio aproveitaram ao máximo uma oportunidade que os ingleses procuraram desde 1776", relembrou o major Tom Dallas, sub-comandante do batalhão. "Os gritos do barco eram inúteis; jorros, colorindo tudo desde o amarelo-canário ao marrom-siena e verde-oliva, continuavam a jorrar sobre o grupo de comando, decorando cada homem a bordo. Praguejávamos, gritávamos, e ríamos, mas a coisa continuava difícil. Quando nos aprestamos para descer a terra, estávamos todos cobertos de bosta."[11]

As embarcações que fizeram a travessia penduradas em lanças sobre os costados dos LST eram arriadas na água com apenas seus patrões a bordo. Quando os patrões dos LCVP (na maior parte da Guarda Costeira, quase todos jovens, muitos ainda adolescentes) puseram suas máquinas para funcionar e começaram a circular, os LST e outros navios-transporte lançaram suas redes de cordas sobre o costado.

Os homens que desciam para seus barcos Higgins naquelas redes de manejo difícil forneceram uma das imagens mais duradouras do Dia D. À semelhança dos pára-quedistas que haviam saltado na França durante a noite, a infantaria e os engenheiros de combate estavam excessivamente sobrecarregados com armas, munições e rações. Suas roupas impregnadas e suas botas pesadas aumentavam a impressão desajeitada e ridícula. Estava escuro e as vagas do canal ora elevavam ora faziam descer as pequenas embarcações numa altura de três metros ou mais.

Quando os patrões os atracaram, os oficiais no convés instruíram os seus homens para calcular seus saltos das redes para os barcos — saltem quando a embarcação alcançar o topo de uma vaga, de modo a encurtar a distância. Muitos não conseguiram: somente na primeira hora houve mais de duas dúzias de pernas quebradas. Alguns ficaram imprensados entre o navio e o flutuador de desembarque: pelo menos três homens tiveram morte por esmagamento, outros ficaram muito feridos.

O marinheiro Ronald Seaborne, telegrafista da Marinha que foi para *Gold* como observador avançado, conduzia a sua mochila, um rádio, uma antena telescópica, um revólver e uma variedade de bolsas. Tudo estava nas suas costas, produzindo certo desequilíbrio, com exceção da antena, que ele conduzia na mão, deixando apenas uma mão livre para descer pela rede. "Para mim, aquela descida foi a parte mais difícil da operação da Normandia. Mas se não fosse por uma onda oportuna que quase me levou de volta para o convés do LST, reduzindo assim a distância da minha inevitável queda, duvido muito que eu tivesse feito a passagem."[12] No cômputo geral, considerando as dificuldades, o carregamento transcorreu bem.

Nos barcos Higgins, pelotões de assalto compostos de trinta homens e dois oficiais, conduzindo torpedos *bangalore,* morteiros, fuzis automáticos, pistolas Browning e outras armas, se comprimiam uns aos outros. Eles tinham de ficar de pé; não havia espaço suficiente para sentar. Os topos das amuradas estavam praticamente ao nível do olho. Quando os barcos estavam carregados, os patrões se afastavam do navio-tênder e começavam a circular. Os círculos ficavam cada vez maiores.

Os barcos balançavam para cima e para baixo — e quase imediatamente a maioria do Spam, ou dos ovos e do rum, consumidos antes, terminavam nos conveses, o que os tornava excessivamente escorregadios. No LCM do marinheiro Seaborne, um brigadeiro dos Fuzileiros Reais "sentou-se pomposamente no banco de um jipe, enquanto o resto dos seus homens amontoava-se desconfortavelmente entre o jipe e as laterais da embarcação, tentando evitar a vasta quantidade de água fria que vinha do mar sobre as amuradas". Os homens começaram a vomitar; o vento atirava o vômito sobre o jipe do brigadeiro. "Ele gritou para todos a bordo que quem se sentisse mal devia ir para o outro lado da embarcação, e dentro de segundos o bombordo estava cheio de homens de rosto verde."

Na medida em que o LCT circulava, o vento soprava de bombordo, lançando outras ondas de vômito sobre o brigadeiro e o seu jipe. "Felizmente, o brigadeiro sucumbiu ao movimento e saiu dali tendo em conta o horrível estado em que ele e o seu jipe ficaram."[13]

O tenente John Ricker comandava o LCC indicado como o principal navio de controle para Tare Green Beach, *Utah.* O tenente Howard Vander Beek, que comandava o LCC 60, rumou para a costa, atrás do PC 1176 de Ricker. Juntamente com os barcos que conduziam equipes de demolição submarina da Marinha e os LCT, os LCC estavam na vanguarda.

Esperando que os LCVP e outras embarcações se juntassem para a incursão à praia, Vander Beek disse: "Nós nos sentíamos nus, indefesos. Embora centenas de canhões amigos dos encouraçados, dos cruzadores e dos destróieres dos Estados Unidos atrás de nós estivessem vigilantes e silenciosos, prontos para começar o ataque arrasador, havia baterias da Wehrmacht à frente, esperando que houvesse luz suficiente para atirar."[14]

* * *

Era uma noite fresca e o borrifo que atingia os homens no rosto era frio, mas os soldados e os marinheiros reunidos ao largo da Normandia estavam suando. A tensão, o medo e a antecipação eram as emoções dominantes. O zumbido das máquinas das embarcações de desembarque começou a ser dominado pelo zumbido das primeiras ondas de bombardeiros. Por trás dos elementos avançados da Marinha os dez canais varridos estavam congestionados de popa à proa com a força de desembarque. Os marinheiros que guarneciam os canhões de 5, 10, 12 e 14 polegadas nos navios de guerra estavam em seus postos de combate, prontos para atirar.

O que as tropas aerotransportadas tinham começado, a tropa embarcada devia continuar. O que Hitler semeara, devia colher agora. Os povos livres do mundo estavam mandando o melhor da sua juventude e os produtos da sua indústria para libertar a Europa Ocidental e esmagá-lo e ao seu Partido Nazista.

Pouco depois das 5:20 a luz começou a surgir no horizonte. Os bombardeiros passaram a soltar suas cargas, e guarnições anti-aéreas alemães a abrir fogo sobre eles. Mas nas áreas de transporte e de bombardeio havia uma quietude agourenta. As baterias alemãs não abriram fogo; os navios de guerra aliados só deviam começar a atirar às 5:50 (hora H menos quarenta minutos), a não ser que atirassem primeiro neles.

No destróier *McCook* dos Estados Unidos, ao largo de *Omaha*, o tenente Clancy sacudiu a cabeça. "O que eu não posso compreender é por que eles não atiraram em nós", disse ao repórter Martin Sommers, de pé a seu lado. "Nenhum de nós podia compreender", escreveu Sommers posteriormente, "e todos desejávamos que eles começassem a atirar, de modo que pudéssemos atirar de volta. Isto seria muito melhor do que esperar." Quando o bombardeio aéreo aumentou em intensidade, "um reverente coro de 'Ahs' percorreu o navio... Explosões trovejantes rolavam pela costa seguidas de rajadas de fogo antiaéreo multicolorido, e em seguida um gêiser de chamas aqui, outro ali... As explosões estavam vindo com tanta rapidez que se fundiram num rugido. A linha costeira tornou-se como um colar de chamas quebrado."

Sommers e Clancy tentaram entabular conversação mas mal podiam ouvir um ao outro. "Imagino que seja a hora mais longa da história", comentou Clancy.[15]

Às 5:35 as baterias alemãs começaram a atirar na frota. Ao largo de *Utah*, o tenente Olsen no *Nevada* viu granadas atingindo todo o espaço em redor. Parecia que cada canhão alemão na França estava concentrado no *Nevada*. "Soubemos depois que fomos enquadrados vinte e sete vezes pelas granadas e nunca atingidos. Fomos bombardeados pelo que pareceram séculos", disse ele, "antes que víssemos nossa bateria principal de canhões de 14 polegadas ser assestada e aprontada para abrir fogo."[16]

Quando os encouraçados começaram a atirar, foi como se Zeus estivesse lançando raios na Normandia. O barulho, a concussão, os grandes rugidos de fogo saindo das bocas dos canhões causavam uma impressão inesquecível em cada homem presente. Os soldados nos barcos Higgins podiam ver os enormes projéteis ao passar sobre suas cabeças. O marinheiro James O'Neal, num LCI ao largo da *praia Juno*, observou que cada vez que os encouraçados davam uma salva, "eles eram empurrados para os lados pela força de seus canhões, levantando ondas bem grandes, e quando essas ondas vinham no sentido da praia passavam por nós e balançavam nossas embarcações".[17]

Holdbrook Bradley era um correspondente a serviço do *Baltimore Sun* num LST ao largo de *Omaha*. Seis anos mais tarde, ele era correspondente na Coréia; vinte e cinco anos depois fez a cobertura do Vietnã. Ele declarou em sua história oral: "O som da batalha é algo com que estou acostumado. Mas este (o bombardeio de abertura no Dia D) foi o som mais alto que já ouvi. Foi o maior poder de fogo que jamais ouvi, e a maioria de nós sentiu que aquele era o momento da nossa vida, o ponto crucial, o mais importante."

Para Bradley, a salva inicial dos navios de guerra foi uma explosão enorme, "um inferno a explodir. Nunca ouvi coisa igual na minha vida".[18]

A bordo do *Bayfield*, o oficial encarregado dos suprimentos, tenente Cyrus Aydlett correu até o convés para observar. "Era como o espetáculo pirotécnico de mil 4 de Julhos espocando de uma vez só", escreveu ele em seu diário. "Os céus pareciam se abrir, cuspindo um milhão de estrelas sobre a linha costeira diante de nós, cada uma salpicando ramos luminosos de fogo em forma de tentáculos em todas as direções. Nunca houve antes qualquer coordenação mais perfeita de poder de fogo do que a desencadeada por nossas forças aéreas e navais sobre a pretensa inexpugnável linha costeira que "Herr Schickelgruber" havia tão laboriosamente fortificado com cada obstáculo que o homem é capaz de conceber. Travesseiros de fumaça e chamas explodiam na direção do céu com grande força — as retumbantes explosões, mesmo à distância em que estávamos, eram ensurdecedoras — a concussão dava sacudidelas involuntárias e esporádicas nas pernas de nossas calças — o navio se encolhia e estremecia como se soubesse o que estava ocorrendo."

Um dos homens que estava observando com Aydlett gritou no seu ouvido: "Aposto que há uma porção de cuecas sujas naqueles navios neste momento."[19] Havia um bocado mais entre os alemães nas casamatas que recebiam a malhação.

As tropas pára-quedistas testemunharam o bombardeio do lado receptor, caindo algumas bombas entre eles e a praia, outras passando por cima. John Howard na Pegasus Bridge descreveu-o desta maneira: "A barragem que se aproximava era mesmo assustadora. Você podia sentir todo o chão estremecer no sentido da costa. Logo eles a deslocaram mais para o interior. Soavam tão alto, e sendo nós da pobre infantaria, nunca havíamos estado sob fogo naval antes, e as danadas daquelas enormes granadas vinham passando por cima; tinham tal tamanho que você automaticamente se escondia, mesmo na casamata, quando uma passava perto, e meu radioperador que estava próximo de mim, muito perturbado com o que acontecia, finalmente disse: 'Caramba, senhor, eles estão atirando nos jipes.' "[20]

Em Vierville, a aldeola no topo do penhasco, na extremidade oeste da *Omaha*, o bombardeio aéreo tinha acordado a população. Quando os bombardeiros passaram, "sucedeu-se uma estranha calma". Pierre e Jacqueline Piprel correram para a casa de M. Clement Marie porque sabiam que ele tinha, apesar de severas ordens alemãs, um par de binóculos. "De uma janela no sótão nós três, por turnos, pudemos contemplar a formidável armada, aumentando cada vez mais na medida em que se aproximava. Já não podíamos ver o mar, somente navios por toda parte."

Em seguida vieram as primeiras salvas. Projéteis navais caíam sobre Vierville. Dentro de minutos, "não havia um só vidro nas janelas". Uma granada explodiu no quarto de cima "e tudo desabou sala de jantar abaixo". Outra veio assoviando, atravessou a casa, entrando por uma janela e saindo por outra. Uma granada explodiu na padaria, matando a empregada e o bebê do padeiro que ela trazia nos braços.[21]

Cada canhão da frota aliada estava despejando fogo. O USS *Harding*, um destróier sob o comando de George G. Palmer, abriu fogo às 5:37 sobre a *praia Omaha*. O alvo era uma bateria a leste de Port-en-Bessin, distante umas 4.800 jardas. O *Harding* disparou quarenta e quatro salvas de granadas de 5 polegadas na direção dos canhões alemães, neutralizando-os temporariamente. Nesse meio-tempo, tiros perdidos dos alemães levantavam gêiseres em torno do *Harding*; o tiro perdido mais próximo foi à distância de setenta e cinco jardas.

Às 5:47 o *Harding* desviou o seu fogo para três ninhos de metralhadoras a cerca de 3.000 jardas de distância, no barranco de Colleville. Ele fez 100 disparos antes que a fumaça escurecesse completamente o alvo. Naquele momento toda a costa havia desaparecido em nuvens de fumaça, poeira e escombros. O comandante Palmer não podia ver seus pontos de referência e começou a navegar por radar.

Quando o vento tornou possível uma observação intermitente, o *Harding* abriu fogo numa casa, e com vinte e quatro disparos destruiu o lugar. Às 6:10 o *Harding* desviou o fogo para outra casa fortificada e a destruiu depois de fazer quarenta disparos. Localizando uma peça de campanha inimiga na *praia Omaha*, com uma guarnição que se preparava para atirar nas embarcações de desembarque que se aproximavam; às 6:15 o *Harding* se aproximou do litoral a 1.700 jardas e disparou seis salvas no canhão alemão. O bombardeio não destruiu o canhão, mas fez os alemães se dispersarem, recuando para os penhascos.[22]

O tempo todo os canhões alemães na costa revidaram ao fogo. Os homens no *Harding* podiam ouvir o gemido e o zunir das granadas ao passar por cima e pela popa. O tenente William Gentry relembrou que os alemães estavam atirando nos encouraçados e nos cruzadores além do *Harding*, "mas suas trajetórias eram tão rasantes que as bombas passavam uivando ao nível de nossas chaminés. Alguns membros da guarnição estavam certos de que um par de bombas passara entre nossas chaminés".

Às 6:20, quando as embarcações de desembarque se aproximaram da *praia Omaha*, o oficial encarregado da artilharia declarou a "missão concluída" e o comandante Palmer ordenou "cessar-fogo".[23]

Havia sessenta e oito destróieres aliados ao largo das cinco praias; cada um deles participava do bombardeio de pré-desembarque de uma maneira semelhante ao *Harding*, malhando os seus alvos pré-estabelecidos — principalmente ninhos de metralhadoras e outras posições fortificadas ou as torres dos campanários das igrejas — e em seguida deslocando-se para alvos de oportunidade antes de suspender o fogo para permitir que o desembarque se efetuasse.

Dois dos destróieres tiveram má sorte. O norueguês *Svenner* estava no extremo do flanco esquerdo, bem perto de Le Havre. Às 5:37, a meia dúzia de torpedeiros alemães de Le Havre escolhidos para entrar em ação pelo almirante Krancke irromperam tão perto da frota a ponto de ousarem, soltando uma salva de torpedos. O único atingido foi o *Svenner*, que estava a bombordo do *Slazak*. O capitão Nalecz-Tyminski descreveu o resultado: "Um brilho de explosão ocorreu a meia-nau, seguido pela detonação, e fogo e fumaça saltaram no ar. O *Svenner* partiu-se ao meio e afundou."[24] O capitão Kenneth Wright, um "Comando", escreveu a seus pais cinco dias depois: "Pode-se dizer que foi aterrador. O navio rachou exatamente pela metade, e as duas extremidades se dobraram como se fossem um canivete de bolso se fechando."[25]

O *Svenner* foi o único navio dos aliados afundado pela Marinha alemã naquele dia. Mesmo com os torpedeiros alemães disparando seus torpedos, o HMS *Warspite* os atacou. O encouraçado afundou um deles e o restante fez uma rápida meia-volta e retornou para a relativa segurança de Le Havre. Isto pôs fim à única tentativa séria feita pela *Kriegsmarine* para interferir nos desembarques.

Ao largo da *praia Utah*, aviões que lançavam uma cortina de fumaça entre os alemães e a frota apareceram às 6:10 para realizar o seu trabalho, mas o avião que devia ter encoberto o USS *Corry*, um destróier, foi derrubado pelo fogo antiaéreo. Por alguns momentos, todavia, o *Corry* foi o único navio aliado que os artilheiros alemães podiam ver. Concentraram fogo pesado sobre ele. O *Corry* começou a manobrar rapidamente, atirando o tempo todo. Ele estava correndo um grande risco, pois fora varrida apenas uma área relativamente pequena de minas.

O mecânico Grant Gullickson estava na sala de máquinas dianteira. Os canos pingavam, as turbinas sibilavam soltando vapor. "Nosso trabalho era dar ao patrão (o capitão-de-corveta Hoffman) tudo o que ele exigisse, velocidade total à frente, emergência à ré. Por cima, os canhões troavam.

"Súbito, o navio literalmente saltou fora da água! Quando as grades do assoalho se soltaram, as luzes sumiram e o vapor encheu o espaço." O *Corry* batera numa mina a meia-nau.

"A escuridão era total e havia vapor muito quente e asfixiante", relatou Gullickson. Ele se encontrava no que deve ser uma das situações mais terríveis que um homem possa conhecer: apanhado na casa de máquinas com turbinas, caldeiras e canos estourando num navio que afundava. A água estava subindo e dentro de minutos alcançava a sua cintura.

"Naquele momento houve outro estouro, vindo de baixo do navio." O *Corry* havia colidido com outra mina e foi praticamente cortado em dois. Hoffman rumou para o mar dirigindo manualmente seu navio, mas em minutos o *Corry* perdeu toda a potência e começou a afundar. Às 6:41, Hoffman ordenou que fosse abandonada a embarcação.

Embaixo, na casa de máquinas dianteira, "agarramos a escotilha, abrimo-la e começamos a sair", recomeçou Gullickson. "No momento em que chegamos ao alto, o convés principal estava inundado e todo partido. Era óbvio que o *Corry* tinha se acabado.

"Notei naquele momento que estava sem minha camisa e colete salva-vidas. Tinham sido arrancados do meu corpo pela explosão. Abandonei o navio a boreste, a cerca de meia-nau. Nós não saltamos, literalmente flutuamos porque o navio estava submerso." Duas horas mais tarde, ele e outros foram recolhidos pelo USS *Fitch*, receberam café misturado com o péssimo álcool do navio, e por fim foram transferidos para um navio-transporte e levados a um hospital na Inglaterra.

"Naquele navio estava mestre Ravinsky, o chefe da praça dianteira de caldeiras. Ele tinha queimaduras de vapor em 99 por cento do corpo. Dirigimo-nos a ele e pudemos conversar um pouco mas as queimaduras eram demais; ele faleceu no dia seguinte."[26]

Joseph Dolan, marinheiro, estava designado para o centro de informação de combate (CIC) do *Bayfield*. "Ainda me lembro da mensagem urgente que copiei do *Corry*. Dizia que o *Corry* fora atingido e estava afundando, sofrera muitas baixas e precisava de ajuda rapidamente. A maioria das mensagens era feita em código, mas esta era às claras por causa da urgência da situação."[27]

O marinheiro A. R. Beyer, do *Fitch*, foi numa baleeira para recolher os sobreviventes. Ele lembrou que a popa do *Corry* ficara para cima até o último momento. Vira um homem agarrado à lâmina superior da hélice do *Corry*, mas havia um grande número de sobreviventes segurando destroços ou restos flutuantes e ele os recolheu primeiro. No momento em que se voltou para o *Corry*, o homem na hélice tinha desaparecido. O *Fitch* recolheu 223 sobreviventes ao longo daquela manhã.[28]

O guarda-marinha Doug Birch estava num caça-submarinos ao largo da *praia Utah*. Quando o *Corry* atingiu a mina, "muitas pessoas foram arremessadas à água e tive a experiência de encontrar um marinheiro que tinha sangue B positivo e de ajudá-lo numa transfusão direta em nosso convés, depois que ele foi içado a bordo. Quando o farmacêutico disse 'ele está morto', eu não sabia se era ele ou eu".[29]

As minas estavam fazendo o diabo com os navios aliados ao largo de *Utah*. O PC 1261 bateu numa mina às 5:42 e afundou em cinco minutos. Às 5:47, o LCT 597, diretamente atrás do PC 1176, chocou-se com uma mina. O tenente Vander Beek no LCC 60 o viu erguer-se da água pela força poderosa do engenho. "Estávamos a apenas algumas jardas de distância e sentimos as potentes ondas de choque da explosão correrem através da nossa embarcação." O LCT 597 afundou instantaneamente, levando consigo a carga de quatro carros-de-combate flutuante.

Mais ou menos ao mesmo tempo, Vander Beek soube que sua embarcação, a LCC 80, tinha abalroado apenas uma bóia de sinalização e estava fora de serviço. Isso deixou o LCC 60 de Vander Beek como guia para os LCT e para a primeira leva de LCVP em *Omaha*. Era impossível um barco fazer o trabalho de três, pior ainda quando o vento ao largo e a corrente marítima eram fortes. Na medida em que Vander Beek guiava os LCTs e os LCVPs para a costa, ele se desviava para a esquerda, de modo que quando sinalizou para prosseguirem, eles estavam de 500 a 1.000 metros a sudeste do local previsto de desembarque. Isto verificou-se depois ser acidental.[30]

Por volta das 6:00, os LCT restantes haviam desembarcado seus carros-de-combate flutuantes. Quando seguiam para a costa, foram tolhidos pelo vento de frente e pela corrente marítima. Os barcos Higgins, que formavam a primeira e segunda levas, passaram por eles, rumo à costa.

Enquanto as embarcações de desembarque se dirigiam para a costa, os encouraçados e os cruzadores continuavam a atirar. Quando formaram um cinturão de fogo, levantaram uma contínua muralha de som, tão imensa que podia ser sentida, bem como ouvida. As baterias alemãs e o roncar dos motores dos bombardeiros aumentavam o barulho.

O *Nevada* estava ancorado ao largo de *Utah*. O *Texas* e o *Arkansas* estavam ao largo de *Omaha*. Ficaram ancorados porque a área varrida era muito estreita para dar espaço de manobra, o que significava que a Marinha considerava as minas mais perigosas do que as baterias alemãs. Os navios-transporte estavam atrás deles, os destróieres e as embarcações de desembarque na frente, deslocando-se para a praia em colunas de barcos Higgins, DUKW, LCI e LCT. Apoiando os encouraçados estavam os cruzadores.

No *Nevada,* os alvos iniciais para os seus canhões de 14 polegadas eram as baterias alemãs. Os canhões menores estavam saturando a praia com granadas. Às 6:20 o *Nevada* orientou seus 14 polegadas também para a praia; o general Collins havia solicitado esta ação, dizendo que tinha grande confiança na precisão dos canhões de grande porte e queria que eles abrissem brechas no concreto da muralha marítima. Os canhões estavam atirando à queima-roupa, quase na horizontal; quando as grandes granadas faziam seu trajeto, os homens nos barcos Higgins juravam que os vácuos criados pela passagem dos petardos faziam com que os barcos até se levantassem da água.

Em *Omaha*, o *Texas* malhava a bateria em Pointe-du-Hoc, onde as tropas de assalto anfíbias estavam programadas para desembarcar dentro em pouco. Por volta das 5:50 havia claridade bastante para que os aviões de observação de tiro dirigissem o fogo. As imensas granadas navais cavaram numerosas crateras em Pointe-du-Hoc, fazendo cair no mar grandes pedaços de rochedo, e aparentemente destruindo as casamatas que continham os canhões.

O tenente-coronel aviador L. C. Glover era um observador de tiro para o HMS *Warspite*, que estava fazendo fogo sobre a bateria de Villerville ao leste da *praia Sword*. Ele realizava vôos a meio caminho entre o navio e a costa. "Emiti a ordem 'fogo' e voltei lentamente ao longo da costa para esperar a ação do projétil. De repente, no céu claro, meu avião sofreu um solavanco violentíssimo que praticamente me deixou aturdido. No mesmo instante, vi dois objetos enormes afastando-se rapidamente de mim na direção da costa e compreendi logo que eu tinha voado em ângulo reto da direção do sopro de dois 'tijolos' de 15 polegadas do *Warspite*. Atemorizado, segui com os olhos muito facilmente a descida das granadas durante o resto dos seus vôos curvos e vi uma delas atingir realmente a plataforma de canhões que estávamos visando!" Infelizmente, relatou Glover, pelo menos dois aviões aliados foram atingidos e destruídos pelas granadas naquele dia.[31]

Às 6:15, o *Texas*, girou os seus canhões de 14 polegadas para a estrada de saída na extremidade ocidental de *Omaha*. Aquela estrada levava a uma ravina até a aldeia de Vierville. Como declarou o almirante Morison: "O volume e a precisão do fogo naval determinariam em grande parte quanto tempo de embate levaria o 1º Batalhão do 116º Regimento para garantir essa saída após a Hora H."[32]

Os alemães estavam revidando através de suas baterias em Port-en-Bessin. Nick Carbone, um marinheiro do Brooklyn a bordo do *Texas*, observou uma grande granada alemã ricochetear na água entre o *Texas* e um cruzador britânico. Imitando uma famosa voz americana*, Carbone disse: "Eu odeio a guerra. Eleanor odeia a guerra."[33]

---

* A voz do Presidente Roosevelt, sendo Eleanor sua esposa. (N. do R.)

Na extremidade ocidental de *Omaha*, o *Arkansas* assestou seus canhões sobre uma bateria em Les Moulins, enquanto os cruzadores e os destróieres abriam fogo sobre as casamatas e ninhos de metralhadoras alemães situados ao longo do rochedo (onde fica hoje o cemitério). Ao largo das praias britânicas e canadenses, um bombardeio da mesma intensidade foi lançado contra o inimigo.

Em suma, uma tremenda tonelagem de bombas atingiu as praias e as baterias. Os resultados, na maioria, foram terrivelmente desapontadores. Como testemunhará qualquer pessoa que tenha visitado as praias da Normandia, isto não foi por causa do fogo impreciso, mas antes o resultado da habilidade alemã em construir fortificações. O marinheiro Ian Michie, a bordo do HMS *Orion*, um cruzador, estava certo ao dizer: "Nosso fogo era muito bom e dentro em pouco os acertos diretos estavam sendo registrados. Conseguimos treze acertos diretos na bateria antes de mudar de alvo."[34] Mas em Longues-sur-Mer, Pointe-du-Hoc, Port-en-Bessin, St. -Marcouf, Azeville e outras baterias, as casamatas ainda permanecem hoje, danificadas mas não destruídas. Elas receberam muitos golpes diretos, dezenas em alguns casos, mas mesmo as granadas de 14 polegadas não conseguiram penetrar. As granadas fizeram marcas semelhantes a pústulas de varíola, destruíram um pouco o concreto, expuseram as hastes de reforço de aço, mas não penetraram.

Muitos artilheiros alemães no interior delas ficaram surdos ou desmaiaram pelas concussões. Um relatório oficial da Marinha Real admitiu que "nenhum dano sério, quer nas estruturas de concreto quer nos canhões nos fortins", foi conseguido, mas declarava que o bombardeio "neutralizou efetivamente as posições, aterrorizando o pessoal inimigo dentro delas e impedindo-os de guarnecer suas armas e atirar sobre as tropas durante os desembarques".[35]

Esse foi um pensamento positivo. Entre a suspensão do bombardeio naval e o desembarque das primeiras levas, muitos alemães conseguiram guarnecer suas armas e começaram a atirar. Imprecisamente, deve ser acrescentado; eles não tinham aviões de observação de tiro, e os postos de observação avançada na beira dos rochedos estavam cegos pela fumaça; por isso, embora eles duelassem com os encouraçados e cruzadores, ancorados, não conseguiram acertar uma só vez.

As baterias menores, as casamatas, que ficavam na praia ou no rochedo acima de *Omaha*, também receberam fogo intenso e sobreviveram. Aquelas que se achavam na praia tinham seteiras que abriam para os lados, não para o mar, de modo a proporcionar fogo de enfiada paralelamente à linha costeira enquanto eram totalmente protegidas do fogo que vinha dos navios de guerra. Quando a primeira leva chegou, eles entraram em ação, desencadeando um fogo fulminante contra os blindados e a infantaria.

Do ponto de vista dos soldados que desembarcaram, o grande bombardeio naval foi tão ineficaz quanto o aéreo. De acordo com o almirante Morison, o motivo era que "não foi concedido tempo bastante" e a culpa era do Exército, não da Marinha, porque o Exército não desejava que o bombardeio começasse antes do alvorecer. Na opinião de Morison, a Hora H devia ter sido adiada para 7:30, "a fim de dar mais tempo ao bombardeio naval para atuar sobre as defesas das praias".[36]

Quando os encouraçados suspenderam o fogo e se voltaram para alvos no interior, os LCT(R) entraram em ação. O tenente Eugene Bernstein estava no comando do LCT(R) líder em *Omaha*, com treze outras embarcações a segui-lo. A 3.500 metros os LCT(R) se espalharam numa linha de frente com 100 metros entre as embarcações. Bernstein relembrou que ficara pasmado ao ver que estava exatamente no alvo e exatamente na hora.[37]

O médico W. N. Solkin estava no LCT(R) 450. Ele recordou que cada membro da guarnição estava armado "com um extintor de incêndio. Nosso comandante estava na torre de comando com o dedo num botão. Suspendemos nossa respiração, pendurando-nos em tudo aquilo que estava fixo. Disparamos os nossos foguetes e abriram-se as comportas do inferno.

"O navio parecia explodir. Adernamos abruptamente e lembro-me de ficar sepultado sob braços e pernas. Agora os extintores de incêndio entraram em ação. Pequenos incêndios irromperam e a fumaça subia através dos anteparos. O calor e o barulho eram tremendos.

Todo mundo estava praguejando e gritando e combatendo as chamas que ameaçavam envolver a embarcação inteira.

Não posso descrever o som de milhares de foguetes sendo liberados em menos de um minuto. Lembro-me de um companheiro descrevendo-o como a investida de um furacão. A embarcação estremeceu, foi empurrada para trás, e momentaneamente se desgovernou".[38]

Os foguetes — 14.000 deles — passaram sibilando por cima dos barcos Higgins na primeira vaga, curvando-se na direção da praia. Como declara Joseph Balkoski, historiador da 29ª Divisão: "Seu rugido era como o crescendo final de uma grande sinfonia."[39]

Para os homens nos barcos Higgins, parecia que ninguém pudesse jamais sobreviver a semelhante bombardeio. Infelizmente, muitos dos foguetes caíram na arrebentação, sem produzir dano algum. Alguns atingiram a borda inferior do penhasco e as áreas planas entre o penhasco e a praia. Os foguetes atearam fogo na grama, o que produziu alguma fumaça e fez com que minas terrestres explodissem — mas mataram poucos defensores alemães, se é que mataram algum.

Houve um bombardeio naval final. Veio dos carros-de-combate Sherman a bordo dos LCT que se aproximavam da linha costeira. Sob as circunstâncias — água agitada, fumaça e neblina, excitação extrema — foi por demais impreciso. Mas que aqueles Shermans estivessem perto o bastante da praia para poder atirar foi algo quase como um milagre, possibilitado pela coragem e pelo bom senso de um homem, o tenente Rockwell, que acabara de fazer o que foi, talvez, a mais importante decisão isolada de comando tomada por qualquer oficial subalterno no Dia D.

Os LCT que se aproximavam de *Omaha* deviam lançar seus carros-de-combate flutuantes cinco quilômetros perto da costa. Eles se tinham dividido em dois grupos. Os oito LCT à esquerda da flotilha de Rockwell lançaram como fora planejado, e todos menos três dos trinta e dois carros-de-combate afundaram. As ondas estavam muito altas, os carros-de-combate muito baixos, as saias de flutuação insuficientes. Havia certa bravura nisso, quando carro após carro desceu pela rampa abaixada e entrou na água apesar de ver o da frente afundar.

Havia também certa teimosia e certa estupidez cega nisso. Os chefes de carro podiam ver o carro-de-combate à frente deles ser atingido por uma onda, a lona desmoronar, o carro desaparecer — mas eles tinham recebido a ordem de lançar, por isso de fato lançaram. Os patrões dos LCT observaram sem nada fazer, imobilizados pelo pavor, sem vontade de tomar a iniciativa. Era uma cena lamentável.

Somente o patrão do LCT 600, guarda-marinha H. P. Sullivan, foi bravo o bastante para assumir o comando. Quando ele viu o primeiro carro no seu grupo de quatro afundar, ordenou à tripulação que levantasse a rampa e então se dirigiu para a costa. Aqueles três carros foram os únicos da flotilha de LCT a chegarem à praia; eles proporcionaram um fogo esmagador em *Easy Green.**

O tenente Rockwell, ao largo de *Dog White* e *Dog Green*, tomou sua própria decisão. Ele se serviu do rádio de um carro, apesar das ordens de não usar o rádio, para contactar o capitão Elder do 743º Batalhão de Carros de Combate num LCT próximo. Rockwell estava preparado para discutir, quando pressupôs que Elder seguiria as ordens. (Com respeito a usar o rádio, Rockwell disse posteriormente: "Naquela altura da jogada eu estava querendo arriscar, porque era necessário continuar com a invasão, isso é que era importante.")

Para alívio de Rockwell, Elder concordou com ele. "Não acho que possamos fazê-lo", disse ele. "Você nos pode levar diretamente para a costa?"

Isso era exatamente o que Rockwell queria ouvir. Usando semáforo e código Morse, ele ordenou aos sete outros patrões da sua flotilha de LCT que mantivessem as rampas elevadas e se dirigiu para a praia. Ao se aproximar, as ansiosas guarnições dos carros-de-combate abriram fogo contra o penhasco, atirando por sobre a proa.[40]

A flotilha de Rockwell aproximou-se em linha. No LCT 607, o patrão deixou de agir. O guarda-marinha Sam Grundfast, subcomandante (que fora escoteiro e que sabia ler o código Morse mais rapidamente do que o seu sinaleiro),declarou bruscamente: "Ele congelou.

---

* Num relatório posterior à ação, datado de 22 de setembro de 1944, o contra-almirante John L. Hall, que comandava a Força de Assalto "O", comentou: "Por causa da vulnerabilidade de seu equipamento de flutuação e da inavegabilidade do veículo inteiro, o carro-de-combate flutuante é impraticável para uso em desembarques de assalto em praias abertas." Cópia em CE. A conclusão de Hall era justa, mas estava atrasada três meses.

Por isso o sinaleiro olhou para mim, eu olhei para ele, e então assumi o comando do barco. Dei o sinal de que estávamos obedecendo à ordem para desembarcar."

Quando o LCT 607 se deslocava para a costa, atingiu uma mina. "Literalmente a explosão nos jogou para o alto. O patrão foi morto. Todos os homens foram mortos, com a exceção de dois e de mim. Os quatro carros-de-combate foram perdidos, bem como todos os marinheiros. Acabei num hospital por vários meses, tendo a necessidade de fazer uma série de cirurgias."[41]

O marinheiro Martin Waarvick estava no barco de Rockwell, o LCT 535. "Eu estava no meu posto na portinhola dianteira do vestiário próximo da proa, aquecendo o pequeno motor Briggs & Stratton que usávamos para arriar a rampa."[42] O fator tempo era agora decisivo. Se aquela rampa caísse cedo demais, a água estaria muito profunda; se caísse tarde demais, carros-de-combate não poderiam dar apoio e o 116º de Infantaria não teria a ajuda deles no momento em que a infantaria mais precisaria dele.

O barulho foi ensurdecedor. Os encouraçados e os cruzadores estavam atirando por trás e sobre os LCT. Em cada lado da faixa do mar reservada para as embarcações de desembarque, os destróieres estavam abrindo fogo. Os motores das aeronaves zumbiam em cima. Quando Rockwell se aproximou, os LCT(R) se liberaram. No seu LCT, as guarnições dos carros-de-combate ligaram os seus motores.

Falar era impossível, pensar quase isso. Além do mais, a fumaça escurecia os pontos de referência de Rockwell. Mas uma mudança no vento fez a fumaça recuar por um momento e Rockwell viu que estava sendo levado para leste pela maré. Ele mudou o curso para boroeste e aumentou a velocidade; os outros patrões viram este movimento e fizeram o mesmo. No momento em que a barragem naval acabou, o pequeno grupo de Rockwell estava exatamente defronte de *Dog White* e *Dog Green*, com os carros-de-combate atirando furiosamente.

Este era o momento para o qual Rockwell andara se preparando durante os últimos dois anos. Este era o motivo da existência dos LCT. Mas, para espanto de Rockwell, o que havia antecipado não estava acontecendo. Sempre admitira que o inimigo estaria atirando em seu LCT quando ele estivesse investindo, mas até ali nenhum canhão alemão fizera tal coisa.

Às 6:29 Rockwell deu sinal para Waarvick, que arriou a rampa. O LCT 535 foi o primeiro navio da primeira leva a lançar equipamento na área de *Omaha*. Waarvick lembrou que os carros-de-combate "começaram a descer a rampa, com estrépitos e rangidos. Certamente fizeram uma barulheira naquele convés de aço". Eles estavam em cerca de 3 pés de água.

O primeiro carro guinou para frente, mergulhou o nariz no declive, rastejou através da arrebentação para a areia a cinqüenta metros de distância, com a água passando por sua traseira e pulando fora novamente. Ele começou a atirar — e naquele instante, também o fizeram os alemães. Um canhão de 88 mm estava mirando a praia de uma plataforma à direita. Rockwell observou quando as granadas 88 atingiram três embarcações de desembarque à sua direita em rápida sucessão. Ele esperou que a próxima granada atingisse seu LCT, que ainda estava parado e de lado para o canhão — um alvo que não se pode errar — quando o último dos seus carros-de-combate entrou na água. Logo que ele deixou a rampa, Waarvick a levantou. Os artilheiros alemães voltaram o seu fogo dos LCTs para os carros.

E então, relembrou Rockwell: "Executamos a famosa manobra, conhecida na história naval como dar o fora dali." Ele usou sua âncora para recuar. Ele a havia lançado na investida, e tinha um motor próprio para içar, que funcionou.[43]

Quando Rockwell recuava, os carros-de-combate que ele tinha sido responsável o bastante e corajoso o bastante para colocar na praia estavam soltando fogo de seus canhões de 75 mm e suas metralhadoras de calibre .50. Quando o LCT 535 recuou, os barcos Higgins conduzindo o 116º Regimento começaram a se deslocar. Eram 6:30 na *praia Omaha*, Hora H.

Em *Widerstandsnest* 62* acima do barranco de Colleville, o praça Franz Gockel acabara de passar pela hora mais chocante da sua vida. Às 4:00 ele recebera a ordem de tomar posição de fogo atrás da sua metralhadora, mas de início "nada se movia. Seria outro falso alarme? Os minutos passavam vagarosamente. Será que ia ser real desta vez?

---

* (Ninho de resistência) — casamata (N. do R.)

Postamo-nos junto de nossas armas e tremíamos nos finos uniformes de verão. O cozinheiro preparou vinho tinto quente. Um oficial subalterno apareceu e verificou a nossa prontidão, dizendo: 'Quando eles vierem, não atirem muito cedo.' "

Ao alvorecer os bombardeiros estavam no céu e um número incrível de navios começou a aparecer no horizonte. Embarcações pequenas, navios pequenos, navios grandes, todos aparentemente vindo diretamente para o WN 62. "Uma frota interminável. Belonaves pesadas desfilavam como se posassem para uma revista." Gockel tentou se concentrar na sua metralhadora, verificando-a repetidas vezes, "para afastar minha mente de coisas que estavam para acontecer".

Os canhões navais abriram fogo. "Salva após salva caía em nossas posições. Escombros e nuvens de fumaça nos envolviam. A terra tremia. Olhos e ouvidos estavam cheios de poeira. A areia rangia entre os dentes. Não havia nenhuma esperança de ajuda."

O bombardeio aumentava sua fúria. "O alvorecer despontando sobre a frota de desembarque que se aproximava nos pareceu o que seria nosso juízo final." Gockel sentia surpresa de que os aliados estivessem vindo na baixa-mar. Durante uma inspeção em maio, Rommel assegurara ao tenente no comando do WN 62 que os aliados viriam com a preamar.

Gockel ficou ainda mais surpreso quando o bombardeio naval foi suspenso e ele descobriu que ninguém no seu pelotão tinha sido morto, havia apenas alguns feridos. Acocoramo-nos pequenos e indefesos por trás de nossas armas. Orei pela sobrevivência.

Em seguida, o mar ficou vivo. Barcos de assalto e embarcações de desembarque estavam se aproximando rapidamente da praia. Um camarada saiu cambaleando da fumaça e poeira para a minha posição e gritou: "Franz, tenha cuidado! Eles estão vindo!"

O canhão de 77 mm do WN 62 disparou sobre um dos carros-de-combate americano, que revidou. A granada explodiu dentro da casamata e pôs o canhão alemão fora de combate.[44] Eram 6:30 na *praia Omaha*.

15. "Começaremos a Guerra Exatamente Daqui"

A 4ª Divisão na Praia Utah

Segundo estava no plano, os carros-de-combate flutuantes deviam desembarcar primeiro, às 6:30, imediatamente após os navios de guerra suspenderem o fogo e os LCT(R) lançarem seus 1.000 foguetes. Havia trinta e dois desses blindados em *Utah*, conduzidos em oito LCT. Na sua esteira viria o 2º Batalhão do 8º RI em vinte barcos Higgins, conduzindo cada um uma equipe de assalto de trinta homens. Dez das embarcações desembarcariam na *praia de Tare Green* defronte ao fortim em Les-Dunes-de-Varreville, as outras ao sul na *praia de Uncle Red.*

A segunda leva de trinta e dois barcos Higgins conduzindo o 1º Batalhão, do 8º RI, mais engenheiros de combate e equipes de demolição naval, estava programada para desembarcar cinco minutos mais tarde. A terceira leva estava cronometrada para H mais quinze minutos; nela havia oito LCT com alguns carros-de-combate também *bulldozers* bem como Shermans regulares. Dois minutos mais tarde a quarta leva, consistindo principalmente de destacamentos do 237º e do 299º Batalhões de Engenharia de Combate, atingiria a praia.

Nada disso funcionou. Algumas embarcações desembarcaram tarde, outras cedo, todas a mais ou menos um quilômetro ao sul do alvo programado. Mas graças a rapidez de pensamento e tomada de decisão da parte do alto comando na praia, e graças à iniciativa e à garra dos soldados, o que poderia ter sido confusão em massa ou mesmo um caos completo tornou-se um desembarque bem-sucedido de baixo custo.

Marés, vento, ondas e excesso de fumaça eram parcialmente responsáveis por transtornar os horários e o desembarque no lugar errado, mas a causa principal foi a perda, devido a minas, de três das quatro embarcações de comando. Quando os LCC afundaram, houve uma confusão geral. Os patrões dos LCT estavam circulando, à procura de orientação. Um deles atingiu uma mina e voou pelos ares. Numa questão de segundos o LCT e seus quatro carros de combate afundaram.

A essa altura os tenentes Howard Vander Beek e Sims Gauthier no LCC 60 assumiram. Eles conferenciaram e decidiram compensar o tempo perdido conduzindo os LCT à distância de três quilômetros da praia antes de lançar os carros de combate (que deviam ser lançados a cinco quilômetros), dando-lhes um percurso mais curto e mais rápido para a costa. Usando o seu megafone, Vander Beek circulava em volta dos LCT enquanto gritava ordens para que o seguissem. Ele se dirigiu diretamente para a praia — a praia errada, cerca de meio quilômetro ao sul de onde os carros de combate deviam desembarcar. Quando os LCT arriaram suas rampas e os carros de combate se fizeram à água, eles se assemelhavam para Vander Beek "a estranhos monstros marinhos com suas enormes saias para flutuação em forma de roscas chapinhando através das ondas altas e lutando para se manter em formação".[1]

Os barcos Higgins que conduziam a primeira leva de equipes de assalto deviam permanecer atrás deles, mas eles eram tão lentos que os patrões dirigindo as embarcações os ultrapassaram. Dessa maneira a Companhia E do 2º Batalhão, 8ª RI, 4ª Divisão, foi a primeira companhia aliada a atingir a praia na invasão. A corrente marítima, correndo do norte para o sul, tinha levado suas embarcações a uma distância maior à esquerda, de modo que eles acabaram um quilômetro ao sul de onde deviam ter chegado.

O general Roosevelt estava no primeiro barco a atingir a costa. O general Barton havia inicialmente recusado o pedido de Roosevelt para participar da invasão com o 8º RI, mas Roosevelt tinha argumentado que permitir o desembarque de um general na primeira leva levantaria o moral das tropas. "Eles pensarão que, se um general está indo junto, não pode ser tão duro assim." Roosevelt também fizera um apelo pessoal, dizendo: "Eu adoraria fazer isso." Barton concordara com relutância.

Luck estava com a Companhia E. As fortificações fixas dos alemães no local previsto do desembarque na saída 3 eram muito mais formidáveis do que aquelas onde o desembarque realmente aconteceu, na saída 2 defronte de La Madeleine, graças aos bombardeiros dos Marauders contra a bateria ali posicionada. As tropas alemãs na área vinham do 919º Regimento da 709ª Divisão. Elas tinham sido implacavelmente golpeadas pelo bombardeio combinado aéreo e marítimo e não estavam disparando as suas armas. Havia apenas alguns tiros de armas portáteis disparados por fuzileiros entrincheirados na duna de areia logo atrás da muralha marítima de concreto de 1,20 m de largura.

Naquelas trincheiras estavam os alemães expulsos de suas posições fixas pelo bombardeio. Eram comandados pelo tenente Jahnke. Ele olhou para o mar e ficou assombrado. "Eis aqui uma verdadeira visão lunática", relembrou ele. "Eu perguntava a mim mesmo se não estava ficando alucinado por causa do bombardeio." O que ele viu foi um carro de combate flutuante. "Tanques anfíbios! Esta deve ser a arma secreta dos aliados!" Ele decidiu pôr em ação a sua própria arma secreta, somente para descobrir que os seus Golias não funcionariam — o bombardeio tinha destruído os controles rádio.

"Era como se Deus e o mundo nos tivessem desamparado", lamentou-se Jahnke ao mensageiro ao seu lado. "Que aconteceu com os nossos aviadores?"[2]

Naquele instante, o sargento Malvin Pike da Companhia E vinha chegando num barco Higgins. Ele estava amedrontado: "Minha posição estava bem na traseira do barco e eu podia ouvir as balas cortando o ar sobre nossas cabeças e olhei para trás e tudo o que podia ver eram duas mãos no volante e uma mão em cada metralhadora calibre .50, que os rapazes da Marinha estavam disparando. Eu disse ao meu comandante de pelotão, tenente Rebarcheck: 'Estes caras nem olham para onde estão indo ou atirando.' Naquele momento o patrão se levantou, observou a praia e em seguida se escondeu, abaixando-se. Os metralhadores estavam fazendo o mesmo e rezamos para que pudéssemos chegar à praia."

O barco atingiu um banco de areia a 200 metros da costa. (A água era mais rasa na saída 2 do que na saída 3, motivo pelo qual a Marinha insistira em invadir esta última saída.) O patrão disse que era tempo da infantaria desembarcar, que ele estava dando o fora dali.

O tenente Rebarcheck respondeu: "Você não vai afogar estes homens. Faça outra tentativa." O patrão se afastou do banco, andou trinta metros para a esquerda, tentou prosseguir, e atingiu o banco novamente. Rebarcheck disse: "Tudo bem, vamos", mas então a rampa emperrou.

"Para o inferno com isto", exclamou Rebarcheck. Ele pulou pelo lado. Seus homens o seguiram.

"Eu saltei com água pela cintura", relembrou o sargento Pike. "Tínhamos 60 metros para percorrer até a costa, e não se pode correr, pode-se apenas fazer qualquer coisa como empurrar para a frente. Finalmente alcançamos a beira da água, em seguida tínhamos 200 metros de praia aberta para cruzar, através dos obstáculos. Mas felizmente a maioria dos alemães não podia lutar, estavam todos abalados pelo bombardeio e pelo impacto dos foguetes, e a maioria deles queria apenas se render."[3]

O capitão Howard Lees, comandante da Companhia E, conduziu os seus homens por cima da muralha ao topo das dunas. "Aquilo que eu vi", relembrou o sargento Pike, "não era nada semelhante ao que foi montado no caixão-de-areia na Inglaterra. 'Dissemos, ei, isto não se parece com o que eles nos mostraram.' "[4] Roosevelt juntou-se a eles, caminhando com tranqüilidade para a posição que lhes cabia, usando a sua bengala (ele tivera um enfarto), um gorro de lã de tricô (ele odiava capacetes), ignorando o fogo. Naquele momento (6:40) os alemães ao norte nas fortificações em Les-Dunes-de-Varreville começaram a atirar no 2º Batalhão com canhões de 88 mm e metralhadoras, mas sem precisão. Roosevelt e Lees trocaram idéias, estudaram seus mapas e compreenderam que estavam no lugar errado.

Roosevelt voltou para a praia. Naquele momento os primeiros carros de combate Sherman haviam desembarcado e estavam respondendo ao fogo alemão. O comodoro James Arnold, controlador da Marinha para a *praia Utah*, estava acabando de desembarcar com a terceira leva. "Os 88s alemães estavam malhando a cabeça-de-praia", relembrou ele. "Dois carros de combate americanos estavam parados na linha de preamar, revidando ao fogo. Tentei correr para pôr-me a sotavento deles. Compreendo agora por que a infantaria gosta de tê-los por perto numa escaramuça. Eles oferecem demasiada segurança a um homem em campo aberto que pode sentir uma terrível sensação de vazio nas entranhas." Arnold achou a cratera de uma bomba e fez dela o seu "QG" temporário.

"Um general de uma estrela pulando para dentro do meu "QG" para se esconder da explosão de um 88?"

" 'Papagaio', murmurou ele, quando nos desembaraçamos suficientemente para olharmos um ao outro. 'Eu sou Teddy Roosevelt. Você é Arnold, da Marinha. Eu me lembro de você nas reuniões preparatórias em Plymouth.' "[5]

A Roosevelt juntaram-se dois comandantes de batalhão do 8º RI, os tenentes-coronéis Conrad Simmons e Carlton MacNeely. Quando estavam estudando o mapa, o coronel Van Fleet, comandante do regimento, veio patinando na praia. Ele desembarcara com a quarta leva, conduzindo o 237º e o 299º Batalhões de Engenharia de Combate.

"Van", exclamou Roosevelt, "não estamos onde deveríamos estar." Ele apontou para uma construção na praia. "Ela deveria estar à nossa esquerda. Agora está à nossa direita. Acho que estamos a mais de uma milha para o sul." Van Fleet refletiu que ironicamente estavam eles no local exato que ele tinha desejado que a Marinha desembarcasse seu regimento, mas a Marinha insistira que era impossível porque a água era rasa demais.

"Estávamos diante de uma decisão imediata e importante", escreveu Van Fleet. "Devíamos tentar deslocar toda nossa força de desembarque mais de uma milha pela praia, e seguir nosso plano original? Ou deveríamos prosseguir através dos aterros imediatamente opostos ao lugar onde havíamos desembarcado?" Homens já estavam cruzando a muralha e as dunas na frente dos oficiais, enquanto os encarregados de demolição e engenheiros da Marinha estavam fazendo explodir obstáculos atrás deles.

Roosevelt, ao que se relata, se tornou uma lenda, por dizer a esta altura: "Começaremos a guerra exatamente daqui." De acordo com Van Fleet isto não foi exatamente o que aconteceu. Numa memória não publicada, Van Fleet escreveu: "Eu tomei a decisão. 'Vão direto para o interior', ordenei. 'Pegamos o inimigo num ponto fraco, e assim vamos tirar vantagem disso.' "[6]

O ponto importante não foi quem tomou a decisão mas o que foi decidido sem oposição ou discussão prolongada. Tomou-se a decisão correta, mostrando a flexibilidade do alto comando. Simmons e MacNeely logo começaram a eliminar a oposição alemã na praia, preparando-se para tomar as extremidades orientais das saídas 1 e 2, e cruzar em seguida as vias elevadas para dirigir-se ao oeste. Primeiro, todavia, eles precisavam fazer passar os seus homens através da muralha do mar e transpor as dunas.

Os engenheiros e as equipes de demolição chegaram logo depois da primeira leva, desembarcando também em frente da saída 2. Eles estavam recebendo mais fogo do que a primeira leva e podiam ver que o local para onde se dirigiam não era o lugar que eles haviam estudado na Inglaterra. Eles também podiam ver que iam ser lançados num terreno com água pela cintura, de modo que começaram a aliviar as suas mochilas. A primeira coisa que se foi, lembrou o sargento Richard Cassidy do 237º Batalhão, foram pacotes de cigarros. Ele tinha seis — um homem conduzia dez pacotes. Cassidy rasgou um pacote, tirou dali um maço, e jogou o resto fora. Os outros fizeram o mesmo. "Estávamos patinando em cigarros até os joelhos naquele barco."[7]

As equipes de demolição consistiam de cinco homens do Batalhão de Engenharia da Marinha (unidades de demolição de combate) e dois ou três engenheiros do Exército. Havia dez equipes. Cada homem conduzia entre cinqüenta e setenta libras de explosivos nas costas, ou TNT ou composto C (um explosivo plástico desenvolvido pelos britânicos que parecia uma barra de sabão de lavanderia; queimaria se aceso ou explodiria quando propriamente detonado). O pessoal do batalhão de engenharia naval tendia a ser mais velho do que a média dos soldados do Dia D: a maioria deles foi treinada por mineiros do oeste dos Estados Unidos, que eram peritos em explosivos.

O batalhão de engenharia naval era responsável pelo conjunto de obstáculos externos, aqueles a serem os primeiros cobertos pela maré. Eles estavam preparados para trabalhar debaixo da água se necessário (embora sem nada de semelhante ao equipamento especial que os modernos "homens-rãs" usam). Orval Wakefield relembrou que, quando o recrutador se aproximou à procura de voluntários para as equipes de demolição submarinas, ele disse que a experiência no Pacífico havia mostrado quão decisivas seriam essas equipes para uma invasão bem-sucedida.

"Ele explicou também que era uma tarefa extremamente arriscada, que precisava de bons nadadores, que teríamos treinamento físico e mental especial, que poderíamos ser sacrificados Estaríamos trabalhando em obstáculos com armadilhas e minas.

Em *Utah*, a equipe de Wakefield preparou os obstáculos externos para a demolição enquanto as tropas da 4ª Divisão que chegavam, os circundavam. A equipe preparou suas cargas, amarrou-as com arame, gritou: "Detonar!" e as fizeram explodir. Wakefield e seus rapazes dirigiram-se em seguida para a muralha do mar, onde entraram numa trincheira rasa e "ficaram a observar o que estava acontecendo na praia. Quando viemos pela primeira vez, não havia nada lá, a não ser homens correndo, girando e se esquivando. De repente parecia uma colméia. Os barcos podiam passar através dos obstáculos. Tratores amontoando areia contra a muralha do mar e veículos meialagarta e carros de combate podiam dirigir-se para o interior. Parecia um formigueiro".[8]

Os engenheiros do Exército foram simultaneamente à procura do próximo conjunto de obstáculos, mais perto da praia. Prenderam seus explosivos aos obstáculos, fossem postes únicos providos de minas, fossem portões belgas; em seguida conectaram as cargas individuais no fio escorvador, de modo que tudo explodisse de uma vez. O sargento Pikasiewicz estava com uma equipe do 237º Batalhão de Engenharia de Combate. Ele e seus rapazes colocaram seus explosivos num conjunto de obstáculos, todos conectados, e correram na direção da muralha marítima para acender o fio escorvador. "Detonar!" gritaram eles.

"Pouco antes dos explosivos detonarem", lembrou Pikasiewicz, "quando estávamos de encontro à muralha, algumas das embarcações de desembarque estavam chegando. As rampas foram arriadas e os homens correram e não entenderam para onde estavam se dirigindo. Quando nos ouviram vociferando e gritando para eles, deitaram-se por trás dos obstáculos à procura de proteção. 'Meu Deus', eu disse a Jimmy Gray, um médico. Deixei a muralha, corri para trás e agarrei os homens pelas suas mochilas de campanha e comecei a gritar: 'Dêem o fora daqui porque isto está pronto para explodir.' Puxei seis homens, gritei para o resto e me desloquei de volta na direção da muralha. Eu estava de 4 a 6 metros de distância quando tudo explodiu e um pedaço de *shrapnel* atingiu meu capacete."*

A equipe foi trabalhar mais perto da muralha do mar, apressando-se para terminar a tarefa antes que a maré viesse e cobrisse os obstáculos. "E o general Roosevelt estava em pé ali", disse o sargento Cassidy, "andando para cima e para baixo com a sua bengala, e eu exclamei: 'Vai derrubar aquele animal, ele vai ser morto!' E alguém disse: 'Você sabe quem é ele?' Eu disse: 'Sim, é Roosevelt, e ele vai ser morto.' " Roosevelt afastou-se e a equipe explodiu os obstáculos.[9] Dentro de menos de uma hora as equipes haviam aberto oito brechas de cinqüenta jardas nos obstáculos e foram à procura dos que ainda restavam.

Em seguida, o 237º pôs mãos à obra abrindo buracos à força de explosões na muralha marítima. Carros de combate com niveladora, do 70º Batalhão de Carros de Combate limparam os escombros após as explosões. O tempo todo os canhões de 88mm, estavam atirando, mas a maioria dos projéteis se esparramava na água enquanto os alemães continuavam a se concentrar, não com muita eficácia, em levas após levas de embarcações de desembarque.

O marinheiro Martin Gutekunst era um perito em comunicações incorporado ao batalhão de engenharia da Marinha. Ele recordou que

* *Shrapnel* — estilhaço. (N. do R.)

depois que os obstáculos estavam eliminados e os buracos abertos à explosão, "alguns dos homens de demolição mais aventureiros e valentes dirigiram-se para o lado extremo da muralha e fizeram os alemães se render". Ele se uniu a eles. "Podíamos ver muitas plataformas de canhões alemãs protegidas por suas muralhas e tetos de concreto. Dentro dos *bunkers* eles tinham um cenário pintado ao longo das paredes que representava a área como você poderia ver se estivesse do lado de fora, e fendas estreitas pelas quais podia observar o tiro." Mas ninguém estava lá para atirar; os soldados da Wehrmacht ou tinham se rendido ou fugido para o interior.[10]

Os homens do 237º seguiram os carros com niveladoras através dos buracos na muralha do mar, transpuseram a duna, e viram placas que diziam *Achtung Meinen*. A pressão que vinha de trás, de homens e tanques tentando alcançar a praia para se deslocar para o interior era tal, que os engenheiros foram mais ou menos forçados a mover-se para frente. "Aqueles eram os primeiros homens a se moverem para interior", disse o sargento Vincent Powell, do 237º. "E de repente eles começaram a pisar em minas, minas S, Bouncing Betties. Essas minas saltavam e explodiam. Aqueles homens começaram a gritar e a correr de volta para a praia com o sangue a escorrer. E esse foi o momento em que os carros de combate começaram a avançar."[11]

Às 6:45 os carros de combate flutuantes ainda estavam abrindo, com o ronco do motor característico, o seu caminho para a praia. Tinham sido programados para desembarcar antes das equipes de assalto, mas não eram sequer os primeiros em terra; LCT conduzindo a Companhia C do 70º Batalhão de Carros de Combate sob o comando do capitão John Ahearn abicaram antes que os carros de combate flutuantes chegassem. Os Shermans atiravam na medida em que se aproximavam. Ahearn estava no segundo carro do primeiro LCT; o tenente Owen Gavigan comandava o que precedia o de Ahearn. Eles dirigiam através de 1,50 m de água em seus Shermans impermeabilizados. Ahearn passou o controle dos quatro carros com niveladoras para os engenheiros e dividiu os restantes quatorze Shermans em dois grupos, mantendo o controle de um e dando ao tenente Yeoman o comando do outro.

Ahearn virou seu grupo à esquerda, procurando uma abertura através da muralha marítima, enquanto Yeoman virou à direita. Ahearn achou uma abertura, voltou-se na direção dela e deu de frente com um Golias*. Eles tinham sido usados em Ânzio, mas Ahearn não estivera na Itália e ninguém lhe tinha falado a respeito dos Golias; ele não podia imaginar que coisa era aquela. Felizmente, o Golias que ele defrontou estava ali parado; ele soube posteriormente que o dispositivo de radiocontrole havia explodido no bombardeio.

Ahearn atravessou a muralha marítima. Olhando para o sul, ele viu uma fortificação alemã. Disparou então vários tiros contra o *bunker*. Com isso vários soldados da Wehrmacht apareceram, com as mãos para cima, e começaram a correr na direção de Ahearn, que desceu para fazê-los prisioneiros. "Eles começaram a gritar e a gesticular para mim, para que ficasse onde estava; estavam gritando *Achtung Meinen*. Diante disso gesticulei para que se movessem na direção da estrada para o interior, onde os fizemos prisioneiros e os entregamos à infantaria." Eles não eram alemães, mas tropas do batalhão *Ost* proveniente da Geórgia, na União Soviética.

Ahearn dirigiu-se para o sul pela estrada costeira. Virou para o interior, na direção de Pouppeville, embora uma estrada de terra continuasse paralelamente às dunas. Ele destacou o tenente Tighe com cinco carros de combate para tomar o rumo de Pouppeville, que, segundo ele esperava, estava nas mãos da 101ª Aeroterrestre, e prosseguiu para o sul com dois carros para ver se ainda havia outras fortificações que ele pudesse atacar.

Seu carro atingiu uma mina terrestre que arrebentou a roda-de-apoio dianteira-esquerda, da lagarta. Ahearn comunicou-se pelo rádio com Tighe para dizer que estava imobilizado, desceu do seu carro, e prosseguiu a pé para explorar a área. Pisou numa mina S e a explosão o lançou no renque de uma cerca viva, inconsciente, com as pernas estraçalhadas. Sua guarnição o procurou e o localizou quando ele voltou a si e gritou, mas ele os advertiu para que não se aproximassem por causa das minas. A guarnição voltou para o carro, pegou uma corda comprida, lançou-a e o puxaram para fora dali. Padioleiros o

---

* Golias — uma miniatura de carro de combate, sem torre, carregado de explosivos e controlado pelo rádio. (N. do R.)

levaram para um hospital de campanha improvisado, onde seu pé foi amputado. Os engenheiros lhe disseram depois que removeram 15.000 minas S da área.[12]

O tenente Elliot Richardson comandava um destacamento médico que desembarcou com a quarta leva. "Caminhei para a praia patinando na água com os meus rapazes. Havia explosões ocasionais de granadas mas não significavam muita coisa já que a maior parte dos canhões alemães fora posta fora de ação. Caminhei até o cimo da duna e lancei um olhar em torno. Lá estava a área cercada de arame farpado e um oficial ferido que pisara numa mina antipessoal pedindo socorro."

Richardson fez um rápido estudo da situação. Era obviamente perigoso entrar na área. Assim mesmo, "decidi que devia ir. Caminhei na direção dele, colocando cada pé com cuidado, peguei-o e o tirei dali". Os homens de Richardson puseram o oficial ferido numa maca e o conduziram para um posto de atendimento médico na praia.

"Aquele foi o meu batismo", disse Richardson. "Era o tipo de comportamento que eu esperava de mim mesmo."[13]

O capitão George Mabry, S-3 do 2º Batalhão do 8º RI, cruzou as dunas e, juntamente, com vários membros da Companhia G, encontrou-se sobre um campo minado. Três homens pisaram em minas-S. O coronel Van Fleet descreveu o que aconteceu: "Mabry não tinha escolha: retirar-se para a praia ou ir atrás do inimigo. Qualquer que fosse a alternativa, significava ter de cruzar a área perigosa. Mabry escolheu atacar. Atirando enquanto corria, Mabry, após 23 metros, investiu contra uma trincheira inimiga. Os alemães que resistiram, ele matou; os outros se renderam. Em seguida reuniu alguns homens da Companhia G, mandou buscar dois carros de combate, e assaltou uma grande casamata que guardava a via de acesso na saída 1."[14]

O sargento Pike, da Companhia E, juntou-se ao grupo de Mabry. Ao conduzir os homens através da via de acesso, rumando na direção de Pouppeville, encontrou o tenente Tighe do 70º Batalhão de Carros de Combate. Tighe perdera três carros em decorrência de minas terrestres, mas estava avançando cautelosamente com os dois Shermans restantes. Mabry pôs a infantaria na frente e reencetou a marcha, exigindo velocidade pelo fato de estarem muito expostos na via de acesso e recebendo fogo de morteiro, ao mesmo tempo em que recomendava cautela por causa das minas. Chegou enfim a uma ponte sobre uma galeria e calculou que ela devia estar preparada para ser demolida; ademais, os batedores informaram que tinham visto os alemães se meterem na galeria.

Mabry enviou homens aos campos inundados para varejarem ambos os lados da galeria. Os alemães se renderam sem combater. Mabry os fez desligar as cargas de explosivos, em seguida enviou os prisioneiros para a praia e continuou avançando.[15]

Depois que os guardas puseram os prisioneiros numa embarcação de desembarque, para serem levados para o *Bayfield*, onde passariam por um processo de interrogatório, eles se apresentaram a Van Fleet. Eram 9:40. Van Fleet se comunicou pelo rádio com o general Barton no *Bayfield*: "Estou em terra com o coronel Simmons e o general Roosevelt, avançando com firmeza." Quando as novas levas de embarcações de desembarque chegaram, Van Fleet e Roosevelt as mandaram através dos buracos na muralha marítima com ordens de se deslocar para o interior. O maior problema que eles defrontaram foi o congestionamento na praia. Havia excesso de tropas e de veículos, mas poucas aberturas. O fogo esporádico da artilharia demandando terra firme e as minas onipresentes tornaram horrível o congestionamento do trânsito. Todavia, às 10:45 Van Fleet pôde se comunicar por rádio com Barton: "Tudo está muito bem." A área costeira estava relativamente assegurada, os batalhões reserva estavam desembarcando.[16]

Mabry seguiu adiante pela estrada sobre o aterro. Ele se mantinha preocupado com os batedores. "Sabe como é", disse ele ao sargento Pike, "as tropas de pára-quedistas deviam ter tomado a cidade de Pouppeville, mas podem não tê-lo feito. Não vamos atirar em nenhum dos nossos rapazes." Pike respondeu que tudo bem.

Os batedores chegaram à margem ocidental da área inundada. "Pudemos ver os arbustos e algumas árvores onde terminava a estrada sobre o aterro", relembrou Pike, "e então vi um capacete que em seguida desapareceu, e eu contei ao capitão Mabry ter visto o capacete por trás daqueles arbustos e ele disse:" 'Poderia dizer se americano ou alemão?' e eu respondi: 'Não vi o bastante, não sei, senhor' ".

Os homens na extremidade oposta dispararam um foguete laranja. "Os dois rapazes se levantaram e a primeira coisa que vimos foi a bandeira americana no ombro deles e se tratava de dois soldados pára-quedistas. Eles disseram: '4ª Divisão?' e nós dissemos, 'Sim.' "[17]

O tenente Eugene Brierre da 101ª era um dos pára-quedistas. Ele saudou Pike e perguntou: "Quem está no comando aqui?" Mabry se fez presente e respondeu: "Sou eu."

Disse Brierre: "Olhe, o general Taylor está bem aqui atrás em Pouppeville e quer encontrar-se com o senhor."

Eram 11:10. A ligação entre a 101ª e a 4ª Divisões fora concluída. A saída 1 estava em mãos americanas.[18]

Mabry conversou com Taylor, que disse que estava se deslocando para atingir outros objetivos, e em seguida prosseguir através de Pouppeville na direção de Ste. Marie-du-Mont. Havia mais ou menos quarenta soldados alemães mortos em Pouppeville, testemunho da luta em que estivera empenhada a 101ª. Próximo de Ste. Marie-du-Mont, o tenente Louis Nixon da 101ª pediu a Mabry um pouco de ajuda dos dois carros de combate. Mabry destacou-os e eles se foram (quanto aos resultados, veja a página 369-70). Em seguida foi para Ste. Marie-du-Mont, onde a tropa de Mabry ajudou os pára-quedistas a tomar conta da cidade.

A 4ª Divisão e unidades a ela incorporadas estavam desembarcando. Seu principal problema era o mar, não os alemães. As ondas estavam sacudindo as embarcações, transpondo as amuradas atingindo os homens diretamente no rosto, tornando muitos tão angustiados que não podiam esperar a hora de desembarcar. "Os barcos estavam girando à semelhança de pequenos insetos, esforçando-se por obter uma posição melhor." O praça Ralph Della-Volpe relembrou: "Eu havia feito um grande desjejum, pensando que ajudaria, mas enfim o perdi."[19]

Assim aconteceu com muitos outros. Marvin Perrett, da guarda costeira, de dezoito anos, de Nova Orleans, era timoneiro de um barco Higgins construído na sua cidade natal. Os trinta homens do 12º Regimento da 4ª Divisão que ele estava conduzindo para a costa tinham voltado as cabeças na sua direção para evitar o borrifo da água. Ele podia ver preocupação e temor estampados nos seus rostos. Bem em frente dele estava um capelão. Perrett estava se concentrando em manter seu lugar na linha mais avançada. O capelão vomitou o seu desjejum, e o vento atirou a coisa no rosto de Perrett — que ficou coberto de ovos não digeridos, café e pedaços de *bacon*.

Um homem da guarnição de Perrett mergulhou um balde no canal e jogou a água sobre o rosto dele. "Que acha disso, patrão?" perguntou. "Isso é muito bom", retrucou Perrett. "Faça-o de novo." O homem repetiu o que fizera, e os infantes cairam na gargalhada. "Aquilo serviu para afastar a tensão", disse Perrett.[20]

O sargento Beck do 87º Batalhão de Morteiros Pesados tinha tomado pílulas contra enjôo. Elas não funcionaram; vomitou de qualquer modo. Mas elas tiveram um efeito inesperado — ele caiu no sono durante o percurso.

"A explosão de granadas me acordou quando nos aproximávamos da costa," lembrou ele. "Meu melhor amigo, o sargento Bob Myers de New Castle, Pa., tomou algumas destas pílulas que o deixaram fora de si. Ele só voltou a ser coerente no dia seguinte. Fez a invasão da Normandia e não se lembra de nada o que aconteceu!"[21]

(Quem decidiu distribuir estas pílulas constitui ainda um dos mistérios do Dia D. Elas também foram dadas às tropas para-quedistas, muitos dos quais se queixaram de que o único efeito que tiveram foi torná-los sonolentos. Elas não foram usadas em nenhum dos períodos de exercícios, muitos dos quais foram em águas tão agitadas quanto no dia 6 de junho.)

Quando embarcações de desembarque de fundo chato e proa quadrada batiam com força na ondas, um soldado anônimo de rosto verde resumiu os sentimentos de todos os seus companheiros: "Aquele f.d.p. do Higgins não tem nada de que se orgulhar, inventando este barco!"[22]

O coronel Russel *"Red"* Reeder era Comandante do 12º Regimento de Infantaria, programado para desembarcar às 10:30. Durante as primeiras horas da invasão, todavia, ele estava observando de um LCI a seis quilômetros de distância, não vendo muita coisa por causa da fumaça e da neblina. "Os ponteiros do meu relógio não queriam se mover", escreveu ele. "O tempo que transcorreu de 6:30 até quando desembarcamos, às 10:30, foram as quatro horas mais longas que já passei."

Esperava-se que o 12º RI desembarcasse ao norte do 8º, mas os patrões seguiram as ordens de Roosevelt para trazer as levas sucessivas atrás do 8º Regimento, o que punha o 12º dois quilômetros ao sul de onde se esperava que estivesse.

"Não tem importância", declarou o coronel Reeder quando descobriu o erro. "Sabemos para onde vamos!"

Reeder conduziu os seus homens através de um buraco na muralha marítima até o topo da duna, onde avistou Roosevelt.

"Red, as estradas sobre aterro que levam para o interior estão todas obstruídas", gritou Roosevelt. "Olhe para isto! Uma procissão de jipes e nem um andando." Para Reeder "Roosevelt parecia cansado e a bengala em que ele se apoiava salientava a impressão."[23]

O objetivo imediato de Reeder era St.-Martin-de-Varreville, onde ele esperava efetuar uma ligação com a 82ª Aeroterrestre. À sua direita estava a saída 4, que o seu regimento estava programado para usar, mas a extremidade oriental da saída 2 não fora assegurada e ele estava se expondo ao fogo da bateria alemã ao norte, a bateria de quatro canhões de 155 mm em St.-Marcouf. Ele podia deslocar seu regimento diretamente para a estrada sobre aterro, em seguida usá-la para cruzar os campos inundados. Mas, se ele fizesse isso, seus homens estariam expostos e sob observação. Usar a estrada sobre aterro 2 estava fora de questão; estava congestionada com viaturas e tropas. Sua opção foi cruzar a área inundada para alcançar St.-Martin-de-Varreville.

Reeder tomou sua decisão. "Vamos através da área inundada", gritou ele. Reeder viu o tenente-coronel Charles "Chuck" Jackson, comandante do seu 1º Batalhão, e fez-lhe um sinal com a mão. Jackson acabara de fazer o mesmo julgamento e pôs-se a caminho imediatamente.[24]

O sargento Clifford Sorenson estava com Jackson. Ele relembrou que o "reconhecimento aéreo estimara que a área inundada estava talvez à altura do tornozelo, com exceção dos poços de irrigação, que estimavam estar a 45 cm de profundidade. Bem, eles cometeram um grande erro. Aquela área inundada chegava em alguns lugares até a cintura da pessoa e os poços de irrigação davam para cobrir a cabeça. Algumas almas mais valentes iriam nadar através dos poços de irrigação e lançar cordas de trambelho para puxar o resto de nós para o outro lado. Isto no que refere ao reconhecimento aéreo".

O batalhão marchou através das áreas inundadas durante quase dois quilômetros. "E patinhávamos, patinhávamos, patinhávamos", disse Sorenson. "Um tiro de um franco-atirador ocasional era disparado mas não atingia ninguém. Estávamos muito mais interessados em evitar afogar-nos porque o fundo era escorregadio e arriscado. Você pode escorregar e talvez afogar-se com todo aquele equipamento.

"Eu sentia muita raiva. A Marinha tentara me afogar na praia, e agora o Exército estava tentando me afogar na área inundada. Eu estava mais danado com o nosso lado do que com os alemães, porque os alemães ainda não me tinham feito nada."[25]

Levou tempo, três a quatro horas ou mais, para atravessar, mas sem perdas. Quando o batalhão alcançou o solo elevado, Reeder fez sinal para Jackson dobrar à direita e prosseguir para St.-Martin-de-Varreville. Ele o fez. O batalhão alcançou uma encruzilhada, onde recebeu algum fogo de artilharia que fez com que os homens se espalhassem à procura de abrigo. O general Roosevelt entrou em cena; ele pegara uma carona no capô de um jipe que o deixou na estrada sobre aterro 2. Roosevelt localizou o coronel Jackson.

"Bem, *Chuck, como vão as coisas?", perguntou ele. Jackson explicou a situação.*

"Vamos seguir para a frente", sugeriu Roosevelt.

"Estamos na frente", replicou Jackson. "Veja aqueles dois homens (cerca de 50 metros de distância). Eles são os exploradores de vanguarda da Companhia A."

"Vamos falar com eles", disse Roosevelt. Assim o fizeram, mandando-os se deslocar, e o batalhão seguiu.[26] Pelo final da tarde, o 8º de Infantaria e seu regimento de apoio, o 22º, tinham feito contato com a 82ª Aeroterrestre em St.-Martin-de-Varreville e St.-Germain-de-Varreville. Ali bivacaram próximo, mas sem atingirem os objetivos previstos para o Dia D, mas felizes por estarem no interior e em contato com a 82ª.

Nesse meio-tempo, o 12º de Infantaria alcançara o seu objetivo do Dia D. O capitão Mabry havia mobilizado os elementos de frente através de Ste.-Marie-du-Mont para ocupar uma posição durante a noite ao norte de Les Forges. A Companhia K enviou um pelotão de reconhecimento na direção de Chef-du-Pont para estabelecer contato com a 82ª, de modo que pelo anoitecer o regimento estava em contato com ambas as divisões de pára-quedistas.

O fato de tanta coisa ter sido realizada pelos batalhões atacantes foi devido em parte ao apoio de belonaves da Marinha. Observadores avançados haviam acompanhado os homens da 4ª Divisão no interior e sempre que se defrontaram com a artilharia ou blindados inimigos, informavam aos encouraçados e cruzadores para que batessem os alvos. Aviões de observação fizeram o mesmo. A Marinha dava todo o apoio.

O tenente Ross Olsen era um oficial de artilharia a bordo do *Nevada*. "Relembro que nossos canhões de 5 polegadas atiraram tanto que a tinta dos canhões descascou e tudo o que ficou à mostra foi o aço azul. Também tivemos de parar de atirar por certo tempo para limpar o convés dos estojos vazios. Normalmente estes estojos eram recolhidos para recarga, mas naquele dia eles estavam entulhando o convés e impedindo o movimento das torres dos canhões."

Em certa ocasião, o *Nevada* defrontou-se com um alvo que exigia que todos os canhões, os de 14 polegadas bem como os de 5 polegadas, executassem um tiro direto. Quando o *Nevada* lançou a salva, o estampido custou a Olsen a audição no ouvido esquerdo e 50 por cento no ouvido direito; ele tem usado aparelhos auditivos desde então. "O bombardeio destruiu também no convés a baleeira a motor de oito metros, derrubou a porta do refeitório, descascou todo o material de isolamento do anteparo do refeitório e quebrou todas as lâmpadas das instalações suspensas a bombordo."[27]

Homens gravemente feridos, alemães bem como americanos, estavam sendo trazidos para os navios de grande porte pelas embarcações de desembarque que retornavam. O farmacêutico Vincent del Giudice estava no *Bayfield*. Ele ficou ocupado todo o dia, cuidando de muitos homens, mas dois, especialmente, ficaram em sua lembrança. Um era mexicano-americano que tivera a terrível experiência de pisar em duas minas S simultaneamente. Médicos alemães haviam-no tratado colocando torniquetes tanto nas pernas quanto nos braços, mas tinham sido afugentados por uma patrulha americana e o deixaram no campo. Ele foi recolhido por alguns padioleiros e transportado de volta para o *Bayfield*, mas não conseguiram remover os torniquetes e gangrenou.

Del Giudice ajudou na amputação de uma perna abaixo do joelho, da outra acima, e de ambos os braços. O soldado também sofrera ferimentos abdominais que Del Giudice suturou.

"Foi uma cena triste", disse Del Giudice. "O homem não se queixou. Deu uma olhada de resignação sobre si mesmo. Saiu do efeito da anestesia, olhou para seus quatro tocos, fechou os olhos e voltou a dormir."

Posteriormente, Del Giudice cuidou de um cabo alemão ferido, "alto, magro, louro e bem apessoado. Ele fora ferido na mão direita e os cinco dedos estavam pendendo; e a sua mão e os seus dedos estavam enegrecidos". Del Giudice amputou-lhe os dedos com tesoura, colocou-lhe pó de sulfa na mão, e, "pelo meu esforço, obtive um sorriso e um *'danke schön!'* "[28]

O tenente Jahnke estava numa trincheira improvisada nas dunas, disparando seu fuzil contra os americanos que se aproximavam. Um carro de combate o localizou e disparou seu canhão de 75 mm. Jahnke ficou enterrado vivo. Ele sentiu que alguém o arrastava para fora. Era um soldado americano.

Jahnke ganhara uma Cruz de Ferro na Frente Oriental. Seu instinto era fugir — tudo menos o cativeiro. Ele viu uma pistola-metralhadora no chão e mergulhou para pegá-la. O americano empurrou-a para o lado e numa voz tranqüila disse: "Tenha calma alemão."

Ele enviou Jahnke, com as mãos entrançadas sobre a cabeça, para um cercado de prisioneiros de guerra na praia. Lá, Jahnke foi ferido novamente por um estilhaço oriundo do lançamento de uma granada alemã.[29]

O marinheiro Orval Wakefield do Batalhão de Engenharia de Demolições estava junto da muralha marítima. Disse ele que "pelo meio da tarde a praia em nada havia mudado, à exceção de pequenos obstáculos comuns em cidades pequenas. Era evidente que nós tínhamos feito bem o nosso trabalho, porque, até onde eu podia ver a praia estava completamente desembaraçada, não havia nada impedindo as embarcações de desembarque. Imaginamos que nosso dia fora proveitoso, mesmo que ninguém jamais soubesse quem éramos.

"Estávamos sendo interrogados. 'Quem são vocês, rapazes? Que é que vocês fazem?' Os patrões não gostavam de nós porque tínhamos sempre muitos explosivos conosco. Quando estávamos longe da costa, os oficiais do Exército queriam saber o que a Marinha estava fazendo naquelas paragens."

Um oficial médico do Exército localizou a equipe de Wakefield e disse que precisava de voluntários para conduzir feridos até a costa com o fito de evacuá-los para um navio-hospital. "Ele disse: 'Ei, caras, vocês vão ficar aí sentados ou vão se apresentar como voluntários?' Não gostamos muito da idéia, acabáramos de sair ilesos da demolição, mas finalmente nos oferecemos como voluntários. Conduzimos os feridos até a costa. Granadas alemãs ainda estavam sendo lançadas sobre nós."

Naquele momento, observou Wakefield, "não se tratava mais de uma investida de homens deslocando-se para a praia, tratava-se de uma investida de veículos". Em seguida ele viu uma cena inesquecível: "De repente como que uma nuvem começou no horizonte sobre o oceano e veio em nossa direção, e quando chegou até nós estendia-se inteiramente até o horizonte. Os planadores estavam chegando, para serem lançados no interior."[30]

Os reforços vinham chegando por mar e ar. A *praia Utah* estava sob controle. De manhã, os americanos se deslocariam para cortar a base do Cotentin, tomar Cherburgo, prosseguir para ganhar a guerra de modo que pudessem voltar para casa.

No anoitecer, disse Wakefield, "tive o pensamento mais importante daquele dia. Chapinhando na água pela cintura ao alvorecer daquela manhã, achei que minhas pernas dificilmente me manteriam em pé. Pensei que era um covarde". Em seguida, descobriu que suas bolsas impermeáveis cheias de explosivos tinham se enchido de água e ele estava carregando bem mais de 45 quilos. Ele usou sua faca para cortar as bolsas e escorrer a água. "Quando pensei por um momento que eu não ia ser capaz de fazer aquilo, que eu era um covarde, e em seguida descobri que podia fazê-lo, você não pode imaginar como foi grande

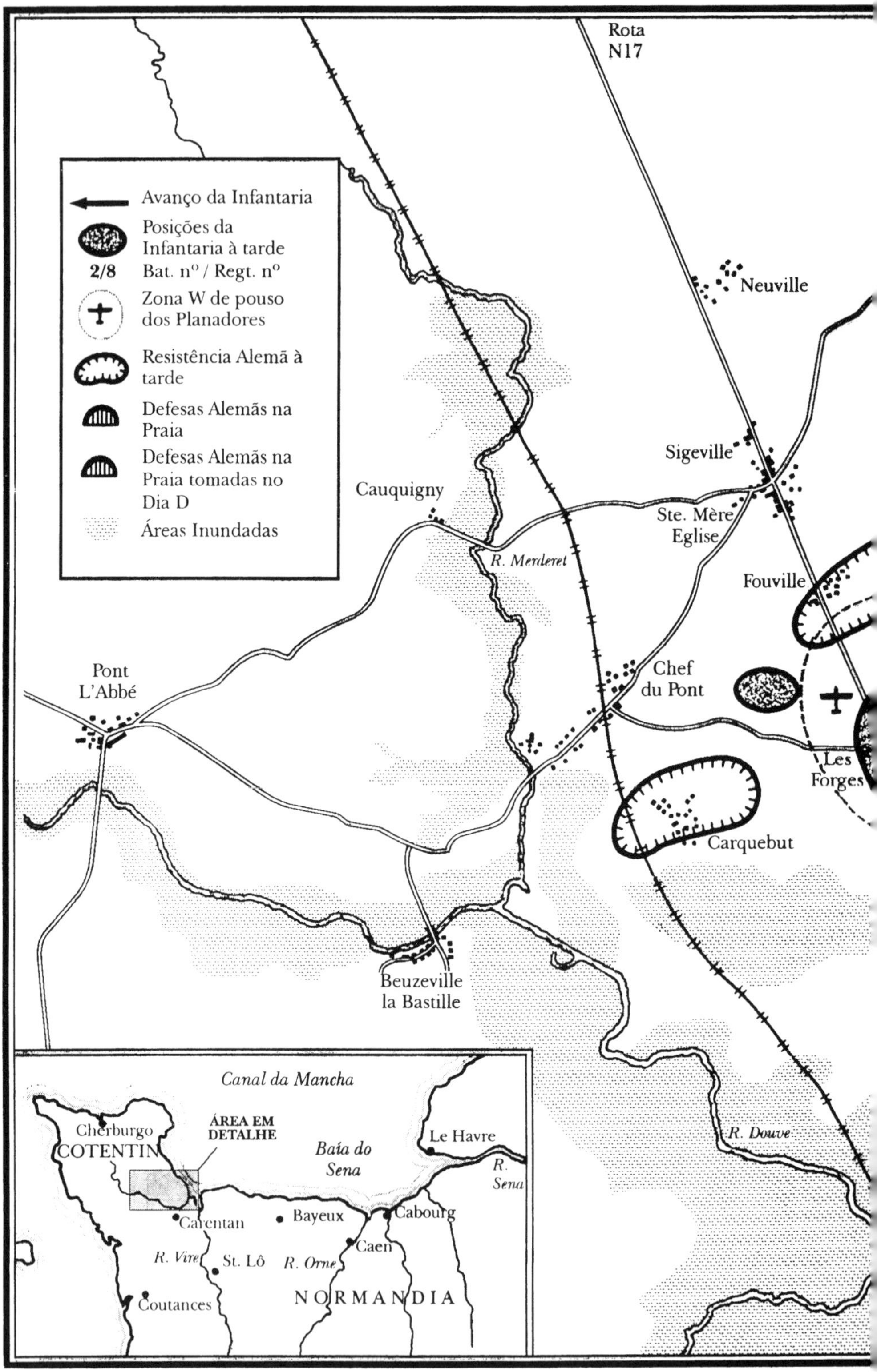

Rota
N17
Avanço da Infantaria
Posições da
Infantaria à tarde
2/8
Bat. nº / Regt. nº
Zona W de pouso
dos Planadores
Resistência Alemã à
tarde
Defesas Alemãs na
Praia
Defesas Alemãs na
Praia tomadas no
Dia D
Áreas Inundadas
Neuville
Sigeville
Cauquigny
Ste. Mère
Eglise
R. Merderet
Fouville
Chef
du Pont
Pont
L'Abbé
Les
Forges
Carquebut
Beuzeville
la Bastille
R. Douve
Canal da Mancha
Cherburgo
COTENTIN
ÁREA EM
DETALHE
Le Havre
Baía do
Sena
R.
Sena
Carentan
Bayeux
Cabourg
Caen
R. Vire
St. Lô
R. Orne
NORMANDIA
Coutances

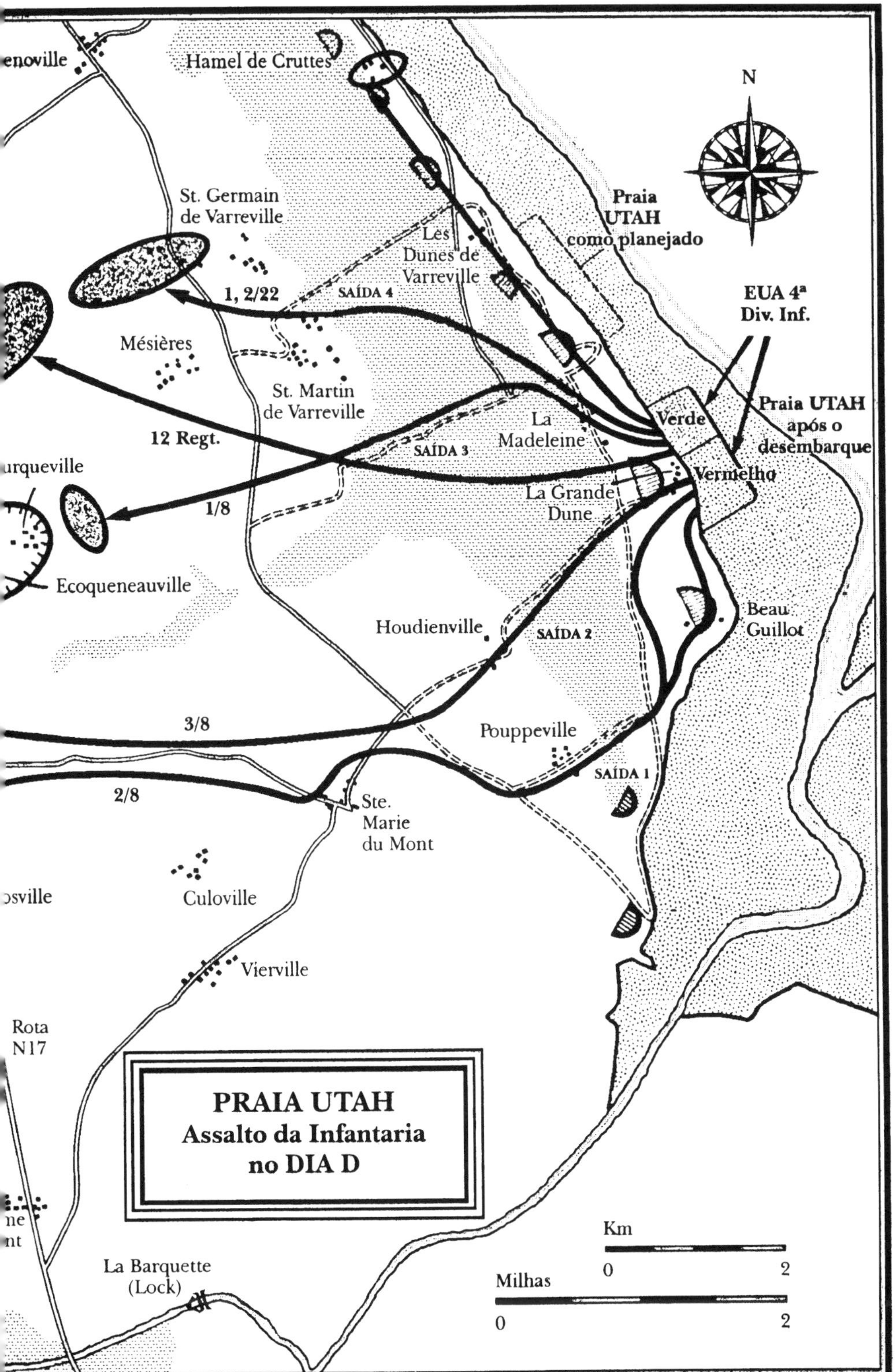

PRAIA UTAH
Assalto da Infantaria
no DIA D
enoville
Hamel de Cruttes
N
St. Germain
de Varreville
Les
Dunes de
Varreville
Praia
UTAH
como planejado
1, 2/22
SAÍDA 4
EUA 4ª
Div. Inf.
Mésières
St. Martin
de Varreville
La
Madeleine
Verde
Praia UTAH
após o
desembarque
12 Regt.
SAÍDA 3
Vermelho
La Grande
Dune
1/8
Ecoqueneauville
Houdienville
SAÍDA 2
Beau
Guillot
3/8
Pouppeville
SAÍDA 1
2/8
Ste.
Marie
du Mont
Culoville
Vierville
Rota
N17
La Barquette
(Lock)
Km
0
2
Milhas
0
2

aquele sentimento. Descobrindo, sim, que podia fazer aquilo para que tinha me apresentado como voluntário."

No cômputo geral, as baixas foram surpreendentemente leves. O 8º e o 22º Regimentos tiveram apenas doze homens mortos, outros 106 feridos. No que toca ao 12º Regimento, o número era de sessenta e nove baixas. Quase todas foram causadas por minas, quer no mar quer na terra, a maioria daquelas diabólicas minas S. A 4ª Divisão sofrera baixas mais pesadas no treinamento (no desastre em Slapton Sands, ela perdeu quase vinte vezes o número de homens que perdeu no dia 6 de junho).

Igualmente de surpreender foi a velocidade com que a 4ª Divisão e suas unidades de apoio chegaram à terra. Isto foi graças à organização, ao treinamento, à habilidade de todos os envolvidos, seja o Exército, a Marinha, a Força Aérea do Exército ou a Guarda Costeira. Eles superaram problemas logísticos que pareciam intransponíveis. No Dia D, em quinze horas, os americanos puseram na costa em *Utah* mais de 20.000 soldados e 1.700 veículos motorizados. O general Jodl estimara que os aliados levariam seis ou sete dias para pôr três divisões na França. Somente em *Utah*, contando as divisões aeroterrestres, os americanos o fizeram em um dia.

O Dia D foi um sucesso esmagador para a 4ª Divisão e as unidades a ela incorporadas. Quase todos os objetivos foram alcançados apesar de o plano ter sido abandonado antes que as primeiras ondas de assalto alcançassem a praia. Ao cair da noite, a divisão estava pronta para se deslocar ao alvorecer de 7 de junho para a sua próxima missão, tomar Montebourg e em seguida deslocar-se para Cherburgo. Foi adiante para travar combates muito mais custosos do que ela teve na praia do Cotentin no dia 6 de junho, distinguindo-se por toda a campanha no noroeste da Europa, especialmente ao tomar Cherburgo, contendo a contra-ofensiva alemã em Mortain, na libertação de Paris, na floresta de Hürtgen, e na Batalha do Bulge.[31]

Havia muitas razões para o sucesso da 4ª Divisão no Dia D, inclusive por estar a confiança dos alemães em minas, áreas inundadas e fortificações fixas em vez de em tropas altamente qualificadas para defender a supostamente inexpugnável muralha atlântica. Também importante foi o bombardeio aéreo e marítimo e o fogo naval durante o dia. O crédito pertenceu, também, ao general Roosevelt e aos seus coronéis, homens como Van Fleet, Reeder e Jackson, no que se refere à tomada rápida e correta de decisões. Os oficiais subalternos, homens como os capitães Ahearn e Mabry, deram contribuições indispensáveis.

Mas, acima de tudo, o sucesso da 4ª aconteceu graças aos para-quedistas por trás das linhas alemãs. Eles mantiveram as saídas ocidentais. Confundiram os alemães e impediram quaisquer contra-ataques concentrados tendo por alvo o desembarque naval. Eles puseram fora de ação baterias que podiam ter desencadeado fogo de artilharia pesada sobre a *praia Utah*. Como os pára-quedistas o fizeram, e por que eles estavam tão agradecidos por se ligarem com a 4ª Divisão, quer ao meio-dia quer ao cair da noite, constitui sua própria história.

16. "Ficaremos Aqui"

Os pára-quedistas na Península de Cotentin

De madrugada, os homens da 82ª e da 101ª Divisões Aeroterrestre estavam espalhados em pequenos bolsões por toda uma área que ia de dez quilômetros a sudoeste da embocadura do rio Douve à margem setentrional do Carentan, em seguida vinte quilômetros a noroeste do Carentan a Pont-l'Abbé, depois vinte quilômetros a nordeste para a costa perto de Ravenoville. Poucos homens sabiam onde estavam. A coesão de unidade era quase inexistente. A maioria dos pára-quedistas estava em grupos de meia dúzia a cinqüenta homens, em alguns casos todos oficiais, em outros todos recrutas. Os grupos costumavam estar misturados, contendo homens de diferentes companhias, batalhões, regimentos e até divisões, sem conhecer quem os liderava, tentando fazê-los avançar contra objetivos que não eram parte de suas missões e para os quais não haviam recebido nenhuma informação.

Como conseqüência, travaram uma vintena ou mais de refregas, desligadas umas das outras, muitas das quais lutas pela sobrevivência e não ataques contra objetivos planejados. Para a maioria dos paraquedistas o Dia D foi um dia de confusão. Mas precisamente pelo fato de os americanos estarem muito confusos, os alemães estavam piores — superestimaram grosseiramente as proporções da força que os atacava e não podiam obter nada de coerente das suas interrogações dos prisioneiros de guerra.

Graças à iniciativa individual de americanos, alguns deles oficiais generais, alguns oficiais subalternos, alguns suboficiais, alguns recrutas, a 82ª e a 101ª conseguiram superar a maioria de suas dificuldades e completar suas missões mais decisivas — a tomada de Ste.-Mère-Église e as saídas de *Utah*. A maneira com que a coisa foi feita, todavia, mal se enquadrava nos padrões do manual ou estava de acordo com o plano.

Não havia virtualmente controle global porque era impossível para os generais e os coronéis dar ordens a unidades que ainda não se tinham agrupado. Os grupos que se haviam reunido não estavam cientes de onde se encontravam ou de onde outros grupos estavam, um problema consideravelmente agravado pelas cercas vivas.

A radiocomunicação poderia ter superado esse problema, mas a maioria dos rádios tinha sido danificada ou se perdera na queda, e aqueles que estavam funcionando eram inadequados. A estação-rádio SCR-300, que pesava quatorze quilos e meio, tinha um alcance de difusão de cinco milhas mas apenas sob condições perfeitas. O muito mais comum RSC-536 pesando apenas dois quilos (e conhecido como *walkie-talkie* porque um homem podia falar nele e caminhar ao mesmo tempo) tinha um alcance de menos de uma milha. Pior, estavam facilmente sujeitos à interferência pelos alemães.

O sargento Leonard Lebenson pertencia ao quartel-general do general Ridgway. Ele chegou de planador e conseguiu achar o caminho para o posto de comando de Ridgway, junto de uma pequena fazenda fora de Ste.-Mère-Église. Ele descreveu a situação: "O ajudante-de-ordens de Ridgway estava lá, mais alguns oficiais do Estado-Maior e dois ou três recrutas. O posto de comando tentava ser um centro direcional, mas na verdade não estava no controle de coisa alguma. Estávamos simplesmente postados lá, esperando que as coisas tomassem um rumo. Ridgway, um homem muito valente e esforçado, estava continuamente saindo e entrando, tentando exercer o seu controle. Mas o que fazíamos era apenas colher informações, tentando descobrir o que estava acontecendo. Não havia mensagens, não dispúnhamos de telefones ou de rádios, não tínhamos sequer um mapa organizado. Não estávamos funcionando como um PC."[1]

Na outra extremidade da cadeia de comando, o praça John Delury do 508° relembrou "uma sensação de euforia quando a aurora despontou. A temida noite findara, e eu ainda estava vivo. Mas minha sensação de euforia teve vida curta. A manhã tinha chegado e com ela, achei, perdemos nosso melhor aliado, a ocultação a nós concedida pela noite. Não podíamos nos entrincheirar e manter nossas posições porque os alemães tinham as comunicações, transportes, blindados, artilharia; por isso, assim que nos localizassem, nos cercariam e nos fariam passar por maus bocados, de modo que todas as nossas ações eram evasivas. Costumávamos ir em uma direção, atingir alemães, correr como o diabo, e tentar de novo uma rota diferente, o tempo todo em busca do nosso próprio regimento ou qualquer força amiga de maior efetivo".[2]

Para o sargento D. Zane Schlemmer do 508°, "cada campo se tornou um campo de batalha". Ele tinha a sensação de intenso isolamento. Nesta situação, encontrou um estranho aliado no branco e preto gado normando. Schlemmer explicou: "Quando havia vacas pastando num campo, ficávamos alegres porque podíamos estar razoavelmente certos de que o campo não estava minado. Também pela observação das vacas, que eram por natureza animais muito curiosos, podíamos dizer se havia alguém mais no campo, porque as vacas ficavam postadas, esperando, encarando qualquer pessoa em antecipação ao ato de ordenha. Durante todos estes anos, mantive um lugar no meu coração para aquelas encantadoras vacas normandas com os seus grandes olhos e seus grandes úberes."

Mas as vacas podiam apenas localizar alemães para Schlemmer e seu pequeno grupo, não matá-los, e os pára-quedistas tinham muito pouco armamento. "Pelo meio da manhã do Dia D, mais homens tinham se incorporado a nós, mas não tínhamos morteiros, dispúnhamos de poucas metralhadoras, de poucas bazucas, de poucos rádios, escassos suprimentos médicos — na verdade, não muito mais do que algumas granadas e nossos fuzis."[3]

Mas apesar da falta de armas pesadas havia um espírito agressivo e uma atitude empreendedora. O sargento Sidney McCallum, do 506°, entrou numa típica luta em cercas vivas, com o sargento William Adley a seu lado. Eles estavam se preparando quando uma metralhadora alemã abriu fogo. McCallum e Adley jogaram-se no chão, mas não antes que Adley fosse atingido na cabeça. A metralhadora continuou atirando sobre seus corpos mas não podia fazer pontaria bastante baixa para atingi-los. "Na medida em que as balas continuavam atingindo a cerca, centímetros sobre as nossas cabeças, perguntei a Adley se ele estava muito ferido, e estas foram as suas palavras: 'Eu estou morrendo, Mickey, mas nós vamos ganhar a danada desta guerra, não vamos? Sem dúvida é isso aí, nós vamos!' Quando o fogo cessou, Bill estava morto." McCallum concluiu sua história com uma pergunta: "Até que ponto pode alguém cumprir a chamada do dever além deste exemplo?"[4]

As saídas setentrionais de *Utah*, a mais ou menos um quilômetro do interior indo da praia através dos campos inundados, eram a de nº 4, perto de St.-Martin-de-Varreville, e a de nº 3, perto de Audouville-la-Hubert. Elas estavam sob a responsabilidade do 502º Regimento. O tenente-coronel Robert Cole, que comandava o 3º Batalhão do 502º, foi o primeiro a chegar ali. Ele desembarcara perto de Ste.-Mère-Église, perambulou pela noite, recolheu um grupo de setenta e cinco homens do seu próprio batalhão, outros do 506º Regimento, mais um punhado da 82ª Divisão, e se dirigiu na direção de St.-Martin-de-Varreville. Durante o percurso, manteve uma escaramuça com uma patrulha alemã. Os americanos mataram vários inimigos e fizeram dez prisioneiros.

Em St.-Martin, Cole enviou um grupo de reconhecimento para verificar a bateria que ali se encontrava. Ela tinha sido danificada por bombardeio e estava abandonada. Cole então dividiu sua força, mandando um grupo tomar a saída 3, outro tomar a saída 4. Às 9:30, próximo de Audouville-la-Hubert, os americanos viram tropas alemãs se retirando da praia através da estrada sobre aterro. Sem sofrerem perdas, os americanos mataram entre cinqüenta e setenta e cinco inimigos. Pelo meio-dia, as estradas estavam seguramente em mãos americanas.

O capitão L. *"Legs"* Johnson conduzia uma patrulha pela estrada sobre aterro na direção da praia. Ele viu soldados alemães em uma das baterias acenando com uma bandeira branca. "Eles estavam escondidos, parte do grupo de defesa costeira, e eram homens relativamente mais velhos, na verdade não muito bons soldados. Aceitamos seus termos de rendição, permitindo-lhes aproximar-se apenas em pequenos grupos. Nós os cercamos com arame farpado, que era deles mesmos, e eles ficaram muito chocados quando souberam que havia muito mais homens do lado deles do que do nosso — pelo menos cinqüenta."

Johnson tirou o capacete, colocou-o no chão e se deitou tendo o capacete como apoio para a cabeça, "na verdade como que relaxando um pouco, esperando que a 4ª Divisão de Infantaria aparecesse". Mais ou menos às 11:00, a infantaria chegou, "e foi realmente divertido, porque estávamos na praia com nossos rostos completamente enegrecidos, e aqueles sujeitos vinham nos seus barcos e aterraram na nossa frente; e, homem, quando saíram daqueles barcos, estavam prontos para entrar em ação. Gritamos rapidamente para eles e apontamos para nossas bandeiras americanas".[5]

No interior, a cerca de um quilômetro de St.-Martin-de-Varreville havia um grupo de edifícios abrigando um quartel alemão de artilharia-de-costa, conhecido dos americanos por seu símbolo cartográfico, WXYZ. O tenente-coronel Patrick Cassidy, que comandava o 1º Batalhão do 502º, com falta de homens e com diversas missões para executar, enviou o sargento Harrison Summers, de West Virginia, com quinze homens para capturar o quartel. Era pouca gente para enfrentar uma companhia alemã com seu efetivo total, mas era tudo o que Cassidy pôde conseguir.

Summers passou a agir imediatamente, sem sequer tendo tempo para aprender os nomes dos homens que estava liderando e que até demonstravam considerável relutância em seguir aquele sargento desconhecido. Summers agarrou um homem, o sargento Leland Baker, e disse-lhe: "Vá até o topo desta elevação, observe naquela direção, e não deixe nada passar sobre aquela colina que possa ameaçar o meu flanco. Fique lá até que lhe digam que volte." Baker fez como lhe foi ordenado.[6]

Summers então pôs mãos à obra, atacando a primeira casa da fazenda, na expectativa de que a sua mesclada tropa fosse atrás. Ninguém o seguiu, mas ele deu um chute na porta e abriu fogo com seu fuzil-metralhadora. Quatro alemães caíram mortos, outros saíram correndo por uma porta dos fundos para a casa próxima. Summers, ainda sozinho, assaltou a nova casa, e os alemães tornaram a fugir. Seu exemplo inspirou o praça William Burt a sair da trincheira do lado da estrada onde o grupo estava se escondendo; posicionou sua metralhadora leve, e começou a desfechar um fogo exterminador contra o terceiro edifício do quartel.

Summers voltou a investir. Desta vez os alemães estavam preparados e atiraram nele através das seteiras, mas parte devido ao fogo da metralhadora de Burt, parte devido à corrida de Summers em ziguezague, não conseguiram atingi-lo. Summers meteu o pé na porta e metralhou o interior, matando seis alemães e pondo os restantes para fora do edifício.

Summers caiu no chão exausto e chocado emocionalmente. Descansou por meia hora. Seu grupo apareceu e se remuniciaram. Quando ele se levantou para prosseguir, um capitão da 101ª, que saltara com um erro de milhas, apareceu ao seu lado. "Irei com você", disse o capitão, mas nesse instante levou um tiro no peito e Summers ficou sozinho novamente. Ele investiu contra outro edifício, matando mais seis alemães. O resto pôs as mãos para cima. O grupo de Summers estava bem atrás, e ele passou os prisioneiros para eles.

Um deles, o praça John Camien, da cidade de Nova York, gritou para Summers: "Por que o senhor está fazendo isso?"

"Não sei lhe dizer", replicou Summers.

"E com respeito aos outros?"

"Parece que não querem lutar", disse Summers, "e eu não posso obrigá-los. Portanto, tenho que acabar com isso."

"Tudo bem", disse Camien. "Eu estou com o senhor."

Juntos, Summers e Camien passaram de edifício a edifício, alternando no ataque e dando fogo de cobertura. Burt entrementes avançou com a sua metralhadora. Entre eles três, mataram mais alemães.

Restavam dois edifícios. Summers atacou o primeiro e abriu a porta com um pontapé, para presenciar uma cena inverossímel. Quinze artilheiros alemães estavam sentados em mesas do refeitório tomando o café-da-manhã. Summers não parou para pensar, ele os fuzilou na mesma hora.

O último edifício era o maior. Ao lado dele havia um barracão e um monte de feno. Burt usou balas traçantes para atear-lhes fogo. O barracão era usado pelos alemães para armazenar munições. Ele explodiu rapidamente, fazendo com que trinta alemães corressem para fora, onde Summers, Camien e Burt derrubaram alguns a tiros enquanto o resto fugia.

Outro membro do grupo de combate de Summers apareceu. Ele tinha uma bazuca, que usou para pôr o teto do último edifício em chamas. Os alemães no andar térreo estavam lançando uma firme fuzilaria através das seteiras nas paredes, mas quando as chamas começaram a crescer eles sairam. Muitos morreram. Trinta e um apareceram com as mãos levantadas para a rendição.

Summers desmoronou, exausto pelas suas quase cinco horas de combate. Ele acendeu um cigarro. Um dos homens lhe perguntou: "Como você se sente?"

"Não muito bem", respondeu Summers. "Tudo me pareceu uma coisa de louco. Tenho certeza de que nunca voltarei a tomar uma atitude como essa."[7]

Summers ganhou uma promoção no campo de batalha e a Cruz do Mérito Militar. Ele foi indicado para receber a Medalha de Honra, mas a papelada se perdeu. No fim da década de 80, após a morte de Summers de câncer, o praça Baker e outros fizeram um esforço para que a medalha fosse concedida postumamente, sem sucesso.[8] Summers tornou-se, contudo, uma lenda para os pára-quedistas americanos, o sargento York da Segunda Guerra Mundial. Sua história tem em si muito de John Wayne/Hollywood para merecer crédito, exceto pelo fato de que mais de dez homens viram e relataram as suas proezas.

Às 6 horas o general Taylor tomou sua primeira decisão de comando do Dia D. Ele tinha consigo o general Anthony McAuliffe (comandante da artilharia-divisionária), o Coronel Julian Ewell (comandante do 3º Btl, 501º RI), dezoito outros oficiais, e quarenta homens. Com o surgir do sol, Taylor podia ver o campanário da igreja em Ste.-Marie-du-Mont. "Conheço aquela forma", disse ele, uma lembrança decorrente da instrução anterior à invasão.

Ele estava em posição para deslocar o seu grupo para o sul, para defender a linha do rio Douve, ou para o leste, para as saídas 1 e 2. De uma maneira ou de outra estaria executando as missões da 101ª. Ele decidiu ir para o leste. "Cabe-nos ajudar a 4ª Divisão de Infantaria de todos os modos possíveis", disse ele. E partiu exatamente do sul de Ste.-Marie-du-Mont para Pouppeville (chamada de "Poopville" pelos soldados americanos) e para a saída 1.[9]

O tenente Eugene Brierre ia à frente, com flanco-guardas em ambos os lados em direção aos campos. Ao se aproximarem de Pouppeville, receberam tiros. A aldeia estava defendida por cerca de sessenta homens da 91ª Divisão alemã. Eles estavam agachados, atirando de vez em quando de janelas do segundo andar. A pequena força de Taylor levou quase três horas para completar o combate casa a casa, na verdade janela a janela. O batalhão de Ewell sofreu dezoito baixas e infligiu vinte e nove ao inimigo. Quase quarenta soldados da Wehrmacht se renderam.

Em uma casa, Brierre encontrou no assoalho um alemão ferido. "Sua arma estava perto dele. Quase atirei, mas compreendi que estava gravemente ferido. Ele me fez um sinal para que lhe passasse algo; eu vi que estava apontando na direção de um rosário. Peguei a sua arma, descarreguei-a, joguei-a para o lado, apanhei o rosário e passei-o para ele. Ele tinha uma expressão de profundo reconhecimento nos olhos e começou a orar, passando as contas através dos dedos. Morreu logo em seguida."

Com Pouppeville tomada, Taylor se apossou da saída 1. Ele mandou o tenente Brierre com uma patrulha de oito homens através da estrada sobre aterro com ordens de fazer contato com a 4ª Divisão de Infantaria em *Utah*. Alguns alemães tinham fugido de Pouppeville rumando na direção da praia; quatro soldados alemães em *Utah* haviam nesse meio-tempo fugido para o interior ao longo da estrada sobre aterro. Quando eles se encontraram e compreenderam que estavam apanhados num quebra-nozes, esconderam-se debaixo da ponte. Entrementes, o capitão Mabry avançava para o interior pela estrada sobre aterro, com campos inundados de ambos os lados.

Brierre disparou um foguete laranja no ar para mostrar que "éramos amigos. As tropas se aproximaram; ao chegarem à ponte, seis alemães saíram com as mãos para cima e se renderam. Fui até a estrada e me encontrei com o capitão Mabry; registrei a hora: eram 11:10". A ligação em Pouppeville estava completa.[10]

Brierre levou Mabry para encontrar Taylor. Quando Mabry lhe

disse quão tranqüilamente os desembarques em *Utah* estavam acontecendo, Taylor voltou-se para o seu chefe do Estado-Maior, coronel Gerald Higgins, e disse: "A invasão está tendo êxito. Não devemos nos preocupar com as estradas sobre aterro. Agora podemos pensar no próximo passo."[11]

Quando o 6º Regimento de Pára-Quedistas alemão tomou posições para atacar, foi quase que imediatamente atingido pelos tiros de canhões navais. "Ninguém pode imaginar como é que foi a luta", declarou o praça Egon Rohrs. "Quando os navios atiraram foi como uma tempestade. Era o inferno. E durava, durava. Era insuportável. Nós jazíamos no chão, premidos contra a terra." O praça Wolfgang Geritzlehner estava na unidade de Rohrs. Geritzlehner passara dois anos preocupado de que a guerra terminasse sem que ele pudesse tomar parte nela. Mas "ao cabo de uma hora, eu só queria ir para casa. Todos estávamos aterrorizados. Havia alguns que até choravam e chamavam pelas suas mães".[12]

O coronel Heydte queria ver ele próprio a situação, por isso pegou sua motocicleta e andou de Carentan a Ste.-Marie-du-Mont, onde subiu ao topo do campanário da igreja, aquele que Taylor localizara uma hora antes. Estava a mais ou menos cinqüenta metros do chão e proporcionou-lhe uma magnífica vista da *praia Utah.*

Aquilo que ele viu tirou-lhe o fôlego. "Ao longo de toda a praia", relembrou, "estavam estes barcos pequenos, centenas deles, cada qual descarregando trinta ou quarenta homens armados. Por trás deles, os navios de guerra, abrindo fogo com seus canhões enormes, mais navios de guerra numa frota que ninguém jamais vira antes. Canhões de um único *bunker* alemão costeiro estavam atirando nas tropas americanas que se aproximavam, sem cobertura, no suave aclive. Com exceção desta pequena fortificação, a defesa alemã parecia inexistente ou, seja como for, invisível."

Em torno da igreja, na pequena aldeia e além dos campos verdes entrecruzados por cercas vivas, tudo estava tranqüilo. Os alemães tinham uma bateria de quatro canhões de 105 mm em Brecourt Manor, a alguns quilômetros ao norte de Ste.-Marie-du-Mont, mas não estavam atirando, ainda que ocupassem boas posições para realizar o tiro contra as embarcações de desembarque em *Utah* e se engajar contra os navios de guerra no Canal. Uma bateria semelhante em Holdy, bem ao sul de Ste.-Marie-du-Mont, também não estava atirando.[13]

Ninguém jamais descobriu por quê. Como aconteceu com os alemães que tomavam seus cafés-da-manhã no WXYZ quando Summers entrou de supetão sobre eles, a situação permanece inexplicável. É claro que estes artilheiros não eram de primeira linha, nada que se pudesse comparar com os pára-quedistas de Heydte; muitos haviam ultrapassado o limite de idade, alguns não eram mais que garotos, raros tinham alguma coragem para combater os pára-quedistas americanos. O maior problema, porém, era a falta de liderança. Os oficiais subalternos e suboficiais nas unidades de artilharia também não lideravam — ou não tinham meios de liderar — para fazer os homens cumprirem o seu dever. Eles estavam preparados para se defender de dentro de suas trincheiras, de seus *bunkers,* de suas casas de fazenda de pedra, mas não estavam preparados para aferrar-se aos seus canhões.

Heydte desceu correndo a escada circular do campanário e se valeu do rádio, ordenando ao seu 1º batalhão que chegasse a Ste.-Marie-du-Mont e Holdy o mais rápido possível para defender as aldeias e fazer aqueles canhões atirarem.

Assim a Wehrmacht pagou realmente o preço de se estender excessivamente. Suas melhores tropas estavam mortas ou feitas prisioneiras de guerra, ou inválidas ou combatendo na Frente Oriental. As tropas de guarnição no Cotentin eram quase inúteis, até mesmo prejudiciais. A missão principal de Heydte era liberar a estrada de Carentan a Ste.-Mère-Église, concentrar seu regimento e pôr o pequeno efetivo da 82ª em Ste.-Mère-Église para fora da cidade, e por meio de tal contra-ataque colocar os americanos na defensiva. Isso era o que pretendera fazer, mas a triste situação nas baterias em Brecourt Manor e Holdy forçou-o a dividir suas forças e pôr um de seus batalhões numa missão defensiva.

Heydte era o único comandante de regimento alemão em ação naquela manhã. Os outros estavam em Rennes para os jogos-de-guerra. Essa foi a razão para o fracasso da Wehrmacht em lançar *quaisquer* contra-ataques coordenados, embora se viesse preparando para este dia nos últimos seis meses e embora Rommel tivesse insistido sobre a absoluta necessidade de fortes contra-ataques imediatos enquanto o invasor ainda estava nas praias.

Mas os jogos-de-guerra em Rennes era apenas uma pequena parte do abissal fracasso da Wehrmacht. A paralisia no alto comando impregnava tudo. As mensagens pelo rádio da BBC dirigidas à Resistência Francesa eram mais ou menos ignoradas (para este fracasso pelo menos havia uma desculpa; houvera tantos alarmes falsos nas semanas precedentes que as unidades costeiras alemãs ficaram exaustas e exasperadas pelos contínuos alertas; além do mais, as mensagens não indicavam *onde* a invasão ia acontecer). Os pára-quedistas fictícios lançados pelo SAS convenceram alguns comandantes alemães de que toda a operação era um logro. Mas a força maior no fracasso da Wehrmacht parece ter sido uma conseqüência da vida suave da ocupação.

Já às 6:15 o general Max Pemsel, chefe do Estado-Maior do Sétimo Exército de Dollmann, informou ao general Speidel em La Roche-Guyon do maciço bombardeio aéreo e naval; meia hora mais tarde, Pemsel relatou ao quartel-general de Rundstedt que os desembarques estavam começando — mas acrescentou que o Sétimo Exército teria condições de lutar contra o inimigo com os seus próprios recursos. Com essa notícia o general Salmuth, que comandava o Décimo Quinto Exército, voltou para a cama. O mesmo fez Speidel e a maioria do Estado-Maior de Rommel em La Roche-Guyon. O general Blumentritt do Quartel-General de Rundstedt disse ao general Jodl no Quartel-General de Hitler em Berchtesgaden que uma invasão de maior porte parecia estar-se efetuando e solicitou a liberação da reserva blindada, o I Corpo SS *Panzer* fora de Paris. Jodl recusou-se a acordar Hitler; a permissão foi negada. O general Bayerlein, que comandava a divisão *Panzer Lehr*, por volta da 6:00 mandou preparar os seus blindados para se deslocar para a costa, mas só recebeu permissão para fazê-lo no fim da tarde.

Às 7 horas a rádio de Berlim informou a ocorrência de desembarques na Normandia; às 9:30 o SHAEF liberou seu comunicado anunciando a invasão; mas só às 10:30 a comunicação chegou até Rommel na sua casa em Herrlingen. Ele partiu imediatamente para uma longa viagem à La Roche-Guyon mas só chegou depois do escurecer.[14]

A causa desta confusão, além da complacência e das responsabilidades de comando divididas, foi o sucesso da *Operação Fortitude*. Como observa Max Hastings: "Cada comandante-chave alemão saudou a notícia da operação na Normandia como evidência de *uma invasão*, não como *a* invasão."[15] As costas de Calvados e do Cotentin estavam a grande distância de La Roche-Guyon e a uma distância ainda mais longa de Paris; a distância era ainda maior até o passo de Calais, e extremamente afastada do centro vital das indústrias do Reno-Ruhr. Apesar de todas as suas alegações de pós-guerra em contrário, os alemães não podiam acreditar que os aliados fizessem seu desembarque de maior vulto — muito menos o seu único — a oeste do rio Sena. Por isso decidiram esperar pelo acontecimento verdadeiro, no passo de Calais. Eles ainda estavam esperando três meses depois, quando os exércitos aliados ultrapassaram a França e se deslocaram para a Bélgica.

Tal atitude foi tomada por um exército que alegava ser o melhor e o mais profissional do mundo. De fato, do comandante supremo em Berchtesgaden até os oficiais de tropa na França, aos comandantes locais na Normandia e aos homens no quartel em WXYZ, tratava-se de um exército inferior, sob todos os aspectos (exceto no que diz respeito a armamento, especialmente os 88s e as metralhadoras), a seus adversários aliados.

A inferioridade foi demonstrada repetidas vezes no Dia D. Em Brecourt Manor, às 8:30, mais ou menos na hora em que o sargento Summers iniciou o seu ataque contra WXYZ, o tenente Richard Winters e dez homens da Companhia E do 506º atacaram a guarnição de cinqüenta homens na bateria de 105 mm. Os alemães estavam entrincheirados atrás das cercas vivas; possuíam extensas trincheiras interligadas, metralhadoras, morteiros e campos de tiro desimpedidos; os homens de Winters, não mais que um grupo de combate, tinham um morteiro leve, duas metralhadoras leves, dois fuzis-metralhadoras e cinco fuzis. Mas embora estivesse em inferioridade numérica de cinco para um, ele e seus homens prevaleceram. Assim o fizeram porque usaram táticas que haviam aprendido no treinamento, mais bom senso e um pouco de risco calculado.

Ao custo de quatro mortos, dois feridos, Winters e seus homens mataram quinze alemães, feriram muitos mais, fizeram doze prisioneiros, e destruíram quatro canhões de 105 mm. Os americanos fizeram a operação por meio da rapidez e da audácia de um ataque de flanco, conduzido por Winters, apoiado por fogo exterminador vindo dos morteiros e das metralhadoras. Um fator em seu sucesso foi ser esta sua primeira experiência de combate. Como disse o sargento Carwood Lipton, ele correu tantos riscos aquela manhã que jamais correria novamente. "Mas estávamos muito cheios de fogo naquele dia. Eu tinha certeza de que não seria morto. Sentia que se uma bala fosse dirigida para mim, seria desviada ou eu me moveria."[16]

Depois de destruir os canhões, o pequeno grupo de Winters se separou. Alemães sobreviventes ainda mantinham as cercas vivas em torno da mansão e estavam usando suas metralhadoras para disparar tiros de intimidação. Por volta das 12:00, dois Sherman apareceram na praia. Winters subiu na traseira do primeiro e disse ao comandante: "Quero atirar ao longo daquelas cercas ali, e ali, e ali, e contra a mansão. Limpe totalmente tudo o que ficar."

Os carros de combate avançaram rugindo. Esta, para eles, era a primeira oportunidade de disparar suas armas contra o inimigo. Carregavam toda sua dotação de munição para suas armas de calibre .50, para as metralhadoras calibre .30 e para o canhão de 75 mm.

"Eles fizeram as cercas vivas em pedaços", lembrou o tenente Harry Welsh da companhia de Winters. "Até parecia que eles nunca parariam de atirar."[17]

Em Holdy, membros do 1º Batalhão do 506º executaram um ataque semelhante e destruíram aquela bateria. Em seguida o 506º expulsou o batalhão do coronel Heydte de Ste.-Marie-du-Mont. Com isso, o caminho ficou desobstruído para a 4ª Divisão de Infantaria prosseguir para o interior e continuar a guerra. A 101ª havia cumprido sua missão principal — ainda que em lugar nenhum houvesse mais de um pelotão de uma mesma companhia reunidos. Taylor, Cassidy, Winters, Summers e muitos outros tomaram a iniciativa e cumpriram a missão.

A 101ª não se saiu tão bem ao executar sua segunda missão principal, proteger o flanco sul tomando as pontes sobre o Douve e abrindo o caminho para Carentan. Isto deveu-se ao salto espalhado, nenhuma força considerável de americanos tinha condição de alinhar-se para atacar. O coronel Johnson conseguiu tomar a eclusa em La Barquette e estabelecer uma pequena cabeça-de-ponte na margem sul, mas não pôde expandi-la e foi confinado pelo fogo que vinha dos pára-quedistas de Heydte em St.-Côme-du-Mont. Ele não tinha nenhum contato com qualquer outra unidade da 101ª.

O capitão Sam Gibbons, do 501º, agindo independentemente, conduziu uma pequena patrulha na direção de St.-Côme-du-Mont. Ele acreditava que a aldeia estava nas mãos do 501º, mas se deslocou cautelosamente quando a sua visibilidade era limitada pelas cercas vivas. Antes de se pôr em marcha, ele dividiu as duas latas de cerveja que havia trazido consigo, em seguida deixou as latas vazias no meio da estrada, "como um monumento às primeiras latas de Schlitz consumidas na França".

A patrulha chegou à base da colina, com St.-Côme-du-Mont assentada na crista. Gibbons ouviu o barulho do ferrolho de uma arma do outro lado de uma cerca. Ele olhou na direção do ruído e viu a boca de um fuzil apontada para ele. "Quando mergulhei para a trincheira, foi aquela confusão. Tínhamos sofrido uma emboscada. O alemão por trás da cerca havia preparado a arma para tiro-automático e ela espalhava uma chuva de balas por toda a área. Instantaneamente, tiros começaram a vir dos edifícios em St.-Côme-du-Mont e das cercas."

Gibbons jogou-se no chão. O alemão do outro lado não podia pegá-lo sem se expor. Gibbons lançou uma granada por sobre a cerca e o fogo parou. Todavia, não podia levantar a cabeça porque ao fazê-lo atrairia fogo da aldeia. Sua patrulha começou a revidar, lentamente de início mas aumentando o volume quando os homens entraram em posições de tiro.

Gibbons fez uma investida para um poste telefônico de concreto, tentou esconder-se atrás dele, viu que não lhe dava proteção suficiente, e fez outra investida para mergulhar numa trincheira. Era profunda o bastante para dar proteção, contanto que ficasse deitado sobre a barriga. Gibbons começou a rastejar: "Eu tinha recebido tamanha dose de adrenalina que poderia ter me arrastado por uma milha."

Ele não precisou ir tão longe. Depois de cinqüenta metros, encontrou abrigo e pôde dizer aos seus homens para reduzir o fogo a fim de conservar munição. "Era óbvio que estávamos em grande inferioridade numérica e que os alemães estavam bem posicionados com planos para defender St.-Côme-du-Mont obstinadamente. Assim ali estávamos, 200 metros ao norte de St.-Côme-du-Mont, enfrentando um fogo superior proveniente de uma força poderosa. Não tínhamos armas automáticas, nem rádios, apenas nossos fuzis semi-automáticos e algumas pistolas. Mal conhecíamos um ao outro, mas estávamos nos acostumando e íamos nos saindo bem juntos."

Gibbons consultou-se com dois tenentes. Eles decidiram interromper a ação e dirigir-se para o norte, na direção de Ste.-Mère-Église, à procura de alguma força amiga. Durante o percurso, descobriram que as latas de cerveja tinham desaparecido, provavelmente apanhadas pelos homens de Heydte. Na aldeola de Blosville, embora tiroteios de grande e pequena proporções estivessem acontecendo por todo o campo, tudo mais estava tranqüilo. "As portas estavam fechadas; as janelas, todas cerradas; as vacas, no campo; ninguém se mexia. Os tiros não pareciam incomodar o gado. As vacas continuavam pastando. De vez em quando uma delas levantava a cabeça, a olhar para nós. Nenhuma nos pertubou, por isso não parávamos." Gibbons conduziu sua patrulha na direção de Ste.-Mère-Église.[18]

Os pára-quedistas de Heydte repeliram o ataque e mantiveram a posse de St.-Côme-du-Mont, que bloqueava a estrada para Carentan. Essa foi uma vitória significativa para os alemães, já que os manteve na posse das pontes rodoviárias e ferroviárias sobre o Douve ao norte de Carentan, o que lhes tornou possível deslocar reforços para o Cotentin oriental. Heydte pôde também levar seu 2º Batalhão para a interseção onde a estrada de Chef-du-Pont a Ste.-Marie-du-Mont cruzava a rodovia de Carentan a Ste.-Mère-Église.

Por outro lado, como disse Heydte em 1991: "O dia não resultou como eu esperava." Seu 1º Batalhão foi forçado a deixar Ste.-Marie-du-Mont e empurrado para o sul, onde muitos homens se afogaram nas enchentes em torno da embocadura do Douve. Com o melhor regimento no Cotentin, ele estava na defensiva, mantendo encruzilhadas, sem lançar quaisquer contra-ataques coordenados.[19]

Uma companhia de Heydte encontrou uma bateria de 88 mm em Beaumont ainda funcionando. Eles abriram fogo sobre a posição do coronel Johnson em La Barquette. Felizmente para Johnson, o tenente Farrell, oficial da Marinha encarregado do controle de fogo na costa, que saltara com o 501º, tinha, através de obstinada persistência, descoberto um rádio SCR-609. Com Farrell estava o tenente Parker Alford, observador avançado da artilharia divisionária da 101ª. Eles tentaram contactar diretamente o cruzador *Quincy* dos Estados Unidos, mas os alemães interferiram com a freqüência; Alford descobriu então que podia alcançar um destacamento costeiro em *Utah*. Pediu-lhe que retransmitisse uma solicitação ao *Quincy* para lançar uma barragem contra Beaumont.

O *Quincy* pediu para verificar a identidade de Alford. Ele retrucou que conhecia um oficial da Marinha que jogara com a equipe de Nebrasca como apoiador de linha no jogo de Rose Bowl de 1940. Diga o nome dele, retornou o *Quincy* através do destacamento costeiro. Fácil, replicou Alford: "Ele é K.C. Roberts, e é membro do destacamento costeiro através do qual estamos falando."

"Roger, Roger,* onde você quer o fogo?" Alford deu as coordenadas, o *Quincy* abriu fogo, Beaumont foi destruída, os 88s ficaram silenciosos.[20]

O pequeno grupo do capitão Shettle do 3º Batalhão, do 506º, passou o dia isolado nas pontes ao longo do baixo Douve. Ele não podia avançar; os alemães não fizeram nenhum esforço para fazê-lo retroceder. Seu único contato com a praia aconteceu no fim da tarde quando uma força alemã, aproximadamente um pelotão foi vista à retaguarda, Shettle pegou cerca de metade de seus homens e se desdobrou para emboscar o inimigo. Quando os americanos abriram fogo, os "alemães" não fizeram nenhuma tentativa de revidar ao ataque; "lançaram as mãos para cima e se renderam. Na verdade, era uma força de trabalho húngara que fugia da cabeça-de-praia".

Quando o dia estava terminando, uma patrulha alemã veio atrás do grupo de Shettle. Os americanos atiraram-lhe granadas. Shettle pulou para lançar uma, esquecendo-se de que tinha deslocado o ombro direito num salto de exercício, em maio: "Quando lancei minha granada, meu ombro saiu do seu encaixe e a granada pousou na minha trincheira. Felizmente, as margens da trincheira me protegeram, mas na manhã seguinte descobri que havia destruído minha

* Em sinalização e rádio, significa "recebido" ou "entendido". (N. do T.)

preciosa capa impermeável 'Bond Street', que era muito mais leve e protetora do que nossa pesada capa de borracha. Assim terminou o Dia D. Bem pouco sono, preocupação quanto à nossa desprotegida posição, falta de munição e apenas barras de chocolate duro como alimento."[21]

Essas barras de chocolate, ração-D, sustentaram muitos pára-quedistas americanos no dia 6 de junho, mas alguns ansiavam por comida verdadeira. O praça Herbert James do 508º aproximou-se de um fazendeiro normando para barganhar um pouco. James indicou que queria ovos, mas o fazendeiro não compreendeu e parecia apavorado.

"Por isso comecei a cacarejar como uma galinha e a pular com os pés juntos; ele pensou que eu queria uma galinha inteira e tentou apanhar uma." James disse não sacudindo a cabeça e fez a forma de um ovo com os dedos. O fazendeiro trouxe alguns ovos; James deu-lhe uma barra de chocolate em troca. Satisfeito com a permuta, o fazendeiro chamou sua filha pequena que estava na casa e deu-lhe a barra, dizendo: "Chocolate" repetidas vezes. A garota sentiu pela primeira vez o sabor de chocolate e ficou deliciada. James voltou para os bosques, escaldou os ovos na sua pá de trincheira e se deliciou.[22]

O tenente Carl Cartledge, do 501º, teve ainda mais sorte. Ele e alguns membros do seu pelotão expulsaram alguns alemães de uma casa de fazenda, matando no processo seis ou sete deles. Dentro, Cartledge encontrou a mesa da sala de jantar com alimento comido pela metade — queijo normando, maçãs, carnes frias e sidra. Depois de engolir um pouco de comida, ele passou a examinar os alemães mortos, à procura de talões de pagamento, identificação da unidade e objetos semelhantes. Para chegar a um talão de pagamento, teve de abrir a fivela do cinto de um alemão morto. "Eu olhei para a fivela do cinto com a águia voando, e nela estava escrito: *Gott mit uns.** E eu disse: "Duvido que esteja!"

Cartledge estava na área de Vierville, a nordeste de St.-Côme-du-Mont. Ali ele achou o médico da sua companhia, um homem chamado Anderson, que fora apanhado pelos alemães ao descer. "Ele estava

---

* "Deus está conosco." (N. do T.)

pendurado numa árvore pelos pés, os braços estendidos para baixo, a garganta cortada, os genitais metidos na boca. Sua braçadeira de médico da Cruz Vermelha estava manchada com o sangue que escorria do seu cabelo."[23]

A cena enfureceu os americanos, mas os alemães não foram os únicos a cometer atrocidades naquele dia. O praça William Sawyer, do 508º, lembrou-se de topar com um de seus companheiros. "Todos tínhamos recebido luvas amarelas de couro de cavalo. Aquele sujeito tinha luvas vermelhas, e perguntei-lhe de onde as havia tirado; ele meteu a mão nas calças e puxou para fora uma enfiada inteira de orelhas. Estivera caçando orelhas a noite toda e as enfiara num velho cordão de botina."[24]

Pelo meio da manhã, o tenente Jack Isaacs, do 505º, levou três americanos feridos para dentro de uma casa de fazenda. "Logo em seguida, observamos um soldado alemão sair caminhando para o campo e se aproximar de outro ferido que havíamos deixado ali, com a intenção de voltar para buscá-lo. O alemão examinou-o rapidamente e em seguida alvejou-o. Aquele *kraut* não sobreviveu para sua viagem de volta à cerca viva."[25]

Levar auxílio aos feridos era um sério problema. Cada soldado trazia um estojo de primeiros socorros, mas continha apenas ataduras, tabletes de sulfa, e duas *syrettes* (injeções) de morfina. Apenas um punhado de médicos saltara com as tropas, e eles tinham pouquíssimo equipamento. O major David Thomas, cirurgião do 508º, montou seu posto-de-socorro numa trincheira perto do rio Merderet.

"A cena de que mais me lembro foi um soldado que tinha tido sua perna destruída por uma explosão bem no joelho e a única coisa a que ficara ligada fora ao tendão da rótula. E eu o tinha ali no fundo daquela trincheira e disse: 'Filho, vou ter que cortar a sua perna fora e você vai sentir dor de novo, porque não tenho nada para usar como anestésico.' " E ele disse: 'Vá adiante, doutor.' Cortei o tendão e ele sequer choramingou."[26]

A confusão que caracterizou todas as operações aeroterrestres no dia 6 de junho foi desafortunada para a 82ª Divisão pelo fato de ela ter descido sobre o rio Merderet. Como resultado das vastas inundações, o Merderet era mais um lago raso (um quilômetro ou mais de largura e dez quilômetros de comprimento) do que um rio. Havia dois cruzamentos: uma estrada elevada (ou estrada de aterro) com a ponte em La Fière, cerca de um quilômetro a oeste de Ste.-Mère-Église, e outra, uma estrada sobre aterro e ponte em Chef-du-Pont, dois quilômetros ao sul de La Fière. A 82ª esperara tomar La Fière e Chef-du-Pont durante a noite, e depois passar o resto do dia atacando no sentido do oeste para defender a linha do alto rio Douve; mas em vez disso a divisão combateu um dia inteiro pelas duas posições. Muitas das suas unidades foram isoladas a oeste do Merderet; algumas delas permaneceram cercadas e isoladas pelo período de quatro dias, repelindo os ataques dos blindados e da artilharia alemães com o fogo de suas armas portáteis.

Logo após a madrugada, o general James Gavin, subcomandante da 82ª, reunira uns 300 homens, principalmente do 507º — mais ou menos o efetivo que tinham os americanos naquela manhã. Gavin deslocou-se para o sul ao longo da barragem ferroviária na margem da área inundada para La Fière, verificando que a posição dos americanos no banco oriental da estrada de aterro estava em segurança, deixou parte da sua força lá, e continuou ao sul para Chef-du-Pont com o restante.

Entrementes, um grupo de oitenta homens sob o comando do tenente-coronel Charles Timmes tomou posse da aldeola de Canquigny no extremo ocidental da estrada sobre aterro de La Fière. Quando uma patrulha composta de quatro oficiais e oito recrutas sob o comando do tenente Lewis Levy do 507º entrou em Canquigny, Timmes achou que um grupo de doze homens poderia manter a cabeça-de-ponte. Ele decidiu pela ofensiva e se deslocou na direção do seu objetivo original, Amfreville.

O sargento Donald Bosworth, da Companhia de Comando do 1º Batalhão do 507º, quebrara o tornozelo no salto. Com a ajuda de cinco outros homens da sua companhia, ele conseguiu chegar a uma casa de fazenda. A mulher do fazendeiro, uma professora, sabia falar um pouco de inglês. Quando ela abriu a porta, Bosworth mostrou-lhe a bandeira americana no ombro direito. Ela pulou de alegria, convidou todos os homens a entrar e abraçou cada um deles. Em seguida o marido ofereceu a Bosworth seu pequeno e velho caminhão sem laterais na carroceria, e desenterrou uma lata de cinco galões de gasolina que escondera no quintal. Bosworth e o sargento A.J. Carlucci assinaram um recibo pelo caminhão, de modo que o casal tivesse condições de recuperar o custo por intermédio do Tio Sam e partiu para Amfreville. No caminho eles se juntaram a Timmes. Um médico fez uma tala para o tornozelo de Bosworth.

Ele continuou firme. Timmes mandou-o verificar uma casa de fazenda no outro lado de uma cerca viva. "Comecei a rastejar sobre a cerca para passar para o outro lado quando súbito me vi frente a frente com dois alemães, a não mais que um metro e meio de distância. Eles estavam colocando uma metralhadora em posição. Foi como se passasse uma hora antes que algum de nós se movesse." Bosworth alvejou os alemães com sua semi-automática; eles revidaram. Ele foi atingido no ombro esquerdo, lançado para fora da cerca viva, e perdeu a consciência. O tenente Robert Law o levou para o porão de uma casa de fazenda, onde ele passou o resto do dia.[27] Timmes, entretanto, não conseguiu penetrar as defesas alemãs em torno de Amfreville.

Gavin e Timmes haviam retirado sua força principal de La Fière e Canquigny na suposição de que os pequenos grupos que deixaram atrás podiam manter as posições e que se apoiavam mutuamente. Mas os alemães mantinham posições dominantes a oeste da estrada sobre aterro, que tinha quase um quilômetro de comprimento, e mantinham a estrada sob o fogo altamente preciso de morteiros e de atiradores de elite, impedindo que os americanos a usassem.

No meio da manhã, os alemães lançaram um ataque liderado por três carros de combate contra Canquigny. O tenente Levy e seu punhado de homens os mantiveram a distância durante uma hora. Eles conseguiram pôr fora de combate dois carros inimigos com granadas Gammon (os ianques amavam aquela granada britânica, era a melhor arma anti-carro que tinham; muito superior a suas próprias bazucas — se pudessem chegar perto o bastante*) mas por fim tiveram que se retirar para o norte.

Assim, perderam a cabeça-de-ponte habilmente ganha. As unidades da 82ª foram separadas, cada uma travando a sua própria batalha

---

* A granada Gammon pesava cerca de 1 quilo e era do tamanho de uma bola de beisebol.

solitária em ambos os lados do avolumado Merderet. O grupo de Timmes permaneceu isolado durante dois dias.

Ao sul, em Chef-du-Pont, o general Gavin e um grupo de cerca de 100 homens, principalmente do 1º Batalhão, do 507º, sob o comando do tenente-coronel Edwin Ostberg, deslocou-se para tomar a ponte cerca de meio quilômetro a oeste da aldeia. Às 10 horas, Ostberg conduziu sua força numa investida através da rua principal, no rumo da ponte. Os americanos receberam tiros de vários edifícios simultaneamente, sofrendo quatro baixas. Foram necessárias quase quatro horas para desobstruir sistematicamente a aldeia da presença do inimigo; os alemães em retirada rumaram para a ponte.

"Sabíamos que a ponte devia ser conquistada antes que os alemães organizassem sua defesa", relembrou o capitão Roy Creek, "por isso fizemos uma investida mais ou menos organizada neste sentido. Estávamos atrasados demais. Dois oficiais alcançaram a ponte e foram alvejados, um tombando da ponte dentro da água, outro caindo no acesso oriental. O oficial que tombou no rio era Ostberg (ele foi resgatado logo em seguida e viveu para lutar novamente; o outro oficial estava morto)."

O tenente-coronel Arthur Maloney e uns setenta e cinco homens chegaram "e dedicamo-nos a desalojar o obstinado inimigo". A medida mostrou-se impossível. Os alemães tinham trincheiras cavadas nas banquetas da estrada sobre aterro e mantinham o solo elevado no banco ocidental; os americanos dispunham apenas de armas portáteis; os alemães tinham carros de combate e artilharia para suplementar seu fogo de morteiros e de metralhadoras. Duas tentativas para assaltar a ponte resultaram infrutíferas.[28]

Os alemães contra-atacaram. O praça David Jones, do 508º, acabara de chegar à margem da estrada sobre aterro. Ele viu carros de combate assomando, três Renault franceses, "provavelmente os menores usados durante toda a guerra, mas para mim eram grandes demais!". O carro da frente tinha a escotilha aberta e o comandante, de quépi preto, estava exposto da cintura para cima, as mãos pousando fora da torre.

Jones voltou-se para um companheiro e disse: "Acho que é tempo de começar nossa guerra." Ele apontou com cuidado e atirou no comandante do carro de combate. Sua bala atingiu a torre "e ainda posso lembrar o som daquele ricochete. O uniforme negro desapareceu, a portinhola fechou-se retinindo, o Renault recuou alguns metros, e nosso pequeno grupo se espalhou aos quatro ventos. Não só eu havia errado meu primeiro tiro da Segunda Guerra Mundial, agora me via confrontado com o problema de onde e como me esconder." Ele descobriu um lugar numa horta atrás de uma casa de fazenda. O carro de combate disparou uma granada de 20 mm no lado da casa e Jones e seu grupo puseram-se a correr para a cerca mais próxima.[29]

O carro movimentou-se na direção de Chef-du-Pont. Os outros dois foram com ele. O carro do meio parou defronte da casa de fazenda; no segundo andar, os sargentos Ray Hummle e O.B. Hill estavam observando. Hill passou uma granada Gammon para Hummle.

"Exatamente naquele momento", lembrou ele, "a escotilha do carro de combate se abriu e o comandante ergueu-se até sua cintura ficar para fora e se pôs a olhar em redor. Hummle lançou a granada Gammon dentro do veículo. Houve uma forte explosão, com fumaça e fogo em torno dele, e o comandante que estava na escotilha subiu para os ares como uma rolha de champanhe."

Os outros dois apontaram seus canhões para a casa de fazenda e passaram a atirar. "A mãe e a filha que estavam no andar térreo do edifício ficaram muito nervosas e começaram a gritar que saíssemos, e achamos que talvez fosse melhor." Hummle e Hill fugiram para a cerca mais próxima. Os carros de combate recuaram para o oeste.[30]

Agora havia empate na estrada sobre aterro. Os americanos não podiam avançar e não queriam retirar-se. A infantaria alemã, entrincheirada ao longo dela, podia atirar mas não podia se deslocar. Um deles decidiu desistir. Levantou-se e saiu da barragem.

S.L.A. Marshall descreveu a cena em seu clássico livro *Night Drop*. "Ele chamou: *Kamerad!* e antes que alguém pudesse responder, um pára-quedista, a não mais de seis metros de distância, feriu-o de morte na presença de todos." Marshall escreveu que o tiro foi terrivelmente estúpido; se tivessem deixado o homem render-se, seus companheiros teriam feito o mesmo.[31]

O capitão Creek comentou: "Tendo testemunhado esta ação de perto, eu desafiaria qualquer um sobre qual decisão tomar em frações de segundo, sobre como agir quando um soldado inimigo salta da trincheira a 6 metros de você, no calor do combate, e também na primeira luta que você trava pela vida. Até hoje, quarenta e sete anos depois, não sei se o soldado inimigo estava tentando se render ou não. Na minha opinião qualquer inimigo baleado durante uma ação intensa teria esperado demais para se render. Ele estava comprometido, como estava o atacante, com uma luta pela sobrevivência."

Logo em seguida, por volta do meio da tarde, o general Gavin, que havia retornado para La Fière, mandou uma mensagem ao coronel Maloney para trazer os seus homens e unir-se a ele. Isso deixou Creek no comando de trinta e quatro homens, com ordens de Gavin para manter Chef-du-Pont a qualquer custo. "Era muito óbvio que não devia custar demais. Mas, ao mesmo tempo, era duvidoso que pudéssemos manter algo que não tínhamos." Tornando as coisas piores, Creek viu uma linha de infantes alemães se aproximando à esquerda de sua retaguarda, enquanto uma peça de campanha alemã começou a atirar do lado oposto do Merderet.

"E então, como vindos do céu, C-47s começaram a aparecer, lançando fardos de armas e munição. Um fardo com munição para morteiros de 60 mm caiu bem em nosso colo." Em seguida desceu um canhão anti-carro de 57 mm transportado por planador. Creek voltou os morteiros sobre a infantaria alemã e usou o canhão para atirar na peça de campanha que estava na margem oeste da estrada sobre aterro. "Nós não a atingimos, estou certo, mas fizêmo-la parar de atirar."

Creek partiu para a ofensiva. Uma patrulha de dez homens começou a investir através da estrada sobre aterro. Cinco soldados alemães de infantaria saltaram de suas trincheiras ao longo da barragem e puseram-se em fuga. Foram metralhados. Os outros se renderam.

"Agora foi o fim", disse Creek. "A ponte era nossa e sabíamos que podíamos mantê-la. Mas como acontece com todos os vencedores na guerra, compartilhávamos uma sensação de tristeza. Sabíamos estar ainda a uma longa distância de Berlim."

Creek pôs-se a organizar e a melhorar a posição, cuidando dos feridos, recolhendo os mortos, alemães e americanos, e cobrindo-os com pára-quedas. A escuridão estava se aproximando. "Quando virão as forças da praia? Elas já deviam tê-lo feito. Talvez toda a invasão tivesse fracassado. Tudo de que tínhamos conhecimento era a situação em Chef-du-Pont, e Chef-du-Pont é uma cidade muito pequena.

"À meia-noite nossos temores foram dissipados. Elementos de reconhecimento da 4ª Divisão de Infantaria rodaram para dentro da cidade. Eles compartilharam suas rações conosco.

"Era o Dia D mais um na Normandia. Quando me sentei, considerando os acontecimentos, refleti sobre os detalhes da luta e da bravura de cada homem. Tínhamos feito algumas intervenções erradas. Mas no conjunto, como uma miscelânea de tropas de várias unidades que nunca haviam treinado juntas, que sequer se conheciam, empenhadas no seu primeiro combate, tínhamos agido da melhor forma. Capturamos nossa ponte e a mantivemos."[32]

Ste.-Mère-Église era uma aldeola tranqüila com algumas casas de pedras cinzentas. A praça da cidade, construída em torno de uma igreja normanda de cor cinza, continha as costumeiras lojas normandas que vendiam ovos, queijo, carne, roupas, sidra e vinho, jornais, pão — e uma farmácia. Tinha um pequeno hotel e um hospital. Era uma aldeia na qual nada de muito importante havia acontecido por dez séculos. As ocasiões mais excitantes eram os de festivais e casamentos.

A estrada N-13 passava pela aldeia rumo ao norte, para Cherburgo, ao sul para Carentan, em seguida a leste para Caen e com direção a Paris. Sem o uso da N-13 os alemães ao norte de Ste.Mère-Église ficariam isolados; sem o controle de Ste.-Mère-Église, os pára-quedistas americanos ao longo e além do Merderet ficariam isolados e a 4ª Divisão de Infantaria incapaz de se deslocar para o oeste e para o norte.

Assim, a batalha por Ste.-Mère-Église tomou uma importância desproporcional com o tamanho da aldeia. O Estado-Maior da 82ª Aeroterrestre havia concordado durante o estágio de planejamento da invasão em que o lugar seria a base defensiva da divisão. Se a 4ª de Infantaria não conseguisse manter a cabeça-de-ponte ou se a ligação fosse retardada, todas as unidades da divisão se retirariam para Ste.-Mère-Église até que fossem substituídas. A aldeia tinha de ser tomada por uma razão adicional; o segundo vôo de planadores estava programado para descer em torno da aldeia pouco antes do anoitecer.

O 3º Batalhão, do 505º, comandado pelo tenente-coronel Edward Krause, se apoderara da cidade durante a madrugada. O tenente James

Coyle da Companhia de Comando estava com Krause. Coyle relembrou um francês que saiu da sua casa para conversar. "Ele quase não falava nada de inglês e eu falava apenas um pouco de francês, mas o compreendi bem o bastante para sentir sua preocupação. Ele queria saber se aquele era mais um reide ou era a invasão." Coyle tranqüilizou-o.

"Nous restons ici", disse Coyle ("Nós ficaremos aqui"). "Não abandonaremos Ste.-Mère-Église."[33]

O praça John Fitzgerald, do 502°, que errara o lugar do salto, entrou na cidade de madrugada. Ele viu soldados pára-quedistas pendurados nas árvores. "Pareciam bonecos de panos cheios de buracos de balas. O sangue deles pingava naquele lugar que tinham vindo libertar."

No limite da cidade Fitzgerald viu uma cena "que nunca me saiu da memória. Foi a história cinematográfica da morte de um infante da 82ª. Ele havia ocupado uma trincheira alemã e fez dela o seu Alamo pessoal. Num semicírculo em torno do buraco estavam os corpos de nove soldados alemães. O corpo mais próximo do buraco estava a apenas noventa centímetros de distância, um amassador de batatas (granada) na mão fechada.* As outras formas distorcidas jaziam onde haviam caído, testemunhas da ferocidade da luta. Seu cinto de munição ainda estava sobre os ombros, vazio de carregadores de M-1. Estojos vazios juncavam o chão. A coronha do seu fuzil estava quebrada em duas partes. Ele lutara sozinho, e, à semelhança de muitos outros naquela noite, morrera sozinho.

Olhei para a sua placa de identidade. O nome dizia Martin V. Hersh. Tomei nota do nome num pequeno livro de orações que levava, esperando algum dia encontrar alguém que o conhecesse. Nunca encontrei".[34]

O coronel Vandervoort, apesar do tornozelo quebrado, estava deslocando seu batalhão, o 2° do 505°, na direção de Ste.-Mère-Église.

---

* A granada alemã, com seu cabo comprido, podia ser jogada muito mais facilmente e mais longe do que a granada de fragmentação americana de forma oval. Mas a quantidade de metal no amassador de batatas era bem menor que na granada de fragmentação. Assim, como declarou William Tucker, do 505°, os alemães podiam usar o amassador de batatas "como uma arma de assalto. Podiam jogá-la e afastar-se em seguida ao lançamento. Nós, no entanto, lançávamos o diabo daquela granada de fragmentação, e saíamos correndo à procura de abrigo".

Sua missão era guardar os acessos do norte para a aldeia. Por esse motivo ele destacou o 3º Pelotão da Companhia D (sob o comando do tenente Turner Turnbull) e enviou-o a Neuville-au-Plain com ordens de ali organizar uma defesa.

Vandervoort entrou em Ste.Mère-Église, onde teve sorte. Lá estava um jipe trazido por planador em boas condições de funcionamento, que permitiu a Vandervoort sair do seu carrinho-de-mão e conseguir maior mobilidade. Ele conferenciou com Krause (que tinha ferimentos de *shrapnel* na perna); eles concordaram que Vandervoort seria responsável pelos lados norte e oriental da aldeia, Krause pelas extremidades sul e ocidental. Não dispunham de homens o bastante para organizar uma defesa perimetral completa mas podiam bloquear as estradas.

Vandervoort teve outro bafejo da sorte. O capitão Alfred Ireland do 80º Batalhão de Canhões Automáticos Anti-Aéreo, que viera de planador logo após a madrugada, relatou que tinha dois canhões anti-carro de 57 mm funcionando. (Comentando mais tarde a sua jornada na Normandia e o pouso forçado do seu planador, o pára-quedista Ireland disse à respeito das tropas transportadas por planadores: "Aqueles rapazes jamais serão suficientemente pagos."[35] Isso era literalmente verdade; as tropas dos planadores não obtinham o pagamento extra de 50 dólares por salto mensal que os pára-quedistas recebiam.)

Vandervoort colocou em posição um dos canhões AC ao norte de Ste.-Mère-Église e enviou o outro ao norte para Neuville-au-Plain para dar apoio a Turnbull.

Turnbull era meio Cherokee. Seus homens chamavam-no de "Chefe", mas não na sua presença. "Era um bom sujeito", lembrou o praça Charles Miller. "Eu costumava lutar boxe com ele." [36] Turnbull pusera dois de seus grupos de combate ao longo de uma cerca viva a leste de Neuville-au-Plain, o terceiro a oeste. Vandervoort posicionou o seu canhão AC na cidade, apontando para o norte, e em seguida falou com Turnbull, que lhe disse que nada mais havia acontecido desde que se posicionara, umas quatro horas antes. Eram agora cerca de 13 horas.

Enquanto estavam conversando, um francês dirigiu-se até eles na sua bicicleta e anunciou em inglês que alguns pára-quedistas americanos estavam trazendo um grande contingente de prisioneiros alemães do norte. De fato, quando Vandervoort e Turnbull olharam naquela direção havia uma coluna marchando em boa ordem bem pelo meio da estrada N-13; pareciam ser pára-quedistas, em ambos os lados acenando com bandeiras cor de laranja (o sinal de reconhecimento americano no dia 6 de junho).

Mas Vandervoort desconfiou quando notou dois veículos providos de lagartas na parte de trás da coluna. Ele disse a Turnbull que mandasse seu metralhador desferir uma rajada curta bem à esquerda da coluna que se acercava, naquele momento a menos de um quilômetro de distância.

A rajada espalhou a coluna. Tanto "prisioneiros" quanto "pára-quedistas" mergulharam nas trincheiras e responderam ao fogo. O pérfido francês fugiu pedalando atabalhoadamente, e os canhões auto-propulsados (AP) que haviam levantado a suspeita de Vandervoort começaram a se mover para adiante, atrás de uma nuvem de fumaça.

A cerca de meio quilômetro, os APs abriram fogo. Um dos primeiros tiros destruiu a bazuca, outro errou por pouco o canhão AC. Sua guarnição espalhou-se, mas com certo "encorajamento" da parte de Vandervoort voltaram e com alguns tiros rápidos e precisos puseram os APs alemães fora de ação. Mas a infantaria alemã — uma companhia completa, pertencente à 91ª Divisão *Luftlande*, superando em número a força de Turnbull numa proporção de mais de cinco para um — começou a mover-se pelos flancos, usando cercas vivas como cobertura.

Vandervoort viu que Turnbull seria envolvido rapidamente sem reforços, por isso mandou que o motorista do seu jipe o levasse de volta a Ste.-Mère-Église, onde ele despachou o tenente Theodore Peterson e o tenente Coyle com o 1º Pelotão da Companhia E, com a missão de, em Neuville, darem cobertura à retirada de Turnbull.

Turnbull, nesse meio-tempo, estava estendendo suas linhas para o oeste, a fim de forçar os alemães a fazerem um movimento de flanco mais amplo, mas por volta das 16:00 ele estava mais ou menos sem homens e sem espaço. Estava sofrendo pesadas baixas, primeiro por causa do preciso fogo de morteiro alemão. Dos quarenta e três homens que ele levara a Neuville-au-Plain, apenas dezesseis tinham condições de lutar, e alguns estavam feridos. Nove de seus homens estavam mortos.[37]

Turnbull estava preparado para fazer uma última resistência, uma espécie de Custer em Little Big Horn ao avesso, quando o médico do pelotão, cabo James Kelly, se apresentou como voluntário para permanecer atrás e tomar conta dos feridos. O praça Julius Sebastian, o cabo Ray Smithson e o sargento Robert Niland se ofereceram para formar uma retaguarda para cobrir a retirada do restante do pelotão, aqueles que ainda podiam andar.

Assim que Turnbull começou a retirada, a Companhia E dirigiu-se para Neuville-au-Plain. "Nós lutamos com rapidez e dureza", relembrou o sargento Otis Sampson. Ele estava manejando o morteiro e era bom naquilo. Ele começou a lançar granadas bem no meio da força alemã que estava penetrando no flanco.

"Os *Jerries* estavam tentando deslocar alguns homens da esquerda de uma fileira aberta para a direita. Um homem por vez cruzaria em intervalos cronometrados. Avaliei quando outro iria passar e tinha outra granada pronta no cano. A cronometragem foi perfeita."

Sampson ficou se deslocando com o seu morteiro, "para não servir de alvo a um *Jerry*". Os grupos de combate mantiveram um fogo firme. O ímpeto do avanço alemão foi detido. Nesse meio-tempo os tenentes Peterson e Coyle formaram uma patrulha para encontrar Turnbull e os poucos homens que haviam restado.

"E começamos nossa jornada de volta a Ste.-Mère-Église", contou Sampson. Eu podia ouvir *Jerries* gritando quando estávamos partindo. "Lembrava-me um jogo de bola não terminado, e eles estavam gritando que voltássemos para terminá-lo. Retiramo-nos despreocupados como o faria alguém após um dia de trabalho. Eu caminhava ao lado do tenente Turnbull. Ele era um bom homem."[38]

Os vinte e oito homens seriamente feridos deixados para trás e dois do três voluntários que guarneciam a retaguarda foram capturados. (O terceiro voluntário, sargento Bob Niland, foi morto junto à sua metralhadora. Um de seus irmãos, comandante de pelotão na 4ª Divisão, sucumbiu na mesma manhã na *praia Utah*. Outro irmão ainda foi morto naquela semana na Birmânia. A senhora Niland recebeu os três telegramas do Departamento de Guerra anunciando as mortes de seus filhos no mesmo dia. Seu quarto filho, Fritz, estava na 101ª

Aeroterrestre; ele foi retirado da frente pelo Exército.) Aqueles entre os feridos que se encontravam em estado mais crítico foram evacuados para um hospital em Cherburgo pelos alemães e finalmente libertados quando a cidade foi tomada no dia 27 de junho. Os outros foram libertados na noite de 7 para 8 de junho quando os blindados americanos alcançaram Neuville-au-Plain. Turnbull foi morto em Ste.-Mère-Église no dia 7 de junho por uma granada de artilharia.[39]

A heróica resistência de Turnbull permitiu que Krause e Vandervoort se concentrassem no contra-ataque ainda mais forte do 795º Regimento ao sul de Ste.-Mère-Église. Foi um contra-ataque tão grande quanto o montado pelos alemães no Dia D, e tinham o apoio de canhões de 88 mm que atiravam do solo elevado ao sul da aldeia.

"O impacto das granadas levantava para o alto montes de terra e lama", recordou o praça Fitzgerald. "O chão tremia e meus tímpanos pareciam rebentar. A terra estava enchendo minha camisa e entrando nos meus olhos e na minha boca. Aqueles 88 mm tornaram-se uma lenda. Disseram que houve mais soldados convertidos ao cristianismo pelos 88 do que por Pedro e Paulo juntos.

"Quando o fogo finalmente cessou, estava-se no meio da tarde. Nós ainda mantínhamos a cidade e havia conversas de que carros de combate estavam vindo da praia nos ajudar. Não pude segurar o barbeador com firmeza bastante para fazer a barba durante os dias que se seguiram.

"Até então, eu estivera mentalmente na defensiva. Meu batismo de fogo tinha sido uma experiência chocante, mas estava começando a passar. Senti-me puto da vida com os alemães, a terra, o barulho, e a idéia de ser empurrado para trás."[40]

Outros sentiam a mesma coisa. Quando o coronel Krause mandou a Companhia I atacar o flanco inimigo, ela se deslocou agressivamente. Apanhou um comboio alemão ao ar livre e com bazucas e bombas Gammon destruiu alguns carros de combate. A infantaria alemã acompanhante retirou-se sob uma saraivada de balas. "Com a derradeira luz do dia", disse Fitzgerald, "o último ataque alemão cessou."[41]

Os reforços chegaram por planadores. Eles tentaram aterrissar por toda Ste.-Mère-Église, mas os pilotos estavam levando tiros de armas portáteis dos alemães das cercanias, e além disso os campos eram muito curtos e as cercas vivas muito altas. Cada planador parecia terminar colidindo com uma cerca viva.

"Eu estava de pé numa trincheira quando um planador apareceu de repente chocando-se com algumas árvores", lembrou o tenente Coyle. "Eu não o tinha visto chegar e é lógico que não podia ouvi-lo pelo fato de ele não produzir nenhum som. Só tive tempo de cair com o rosto para baixo na trincheira quando o planador bateu, estatelou-se na estrada e veio repousar uma asa sobre mim. Tive de me esgueirar arrastando o estômago por toda a extensão da asa para sair de baixo."[42]

O sargento Sampson mergulhou no chão quando um planador se chocou com uma cerca viva. "A extremidade da cauda do planador estava sobressaindo num ângulo de quarenta e cinco graus. Fui ver se não podia ajudar. Quando cheguei perto, começou a aparecer um buraco no lado direito do planador. Os homens estavam chutando à procura de uma saída. À semelhança de abelhas numa colméia, eles saíram daquele buraco, saltaram no chão, correram para as árvores e desapareceram. Tentei dizer-lhes que estavam em campo amigo, mas eles passaram por mim como se eu sequer estivesse ali."

Durante a noite, os alemães atiravam foguetes luminosos, disparavam fuzis, morteiros, e vez por outra canhões de 88 mm em Ste.-Mère-Église, gritando ordens e ameaças aos americanos. "Pareciam estar muito seguros de si", afirmou Sampson. "Uma barragem nos atingia, e então eles abriam fogo com suas pistolas-metralhadoras, gritando como se fossem atacar. Em seguida a situação se acalmava e mais tarde começava novamente. Eu chegava perto do meu morteiro e acariciava o cano. Como eu queria dispará-lo! Mas estávamos muito misturados; poderia ter atingido alguns dos nossos homens.

"O inimigo nunca apareceu. Talvez pensassem que, com todos os seus gritos e disparos, abandonaríamos correndo nossas posições. Eu imaginava o que teria acontecido nas praias. A infantaria já deveria estar conosco naquele momento.

"Muitas coisas passavam pela minha mente. Eu temia que a invasão tivesse sido um fracasso. Pensava no meu país e nas pessoas que estávamos tentando ajudar. Eu estava quase certo de que nunca veria a luz do dia novamente. Não posso dizer que sentia medo. Eu queria apenas uma oportunidade de levar tantos *Jerries* comigo quantos fosse possível. Queria que viessem até onde eu estava para que eu pudesse vê-los. Queria ver um monte deles na minha frente antes que me apanhassem. Teria sido muito mais fácil morrer daquela maneira."[43]

Ste.-Mère-Église, se tanto, estava protegida. A história oficial registra este fato como "a operação mais significativa da 82ª Divisão Aeroterrestre no Dia D".[44] Outra vitória para a 82ª fora conquistada pelo capitão Creek em Chef-du-Pont. No lado ocidental do Merderet, todavia, o grosso da 82ª estava espalhado em bolsões pequenos e isolados, cercados, lutando pela sobrevivência em vez de conquistar objetivos. A comunicação entre as unidades era quase inexistente. O general Ridgway temia que a sua divisão fosse destruída antes que pudesse consolidar-se e antes que a 4ª de Infantaria a alcançasse.

No leste, na direção das praias, a 101ª desimpedira as estradas sobre aterro e se ligaram com as tropas americanas que desembarcaram. Muitos de seus homens tinham paradeiro desconhecido; dos 6.600 infantes da 101ª que haviam saltado na Normandia durante a noite, apenas 2.500 lutavam juntos mais ou menos como unidade organizada, no fim do dia. Algumas de suas unidades, como a do coronel Johnson em La Barquette e a do capitão Shettle nas pontes do baixo Douve, estavam isoladas e vulneráveis, mas a 101ª havia cumprido a sua missão principal, abrir o caminho para o interior para a 4ª de Infantaria.

O índice de baixas não podia ser estabelecido com precisão; os registros não fazem distinção entre as perdas do Dia D e as sofridas nas semanas que se seguiram. Foi talvez de 10 por cento, o que era muito menos do que temera e predissera o vice-marechal-do-ar Leigh-Mallory, mas incrivelmente elevado para um dia de combate.

Quase pareceria ter sido um preço alto demais, com a exceção de que, graças aos para-quedistas, a 4ª Divisão chegou à costa e ao interior com um mínimo absoluto de baixas. Esta foi a recompensa pelo maior salto noturno de pára-quedistas já realizado.

Leigh-Mallory tinha insistido com Eisenhower para que cancelasse o salto e trouxesse as divisões aeroterrestres para as praias como forças de perseguição. Eisenhower se recusara e estava totalmente certo. Sem o combate por trás das linhas alemãs, a 4ª de Infantaria provavelmente teria chegado à costa e transposto as dunas sem muitas dificuldades, quando os defensores alemães na linha costeira eram muito poucos e de baixa qualidade, e por isso duramente bombardeados pelos Marauders. Mas atravessar as estradas sobre aterro sobre a área inundada atrás das dunas teria sido custoso, talvez impossível, sem as forças aeroterrestres.

A 101ª realizara duas missões decisivas: seus homens haviam tomado as saídas da retaguarda e tinham desmantelado os canhões alemães em Brecourt Manor, Holdy e outros lugares, canhões que podiam ter sido usados com mortal eficácia contra a infantaria e as embarcações de desembarque.

O general Marshall insistira com Eisenhower para que lançasse as forças aeroterrestres muito mais para o interior, à distância de sessenta quilômetros da praia. Eisenhower recusara-se a fazê-lo. Ele havia ponderado que pára-quedistas levemente armados muito atrás das linhas alemãs teriam sido mais uma responsabilidade do que uma ajuda, isolada e vulnerável, incapaz de agir agressivamente. A experiência da 82ª Divisão Aeroterrestre a oeste do Merderet parecia mostrar que, afinal, Eisenhower tinha razão.

17. Visitantes do Inferno

O 116º Regimento em Omaha

Se os alemães fossem deter a invasão em algum lugar, seria na *praia Omaha.* Tratava-se de um óbvio local de desembarque, a única praia arenosa entre a embocadura do Douve a oeste e de Arromanches a leste, uma distância de quase quarenta quilômetros. Em ambas as extremidades de *Omaha* os rochedos eram mais ou menos perpendiculares.

A areia na *praia Omaha* tinha cor de ouro, firme e fina, perfeita para banhos de sol, piqueniques e escavações, mas em extensão uma praia limitada. Tem ligeiramente a forma de um crescente, com cerca de 10 quilômetros de comprimento no total. Na baixa-mar, há um trecho de areia firme de 300 a 400 metros. Na maré alta, a distância da linha-d'água ao banco de um a três metros de seixos redondos é de apenas alguns metros.

Em 1944 os seixos, agora em grande parte desaparecidos, eram intransitáveis para veículos. No terço ocidental da praia, além dos seixos, havia uma muralha marítima, parte de madeira, parte de alvenaria de um a quatro metros de altura (hoje desaparecida). No interior da muralha corria uma estrada litorânea de passeio público, pavimentada, e depois um fosso anti-carro em forma de V, com dois metros de profundidade; em seguida uma área plana, pantanosa, arrematada por um penhasco escarpado que subia trinta metros ou mais. Um homem podia escalar o penhasco, mas um veículo não. As ladeiras cobertas de capim pareciam amorfas quando vistas de certa distância, mas de fato continham muitos sulcos ou irregularidades que revelavam ser uma característica física crítica do campo de batalha.

Havia cinco pequenos barrancos que se dispunham em aclive suave no sentido do planalto acima da praia. Uma estrada pavimentada conduzia da praia na saída D-1 a Vierville; em Les Moulins (saída D-3) uma estrada não pavimentada levava a St.-Laurent; o terceiro barranco, a saída E-1, tinha apenas um caminho para Colleville; o último possuía uma estrada não pavimentada na saída F-1.

Tático algum poderia ter projetado melhor situação defensiva. Um campo de batalha estreito e fechado, sem nenhuma possibilidade de flanqueá-lo; muitos obstáculos naturais para deter o atacante; um lugar ideal para construir fortificações fixas e um sistema de trincheiras no declive do rochedo e no solo elevado dando para um amplo e aberto campo de extermínio para uma infantaria que tentasse cruzar a terra de ninguém.

Os planejadores aliados odiavam a idéia de assaltar a *praia Omaha*, mas isso tinha de ser feito. A coisa era tão óbvia para Rommel quanto para Eisenhower. Ambos os comandantes reconheciam que se os aliados invadissem a Normandia, teriam de incluir a *praia Omaha* nos locais de desembarque; de outro modo a lacuna entre *Utah* e as praias britânicas seria grande demais.

As águas ao largo estavam pesadamente minadas, e assim também as praias, o passeio (que também tinha arame concertina em sua extensão) e o penhasco. Rommel tinha colocado mais obstáculos costeiros aqui do que em *Utah*. Ele tinha 12 pontos fortes providos de canhões de 88 mm, de 75 mm e de morteiros. Tinha dezenas de *Tobruks* e ninhos de metralhadoras, apoiados por um extenso sistema de trincheiras.

Tudo o que os alemães haviam aprendido na Primeira Guerra Mundial sobre como deter um assalto frontal por infantaria, Rommel pôs para funcionar em *Omaha*. Ele dispôs as posições de tiro em ângulos para a praia com o fito de cobrir o banco de maré e o baixio costeiro com fogo cruzado, mergulhante e rasante, de todos os tipos de armas. Ele preparou posições de artilharia ao longo dos rochedos em cada extremidade da praia, capazes de desencadear fogo contínuo de canhões de 88 mm através de *Omaha*. O sistema de trincheiras incluía alojamentos e depósitos subterrâneos ligados por túneis. As posições defensivas fortificadas concentravam-se nas entradas para os barrancos, que eram ainda protegidos por grandes barricadas de cimento. As peças maiores de artilharia eram protegidas para o lado do mar por paredes laterais de concreto. Não havia uma polegada da praia que não tivesse sido pré-analisada tanto para tiros de trajetória tensa quanto de trajetória curva.

Observando as embarcações de desembarque americanas se aproximarem, os defensores alemães mal podiam acreditar no que viam. "Aleluia!, aqui estão eles!", declarou o tenente Frerking. "Mas isso não é possível, isso não é possível." Ele deixou cair os binóculos e precipitou-se para o seu posto de comando num *bunker* perto de Vierville.

"Embarcações de desembarque à nossa esquerda, ao largo de Vierville, dirigindo-se para a praia", exclamou o cabo Hein Severloh em *Widerstandsnesten* 62. "Eles devem estar doidos", declarou o sargento Krone. "Será que vão nadar para a terra? Bem embaixo das nossas miras?"

O coronel do regimento de artilharia emitiu uma ordem severa: "Segurem o seu fogo até que o inimigo comece a vir para a linha d'água."

Por toda a extensão do penhasco, soldados alemães observavam as embarcações de desembarque se aproximar, com os dedos nos gatilhos, das metralhadoras, dos fuzis, dos canhões, ou segurando granadas de morteiros. No *bunker* 62, Frerking estava ao telefone, dando o alcance a metralhadores a alguns quilômetros no interior: "Alvo *Dora*, todos os canhões, alcance quatro-oito-cinco-zero, direção básica 20 mais, espoleta de percussão."[1]

O capitão Robert Walker, da companhia de comando do 116º Regimento, 29ª Divisão, descreveu posteriormente as defesas em frente de Vierville: o espinhaço em forma de rochedo estava coberto com trincheiras bem escondidas, e muitos *bunkers* semipermanentes. Os *bunkers* eram praticamente imperceptíveis da frente. Suas seteiras apontavam para flanco, de modo que podiam fazer fogo cruzado de flanco para a praia, bem como para todo o caminho acima do aclive do penhasco. Os *bunkers* tinham diagramas dos planos de fogos planejados e estes estavam emoldurados sob vidro e montados nos muros dentro das plataformas de tiro."[2]

A.J. Liebling, que fez a cobertura da invasão para o *New Yorker*, escalou o rochedo alguns dias depois do Dia D. "As trincheiras eram profundas, estreitas, e tão enviesadas que uma força atacante em qualquer ponto podia ser alvejada de várias direções", escreveu ele. Pontos importantes no sistema, como o posto de comando e os embasamentos de morteiros, eram de concreto. O posto de comando foi enterrado pelo menos 6 metros no chão e era forrado com tijolos no interior. A guarnição dormia em abrigos subterrâneos à prova de bombas, com tetos revestidos de madeira e assoalhos igualmente de madeira." Para Liebling, "parecia uma Linha Maginot regular".[3]

Quatro detalhes deram aos aliados a noção de que podiam assaltar com sucesso esta posição quase inexpugnável. Primeiro, o serviço de inteligência aliado disse que as fortificações e trincheiras eram guarnecidas pela 716ª Divisão de Infantaria, uma unidade de baixa qualidade composta de poloneses e russos com fraco moral. Em *Omaha*, a inteligência calculou que havia apenas um batalhão de cerca de 800 soldados para guarnecer as defesas.

Segundo, os B-17 designados para o bombardeio aéreo atingiriam a praia com tudo o que tinham, destruindo ou pelo menos neutralizando os *bunkers* e criando crateras na praia e no penhasco que poderiam ser usadas como trincheiras pela infantaria. Terceiro, o bombardeio naval, culminando com foguetes dos LCT(R) acabaria com tudo o que ficasse vivo e se movendo depois que os B-17 terminassem. À infantaria da 29ª e da 1ª Divisões foi dito que seus problemas do Dia D começariam quando chegassem ao topo do penhasco e começassem a se mover para o interior na direção dos seus objetivos.

A quarta causa para gerar confiança de que o trabalho seria feito era que os 40.000 homens com 3.500 veículos motorizados estavam programados para desembarcar em *Omaha* no Dia D.

Em resumo, nada do acima mencionado funcionou. O serviço de informações estava errado; em vez da desprezível 716ª Divisão, a realmente capaz 352ª estava no lugar. Em vez de um batalhão alemão para cobrir a praia, haviam três. A cobertura das nuvens e a chegada atrasada fizeram com que os B-17 demorassem liberar as bombas até estar nada menos de cinco quilômetros no interior; nem uma bomba sequer caiu na praia ou no penhasco. O bombardeio naval foi breve demais e geralmente impreciso, e em todo o caso se concentrou nas grandes fortificações acima do penhasco. Finalmente, a maioria dos foguetes não alcançou o alvo, a maior parte caindo na arrebentação, matando milhares de peixes, mas não alemães.

O capitão Walker, num LCI, relembrou que pouco antes da Hora H "dei uma olhada na direção da costa e meu coração afundou. Não podia acreditar quão pacífica, quão imperturbada, quão tranqüila era a cena. O terreno era verde. Os edifícios e casas estavam intactos. As torres das igrejas estavam orgulhosa e desafiadoramente firmes no seu lugar.* 'Onde', gritei para ninguém em particular, 'está a danada da Força Aérea?'" [4]

O plano *Overlord* para *Omaha* era elaborado e preciso. Tinha o 116º Regimento da 29ª Divisão (incorporado à 1ª Divisão apenas para aquele dia), penetrando pela direita (oeste), apoiado pela Companhia C do 2º Batalhão das Tropas de Assalto Anfíbias-"Rangers". O 16º Regimento da 1ª Divisão penetraria pela esquerda. Seria um ataque linear com os dois regimentos penetrando com as companhias em linha. Havia oito setores, da esquerda para a direita chamados *Charlie, Dog Green, Dog White, Dog Red, Easy Green, Easy Red, Fox Green* e *Fox Red.* Os setores do 116º iam de *Charlie* a *Easy Green.*

As primeiras levas consistiriam em dois batalhões de cada um dos regimentos, chegando às praias numa coluna de companhias, com o

* Na instrução de pré-assalto disseram a Walker: "Esta maquete mostra a terra atrás da praia como verde, mas não parecerá assim no Dia D. A pulverização do bombardeio, das bombas navais e dos foguetes fará com que ela fique marrom. E não dependa dessas torres de igreja como pontos de referência, porque todos os edifícios serão arrasados."

terceiro batalhão avançando atrás. As equipes de assalto cobririam cada polegada de praia, disparando M-1, metralhadoras calibre .30, fuzis automáticos Browning, bazucas, morteiros de 60 mm e lança-chamas. À frente das equipes de assalto estariam os carros de combate, equipes de demolição submarina da Marinha e engenheiros do Exército. Cada equipe de assalto e as unidades de apoio tinham tarefas específicas para executar, todas aparelhadas para abrir as saídas. Quando a infantaria suprimisse qualquer tipo de fogo que os alemães pudessem pôr em ação, as equipes de demolição explodiriam os obstáculos e assinalariam os caminhos através deles com bandeiras, de modo que quando a maré viesse os patrões soubessem onde seria seguro embicar.

Em seguida viriam as próximas levas de embarcações de desembarque, trazendo reforços num rigoroso e severo horário destinado a empregar um poder de fogo que ia de M-1s a obuseiros de 105 mm, exatamente na medida da necessidade, e ainda mais carros de combate, caminhões, jipes, unidades de saúde, pessoal de controle de tráfego, quartéis-generais, unidades de comunicações — todo o apoio físico e o controle administrativo exigido por duas divisões de infantaria superpotentes conduzindo uma operação ofensiva.

Por volta da Hora H mais 120 minutos, os veículos estariam subindo os barrancos abertos para o cimo do penhasco e começando a deslocar-se para o interior na direção de seus objetivos do Dia D, antes de tudo as aldeias de Vierville, St.-Laurent e Colleville, rumando em seguida para oeste na direção de Pointe-du-Hoc ou para o sul para tomar Trevières, a oito quilômetros de *Omaha*.[5]

O pequeno aforismo de Eisenhower de que planos são tudo antes da batalha, inúteis assim que é travada, era certamente o caso em *Omaha*. Nada funcionou de acordo com o plano, que foi na verdade inútil no momento em que os alemães abriram fogo nas forças de assalto, e mesmo antes.

Com a exceção da Companhia A, 116°, nenhuma unidade desembarcou onde se esperava que o fizesse. Metade da Companhia E estava a mais de um quilômetro do alvo, a outra metade a mais de dois quilômetros a leste do setor que lhe coubera. Isto foi conseqüência dos ventos e da maré. Um vento noroeste de dez a dezoito nós criava ondas de 90 cm a 1,20 m, às vezes até de 1,80 m, o que empurrava as embarcações de desembarque da direita para a esquerda. Assim o fizeram as correntes marítimas, que com a maré enchente (a menor maré baixa em *Omaha* era às 5:25) corria a uma velocidade de 2,7 nós.

Por volta da Hora H, não só os barcos estavam fora de posição, como também os homens estavam neles confinados, enjoados, infelizes. Muitos haviam descido pelas suas redes de corda para a embarcação quatro horas ou mais antes. As ondas se quebravam por sobre as amuradas. Cada LCVP e cada LCA (transporte de desembarque de assalto, a versão britânica do barco Higgins) faziam água. Na maioria deles, as bombas não davam conta, de modo que as tropas tinham que baldear com os seus capacetes.

Pelo menos dez dos 200 barcos na primeira leva afundaram; a maioria das tropas foi apanhada posteriormente pelos barcos de salvamento da Guarda Costeira, até depois de horas na água; muitos se afogaram. Outra visão desalentadora para os homens nos barcos sobreviventes foi vislumbrarem soldados lutando em salva-vidas e balsas, e guarnição de carros de combate afundando.[6]

De um modo geral, os homens da primeira leva estavam exaustos e confusos mesmo antes que se travasse a batalha. Todavia, a aflição causada pelo borrifo que os atingia no rosto com cada onda e pelo enjôo que sentiam era tal que eles estavam ansiosos para atingir a praia, sentindo que nada podia ser pior do que ficar nos malditos barcos Higgins. A única coisa que confortava eram aquelas tremendas granadas navais zumbindo sobre suas cabeças — mas mesmo elas estavam atingindo o topo do penhasco ou mais para o interior, não a praia ou o declive. À Hora H menos cinco o fogo foi suspenso.

O eletricista-chefe Alfred Sears estava no último LCVP de dezesseis, na primeira leva. Ao entrar, o segundo-tenente lhe dissera: "Todos os pontos fortes alemães serão desmantelados no momento em que atingirmos a praia." Sears prosseguiu: "Tínhamos tanta confiança nisto, que no percurso a maioria dos meus homens e eu estávamos sentados no cimo da cobertura da casa de máquinas da embarcação de desembarque, desfrutando o cenário, fascinados com o espetáculo dos navios lançadores de foguetes. Cerca de mil foguetes despedaçavam a praia diretamente onde devíamos desembarcar. Parecia muito bom."

O tenente Joe Smith era chefe de desembarque. Seu trabalho consistia em colocar bandeiras para guiar as embarcações da Companhia A, 116º Regimento. Seu barco Higgins pode ter sido o primeiro a atingir a praia. "Os alemães deixaram-nos sozinhos na praia. Não sabíamos por quê, só podíamos vê-los lá em cima, olhando para nós. Era uma estranha sensação. Estávamos bem em frente ao embasamento de canhões alemães de 88 mm, mas felizmente para nós eles estavam preparados para cobrir a praia e não na direção do mar, de modo que não nos podiam ver."

Um barco Higgins conduzindo uma equipe de assalto da Companhia A aproximava-se por trás de Smith. Os homens que vinham nele imaginavam que o que lhes haviam dito se tornara realidade: os bombardeios aéreo e naval haviam eliminado a oposição. A rampa foi arriada.

"Alvo *Dora* — fogo!", gritou o tenente Frerking ao telefone. Quando a bateria abriu fogo, atiradores alemães ansiosos, por toda a área, puxaram os seus gatilhos. À esquerda de Frerking havia três posições MG-42; à sua frente uma posição fortificada de morteiros; nos declives avançados do penhasco, soldados de infantaria em trincheiras. Eles entraram em ação.[7]

"Nós atingimos o banco de areia", relembrou o eletricista Sears, "descemos a rampa, e então todo o inferno desabou sobre nós. Os soldados no barco receberam uma saraivada de balas de metralhadora. O tenente do Exército foi imediatamente morto por tiros que lhe vararam a cabeça."[8]

No barco da Companhia A que liderava o percurso, o LCA 1015, o capitão Taylor Fellers e cada um de seus homens foram mortos antes que a rampa fosse baixada. Simplesmente se evaporou. Ninguém jamais soube se resultou de ter atingido uma mina ou de ter sido atingido por um 88.[9]

"Eles arriaram a rampa", disse o chefe de desembarque da Marinha tenente Joe Smith do que viu, "e uma ou duas metralhadoras alemãs abriram fogo e você podia ver a areia ser revolvida bem na frente do barco. Ninguém se movia. O patrão levantou-se e gritou, e por algum motivo tudo ficou quieto por um instante e você podia ouvi-lo claramente dizer: 'Por Cristo, companheiros, saiam! Tenho de ir buscar outra carga.' "[10]

Por toda a praia as metralhadoras alemãs estavam lançando fogo de monstruosas proporções sobre os desafortunados americanos. (Um metralhador ao lado de Frerking no ponto forte 62 disparou 12.000 cartuchos naquela manhã.) Por causa dos desembarques feitos no lugar errado os soldados achavam-se aglomerados, com grandes lacunas entre os grupos, de até um quilômetro de comprimento, o que permitiu aos alemães concentrar o seu fogo. Quando os barcos Higgins e os LCIs maiores se aproximaram, a artilharia alemã atirou à vontade, dos *Tobruks* e das fortificações nos barrancos e no cimo do rochedo e dos embasamentos na praia.

O maquinista Charles Jarreau, da Guarda Costeira, estava no LCI 94. Seu patrão era um "velho" de trinta e dois anos, um marinheiro mercante que fazia as coisas à sua própria maneira, apelidado Popeye. Ele guardara uma provisão de *scotch* J&B a bordo e disse ao cozinheiro que seu dever naquele dia era circular entre a tripulação "e ficar lhes dando uma dose até que não quisessem mais ou ficássemos desprovidos; passamos essencialmente a maior parte do dia bebendo; não tínhamos comida mas eu bebi o dia todo e não fiquei nem um pouquinho embriagado. A bebida não teve absolutamente efeito algum".

O LCI 94 estava na primeira leva, bem atrás das equipes de demolição da Marinha e da tripulação encarregada de assinalar a praia. "Nesse momento, a coisa começou a ficar feia. Popeye olhou para o nosso sinal e disse: 'Diabo, eu não vou entrar ali, nunca sairemos daquela praia.' Portanto, ele não prosseguiu na marcha. O resto dos LCI da nossa flotilha embicou nos locais certos, mas nenhum deles retornou. Todos foram destruídos. O que fez nosso patrão crescer imensamente em nossa estima."

Popeye dirigiu-se pela praia por cerca de 100 metros, voltou-se na direção da costa, soltou a sua âncora de popa, entrou à velocidade de um terço até que encalhou mais ou menos vinte metros ao largo. As rampas abaixaram e os homens do 116º desceram por ela. Na medida em que desembarcavam, o barco se tornava mais leve. Popeye fez os seus motores funcionarem em marcha à ré, usou o pequeno motor Briggs & Stratton para puxar a corrente da âncora e recuou. Cinco homens da sua tripulação de vinte e seis tinham perdido a vida, mortos pelo fogo de metralhadoras. Vinte dos 200 soldados de infantaria foram mortos antes de atingir a praia.[11]

O soldado John Barnes, da Companhia A, 116º, estava num LCA. Ao aproximar-se da praia, em linha com onze outras embarcações, alguém gritou: "Dê uma olhada! Aí está uma coisa que você contará aos seus netos!"

"Se vivermos", pensou Barnes.

Adiante, podia-se ver a ponta solitária da torre da igreja em Vierville. A companhia estava bem no alvo. O LCA avançou roncando, de encontro às ondas. "De repente, um redemoinho de água me envolveu os tornozelos, e a frente da embarcação mergulhou na água, que rapidamente chegou à nossa cintura e gritamos para os outros barcos em cada lado. Eles acenaram em resposta. Nosso barco simplesmente desapareceu debaixo dos meus pés. Apertei o tubo CO_2 no meu salva-vidas. A fivela quebrou e ele estourou. Voltei-me para agarrar as costas do homem atrás de mim. Eu estava indo para baixo. Trepei nas costas dele e me suspendi em pânico. Cabeças se moviam acima das águas. Podíamos ver os outros barcos se deslocando na direção da costa."

Alguns homens haviam enrolado coletes salva-vidas Mae West em torno de suas armas, inflando-os. Barnes viu um fuzil flutuando por perto, em seguida um lança-chamas com dois Mae Wests em torno dele. "Abracei-o com firmeza mas ainda parecia estar afundando. Eu não podia manter a cabeça acima da superfície. Tentei me livrar do meu colete, mas não conseguia me mover. O tenente Gearing agarrou-o e usou sua baioneta para cortar as correias e livrar-me do peso. Agora eu estava bem, podia nadar."

A equipe de assalto estava cerca de um quilômetro ao largo. O sargento Laird queria ir nadando, mas o tenente Gearing disse: "Não, vamos esperar e seremos apanhados por algum barco que esteja passando." Mas ninguém parava, as ordens dos patrões eram prosseguir para a costa e deixar o resgate dos feridos para outros.

Um instante depois, ouvimos um grito fraterno em sotaque britânico num dos LCA. Ele parou, seu barco estava vazio. Ele nos ajudou a subir a bordo. Reconhecemos o patrão. Era do *Empire Javelin*. Não voltaria à praia. Perguntamos-lhe como os outros se portaram. Ele disse que os havia desembarcado sem maiores problemas. Retornamos ao *Empire Javelin*, que havíamos deixado às 4:00 daquela manhã. Quando tempo havia passado? Parecia que apenas minutos. Quando lembrei de perguntar, eram 13:00."[12]

Barnes e sua equipe de assalto tiveram uma sorte extraordinária. Cerca de 60 por cento dos homens da Companhia A vieram de uma mesma cidade, Bedford, Virgínia; para Bedford, os primeiros minutos em *Omaha* foram um completo desastre. As Companhias G e F deviam entrar à esquerda da Companhia A, mas derivaram um quilômetro mais a leste antes de desembarcar, por isso todos os alemães em torno do barranco solidamente fortificado de Vierville concentraram seu fogo na Companhia A. Quando as rampas nos barcos Higgins foram arriadas, os alemães logo concentraram sobre eles o fogo de metralhadoras, artilharia e morteiros. Foi um morticínio. Dos mais de 200 homens da companhia, apenas duas dezenas sobreviveram, e praticamente todos eles feridos.

O sargento Thomas Valance conseguiu sobreviver. "Quando descemos a rampa, estávamos com água mais ou menos à altura do joelho e começamos a fazer o que tínhamos sido treinados para fazer: movernos para a frente e em seguida agachar-nos e atirar. O problema era que não sabíamos absolutamente em que atirar. Vi algumas balas traçantes vindas de um embasamento de concreto, que, para mim, parecia colossal. Nunca pensei que embasamentos de canhões pudessem ser tão grandes. Atirei nele mas não havia jeito algum de eu derrubar um embasamento de concreto com um fuzil de calibre .30."

A maré subia rapidamente, e os homens de Valance estavam sendo alvejados. Ele achava difícil permanecer de pé — como a maioria dos soldados de infantaria, estava sobrecarregado demais, completamente encharcado, exausto, forçando caminhar através da areia molhada e evitar os obstáculos com minas presas a eles. "Abandonei meu equipamento, que estava me arrastando para dentro da água.

"Ficou logo evidente que não íamos realizar muita coisa. Eu me lembro de patinhar na água com minha mão erguida no ar, tentando conseguir equilíbrio, quando fui baleado na palma da mão, em seguida através das juntas.

"O praça Henry Witt estava se voltando na minha direção. Lembro-me de ele dizer: 'Sargento, eles estão nos deixando aqui para morrer como ratos. Exatamente para morrer como ratos.' "

Valance foi atingido novamente, na coxa esquerda por uma bala que quebrou seu fêmur. Ele levou dois outros na carne. Teve a mochila atingida duas vezes, e a jugular do seu capacete foi cortada por outro tiro. Ele se arrastou pela praia "e cambaleei de encontro à muralha marítima, e de algum modo caí ali prostrado, e o fato é que passei o dia inteiro na mesma posição. Essencialmente minha parte na invasão havia chegado ao fim por ter sido eliminado como foi a maioria da minha companhia. Os corpos dos meus camaradas estavam sendo arrastados pelas águas e eu era o único sobrevivente no meio de tantos de meus amigos, todos eles mortos, em muitos casos cruelmente feitos em pedaços".[13]

Do seu barco, o tenente Edward Tidrick foi o primeiro a sair. Ao saltar da rampa na água levou um tiro que lhe atingiu o pescoço. Ele cambaleou para a areia, deixou-se cair pesadamente perto do praça Leo Nash e ergueu-se para dizer com voz entrecortada: "Avance com os cortadores de arame!" Naquele instante, balas de metralhadoras dilaceraram Tidrick da cabeça à pelve.

Por volta das 6:40 apenas um oficial da Companhia A estava vivo, o tenente E. Ray Nance, e ele fora atingido no calcanhar e na barriga. Todo sargento ou estava morto ou ferido. Em um barco, quando a rampa foi arriada, todos os trinta homens foram mortos antes que pudessem sair.[14]

O praça George Roach era ajudante de lança-chamas. Pesava 57 quilos e carregava 45 kg de equipamento para a praia, incluindo seu fuzil M-1, munição, granadas de mão, um tambor de cinco galões de fluido lança-chamas, variados tipos de chaves e um cilindro de nitrogênio.

"Descemos a rampa e o índice de perdas foi muito ruim. Não podíamos determinar de onde vinha o fogo, se do cimo do penhasco ou das casas de praia, tipo veraneio. Simplesmente me joguei na areia e disparei meu fuzil contra uma casa e o sargento Wilkes perguntou: "No que você está atirando?" E eu disse: "Não sei."

O único outro vivo da sua equipe de assalto que Roach pôde ver foi o praça Gil Murdoch. Os dois estavam deitados juntos atrás de um obstáculo. Murdoch havia perdido os óculos e não podia ver.

"Você sabe nadar?", perguntou Roach.

"Não."

"Bem, olhe, não podemos ficar aqui, não há ninguém por aqui que pareça ter qualquer idéia do que fazer. Vamos voltar para a água e entrar com a maré." Eles retrocederam e ficaram atrás de um carro de combate desmantelado. Os dois estavam levemente feridos. A maré os cobria e eles se penduravam no carro. Roach começou a nadar para a costa; um patrão de barco Higgins apanhou-o mais ou menos no meio do caminho. "Ele me puxou para bordo, eram cerca de 10:30. E imediatamente caí no sono."

Roach por fim chegou à muralha marítima, onde ele ajudou os médicos. No dia seguinte, alcançou o que restava da sua companhia. "Eu me encontrei com o general Cota e tive uma breve conversa com ele. Ele me perguntou em que companhia eu estava; eu lhe disse e ele apenas balançou a cabeça. A Companhia A estava fora de ação. Quando nos reunimos, restavam oito de nós da Companhia A, prontos para cumprir o dever."

(Cota perguntou a Roach o que ele ia fazer quando a guerra acabasse. "Algum dia eu gostaria de ir para a faculdade e diplomar-me", retrucou Roach. "Gostaria de ir para Fordham." Cinco anos mais tarde, Roach realmente diplomou-se por Fordham. "Com o correr dos anos", disse em 1990, "não creio que se tenha passado um dia sem que eu pense naqueles homens que não conseguiram sobreviver."[15])

A embarcação de desembarque do sargento Lee Polek estava prestes a afundar quando se aproximava da praia. Todo mundo estava baldeando com os capacetes. "Gritamos para a guarnição que nos levasse logo, preferíamos lutar a morrer afogados. Quando a rampa foi arriada fomos atingidos por fogos de metralhadoras e de fuzis. Gritei para que se preparassem para nadar e combater. Estávamos recebendo fogo direto sobre nossa embarcação. Três comandantes de grupos de combate à minha frente e outros foram atingidos. Alguns homens pularam o costado. Dois marinheiros foram alvejados. Saltei com a água apenas pelo tornozelo, tentei correr, mas de repente a água estava pelos meus quadris. Arrastei-me para me esconder por trás dos seixos e alguns de meus homens juntaram-se a mim. Fiz uma contagem e haviam sobrado apenas onze de nós, dos trinta que estavam na embarcação. Na medida em que a maré subia, fazíamos turnos correndo para a beira da água no sentido de arrastar homens feridos para lhes dar abrigo. Alguns dos feridos foram atingidos novamente enquanto estavam na praia. Um número cada vez maior de homens se amontoava. Mais estavam sendo atingidos por fogo de artilharia. Pessoas tentando ajudar umas às outras.

"Enquanto estávamos empilhados, eu disse a Jim Hickey que gostaria de viver para ter quarenta anos de idade, trabalhar quarenta horas por semana e ganhar um dólar por hora (quando me alistei estava fazendo trinta e sete e meio *cents* por hora). Senti, rapaz, que teria de fato conseguido os 40 dólares por semana.

"Jim Hickey ainda me chama de Nova York no dia 6 de junho para perguntar: 'Ei, sarja, você já está ganhando os seus quarenta dólares por semana?' "[16]

A Companhia A mal disparou uma arma. Quase certamente não matara nenhum alemão. Esperara para se deslocar para o barranco de Vierville e chegar ao topo por volta das 7 horas, mas às 7:30 seu punhado de sobreviventes estava amontoado de encontro à muralha marítima, praticamente sem armas. Perdera 90 por cento do seu efetivo.

Mas o seu sacrifício não foi em vão. Os homens haviam trazido fuzis, automáticos Browning, granadas, cargas de TNT, metralhadoras, morteiros e granadas de morteiro, lança-chamas, rações, e outros equipamentos. Isto estava agora espalhado pela da areia em *Dog Green*. As armas e o equipamento fariam uma diferença de vida ou de morte às levas seguintes de infantaria, entrando numa maré mais alta e tendo que abandonar tudo para abrir caminho para a costa.

A Companhia F, que devia desembarcar em *Dog Red*, o fez perto do seu alvo, em ambos os lados do limite entre *Dog Red* e *Easy Green*. Mas a Companhia G, que tinha de estar à direita da F em *Dog White*, desviou-se mais para a esquerda, de modo que as duas companhias entraram juntas, diretamente em frente das pesadas fortificações em Les Moulins. Havia uma brecha de mais ou menos um quilômetro para cada lado das companhias que se misturaram, o que permitia que os defensores alemães concentrassem o seu fogo.

Para os homens das companhias F e G, o percurso de 200 metros ou mais dos barcos Higgins aos seixos era a mais longa e mais arriscada viagem que jamais haviam feito, ou fariam. O tenente que comandava a equipe de assalto no barco do sargento Harry Bare foi morto quando a rampa desceu. "Na condição de sargento mais antigo", relatou Bare, "tentei tirar meus homens do barco e agir de algum modo para chegar ao pé da muralha marítima. Patinhamos para a areia, nos lançamos no chão e os homens estavam gelados, sem forças para se mover. Meu radiotelegrafista tivera a cabeça estourada a 3 metros de mim. A praia estava coberta de corpos — homens sem pernas, sem braços — Deus, aquilo foi horrível."

Quando Bare finalmente conseguiu alcançar a muralha, esquivando-se e abaixando-se atrás dos obstáculos para chegar ali: "Fiz uma tentativa de organizar os homens. Haviam apenas seis do meu barco vivos. Eu estava ensopado, tremendo, mas tentando a todo custo manter o controle. Eu podia sentir os frios dedos do medo me agarrarem."[17]

No barco que estava entrando, o praça John Robertson da Companhia F estava vomitando por sobre a lateral. Seu sargento gritou para que ele baixasse a cabeça. Robertson retrucou: "Estou morrendo de enjôo, não fará muita diferença."

O patrão atingiu um banco de areia e gritou que estava descarregando e dando o fora dali. A rampa desceu e "nossos rapazes começaram a saltar na água até o pescoço". Robertson estava virado para trás. Ele viu seu comandante de pelotão, tenente Hilscher, ser morto pela explosão de uma granada. Em seguida, o lança-chamas explodiu. Robertson saltou. Apesar de seus vinte e sete quilos de munição e outros equipamentos, ele conseguiu com muito esforço abrir caminho em direção à praia, onde a água tinha cerca de trinta centímetros de profundidade. "Simplesmente fiquei ali imaginando o que ia fazer.

"Não levou muito tempo para que eu tomasse uma decisão rápida. Atrás de mim, vindo na minha direção, estava um carro de combate Sherman, com pontões amarrados em torno dele. Eu tinha duas escolhas: ser atropelado por ele ou correr através do fogo de metra-

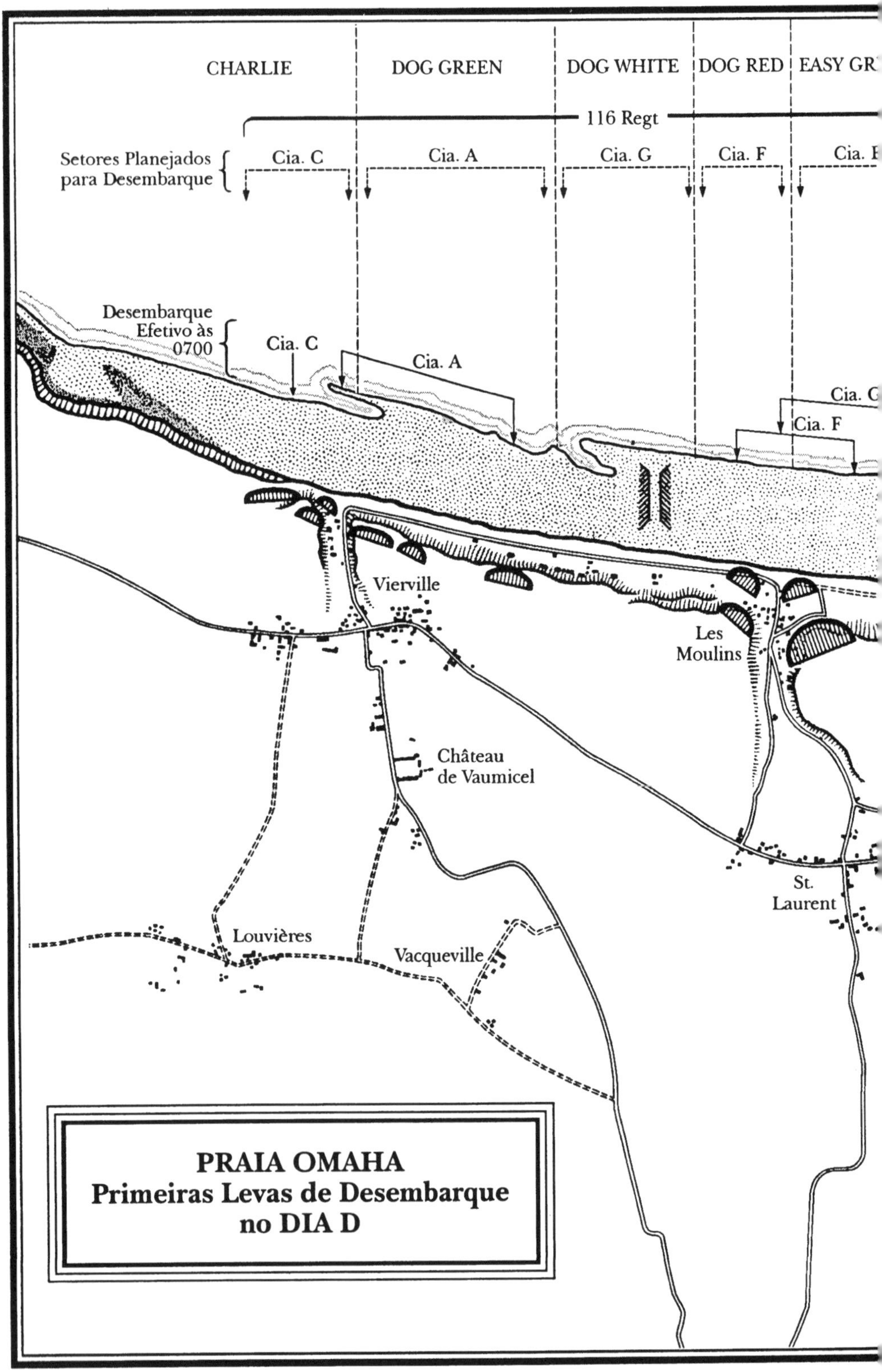

CHARLIE
DOG GREEN
DOG WHITE
DOG RED
EASY GR
116 Regt
Setores Planejados para Desembarque
Cia. C
Cia. A
Cia. G
Cia. F
Desembarque Efetivo às 0700
Cia. C
Cia. A
Cia. F
Vierville
Les Moulins
Château de Vaumicel
St. Laurent
Louvières
Vacqueville
PRAIA OMAHA
Primeiras Levas de Desembarque no DIA D

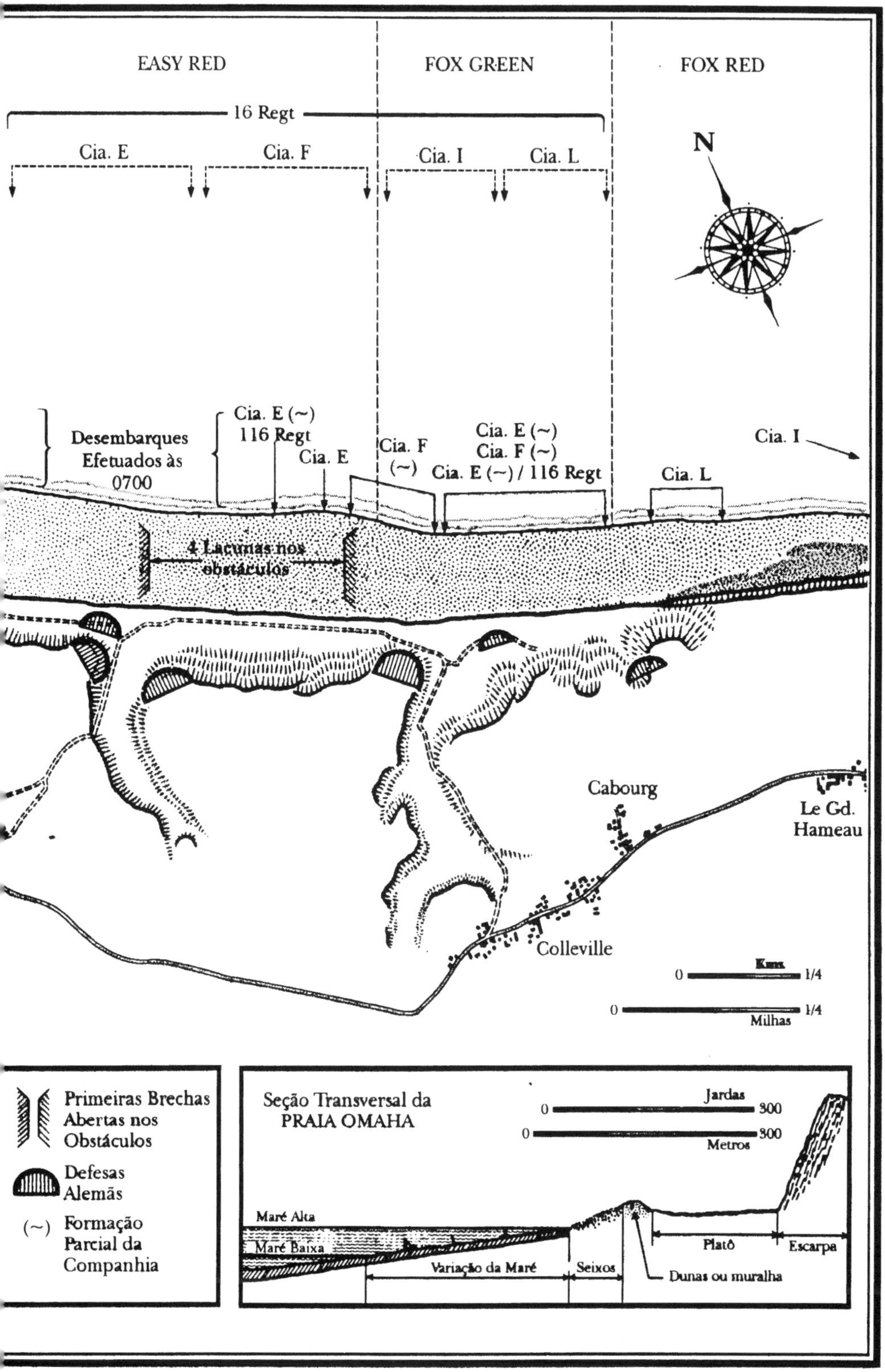

EASY RED
FOX GREEN
FOX RED
16 Regt
Cia. E
Cia. F
Cia. I
Cia. L
N
Desembarques Efetuados às 0700
Cia. E (~) 116 Regt
Cia. E
Cia. F (~)
Cia. E (~)
Cia. F (~)
Cia. E (~) / 116 Regt
Cia. L
Cia. I
4 Lacunas nos obstáculos
Cabourg
Le Gd. Hameau
Colleville
0 Kms. 1/4
0 1/4 Milhas
Primeiras Brechas Abertas nos Obstáculos
Defesas Alemãs
(~) Formação Parcial da Companhia
Seção Transversal da PRAIA OMAHA
Jardas 0 300
0 300 Metros
Maré Alta
Maré Baixa
Variação da Maré
Seixos
Dunas ou muralha
Platô
Escarpa

lhadoras e do bombardeio. Como o consegui, nunca saberei. Mas cheguei aos seixos e tentei sobreviver."[18]

Quando o sargento Warner Hamlett da Companhia F atingiu a costa, percebeu que o peso das roupas molhadas, da areia e do equipamento dificultava a corrida. Ele podia ouvir homens gritando: "Saia da praia!" e compreendi que "nossa única oportunidade era sair o mais depressa possível, porque ali éramos alvos fáceis". Ele cambaleou para a frente, viu um buraco e pulou para dentro. Pousou em cima do praça O.T. Grimes.*

Uma bomba explodiu a dez metros de Hamlett e tirou-lhe o fuzil das mãos enquanto fazia voar o seu capacete. Rastejando sobre os cotovelos e joelhos, ele recuperou o fuzil e o capacete e, em seguida, esperou para recobrar as forças "e ver se minhas pernas suportariam o meu peso". Suportaram. Em lances curtos, usando obstáculos como proteção, ele abriu, com esforço, seu caminho na direção dos seixos. Enquanto ele descansava atrás de um obstáculo, "o praça Gillingham, um soldado jovem, caiu ao meu lado, branco de medo. Ele parecia estar pedindo socorro com os olhos.

Eu falei: "Gillingham, vamos ficar separados, porque os alemães atirarão mais depressa em dois do que em um. Ele permaneceu em silêncio e eu pulei e corri de novo para a frente."

Uma bomba explodiu entre eles. "Ela arrancou o queixo de Gillingham, inclusive o osso, com exceção de um pequeno pedaço de carne. Ele tentou segurar o queixo no lugar ao mesmo tempo que corria na direção dos seixos. Ele conseguiu, e Bill Hawkes e eu lhe demos sua dose de morfina. Ficamos com ele por aproximadamente trinta minutos até que morreu. O tempo todo ele permaneceu consciente e sabendo que estava morrendo."

Vistos da praia, para os soldados, os seixos pareciam o lugar mais desejável de se estar naquele momento. Mas quando chegaram até eles, viram que estavam cobertos com arame concertina, impossível de se atravessar sem explodí-lo, sem nada do outro lado a não ser mais morte e desgraça. E embora eles estivessem agora protegidos do fogo de metralhadoras e de fuzis vindo das trincheiras alemãs no penhasco,

* "Em nossa recente reunião anual de 1987, Hamlett disse: 'O.T. me contou que suas costas ainda doíam por causa da minha bota pesada.' "

estavam expostos a fogo de morteiro. Os poucos que o conseguiram não tinham qualquer tipo de organização, pouca ou nenhuma liderança (o tenente Wise da Companhia F, um dos poucos oficiais a conseguir chegar à muralha, estava tentando abrir uma brecha na concertina quando foi morto por uma bala na testa), apenas um punhado de armas. Eles só podiam ficar amontoados, esperando que as outras levas trouxessem torpedos *bangalore* para explodir o arame.

A Companhia E, 116º, foi a que desembarcou mais longe do seu alvo. Programada para entrar em *Easy Green*, ela desembarcou na verdade na divisa entre *Easy Red* e *Fox Green*, a um quilômetro de distância e misturou-se com homens do 16º Regimento, 1ª Divisão. O praça Harry Parley operava um lança-chamas, até onde ele tinha conhecimento "o único com lança-chamas a saltar na praia ileso".* Ele desembarcou com uma pistola, um coldre, uma pá, um colete salva-vidas (Mae West), uma capa de chuva, um cantil, um bloco de dinamite, e seu lança-chamas de 36 quilos.

"Quando nosso barco tocou na areia e a rampa desceu", relembrou Parley, "eu me senti como um visitante no inferno." Barcos em ambos os lados estavam sendo atingidos pela artilharia. Alguns estavam queimando, outros afundando. "Apaguei para tudo e concentrei-me em seguir os homens na minha frente descendo a rampa e entrando na água."

Ele afundou imediatamente. "Eu era incapaz de subir. Sabia que estava me afogando e fiz uma tentativa inútil para desafivelar o arnês do lança-chamas." Um companheiro agarrou seu lança-chamas e puxou Parley para frente, para onde ele pudesse ficar em pé. "Então lentamente, meio afogado, tossindo água, e arrastando os meus pés, comecei a caminhar na direção do caos adiante."

Ele tinha 200 metros a percorrer para chegar à praia e conseguiu, exausto. Fogo de metralhadora estava castigando a praia. Ao atingir a areia "fazia um som 'sip sip', como alguém chupando os dentes. Até hoje eu não sei por que não larguei o lança-chamas e corri como um

---

* O praça Charles Neighbor, da Companhia E, era um ajudante de lança-chamas que conseguiu chegar à costa e assumiu quando seu Nº 1 foi ferido.

louco à procura de abrigo. Mas não o fiz." Ele estava atrás de outros soldados. "Meses depois, tentando analisar por que fui capaz de caminhar com segurança através da praia enquanto outros, correndo na frente, eram atingidos, descobri uma resposta simples. Os alemães estavam direcionando seus fogos sobre a praia, de cima para baixo, de modo que os atacantes em linha ficariam dentro de campo de tiro, como eu estava atrás, era ignorado. Em suma, o fardo nas minhas costas pode bem ter salvo minha vida."

Quando Parley chegou aos seixos, encontrou o caos. "Homens estavam tentando cavar ou cavoucar trincheiras ou abrigos individuais para servirem como proteção contra os morteiros. Outros estavam conduzindo ou ajudando os feridos a se abrigar. Tínhamos de nos abaixar e rastejar de quatro ao nos movermos. Para nos comunicarmos, tínhamos de gritar acima do fragor do bombardeio de ambos os lados bem como das explosões na praia. A maioria de nós não estava em condição de prosseguir. Estávamos apenas tentando permanecer vivos.

"A enormidade da nossa situação surgiu quando compreendi que havíamos desembarcado no setor errado e que muitas das pessoas ao meu redor eram de outras unidades e estranhas para mim. E ainda por cima, o terreno diante de nós não era aquele para o qual eu fora treinado. Lembro-me de tirar meu lança-chamas e tentar cavar uma trincheira enquanto estava deitado sobre o estômago. Não conseguindo fazê-lo, procurei e encontrei um fuzil automático abandonado. Mas não podíamos ver nada acima de nós para revidar ao fogo. Nós éramos os alvos."

Parley jazia atrás dos seixos, "espantado, preocupado, e muitas vezes orando. Uma vez ou duas pude controlar o meu medo o bastante para correr através da areia e arrastar um soldado indefeso evitando que se afogasse na maré enchente. Essa foi toda minha bravura naquela manhã".[19] Não toda, como se verá.

O capitão Lawrence Madill da Companhia E esforçava-se em impelir seus homens para a frente. "Um dos episódios de que mais me lembro foi o desembarque e a tentativa de abrigar-se contra o fogo inimigo atrás de um de seus obstáculos", lembrou Walter A. Smith. "O capitão Madill apareceu atrás de mim e de outros companheiros, ordenando que todos os que pudessem se mover saíssem da praia. Eu olhei para ele e para o seu braço esquerdo que parecia estar quase esfacelado.

Madill conseguiu chegar à muralha marítima, onde descobriu que um dos morteiros da sua companhia também tinha chegado até lá mas não tinha munição. Ele correu de volta à praia para apanhar algumas granadas. Quando retornava, foi atingido por tiros de metralhadora. Antes de morrer, Madill disse extertorando: 'Primeiro sargento, tire os homens da praia.' "[20]

Quando o que restou das companhias A, F, G e E do 116° se amontoou por trás dos obstáculos ou dos seixos, as levas seguintes começaram a entrar: as companhias B e H às 7:00; D às 7:10; C, K, I e M às 7:20h. Nenhuma atingiu seu setor. Os patrões tentavam esquivar-se dos obstáculos e das granadas que caíam, enquanto a fumaça rolava dentro e fora e obscurecia os pontos de referência e as poucas bandeiras de demarcação que havia na praia.

No barco-comando da Companhia B, o comandante, capitão Ettore Zappacosta, ouviu o patrão britânico exclamar: "Não podemos entrar aqui. Não podemos ver as demarcações. Devemos voltar."

Zappacosta puxou seu Colt .45 e ordenou: "Por Deus, você levará este barco no rumo determinado."

O patrão obedeceu. Quando a rampa foi arriada, Zappacosta foi o primeiro a descer. Foi alvejado de imediato. O médico Thomas Kenser viu-o sangrando no quadril e no ombro. Kenser, ainda na rampa, gritou: "Tentem trazê-lo para dentro! Eu já vou." Mas o capitão já estava morto. Antes que Kenser pudesse saltar da rampa, foi ferido de morte. Todos os homens no barco, com exceção de um (o praça Robert Sales), estavam mortos ou feridos antes de atingir a praia.[21]

O praça Harold Baumgarten, de dezenove anos, pertencente à Companhia B, foi atingido por uma bala que atravessou o alto do seu capacete no momento em que saltava da rampa, em seguida outra bala atingiu a caixa da culatra do seu M-1. Ele patinhou através da água que lhe ia pela cintura enquanto os seus companheiros tombavam ao seu lado.

"Vi o praça Robert Ditmar, de Fairfield, Connecticut, segurar o peito e gritar: 'Fui alvejado! Fui alvejado!' Pulei para o chão e pus-me a observá-lo na medida em que continuava a avançar cerca de mais dez metros. Ele transpôs um obstáculo e, caindo, seu corpo fez um giro completo e ele ficou estatelado na areia úmida com a cabeça voltada para os alemães, o rosto virado para o céu. Ele gritava: 'Mãe, mãezinha.'

"O sargento Clarence *'Pilgrim'* Robertson tinha uma ferida aberta no canto direito superior da testa. Ele caminhava desvairadamente na água. Em seguida eu o vi ficar de joelhos e rezar com as contas do rosário. Neste exato momento, os alemães o cortaram pelo meio com o seu fogo cruzado mortal."

Baumgarten havia desenhado uma estrela de Davi nas costas da sua jaqueta, com "*Bronx*, Nova York" escrito nela — isso levaria Hitler a saber quem ele era. Ele estava atrás de um obstáculo, e viu o reflexo do capacete de um fuzileiro alemão no penhasco e "fiz pontaria e depois descobri que tinha acertado na mosca". Este foi o único tiro que ele disparou porque seu fuzil danificado se quebrou em dois quando ele puxou o gatilho.

Granadas explodiam em torno dele. "Levantei a cabeça para amaldiçoar os alemães quando uma granada 88 explodiu a cerca de 20 metros na minha frente, e alguma coisa atingiu-me na bochecha esquerda. Senti-me como se machucado por um bastão de beisebol, só que os resultados foram muito piores. Meu maxilar superior ficou despedaçado, e a bochecha esquerda aberta pelo impacto. Meu lábio superior foi cortado pela metade. O céu da minha boca ficou rachado e os dentes e as gengivas jaziam por toda a minha boca. O sangue jorrava livremente da ferida aberta."

A maré estava enchendo. Baumgarten lavou o rosto com a água fria e suja do Canal e conseguiu não desmaiar. A água estava subindo cerca de uma polegada por minuto (entre 6:30 e 8:00 a maré subiu dois metros e pouco), de modo que ele tinha que se deslocar ou afogar-se. Ele recebeu outro impacto, na perna. Ele foi para a frente na bóia de um cadáver com cada onda da maré enchente. Finalmente alcançou a muralha marítima e um médico cuidou de suas feridas. Granadas de morteiros estavam sendo lançados, "e eu agarrei o médico pela camisa para puxá-lo para baixo. Ele repeliu a minha mão e disse: 'Agora você está ferido. Quando eu for atingido, você pode cuidar de mim.' "*

O sargento Benjamin McKinney era um engenheiro de combate incorporado à Companhia C. Quando a sua rampa foi arriada, "eu estava tão enjoado que não me importava se uma bala me atingisse entre os olhos e me tirasse daquela aflição". Quando ele saltou da rampa, "tiros de fuzil e de metralhadora a atingiram, à semelhança de chuva caindo". Adiante, "parecia que a primeira leva estava morta na praia". Ele conseguiu chegar à zona de seixos. Juntamente com o sargento Storms, viu um ninho de metralhadora onde um metralhador e um fuzileiro estavam a cerca de trinta metros à direita, varrendo a praia com suas armas. Storms e McKinney rastejaram na direção da posição. McKinney lançou granadas de mão enquanto Storms arremetia contra ela com tiros de fuzil. Dois alemães pularam para fora; Storms os matou. O 116º estava começando a reagir.[22]

Às 7:30, o comando do 116º começou a desembarcar, inclusive o comandante do regimento, coronel Charles Canham, e o subcomandante da 29ª Divisão, general Norman Cota. Eles estavam num LCVP com uma equipe de assalto da Companhia K. O barco ficou pendurado num obstáculo costeiro ao qual estava presa uma mina Teller. Embora o barco subisse e caísse nas ondas, por algum milagre a mina não explodiu, mas o LCVP estava sob pesado fogo de metralhadoras, morteiros e canhões leves. Três homens, inclusive o major John Sours, o S-4 do regimento, foram instantaneamente mortos quando a rampa desceu.

O soldado Felix Branham estava naquele barco. "O coronel Canham tinha um fuzil automático Browning e uma .45 e estava nos liderando", disse Branham. "Lá estava ele atirando e teve o seu fuzil

---

* Baumgarten foi ferido cinco vezes naquele dia, a última por uma bala no joelho direito quando ele estava sendo conduzido numa padiola para a praia para evacuação. Ele entrou para uma escola de medicina onde se tornou médico clínico. Concluiu ele sua história oral: "Felizmente, em anos recentes quando voltei à Normandia, especialmente em 17 de setembro de 1988, ao inaugurarmos um monumento à 29ª Divisão em Vierville, notei que o povo francês tinha-nos realmente apreciado por libertá-lo dos alemães, de modo que fez toda a luta valer a pena."

automático arrancado a tiros de sua mão e agarrou a sua .45 e fez uso dela. Era o mais valente de todos."[23]

A cena que viram os comandantes quando lutavam por abrir caminho para a praia foi descrita pelo ajudante-de-ordens de Cota, o tenente J.T. Shea, numa carta que ele escreveu dez dias depois. "Embora os elementos que lideravam o assalto estivessem na praia por aproximadamente uma hora, nenhum progredira além do banco de areia próximo à arrebentação. (Eles) estavam agrupados sob a muralha, confinados pelo fogo de metralhadoras, e o inimigo começava a empregar eficaz fogo de morteiro naqueles que estavam escondidos atrás dos bancos de areia." A praia estava congestionada por mortos, moribundos, feridos, e pelos desorganizados.

Quando Cota chegou aos bancos, tomou uma decisão crítica e definitiva. Ele viu logo que o plano para subir os barrancos estava obsoleto. Simplesmente não podia ser realizado. Nem podiam os homens permanecer onde estavam. Tinham de transpor a zona de seixos, passar pelo pântano pesadamente minado, escalar o penhasco para desalojar os alemães das suas trincheiras e tomar os barrancos do lado interior.

O tenente Shea descreveu as ações de Cota: "Expondo-se ao fogo inimigo, o general Cota transpôs a muralha marítima dando encorajamento, direções e ordens aos que estavam em torno dele, supervisionou pessoalmente a colocação de um fuzil automático Browning, e fez abrir fogo sobre algumas posições inimigas de frente para eles no penhasco. Achando um cinturão de arame farpado dentro da muralha marítima, o general Cota supervisionou pessoalmente a colocação de um torpedo *bangalore* para explodí-lo e foi um dos três primeiros a atravessá-lo."

Seis granadas de morteiro caíram na frente, matando três homens e ferindo dois outros, mas Cota ficou ileso. "À frente de uma coluna mista de tropas, ele abriu caminho ziguezagueando até o sopé além da praia e começou a levar tropas para posições mais elevadas onde elas pudessem empregar seu poder de fogo com eficácia sobre as posições inimigas." Atrás dele, engenheiros com detectores de minas começaram a assinalar o caminho através do campo minado, usando fita branca.[24]

* * *

Alguns dos barcos nas levas seguintes entraram relativamente ilesos. Foi uma questão de sorte e de números. A sorte foi evitar obstáculos minados, agora bem debaixo da água. Os números dos barcos que faziam sua entrada significavam que os alemães já não podiam concentrar o seu fogo; eles tinham alvos demais. Por volta das 7:30 o que se supunha ter acontecido com a primeira leva estava começando a se efetuar — as equipes de assalto estavam avançando em cada setor da praia (nem sempre e nem mesmo usualmente o certo).

Outros tiveram má sorte. O LCI 92, aproximando-se de *Dog White*, cerca de 7:40, foi atingido na popa por um 88 ao fazer a sua primeira tentativa de atravessar os obstáculos. O sargento Debs Peters, do 121º Batalhão de Engenharia de Combate, estava na embarcação. Relembrou ele: "Perdemos o rumo, viramos de lado nas ondas e ficamos paralelos à praia por alguns segundos. Fomos atingidos diretamente no meio e explodimos. Aqueles que estavam no convés foram incendiados com óleo combustível e nós rolamos pela borda afora. Eu caí na água e fui ao fundo como uma pedra." Ele inflou seu colete salva-vidas Mae West e veio à superfície.

"Os alemães estavam varrendo toda a área com fogo de metralhadora. Eu me segurei num daqueles postes até recuperar o fôlego, e então me movi para outro. Finalmente consegui penetrar 45 metros na costa. Agora a maré estava cheia, quase alcançando a estrada."

Quando Peters alcançou a praia, "eu estava tão pesado com a carga de água e areia que mal podia cambalear". Ele se pôs atrás de um carro de combate, que foi atingido por um 88. Estilhaços feriram o homem atrás dele e atingiram Peters na bochecha. Ele teve sorte; foi um dos poucos sobreviventes do LCI 92.[25]

O capitão Robert Walker da Companhia de Comando estava no LCI 91, bem atrás do LCI 92. (O LCI 94, aquele que Popeye, o patrão, não quis entrar naquele setor, estava bem à esquerda dos LCI 91 e 92.) Ao aproximar-se da praia, o LCI 91 começou a ser atingido por fogo de fuzil e de metralhadora. Manobrando através dos obstáculos, o LCI se prendeu numa das estacadas e detonou uma mina Teller. A explosão rebentou a rampa de desembarque de boreste.

O patrão tentou recuar. Walker dirigiu-se para a rampa do lado de bombordo, apenas para encontrá-la envolvida pelas chamas. Um homem conduzindo um lança-chamas fora atingido por uma bala; outra bala pusera fogo nos conteúdos gelatinosos do seu tanque de combustível. Gritando em agonia, ele mergulhou no mar. "Pude ver que inclusive a sola de suas botas estavam em chamas." Os homens em torno dele também se queimaram. Walker viu alguns fuzileiros "com horríveis bolhas pendentes do rosto".

O patrão veio correndo para o convés da frente, acenando com as mãos e gritando: "Todo mundo sobre o costado." Walker pulou na água a cerca de dois metros e meio de profundidade. Ele estava levando tanto equipamento que, apesar de estar com dois salva-vidas, não podia permanecer flutuando. Então largou o fuzil, em seguida o capacete, depois o seu bornal de provisões, o que lhe possibilitou nadar até onde podia tocar o fundo.

"Ali estava eu na *praia Omaha*. Em vez de ser um impetuoso e bem treinado guerreiro de infantaria, eu era um cara exausto, desamparado e desarmado sobrevivente de um naufrágio." Quando ele chegou à água pela cintura, pôs-se sobre os joelhos e se arrastou pelo resto do percurso. Abrindo o seu caminho na direção da muralha marítima, deparou com o corpo do capitão Zappacosta. Na muralha, "vi dezenas de soldados, na maior parte feridos. Os ferimentos eram horríveis de ver".

(Quarenta e nove anos depois, Walker registrou que a cena lhe trouxe à mente os versos de Tennyson, em *A Carga da Brigada Ligeira*, especialmente *Canhões à direita deles/ Canhões à esquerda deles/ Canhões na frente deles/ Disparavam e trovejavam*. Acrescentou então que acreditava que cada soldado conhecia os versos: *A eles não cabe ponderar por quê/ A eles só cabe realizar e morrer*, mesmo se na maioria não lhes conhecesse a fonte. Aqueles na *praia Omaha* que haviam memorizado o poema certamente murmuraram para si mesmos: "Alguém falou irrefletidamente.")

Walker chegou à conclusão de Cota. Qualquer lugar era melhor do que aquele; o plano estava *kaput*; ele não podia voltar; Walker pôs-se sozinho a escalar o penhasco. Apanhou um M-1 e um capacete de um soldado morto e seguiu adiante. "Eu estava sozinho e inteiramente por minha conta."[26]

O major Sidney Bingham (turma de 1940 da Academia Militar)

era comandante do 2º Batalhão do 116º. Quando atingiu a zona de seixos, não tinha rádio, ajudante ou mensageiro. Seu S-3 estava morto, o comandante da Companhia de Comando ferido, morto o comandante da Companhia E, ferido o da Companhia F, morto o da Companhia H — "e na Companhia E havia uns cinqüenta e cinco mortos de um total de mais de 200, que haviam desembarcado".

Bingham sentiu-se esmagado por um sentimento de "completa inutilidade. Ali estava eu, o comandante do batalhão, incapaz de influir em qualquer ação ou fazer o que sabia que precisava ser feito". Ele saiu tentando organizar um grupo sem liderança da Companhia F e fazê-lo mover-se para o alto do penhasco.

A esta altura, por volta das 7:45, outros desconhecidos estavam fazendo a mesma coisa, tanto sargentos quanto oficiais subalternos, ou, em certos casos, praças. Ficar na praia significava morte certa; recuar não era possível; alguém tinha de liderar; os homens tomaram o fardo sobre si e o fizeram. Bingham coloca a coisa desta maneira: "A iniciativa individual e das pequenas unidades fizeram o dia. Muito pouco crédito, se houve algum, pode ser concedido aos comandantes de companhia, de regimento ou de batalhão por sua proeza tática e/ou por seu planejamento no que se refere à ação."

Bingham fez uma análise do que saiu errado na primeira e na segunda leva. Entre outros fatores, disse ele, os homens estiveram nos barcos Higgins por tempo demais. "O enjôo ocasionado pelas três ou quatro horas em LCVO destruiu qualquer idealismo que talvez estivesse presente. Ele diminuiu acentuadamente a eficácia do comando."

Além disso, "as cargas individuais conduzidas eram, na minha maneira de ver, consideravelmente excessivas, atrapalhavam a mobilidade, e em certos casos causavam morte por afogamento". Na sua maneira de ver, "se os inimigos tivessem mostrado algum entusiasmo e se deslocado em nossa direção, poderiam ter-nos impelido de volta para o canal sem qualquer problema".

De 6 de junho de 1944 até 1990, Bingham carregou sobre si uma injustificada autocrítica: "Muitas vezes tenho-me sentido muito envergonhado com o fato de não ter tido a menor qualificação como um líder, na praia, naquele dia medonho." Essa é a maneira pela qual um bom comandante de batalhão se sente quando está liderando pouco mais que um grupo de combate — mas Bingham levou o grupo a transpor a zona de seixos e a um ataque contra o inimigo; essa era exatamente a coisa certa a fazer, e a única que podia realizar naquelas circunstâncias.[27]

Os alemães não contra-atacaram por várias razões, algumas delas boas. Primeiro, eles não possuíam suficiente efetivo. O general Kraiss tinha apenas dois de seus batalhões de infantaria e um batalhão de artilharia na área, cerca de 2.000 homens, ou menos de 250 por quilômetro. Segundo, ele era lento em reagir. Só às 7:35 convocou sua divisão de reserva, o *Kampfgruppe Meyer* (conhecido pelo nome do comandante do 915º Regimento da 352ª Divisão de Kraiss), e em seguida decidiu empenhar apenas um único batalhão, que só chegou ao meio-dia. Ele estava agindo com base numa falsa suposição: de que seus homens haviam detido a invasão em *Omaha*. Terceiro, a infantaria alemã não estava treinada para ações ofensivas, apenas para manter suas posições e conservar-se atirando.

Um praça alemão que estava guarnecendo um MG 42 no cimo do rochedo colocou a situação desta maneira, numa entrevista de rádio em 1964: "Era a primeira vez que eu atirava contra seres humanos. Não me lembro exatamente como funcionou: a única coisa que sei é que agarrei minha metralhadora e atirei, atirei, atirei."[28]

O sacrifício de homens bons naquela manhã foi absolutamente aterrador. O capitão Walter Schilling, da Companhia D, que dera uma excelente instrução a seus homens magnificamente treinados, estava no barco da frente na terceira leva. Ele era um comandante de companhia, tão bom quanto os melhores que havia no Exército dos Estados Unidos. A companhia estava entrando numa seção da praia completamente vazia; não havia fogo algum; Schilling observou, dirigindo-se ao praça George Kobe: "Veja, eu lhe disse que ia ser fácil." Momentos depois, antes que a rampa descesse, Schilling foi morto por um projétil.[29]

O tenente William Gardner era o sub-comandante da Companhia, um graduado de West Point descrito pelo sargento John Robert Slaughter como "jovem, expressivo, simpático, duro e agressivo. Ele possuía todas as qualidades para atingir um alto posto no Exército".[30] A rampa desceu no seu barco cerca de 150 metros da costa. Os homens desembarcaram sem perda. Gardner ordenou-lhes que se espalhassem e se mantivessem abaixados. Ele foi morto por fogo de metralhadora antes de chegar à praia.

O barco do sargento Slaughter foi enquadrado pelo fogo da artilharia alemã. A cem metros da praia, o patrão britânico disse que tinha de baixar a rampa e todos deviam sair rapidamente. O sargento Willard Norfleet disse-lhe que continuasse em frente: "Estes homens têm equipamento pesado e você os *levará* até o fim".

O patrão suplicou: "Mas poderemos ser *todos* mortos!"

Norfleet tirou sua pistola Colt .45 do coldre, colocou-a na cabeça do marinheiro e ordenou: "Até o fim" O patrão mandou prosseguir.

O sargento Slaughter, postado na frente do barco, pensava: "Se este barco não se apressar a chegar, vou morrer de enjôo." O barco atingiu um banco de areia e parou.

"Eu assisti ao filme *O Mais Longo dos Dias*", relembrou Slaughter, "e eles vieram descarregando aqueles barcos e correndo através da praia como espíritos de mau agouro, mas este não foi o modo como aconteceu. Você descia da embarcação, atingia a água, e se não mergulhasse nela ia ser alvejado."

Os tiros vindo do interior eram terríveis. "Isto transformava os rapazes em homens", comentou Slaughter. "Alguns seriam homens de grande bravura, outros seriam homens mortos, mas todos os que sobreviveram seriam homens aterrorizados. Alguns molhavam as calças, outros gritavam sem a menor vergonha, e muitos tiveram de achar a força dentro de si para concluir o trabalho." Num belo tributo ao capitão Shilling, Slaughter concluiu: "Aí é que a disciplina e o treinamento passaram a valer."

Slaughter abriu o seu caminho na direção da praia. Havia mortos flutuando na água e havia vivos fingindo-se de mortos, deixando que a maré os levasse. A maior parte da Companhia D estava na água há uma hora. Para Slaughter, uma vez alcançada a praia, "atravessá-la e chegar à zona de seixos tornou-se uma obsessão". Ele conseguiu. "A primeira coisa que fiz foi tirar a jaqueta e abrir minha capa impermeável para poder limpar meu fuzil. Foi então que vi buracos de bala no impermeável. Acendi meu primeiro cigarro (eles estavam embrulhados em plástico). Tive de descansar e me recompor porque fiquei fraco das pernas."

O coronel Canham aproximou-se com o braço direito numa tipóia e um Colt .45 na mão esquerda. Ele estava bradando ordens para que os oficiais tirassem os homens da praia. "Saiam desta maldita praia e vão matar alguns alemães." Havia um oficial abrigando-se contra uma barragem de morteiros inimigos vinda de uma casamata. Bem na minha frente o coronel Canham gritou: "Tire o rabo daí e mostre alguma liderança." Para outro tenente ele berrou: "Levante estes homens de suas bundas inertes e faça-os transpor a muralha."[31]

Este foi um momento decisivo na batalha. Foi um teste final: poderia uma democracia produzir jovens obstinados o bastante para assumir responsabilidades, liderar? Como colocou o praça Carl Weast: "Foi o simples medo que nos deteve naquela zona de seixos, e ficamos ali e fomos chacinados por fogo de foguetes e por morteiros sem nenhuma outra maldita razão a não ser pelo fato de que não havia ninguém para nos tirar fora daquela merda de praia. Mas, insisto eu, todos fizemos o nosso trabalho, mas alguém tinha que me liderar."[32]

O sargento Lewis se lembrou de estar abaixado e amedrontado por trás dos seixos. O praça Larry Rote encostou-se em Lewis e perguntou:

"O senhor está tremendo, sarja?"

"Sim, merda, é isso mesmo!"

"Meu Deus", falou Rote. "Pensei que fosse só eu!" Lewis comentou: "Rote estava tremendo mesmo."

Eles se amontoaram com alguns outros homens, "apenas tentando permanecer vivos. Não havia nada que pudéssemos fazer exceto manter nossos traseiros protegidos. Outros se abrigavam atrás da muralha".

Por toda a extensão de *Omaha*, os homens que conseguiram chegar à zona de seixos esconderam-se por trás dela. Então Cota, ou Canham, ou um capitão aqui, um tenente ali, um sargento em algum outro lugar, começaram a liderar. Eles gritaram: "Sigam-me!" E começaram a subir o penhasco.

No caso do sargento Lewis, "disse o tenente Leo Van de Voort:

'Vamos, merda, não há utilidade alguma em ficar aqui, seremos todos mortos!' A primeira coisa que ele fez foi correr para um embasamento e lançar uma granada na seteira. Ele retornou com cinco ou seis prisioneiros. Então pensamos: 'Diabo, se ele pode fazer isso, por que não podemos?' Essa foi a razão pela qual saímos da praia".[33]

Essa foi a maneira como a maioria dos homens saiu da praia. O praça Raymond Howell, engenheiro incorporado à Companhia D, descreveu o processo do seu pensamento. Ele levou estilhaços de metralha no capacete e na mão. "Foi quando eu disse, bobagem, se eu vou mesmo morrer, para o inferno com isso, eu não quero morrer aqui. O próximo grupo de rapazes que transpuser aquela danada de muralha, eu vou com eles. Se eu tiver que ser infante, vou ser infante. Na verdade, eu não sei quem mais, porém suponho que todos nós decidimos bem, era tempo de começar."[34]

18. Reinava o Mais Completo Caos

O 16º Regimento em Omaha

O 16º Regimento de Infantaria da 1ª Divisão (The Big Red One)* era a única unidade de assalto no Dia D com experiência de combate. Não serviu de muita ajuda. Nada que o 16º realizara na África do Norte (1942) e na Sicília (1943) se comparava com o que tiveram de enfrentar em *Easy Red, Fox Green,* e *Fox Red* no dia 6 de junho de 1944.

À semelhança do 116º, o 16º desembarcou num estado de confusão, fora do seu setor, extremamente misturado (com exceção da Companhia L, a única das oito companhias de assalto que podia ser considerada uma unidade quando atingiu a praia), sob intenso fogo de metralhadoras, fuzis, morteiros e artilharia em ambos os flancos e na frente. Os planos não deram em nada, as trilhas através dos obstáculos não foram desobstruídas, muitos oficiais — os primeiros homens fora dos barcos — foram feridos ou mortos antes que pudessem dar um só passo na praia.

O apoio dos canhões navais foi suspenso quando os barcos Higgins começaram a se aproximar da praia e só recomeçaria quando a fumaça e a neblina revelassem os alvos definitivos, ou quando os controladores

---

* Assim conhecida por conter em seu distintivo de braço, um grande nº 1 em vermelho, sobre fundo verde. (N. do R.)

de tiro da Marinha na costa retransmitissem coordenadas específicas (poucos desses oficiais conseguiram fazê-lo e aqueles que o fizeram não tinham rádios funcionando). A maior parte dos carros de combate flutuante foi ao fundo no Canal; os poucos que conseguiram passar estavam inutilizados.

Em conseqüência, os defensores alemães puderam atirar em alvos pré-determinados por detrás de suas fortificações sem serem impedidos pelo fogo dos atacantes. A infantaria americana abriu caminho até a praia sem qualquer tipo de apoio. As baixas foram muito pesadas, especialmente na água e nos mais ou menos 200 metros de praia sem abrigos. Como aconteceu com o 116º à direita, para a primeira e para a segunda leva do 16º Regimento no Dia D, foi mais a repetição de uma carga de infantaria através da terra de ninguém no Somme, na Primeira Guerra Mundial, do que uma típica ação da Segunda Guerra Mundial.

"Nossa expectativa de vida era quase zero", declarou o praça John MacPhee. "Nós estávamos sobrecarregados com excesso de peso. Não passávamos de mulas de carga. Eu era muito jovem, em excelente forma. Podia caminhar durante milhas, suportar um bocado de contratempos, mas estava tão enjoado que pensava que ia morrer. De fato, quem me dera tê-lo feito. Eu estava totalmente exausto."

Saltando da rampa para a água à altura do peito, MacPhee mal pôde chegar à praia. "Eu caí, e para o que parecia uma eternidade ali fiquei." Ele foi atingido três vezes, uma vez na parte inferior das costas, duas vezes na perna esquerda. Seu braço estava paralisado. "Isso foi a conta. Perdi todo o medo e sabia que estava para morrer. Fiz as pazes com o meu Criador e fiquei esperando."

MacPhee teve sorte. Dois de seus companheiros o arrastaram para o abrigo da muralha marítima; por fim ele foi evacuado e disseram-lhe que tinha um ferimento de um milhão de dólares. Para ele a guerra estava acabada.[1]

Quando a rampa do seu barco Higgins desceu, o sargento Clayton Hanks teve uma lembrança. Aos cinco anos ele vira uma fotografia da Primeira Guerra Mundial num jornal de Boston. Ele dissera à sua mãe: "Gostaria de, algum dia, ser um soldado."

"Nunca mais diga isso novamente", replicou a mãe.

Ele não o fez, mas aos dezessete anos alistou-se no Exército. Ele tinha dez anos de serviço quando a rampa desceu e ele recordou as palavras da mãe. "Entrei como voluntário", lembrou para si mesmo. "Eu pedi isto ou o que quer que esteja para vir." Ele saltou na água e lutou para ir adiante.[2]

O praça Warren Rulien entrou com a segunda leva. Soldados mortos flutuavam na água, que já havia coberto os primeiros obstáculos. Ele se escondeu por trás de um trilho de ferro com água pela cintura. Seu comandante de pelotão, um tenente de dezenove anos, estava atrás de outro trilho.

O tenente gritou: "Ei, Rulien, aqui vou eu!" e tentou correr para a praia. Uma metralhadora o abateu. Rulien agarrou um dos corpos que flutuavam na água e empurrou-o na sua frente enquanto abria caminho para a praia.

"Eu tinha andado apenas uma pequena distância quando três ou quatro soldados começaram a alinhar-se atrás de mim. Gritei: 'Não se aglomerem!' e me desloquei, deixando-os com o corpo. Abaixei-me o máximo que pude na água até alcançar um banco de areia e cruzá-lo de barriga." No outro lado do banco de areia a água estava à altura do seu peito. Ele foi adiante. "Na praia, havia oficiais sentados, parecendo atônitos. Ninguém estava assumindo o comando." Ele se juntou a outros sobreviventes na muralha marítima.[3]

O patrão no barco do praça Charles Thomas foi morto por tiros de metralhadora quando estava tentando se aproximar com a sua embarcação. Um membro da tripulação assumiu o posto. O comandante do pelotão tivera seu braço esfacelado tentando abrir a rampa. Finalmente a rampa caiu e a equipe de assalto pulou na arrebentação. Thomas tinha um torpedo *bangalore* para carregar, por isso era o último homem na equipe.

"Quando estava descendo, parei para pegar uma granada fumígena, como se não tivesse o bastante para carregar. O sujeito que dirigia o barco gritou-me que descesse. Ele estava com pressa, mas eu me voltei e lhe disse que não estava com pressa alguma."

Thomas saltou com água pelo peito. "Meu capacete caiu sobre o pescoço e a correia estava me sufocando. A bandoleira do meu rifle estava se arrastando sob a água e eu não podia ficar de pé." Ele inflou seu Mae West e finalmente conseguiu chegar à praia. "Lá me arrastei sobre mortos e feridos, mas eu não podia dizer quem era quem, e tínhamos ordens de não parar para ninguém na beira da praia, seguir em frente ou seríamos atingidos."

Quando chegamos à muralha marítima, "ela estava apinhada de soldados todos feridos ou mortos. Pus-me de lado e abri minha braguilha, eu tinha de urinar. Não sei por que fiz isso, pois afinal estava todo encharcado e sob fogo, e suponho que estava apenas sendo asseado".

Thomas se esforçava para ir para a esquerda, onde "dei com um punhado de meus companheiros da companhia. A maioria deles não tinha sequer um fuzil. Alguns me filaram cigarros porque eu possuía três pacotes enrolados em papel encerado". Thomas estava na base do penhasco (logo abaixo do local do cemitério americano de hoje). Na sua opinião: "Os alemães podiam nos ter varrido com vassouras se soubessem quão poucos éramos e em que condições estávamos."[4]

O capitão Fred Hall estava no LCVP que conduzia elementos da Companhia de Comando do 2º Batalhão (comandado pelo Tenente Coronel Herb Hicks.). Hall era o S-3. Ele ficou deprimido quando viu balsas salva-vidas amarelas em que havia homens com coletes salva-vidas e descobriu que eram as tripulações dos carros de combate flutuantes. Compreendeu "que aquilo significava que não teríamos apoio de blindados na praia". O barco estava no setor de *Easy Red* da Companhia E. Supunha-se que a Companhia E estivesse na extrema direita do 16º, ligando-se com o 116º no limite entre *Easy Green* e *Easy Red*, mas ela entrou perto do limite entre *Easy Red* e *Fox Green*, a um quilômetro da unidade do 116º mais próxima à sua direita (e com as seções da Companhia E do 116º desembarcadas no lugar errado à sua esquerda).

Nada podia ser feito sobre o engano. Os oficiais e os soldados pularam na água "e era cada homem por si cruzando pela praia sem abrigos onde estávamos sendo alvejados". Quatorze dos trinta não conseguiram seu intento. Hall chegou à muralha marítima com Hicks e "abrimos nosso estojo de mapa embrulhado em lona, que continha nosso estudo de situação mostrando os limites das unidades, linhas de controle e objetivos. Lembro-me que parecia um pouco incongruente naquelas circunstâncias".

O fogo que nos atingia era um fogo assassino. "E o barulho — sempre o barulho, fogo de canhões navais, armas leves, artilharia, morteiros, aviões em cima, ruídos de motores, a gritaria e as súplicas dos feridos, não admira que algumas pessoas não pudessem lidar com aquilo." O subcomandante do regimento e o observador avançado de artilharia foram mortos por tiros de fuzil. O tenente-coronel Hicks gritou para Hall que encontrasse os comandantes de companhia. Para Hall, "era uma questão de sobrevivência. Eu estava tão ocupado procurando reuni-los para organizar os seus homens e sair da praia que não havia muito tempo para pensar, exceto em fazer o que devia ser feito".

Hicks queria deslocar seus homens para a direita, onde se supunha que o batalhão estivesse, defronte ao barranco que conduzia para o penhasco entre St.-Laurent e Colleville, mas o movimento era quase impossível. A maré estava subindo rapidamente, as levas seguintes estavam desembarcando, a praia se estreitava na medida em que a maré subia. "Ficou muito apinhada e a confusão aumentou." Até onde Hall podia perceber, não havia movimento para fora da praia.[5]

De fato, um pelotão da Companhia E, 16º Regimento, estava abrindo o seu caminho para o topo do penhasco. Era conduzido pelo tenente John Spaulding, da Companhia E. Ele era um dos primeiros oficiais subalternos a conseguir atravessar a muralha marítima, através do pântano, do baixio da praia e para cima do penhasco.

Às 6:30, o barco de Spaulding atingiu um banco de areia. Ele e o sargento Bisco arriaram a rampa com um pontapé diante do fogo de metralhadoras, morteiros e artilharia. Spaulding pulou na água. À sua esquerda, ele pôde ver os outros barcos da Companhia E, mas à direita não havia nada. Seu pelotão era o flanco extremo direito do 16º Regimento.

Ele espalhou seus homens e se movimentou na direção da praia. A profundidade da água no banco de areia era de cerca de um metro, mas, movimentando-se para o interior, o pelotão deu com um regato onde a água ficava por cima das cabeças dos homens. Uma forte corrente submarina os estava conduzindo para a esquerda (Spaulding disse que aprendera a nadar no rio Ohio; ele achou que a corrente em *Omaha* era muito mais forte). O sargento Streczyk e o médico George Bowen levavam consigo uma escada de 6 metros para ser usada no cruzamento de fossos anti-carro. Spaulding agarrou-a. "Streczyk berrou para mim: 'Tenente, nós não precisamos de ajuda', mas, que diabo, eu estava tentando obter ajuda, não ajudar."

Nestas circunstâncias desesperadoras, Spaulding ordenou que seus homens abandonassem o equipamento pesado e alcançassem a praia. Lá se foram a escada, o lança-chamas, os morteiros, uma das duas bazucas, e alguma munição. A maioria dos homens podia se apoiar nos seus fuzis; para surpresa de Spaulding, eles puderam atirar tão logo se puseram em terra firme: "Isso mostra que o M-1 é uma arma excelente", comentou.

O pelotão sofreu apenas algumas baixas no desembarque. A sorte estava com Spaulding; ele entrara num lugar onde as defesas alemãs não eram muito fortes, e além do mais os alemães tinham alvos mais compensadores do que um pelotão isolado. Assim que atingiram a praia, os homens se levantaram e começaram a se mover através da areia.

"Eles estavam encharcados demais para correr", falou Spaulding, mas iam tão rápido quanto podiam. "Parecia que estavam caminhando contra um vento muito forte." Na muralha marítima, o sargento Curtis Colwell abriu um buraco no arame com um torpedo *bangalore*. Spaulding e seus homens encetaram seu caminho por ali.

Spaulding tirou o rádio 536 do ombro, puxou a antena e tentou contactar seu comandante. O rádio não funcionava. O microfone fora destruído por um tiro. "Eu devia tê-lo jogado fora, mas os hábitos de treinamento eram tão fortes que eu recolhi cuidadosamente a antena como fora ensinado a fazer e pus o 536 de volta no meu ombro. Seu treinamento permanece com você mesmo quando você está assustado."

Uma vez atravessada a muralha marítima, o pelotão começou a receber um fogo mais intenso de armas leves. Um homem foi morto. O pântano e o baixio de maré à frente estavam minados. O sargento Streczyk e o praça Richard Gallagher foram à frente para investigar. "Não podemos cruzar aqui", gritaram eles, e foram para a esquerda, onde acharam uma pequena passagem através da área minada. O pelotão cruzou para a base do penhasco, depois começou a escalá-lo, seguindo uma ligeira trilha.

"Ainda não podíamos ver ninguém à direita e não havia ninguém acima de nós à esquerda", contou Spaulding. "Não sabíamos o que tinha sido feito do resto da Companhia E. Atrás, na água, havia barcos em chamas. Eu vi um carro de combate em terra firme, desmantelado. Após algumas olhadas para retaguarda, decidimos não fazê-lo."

Havia um ninho de metralhadoras à esquerda de Spaulding, atirando sobre a praia. "Atiramos também mas não pudemos atingi-los. Estávamos nós próprios recebendo terrível fogo de armas leves mas poucos foram atingidos." Naquele momento o pelotão havia atingido metade do penhasco, bem no meio do extenso sistema alemão de trincheiras. O praça Gallagher, na frente, informou que havia achado um caminho para a direita por dentro de um pequeno desfiladeiro, atrás de algumas trincheiras, numa área minada. Spaulding se deslocou para adiante.

O sargento Bisco exclamou: "Tenente, cuidado com as malditas minas." "O lugar estava infestado delas", relembrou Spaulding, "mas não perdemos nenhum homem por isso, ainda que a Companhia H percorrendo a mesma trilha algumas horas depois tenha sofrido várias perdas. O Senhor estava conosco e tivemos um anjo em cada ombro naquela hora."

Uma metralhadora estava atirando de cima. O sargento Blades disparou contra ela com a única bazuca do pelotão e errou. Ele foi baleado no braço esquerdo; um praça foi abatido. O sargento Phelps avançou com o seu fuzil automático e foi atingido nas duas pernas. Spaulding decidiu investir contra a metralhadora.

"Ao fazê-lo, o único alemão que operava a arma pôs as mãos para cima e gritou: *Kamerad*. Precisávamos de prisioneiros para interrogatório, por isso ordenei aos homens que não atirassem."

O "alemão" revelou ser um polonês. Ele disse a Spaulding (tendo o sargento Streczyk como intérprete) que havia outros dezesseis poloneses nas trincheiras próximas e que eles haviam feito uma votação quanto a lutar e tinham decidido que não, mas os sargentos alemães os forçavam a atirar. "Ele também disse que não tinha atirado em nós, embora eu o tivesse visto atingir três. Passei o prisioneiro de guerra para o sargento Blades, que estava ferido. Blades deu sua bazuca a outro homem e vigiou o prisioneiro com a sua faca de trincheira."

Spaulding dirigiu os seus homens feridos para um desfiladeiro onde o praça George Bowen, médico, lhes dedicou os primeiros socorros. Spaulding prestou um tributo a Bowen: "Ele cobriu toda a sua seção da praia naquele dia; nenhum homem esperou mais de cinco minutos pelo primeiro socorro. Sua ação contribuiu um bocado para ajudar o moral. Ele recebeu a Cruz do Mérito Militar por isso."

Spaulding tocou os seus homens para o alto do penhasco, tirando vantagem de cada irregularidade do solo. Alcançando o topo, o sargento Clarence Colson abriu fogo com o seu fuzil automático na medida em que caminhava, disparando a arma do seu quadril. "Ele abriu fogo sobre a metralhadora à nossa direita, atirando tão rapidamente que o seu municiador tinha dificuldade para conseguir municiá-lo com suficiente rapidez." Eram cerca de 8 horas. Os americanos estavam desobstruindo as trincheiras e avançando na direção do solo elevado.[6]

Spaulding e os seus homens, e outras pequenas unidades do 116º e do 16º lideradas por soldados como o capitão Joe Dawson e o capitão Robert Walker, estavam fazendo uma grande coisa. A maneira exemplar pela qual eles aproveitaram a sua oportunidade, sua energia, seu denodo, sua iniciativa, seu trabalho de equipe e suas habilidades táticas foram destacadas acima de qualquer louvor. Estas eram exatamente as qualidades pelas quais o Exército esperava — e passou dois anos treinando seus civis para deles fazer os melhores militares — oficiais subalternos, suboficiais e reservistas.

O milagre industrial da produção norte-americana na Segunda Guerra Mundial foi um dos grandes feitos na história da República. O trabalho que o Exército realizou em criar e formar as qualidades de liderança em seus oficiais subalternos — a maioria deles apenas rapazes em idade universitária — foi também um dos grandes feitos na história da República.

Às 8 horas, os pequenos grupos que se encaminhavam para o alto do penhasco não tinham consciência uns do outros. Spaulding e seus homens estavam a cerca de meio caminho entre Colleville e St.-Laurent, sendo esta vila seu abjetivo. Ali eles esperavam juntar-se com a Companhia E, 116º, que se aproximava vindo da direita. Na verdade, a Companhia E, 116º, estivera à sua *esquerda* na praia, e ainda estava retida atrás da muralha marítima.

A Companhia L do 16º estava na extrema esquerda. Ela desembarcou às 7 horas, meia hora atrasada, a quase um quilômetro do seu objetivo. Programada para desembarcar ao pé do barranco que conduzia diretamente a Colleville, em vez disso ela estava em *Fox Green*, a margem oriental da *praia Omaha*, no local onde a maré quase alcançava o penhasco e onde a primeira elevação do penhasco era escarpada como um rochedo.

Pelo fato de os barcos estarem atrasados, a maré tinha coberto a linha mais exterior dos obstáculos costeiros. Nenhuma companhia fora programada para desembarcar em *Fox Red*, por isso não havia ali engenheiros para explodir os obstáculos. O praça Kenneth Romanski viu o barco à sua direita explodir. Voltou os olhos para a esquerda, e outro barco também atingiu uma mina. Ele viu um soldado subir cerca de 3 metros no ar, braços e pernas estirados, o corpo inteiro em chamas.

"Mais ou menos naquele momento, nosso comandante de pelotão, tenente Godwin, disse: 'Para trás! Para trás! Ponha a danada da coisa em marcha à ré.' O patrão inglês assentiu. Retrocedeu cerca de 100 metros e passou à esquerda."

"Desça a rampa", ordenou o tenente Godwin. "Desça a rampa!" A água estava com dois metros de profundidade. Romanski saiu do barco e imediatamente atingiu o fundo. Ele jogou fora o fuzil e o *bangalore*, inflou o colete salva-vidas e nadou na direção da praia — ou antes, patinhou o melhor que pôde até que seus pés tocassem o fundo. Em seguida arrastou-se até a praia, ergueu-se de um pulo, e correu os poucos metros até a base do rochedo.

"Já havia homens lá, alguns mortos, alguns feridos. E restos de naufrágio, além de completa confusão. Eu não sabia o que fazer. Apanhei o fuzil de um soldado morto, que por sorte, tinha um tubo lança-granadas, e então disparei minhas seis granadas sobre o rochedo. Não sei aonde foram parar, mas sei que bateram em território inimigo."

Romanski volveu o olhar para a praia e viu uma cena "que jamais esquecerei. Havia um corpo que rolava com as ondas. E a perna dele estava segura por um pedaço de carne mais ou menos do tamanho do teu pulso. O corpo rolava, e em seguida a perna rolava. Depois a perna rolava de volta e então era o corpo que rolava de volta".

À direita da Companhia L, havia um pequeno barranco que levava à margem oriental extrema do penhasco. Um oficial desconhecido estava tentando fazer os homens irem para a direita e para cima do barranco.

"Preciso de ajuda!", Romanski ouviu alguém gritar. "Preciso de ajuda! Venham ajudar! Preciso de alguns homens!"

Romanski moveu-se naquela direção. A companhia estava reduzida a 125 homens, mas intacta e mais bem organizada do que qualquer outra em toda a extensão de *Omaha*. Romanski juntou-se ao oficial desconhecido, que reunira vinte homens. Eles começaram a subir o barranco, seguidos de outros pelotões.[7]

Entre o pelotão de Spaulding à direita e a Companhia L à esquerda, as companhias E, F e I estavam misturadas, fora do horários e fora do objetivo, penduradas nos obstáculos da praia ou amontoadas contra a muralha marítima, sofrendo baixas, mas não revidando ao fogo.

O praça H.W. Shroeder, que estava entre eles, entrou com a terceira leva. Quando seu barco se aproximava do banco de areia, "estávamos ouvindo ruídos no lado da embarcação de desembarque como alguma coisa que lançasse cascalho contra ela. Os metralhadores alemães haviam nos apanhado. Todo mundo gritava: 'Mantenham-se abaixados!' O patrão fez uma manobra de ré, se posicionou e entrou novamente, e eu notei que o rosto do tenente estava com uma cor muito cinzenta e os outros homens tinham uma aparência de medo nos seus rostos. De repente o tenente berrou para o patrão: 'Faça-a descer!' "

A rampa baixou e pudemos ter uma visão da praia, e era nauseante. Julgávamos que teríamos carros de combate, mas só tinham dois ali. Um estava fora de combate e o outro sem munição, e o único bem que eles estavam fazendo era permitir que os soldados se amontoassem atrás deles para fugir do fogo que descia como uma rubra tempestade de neve, tantas eram as balas traçantes vindas das mais diferentes direções.

Shroeder se deslocou com sua equipe de assalto, atravessou os obstáculos, passou pela praia, e se lançou ao pé da muralha marítima. "Haviam soldados amontoados num espaço suficiente só para dois. Comecei a verificar minha metralhadora calibre .30 e constatei que estava cheia de areia e água." Ele a limpou e "fiquei ali por mais ou menos uma hora".[8]

O patrão do barco que conduzia o comandante da Companhia I, capitão Kimball Richmond, foi varrido para o leste, quase para Port-en-Bessin. Ele ia desembarcar ali, mas Richmond pôde ver que se tratava do lugar errado. Ele orientou o patrão, que se desviou para o oeste até ficar ao largo de *Fox Green,* o local designado. Uma hora fora perdida. Quando o patrão finalmente chegou ao lugar certo e fez cair a rampa, foi imediatamente atingido por fogo de metralhadora. Ele ainda teve condições de manobrar o barco. Ordenou que a rampa fosse recolhida, em seguida recuou para fora do alcance da metralhadora. Ficou navegando em círculos até que o capitão Richmond escolheu um local e lhe disse para entrar. Eram cerca de 8 horas e a maré havia coberto os obstáculos exteriores. Ao entrar, o patrão mal sabia o que mais temer, se minas ou metralhadoras.

Cerca de 100 metros da costa, como relembrou o praça Albert Mominee, "a embarcação deu uma guinada ao atingir um obstáculo e num instante irrompeu uma explosão seguida de um clarão de fogo. As chamas se alastraram em torno e sobre nós. A primeira reação foi pela sobrevivência; o instinto imediato foi a vontade de viver. Antes que me desse conta, eu estava na água".

Mominee tinha um metro e cinqüenta de altura e estava com a água bem acima da sua cabeça. Ele largou o fuzil e o equipamento, inflou seu colete Mae West, e nadou na direção da costa, com balas de metralhadoras batendo à sua volta, matando alguns, ferindo outros.

"Cerca de 45 metros da praia a água era rasa o bastante para que eu pudesse chapinhar no solo. Vinte e sete metros para chegar até a praia. Eu estava cansado e em estado de choque. Ouvi uma voz gritando: 'Vamos, vamos, baixinho, vamos! Você pode conseguir!' Era o tenente Anderson, o sub-comandante, insistindo comigo. Parecia que alguém tinha me acordado de um sonho. Investi na sua direção e quando o alcancei ele agarrou minha mão e me tirou da água, e em seguida praticamente me arrastou para o abrigo da muralha marítima. Apenas seis dos trinta, em minha embarcação, escaparam ilesos.

"Olhando em redor, tudo o que pude ver foi uma cena de terrível devastação. Veículos abandonados, equipamentos espalhados por toda a praia, médicos atendendo os feridos, capelães procurando os mortos. De repente senti um forte desejo de fumar um cigarro. 'Alguém tem uma fumacinha por aí?', perguntei."[9]

A Companhia I sofrera mais de um terço de perdas. A Companhia F, desembarcando mais cedo em *Fox Green*, desapareceu simplesmente como unidade de combate; alguns indivíduos chegaram aos seixos, mas na sua maioria estavam sem armas.

A Companhia G entrou às 7 horas. Seu comandante, capitão Joe Dawson, foi o primeiro a sair do barco, seguido pelo sargento de comunicações e o furriel. Ao pularem, uma granada atingiu o barco e o destruiu, matando trinta homens, inclusive o oficial de Marinha que devia controlar o apoio de fogo dos navios de guerra.

Dawson esperava achar um caminho para o penhasco desobstruído pela Companhia F, mas "quando desembarquei não achei nada a não ser homens e corpos deitados na praia". Dawson chegou à zona dos seixos onde sobreviventes de outros barcos se juntaram a ele.[10] Ali estava o sargento Joe Pilck. Relembrou ele: "Não podíamos nos mover para frente porque eles tinham uma rede dupla de arame farpado em torno de nós, e à nossa direita havia uma área pantanosa que não podíamos atravessar; e à esquerda eles tinham campos minados dispostos de modo que também não podíamos ir por lá."[11]

"Reinava o mais absoluto caos", relembrou Dawson, "porque os alemães controlavam completamente o campo de tiro." Ele compreendeu que "não havia nada que pudesse fazer na praia exceto morrer". Para passar pelo arame farpado ele mandara os praças Ed Tatara e Henry Peszek colocar juntos dois torpedos *bangalore*, metê-los debaixo da areia e abrir uma fenda com uma explosão. Eles cruzaram o campo minado demandando o penhasco e dando combate ao inimigo.

A área fortificada acima da praia nos setores de *Easy* e *Fox* era extensa demais para ser totalmente desobstruída pelas pequenas frações de Spaulding e Dawson, mas elas — e outras unidades — estavam dando uma contribuição significativa para reduzir o volume de fogo que se precipitava sobre o 16º Regimento.

* * *

Os grupos de Spaulding e Dawson e outros menores que estavam abrindo o seu caminho para o cimo eram como ímãs para os homens ao longo da barragem de seixos. Se eles podem fazê-lo, eu também posso, era o que se pensava.

Simultaneamente, os homens estavam sendo impelidos para a frente por outros oficiais subalternos e suboficiais, e pelo comandante de regimento, de quarenta e sete anos de idade, coronel George Taylor. Ele desembarcou cerca de 8 horas. O praça Warren Rulien esperou-o entrar. "Ele caminhou através do banco de areia e as balas começaram a atingir a água ao seu redor. Ele se deitou sobre o estômago e começou a se arrastar na direção da praia, fazendo a mesma coisa os oficiais de seu estado-maior.

Uns infelizes segundos-tenentes o seguiam, parecendo estar mortos de medo."

Quando Taylor chegou à muralha marítima, Rulien ouviu-o dizer a seus oficiais: "Se é que vamos morrer, morramos lá."[12] Para outros grupos de homens, Taylor disse: "Há apenas duas espécies de pessoas nesta praia: os mortos e os que estão para morrer. Por isso vamos dar o fora daqui!"[13]

Os homens começaram a operar com os *bangalores*, abrindo brechas no arame farpado. Engenheiros com detectores de minas começaram a se movimentar pelo terreno, em seguida colocaram fitas para mostrar onde eles haviam desobstruído os caminhos através dos campos de minas. Outros atingiram as casamatas na base do penhasco. "Subi com o meu lança-chamas para atacar a abertura de um ninho de metralhadoras", lembrou o praça Buddy Mazzara da Companhia C, "e Fred Erben veio com a sua carga de dinamite. Logo alguns soldados saíram do ninho com as mãos para cima, dizendo: 'Não atirem. Eu polonês.' "[14]

O praça Shroeder, com a sua metralhadora limpa e pronta para atirar, observava quando um fuzileiro se deslocou. "Assim o primeiro homem deu início à travessia, e correndo em ziguezague conseguiu chegar ao penhasco. Afinal, todos nos sentimos melhor em ver que tínhamos uma oportunidade, e conseguíramos sobreviver. E o campo minado já estava cheio de mortos e feridos. E finalmente chegou a minha vez e agarrei minha arma pesada calibre .30 e comecei a me deslocar sobre o terreno de seixos e através do campo minado, tentando manter-me abaixado. Finalmente cheguei à base do penhasco." Ali escondeu-se atrás dos velhos alicerces de uma casa. Dois outros se juntaram a ele. "Havia só nós três ali, não conseguíamos achar os comandantes ou nossos sargentos de pelotão ou quem quer que fosse."

Mas eles puderam ver duas cenas animadoras. Uma foi de americanos no cimo do penhasco. A outra foi uma fileira de prisioneiros de guerra, enviados pelo capitão Dawson sob escolta. "Os prisioneiros inimigos estavam realmente em triste situação. O cabelo deles estava cheio de cimento, sujeira, tudo. Eles não pareciam tão agressivos. Pusemo-nos a subir o penhasco carregando nosso material, e outros começaram a seguir-nos."[15]

O tenente William Dillon reuniu os sobreviventes do seu pelotão, juntou três *bangalores*, meteu-os sob o arame farpado, abriu uma brecha, investiu para o campo inimigo, atravessou o pântano, nadou através de um fosso anti-carro cheio de água, e conseguiu chegar à base do penhasco.

"Eu sabia que os alemães tinham um caminho para o penhasco que não estava minado. Olhei em redor. Quando eu era mais jovem, fui um bom caçador e podia seguir facilmente o rastro de um coelho. Estudei o solo e vi um pequeno atalho que ziguezagueava à esquerda na direção da colina, por isso segui o caminho com grande cuidado. Alguma coisa explodiu atrás de mim. Voltei-me e vi que um jovem soldado havia pisado numa mina e esfrangalhara a perna até o joelho. Eu trouxe os outros para cima comigo. No cimo, vi os primeiros e únicos soldados russos que haveria de ver."[16]

Na sua coluna de 12 de junho de 1944, Ernie Pyle escreveu: "Agora que acabou, me parece um puro milagre que tenhamos tomado a praia... Como disse um oficial, a única maneira de em fazê-la é observá-la e ir adiante. É custoso de início, mas é a única maneira. Se existem homens imobilizados, entrincheirados à espera de ação, podem muito bem não estar ali. Os invasores atrasam as levas que vêm atrás de si, mas nenhum ganho advém disso.

"Nossos homens ficaram confinados por certo tempo, mas finalmente se levantaram e foram adiante, de modo que tomamos aquela praia e concluímos nosso desembarque. Nós o fizemos quando havia toda a vantagem do lado do inimigo e toda a desvantagem do nosso lado. À luz de alguns dias de retrospecção, sentamo-nos e conversamos e consideramos um milagre o fato de que nossos homens tenham levado adiante o empreendimento e permanecido ali."[17]

Não foi realmente um milagre. Foi a infantaria. O plano previra os bombardeios aéreo e naval, seguidos por carros de combate e *bulldozers*, para abrir a fogo um caminho, de modo que a infantaria pudesse subir pelos barrancos e dar combate ao inimigo, mas o plano falhou, redonda e completamente. Como é quase sempre o caso numa guerra, a situação passou a depender da infantaria. Tornou-se trabalho da infantaria abrir os caminhos de modo que os veículos pudessem ter acesso aos barrancos e dar combate ao inimigo.

A exortação e o exemplo, apoiados por dois anos de treinamento, fizeram com que os soldados do 16º Regimento superassem a exaustão, a confusão, o medo e saíssem de trás dos seixos e começassem a subir o penhasco. O coronel Taylor e muitos outros apontaram o óbvio, de que ficar atrás do "abrigo" era morrer. Retirar-se não era possível.

O capitão Dawson, os tenentes Spaulding e Dillon e muitos outros deram o exemplo; suas ações provaram que era possível cruzar o pântano, o fosso anti-carro, o campo de minas e achar os caminhos para o alto do penhasco.

Ao chegarem à praia, os oficiais e os suboficiais viram de imediato que o complicado plano, aquele que eles haviam estudado com tanto afinco e memorizado, não tinha relação de espécie alguma com o problema tático que agora enfrentavam. Eles esperavam encontrar crateras já prontas na praia, abertas pelas bombas dos B-17, para fornecer abrigo no improvável caso de defrontarem algum tipo de fogo de armas leves quando atingissem o litoral. Eles esperavam escalar os barrancos, que presumiam estar desobstruídos pelos carros de combate e pelos *bulldozers*, para começar a travar combate no solo elevado. Eles esperavam apoio de fogo dos carros de combate, dos meia-lagarta, da artilharia. Nada do que eles haviam esperado acontecera.

Todavia o treinamento por que eles passaram os tinha preparado para este desafio. Eles avaliaram a situação, viram o que tinha de ser feito e o fizeram. Isto foi liderança no mais alto grau. Partiu de homens que ainda eram civis três ou mesmo dois anos antes.

O sargento John Ellery do 16º Regimento foi um desses líderes. Quando ele chegou à zona de seixos, "tive de perscrutar através de uma névoa de suor, fumaça, poeira e cerração". Ao seu lado havia um homem morto, outro atrás dele. Os sobreviventes se reuniram ao seu redor. "Eu lhes disse que tínhamos de sair da praia e que eu iria à frente." Dito e feito. Quando ele chegou à base do penhasco, começou a subir, seguido de quatro ou cinco homens. Mais ou menos no meio do caminho, uma metralhadora à direita abriu fogo sobre eles.

"Saí correndo e fui me esquivando até que cheguei a dez metros da posição da metralhadora. Em seguida lancei minhas quatro granadas de fragmentação. Quando a última explodiu, fiz uma investida para o cimo. Os outros garotos estavam bem atrás de mim e juntos conseguimos o intento. Não sei se pus fora de combate a guarnição daquela metralhadora mas ela parou de atirar. Aquelas granadas foram todo o fogo de retorno que eu dei, saindo daquela praia. Não disparei um único tiro do meu fuzil ou da minha pistola."

Fazendo o seu relato, Ellery falou de liderança. "Depois da guerra", disse ele, "li sobre um certo número de generais e coronéis que, segundo se diz, andaram ora aqui ora ali exortando as tropas a avançar. Isto deve ter sido muito inspirador. Suspeito, todavia, que os homens ficaram mais interessados e mais impressionados pelos oficiais subalternos e suboficiais que estavam dispostos a liderá-los do que pelo fato de algum general indicar a direção que eles deviam seguir."

Dando maior calor ao assunto, Ellery prosseguiu: "Não vi nenhum general na minha área da praia, mas vi um capitão e dois tenentes que demonstraram uma coragem incrível quando lutavam para pôr ordem no caos em torno deles." Aqueles oficiais conseguiram organizar alguns homens e fazê-los subir o penhasco. Um dos tenentes quebrara um braço que pendia molemente ao seu lado, mas conseguiu levar um grupo de sete até o cimo, mesmo tendo sido atingido de novo no percurso. Outro tenente conduziu um de seus homens feridos trinta metros antes de ser ele próprio atingido.

"Quando você fala de liderança em combate, sob fogo, na praia da Normandia", concluiu Ellery, "não vejo como o crédito possa ir para qualquer outro que não os oficiais de nível companhia e sargentos antigos que tomaram a iniciativa. É bom lembrar que existem tais homens, e sempre existirão. Às vezes esquecemos, creio eu, que você pode fabricar armas, e pode comprar munição, mas não pode comprar bravura e não pode tirar heróis de uma linha de montagem."[18]

A forte verdade da opinião de Ellery, é óbvia, mas não é toda a verdade nem é justa para com o coronel Taylor (homens de quarenta e sete anos de idade não levam homens de vinte anos para escalar penhascos escarpados), ou para com o general Cota. Nem é justo para com a linha de montagem. Foi a linha de montagem que transportou o 16º Regimento e todos os outros através do oceano Atlântico, através do canal da Mancha, e para a praia da Normandia com suas armas nas mãos. A coragem e a liderança audaciosa assumiram naquele ponto e puseram pequenos grupos de infantaria no cimo do penhasco, mas sem apoio eles não iam causar muitos danos aos alemães ou sequer ficar ali por muito tempo. Eles tinham de ter reforços, e não apenas reforços de infantaria. De certo modo, os homens no cimo estavam numa posição semelhante à infantaria na Primeira Guerra Mundial que foi à frente através da terra de ninguém em assaltos frontais. Eles haviam penetrado o sistema de trincheiras do inimigo, mas como aconteceu com os seus pais na Primeira Guerra Mundial, as outras levas estavam recebendo fogo de metralhadoras nos flancos enquanto a artilharia inimiga os golpeava na retaguarda. Os homens na frente estavam isolados.

Foi neste ponto que as incríveis façanhas da produção americana entraram em jogo. As embarcações de desembarque maiores, os LCM e os LCT e LST e as balsas Rhino estavam, por volta mais ou menos das 8:30, trazendo uma tremenda quantidade de veículos armados e blindados. O 16º Regimento em *Omaha* já havia perdido mais veículos na água e na praia, todos eles trazidos através do Atlântico, do que toda a 352ª Divisão alemã jamais sonhou que existissem. E havia números quase incontáveis de outros veículos esperando uma oportunidade para desembarcar.

Mas às 8:30 todos os carros de combate, caminhões anfíbios de duas toneladas e meia, veículos meia-lagarta, artilharia auto-propulsada, caminhões e jipes eram mais um problema que uma solução, e a coisa estava ficando pior, porque como a maré se movia na direção do ponto mais alto, a área da praia ia-se estreitando. Neste ponto o general Bradley pensou em enviar as outras levas sobre as praias britânicas, porque, até que alguém pudesse desobstruir os barrancos de modo a que as viaturas pudessem deixar a praia e chegar à rede rodoviária no solo elevado, os veículos apanhados no engarrafamento do trânsito na praia seriam apenas alvos, não armas.

Esse alguém é soletrado i-n-f-a-n-t-a-r-i-a.

19. Engarrafamento

Carros de Combate, Artilharia e Engenheiros em Omaha

No norte da África, em 1943, o general Eisenhower repreendeu um oficial general que construíra para si um elaborado QG subterrâneo à prova de bombas, onde permaneceu durante a batalha de passo Kasserine. Eisenhower mandou-o fazer uma viagem de inspeção à linha de frente e explicou ao relutante guerreiro a mais simples verdade da guerra: "Os generais são sacrificáveis como qualquer outro artigo do Exército."[1]

Guerra é desperdício. Homens e equipamentos — e generais — são sacrificáveis na medida em que sua destruição ou a sua morte contribua para a meta final da vitória. Na praia Omaha, eles foram sacrificados em números espantosos. Centenas de jovens e rapazes, treinados a um custo enorme, foram mortos, muitos — talvez a maioria — deles antes que pudessem disparar um tiro, as perdas de equipamento foram tremendas. Centenas de carros de combate, caminhões, artilharia auto-propulsada, jipes e veículos de desembarque de todos os tipos foram ao fundo ou foram destruídos na praia pela artilharia alemã. Milhares de rádios, fuzis, metralhadoras, caixas de munição, rações K e D, fuzis automáticos, bazucas, lança-chamas, máscaras contra gases, granadas de mão e outros tipos de equipamentos foram destruídos, abandonados ou afundados.

O equipamento fizera uma longa jornada, das fábricas na Califórnia, Illinois, Michigan e Extremo Sul aos portos da Costa Leste, em seguida através do Atlântico para a Inglaterra, por caminhão ou ferrovia para Portsmouth, finalmente ao longo do canal apenas para ir ao fundo nas imediações da praia Omaha, alguns desses veículos ainda hoje repousam lá. Afora os metralhadores alemães, os maiores culpados foram os regatos, as trincheiras profundas nos rasos bancos de areia, e os obstáculos minados, que na maré alta acarretaram um espantoso número de vítimas.

Os primeiros veículos a descer na praia Omaha foram os carros de combate Sherman. Eles chegaram na Hora H menos trinta segundos, na flotilha do tenente Dean Rockwell. Os LCT atingiram um banco de areia mais ou menos quinze metros fora da linha costeira, onde arriaram suas rampas e os tanques desembarcaram. Aqueles que saíram do LCT de Rockwell mergulharam no canal, aceleraram seus motores à prova de água e subiram na direção da praia.

Quando, entre estrépitos e rangidos, desceram a rampa, o canhão alemão de 88 mm que batiam a praia abriu fogo contra eles. Quando Rockwell recuou, notou que os dois carros tinham sido atingidos por projéteis de 88 mm. Um deles estava queimando. Os dois seguintes e outros do batalhão ficaram na linha de arrebentação, cerca de metade debaixo da água, e começaram a disparar suas metralhadoras e canhões de 75 mm.[2]

Nem todos foram tão longe. O guarda-marinha F.S. White, patrão do LCT 713, relatou posteriormente a Rockwell: "A rampa ainda estava abaixada, e o primeiro carro de combate foi lançado. A água era muito mais profunda do que se esperava, e quando ele deixou a rampa foi ao fundo e lá ficou. O chefe do carro deu a ordem de abandoná-lo e toda a guarnição foi levada de volta por meio de uma linha içadora lançada do navio." O guarda-marinha recuou, movimentou-se 100 metros para leste, e tentou uma segunda vez. Os outros três conseguiram chegar à beira da água mesmo quando o LCT 713 foi atingido diretamente.[3]

O praça J.C. Friedman era motorista de carro no 747º Batalhão de Carros de Combate. Seu LCT entrou na terceira leva. Através do periscópio, ele pôde ver "carros de combate, veículos meia-lagarta, jipes e caminhões sendo explodidos por minas terrestres. O barulho dos tiros e da pólvora dos canhões, bem como o cheiro de morte, parecia estar à nossa volta. Toda a guarnição do meu carro estava rezando. Fiquei pensando: será este o meu fim? Constante bombardeio e metralha passando sobre nós pareciam indicar o desencadeamento dos poderes do inferno. Eu imaginava se tudo aquilo valia as vidas sacrificadas e se veríamos o dia seguinte".[4]

O coronel John Upham comandava o 743º Batalhão de Carros de Combate. Ele entrou nos calcanhares da primeira leva e permaneceu a umas centenas de metros ao largo, dirigindo seus carros pelo rádio. Quando o seu LCT entrou, às 8 horas, ele pulou o costado e patinhou para a costa, a fim de juntar-se à eles. Ainda a pé, começou a dirigir o tiro. Uma bala de fuzil atravessou seu ombro direito mas ele recusou atenção médica. Ele topou com o praça Charles Leveque e o cabo William Beckett, que haviam abandonado o seu carro depois que uma lagarta fora destruída. Upham, com o braço direito pendendo inutilmente, dirigiu-os para a muralha marítima. Beckett comentou: "Você não conseguia fazer o coronel ficar desnorteado — nem mesmo naquela situação."[5]

O sargento Paul Radzom estava nervoso. Ele estava no comando de um veículo blindado meia-lagarta equipado com metralhadoras calibre .50 de canos múltiplos. Quando seu LCT se aproximava da praia, tiros de metralhadora começaram a ricochetear no costado. A rampa desceu e "lá fomos nós. Não se esperava que estivéssemos em mais de dois metros e pouco de água. Eles nos descarregaram em águas que ultrapassavam quatro metros. Nossa lagarta não ia a lugar algum a não ser para baixo. Fiz os rapazes erguerem aquele cano bem elevado no ar, tão alto quanto possível. Havia cerca de 15 centímetros de cano acima do nível da água, quando as ondas não o estavam atingindo. Perdi tudo, inclusive meu capacete.

"Nadei de volta, retornando para a rampa, e o resto da guarnição fez a mesma coisa, exceto o velho 'Mo' (Carl) Dingledine, que não sabia nadar. A última vez que o vi ele estava se agarrando ao cano. Nunca descobri o que aconteceu com o velho Mo." (O guarda-marinha

Edward Kelly, que comandava o LCT 200 localizou Dingledine quando recuava e o recolheu.)

O LCT de Radzom recuou e entrou novamente. Ele pulou para o veículo semilagarta do sargento Evanger quando saía da rampa. Sua guarnição o seguiu. A viatura alcançou a costa. "Julgava-se haver uma estrada desobstruída para nós. Em seguida esperava-se que entrássemos cerca de cinco milhas e assegurássemos uma posição. Não conseguimos andar mais do que quatro metros." A lagarta foi atingida e Radzom pulou fora. Ele apanhou um capacete e em seguida um fuzil.

"Vi um primeiro-tenente que jazia morto. Havia o gargalo de uma garrafa projetando-se para fora de seu bornal de provisões. Surripiei-a. Era uma garrafa de scotch Black & White." Ele se juntou à guarnição de Evanger e fez circular a garrafa. "Aquela foi a primeira e única vez na minha vida que bebi uísque. Nunca senti coisa alguma." Ele foi atingido por metralha no rosto, no flanco, nas costas, e por fim foi evacuado.[6]

O cabo George Ryan era o atirador de um obuseiro de 105 mm. O veículo era chamado M-7. O canhão estava montado no chassi de um Sherman. Havia quatro M-7 no LCT. O patrão viu que o local designado para o seu desembarque em Easy Red era perigoso demais, por isso disse que ia descer um pouco adiante para procurar um local mais adequado.

"Ninguém estava discutindo com ele", relembrou Ryan.

O patrão voltou-se na direção da costa e exatamente nesse instante a embarcação empacou num banco de areia. O comandante de Ryan gritou: "Cada homem por si", e pulou por cima do costado da embarcação.

"Minha nossa", observou Ryan. "Lá se foi ele. Abaixamos a rampa. Todos no primeiro M-7 respiraram fundo e se aprestaram, e descendo a rampa entraram na água. A praia quase desapareceu de vista, mas o motorista aumentou a velocidade e pronto, se pôs fora da água. Ele fez tudo com muita rapidez."

O segundo M-7 desembarcou e "foi ao fundo, desapareceu de vista. Os rapazes começaram a surgir subitamente à tona como rolhas de cortiça, e se puseram a nadar para a praia".

Projéteis explodiam em torno do LCT. "Temos de sair desta coisa", gritou alguém na guarnição de Ryan, e todos eles pularam na água.

Ryan se deteve. "Eu não estava com tanto medo das balas deles ou das granadas quanto estava da água fria do canal. Eu não sei nadar."

Ryan desembaraçou-se de todo o seu equipamento, inflou seu Mae West, e começou a andar na ponta dos pés para fora da rampa quando "um alemão abriu fogo no costado do LCT com a sua metralhadora, ratatatá. Isso me convenceu. Mergulhei na água. Me impeli com todas as minhas forças e então comecei a flutuar. Estou nadando e nadando. Alguém me bateu de leve no ombro e eu olhei para cima. Eu estava com água a trinta centímetros, nadando. Fala-se a respeito da vontade de viver. Se não tivessem me detido, eu teria nadado duas milhas terra adentro".

Ryan conseguiu chegar à muralha marítima. Ele se jogou ao lado de um soldado de infantaria do 16º Regimento. "Você tem um cigarro?", perguntou Ryan.

Pouco depois, um estilhaço de shrapnel fez um arranhão na mão de Ryan. Não foi muita coisa, "quase como o que um gato faria com você". Logo se aproximou um oficial médico. Disse ele: "Todo homem nesta praia merece uma Purple Heart* somente por estar aqui. Dêem-me os seus nomes, camaradas. Se estiverem feridos, eu posso tomar conta de vocês. Se estiverem mortos, não posso. Se não há nada de errado com vocês, posso, em todo o caso, providenciar para que obtenham a Purple Heart."

"Que acha disso, major?", perguntou Ryan, mostrando seu arranhão. O médico disse que lhe conseguiria a medalha. Mas Ryan pensou: "Não, não posso aceitar. Depreciaria muito a honra. Um sujeito perde uma perna e obtém a Purple Heart; eu a obteria por um arranhão; não é justo. Eu a recuso."[7]

Um outro chefe de guarnição de um M-7 era o sargento Jerry Eades. Havia dois M-7s no seu LCT. Eles estavam enganchados por cabo a dois veículos meia-lagartas situados atrás; diretamente atrás de um dos meia-lagartas, também conectado por cabo, estava um caminhão, enquanto um jipe estava atrás do outro. Esperava-se que os M-7 arrastassem um meia-lagarta e um caminhão ou um jipe para a praia.

---

* Condecoração concedida a membros das Forças Armadas por ferimentos no campo de batalha.

Quando a embarcação se aproximou da praia, os obuseiros de 105 mm atiraram no penhasco. De início, "era exatamente como um piquenique", porque ninguém estava revidando ao fogo. "De súbito, granadas passaram a atingir a água em torno de nós e soubemos estar de volta à guerra. (Eades estivera na África do Norte e na Sicília.) Ficamos vivos. Era uma sensação de... bem, não sei como explicar o medo, uma sensação que passa por você informando que a próxima respiração poderá ser a última. Naturalmente, estávamos continuando a fazer nosso trabalho." Eles atiravam, baixavam a pontaria, atiravam de novo, uma granada cada trinta segundos.

Havia alguns soldados de infantaria, no LCT. Não havia nada que eles pudessem fazer, a não ser "esperar pela matança. Nós, que manejávamos os canhões, pelo menos tínhamos a impressão de estar fazendo alguma coisa, respondendo ao fogo. Enquanto você estivesse atirando, podia sentir-se como se participasse da guerra. Mas, no que me diz respeito, eu costumava pensar, deixem-me manter o meu controle, não deixem os rapazes ver quão apavorado eu estou, não posso perder o controle. Esse era o meu maior receio, ser apanhado com medo".

A 2.000 metros, os obuseiros não podiam abaixar a pontaria o bastante para atingir o penhasco, de modo que pararam de atirar. As balas das metralhadoras alemãs começaram a zumbir nas proximidades do LCT. "Abaixei-me o máximo possível, pensando no bom que seria poder passar diretamente através do fundo do barco, com a inútil sensação de que não posso fazer nada agora. O LCT estava andando com uma lentidão terrível. Estávamos todos tendo aquele anseio, semelhante ao que se sente numa corrida de cavalos, algo assim como sacudir os ombros para fazer com que o cavalo corra com maior rapidez; estávamos tentando fazer com que aquele barco andasse mais rápido".

Eades olhou para o seu relógio. Eram 8 horas. "De súbito, fiquei realmente com fome. Meus pensamentos se reportaram a um bar e a um restaurante de pratos grelhados em El Paso, quando eu ali servi na velha cavalaria hipomóvel. O California Bar & Grill. Serviam um grande e saboroso taco por 10 centavos e uma cerveja Falstaff gelada por 10 centavos. Eu podia imaginar-me sentado naquele bar com uma cerveja e um taco por 20 centavos e aqui eu estava com talvez 200 dólares no bolso e não podia sequer comprar uma cerveja e um taco."

Quando o LCT deu num banco de areia (depois de três tentativas infrutíferas) e deixou baixar a rampa, o patrão "corria loucamente em torno do barco, gritando: 'Tirem as danadas destas coisas daí de dentro!' Meu tenente tinha o braço levantado. Quando o baixou, cutuquei o motorista na parte de trás da cabeça e lá fomos nós. Ouvi uma espécie de som que fazia glubglub, glubglub. A água era mais profunda do que a nossa entrada de ar e fomos imediatamente inundados."

Eades pensava em "todo o suprimento que acabávamos de perder. Os rapazes da Marinha tinham-nos dado 22 quilos de açúcar, 13 quilos e pouco de café, cinqüenta pacotes de cigarros, e tínhamos perdido tudo — e nosso canhão".

Eades conseguiu chegar à praia e até a zona de seixos, onde fez a si mesmo a pergunta: "Que diabo estou fazendo aqui quando poderia estar em Ft. Bliss, Texas." Ele era antigão no Exército, com um braço cheio de divisas por tempo de serviço, um experimentado dissimulador que sabia como evitar as atribuições mais árduas e pegar as mais suaves. Para a sua consternação, acabou passando o Dia D como fuzileiro na praia Omaha, quase que a pior situação em que um velho soldado poderia se achar. Ele organizou "uma espécie de pelotão provisório" de infantes, engenheiros e artilheiros, e os conduziu para o alto do penhasco.[8]

Pelo fato de tantos veículos terem feito água, muitos especialistas se transformaram em um infante comum. O capitão R.J. Lindo era um oficial de ligação a serviço da Marinha. Ele desembarcou às 7:30, com dois homens para levarem o seu rádio. Seu trabalho consistia em observar o tiro dos canhões em apoio ao 18º Regimento. Mas "meus piores temores e meu melhor treinamento de nada valeram quando perdemos nossos rádios dirigindo-nos do LCT para a praia. Assim, ali estava eu, sem condições de prestar qualquer forma de assistência. Em vez disso tornei-me parte do ataque da infantaria".[9]

O sargento William Otlowski, veterano da África do Norte e da Sicília, fez a sua entrada num DUKW. Ele estava no comando de um M-7, e os M-7 eram excessivamente pesados para os DUKWs conduzirem, a não ser em águas tranqüilas. Seu DUKW foi atirado com força para cima e para baixo por uma onda quando descia a rampa do LST. O leme atingiu a rampa e vergou.

"Assim estávamos indo em pequenos círculos apertados e não podíamos endireitar-nos, por isso o patrão, um rapaz da Marinha, decidiu desligar o motor, o que foi um erro, porque isso fechou as bombas e o DUKW começou a se encher de água e, como era natural, afundamos."

Otlowski gritou para os homens da sua guarnição que ficassem juntos, segurassem as mãos, permanecessem num círculo. Um LCVP que passava, retornando para o seu navio-tênder com o fito de apanhar outra carga, os recolheu. Eles se transferiram para um barco Rhino.

O Rhino atingiu um banco de areia. Um tenente amarrou uma corda a um jipe e disse ao motorista para sair e testar a profundidade da água. O jipe afundou de imediato. "Ei, homens", exclamou o tenente, "agarrem a corda e puxem o jipe para cima." Neste exato momento uma granada de 88 mm explodiu em um lado do Rhino, e em seguida no lado oposto.

Otlowski gritou para o tenente: "Essas são 88 mm, e a terceira vai atingir bem no meio, tire seus homens da porra deste barco!"

"Ele disse: 'Sargento, fique onde está!'

"Eu disse: 'Vá para o inferno, tenente, se o senhor quer morrer, vá em frente!' Otlowski e sua guarnição saltaram do barco e nadaram para a praia.

"Eu olhei para trás, a terceira granada 88 havia atingido bem no meio da danada da barcaça e todos os tiros consecutivos foram exatamente no alvo."

Otlowski pegou um fuzil, cartucheira e capacete "e correu desabaladamente através da praia para a muralha marítima". Ele viu um jovem soldado caminhando atrás dele, com um grande rolo de fio de telefone nas costas. Um tenente localizou o soldado e exclamou: "Ei, rapaz, precisamos disso. Sente-se aqui. Dê-me esse fio."

O soldado retrucou: "Não posso, tenente. O que farei com isto?" Na sua mão direita ele estava carregando o braço esquerdo. Otlowski ajudou a tirar o fio das costas dele, deu-lhe um pouco de morfina, e gritou pela ajuda de um médico."[10]

Charles Sullivan servia no Batalhão de Engenharia da Marinha a bordo de um Rhino. Ele ajudou a trazer três cargas no Dia D. A maioria dos veículos foi destruída antes que pudesse disparar um tiro, mas, concluiu ele, "em vinte e oito anos de serviço, três guerras, quatorze turnos de serviço além-mar, milhares de rostos, apenas a Normandia e o Dia D permanecem vivos, como se fossem um fato acontecido ontem. Aquilo que fizemos foi importante e compensador, e quantos conseguem dizer isso a respeito de um dia de suas vidas".[11]

O comentário de Sullivan faz lembrar a observação de Eisenhower a Walter Cronkite de que ninguém gosta de ser atingido por um tiro, mas no Dia D mais pessoas queriam participar do que sair.

Uma tremenda tonelagem de carros de combate, veículos meia-lagartas, M-7, jipes e outros veículos havia tentado entrar em Omaha entre 6:30 e 8:30. Muitos afundaram, outros foram destruídos, e os poucos sobreviventes foram apanhados na praia que se estreitava sempre mais, sem nenhum lugar para ir. Os veículos eram mais um problema do que uma arma ofensiva.

Ao lado e entre os carros de combate, veículos meia-lagartas, M-7, e o resto, entravam os barcos Higgins, conduzindo o 116º e o 16º Regimentos. Com eles estavam equipes de demolição compostas de membros do Batalhão de Engenharia da Marinha e de engenheiros do Exército (cinco de cada numa equipe). Havia dezesseis equipes, cada uma designada para um distinto setor da praia com a incumbência de abrir com explosivos uma brecha de cinqüenta metros de largura. Nenhuma desembarcou no alvo.

Um membro do Batalhão de Engenharia da Marinha descreveu sua experiência: "Quando arriamos nossas rampas, uma granada de 88 mm caiu destruindo tudo, matando quase metade de nossos homens bem ali, sendo o nosso oficial o primeiro. Todos nós o julgávamos o melhor oficial que a Marinha já teve... Daí para frente as coisas ficaram confusas para mim. Lembro-me do chefe começando a assumir, mas então outra granada nos atingiu e isso foi a conta. Eu pensei que meu corpo estivesse despedaçado."

Sangrando abundantemente em conseqüência de estilhaços na perna e no braço esquerdos, o engenheiro da Marinha olhou em redor e não viu ninguém vivo. O fogo sobre o barco Higgins estava a ponto de fazer explodir as cargas de demolição. "Assim, passei por cima da borda e me dirigi para a praia." Ele alcançou os obstáculos, olhou para trás, e viu a embarcação explodir.

"Isso me arrasou. Sem me importar mais se viveria ou não, comecei a correr através do fogo na direção da praia." Ele chegou à muralha marítima, posteriormente pegou um fuzil, e passou o dia com o 116º como um soldado de infantaria.[12]

Outras equipes de demolição tiveram melhor sorte. Todos saltaram de suas embarcações mais ou menos intactos e foram trabalhar, ignorando o fogo ao seu redor. Eles estavam numa situação melhor do que a infantaria, que desembarcaram no lugar errado e cujos oficiais foram feridos ou mortos antes de chegar à muralha marítima e não sabiam o que fazer em seguida. Nem mesmo o fogo intenso dos canhões pesa tanto no moral de um soldado quanto não saber o que fazer e não ter ninguém ao redor para lhe dizer. As equipes de demolição, todavia, puderam ver imediatamente o que fazer. Mesmo se estivessem no lugar errado, havia obstáculos na frente deles. Eles começaram a explodi-los.

O comodoro Joseph Gibbons era o comandante das equipes de demolição em Omaha. Ele andou a passos largos pela praia para cima e para baixo, dando ajuda onde ela era solicitada, supervisionando a operação. Os dois primeiros dos seus homens que ele encontrou disseram-lhe que todo o resto da sua equipe estava morto. Eles não tinham explosivos consigo. Gibbons disse-lhes para ficar atrás da muralha marítima até que encontrasse algo para eles fazerem. Em seguida ele encontrou uma equipe que desembarcara com sucesso e já estava prendendo suas cargas aos obstáculos. Os homens se deslocavam metodicamente de um obstáculo a outro, fixando as cargas.[13]

O praça Devon Larson da equipe dos engenheiros alcançou a terra. Ele estava sozinho mas tinha explosivos consigo e assim foi fazer sua parte. "Deitado na praia, eu vi apenas dois obstáculos de aço à minha frente. Ambos com minas Teller no cimo. Embrulhei um pacote de composição C em torno da base, amontoei cerca de 30 cm de areia no meu lado de modo que a explosão ficasse longe de mim, puxei do meu capacete um acendedor de estopim, gritei: "Explosivo!" E acendi o estopim. Ouvi vários outros gritos de: "Explosivo!" à minha esquerda. Rolei para a direita. A explosão me fez rolar um pouco mais para longe, mas meus dois postes de aço se foram. Não havia mais obstáculos na minha frente ou nos dois lados, de modo que me dirigi para a muralha marítima."[14]

Ao todo, as equipes de demolição conseguiram explodir cinco ou seis brechas parciais em vez das dezesseis que haviam sido planejadas, e as brechas que existiam não estavam propriamente assinaladas por bandeiras. Quando a maré subiu, esta situação causou imensos problemas para os patrões que traziam as levas seguintes de infantaria e veículos.

O marinheiro Exum Pike estava na embarcação patrulha 565. O trabalho consistia em guiar LCI e outras embarcações para a praia. Mas com os pontos de referência obscurecidos pela fumaça e pela neblina e sem caminho livre através dos obstáculos, a EP 565 não pôde cumprir sua missão. Tornou-se, com efeito, uma lancha armada, disparando suas metralhadoras no penhasco, do qual Pike pôde ver "uma chuva de fogo que parecia estar caindo das nuvens". Pike lembrou que viu um DUKW atingir um obstáculo e detonar a mina. "Vi os corpos de dois tripulantes serem lançados no ar a uma altura de vários metros e eles estavam girando como piões lá em cima; era como observar uma roda-gigante em câmara lenta."

Logo depois a embarcação patrulha 565 foi atingida. Seis homens foram feridos. "O sangue jorrava pelas amuradas daquele barco como um rio." Relembrando a cena quarenta e cinco anos depois, Pike comentou: "Tenho dito muitas vezes aos meus dois filhos que não tenho medo do inferno porque já estive lá."[15]

O guarda-marinha Don Irwin era o patrão do LCT 614. Sua guarnição consistia em outro guarda-marinha, do imediato e de doze reservistas da Marinha. Sua carga consistia em sessenta e cinco soldados, dois bulldozers, e quatro jipes com três reboques conduzindo munição. Ele estava programado para entrar às 7:30. "Quando rumávamos na direção da praia", relembrou Irwin, "ouviu-se um som capaz de arrentar os tímpanos, ensurdecedor, horrendo, que jamais havia ouvido." O Texas estava disparando por cima do LCT 614. Irwin olhou para trás "e era como se os canhões gigantes de 14 polegadas do

Texas estivessem apontando diretamente para nós". É claro que eles só estavam visando o penhasco. "Você nunca saberá quão tremendamente enorme é um encouraçado", comentou Irwin, "até que de um LCT você olhe bem de perto."

Irwin dirigiu-se na direção de Easy Red. Até então nenhum americano havia desembarcado naquela seção da praia. Para Irwin, ela parecia "tranqüila". Ele se permitiu pensar que o oficial instrutor tivera razão ao dizer: "Não haverá nada que fique para incomodar vocês, rapazes, quando atingirem a praia. Estamos lançando tudo contra os alemães, com exceção de umas poucas coisas, mas essas também lançaremos."

Mas quando Irwin deu com o LCT 614 num banco de areia e arriou a rampa, "foi aquele inferno". Ficamos debaixo de um fogo intenso, principalmente de fuzis e metralhadoras". Quando os primeiros dois homens da embarcação desceram com água sobre suas cabeças, Irwin compreendeu que a água era ainda profunda demais, de modo que ele usou sua âncora traseira e o guincho para recuar. Ele levou a hora seguinte tentando encontrar uma brecha nos obstáculos onde pudesse colocar sua carga em terra. Finalmente, desceu a rampa de novo, os bulldozers se dirigiram à costa "apenas para serem alvejados pelos metralhadores alemães com balas incendiárias de fósforo que os fizeram arder em chamas".

Os soldados estavam tentando saltar, mas quando os dois primeiros foram atingidos por tiros ao tentar pular da rampa, os outros se recusaram a sair. Irwin tinha ordens para desembarcá-los. As ordens enfatizavam que deixar de fazê-lo poderia resultar numa corte marcial. Haviam-lhe dito que, se necessário, ele devia providenciar a execução da ordem sob ameaça de morte.

"Mas eu não podia de modo algum forçar seres humanos a caminhar para fora daquela rampa para quase certamente sofrerem ferimentos ou morte. O fogo dos projéteis tornara-se ainda mais intenso. Pandemônio por toda a parte, com abundância de fumaça e explosões. Corpos na água.

"Os homens da minha guarnição, que ainda estavam nos seus postos de combate e que haviam permanecido eretos em nosso caminho para a praia, estavam agora achatados de encontro à embarcação como se fossem parte dela. Alguns deles estavam gritando: 'Patrão, vamos sair daqui!'

"Depois de uma hora tentando desembarcar minha carga de soldados e de veículos, acredite-me, eu estava pronto para ir embora."[16]

Eram agora 8:30. Homens e veículos, quase nenhum deles funcionando, estavam atravancados na praia. Nem um só veículo e não mais que alguns pelotões tinham conseguido subir o penhasco. Neste ponto, o comandante do 7º Batalhão Naval Costeiro tomou uma decisão: suspender todo o desembarque de veículos e retirar aquelas embarcações na praia.

O guarda-marinha Irwin recebeu a ordem de retirar pelo seu rádio. Disseram-lhe que na praia a coisa estava feia, e que deveria ir para o canal, ancorar, e esperar por ordens posteriores. Foi a ordem mais bem-vinda que ele já recebeu, mas que tinha a máxima dificuldade em executar. Quando ele ia retirar-se, seu LCT parou de repente. Estava pendurado num obstáculo. Podia ter havido pânico, mas Irwin manteve o sangue-frio. Ele moveu-se vagarosamente para adiante, em seguida para trás novamente e flutuou livre. Sua guarnição começou a recolher o cabo da âncora. Mas exatamente quando a âncora ia aparecer, ela empacou.

"Por mais que tentássemos, não conseguíamos liberar a âncora. Eu dei a ordem: 'Todos os motores à frente, a toda!' Isto realmente fez com que a âncora se movesse, e logo vindo à superfície apareceu um barco Higgins que fora afundado, com a nossa âncora enganchada nele."

Irwin girou seu LCT, deu-lhe algumas sacudidas, e liberou a âncora. Ele rumou para água profunda e lançou a âncora.*

A ordem geral às 8:30 para retirar as embarcações na praia e adiar o desembarque de outras até que brechas nos obstáculos fossem aber-

---

* Seis horas depois Irwin tornou a entrar e pôs a maior parte da sua carga em terra. Um sargento recusou-se a levar seu jipe para fora da rampa; só no Dia D mais um ele foi realmente para terra, e em seguida para uma praia britânica.

tas aumentou a confusão. Sem lugar nenhum para ir, mais de cinqüenta LCT e LCI em vias de entrar começaram a girar em círculos.

Para a maioria dos patrões e das guarnições, esta foi a primeira invasão. Eles eram amadores na guerra, até mesmo os velhos marinheiros mercantes que comandavam os LST. As guarnições eram tão jovens quanto inexperientes.

O marinheiro James Fudge estava em um dos LST que conseguira chegar à praia. Quando veio a ordem de saltar, "foi aí que o nosso barco entrou em apuros, e o nosso capitão entrou em pânico. Tínhamos lançado nossa âncora de popa. Não tínhamos descarregado coisa alguma. O LST à nossa direita foi atingido por um 88. E o que o nosso patrão precisava fazer era dar a ordem: 'Icem a âncora de popa! Tudo à ré, a toda!' Mas ele disse: 'Tudo à ré, a toda!' e se esqueceu da âncora. Assim ele recuou sobre o cabo da sua âncora de popa e entortou as hélices."

O LST ficou impotente na água, a cerca de 500 metros fora da costa. Finalmente, ele foi descarregado por um Rhino. Fudge disse: "Era muito difícil descarregar carros de combate de um LST para um Rhino. Você precisa ter um guindaste; fazia um tempo terrível num mar um tanto agitado para que uma barcaça descarrega-se caminhões e carros de combate sem fazê-los cair na água. Mas não perdemos nenhum."

Fudge relembrou que "um almirante se aproximou num LCVP e na frente de toda a guarnição repreendeu nosso patrão por ser tão descuidado ao ponto de recuar sobre nosso próprio cabo. Disse umas coisas muito desagradáveis ao nosso patrão. Diretamente. Ele era um homem muito zangado."[17]

Enquanto o LST estava sendo descarregado, Fudge viu uma cena que quase todo homem na praia Omaha naquela manhã mencionou na sua história verbal. O incidente foi mais tarde tornado famoso por Cornelius Ryan em O Mais Longo dos Dias. Por volta de 9 horas, assomando das praias britânicas, vieram dois FW-190s. Os pilotos eram o tenente-coronel aviador Josef Priller e o sargento Heinz Wodarczyk. Ryan registrou que quando eles viram a frota da invasão, as palavras de Priller foram: "Que espetáculo! Que espetáculo!" Eles voavam a 45 metros, esquivando-se por entre os balões de barragem.

Fudge comentou: "Lembro-me de ter sentido um grande temor por eles e todo mundo estava tentando atirar neles. As pessoas estavam gritando: 'Olhem, olhem, um par de Jerries (alemães)!' " Todos os canhões de 40 mm e 20 mm da frota abriram fogo.

Muitos dos tiros estavam atingindo o navio próximo deles, tão baixo voavam Priller e Wodarczyk. Ninguém atingiu os aviões. Quando Priller e Wodarczyk riscaram o céu perdendo-se nas nuvens, um marinheiro comentou: "Alemães ou não, toda sorte para vocês. Vocês têm tutano."[18]

Havia um batalhão de soldados negros no assalto inicial em Omaha, o 320º Batalhão de Balões de Barragem. Era uma tropa singular incorporado ao Primeiro Exército. Os soldados traziam balões de barragem nos LST e LCI na primeira leva e os armaram na praia, para evitar o vôo rasante da Luftwaffe. (Cerca de 1.200 soldados negros desembarcaram em Utah no Dia D, todos eles motoristas de caminhão ou portuários, provenientes de companhias isoladas de intendência.) Os negros da Guarda Costeira dirigiam barcos Higgins e os marinheiros negros guarneciam postos de combate nos navios de guerra. No cômputo geral, todavia, é notável que tão poucos reservistas negros tenham tido permissão de participar do ataque inicial contra o regime nazista, e um terrível desperdício considerando as contribuições das tropas de combate negras na Coréia e no Vietnã.*

---

* Em dezembro de 1944, durante a crise da Batalha do Bulge, Eisenhower permitiu que motoristas negros de caminhão colaborassem como voluntários em unidades de infantaria. Quase 5.000 o fizeram, muitos deles abrindo mão de suas divisas pelo privilégio de lutar por seu país. Inicialmente eles foram segregados em pelotões só de negros, com oficiais brancos. Eles acumularam uma notável folha de serviços. Um oficial do Estado-Maior da 104ª Divisão comentou sobre o desempenho dos pelotões negros: "Moral: Excelente. Maneira de desempenho: Superior. Os homens estão dispostos a enfrentar o inimigo e destruí-lo. Severa atenção ao dever, agressividade, bom senso e decisão em meio ao fogo ganharam a admiração de todos os homens da companhia. O pelotão de cor tinha um conjunto de homens igual a qualquer pelotão veterano." Alguns oficiais brancos declararam que as tropas negras eram muito agressivas e de vez em quando se excediam, mas quando as unidades negras sofriam perdas e já não podiam atuar como pelotões, os sobreviventes passavam a compor grupos de combate e serviam em pelotões brancos. Este foi o começo da sua integração no Exército dos Estados Unidos. O sr. James Cook, de Sharon Hills, Pensilvânia, forneceu informações sobre o 320º.

Foi missão da Marinha pôr os homens em terra, as missões das guarnições dos carros de combate e dos artilheiros prover apoio de fogo, a missão dos soldados de infantaria desembarcar e progredir, a missão das equipes de demolição abrir brechas nos obstáculos, e a missão dos engenheiros fazer explodir os obstáculos restantes, providenciar controle de trânsito na praia, liberar as saídas, e desobstruir e assinalar caminhos através dos campos minados. Para os engenheiros, como para os outros, as primeiras horas em Omaha foram cheias de frustração.

O sargento Robert Schober estava com a 3466ª Companhia de Manutenção do Material Bélico. O trabalho de sua unidade era desimpermeabilizar veículos. Suas ferramentas eram a chave inglesa, a chave de parafuso e o alicate. A tarefa era simples: apertar as correias dos ventiladores, abrir respiradouros de baterias, remover vedação de várias partes do motor. Quando Howell chegou à praia, "senti um tinido no capacete. Ao perceber que era uma bala, já não estava assustado. Resolvi que quando a próxima leva de infantaria se deslocasse para a muralha marítima, eu iria também. Fiz como decidi, e me entrincheirei ao chegar". Ele e seus companheiros permaneceram ali a manhã toda, porque não podiam localizar nenhum veículo que precisasse de desimpermeabilização.[19]

Pelo menos eles chegaram à muralha. O cabo Robert Miller, um engenheiro de combate do 6º Batalhão, não o conseguiu. Ele estava num LCT que desembarcou por volta das 7 horas em Easy Red. Deu uma olhada à sua direita "e vi outro LCT, com o patrão postado na torre, receber impacto de uma granada 88. Depois que a fumaça se dissipou, tanto o patrão quanto a torre haviam desaparecido".

Miller se preocupava com a possibilidade de os caminhões empilhados cheios de dinamite no seu LCT serem atingidos por um disparo de 88 mm, mas essa foi uma preocupação errada: a embarcação foi abalada pela explosão de uma mina submarina. A rampa ficou obstruída, um veículo semilagarta que estava na frente foi seriamente danificado, muitos dos homens a bordo feridos.

"O patrão decidiu retroceder para descarregar o meia-lagarta, transferir os feridos e reparar a rampa. Quando isto estava sendo feito, um oficial da Marinha numa embarcação de controle encostou e se enfureceu com o patrão, dizendo que não devíamos estar sentados ali e que puséssemos nossa bunda na praia a nós destinada."

O patrão manobrou o LCT de volta para a praia e conseguiu arriar a rampa em dois metros e pouco de água, a cerca de cem metros ao largo. Ele disse aos engenheiros: "Vão!" O comandante do pelotão de Miller objetou de maneira firme, fazendo lembrar ao patrão que suas ordens eram conduzir-nos até a praia, mas o patrão se recusou a arredar pé".

Um jipe desceu. Foi para debaixo da água, mas a impermeabilização funcionou e ele conseguiu dirigir-se para a praia. Os caminhões também o fizeram, apenas para serem recebidos à bala. Os homens vieram em seguida. Miller mergulhou de cabeça. Ele largou seu fuzil e cargas de demolição, saltou do fundo do canal, pôs a cabeça acima da água e começou a nadar para a praia.

"Foi um nado perigoso. O peso das roupas encharcadas, botas, máscara contra gases, e o capacete de aço tornaram a medida difícil mas finalmente alcancei água pelos quadris e tentei ficar de pé. Eu estava próximo da exaustão.

"Finalmente cheguei a terra e tinha percorrido cerca de quatro metros de praia quando um alvo clarão me envolveu. A próxima coisa de que tive conhecimento foi que eu estava deitado de costas olhando para o céu. Tentei levantar-me mas não pude e raciocinei: meu Deus, minhas pernas foram dilaceradas — pois eu não tinha sensação alguma de movimento e não podia vê-las: a máscara contra gases sobre o meu peito bloqueava a visão. Lutei contra a situação e finalmente empurrei a máscara para um lado. Vi meus pés se destacando e alcancei a parte superior de minhas pernas com as mãos, aliviado de que ainda estivessem ali, mas não pude compreender a paralisia ou a falta de sensibilidade."

Miller fora atingido na espinha dorsal, que sofreu dano irrecuperável. Aqueles primeiros passos que deu na praia Omaha foram também os seus últimos.

Um médico o arrastou para um veículo meia-lagarta e lhe deu uma dose de morfina. Ele desmaiou. Quando voltou a si, num posto médico de primeiros socorros na praia, desmaiou novamente. Ao recobrar a consciência, estava num LST. Finalmente chegou a um hospital na Inglaterra. Quatro meses depois, estava num hospital nos

Estados Unidos. Uma enfermeira estava lavando o seu cabelo. "Para o espanto dela e para o meu próprio, ainda havia areia na água da lavagem, areia da praia Omaha."[20]

O sargento Debbs Peters do grupo de engenheiros estava num LCI. Com a embarcação a cerca de 300 metros ao largo, um projétil a atingiu na popa, em seguida outro no meio. "Aqueles entre nós que estavam no convés foram apanhados pelo óleo combustível em chamas e todos rolamos pela borda afora." Peters inflou seu colete salva-vidas e saiu nadando até um obstáculo para abrigar-se e recuperar seu fôlego. Em seguida conseguiu pôr-se de pé e tentou correr para a muralha marítima, "mas eu estava tão pesado de areia e água que mal pude dar uns passos cambaleantes". Ele se agachou por trás de um Sherman em chamas; quase imediatamente uma granada atingiu o carro. (Essa foi uma experiência que muitos homens tiveram em Omaha; a ânsia de encontrar abrigo enviava-os para carros de combate destruídos, meia-lagartas e outros veículos, mas isso era um erro, porque eram alvos para a artilharia alemã.)

Peters conseguiu alcançar a muralha marítima. Lá ele encontrou o capitão John McAllister e o major Robert Steward. "Concordamos em que devíamos sair dali se quiséssemos viver e o major Steward disse-me para ir adiante e achar as minas." Peters não tinha outro equipamento para tal procura a não ser sua faca de trincheira, mas seguiu assim mesmo.

"Saltei para a estrada e atravessei, caí num fosso, para cima de novo, através de um canteiro de sarças, em seguida para cima contra o penhasco." Ele escalou cuidadosamente, vasculhando o terreno com a faca à procura de minas, deixando uma fita branca atrás de si para marcar o caminho. Próximo do alto do penhasco, foi alvo de tiros de metralhadora. Balas arrebentaram sua mochila e uma delas abriu um buraco no seu capacete. Ele lançou uma granada na direção do ninho de metralhadoras e o fogo cessou. Havia ido além de seu dever.[21]

O praça John Zmudzinski da 5ª Brigada Especial de Engenharia e chegou às 7:30 h num LCI. "Esperava-se que nosso trabalho pusesse na praia o equipamento pesado e cortasse as estradas litorâneas e trouxesse os guindastes e bulldozers." Zmudzinski saltou em terra sem ser atingido. Na praia ele viu alguns homens congelarem, sem arredarem o pé dali. Ao lado deles estava "um soldado deitado, desmontando e limpando a areia de seu M-1 calmamente. O soldado não parecia de modo algum estar excitado".

Na muralha marítima, Zmudzinski jogou-se ao lado do seu comandante, capitão Louis Drnovich, um jogador de futebol americano do time da Universidade da Califórnia do Sul em 1939. "Estava tentando tocar para frente. Ele me enviou para a praia no intuito de observar se um de nossos bulldozers tinha chegado. Voltei e lhe disse que nenhum equipamento pesado havia chegado até aquele momento. Havia um veículo meia-lagarta no caminho para a estrada de saída e o capitão Drnovich me enviou até lá para ver o que o estava detendo. Fui e me escondi por trás dele; o veículo fora bastante atingido e continuava sob fogo pesado. Quando voltei para relatar o fato, o capitão Drnovich tinha desaparecido."

Drnovich tinha voltado para a praia e subira num carro de combate indisponível para ver se podia atirar com seu canhão. Nesta tentativa, foi baleado e morto.

Na muralha marítima, Zmudzinski viu que estava protegido do fogo das metralhadoras mas sujeito a disparos de morteiro. "Era como uma roleta-russa. Eu não sabia se devia ficar onde estava ou descer até a praia. Era uma questão de palpite, ser ou não ser atingido." Ele viu veículos meia-lagartas na praia sendo alvejados "e logo todo um LCT carregado de meia-lagartas pegar fogo e ser destruído pelas chamas".[22]

O praça Allen McMath era um engenheiro de combate que chegara na terceira leva. Ele achou difícil nadar mas conseguiu alcançar um poste que se destacava na água. "Agarrei-me nele por algum tempo para recobrar o fôlego. No alto daquele poste havia uma mina Teller e aquilo me assustou tanto que eu me soltei e procurei o rumo da praia."

Uma onda atingiu McMath e o derrubou. Estava à deriva paralelamente à praia quando um barco Higgins avançou diretamente sobre ele. Ele tentou agarrar-se à frente do barco, mas não havia onde se segurar, por isso deslizou por baixo e apareceu atrás. Disse ele: "Ainda não sei como me desviei daquela hélice.* Depois que aquela situação aflitiva terminou fiquei alegre de não ter apanhado o barco quando ele foi atingido depois de passar por mim."

McMath finalmente chegou à praia. Apanhou um fuzil e limpou o

---

* Uma das características do barco Higgins era a sua hélice protegida e blindada.

sangue e a areia que havia nele. Em seguida tirou umas meias secas de um soldado morto e trocou pelas suas.

"Achei alguns cigarros que estavam secos e que não venderia por dinheiro algum." Ele se deslocou na direção da muralha marítima. McMath não conseguiu encontrar o restante da sua companhia. Olhando em redor, "vi numa trincheira um garoto com quem praticamente eu tinha vivido a maior parte da minha vida civil. Que surpresa. Arrastei-me para sua toca e batemos um pequeno papo sobre a alegria que estávamos sentindo por termos ambos conseguido chegar até ali."[23]

O praça Al Littke era outro engenheiro de combate que entrou com a primeira leva num LCM. Sua tarefa inicial era fazer as vezes de burro-de-carga; ele devia carregar cargas de demolição para obstáculos e largá-las lá. Em seguida devia continuar a caminho da praia e desobstruir campos minados. Ele arrumou suas cargas de demolição sobre um ombro, o seu M-1 sobre o outro, e uma maleta com seu detector de minas na mão. Ele pulou da rampa na água que lhe dava pelo joelho, deu alguns passos, e caiu numa correnteza.

"Larguei minha maleta e atingi o fundo. Consegui me desvencilhar, foi uma boa coisa ter vestido minha bóia salva-vidas. Dei uma braçada de peito patinhando à cachorrinho até que meus joelhos atingiram o chão sólido, em seguida me levantei e caminhei para o interior."

Quando chegou à praia, Littke deixou cair suas cargas de demolição ao lado de um obstáculo, em seguida prosseguiu na direção da muralha marítima. "Tudo estava muito apinhado ali." Não obstante, ele manteve sua mente concentrada no trabalho. Ele disparou um pente de seu M-1 na direção do penhasco, recarregou, cruzou a muralha marítima, e chegou à base do rochedo. Quando ele começou a subir, "cerca de trinta centímetros à minha frente se levantaram cerca de uma dúzia de nuvenzinhas de terra". Ele cavou uma trincheira e esperou "não sei por quanto tempo".

Ao contrário da infantaria sem liderança atrás dele, Littke sabia o que tinha que fazer e estava determinado a fazê-lo. "Pensei que seria melhor levantar-me e ir à procura de minas. Eu tinha um rolo de fita que me chamou a atenção. Amarrei uma vara em torno da fita e saí novamente." Quando ele subia o penhasco, deixando uma trilha marcada pela sua fita, ia, cautelosamente, observando com cuidado pontas que sobressaíam acima da superfície indicando a existência de arbustos típicos ou com fendas na areia, indicando possíveis minas Teller ou minas de caixa. Quando ele encontrou algumas, esquadrinhou com a baioneta, a fim de desalojá-las e desarmá-las. Depois que sua fita acabou, ele correu de volta para a trincheira.

Littke volveu o olhar para a praia. Ele viu um LCI descarregando, soldados que desciam pelos dois lados. "De repente houve um clarão a bombordo, que atingiu exatamente onde eles estavam descendo a escada. Vários caíram na água, gritando e suplicando por médicos. Pensei que se conseguisse sair daquilo vivo, nunca deixaria de ir novamente à igreja aos domingos."

Naquele momento um soldado de infantaria do 116º Regimento apareceu. Ele olhou para Littke dentro da trincheira e perguntou: "Garoto, você está bem?" Littke disse que sim. O soldado começou a seguir a trilha que Littke acabara de marcar; meia dúzia de outros soldados foram atrás dele. Littke disse para si mesmo: "Diabo, eu também podia ir com eles."

Ele se levantou para fazer o que projetara quando ouviu alguém exclamar: "Gorducho!" Era um cabo do seu pelotão. Littke juntou-se a ele para ajudar um homem ferido numa trincheira, em seguida perguntou ao cabo se ele sabia onde o sargento estava. De volta à praia, Littke começou a descer. Ele viu uma cena revoltante; um soldado ferido havia se agachado por trás de um carro de combate procurando abrigo, enquanto granadas caiam perto. Littke pôde ouvir o chefe do carro gritando: "Vamos dar o fora daqui, eles estão fazendo pontaria contra nós!" O tanque recuou e esmagou o soldado.

Mais tarde, naquela manhã, na praia, Littke teve o que deve ter sido um momento de intensa satisfação. Ele topou com um general e um coronel. O general lhe perguntou: "Filho, como chegamos ao topo?"

"Eu então apontei na direção da minha fita branca."[24]

O soldado de engenharia John Mather seguiu o caminho de Littke. Sua equipe estava mais ou menos intacta, sob a chefia do tenente Allen. Os homens conduziam picaretas, pás, torpedos bangalore, bazucas e foguetes, detectores de minas e cargas de mochila. Eles haviam desembarcado no lugar errado, mas Allen decidiu ir através da mesma brecha que Littke usara e ater-se ao caminho assinalado.

Quando eles alcançaram o cimo, Allen compreendeu que não estavam nem de longe próximo ao seu objetivo inicial. Um pelotão do 116º Regimento estava trocando tiros com alemães perto de uma cerca viva. Os engenheiros não estavam equipados para um tiroteio. Allen retornou à praia e tentou localizar a saída que supunha ser a certa. Ele conduziu os homens por outra trilha, descobriu que ainda estava no lugar errado, e novamente retornou à praia.

"Neste ponto", comentou Mather, "comecei a ficar zangado e frustrado com a falta de ação da nossa parte." Ele se juntou ao tenente Allen que estava em consulta com o comandante da companhia. Este estava em estado de choque; perdera metade dos seus homens. "Parecia o diabo e estava muito desanimado. Perguntei ao tenente se havia algo que pudéssemos fazer, mas tivemos uma resposta negativa. Tenho certeza de que vontade não lhe faltou, mas ele não pôde fazer o comandante agir. Assim, sentamos em nossas trincheiras e ouvimos o som dos morteiros zunindo sobre nossas cabeças e olhamos a maré baixar."[25]

O tenente Barnett Hoffner da 6ª Brigada Especial de Engenharia entrou na maré enchente. "A visão das ondas quebrando na praia apertou nossas gargantas. Parecia que milhares de desabrigados estavam flutuando numa longa linha em toda a nossa volta. Quando nossa rampa foi arriada e saltamos na água patinhando na direção da praia, passamos através do que parecia o próprio inferno. Nos mais ou menos 45 metros de areia entre a muralha marítima e a linha da água jaziam blindados destroçados, tratores, bulldozers, objetos confusos, tudo, caminhões em chamas cheios de gasolina, tudo estava arrasado por explosões. Das dezesseis equipes que havíamos treinado para a demolição, apenas cinco chegaram às praias para cumprir suas missões e três nada traziam com elas. Todo o seu equipamento desaparecera. E apenas três dos dezesseis bulldozers sobraram e eles não puderam manobrar porque os soldados de infantaria estavam se abrigando atrás deles."[26]

O tenente-coronel Frank Walk era um subchefe de desembarque da brigada. Sua responsabilidade consistia em servir como oficial de controle do trânsito e dirigir os veículos que chegavam para saídas liberadas de modo que eles pudessem subir ao topo. Mas não havia saídas abertas, e, em todo o caso, Walk — que desembarcou por volta das 8 horas — não podia deixar a praia. Ele e seu radioperador estavam sob intenso fogo de armas leves, "e uma coisa que eles levaram muito tempo nos ensinando no Exército era como cavar trincheiras. Trata-se de tempo de treinamento perdido. É um instinto natural, quando você está debaixo de fogo, cavar um buraco tão rápido quanto pode, mesmo se tiver de fazê-lo com as próprias unhas. Ninguém tem de lhe ensinar como cavar um buraco".

Quando o fogo diminuiu um pouco, Walk se deslocou para a muralha marítima e localizou seu comandante, que havia desembarcado com uma leva anterior, estava com fadiga de combate. "Ele, na verdade, perdera o autocontrole. Ficara completamente louco de raiva." Teve de ser evacuado; Walk assumiu o comando.

Cerca das 8:30, chegavam a terra mais oficiais superiores. O tenente-coronel Walk era por demais moderno para andar dando ordens a subcomandantes de divisão, mas assim mesmo ele o fez.

"Eles estavam acostumados a agir à sua própria maneira", comentou Walk. "Assim eu costumava dizer: 'Sinto dizer-lhe, general, o senhor não pode levar essas unidades através daquela saída. O senhor tem de ir por ali.' "

"Quem diz isso?"

"Bem, general, quem o diz, sou eu, o oficial de controle de trânsito aqui."[27]

O coronel Paul Thompson, que havia dirigido o centro de treinamento de assalto na Inglaterra, comandava a 6ª Brigada. Ele entrou num LCI por volta das 8:30. Muito pouco estava acontecendo da maneira que se esperava, a maneira pela qual ele havia treinado unidades para tomar uma praia fortificada.

Thompson queria fazer com que as coisas andassem. Ele notou um grupo de engenheiros de combate às voltas com arame farpado na estrada da praia. "Alguns estavam tentando explodi-lo com torpedos bangalore, e naturalmente eu conduzira aquele exercício centenas de vezes no treinamento e me pareceu que eles estavam lidando com a coisa de um modo meio desajeitado." Thompson foi adiante para mostrar-lhes como meter o bangalore sob o arame. Foi atingido duas vezes por tiros de fuzil, uma bala no ombro direito, outra no maxilar. A ferida foi singular, porque se fez do interior da boca para fora: Thompson estivera dando ordens quando foi atingido.[28]

Thompson ansiava por ver as divisões por ele treinadas tomarem a praia e irem para o interior. Ansiara por ver seus engenheiros fazerem o trabalho para cuja execução eles haviam sido treinados e equipados. Ansiara por participar na luta pelos primeiros mil metros. Não tinha de ser.

A frustração de Thompson naquela manhã foi compartilhada por todo sobrevivente das primeiras duas horas da batalha, quer fossem guarnições de carros de combate, soldados de infantaria, artilheiros, engenheiros ou equipes de demolição. Muitos pensavam que tinham fracassado. Quando, às 8:30, chegou a ordem de cessar o desembarque, os homens estavam à beira do desespero. Em Omaha, pelo menos, as defesas fixas de Rommel pareciam tê-los detido completamente.

Em Widerstandsnest 62, o praça Franz Gockel pensava assim. Às 6:30 ele abrira fogo com sua metralhadora. A areia espalhada pelo bombardeio naval fê-la engasgar. "Rasguei a fita da bandeja de alimentação, sacudi-a para limpar, e atirei-a de volta na bandeja. Naquele instante a metralhadora foi arrancada de minhas mãos por uma explosão. Não tenho nenhuma idéia de como sobrevivi."

Gockel agarrou seu fuzil e começou a atirar quando "as primeiras tropas de desembarque compactamente amontoadas começaram a pular de seus barcos, alguns com água pelo joelho, outros até o peito. Numa questão de segundos a primeira leva de tropas de assalto desmoronou após avançar apenas uns poucos metros. As embarcações de assalto se inclinavam desgovernadas para trás e para a frente na água.

"Em seguida vieram as segundas levas de embarcações de assalto. Novamente abrimos fogo. A praia ficou juncada de soldados mortos, feridos e à procura de abrigo. Eles alcançaram a muralha de pedra baixa, mas a segurança ali oferecida era temporária. Nossas guarnições de morteiros haviam esperado por aquele momento e começaram a lançar fogo mortal sobre coordenadas preestabelecidas ao longo da muralha marítima. Disparos de morteiro com detonadores de impacto explodiam no alvo. Os estilhaços de bombas, fragmentos de muralha e pedras infligiam sérias baixas. As levas de atacantes arrebentaram de encontro às nossas defesas."

Gockel e seus camaradas tinham muita munição para seus fuzis e metralhadoras, muitas granadas de mão armazenadas nas proximidades, muitos cartuchos de morteiros. Eles sofreram apenas baixas leves. Quando às 8:30 os navios-transporte começaram a voltar para o mar sem descarregar suas tropas, "acreditamos que os americanos estavam iniciando uma retirada".[29]

20. "Sou da tripulação de um Destróier"

A Marinha na Praia Omaha

As equipes de demolição, os coordenadores de desembarques navais e os observadores de tiro para os navios de guerra foram os primeiros homens da Marinha a pisar à praia. Os coordenadores de desembarque deveriam colocar bandeiras para guiar as embarcações de desembarque destinadas a um setor particular, mas doze das dezesseis equipes nunca chegaram à terra, e as quatro que o fizeram estavam no lugar errado.[1]

O marinheiro Robert Giguere estava num LCI que atingiu uma mina flutuante quando fazia a sua entrada, ferindo ou matando cerca da metade dos homens a bordo. O patrão arriou a rampa no lado esquerdo; a do lado direito não queria funcionar. Um homem da Guarda Costeira nadou para a praia com uma corda; Giguere e os infantes do 16º Regimento usaram a corda como ajuda para chegar à praia. No caminho de entrada, Giguere foi atingido no braço esquerdo, mas foi apenas uma ferida superficial. Em terra, ele não encontrou ninguém do seu grupo, de modo que pegou um fuzil ao se dirigir para a muralha marítima. Lá ele deixou de ser marinheiro para se tornar soldado raso.

Na muralha marítima, Giguere ouviu o coronel Taylor dizer: "Tanto podemos ser mortos no interior quanto aqui na praia." Giguere apontou para as marcações no seu capacete que indicavam que ele era um marinheiro; Taylor disse-lhe para juntar-se à infantaria. Alguém pôs um *bangalore* sob o arame farpado; Giguere juntou-se a um pequeno grupo do 16º e cruzou a estrada, apenas para ser detido por uma casamata.

"Joguei algumas granadas nas aberturas da casamata", registrou Giguere. "Suponho que isso ajudou a acabar com ele." Giguere encetou sua subida para o penhasco. No fim daquela manhã ele participou de uma investida a uma casa que, ao que se verificou, não abrigava nenhum alemão; haviam cinco franceses no porão. Um tenente lhe disse para escoltá-los até a praia para interrogatório.

Na praia, Giguere descobriu que "fogos de artilharia estava caindo em toda parte. Fui ferido novamente. Quando voltei a mim, estava no 40º Hospital Geral em Cirencester, Inglaterra. Foi meu décimo oitavo aniversário".[2]

Os poucos chefes de desembarque que chegaram a terra pouco puderam fazer naquelas condições caóticas. Todavia, eles tentaram ajudar da melhor maneira que lhes foi possível. O marinheiro William O'Neill estava num LCT. Ele relembrou que viu um sinaleiro "meio agachado, acenando furiosamente suas bandeiras semafóricas para nós. Sem pensar muito, agarrei um par de bandeiras e subi no teto da casa do leme e sinalizei um 'rei', o que significava 'vá em frente'. Sua mensagem era abaixem-se, mantenham a cabeça baixa. Tive realmente alguns maus pensamentos quanto a seguir aquele conselho gratuito."

Olhando em redor, O'Neill pôde ver que "nossas chances de alcançar a praia naquele lugar eram muito precárias, mas as chances de sermos massacrados pelo fogo de metralhadoras e morteiros eram muito elevadas". Ele decidiu expor as suas idéias para o patrão.

O patrão, um guarda-marinha chamado Phillips, era um daqueles oficiais formados em noventa dias, mas O'Neill achava que ele era "simplesmente legal. Despretensioso, crítico sem nunca ser injusto, um líder cheio de coragem e talento. Foi um privilégio ter servido com ele".

O'Neill não pensava o mesmo do imediato, outro guarda-marinha, "que era um homem afável mas na batalha ficava literalmente paralisado, incapaz de dar ordens ou mesmo de se mover". O terceiro oficial, um guarda-marinha de nome Fox, "era uma alegria completa, brilhante, bravo e frio; faríamos qualquer coisa por ele. Seu pai era um bispo metodista e sua mãe, presidente da Associação da Temperança Cristã Feminina em Maryland. Ele distribuía zelosamente a literatura que sua mãe costumava mandar, em seguida liderava a marcha para o boteco mais próximo. Ele costumava apontar-se como prova viva de que os filhos de pastores eram os piores da cidade".

Em cima da casa do leme, O'Neill estava "realmente agitado. Eu falei ao patrão: 'Que diabo você está fazendo aqui? Desta maneira vai fazer com que todos sejamos trucidados! Há uma grande chance de entrarmos à nossa direita.' "

O guarda-marinha Phillips concordou e o LCT se deslocou para a direita, navegando paralelamente à praia por mais ou menos um quilômetro onde outros LCT estavam fazendo sua entrada. Phillips se aproximou da praia. Ele podia ver os carros de combate afundando em canais, por isso solicitou um voluntário que pudesse testar a profundidade da água vadeando na direção da praia antes que o *bulldozer* na frente do seu LCT desembarcasse.

"Aquela foi uma idéia maluca", comentou O'Neill, mas alguém se apresentou como voluntário para ser um "detector humano de profundidade". Phillips deu de encontro a um banco de areia. Naquele momento, um LCT à direita, conduzindo sete veículos meia-lagartas, arriou a sua rampa e o veículo que estava na frente foi atingido exatamente quando deixava a rampa. O'Neill viu "uma explosão e todo o LCT se envolveu em chamas, e em seguida a munição começou a explodir, de modo que foi um verdadeiro pandemônio".

O guarda-marinha Phillips deu ordem para arriar a rampa. O voluntário pulou na água, mas o motorista do *bulldozer* não esperou para ver o resultado; saiu em seguida, quase atropelando-o. O motorista tinha a lâmina elevada à posição máxima, o que lhe servia de excelente escudo. Lá entrou ele na água. A impermeabilização funcionou e ele se foi roncando, para a frente, puxando uma fila de jipes presos por cabos.

O'Neill lembrou: "A última visão que eu tive do meu amigo Bill Lynn foi ele sentado no seu jipe sendo puxado para a água profunda e em seguida desaparecendo sob a superfície e logo reaparecendo todo encharcado, a água espirrando do jipe, cerca de uns quarenta e cinco metros mais adiante."

No LCT as guarnições de peças disparavam seus canhões de 20 mm no penhasco. Tanto quanto O'Neill pôde contar, "éramos os únicos soldados dos Estados Unidos na ofensiva, na área. Até mesmo os carros de combate estavam abrigados por trás das dunas de areia, incapacitados de atirar sobre elas. Nossas ordens tinham sido desembarcar, recuar, e retornar para apanhar nova carga, mas em vez disso permanecemos e continuamos a atirar".

O imediato encolheu-se no porão, mas o guarda- marinha Fox conduziu O'Neill e outros homens à terra para trazer os feridos de volta ao LCT. "Enchemos nossos beliches, nossos conveses interiores, e todo o espaço disponível no convés principal. Os feridos eram muitos. Havia apenas um médico e nosso cozinheiro para cuidar de todos eles e fizemos o melhor possível usando nossas mãos inexperientes tão bem quanto podíamos."[3]

Eram cerca das 8:30. Até então a Marinha não tinha feito nada de melhor do que o Exército, no que se refere a executar o plano para *Omaha*. A maioria dos projéteis de 12 e 14 polegadas provenientes do bombardeio de pré-desembarque tinha passado sobre o topo do penhasco. Os patrões nos barcos de desembarque, em sua maioria, puseram homens e cargas em terra nos lugares errados. A ponta-de-lança da força de invasão — o 116º e o 16º Regimento de Infantaria —, recebeu terríveis baixas; os sobreviventes ficaram na sua maioria amontoados junto à muralha marítima. Eles estavam recebendo uma valiosa porém pequena proteção de fogo.

Os aliados controlavam o espaço aéreo sobre a Normandia, que com as raríssimas exceções no Dia D impediram a Luftwaffe de metralhar alvos importantes na praia ou bombardear a praia ou navios ao largo, mas a Força Aérea pôde contribuir pouco em fornecer apoio direto às tropas na praia. Os bombardeiros pesados por falta de levantamento foto-aéreo, não tinham a precisão necessária para atingir os penhascos, e não a praia; depois do bombardeio de pré-assalto, os grandes bombardeiros retornaram à Inglaterra, se reabasteceram e remuniciaram, e em seguida atingiram alvos tais como ferrovias e estradas transversais bem no interior. Isto ajudou consideravelmente nos dias seguintes, tornando difícil a movimentação dos alemães, mas não contribuiu em nada para a batalha de 6 de junho.

Posteriormente, os pilotos de caça aliados e o Exército desenvolveram um eficiente, e na verdade mortal, sistema de comunicação de rádio terra-ar, mas mesmo que o sistema estivesse funcionando no Dia D, não teria ajudado muito, quando 80 por cento dos rádios com a infantaria em *Omaha* foram perdidos na arrebentação ou destruídos na praia. Os LCT haviam conseguido desembarcar alguns carros de combate, mas a maioria deles tinha sido posta fora de ação. A Marinha fora incapaz de pôr muitas peças de artilharia em terra. Quase toda a ajuda que a infantaria estava recebendo vinha daqueles canhões de 20 mm nos LCT. Isso não era muita coisa.

Os navios de guerra ao largo tinham canhões de grosso calibre, mas haviam suspendido fogo quando as primeiras levas entraram, e tinham ordens de não voltar a atirar enquanto não tivessem um alvo definitivo a eles transmitido por rádio pelos grupos de controle de tiro em terra. Mas os grupos de controle de tiro ainda não estavam em terra, e não havia uma ligação terra-navio. Os destróieres que estavam mais próximos da costa não ousavam atirar no penhasco, mesmo quando podiam ver posições fortificadas, com receio de atingir a infantaria americana que avançava.

"Era extremamente vexatório e deprimente", escreveu em seu relatório de ação o comandante W.J. Marshall, do destróier *Satterlee*, "permanecer ocioso a algumas centenas de metros das praias e observar nossas tropas, carros de combate, barcos de desembarque e veículos motorizados sendo pesadamente bombardeados e não poder disparar um tiro para ajudá-los, só porque não tínhamos informações sobre em quem atirar e éramos incapazes de detectar a fonte de fogo do inimigo."[4]

O tenente Owen Keeler era o oficial de artilharia no destróier *Frankford*. Ele também estava frustrado porque não tinha alvos. Afora todos os outros problemas, "a camuflagem alemã era excelente, de modo que não podíamos ver quem estava onde ou localizar com precisão um alvo em que atirar". Seu patrão, o capitão-tenente James Semmes, decidiu se aproximar mais, para ter uma visão melhor. Navegando por sonda e a "olho", ele conseguiu ficar a uma distância de 400 metros, tão perto quanto podia chegar sem encalhar, mas "a camuflagem na praia ainda estava boa. Não podíamos localizar um alvo — e não sabíamos até onde nossas tropas tinham avançado".[5]

O imediato e navegador do destróier *Harding*, tenente William Gentry, compartilhava o sentimento de desamparo. Ele observou um DUKW afundar: "Tudo o que pudemos fazer foi ficar afastados da embarcação de assalto e nos mantermos prontos para revidar ao fogo."[6] (O engenheiro-chefe tenente Ken Shiffer, do *Harding*, pôde dar uma pequena contribuição. Ele subiu ao convés para ver o assalto. "Súbito, vi um DUKW pesadamente carregado. O patrão gritou: 'Por onde se vai à praia?' Compreendi que o DUKW estava com o casco tão baixo na água que ele não podia ver a linha costeira. Eu apontei para o leste e ele se afastou navegando."[7]

O comandante do *Harding*, capitão George Palmer, escreveu em seu relatório de ação: "Este navio cessou fogo enquanto as tropas desembarcavam na praia e começamos a patrulhar a área cerca de 1.800 metros ao largo à procura de alvos de oportunidade. A fumaça na praia era tão espessa que não se podia ver um alvo, e tiro não observado era considerado inseguro."[8]

Depois de duas horas de semelhante frustração, os comandantes começaram a agir por sua própria responsabilidade. Evidentemente, o primeiro a fazê-lo foi o capitão-tenente Ralph *"Rebel"* Ramey no *McCook*. Ele entrou no setor ocidental de *Omaha*, perto o bastante para ver que as tropas não estavam subindo o penhasco. Ele começou a atirar com seus canhões de 5 polegadas na saída de Vierville, atingindo posições de canhões, ninhos de metralhadoras, edifícios e posições escavadas nos rochedos. Dois canhões montados num rochedo, enfiados na praia, eram os alvos principais. Depois de mais de uma hora de disparos, um dos canhões alemães caiu do alto na praia e o outro explodiu.[9]

O praça Ernest Hillberg da 1ª Divisão estava num barco Higgins. O patrão recebera ordens de não desembarcar ainda; assim, "com aquelas balas passando sobre as nossas cabeças", lembrou Hillberg, "decidi que tínhamos de achar um lugar para nos esconder. O *McCook* era de bom tamanho, portanto nos escondemos por trás dele. Tenho certeza de que havia uma centena de embarcações pequenas escondendo-se atrás do *McCook*, que estava lenta mas metodicamente cruzando a costa, localizando as plataformas de canhões e abrindo fogo sobre elas. Era bonito de ver. Estávamos mortos de medo de que o *McCook* fosse encalhar".[10]

Outros destróieres estavam se juntando ao *McCook*. O tenente W.L. Wade comandava um grupo de LCI que estava circulando fora da costa, esperando ordens de entrar. Ele descreveu a cena à sua frente às 9:30 h: "O fogo inimigo nas praias era terrível — 105 mm, 88 mm, 40 mm, morteiros, metralhadoras, minas, tudo. Os destróieres estavam quase nas praias, disparando contra as casamatas e pontos fortes."[11]

A cena parecia diferente para homens diferentes, em pelo menos um caso para homens postados juntos uns dos outros na mesma ponte. Às 8:56, o *Harding* se dirigiu ao navio-comando para *Omaha*, o *Ancon*, para apanhar o almirante Charles Cooke e o general Thomas Handy, que queriam ir para mais perto, a fim de observar. Em seguida o *Harding* cruzou a praia disparando seus canhões enquanto passava.

O almirante Cooke declarou que "o desembarque foi um verdadeiro desastre" e comentou que "as tropas estavam confinadas à praia". Mas para o tenente Gentry, o imediato do *Harding*, "pareceu a nós, nos destróieres da Marinha como se tudo estivesse de acordo com o regulamento. As tropas estavam se deslocando da praia para o interior, o fogo inimigo dava a idéia de ter diminuído, e a mim pareceu que o Exército dos Estados Unidos estava cumprindo sua missão". Mas Cooke "continuou resmungando *desastre*".[12]

Às 9:50, o almirante C.F. Bryant, que comandava o grupo de apoio de fogo ao largo de *Omaha*, chamou todos os destróieres pelo rádio TBS (Comunicação entre Navios — *Talk Between Ships*): "Dêem em cima deles, homens, dêem em cima deles! Eles estão fazendo miséria com os homens na praia, e não podemos mais suportar! Devemos pôr um fim nisso!" Todos os destróieres ao largo de *Omaha* responderam, com os patrões correndo o risco de encalhar (alguns arranharam o casco, mas saíram), atirando à queima-roupa em alvos a esmo, no penhasco.[13]

O comandante Robert Beer a bordo do *Carmick* chegou a uma distância de 900 metros da praia, onde pôde manter alguma comunicação visual com as tropas em terra. Quando ele via um carro de combate disparar um só tiro contra um ponto no penhasco, Beer alvejava o mesmo local. Quando podia ver fuzileiros atirando num alvo, ele o atacava com suas granadas de cinco polegadas.[14]

O marinheiro Edward Duffy estava na sala de rádio do *Shubrick*. Seu patrão travava combate com baterias costeiras no que Duffy chamou de "tiroteios de Dodge City". Ele tinha dois maços de cigarros e uma caixa de meio quilo de pastilhas de limão, fez uso de ambas, mais uma dúzia de xícaras de "café Godawful" (café miserável) em três horas. (Passaram-se anos antes que ele chupasse outra pastilha de limão. "Quando eu chupo uma agora, traz-me à lembrança uma série de recordações.")

Embaixo na sala de rádio, "podíamos ouvir os projéteis explodindo ao nosso redor. Estávamos abaixo do convés principal, praticamente no nível da água, por isso os sons das explosões reverberavam dentro do casco de aço.

"Eu estava assustado. Tinha meu colete salva-vidas preso com firmeza em torno do meu (então) corpo magro. Esperava a qualquer momento ouvir uma granada irrompendo através do anteparo. Fiquei repetindo para mim mesmo uma oração à Santíssima Virgem Maria. Acabei tão exausto de estar assustado que comecei a prestar atenção ao que o navio estava fazendo."

O *Shubrick* se deslocava bem perto da praia e fazia fogo à queima-roupa. Duffy podia "ver" a batalha através de seus fones de ouvido. "Os observadores de tiro costumavam relatar a todas as estações o que estava acontecendo." Em certo ponto, o telêmetro acusou a presença de um oficial alemão caminhando no topo. "Nossos oficiais suspeitaram que ele estava inspecionando e observando os tiros para os canhões naquela área. Apontamos a principal bateria e nosso calculador de dados em sua direção, fizemos uma estimativa da sua localização e disparamos uma salva de quatro canhões. Um impacto direto e a tensão foi aliviada porque nós mesmos havíamos pego um dos safados."[15]

O fato de que um destróier pudesse disparar uma salva contra um único indivíduo indica que trabalho soberbo fizera a indústria americana para suprir os homens no Dia D. O *Shubrick* fez 440 disparos naquele dia; o *McCook*, 975; o *Carmick*, 1.127 e o *Satlerlee, 638;* os outros destróieres — entre 500 a 1.000 disparos de granadas de 5 polegadas. Esperava-se que eles economizassem metade da sua munição para um possível ataque de superfície alemão, ou para operação anti-submarina, mas em muitos casos os destróieres retornaram à Inglaterra com pouca ou nenhuma munição restante no paiol.

O *Frankford* disparava seus canhões em água rasa a 800 metros de distância da praia. Relembrou o oficial de artilharia Keeler: "Um carro de combate situado à beira da água com uma lagarta quebrada atirava em alguma coisa na colina. Imediatamente o acompanhamos com uma salva de cinco polegadas. O atirador do carro de combate levantou sua escotilha, olhou para nós, acenou, entrou novamente, e atirou em outro alvo. Durante os poucos minutos que se seguiram ele foi nosso controlador de tiro. Pelo nosso telêmetro pudemos ver onde suas granadas atingiram."[16]

Um pouco mais tarde o *McCook* teve talvez a rara experiência de forçar os alemães a se renderem. Quando *"Rebel"* Ramey estava atirando numa posição no rochedo, soldados alemães apareceram acenando uma bandeira branca e tentando comunicar-se com o navio usando bandeirolas e luzes de sinalização. Por quase uma hora Ramey tentou estabelecer contato, ele transmitindo em alemão estropiado, os inimigos se expressando num inglês deficiente.

Quando Ramey se cansou do jogo e sinalizou que estava retomando o fogo, veio de volta uma resposta imediata — "Cessar fogo!" Ramey mandou sinalizar para os alemães que eles deviam descer do rochedo e se render. Eles compreenderam e o fizeram, descendo em coluna por um com as mãos para cima e se entregaram aos soldados americanos na praia. [17]

O almirante Morison tinha razão quando escreveu: "Esta ação de destróieres contra baterias costeiras... proporcionou às tropas o único apoio de artilharia que tiveram durante a maior parte do Dia D."[18] Os cruzadores e encouraçados, sem condições de se aproximarem, estavam atirando nas plataformas de maior porte nos rochedos a leste e a oeste de *Omaha,* cuja posição era conhecida antes da invasão e com grande resultado, mas as tropas em terra não podiam ver nem sentir os resultados. Contudo, o efeito sobre as tropas em *Omaha,* causado pela heróica e arriscada ação dos destróieres, foi eletrizante.

Antes de ser atingido na coluna vertebral, enquanto ainda estava no seu LCT, o cabo Robert Miller pôde ver "um destróier à nossa frente com espessa fumaça saindo da sua chaminé. Parecia estar fora de controle e rumando diretamente para a praia. Pensei: 'Meu Deus, eles vão encalhar e ser postos fora de combate bem em frente da plataforma alemã', quando então o navio deu uma firme singrada para a esquerda paralelamente à praia, fazendo fogo à queima-roupa com todos os canhões que tinha apontados contra a posição. Nuvens de fumaça e montes de terra voaram por toda parte na colina quando o destróier passou".[19]

O marinheiro Giguere estava na praia quando um destróier "chegou o mais perto da costa possível. Ele estava atirando num ninho bem acima da minha cabeça. Era uma sensação esquisita ouvir as balas passarem sobre minha cabeça".[20] O marinheiro O'Neill, também na praia, relembrou: "Os destróieres estavam disparando à queima-roupa granadas de cinco polegadas contra as casamatas; você podia vê-los quando passavam assoviando pelo alto e se chocavam contra as espessas muralhas de concreto. Elas desviavam para cima passando pelos lados em declive das casamatas, mas conseguiram atingir algumas seteiras. O fogo do inimigo parou."[21]

O tenente Joe Smith, um chefe de desembarque, lembra ter visto "os destróieres virem direto à praia atirando no rochedo. Você podia ver trincheiras, canhões e homens voando pelos ares quando eram atingidos. Eles miravam bem abaixo da beira dos rochedos onde as trincheiras estavam escavadas. Não tenho nenhuma dúvida de que os poucos destróieres da Marinha salvaram a invasão". Na sua conclusão, Smith falou por cada homem que testemunhou a cena: "Acredite-me, sou um fã de destróier daquele dia em diante."[22]

Quarenta e cinco anos mais tarde, James Knight, engenheiro do Exército participante de uma equipe de demolição que desembarcou às 6:30 em *Fox Red*, escreveu uma carta à tripulação do *Frankford*, publicada nas *Atas do Instituto Naval dos Estados Unidos*. Knight disse que estivera imobilizado até que, "cerca de 10 ou 11 horas, um destróier apareceu... Rumou direto na minha direção. Mesmo que não estivesse adernando ou fumaçando, meu primeiro pensamento foi de que ele tinha ou ido de encontro a uma mina ou sido torpedeado e, estava tão danificado que estava tentando abicar".

Mas o destróier começou a virar para a direita. Antes de ficar paralelo à praia, ele estava atirando com todos os canhões. Granadas caíam a apenas alguns metros da cabeça de Knight. Ele observou o destróier prosseguir na direção oeste ao longo da praia, atirando constantemente. Esperou vê-lo voltar ao mar alto a qualquer momento "quando subitamente vi que ele estava recuando e que seus canhões tinham de fazer uma pausa. Ele recuou quase até onde havia começado, parou pela segunda vez... e novamente rumou na direção da outra extremidade da praia, com todos os seus canhões sempre soltando fogo".

Durante anos desde o Dia D, Knight tentou descobrir o nome do destróier, mas nem Ryan, nem Morison, nem qualquer outro autor mencionou o incidente (embora Morison tivesse dito que o *Frankford* se aproximara o máximo naquela manhã). Em seguida, Knight viu uma notícia sobre uma reunião cujo tema era o *Frankford*, na *VFW Magazine*. Ele assistiu ao encontro em 1989 e lá confirmou que o destróier que tanto o impressionara e o ajudara era o *Frankford*.

Em sua carta à tripulação, Knight escreveu: "Sem levar em conta o hora de chegada, quase todos os vivos em *Omaha* permaneceram imobilizados a partir do momento em que alcançaram a linha das dunas até depois que vocês fizeram o seu 'cruzeiro'. Não muito tempo depois de vocês retornarem ao mar, houve movimento na praia, permitindo por fim que a infantaria avançasse sobre a encosta até terra plana e além."[23]

O chefe do Estado-Maior da 1ª Divisão, coronel S.B. Mason, escreveu ao contra-almirante J.L. Hall no dia 8 de julho de 1944, após inspeção das defesas alemãs em *Omaha*. Aquelas defesas deviam ter sido inexpugnáveis, escreveu Mason, e na verdade os alemães repeliram tudo o que o Exército lançou sobre eles. "Mas houve um elemento do ataque que não puderam anular... Estou agora firmemente convencido de que nosso fogo de apoio naval nos deu o impulso; de que sem aqueles tiros de canhão positivamente não poderíamos ter cruzado as praias."[24]

Quando o general Leonard Gerow desembarcou, às 19 horas no Dia D, para estabelecer o quartel-general do seu V Corpo na praia, sua primeira mensagem ao general Bradley no *Augusta* foi: "Agradecemos à Deus pela Marinha dos Estados Unidos!"[25]

A Marinha era parte da equipe. Indispensável, obviamente em especial os destróieres, mas ainda apenas uma parte. Ainda houve muita luta encarniçada antes que o penhasco e o solo elevado pudessem ser assegurados, mesmo depois que o *Frankford* e os outros gastaram virtualmente sua munição e se retiraram. O feito da Marinha consistiu em dar aos homens em *Omaha* uma oportunidade de lutar. Coube à infantaria explorá-la. A primeira tarefa era abrir aquelas saídas e aliviar o engarrafamento de trânsito na praia. Para fazer isso, a infantaria tinha de chegar ao cimo e atacar os defensores alemães pela retaguarda.

O importante trabalho que a Marinha fez destruindo as casamatas alemães no penhasco foi igualado pelo cuidado que tiveram pelos feridos. A assistência médica começou na praia, com homens arrastando os feridos para fora da água, a fim de evitar que se afogassem na maré enchente. O intendente-chefe Garwood Bacon do sétimo Batalhão Costeiro da Marinha estava num LCI que atingiu uma mina às 8:10 em *Dog Green.* Muitos foram feridos; a embarcação estava em chamas. Com os outros homem de sua equipe, Bacon pôs uma balsa de borracha na água; subiu a bordo enquanto nela instalavam um aparelho de rádio e mochilas de material médico além de armas e munição. Enquanto tiros de metralhadora e de fuzis passavam zunindo por seus ouvidos, eles empurraram a balsa através dos obstáculos para a água rasa, em seguida descarregaram os conteúdos na areia. "Ei, Bacon", exclamou o marinheiro Johnakin, "você acha que podemos voltar para o navio novamente? Alguns desses rapazes feridos nunca chegarão à terra."

"Farei uma tentativa se você quiser", retrucou Bacon.

Eles lançaram suas mochilas, fuzis-metralhadoras e capacetes na praia, agarraram a balsa, e começaram a se arrastar para trás buscando a água mais profunda, desviando-se novamente de obstáculos e tentando evitar as balas ao recolherem feridos da água. "Em questão de alguns minutos uns quinze feridos ou homens que não sabiam nadar estavam metidos na balsa ou pendurados no lado externo, e com a ajuda das mãos livres e dos pés batendo na água todos conseguimos alcançar mais uma vez a praia, onde vários homens fisicamente capazes ajudaram a levar os feridos para a proteção da muralha marítima e administrar os primeiros socorros sempre que era possível."[26] Um fotógrafo do Serviço de Comunicações do Exército tirou da cena um instantâneo que se tornou uma das fotos mais conhecidas da *praia Omaha*.

Bacon agarrou uma carabina (alguém já havia apanhado sua metralhadora automática) e se dirigiu para a muralha marítima de seixos. Ele viu um grupo de mais ou menos cinqüenta homens, "todos prostrados na areia ou nas rochas. Pensando que estavam ali protegendo-se devido ao tiroteio, joguei-me no chão entre dois soldados e enterrei o meu rosto na areia. Súbito percebi que não havia ratatatás de metralhadoras espocando sobre as nossas cabeças, de modo que me levantei cuidadosamente e olhei em redor. A cena doentia que meus olhos viram congelou-me no local. Um dos homens entre os quais eu caíra estava sem cabeça, o outro estraçalhado. Todos estavam mortos". Ele não pôde prestar nenhum primeiro socorro, de modo que partiu à procura do seu grupo.[27]

Os atiradores de elite alemães costumavam atirar nos médicos do Exército (universalmente louvados pelos veteranos como os mais bravos dos bravos) quando eles tentavam cuidar, na praia, dos feridos que não podiam ser removidos. Os que podiam ser arrastados para a muralha marítima eram tratados pelos médicos da melhor maneira que podiam, o que não era muito mais do que aplicar torniquetes, fazer uma rápida limpeza nas feridas, aplicar sulfa e/ou a nova droga maravilhosa, penicilina (a indústria farmacêutica dos Estados Unidos produzira um recorde de cem milhões de unidades de penicilina no mês anterior[28]), dando uma dose de morfina, e esperando pela oportunidade de levar o homem de padiola para a embarcação que estava voltando para o navio-tênder levando uma nova carga.

O marinheiro O'Neill e um engenheiro de praia conduziam uma maca para o LCT de O'Neill. Quando arriaram a padiola, o marinheiro constatou que um lado do rosto do homem ferido tinha desaparecido. "Seu globo ocular, dentes e osso maxilar estavam claramente visíveis. A idéia que se tinha era de um desenho ou modelo de anatomia. Perguntei-lhe como se sentia. Respondeu que estava OK."

O'Neill continuou a carregar a maca até que seu LCT ficou apinhado de feridos. Um médico do Exército e o cozinheiro no LCT assumiram. O médico tinha algum plasma sangüíneo, mas seu suprimento logo se esgotou. Quando o LCT partiu para a área de transporte, onde os feridos podiam passar para um navio-hospital, O'Neill ouviu o médico dizer: "Este homem vai precisar de um pouco de plasma ou está perdido."

"Não há mais", informou o cozinheiro, com lágrimas nos olhos. Eles ainda estavam a uma hora e meia longe do navio-hospital. Quando finalmente lá chegaram, o navio estava pronto para recebê-los com vigas armadas para sustentar as padiolas. O LCT foi preso ao costado; enfermeiros desceram do navio e passaram a bordo do LCT com suprimentos médicos de todos os tipos. Um por um, os feridos foram içados por padiola ao navio.[29]

Tempo era o grande perigo para os feridos. O sofrimento podia ser suportado ou controlado — uma combinação de choque e morfina ajudava (quando um médico ou um soldado americano administrava uma dose de morfina rotulava o homem, a fim de que outro soldado, mais tarde, não lhe desse uma segunda dose) — mas não a perda de sangue. Mas se a hemorragia pudesse ser estancada e o homem colocado nas mãos de um médico num navio-hospital, as chances de sobrevivência eram boas.

As tripulações nos navios de desembarque faziam o melhor para levar os feridos à tratamento. O sargento Stanley Borkowski da 5ª Brigada Especial de Engenharia estava dirigindo um DUKW para trás e para frente de um navio de suprimento, conduzindo carga. Nas viagens de retorno, ele trazia feridos para o navio-hospital, que estava ancorado cerca de duas milhas longe da costa. "Não desejo fazer comentários sobre os feridos", disse Borkowski em seu relato oral, com a voz sufocada pelas cenas que vira. "Eu me sentia satisfeito por levá-los ao hospital. Minhas orações estavam sempre com eles."[30]

O LCI em que andava o correspondente A.J. Liebling do *New Yorker* apanhou alguns feridos na *praia Omaha* para levar a um navio-hospital. Três deles tiveram de ser içados "verticalmente, em cestas de arame, à semelhança de bebês índios. Alguns negros no convés superior arriaram um cabo que nossos homens fixavam ao topo de cada cesta. Em seguida o homem era puxado no ar pelos negros como se estivesse indo para o céu."

"Um homem da Guarda Costeira apoiava o fundo de cada cesta,

de modo que podia firmá-la na sua subida. Pelo menos um litro de sangue escorreu sobre ele, cobrindo-lhe o capacete de aço, o rosto voltado para cima, o macacão azul... Alguns minutos depois que a última padiola fora içada a bordo, um oficial recostado no corrimão gritou para baixo: 'O oficial médico diz que dois destes homens estão mortos. Acha que vocês devem levá-los de volta para a praia e enterrá-los.' Um marinheiro no convés comentou: 'O filho da puta deveria ir ver aquela praia.' " O patrão do LCI recusou-se a cumprir aquela ordem absurda.[31]

O marinheiro Ferris Burke era um jovem de dezesseis anos no LST 285, que servia como navio-hospital. "Os doutores eram notáveis", relembrou ele. "Fora de série. Trabalhavam durante horas, amputando braços e pernas, removendo estilhaços, emplastrando ferimentos a bala e tentando tranqüilizar alguns homens que estavam completamente fora de si."

Burke teve uma experiência terrível para um garoto da sua idade (ou qualquer outro nessa situação). Ele lembra o doutor Slattery lhe pedindo para descer à oficina do bombeiro hidráulico e trazer meia dúzia de cantoneiras, de uns sessenta centímetros de comprimento. Burke obedeceu. Quando voltou com o metal, o doutor Slattery disse-lhe para atar ao metal com fita os braços e as pernas que ele havia amputado e lançá-los ao mar. Quando Burke contou ao bombeiro hidráulico o destino das cantoneiras, este ficou "um pouco transtornado, porque me dera um metal muito bom. Se soubesse para o que o médico queria o metal, teria dado algumas peças de refugo apanhadas aqui e ali na oficina, em vez de tão bom material".[32]

Havia muitas cenas dolorosas. O farmacêutico Mate Frank Feduik lembrou ter administrado morfina a um soldado americano no convés de um LST. Ele estava deitado numa maca. De repente ergueu o corpo e emitiu um grito horrível. Percebera que já não tinha a perna direita. Empurrei-o de volta para a maca e lembro-me dele dizer:

"Que é que eu vou fazer? Minha perna... eu sou agricultor."[33]

A guerra cria muitas justaposições estranhas, talvez nenhuma mais do que esta: homens que se empenham ao máximo para matar outros homens podem transformar-se numa fração de segundos em salvadores de suas vidas. Os soldados que encontravam um homem ferido (muitas vezes um inimigo) tornavam-se compassivos e zelosos anjos de misericórdia. O anseio de matar e o anseio de salvar às vezes correm juntos.

O capitão Palmer no *Harding* andava rondando bem ao largo da praia, fazendo fogo com todos os canhões do seu navio. Palmer foi descrito pelo tenente Gentry como um homem cheio de "energia autista e tensão nervosa". O oficial médico do *Harding* era o doutor McKenzie. Às 10:24, McKenzie havia convencido Palmer a cessar fogo por tempo suficiente para lançar o escaler do navio, de modo que pudesse ir a terra prestar socorros médicos aos feridos de um barco Higgins que fora atingido. Na conclusão daquele dever, embora sob intenso fogo de fuzis e de metralhadoras, McKenzie fez com que o escaler do navio o levasse à um DUKW com vários feridos, a fim de cuidar deles. Em seguida, retornou ao *Harding*.

A bordo, McKenzie enfrentou uma emergência. O guarda-marinha Robert Reetz tinha apendicite aguda. Somente uma operação imediata poderia salvar sua vida. McKenzie pediu novamente que Palmer cessasse fogo para que ele pudesse operar. Palmer concordou com relutância. Depois de mais ou menos meia hora, Palmer enviou o tenente Gentry até a enfermaria que fora convertida em sala de operação para ver o que estava atrasando as medidas.

McKenzie disse a Gentry que tinha dado a Reetz "anestesia suficiente para duas pessoas, mas ainda não pudera tranqüilizá-lo o bastante para operar". O guarda-marinha William Carter estava lá, juntamente com três outros tentando manter Reetz sossegado. (Carter lembrou que "o doutor McKenzie prometera durante meses deixar-me assistir uma operação; esta foi a de maior porte e ele me chamou para isso".) A luz suspensa não estava funcionando. Carter segurava uma lanterna com uma mão e Reetz com a outra. Foram precisos outros quarenta e cinco minutos para que a anestesia fizesse efeito, "com o capitão chamando de cima a cada cinco minutos para ser informado sobre o progresso", segundo as palavras de Gentry. Por fim, depois de uma hora e meia, a operação foi concluída com sucesso. O capitão Palmer soltou um "graças a Deus" e ordenou que todos os canhões começassem a atirar.[34]

* * *

Os médicos não eram os únicos homens na praia cujo trabalho não era destruir, mas preservar. O Serviço de Comunicações do Exército e a Guarda Costeira enviaram fotógrafos para registrar a batalha. Eles conduziam apenas máquinas fotográficas e filmes em preto-e-branco. Eles chegaram com as primeiras levas.*

Talvez o mais bravo e certamente o mais conhecido naquele dia foi Robert Capa, da revista *Life*, que entrou em *Omaha* com a Companhia E na segunda leva. Sua embarcação acabou num lugar errado em *Easy Red*. Capa foi o último a sair, e fez uma pausa na rampa para tirar uma fotografia. O patrão "interpretou mal minha atitude considerando-a explicável hesitação e ajudou-me a decidir com um seguro chute no traseiro". Capa pôs-se atrás de um obstáculo e usou um rolo de filme. Depois lançou-se à frente para se proteger atrás de um carro de combate destruído pelo fogo, com água pela cintura. Ele queria chegar à muralha marítima "mas não pude achar nenhum buraco entre as granadas e balas que bloqueavam os últimos 25 metros". Ele continuou atrás do carro, repetindo uma frase que aprendera na Guerra Civil Espanhola (onde ele tirara uma das fotografias de combate mais conhecidas do século vinte, a de um soldado que acabara de receber um tiro no peito): *Es una cosa muy seria. Es una cosa muy seria.*

Capa finalmente conseguiu chegar à muralha marítima, onde se jogou no chão. "Dei de cara com um tenente com quem estivera na nossa última noite de pôquer. Ele me perguntou se eu sabia o que ele vira. Eu lhe disse que não e que não achava que ele pudesse ver muita coisa por trás da minha cabeça. 'Eu lhe direi o que vi. Vi mamãe na varanda da frente, agitando a minha apólice de seguro.' "

Granadas estavam caindo por toda parte. Capa continuou fotografando, colocando novos rolos de filmes e tirando mais fotografias, até quase ficar sem filme. Voltando-se para a praia, ele viu um LCI.

"Eu não pensei e não decidi. Apenas me levantei e corri na direção do barco." Segurando as câmaras acima da cabeça, ele vadeou até o

* Em 1991, um dos meus alunos observou: "Segunda Guerra Mundial? Não foi aquela que combateram em preto-e-branco?"

LCI. "Eu sabia que estava fugindo. Tentei mas não pude enfrentar a praia e disse a mim mesmo: eu só vou secar minhas mãos naquele barco."

O soldado da Guarda Costeira Charles Jarreau estava num LCI recolhendo feridos para transportá-los a um navio-hospital. Ele localizou Capa: "Pobre sujeito, estava ali na água, mantendo suas câmaras acima da cabeça para continuarem secas, procurando tomar fôlego." Capa gritou por socorro; o patrão disse-lhe para vir a bordo. "Ele estava realmente agradecido por sair e veio para bordo. Tirou fotografias no nosso navio, que apareceram na revista *Life*."[35]

Capa voltou para Portsmouth mais tarde naquele dia, em seguida foi de trem para os estúdios em Londres. Ele entregou seu filme para ser revelado. O assistente da câmara escura estava tão ansioso para ver as fotos que fez passar muito calor enquanto revelava os negativos. As emulsões se derreteram e escorreram. Das 106 fotos que Capa tinha tirado, apenas oito foram recuperadas e, mesmo assim, estavam borradas.

Capa ficou compreensivelmente consternado até perceber que as fotos cinzentas e escuras de homens escondendo-se por trás de obstáculos costeiros ou descendo para terra de barcos Higgins apanharam exatamente o caos e o medo na *praia Omaha*. Graças em parte ao ansioso revelador, Capa tirara algumas das mais famosas fotografias do Dia D.[36]

O diretor e produtor de Hollywood John Ford era o chefe de uma unidade fotográfica para o Departamento de Serviços Estratégicos. No Dia D, ele dispunha de uma equipe de *cameramen* da Guarda Costeira trabalhando para ele. Eles cruzaram o canal no destróier *USS Plunket*, conduzindo um equipamento de filmagem no valor de um milhão de dólares. Vinte anos mais tarde, Ford falou sobre suas experiências ao escritor Pete Martin a serviço do *American Legion Magazine*. Ford trouxera para a *praia Omaha* seu maravilhoso olho de diretor; sua descrição verbal precisa ser citada:

"Quando iniciamos", disse Ford a Martin, "éramos o último navio a sair em nosso enorme comboio... Subitamente nossa flotilha sofreu uma reviravolta... o que pôs o *Plunket* na dianteira. Contam que expressei certa surpresa ao liderar a invasão com as minhas câmaras."

O *Plunket* arriou a âncora às 6:00 ao largo da *praia Omaha*. "As coisas começaram a acontecer rapidamente."

Ford viu a primeira leva entrar. "Eles não tiveram uma chance. Nem a tiveram os LCM levando os *bulldozers* e mais carros de combate. Eles na verdade tinham o inferno pela frente. Posteriormente fui informado de que apenas três *bulldozers* entre 30 ou 40 foram descarregados com sucesso. Também vi navios de desembarque girarem fora de controle, dando de encontro a obstáculos, afinal batendo numa mina e voando pelos ares. Vários dias depois, descobri que naquela semana os estaleiros estavam se preparando para despedir centenas de operários, porque os pedidos de tempo de guerra diminuíram."

O objetivo da equipe de Ford era "simples, apenas filmar tudo na *praia Omaha*. Simples, mas não fácil". Ford desembarcou num DUKW. Ao entrar, "lembro-me de ter visto um homem de cor num DUKW cheio de suprimentos. Ele os descarregou na praia, voltou para buscar mais. Eu observava, fascinado. Bombas caíam em torno dele. Os alemães estavam realmente querendo pegá-lo. Ele evitava todos os perigos e continuava indo de trás para frente, de trás para frente, completamente calmo. Pensei: *Por Deus, se alguém merece uma medalha, é este homem.* Eu queria fotografá-lo, mas estava num lugar relativamente seguro no momento e imaginei: *Que vá tudo para o inferno.* Eu estava querendo admitir que ele era mais bravo do que eu".

A infantaria também causou uma vívida impressão em Ford. "A disciplina e o treinamento daqueles rapazes que desembarcaram nas levas posteriores, vomitando e gemendo de náusea por todo o caminho de acesso à praia, eram impressionantes. Eles não faziam nenhuma corrida maluca. Assumiam tranqüilamente suas posições e iam, com firmeza, se deslocando para a frente."

Quando Ford atingiu a praia, correu para adiante e começou a dirigir os seus fotógrafos para a escolha de locais (principalmente atrás de obstáculos costeiros). Eles começaram a se instalar e a fotografar. "Eu não queria que ficassem de pé. Fi-los se protegerem. [Não obstante] perdi alguns homens. Na minha opinião, aqueles garotos nauseados eram heróis... Tiro o chapéu para os meus meninos da

Guarda Costeira. Eram comoventes. Eles foram os primeiros a entrar não para a luta, mas para fotografar.

"Minhas memórias do Dia D vêm em tomadas desconexas como fotos isoladas que devem ser depois reunidas num filme.

"Fez-me lembrar aquele trecho em *The Red Badge of Courage* a respeito de como os soldados estavam sempre ocupados, sempre profundamente absorvidos em seus combates individuais.

"Meu pessoal e eu tínhamos a tarefa de 'ver' toda a invasão para o mundo, mas tudo o que qualquer de nós viu era a sua pequena área... Em ação, eu não instruí meus rapazes para onde dirigir suas câmaras. Eles apanhavam tudo o que podiam... Sem pânico, sem correria."

O filme voltou para Londres, onde foi revelado. A maior parte dele em *Kodachrome,* transferido para preto-e-branco para exibição nos jornais cinematográficos. "Minha unidade de corte... fez vigílias de 24 horas, escolhendo a melhor parte dos filmes retratados. Tenho certeza de que foi o melhor trabalho de corte de todos os tempos. Eles se dividiram em turnos de quatro horas — quatro trabalhando, quatro descansando... Muito pouco foi liberado para o público, então, [porque] evidentemente o Governo não desejava mostrar tantas perdas americanas na tela."[37]*

---

* Só em 1945 o Governo liberou os filmes ou fotos de soldados americanos mortos. Em sua entrevista de 1964 à *American Legion Magazine*, Ford disse: "Todo ele (o filme do Dia D) ainda existe hoje armazenado em Anacostia, perto de Washington, D.C." — onde esteve durante trinta anos sem que o Centro Eisenhower tivesse condições de descobri-lo.

21. "Pode me Dizer como Fizemos Isto?"

O Segundo Batalhão de Tropas de Assalto na Manhã do Dia D

Na tarde do dia 5 de junho, o tenente-coronel James Earl Rudder, Comandante da Força de Tropas de Assalto (2º e 5º Batalhões de Tropas de Assalto — *Rangers*), fez uma visita às companhias A, B e C do 2º Batalhão no seu navio-transporte, o *Prince Charles*. Ele ia liderar as companhias D, E e F num assalto a Pointe-du-Hoc, um rochedo escarpado de uns quarenta metros de altura a cerca de sete quilômetros a oeste do flanco direito da *praia Omaha*. A, B e C estariam no setor *Charlie* de *Omaha*, no flanco direito da Companhia A do 116º Regimento de Infantaria.*

Rudder, formado pela Academia Militar do Texas em 1932, onde recebeu uma patente na reserva, fora treinador de futebol colegial e professor antes de entrar no serviço ativo em 1941. Ele sabia como realizar palestras inspiradoras antes de entrar em ação. Naquela ocasião, ele disse às companhias A, B e C: "Rapazes, vamos para a praia para sermos os primeiros deste batalhão a pôr o pé em solo francês. Mas não se preocupem por estarem sozinhos. Quando D, E e F

---

* O efetivo das companhias de tropas de assalto (*Rangers*) era de setenta homens, menos que a metade das companhias de infantaria.

tomarem conta de Pointe-du-Hoc, viremos dar-lhes uma ajuda na conquista de seus objetivos. Boa sorte e Deus esteja com vocês."[1]

No fim, quase nada disto funcionou, nem para A, B e C, nem para D, E e F. A maior parte do plano de ataque teve de ser abandonada antes mesmo que a ação começasse. A Companhia C estava só ao desembarcar, e passou virtualmente só o dia todo. As companhias D, E e F chegaram na hora errada e na direção errada em Pointe-du-Hoc. A maior parte do equipamento especial para escalar o rochedo nunca chegou à praia; e grande porção do que chegou deixou de funcionar. Quando as companhias alcançaram o topo, descobriram que seu objetivo, os canhões de 155 mm capazes de dominar tanto a *praia Utah* quanto a *praia Omaha*, não estava em casamatas. Aparentemente aquilo que as tropas de assalto haviam realizado numa das mais famosas e heróicas ações do Dia D tinha sido em vão, e as habilidades e sacrifícios de uma das melhores e mais altamente treinadas forças do Exército aliado tinham sido desperdiçados. Na realidade, porém, o que as tropas de assalto haviam realizado em *Omaha* e em Pointe-du-Hoc foi decisivo para o sucesso final em ambas as praias americanas.

Dez anos depois do acontecimento, o coronel Rudder visitou o local com seu filho de quatorze anos e o repórter do *Collier's*, W.C. Heinz. Olhando para o rochedo em Pointe-du-Hoc, ele perguntou: "Quer me dizer como fizemos isto? Quem quer que tentasse fazer uma coisa destas seria um louco. Foi loucura então, e é loucura agora."[2]

O plano era que a Companhia C desembarcasse no flanco direito da *praia Omaha* e seguisse a Companhia A do 116° Regimento transpondo o barranco de Vierville, passasse através da aldeia, virasse à direita e desobstruísse a área entre a praia e a estrada costeira (cerca de um quilômetro para o interior), indo de Vierville a Pointe-du-Hoc. Naquela área os alemães tinham cerca de vinte casamatas, espaldões, *Tobruks* e oito embasamentos para canhões, mais uma estação de radar. A ordem de operações exigia que a Companhia C executasse sua missão em duas horas, isto é, por volta de 8:30. As Companhias A e B desembarcariam às 7:30 em Pointe-du-Hoc, se fosse dado um sinal de que Rudder precisava delas como reforço: se nenhum sinal fosse recebido (presumivelmente significando que a força de Rudder havia falhado), elas desembarcariam na embocadura da ravina de Vierville, de cujo local se deslocariam para o solo elevado, virariam à direita, e prosseguiriam no sentido oeste sobre a estrada costeira para atacar Pointe-du-Hoc do lado terrestre.

Para as companhias A, B e C, em suma, tudo dependia da Companhia A do 116º Regimento assegurar a ravina de Vierville e a própria aldeia nos momentos iniciais do assalto. Mas a Companhia A do 116º foi eliminada na praia. A Companhia C, das tropas de assalto, chegou poucos minutos depois, às 6:45, numa posição isolada, na beira ocidental extrema de *Omaha*, bem além da ravina de Vierville; as tropas americanas mais próximas estavam a mais de dois quilômetros a leste em *Dog Red*.

Entrando nos calcanhares do bombardeio naval, antes que os alemães abrissem fogo, as tropas de assalto estavam cheias de petulância. "Vai ser uma barbada", disse um dos soldados. "Não acho que eles saibam que estamos chegando." O sargento Donald Scribner recordou-se de os homens cantarem no seu barco "Parabéns para você" ao sargento Walter Geldon — o dia 6 de junho de 1944 era o do terceiro aniversário de casamento de Geldon.[3] Eles deram vivas quando os LCT(R) lançaram seus foguetes, só para gemer quando viram os foguetes cair aquém dos objetivos e inofensivamente na água. A consternação aumentou quando perceberam, nas palavras do tenente Gerald Heaney, "que não havia ninguém na praia à nossa frente e que íamos pôr o pé num setor que não tinha sido invadido por outros soldados americanos".

Quando o LCA de Heaney atingiu um banco de areia, o patrão britânico exclamou em tom alegre: "Isto mostra até onde eu vou, ianques", e arriou a rampa. O fogo das metralhadoras alemãs atravessou o barco. O primeiro homem a sair foi imediatamente atingido. Heaney viu que não tinha nenhuma chance se descesse a rampa, de modo que pulou sobre o costado.

"Ao meu redor havia homens sendo mortos ou feridos. Corri o máximo que pude na direção da praia, e lembro-me de chegar tão exausto que foi tudo o que pude fazer para alcançar o rochedo."[4]

O comandante da Companhia C, capitão Ralph Goranson, recordou: "Ir através da praia era como que um sonho onde todo o movimento do corpo e da mente era somente um funcionamento automático." Ele conseguiu chegar ao abrigo na base do rochedo. Para o sargento Marvin Lutz, cruzar a praia foi "como um horrível pesadelo". Todavia, à semelhança do seu comandante, ele se moveu automaticamente — o resultado das manobras de treinamento.[5]

O rochedo era escarpado, a cerca de trinta metros de altura, bem a oeste do barranco de Vierville. À sua base os homens estavam fora do campo de tiro dos metralhadores alemães mas ainda vulneráveis ao fogo de morteiros e granadas de mão lançados sobre a borda pelos inimigos situados no alto. As granadas eram de concussão, universalmente chamadas de "amassadores de batata" pelos soldados americanos, por causa da sua forma. Quando eles desceram, o praça Michael Gargas exclamou: "Tenham cuidado, companheiros! Lá vem outro amassador de batata!"[6]

O barco do sargento Scribner foi atingido três vezes por fogo de artilharia. O primeiro projétil arrancou completamente a rampa do barco, matando os homens que estavam na frente e cobrindo os outros de sangue. O segundo atingiu a bombordo. Scribner começava a subir pelo lado de boreste quando notou a existência de um morteiro de 60 mm no fundo da embarcação. Ele se deteve para apanhá-lo quando o terceiro projétil arrancou o lado de boreste. De algum modo ele conseguiu pular na água.

"Eu estava levando um rádio, meu fuzil, minhas granadas, minha munição extra, minha cama rolo, todo o meu equipamento, e comecei a afundar no canal. Não acreditava que fosse parar de ir para baixo."

Scribner acabou chegando à costa — ele não consegue recordar como — e tentou correr pela praia. "Lembro-me de cair várias vezes, projéteis de metralhadoras pipocavam na frente do meu rosto na areia. Não parei porque sabia o que estava vindo, mas caí porque estava cansado demais." Quando ele conseguiu chegar à base do rochedo, "olhei para trás, vi Walter Geldon deitado na praia com a mão levantada, pedindo ajuda. Walter não conseguiu atravessar. Ele morreu no seu terceiro aniversário de casamento".[7]

O tenente Sidney Salomon, que liderava o 2º Pelotão da Companhia C, foi o primeiro a saltar do seu barco. Ele se dirigiu para a direita com água na altura do peito enquanto armas automáticas e tiros de fuzil borrifaram as tropas de assalto que desembarcavam. O segundo homem a saltar, o sargento Oliver Reed, foi atingido. Salomon correu até ele e puxou-o de sob a rampa no momento exato em que a embarcação moveu-se para a frente numa onda. Ele disse a Reed que fizesse o melhor possível e começou a vadear na direção da praia. "Naquele momento os alemães assestaram suas armas sobre a rampa. Soldado após soldado foi atingido por tiros de armas leves ao saltarem na água; além disso, fogo dos morteiros caía em torno da embarcação, formando gêiseres de água."

Salomon chegou à base do rochedo e olhou para trás. "Corpos jaziam imóveis, onde haviam caído, fios de sangue avermelhavam a areia. Alguns dos feridos estavam se arrastando como podiam, vários com um ar de desespero e perplexidade nos rostos torturados pela dor. Outros tentaram se levantar, apenas para serem atingidos novamente. Corpos rolavam para trás e para a frente à beira da água; o Canal da Mancha parecia estar zombando ao mostrar seu poder sobre o homem e brincava com os corpos como um gato com um rato."[8]

Dos sessenta e oito soldados da Companhia C, dezenove estavam mortos, dezoito feridos. Apenas trinta e um conseguiram chegar à base do rochedo e a companhia ainda não disparara um tiro.[9] A experiência nos primeiros minutos em solo francês fora quase tão desastrosa como a da Companhia A, do 116º.

Mas os homens da tropa de assalto tiveram algumas vantagens. Apesar das granadas e do fogo dos morteiros, eles estavam mais seguros na base do rochedo do que os sobreviventes da Companhia A estavam na muralha marítima do outro lado do barranco de Vierville. Seu comandante de companhia, capitão Ralph Goranson, juntamente com dois comandantes de pelotão, os tenentes William Moody e Sidney Salomon, estavam juntos deles, liderando-os. E eles eram tropas de elite, levadas a uma agitação febril por aquele momento. Por exemplo, o sargento Scribner recordou o sargento *"Duke"* Golas: "Ele teve quase que a metade da cabeça estourada por uma granada e ainda permanecia de pé no fundo do rochedo disparando sua arma, berrando para os *krauts* lá em cima que saíssem e lutassem."[10]

Os oficiais, contudo, perceberam que a companhia estava só, que o barranco de Vierville não só não estava ainda liberado, mas também estava cheio de defensores alemães, e que sua única alternativa — além de se agacharem na base do penhasco e serem mortos — era escalar o rochedo. Felizmente, eles tinham passado por treinamento de escalada de rochedos e traziam algum equipamento especial para fazê-lo.

Os tenentes Moody e Salomon e os sargentos Julius Belcher e Richard Garrett deslocaram-se para a direita até que encontraram uma fenda no rochedo. Usando suas baionetas como suportes manuais, puxando um ao outro pelo percurso, eles chegaram à crista da rocha. Lá, Moody amarrou cordas com degraus à estacas num campo minado e soltou-as para a base do rochedo, possibilitando ao restante da companhia subir por elas, como macacos, até em cima. Por volta das 7:30, a Companhia C do 2º Batalhão, ou o que restou dela, estava na crista. De acordo com a história oficial do Exército, ela "foi provavelmente a primeira unidade de assalto a atingir um ponto elevado".[11]

Sobre o rochedo, os homens da tropa de assalto viram o que eles sempre chamaram, posteriormente, de uma casa fortificada. Na verdade, ela não era fortificada, mas poderia ter sido, pois era uma típica casa de fazenda normanda, de pedra. Dominava o rochedo e era rodeada de um labirinto de trincheiras de comunicações. Atrás da casa os alemães tinham numerosos *Tobruks* e outros tipos de casamatas, mais um extenso sistema de trincheiras. Os alemães, da casa, estavam atirando nos homens da tropa de assalto.

A missão da Companhia C era deslocar-se para oeste ao longo do solo elevado, mas o capitão Goranson decidiu antes de tudo atacar a casa e esvaziar todas as trincheiras atrás dela. O tenente Moody conduziu uma patrulha contra a casa. Ele abriu a porta com um pontapé e matou o oficial encarregado, em seguida iniciou uma busca através das trincheiras. Moody foi morto por uma bala que lhe varou a testa. O tenente Salomon assumiu o comando da patrulha. Ele desceu às trincheiras usando granadas incendiárias de fósforo branco para desobstruir os ninhos de metralhadoras.

Os sargentos George Morrow e Julius Belcher localizaram uma metralhadora que estava varrendo a tiros a extremidade ocidental da *praia Omaha*, uma daquelas metralhadoras que matara tantos soldados uma hora antes. Estava continuamente atirando para a praia de novo, quando novas levas tentavam atravessar a areia. Numa fúria impiedosa, Belcher correu para a posição, esquecido da própria segurança. Ele abriu com um pontapé a porta do ninho e lançou dentro uma granada incendiária de fósforo branco. Quando o fósforo começou a arder nas suas peles, os alemães abandonaram sua metralhadora e correram para a porta, gritando de agonia. Belcher os abateu quando eles apareceram.[12]

Nem todo mundo era bravo. O tenente Heaney relembrou "um oficial cujo nome não usarei. Ele fora um dos oficiais mais fisicamente ativos durante todo o treinamento. Todos sentíamos que ele ia ser um excepcional combatente. Mas eu o encontrei no fundo de um abrigo individual chorando como um bebê e totalmente incapaz de continuar. O sargento White destacou um de seus homens para levá-lo de volta à praia a fim de ser evacuado e esta foi a última vez que soube dele".[13]

O capitão Goranson, todavia, vira uma seção de homens do 116º Regimento desembarcando bem abaixo do rochedo (era um quilômetro fora do curso). Ele enviou um soldado para guiá-los para o topo, suprindo a Companhia C de seus primeiros reforços. Os alemães estavam constantemente recebendo reforços, trazendo homens do barranco e da aldeia através de trincheiras que funcionavam como vias de comunicação. Havia muito mais reforços alemães do que americanos. Em *Utah*, os pára-quedistas impediram que os alemães enviassem reforços para a praia; em *Omaha* não havia pára-quedistas, e os alemães tinham liberdade de movimento por trás da praia.

Houve um dia inteiro de tiroteio no rochedo a oeste do barranco de Vierville. Goranson não tinha condições o bastante para desalojar os alemães; seus homens limpavam uma trincheira, seguiam adiante, só para que novas tropas alemãs reocupassem a posição. O tenente Salomon liderava um "pelotão" de três homens. Ele descreveu uma típica ação: "Fomos até mais adiante na trincheira, perto de uma curva. Demos com uma guarnição alemã de morteiros numa posição fixa. Mais algumas granadas, mais tiros de fuzil e submetralhadora Thompson, enquanto continuávamos através das trincheiras."[14] Para o sargento Scribner, a idéia que se tinha era de que o dia não ia terminar nunca.

O tenente Salomon perdeu a esperança. Olhando a praia lá em baixo, ele viu o caos. "Até o meio-dia do Dia D", comentou posteriormente, "eu pensava que a invasão havia sido um fracasso e eu estava curioso por saber se poderíamos fazer uma retirada bem-sucedida e tentar a invasão novamente no futuro."[15]

Para a maioria dos homens da tropa de assalto esta foi a primeira experiência de combate. Era um sinal de quão eficientemente haviam sido treinados, e um exemplo teórico do que o treinamento pode realizar, fazendo-os combater com persistência os alemães nas suas posições fortificadas. Eles o fizeram não sem ligar para perdas mas usando táticas básicas executadas com entusiasmo controlado pela própria cautela. No dia seguinte um destacamento de sepultamento relatou o resultado: havia sessenta e nove alemães e dois americanos mortos em torno da casa fortificada e do sistema de trincheiras.

Para a Companhia C das tropas de assalto e para a seção do 116° Regimento, esta foi uma ação isolada. Eles foram os únicos americanos no lado ocidental do barranco de Vierville e estavam completamente fora de contato porque todos os rádios haviam sido perdidos. Realmente receberam alguma ajuda da Marinha, nem sempre bem-vinda. Sem saber que as tropas de assalto estavam no rochedo, os destróieres dispararam alguns canhões de 20 mm e de 5 polegadas sobre a posição. O sargento Scribner viu um projétil de 5 polegadas causar um impacto direto em uma casamata; ele ficou pasmo com o fato de que "provocou apenas uma mossa de cerca de 12 cm de profundidade. Aqueles alemães sabiam realmente como construir suas plataformas".

O sargento William Lindsay estava dentro de uma casamata de concreto quando recebeu dois impactos diretos de granadas de 5 polegadas. Ele perdeu um dente e ficou maio abobalhado pela concussão. Três vezes durante o dia teve de ser impedido pelos seus companheiros de luta de caminhar à êsmo pelo rochedo. Naquela noite, enfrentou o coronel Taylor do 116° Regimento. Com o rosto vermelho, praguejando, acusava Taylor de haver roubado o seu fuzil. O tempo todo ele tinha o fuzil posto à bandoleira sobre o ombro.[16] O incidente despertou o riso nos soldados que o viram (depois que Lindsay recobrou os sentidos, o que aconteceu em algumas horas) e certa compaixão pelos alemães apanhados dentro de suas casamatas quando granadas de 14 polegadas, lançadas dos navios de guerra, explodiam de encontro a eles.

"Eu estava preocupado pra diabo no alto do rochedo", disse posteriormente o sargento Charles Semchuck sobre aquele dia, "esperando apenas que os *boches* nos impelissem de volta para o Canal. Eles tinham a oportunidade de fazê-lo. Na noite do Dia D, quando fizemos contato com nossas companhias A e B, meu estado de espírito e o meu moral subiram 100 por cento... Senti vontade de dar saltos mortais, tão feliz eu estava. Soube então que os *boches* tinham deixado escapar sua única chance de vitória. Não quero jamais estar de novo em outro Dia D". O sargento Lutz fez eco a este último sentimento: "Irmão, creia-me, não mais Dias D para mim se eu puder evitá-los!"[17]

A Companhia C não completara a sua missão. Na verdade, podia-se dizer que ela sequer lhe dera início. Sua ação foi de menor escala, um engajamento de pequena unidade, de proporções inconseqüentes, quando medida pelo número de homens envolvidos. Foi, todavia, decisiva. Ocupando os alemães o lado oeste do barranco de Vierville e o rochedo, as tropas de assalto desviaram um pouco do fogo das metralhadoras que de outro modo teria aumentado a carnificina na praia. Claro que as tropas de assalto não o fizeram sozinhas, mas sem elas a passagem para o barranco de Vierville teria sido, na melhor das hipóteses, até mais custosa; e na pior das hipóteses, os americanos não teriam chegado àquele barranco no Dia D.

As Companhias A e B do 2º Batalhão de Tropas de Assalto entraram às 7:40 em *Dog Green*; o 5º Batalhão entrou às 7:50 em *Dog White*, a leste da embocadura do barranco de Vierville. Ali eles se tornaram, com efeito, parte do 116º de Infantaria, a ponto de que muitas unidades de combate *ad hoc* formadas na praia fossem compostas por uma mistura de tropas de assalto e infantaria do 116º. Assim a experiência das tropas de assalto no lado leste do barranco é mais bem compreendida quando narrada junto com a da investida do 116º ao topo do penhasco, como veremos no capítulo seguinte.

O bombardeio aliado de Pointe-du-Hoc tinha começado semanas antes do Dia D. Bombardeiros pesados da Oitava Força Aérea dos Estados Unidos e do Comando de Bombardeiros Britânico repetidamente varreram a área, com um clímax que veio antes da madrugada no dia 6 de junho. Em seguida o encouraçado *Texas* iniciou a ação, lançando dezenas de projéteis de 14 polegadas na posição. No cômputo geral,

Pointe-du-Hoc foi atingida por mais de dez quilotons de explosivos, o equivalente ao poder explosivo da bomba atômica usada em Hiroxima. O *Texas* suspendeu o seu fogo às 6:30, no momento em que as tropas de assalto estavam programadas para desembarcar.

O coronel Rudder estava no barco da frente. Ele não deveria estar ali. O general Clarence Huebner, comandante da 1ª Divisão e no comando-geral na *praia Omaha*, proibira Rudder de liderar as Companhias D, E e F do 2º Batalhão de Tropas de Assalto contra Pointe-du-Hoc, dizendo: "Não vamos arriscar que você seja posto a nocaute no primeiro assalto."

"Sinto ter de desobedecer-lhe, senhor", Rudder replicara, "mas se eu não o fizer, a coisa pode não progredir".[18]*

As tropas de assalto estavam em embarcações específicas para assalto (LCA) guarnecidas por marinheiros britânicos (as tropas de assalto haviam treinado com comandos britânicos e estavam, por conseguinte, acostumadas a trabalhar com marujos ingleses). O LCA foi construído na Inglaterra de acordo com o desenho básico do barco Higgins, mas os britânicos acrescentaram alguma blindagem aos costados e amuradas. Isso tornou o LCA mais lento e mais pesado — os britânicos estavam sacrificando a mobilidade para aumentar a segurança — o que significava que o LCA navegava mais lento do que o LCVP.

Na manhã do Dia D, todos os LCAs que conduziam as tropas de assalto fizeram água quando as ondas passavam por sobre os costados. Um dos dez barcos submergiu logo depois de deixar a área de transporte, levando junto o comandante da Companhia D e vinte homens. (Foram recolhidos por um LCT algumas horas depois. "Dêem-nos algumas roupas secas, armas e munição e levem-nos de volta a Pointe. Temos de voltar!", disse o capitão Slater quando saiu da água. Mas os seus homens estavam tão entorpecidos pela água fria que o médico do

* James W. Eikner, um tenente que estava com Rudder no Dia D, comenta em uma carta de 29 de março de 1993 ao autor: "Esperava-se que o assalto na Pointe fosse conduzido por um sub-comandante recentemente promovido que infelizmente conseguiu pôr-se bêbado e indisciplinado enquanto estava a bordo do seu navio-transporte no porto de Weymouth. Este foi o motivo que levou o coronel Rudder a liderar pessoalmente o assalto de Pointe-du-Hoc. O ex-oficial foi mandado para a terra e hospitalizado — e nunca voltamos a vê-lo."

navio ordenou que voltassem para a Inglaterra.[19]) Um dos dois barcos de abastecimento que trazia munição e equipamento também submergiu; o outro barco de abastecimento teve de alijar mais da metade da sua carga para permanecer flutuando.

Esse foi apenas o começo dos transtornos. Às 6:30, quando o LCA líder de Rudder se aproximava da praia, ele viu consternado que o patrão tinha rumado na direção de Pointe-de-la-Percée, cerca da metade do caminho entre o barranco de Vierville e Pointe-du-Hoc. Depois de certa discussão, Rudder convenceu o patrão a virar à direita para o objetivo. A flotilha tinha de combater a corrente marítima (a causa do desvio para a esquerda) e prosseguir apenas lentamente paralela à costa.

O erro custou caro. Fez com que as tropas de assalto se atrasassem trinta e cinco minutos no desembarque, o que deu tempo aos defensores alemães de se recuperarem do bombardeio, saírem de seus abrigos subterrâneos e guarnecerem suas posições. Fez também com que a flotilha se expusesse a um castigo de fogo dos canhões alemães ao longo de quatro quilômetros de linha costeira. Um dos quatro DUKW foi afundado por uma granada de 20 mm. O sargento Frank South, de dezenove anos de idade, membro do corpo médico, recordou: "Estávamos levando muitos tiros de metralhadora vindos do nosso flanco esquerdo ao lado do rochedo, e não podíamos, sem arriscar a vida, localizar o fogo."[20] O tenente James Eikner, o oficial de comunicações de Rudder, recorda de "tirar água com nossos capacetes, desviarmonos de balas e vomitarmos, tudo ao mesmo tempo".[21]

Os destróieres USS *Satterlee* e o HMS *Talybont*, viram o que estava acontecendo e se aproximaram para atirar com todos os canhões nos alemães. Isso ajudou a fazer com que alguns alemães recuassem da margem do rochedo. A Companhia D fora programada para desembarcar no lado ocidental do rochedo, mas, por causa do erro de navegação, Rudder fez sinal com a mão para que os dois LCA que conduziam o restante da Companhia D se juntassem aos outros sete e desembarcassem lado a lado na parte oriental.

O tenente George Kerchner, comandante de pelotão da Companhia D, recordou que quando o seu LCA fez a volta para rumar para a praia, "meu pensamento foi de que esta coisa toda é um grande erro, que nenhum de nós jamais subirá aquele rochedo". Mas então os destróieres começaram a atirar e afastaram alguns alemães da beira do rochedo. Quarenta e oito anos depois, o então coronel reformado Kerchner comentou: "Algum dia eu adoraria encontrar-me com alguém do *Satterlee* para poder apertar-lhe a mão e agradecer."[22]

A praia em Pointe-du-Hoc tinha apenas dez metros de largura quando a flotilha se aproximou, reduzindo-se rapidamente quando a maré subia (com a maré cheia não havia praticamente praia). Não existia areia, apenas seixos. O bombardeio aéreo e naval tinha feito tombar grandes montes de solo argiloso, tornando as rochas escorregadias, mas criando porém uma plataforma de oito metros de altura na base do rochedo que deu às tropas de assalto um pouco de vantagem na escalada de quarenta metros.

As tropas de assalto tinham muitos dispositivos engenhosos para ajudá-los a chegar ao pico. Um deles eram escadas com extensões, com vinte e cinco metros montadas em DUKWs, fornecidas pelo Corpo de Bombeiros de Londres. Mas um DUKW já estava afundado, e os outros três não tinham apoio sobre os seixos, que estavam cobertos com argila molhada e assim um tanto parecidos com rolamentos engraxados. Apenas uma escada foi levantada.

O sargento William Stivison subiu ao topo dela para atirar com sua metralhadora. Ele estava oscilando para trás e para frente como um metrônomo, com traçantes alemãs explodindo em torno dele. O tenente Elmer *"Dutch"* Vermeer descreveu a cena: "A escada estava oscilando em um ângulo de quarenta e cinco graus — em ambas as direções. Stivinson disparava rajadas curtas quando passava sobre o rochedo no topo do arco, mas o DUKW patinhava de tal maneira que tiveram de trazer de novo a escada de incêndio para baixo."[23]

O método básico de escalar era por meio de corda. Cada LCA conduzia três pares de canhões para lançamento de foguetes, disparando arpéus de aço que puxavam para cima ou cordas simples de três quartos de polegada, cordas com degraus, ou escadas de cordas. Os foguetes eram disparados precisamente antes do desembarque. Os arpéus com cordas amarradas eram uma antiga técnica de escalar uma muralha ou um rochedo, experimentada e comprovada. Mas neste caso, as cordas haviam sido encharcadas pelo borrifo e em muitos casos estavam pesadas demais. Os soldados esperavam com o coração apertado quando os arpéus eram lançados na direção do rochedo, apenas para cair em decorrência do peso das cordas. Todavia, pelo menos um arpéu com uma corda de cada LCA conseguiu esse intento; os arpéus se cravaram na terra, e as cordas bamboleantes proporcionaram um meio de escalar o rochedo.

Para chegar às cordas, os grupos de combate tinham de desembarcar e cruzar a estreita faixa de praia para a base do rochedo. Para chegar lá, tinham dois problemas a superar. O primeiro era uma metralhadora alemã no flanco esquerdo, atirando na praia. Ela matou ou feriu quinze homens ao lançar rajadas para trás e para a frente ao longo da praia.

O coronel Rudder foi um dos primeiros a chegar à praia. Com ele estava o coronel Travis Trevor, um comando britânico que estivera presente ao treinamento das tropas de assalto. Ele começou a andar pela praia, dando encorajamento. Rudder o descreveu como "um grande filho da puta (1,93m) de cabelos negros — um desses britânicos fortes". O tenente Vermeer gritou para ele: "Como é que você pode fazer uma coisa dessas quando está sendo alvejado?"

"Eu dou dois passos curtos e três longos", retrucou Trevor, "e eles sempre deixam de me acertar." Naquele exato momento uma bala o atingiu no capacete e o derrubou. Ele se levantou e sacudiu o punho para o metralhador gritando: "Seu imundo filho da puta." Depois disso, observou Vermeer, "ele passou a rastejar como todos nós".[24]

O segundo problema para as tropas de assalto que desembarcavam eram crateras, causadas por bombas ou granadas que haviam caído aquém do rochedo. Estavam abaixo da água e não podiam ser vistas. "Ao saltar da rampa", recordou o sargento South, "minha mochila e eu caímos numa cratera de bomba e o mundo se converteu completamente em água." Ele inflou seu colete salva-vidas Mae West e conseguiu chegar à praia.

O tenente Kerchner estava determinado a ser o primeiro a desembarcar. Ele pensou que ia descer em mais ou menos um metro de água e gritou: "Tudo bem, vamos" e pulou. Ele ficou com água acima da cabeça, perdendo o fuzil. Começou a nadar para a praia, furioso com o patrão. Os homens atrás dele viram o que tinha acontecido e pularam para os lados. Mal conseguiram molhar os pés. "Assim, em vez de ser o primeiro a pisar em terra, fui o último do meu barco a fazê-lo. Quis achar alguém que me ajudasse a amaldiçoar a Marinha britânica, mas todos estavam diligentemente absorvidos com suas tarefas, por isso não pude conseguir nenhuma solidariedade."

Dois dos seus homens foram atingidos pela metralhadora que visava a praia. "Isto me fez ficar muito zangado porque eu imaginava que ela estava atirando em mim e eu não tinha nada a não ser uma pistola." Kerchner apanhou o fuzil de um soldado morto. "Meu primeiro impulso foi ir atrás daquela metralhadora lá em cima, mas imediatamente compreendi que isso era um tanto estúpido porquanto nossa missão era chegar ao alto do rochedo e levar a cabo a destruição daquelas metralhadoras.

"Não era necessário dizer a este homem para fazer isto ou àquele homem para fazer aquilo", disse Kerchner. "Eles tinham sido treinados, tinham recebido ordem para que subissem pelas cordas; estavam se deslocando diretamente para a praia e começando a escalar o rochedo." Kerchner desceu até a praia para relatar ao coronel Rudder que o LCA do comandante da Companhia D havia afundado. Ele achou Rudder começando a subir uma das escadas de corda.

"Ele não pareceu particularmente interessado em que eu lhe informasse que estava assumindo o comando da companhia. Ele me disse para dar o fora dali, e escalar minha corda." Kerchner fez como foi ordenado. Ele achou a escalada do rochedo "muito fácil", muito mais fácil do que algumas das escaladas de treinamento na Inglaterra.[25]

A metralhadora e a maré enchente deram ao sargento Gene Elder "uma certa urgência" em sair da praia e subir o rochedo. Ele e seu grupo de combate fizeram uma escalada livre, já que eram incapazes de tocar no rochedo. Quando eles chegaram ao topo, "eu lhes disse: 'Rapazes, mantenham as cabeças abaixadas, porque o quartel-general confundiu as coisas novamente e supriu o inimigo com munição real'."[26]

Outros grupos de combate tiveram dificuldades em subir o rochedo. "Subi cerca de, não sei, doze, quinze metros", lembrou o praça Sigurd Sundby. "A corda estava molhada e um tanto enlameada. Minhas mãos mal podiam segurá-la, elas pareciam ter graxa, e vim deslizando de volta para baixo. Quando eu estava descendo, enrolei meu pé em torno da corda e deslizei com mais vagar tanto quanto podia, mas ainda queimei as mãos. Se a corda não tivesse estado tão molhada, eu não teria sido capaz de agarrar-me por causa da queimadura.

"Caí bem ao lado de Sweeney, e ele disse: 'Qual é o problema, Sundby? Deixe-me — eu lhe mostrarei como escalar.' Assim ele subiu primeiro e eu estava logo atrás dele, e, quando cheguei ao topo, Sweeney diz: 'Ei, Sundby, não se esqueça de andar em ziguezague.' "[27]

O sargento William *"L-Rod"* Petty, que tinha a reputação de ser um dos mais duros *rangers*; um cara de pavio curto e sobremaneira agressivo, que também teve problemas com uma corda molhada e enlameada. Quando ele escorregou para o chão, o capitão Walter Block, o oficial médico, disse a Petty: "Soldado, suba por esta corda ao topo do rochedo." Petty voltou-se para Block, olhou-o bem no rosto, e disse: "Venho tentando subir por esta porra de corda há cinco minutos e se você pensa que consegue fazer melhor, pode bem fazer a porra da coisa você mesmo." Block se voltou, tentando controlar seu temperamento.[28]

Os alemães postados no topo conseguiram cortar duas ou três cordas, enquanto outros lançavam granadas sobre o rochedo, mas homens com fuzis automáticos na base e o fogo de metralhadoras do *Satterlee* mantiveram a maioria deles afastados da margem. Eles não haviam antecipado um ataque vindo do mar, por isso suas posições defensivas estavam no interior. Além do mais, os rangers haviam atado pedaços de espoleta aos arpéus e os acenderam logo antes de disparar os foguetes; as espoletas a queimar levaram os alemães a pensar que os arpéus eram uma espécie de arma prestes a explodir, o que os manteve afastados.

Em cinco minutos, os homens atingiram o topo. Um dos primeiros a fazê-lo foi um Pastor de uma zona rural do Tennessee, soldado Ralph Davis. Quando ele chegou em cima, arriou as calças e fez cocô. "A guerra deve parar por alguns instantes até que o 'Pastor' possa se organizar", comentou um dos rapazes.[29]

Quando a maré estava reduzindo a praia a quase nada, e porque o ataque vindo do mar — embora com efetivo de menos de 200 soldados — estava prosseguindo, o coronel Rudder disse ao tenente Eikner para enviar a mensagem codificada, *Tilt*. Isso dizia à reserva flutuante das Companhias A e B, do 2º e do 5º Batalhões de Tropas de Assalto que desembarcassem na *praia Omaha* em vez de em Pointe-du-Hoc. Rudder esperava que eles passassem através de Vierville e atacassem Pointe-du-Hoc do lado leste, no sentido da terra.

Na praia havia feridos que precisavam de atenção. Mal o sargento South pisara em terra quando "o primeiro grito de 'Médico!' foi proferido e pus de lado minha mochila, agarrei minha maleta de primeiros socorros e saí para atender o homem ferido. Ele tinha sido ferido no peito. Pude arrastá-lo para mais perto do rochedo. Mal tinha acabado de socorrê-lo, tive de ir para outro e outro e outro." O capitão Block montou um posto de socorro.[30]

"Quando chegamos ao topo do rochedo", recordou o tenente Kerchner, "não era nada parecido com o que eu pensara." As tropas de assalto haviam estudado fotografias aéreas, mapas, esboços e maquetes em caixões de areia da área, mas o bombardeio do ar e do mar havia criado uma paisagem lunar: "Era apenas uma cratera de bomba após outra."[31]

Cinqüenta anos depois, Pointe-du-Hoc permanece uma visão incrível e esmagadora. Mal é possível dizer o que é mais impressionante, a quantidade de concreto armado que os alemães derramaram para construir suas casamatas ou o dano que lhes foi feito e as crateras provocadas pelas bombas e granadas. Pedaços enormes de concreto, tão grandes como casas, estão espalhados por quilômetros quadrados, como se os deuses estivessem jogando dados. Os túneis e trincheiras estavam em grande parte destruídos, mas muitos deles ainda existem para dar uma idéia do quanto se destinou à construção das fortificações. Alguns trilhos de ferrovia permanecem nas porções subterrâneas; destinavam-se a carrinhos de mão usados para transportar munição. Há uma enorme instalação de aço que foi uma plataforma giratória ferroviária.

Surpreendentemente, o maciço posto de observação de concreto à beira do rochedo permanece intacto. Ele era a chave para toda a bateria; dele tinha-se uma perfeita visão tanto da *praia Utah* quanto da *praia Omaha*. Os observadores da artilharia alemã no posto, tinham um sistema de comunicação por rádio e telefone com as casamatas.

As crateras chegam a medir dez metros de um lado a outro, um metro ou dois de profundidade, algumas até mais profundas. Seu número alcança centenas. Elas foram uma dádiva do céu para as tropas de assalto, pois forneceram numerosos abrigos imediatos. Uma vez no topo, os soldados podiam chegar a uma cratera em segundos e, em seguida, começar a atirar nos defensores alemães.

O que mais impressiona os turistas em Pointe-du-Hoc — que chegam hoje aos milhares, de todas as partes do mundo — é o rochedo escarpado e a idéia de escalá-lo por meio de corda. O que mais impressiona os profissionais militares é a maneira pela qual os soldados tiveram de agir depois de terem atingido o cimo. Apesar da desorientação inicial, eles se recuperaram rapidamente e foram cumprir o que lhes cabia. Cada pelotão tinha uma missão particular: desmantelar uma plataforma específica de canhão. Os homens fizeram o que deviam sem que lhes mandassem.

Os alemães estavam atirando esporadicamente das trincheiras e regularmente da posição de metralhadoras na margem oriental da área fortificada e dos canhões antiaéreos de 20 mm na margem ocidental, mas as tropas de assalto os ignoraram para chegar às casamatas.

Quando chegaram às casamatas, para o seu espanto descobriram que os "canhões" eram postes telefônicos. Trilhos que levavam para o interior indicavam que os canhões de 155 mm tinham sido removidos recentemente, quase com certeza como resultado do bombardeio aéreo precedente. As tropas de assalto jamais descansaram. Em pequenos grupos, começaram a se deslocar para o interior na direção do seu próximo objetivo, a estrada pavimentada que ligava Grandcamp e Vierville, para construir barricadas, a fim de impedir que os reforços alemães se deslocassem para *Omaha*.

O tenente Kerchner deslocou-se para a frente e separou-se de seus homens. "Lembro-me de me jogar nesta trincheira em ziguezague. Foi a trincheira mais profunda que já vi. Era uma estreita trincheira de comunicações, de 60 cm de largura mas com dois metros e pouco de profundidade. A cada 22 metros prosseguia em outro ângulo. Eu estava sozinho e nunca me senti tão desolado antes ou desde então, porque toda vez que eu chegava a um ângulo não sabia se ia ficar cara a cara com um alemão ou não." Ele estava por demais ansioso e apressou-se a chegar à estrada para juntar-se à seus homens "porque eu me sentia muitíssimo melhor quando havia outros homens por perto".

Kerchner seguiu pela trincheira por 150 metros antes que ela finalmente terminasse perto das ruínas de uma casa na margem de uma área fortificada. Ali ele descobriu que Pointe-du-Hoc era um fortim auto-suficiente, rodeado no lado terrestre por campos minados, emaranhados de arame farpado e plataformas de metralhadoras. "Foi neste momento que começamos a topar com a maioria dos defensores alemães, no perímetro."[32]

Outros soldados se dirigiram à estrada, lutando o tempo todo, matando alemães, sofrendo baixas. As perdas foram pesadas. Na Companhia D de Kerchner, apenas vinte homens dos setenta que desembarcaram dos LCA, estavam de pé. Dois comandantes de companhia foram uma das baixas; tenentes estavam agora liderando a D e a E. O capitão Otto Masny comandava a Companhia F. Kerchner confabulou com os três e soube que os canhões 155 não estavam mais lá. "Assim nesta fase nos sentimos meio desapontados, não só decepcionados, mas eu me sentia terrivelmente deprimido quando percebi quão poucos homens tínhamos ali."

Os tenentes decidiram que não havia razão para voltar à área fortificada e concordaram em estabelecer um perímetro em torno da estrada "e tentar nos defender, esperando que a força invasora que desembarcara na *praia Omaha* viesse."[33]

Na base do rochedo, em torno das 7:30, o tenente Eikner enviou uma mensagem pelo rádio: "Louvai o Senhor." Isto significava que as tropas de assalto estavam no cimo do rochedo.[34]

Às 7:45, o coronel Rudder transferiu o seu posto de comando para o topo, estabelecendo-o numa cratera na margem do rochedo. O capitão Block também subiu por uma corda e montou seu posto de socorro numa plataforma de concreto com duas salas. Era escuro como breu e frio no interior. Block trabalhava com o auxílio de lanterna elétrica numa sala, usando a outra para colocar os mortos.

O sargento South lembrou "os feridos vinham em cadência rápida e podíamos apenas mantê-los em padiolas amontoadas muito juntas. Era um infindável, infindável processo. Periodicamente eu saía e trazia comigo um homem ferido, conduzindo outro de volta, e me escondendo nas várias crateras de bombas. Certa vez, saí para apanhar alguém e o estava carregando sobre meus ombros quando ele foi atingido outras vezes e morto."[35]

A luta dentro da área fortificada foi absurda e confusa. Os alemães apareciam de repente aqui, ali, em toda parte, disparavam alguns tiros, em seguida desapareciam debaixo do chão. Os soldados não podiam manter contato uns com os outros. Movimentar-se significava rastejar.* Não havia nada que se assemelhasse a uma linha de frente. Alemães foram feitos prisioneiros; do mesmo modo alguns soldados americanos. No posto de observação, vários alemães resistiam, apesar das repetidas tentativas de invadir a posição.

O pior problema era a metralhadora na margem oriental da área fortificada, a mesma que causara tantas baixas na praia. Agora ela estava varrendo a praia para trás e para diante sempre que um soldado tentava se mover. Rudder disse ao tenente Vermeer que a eliminasse.

Vermeer partiu com alguns homens. "Movemo-nos através das crateras e apenas tínhamos alcançado o solo aberto onde a metralhadora podia também nos atingir, quando topamos com uma patrulha da Companhia F com a mesma missão. Ao ficarmos sem o abrigo das crateras, vimos apenas uma extensão plana de 200-300 metros à nossa frente, fiquei arrasado com a idéia de que seria impossível alcançar nosso objetivo sem pesadas perdas." A arma mais pesada que os soldados americanos possuíam era um fuzil automático, dificilmente eficaz àquela distância.[36]

Felizmente, vieram ordens de Rudder para esperar por um momento. Uma tentativa estava sendo feita para eliminar a metralhadora da margem daquele rochedo com tiros de canhão de um destróier. Isso não tinha sido tentado antes porque o grupo de controle de fogo da praia, dirigido pelo capitão Johnathan Harwood da artilharia e o tenente Kenneth Norton da Marinha, tinha sido posto fora de ação por tiro curto. Mas agora o tenente Eikner estava no topo e tinha trazido com ele uma velha lanterna de sinalização da Primeira Guerra Mundial provida de obturadores. Ele pensava que podia contactar o *Satterlee* com ela. Rudder disse-lhe para tentar.

Eikner havia treinado seus homens no uso do código Morse internacional com lanterna de sinalização "com a idéia de que poderíamos

---

* O praça Robert Fruling disse que passou dois dias e meio em Pointe-du-Hoc, o tempo todo rastejando. Ele retornou no vigésimo quinto aniversário do Dia D "para ver com que o lugar se parecia visto de pé" (entrevista a Louis Lisko, EC).

ter necessidade dela. Posso recordar alguns dos rapazes alvoroçando-se quanto à possibilidade de usar este velho equipamento fora de moda no Dia D. Estava montada num tripé, numa peça sofisticada de equipamento com mira telescópica e um dispositivo de rastreio para ficar alinhado com o navio. Nós a montamos no meio do posto de comando na cratera e encontramos bastantes pilhas secas para fazê-la funcionar. Estabelecemos comunicação e usamos a lanterna de sinalização para ajustar o fogo dos canhões navais. Foi realmente um salva-vidas para nós num momento consideravelmente decisivo".

O *Satterlee* concentrou fogos na posição da metralhadora. Após alguns ajustamentos, os canhões do *Satterlee* de 5 polegadas fizeram-na explodir no rochedo. Eikner usou então a lanterna pedindo para ajudar a evacuar os feridos; uma baleeira se aproximou mas não pôde fazê-lo devido ao intenso fogo alemão.[37]

As tropas de assalto estavam isoladas do mar. Com o barranco de Vierville ainda firmemente em mãos alemãs, eles não estavam obtendo nenhuma ajuda do lado da terra. Com os rádios fora de operação, não tinham nenhuma idéia de como estava indo a invasão em outro lugar. As tropas de assalto em Pointe-du-Hoc estavam isoladas. Elas tinham sofrido cerca de 50 por cento de baixas.

Um tiro curto proveniente do cruzador britânico *Glasgow* caíra perto do posto de comando de Rudder. Matando o capitão Harwood, ferindo o tenente Norton, e derrubando o coronel Rudder. O tenente Vermeer estava retornando ao PC quando a granada estourou. Ele nunca esqueceu o que viu: "O impacto tornou os homens completamente amarelos. Era como se eles tivessem sido acometidos de icterícia. Não eram apenas seus rostos e mãos, mas a pele sob as roupas e as roupas que ficaram amarelas pela fumaça daquela bomba — era provavelmente uma granada de marcação colorida."

Rudder recuperou-se rapidamente. Zangado, ele saiu à caça de franco-atiradores, apenas para ser atingido numa perna. O capitão Block tratou o ferimento; posteriormente, Rudder ficou no seu PC, mais ou menos fazendo o que podia para dirigir a batalha. Vermeer observou que "a maior coisa que salvou nosso dia foi o coronel Rudder controlar a operação. Ainda me faz mal recordar a dor que ele deve ter suportado tentando dirigir a operação com um ferimento na perna e a concussão que ele deve ter sofrido em decorrência da explosão da tal granada amarela. Ele era o esteio de toda a operação".[38]

Na sua viagem de volta em 1954, Rudder apontou para um abrigo subterrâneo perto de seu PC. "Pegamos nosso primeiro prisioneiro alemão aqui", disse ele ao filho. "Era um garotinho de rosto sardento que parecia um americano... Tive a sensação de que havia mais ao redor, e disse aos soldados que levassem o garoto à frente deles. Mal tinham eles começado a virar esta esquina quando os alemães abriram fogo da entrada e ele caiu morto, bem ali, com o rosto no chão e as mãos ainda entrançadas no alto da cabeça."[39]

Na estrada pavimentada, o combate prosseguia. Era em um espaço reduzido, tão reduzido que quando dois alemães que vinham se escondendo num buraco que servia de abrigo se puseram de pé, com os fuzis prontos para atirar, o sargento Petty estava bem no meio deles. Petty se jogou no chão, disparando seu fuzil automático ao fazê-lo — mas as balas passaram entre os alemães, que estavam literalmente ao seu lado. A experiência de tal modo os pôs nervosos que eles jogaram seus fuzis no chão, levantaram as mãos para cima e exclamaram *Kamerad, Kamerad*. Um companheiro de Petty que estava atrás dele comentou secamente: "Diabo, *L-Rod*, esta é uma boa maneira de economizar munição — matá-los de susto."[40]

Em outro dos incontáveis incidentes daquela batalha, o tenente Jacob Hill localizou uma metralhadora alemã atrás de uma cerca viva bem do outro lado da estrada. Ela estava atirando na direção geral de alguns soldados da tropa de assalto. Hill estudou a posição por alguns minutos, em seguida se levantou e gritou: "Seus safados filhos da puta, vocês não podem acertar o cu de um touro a um metro de distância". Quando os assustados alemães giravam as suas metralhadoras, Hill jogou uma granada na posição e pôs a metralhadora fora de combate.[41]

A missão principal dos soldados americanos não era matar alemães ou fazer prisioneiros, mas liquidar aquele canhão de 155 mm. As trilhas que saiam das casamatas e o esforço que os alemães estavam fazendo para desalojar os soldados americanos indicava que eles estavam por perto em algum lugar.

Por volta das 8:15 havia cerca de trinta e cinco soldados das Companhias D e E na barricada do perímetro. Dentro de quinze minutos outro grupo de doze da Companhia E se incorporou. Excelentes soldados, imediatamente começaram a patrulhar.

Havia uma estrada de terra que levava para o sul (no interior). Viam-se nela rastros profundos. Os sargentos Leonard Lomell e Jack Kuhn deduziram que os canhões que faltavam tinham deixado os rastros. Partiram para investigar. A cerca de 250 metros (um quilômetro para o interior), Lomell parou abruptamente. Ele estendeu a mão para deter Kuhn, voltou-se e murmurou: "Jack, eles estão aqui. Nós os achamos. Aqui estão os danados dos canhões."

Inacreditavelmente, os bem camuflados canhões estavam em posição de bateria, prontos para disparar na direção da *praia Utah*, com pilhas de munição ao seu redor, mas nada de alemães. Lomell localizou nos arredores uns cem alemães a cerca de uma centena de metros em campo aberto, aparentemente entrando em forma. Evidentemente eles haviam recuado durante o bombardeio, com medo de que uma granada perdida fizesse explodir o depósito de munição, e estavam agora se preparando para guarnecer seus canhões, mas não tinham pressa alguma, pois até que a sua infantaria repelisse os atacantes e recuperasse o posto de observação, eles não tinham condição alguma de atirar com precisão.

Lomell nunca hesitou. "Dê-me suas granadas, Jack", disse ele a Kuhn. "Cubra-me, eu vou pegá-los." Ele correu para os canhões e fez explodir granadas de termita no mecanismo de recuo e de pontaria em direção de dois dos canhões, desmantelando-os, destruindo a alça de mira do terceiro.

"Jack, temos de pegar mais umas granadas de termita." Ele e Kuhn correram de volta para a rodovia, apanharam todas as granadas de termita que estavam com os homens na área, retornaram à bateria, e desmantelaram os outros três canhões.

Nesse meio-tempo o sargento Frank Rupinski, liderando por conta própria uma patrulha, havia descoberto um enorme depósito de munição a certa distância ao sul da bateria. Também estava desprotegido. Usando cargas de alto teor explosivo, o detonaram. Uma tremenda explosão ocorreu quando os projéteis e as cargas de pólvora explodiram, chovendo pedras, areia, folhas e destroços sobre Lomell e Kuhn. Sem saber da existência da patrulha de Rupinski, Lomell e Kuhn supuseram que uma granada perdida havia atingido o depósito de munição. Eles se retiraram o mais rápido que puderam e mandaram dizer a Rudder por mensageiro que os canhões haviam sido descobertos e destruídos.[42]

E com isso, os *rangers* completaram sua missão ofensiva. Eram 9 horas. Sem perda de tempo, eles estavam agora na defensiva, isolados, tendo como armas mais pesadas apenas morteiros de 60 mm e fuzis automáticos para se defender.

De tarde, Rudder mandou Eikner enviar uma mensagem — através de sua lanterna de sinalização e de pombo-correio — via o *Satterlee*: "Localizada Pointe-du-Hoc — missão cumprida — necessidade de munição e reforços — muitas baixas."[43]

Uma hora mais tarde, o *Satterlee* retransmitiu uma breve mensagem do general Huebner: "Não há reforços disponíveis — todos os soldados das tropas de assalto desembarcaram (em *Omaha*)."[44] Os únicos reforços que os homens de Rudder receberam nas 48 horas seguintes foram três pára-quedistas do 101° que haviam saltado mal e que de algum modo conseguiram passar através das linhas alemãs para se unir aos rangers, e dois pelotões de tropas de assalto de *Omaha*. O primeiro chegou às 21 horas. Era uma força de vinte e três homens conduzida pelo tenente Charles Parker. Na tarde de 7 de junho o major Jack Street veio com embarcação de desembarque e recolheu feridos e prisioneiros. Depois de colocá-los a bordo de um LST ele levou a embarcação para *Omaha* e reuniu cerca de vinte homens do 5° Batalhão de Tropas de Assalto e conduziu-os para Pointe-du-Hoc.

Os alemães estavam tão furiosos como vespas incomodadas; eles contra-atacaram a área fortificada durante o dia todo, de novo naquela noite e no curso do dia seguinte. As tropas de assalto estavam, de fato, sob cerco, sendo a sua situação desesperadora. Mas, como recordou o sargento Gene Elder, eles permaneceram calmos e repeliram todos os ataques. "Isto se deveu ao nosso rigoroso treinamento. Nós estávamos preparados. Por exemplo, o sargento Stivinson (que havia começado o Dia D oscilando para trás e para frente na escada do Corpo de Bombeiros de Londres) estava sentado com o sargento Guy

Shoff por trás de umas pedras ou pedregulhos quando Guy começou a praguejar e Bill lhe perguntou por quê. Guy respondeu: "Eles estão atirando em mim." Stivinson perguntou como ele sabia. A resposta de Guy foi: "Porque estão me acertando."[45]

O praça Salva Maimone recordou que na noite do Dia D "um dos rapazes localizou algumas vacas. Ele foi adiante e ordenhou uma delas. O leite estava amargo, como quinino. As vacas tinham andado comendo cebolas".[46]

O tenente Vermeer disse que podia "lembrar ainda claramente quando os ponteiros do relógio se aproximavam das doze horas naquela noite, porque o dia 7 de junho era o meu aniversário. Senti que se conseguisse chegar até meia-noite, sobreviveria o resto da provação. Era como se um pouco do medo se fosse naquela hora".[47]

As tropas de assalto sofreram pesadas baixas. Vários homens foram feitos prisioneiros. Pelo fim da batalha apenas cinqüenta dos mais de duzentos soldados das tropas de assalto que haviam desembarcado ainda eram capazes de lutar. Mas eles não perderam Pointe-du-Hoc.

Posteriormente os escritores comentaram que fora um desperdício, já que os canhões haviam sido retirados da área fortificada em torno de Pointe-du-Hoc. Isso não é correto. Aqueles canhões estavam em condição de funcionamento antes que o sargento Lomell os pusesse fora de ação. Eles tinham abundância de munição. Eles tinham sob seu alcance (podiam arremessar seus enormes projéteis a uma distância de 25.000 metros) os maiores alvos do mundo, os 5.000 e mais navios no Canal e os milhares de tropas e equipamentos nas praias *Utah* e *Omaha*.

O tenente Eikner estava absolutamente correto quando concluiu sua história oral: "Se não tivéssemos estado ali, tínhamos a firme certeza de que aqueles canhões teriam sido postos para funcionar e teriam acarretado muita morte e destruição sobre nossos homens nas praias e sobre nossos navios no mar. Por volta das 9 horas da manhã do Dia D, os grandes canhões tinham sido postos fora de serviço e a rodovia pavimentada fora cortada e dispúnhamos de barricadas para evitar o seu uso pelo inimigo. Assim, por volta das 9 horas, nossa missão estava cumprida. As tropas de assalto em Pointe-du-Hoc foram as primeiras forças americanas no Dia D a cumprir a sua missão e estamos orgulhosos disso."[48]

DUAS FOTOS: U.S. ARMY SIGNAL CORPS

Feridos da 1ª Divisão na *praia Omaha*.

Sobreviventes de um barco Higgins destruído são ajudados na praia. Esta pode ter sido a única batalha na história em que os feridos eram levados para a frente a fim de receber os primeiros socorros.

Embaixo. Por volta do meio-dia oficiais subalternos e sargentos chefiam grupos de soldados que chegam a *Omaha*. Às 14:00, os homens da 29ª e 1ª Divisões estarão a caminho do interior. Na foto, tropas desembarcam de um barco Higgins. Na praia, semilagartas e um Duck.

Página oposta, no alto. Chegando à praia, os Aliados têm outro trabalho exaustivo para trazer reforços à batalha. Um carro de combate Sherman sai de um LST para terra em *Omaha*, 8 de junho.

Página oposta, embaixo. A guarda costeira retira da água um marinheiro que sobreviveu ao naufrágio do seu Higgins após bater numa mina ao largo de *Omaha*.

DUAS FOTOS: U.S. ARMY SIGNAL CORPS

U.S. COAST GUARD

O timoneiro deste Higgins foi ferido por balas de metralhadora ao se aproximar da *praia Omaha*. Está sendo removido pela Guarda Costeira para tratamento e posterior retorno à Inglaterra.

Um LCT traz soldados feridos das tropas que invadiram a *praia Omaha*. Eles serão transferidos para LSTs, que servem como navios-hospital, e em seguida para a Inglaterra. As perdas totais dos aliados chegaram a 4.900 entre mortos, feridos e desaparecidos, sendo que 2.000 só em *Omaha*.

DUAS FOTOS: U.S. COAST GUARD

O rochedo de Pointe-du-Hoc. Os "Rangers" o escalaram após feroz resistência. Retornando ao local dez anos depois, o comandante, coronel James Earl Rudder perguntou a um repórter: "Você é capaz de me dizer como fizemos isso?"

Uma amostra do campo de batalha em Pointe-du-Hoc. Os homens de Rudder sofreram perdas assustadoras para expulsar os alemães das suas fortalezas — mas cerca das 9:00 horas de 6 de junho tinham cumprido seu objetivo, destruindo os canhões de grosso calibre.

DUAS FOTOS:
CORTESIA DE MRS. JAMES EARL RUDDER

IMPERIAL WAR MUSEUM

O rosto do inimigo. Homens de meia-idade e garotos faziam parte da Wehrmacht na muralha atlântica. Era muito perigoso aceitar ou propor rendição no Dia D. O soldado americano Alban Meccia escreveu: "Vi um oficial alemão matar um de seus homens pelas costas quando ele começou a se aproximar com as mãos ao alto. Um dos nossos rapazes viu uma bandeira branca erguida por alemães, aproximou-se deles e recebeu um tiro entre os olhos."

Poloneses e tchecos — as tropas do batalhão Ost — na *praia Utah* reunidos para transferência, num LST, para navios que os levariam à Inglaterra. Havia muitos sorrisos — mas depois eles expressaram sua decepção quando foram enviados a campos de prisioneiros na Grã-Bretanha e não para os Estados Unidos.

DUAS FOTOS: U.S. COAST GUARD

"Para vocês a guerra acabou" — e estes prisioneiros alemães — oficiais e recrutas — não poderiam se sentir mais felizes.

Uma fortificação muito avariada na *praia Omaha* mostrando a extensão dos reforços de aço e a espessura do concreto. Este baluarte defendia o setor *Easy Red* e tinha um canhão de 75 mm que atirara durante toda a manhã. Foi finalmente posto fora de ação pela infantaria, que o explodiu com granadas.

Soldado alemão morto diante d
um ninho de metralhadora que
em vão, tentou defender na *pra*
Utah, próximo a Les Dunes de
Madeleine.

Um jovem americano e dois
alemães mais jovens ainda na *pr*
Utah. Hitler havia apostado que
essa juventude, deliberadamente
instruída em suas idéias totalitári
iria exterminar os molengas,
mimados filhos da democracia.
Hitler perdeu a aposta.

DUAS FOTOS: U.S. ARMY SIGNAL CORPS

À esquerda. O general-de-brigada
Percy Hobart acrescentou muito
tipos de inventos aos carros de
combate britânicos. As corrente
de aço sobre o tambor giratório
explodiam minas sem sofrer
qualquer dano.

Página oposta. Outro dos
"pândegos de Hobart": uma pon
de metal com dez metros, que se
dobra ao meio. Os americanos
escarneciam de tais dispositivos,
mas os britânicos souberam
aproveitá-los em suas praias.

TRÊS FOTOS: IMPERIAL WAR MUSEUM

Tropas britânicas da 50ª Divisão desembarcam de LCI na *praia Gold*, ao meio-dia de 6 de junho.

Tropas da 9ª Brigada, 3ª Divisão canadense, chegam à *praia Juno* durante a manhã. No dia D, os canadenses vingaram-se dos alemães por Dieppe. Das forças aliadas, foram deles as penetrações mais profundas.

TRÊS FOTOS IMPERIAL WAR MUSEUM

Arromanches e seu porto artificial, nome de código Mulberry. Vemos a parte direita da *praia Gold* numa foto tirada em setembro de 1944. Havia um porto artificial do mesmo tipo em *Omaha*, mas foi destruído por um temporal entre 19 e 22 de junho. No período de 6 a 16 de junho, os americanos desembarcaram 278.000 homens e 35.000 veículos em *Omaha*, enquanto os britânicos punham 279.000 homens e 46.000 veículos em *Gold*.

Comandos da Special Service Brigade de lorde Lovat desembarcando em La Brèche, *praia Sword*. Carros de combate DD (Duplex Drive), anfíbios, lideram a operação.

Homens dos "Comandos" nº 4 avançando em Ouistreham, protegidos por carro de combate Sherman DD. Após tomarem Ouistreham em um combate casa-a-casa, os "Comandos" penetraram no interior para se juntarem à 6ª Divisão Aerotransportada.

QUATRO FOTOS: IMPERIAL WAR MUSEUM

Feridos ingleses dos regimentos de South Lancashire e Middlesex recebem ajuda no setor Queen White da *praia Sword*, cerca de 7:50 horas de 6 de junho.

Planadores da 6ª Divisão Aerotransportada britânica próximo a Ranville, a um quilômetro de Pegasus Bridge. Dos 355 planadores que tomaram parte nas operações aerotransportadas inglesas no Dia D, 100 pilotos foram mortos ou feridos.

U.S. ARMY SIGNAL CORPS

U.S. COAST GUAR

Acima e à direita. Final do dia na *praia Omaha.* Soldados e equipamento chegam a terra em números incalculáveis. Ao ver esta cena, um piloto achou que Hitler devia ser maluco se imaginava vencer os Estados Unidos.

Página oposta, embaixo. Muitos ainda estavam por chegar. No Dia D mais um, tropas da 2ª Divisão movem-se para o interior a partir de Easy Red, perto de St.-Laurent, *praia Omaha.* A coluna faz uma curva em torno de uma posição fortificada alemã que causou grandes danos nesse dia.

IMPERIAL WAR MUSEUM

DUAS FOTOS: U.S. COAST GUARD

Parte do contínuo fluxo de homens e equipamento zarpando da Inglaterra para a França, 7 de junho. Ao fundo, uma barcaça Rhino carregado de ambulâncias se aproxima da praia.

Poucos aviões alemães se atreveram a voar nas imediações das praias invadidas; os que o fizeram após o escurecer no Dia D foram recebidos por uma tremenda barragem (e somente um em cada 6 projéteis era traçante). Em primeiro plano, um barco de transporte americano que bateu numa mina vai afundando lentamente.

22. Sobre o Penhasco em Vierville

O 116º Regimento e o 5º Batalhão de Assalto

Às 8:30, cessaram todos os desembarques na *praia Omaha*. Os homens já em terra iam ter de se deslocar, atacar as posições alemãs, reduzir o fogo assassino que vinha caindo por sobre a praia, assegurar o solo elevado, mover-se para o interior, atuar pela retaguarda para expulsar os alemães de suas trincheiras em torno dos barrancos, em seguida explodir a barricada de cimento e desobstruir caminhos antes que o tráfego de veículos pudesse se deslocar da praia para o barranco.

Os homens que já estavam em terra teriam que executar tudo isso sem apoio de artilharia em terra e sem reforços de homens ou de suprimentos. Este era o momento que Eisenhower temia acima de todos os outros. Os americanos tinham uma considerável efetivo em terra, cerca de 5.000 combatentes, mas pelo fato de estarem agora isolados do mar eram muito mais reféns em potencial do que ameaça ofensiva real.

Este era o momento que Rommel antecipara antes de todos os outros. Seu inimigo foi apanhado metade nas embarcações, metade na praia, incapaz de receber reforços ou de se retirar. E incapaz de avançar, aparentemente, tão fortes eram as defesas nas saídas da praia. O plano da *Overlord* exigira que as saídas fossem abertas por volta de

7:30. Às 8:30 elas permaneciam inacessíveis e obstruindo qualquer acesso.

Os americanos na praia tinham acabado de passar por um batismo de fogo de parar o coração. Eles estavam reduzidos a 50 por cento ou menos de seus efetivos, e sem coesão nas suas unidades. Estavam exaustos, assustados, confusos, feridos.

Para um alemão que observasse, pareciam tropas derrotadas. Quando os desembarques pararam, às 8:30, o comandante do *Widerstandsnest* 76, uma posição fortificada perto de Vierville, relatou por telefone ao QG da 352ª Divisão: "À beira da água na baixa-mar perto de St.-Laurent e Vierville o inimigo está à procura de abrigo por trás dos obstáculos costeiros. Um grande número de veículos — entre os quais dez carros de combate — permanece ardendo na praia. Os grupos de demolição de obstáculos desistiram da sua atividade. O desembarque dos barcos para esta finalidade parou, e os barcos permaneceram longe da praia. O fogo de nossos pontos fortes e da artilharia estava bem direcionado e infligiu consideráveis baixas entre o inimigo. Um grande número de feridos e mortos jaz na praia."[1]

Essa era a visão de cima. A visão que se tinha ao largo era semelhante. Os meia-lagarta, os jipes, e os caminhões que haviam sobrevivido às dificuldades de se aproximar o bastante, e descarregar sob fogo de artilharia, acharam-se numa faixa de areia que se estreitava sem quaisquer saídas abertas através da inexpugnável barragem de seixos. Os marinheiros podiam ver os veículos imobilizados por problemas de motor ou impactos de artilharia. Aqueles em condições de rodar não saíam do lugar pelo irremediável engarrafamento de trânsito. Os veículos eram alvos fáceis para o fogo de artilharia e de morteiros alemães.

Mas mesmo quando os desembarques cessaram, indivíduos e grupos estavam saindo da praia e dirigindo-se para o penhasco entre as saídas de Vierville e Les Moulins. Outros começaram a fazer o mesmo. Eles tinham o apoio dos destróieres e dos carros de combate sobreviventes na praia, mas principalmente eles dependiam de si mesmos.

Como sempre acontece na guerra, a infantaria (neste caso incluindo engenheiros, Guarda Costeira, observadores de artilharia, membros do Batalhão de Construção Naval, atuando como uma infantaria *ad hoc*) viu-se às voltas com a guerra no extremo do seu ponto mais chocante, perigoso e decisivo. A derradeira experiência pela qual pode passar um ser humano é combater como um infante, e em parte alguma na Segunda Guerra Mundial foi o combate tão violento como em *Omaha* nas primeiras horas da manhã do dia 6 de junho.

O 116º Regimento e o 5º Batalhão de Tropas de Assalto (mais duas companhias do 2º Batalhão de Tropas de Assalto) experimentaram a guerra no que ela tem de mais horrível, de mais exigente, de mais desafiadora. Eles estavam na metade direita (ocidental) da praia. O 116º era uma unidade da Guarda Nacional da Virgínia, parte de uma divisão de infantaria comum. O 5º Batalhão de Tropas de Assalto era uma força de elite, toda constituída de voluntários. A maneira pela qual eles responderam à esta crise, com o destino da *praia Omaha* e talvez da invasão como um todo em risco, foi testemunho do maravilhoso trabalho que o general Marshall e todos aqueles velhos oficiais e suboficiais do Exército Regular fizeram ao converter estes filhos da Depressão em combatentes de primeira classe. O praça Felix Branham observou no fim do seu relatório oral: "Ouvi pessoas dizerem que tivemos sorte. Não foi sorte. Quando desembarcamos na *praia Omaha*, estávamos todos bem treinados, tínhamos bons líderes, e o Senhor Deus Todo-Poderoso estava conosco, eis tudo o que eu posso dizer."

Branham observou também: "Cada um de nós tinha seu próprio pequeno campo de batalha, com talvez 40-50 metros de largura. Se você conversar com um sujeito que estivesse ao meu lado a uns 15 metros de distância, ele terá um retrato totalmente diferente do Dia D."[2]

Esse foi certamente o caso no flanco direito (e também no flanco esquerdo, como se verá) em *Omaha*. Escalar o penhasco era quase sempre uma experiência solitária. O capitão Robert Walker percorreu um terço do caminho antes de encontrar um soldado morto do 116º e teve oportunidade de se armar com um M-1 e proteger-se com um capacete.

"Nessa altura, sem encontrar ninguém do 116º, percebi que estava sozinho e por minha própria conta." Walker decidiu prosseguir para a direita, para o ponto de reunião do regimento em Vierville. "Passei por muitos cadáveres, todos voltados para a frente". Perto do pico, ele ouviu gemidos próximos. Investigou; era um soldado alemão com um sério ferimento na virilha.

O alemão gritava pedindo *wasser*. Walker respondeu em alemão que o seu cantil estava vazio. O alemão disse a Walker que havia *ein born* (uma fonte) ali perto. E de fato, Walker descobriu um aprazível poço com água clara alimentado por uma fonte. Encheu o cantil e trouxe água para o inimigo. Antes de continuar sua odisséia, que era a de procurar alemães para matar, Walker voltou à fonte, tornou a encher o cantil, retornou até o alemão ferido e deu um copo para ele.

O alemão ferido foi o único soldado naquela região que Walker viu na sua escalada do penhasco.[3] Seu isolamento era inusitado, possivelmente único. Embora poucos homens vissem alguns alemães até chegar ao alto do penhasco, a maioria subiu com companheiros, em pequenos grupos. Assim que transpuseram a muralha marítima e o baixio, e começaram a escalar, descobriram que estavam no lugar mais seguro da *praia Omaha*. O desfiladeiro e a fumaça de incêndios no capim trouxeram um pouco de coragem. Pelo fato de estarem entre saídas livres, eles ocupavam uma área menos duramente defendida que os barrancos. As trincheiras alemãs eram cavadas em ângulos para disparar nos flancos da praia, não diretamente para baixo. Havia dobras e irregularidades no penhasco para serem usadas como cobertura.

O apoio de fogo para os americanos que avançavam, além do de suas próprias armas individuais, provinha de carros de combate e de destróieres. Os carros estavam passando por maus bocados, apanhados na areia entre a maré alta e a barragem, sem condições de transpor rapidamente os seixos para a parte plana da praia, alvos fáceis para os canhões inimigos. Todavia, continuavam atirando. Um carro manteve o seu fogo até a maré enchente cobrir o seu canhão.

O relatório do 741º Batalhão de Carros de Combate no Dia D observou: "Os carros continuam a atirar em alvos de oportunidade durante a infiltração da infantaria, que está em franca progressão, executando um assalto no penhasco por trás da praia. Devido ao fato de que a saída 3, que devia ter sido usada como uma saída da praia tanto pela infantaria quanto pelos blindados, estar ainda em mãos inimigas e controlada por várias peças de artilharia, na maior parte canhões de 88 mm, a infantaria foi forçada progredir sob o fogo de proteção das armas dos carros de combate."[4]

O major Sidney Bingham, comandante do 2º Batalhão, do 116º, disse que os carros de combate "salvaram o dia. Eles infernizaram a vida dos alemães".[5]

O mesmo aconteceu com os destróieres. Entre eles, os tripulantes dos carros de combate e os marinheiros destruíram ninhos de metralhadoras como alvos de oportunidade e assim tornaram possível que a infantaria subisse o penhasco. Mas foi a própria infantaria que teve de fazê-lo.

Alguém tinha de dar o exemplo para os homens iniciarem a ação. Esse alguém podia ser um oficial general, um coronel, um major, um comandante de companhia de pelotão, ou de grupo de combate. O médico Cecil Breeden recordou: "Quando cheguei mais ou menos onde fica agora o 29° Memorial, o coronel Canham, o coronel (John) Metcalfe, e alguns outros oficiais haviam estabelecido um posto de comando. Canham teve a mão atravessada por uma bala. Eu a tratei. Um homem se aproximou à procura de um graduado*, dizendo que havia um franco-atirador no alto da escarpa. Metcalfe disse que não era um graduado, mas poderia ser ele? Saíram ambos colina acima, dirigindo-se para a esquerda.[6]**

O general Cota era uma inspiração. Depois de liderar um grupo até a base do penhasco e quase ser despedaçado por uma barragem de fogo de morteiros, ele conduziu uma coluna de homens até o alto. Eles se deslocaram lentamente, seguindo as pegadas de Cota, com medo de minas. Aquelas minas impuseram uma considerável demora em cada setor. Ninguém saiu correndo penhasco acima; os americanos se moviam cautelosamente, em coluna por um.

O grupo de Cota chegou finalmente ao topo do rochedo acima de Hamel-au-Prêtre (um pequeno grupo de casas de campo já destruídas), cerca de meio caminho entre Vierville e St.-Laurent. Os alemães entrincheiradas e por trás de cercas vivas puseram imediatamente a força de Cota sob fogo cruzado de metralhadora. Cota dispôs os homens em esquadras para manobrar e dar apoio de fogo. Ele man-

* Graduados: compreende as graduações de cabo a subtenente. O termo "posto" refere-se tão somente à oficiais. (N. do R.)

** Metcalfe comandou o 1° Batalhão, do 116° da Infantaria. "Vi-o primeiramente em Vierville, no fim do Dia D", comentou o capitão John Raaen. "Eu estava extremamente impressionado com a sua maneira, sua atitude, seu conhecimento. Ele foi morto em ação logo depois do Dia D." (general John Raaen ao autor, 12 de março de 1993.)

dou uma esquadra dirigir um fluxo constante de fogo de cobertura contra as posições alemãs e conduziu as outras numa série de investidas através do terreno limpo. Espantados com tamanha agressividade, os alemães fugiram. Este deve ter sido o primeiro ataque de infantaria americano eficaz na campanha no noroeste da Europa.[7]

Cota seguiu sobre a estrada de terra que corria paralela à praia. Ele dobrou à direita, na direção de Vierville. O tiroteio era escasso. Em Vierville, os americanos encontraram os primeiros civis franceses. Não houve celebração, apenas uma troca de saudações; na maioria das vezes, os franceses e os americanos apenas olhavam uns para os outros quando estes cruzavam uma aldeia. No lado ocidental de Vierville, Cota enviou alguns *rangers* que se haviam juntado a ele, na direção de Pointe-du-Hoc. Eles encontraram forte resistência. Quando o seu ataque foi detido, Cota dirigiu-se às pressas para a frente da coluna e ajudou o comandante do pelotão a dispor suas forças.

A Companhia C do 116º, uma das poucas a combater intacta no Dia D, entrou em Vierville. Os homens da companhia lembram Cota descendo a estreita rua principal, girando uma pistola no dedo indicador como um pistoleiro do Velho Oeste. "Onde diabo vocês estiveram, rapazes?", ele perguntou.[8]

O coronel Canham apareceu. Cota mandou-o para o leste, na direção de St.-Laurent, com ordens de ajudar a desobstruir o penhasco, a fim de que os outros pudessem escalá-lo. Em seguida, Cota, acompanhado por seu ajudante-de-ordens tenente Shea e quatro fuzileiros*, preparou-se para descer o barranco de Vierville, ainda em poder dos alemães. O *Texas* estava malhando com seus canhões de 14 polegadas a barricada de cimento na embocadura do barranco. Relembrou Shea que "a concussão dos disparos destes canhões parecia fazer o calçamento da rua em Vierville subir realmente por baixo de nossos pés como se estivesse corcoveando". Quando Cota pôs-se a caminho, Shea disse que esperava que o fogo fosse suspenso. Cota disse que não, pois assim forçaria os alemães a manterem as cabeças baixadas.

Mas o fogo foi suspenso, e os alemães, numa fortificação no lado oriental do barranco, começaram a atirar no pequeno grupo de Cota.

---

* Fuzileiro — soldado de infantaria e não fuzileiro naval. (N. do R.)

Os fuzileiros responderam. Cinco alemães, atordoados com a resposta, desistiram. Cota ordenou-lhes que fossem à frente, pelo caminho através dos campos minados, barranco abaixo. O grupo chegou até a praia.

Dez dias depois, o tenente Shea escreveu um relatório das ações de Cota depois de retornar ao litoral. "O general Cota, embora exposto ao fogo constante de franco-atiradores e de metralhadoras proveniente do solo elevado além da praia, progrediu no sentido leste ao longo da areia, arrebanhando e reorganizando unidades de carros de combate, unidades de demolição de engenharia, suprimentos de demolição, *bulldozers*, e em geral orientando as tropas que sofriam da confusão inicial do desembarque sob fogo, de modo que seus esforços pudessem ser efetivamente voltados para o estabelecimento da cabeça-de-praia."[9]

Apesar do bombardeio do *Texas*, a muralha de concreto diante do barranco ainda bloqueava o movimento de veículos para o interior. "Você pode explodir aquela muralha anti-carro na saída?", perguntou Cota a um coronel engenheiro. A muralha tinha 4,20 m de espessura na base, 3,60 de altura, e 1,80 de espessura no teto.

"Podemos, senhor, tão logo a infantaria desobstrua os ninhos de metralhadora ao lado", retrucou o coronel.

"Acabamos de descer por ali", informou Cota. "Não há mais metralhadores. Mãos à obra!"

Mas os engenheiros estavam sem dinamite. Cota viu um *bulldozer* na praia, abarrotado de explosivos. Voltou-se para um grupo de soldados ao pé da muralha. "Quem dirige essa coisa?", perguntou ele. Ninguém respondeu. "Bem, será que alguém sabe dirigir a danada desta coisa?" Ainda nenhuma resposta.

"Eles precisam de TNT lá na saída", disse Cota. "Acabei de passar pela retaguarda. Nada a não ser alguns fuzileiros no rochedo, mas eles estão sendo desalojados. Será que ninguém tem bastante tutano para dirigir a coisa?" Um soldado deu um passo à frente. "Assim é que se faz!", exclamou Cota.[10] Os engenheiros dinamitaram a muralha, mas nem assim se conseguiu abrir o barranco. Os engenheiros precisavam de mais *bulldozers* para acesso à praia, desobstruir o que restava da muralha, desativar as minas e aterrar os fossos anti-carro. Eles se puseram a trabalhar.

Cota foi abordado por um marinheiro cujo LCT fora destruído. Brandindo um fuzil, ele perguntou: "Por que meios diabólicos o senhor faz funcionar este objeto? Pois é exatamente a danada da coisa que eu queria evitar quando entrei para a Marinha — lutar como um desgraçado de um soldado de infantaria." E começou a subir o penhasco.[11]

Muitos homens se "viram" por conta própria. O tenente Henry Seitzler era um observador avançado para a Nona Força Aérea. Sem rádio, ele não tinha nenhuma atribuição específica. Apanhou um fuzil e algumas granadas e se tornou um soldado de infantaria. "Lembro-me", disse ele em sua história verbal, e em seguida fez uma pausa. Desculpou-se: "Perdoe-me se eu me calo vez por outra. Estas coisas se acham muito impregnadas de realidade.

"Mesmo depois de todos estes anos, posso ver tudo de novo em minha mente, como se estivesse acontecendo agora mesmo. Dirigi-me à muralha marítima e estiquei a cabeça entre rajadas de metralhadoras para ver o que estava acontecendo. Olhei bem nos olhos de um americano jovem. Ele estava morto. Mas tinha os olhos totalmente abertos. Era louro, o cabelo cortado à escovinha. Pensei na mãe dele."

Volvendo o olhar para a praia, Seitzler notou que "os *boches* costumavam atirar deliberadamente nos médicos. Acho que o lugar mais quente no inferno está reservado para o homem que costuma fazer isso." Voltando-se para encarar o penhasco, Seitzler cruzou a muralha marítima e começou a encaminhar-se para o solo elevado.[12]

Depois de arrastar alguns soldados americanos feridos para fora da praia, o praça Harry Parley descobriu uma abertura no arame farpado. "Alguns homens já haviam passado por ele. Pude vê-los em seu esforço para subir a encosta. Quando comecei a subir, vi a fita branca marcando um caminho seguro através das minas, e vi também o preço pago para marcar aquele caminho. Alguns soldados americanos morreram em conseqüência de explosões e outro estava sendo atendido por um médico. Ao passar, pude ver que suas duas pernas haviam sido levadas e torniquetes estavam sendo aplicados. Nas semanas que se seguiram, eu devia ver coisa muito pior, mas esta lembrança particular ainda permanece comigo."

Quando Parley se aproximava do pico, um destróier começou a atirar num ninho de metralhadora que se achava na crista. "Lembro-me que fiquei de pé, como um bobo, cerca de 12 metros abaixo, observando com espanto o poder e a precisão do fogo da Marinha caindo exatamente em cima de mim. Era como se estivesse sentado na primeira fila de um cinema olhando para a tela."

Parley permutou seu fuzil automático por um M-1 com outro soldado. "Ele queria mais poder de fogo e eu queria menos peso para carregar. Finalmente alcançando o alto, encontrei uma área inteiramente destituída de vegetação, marcada por crateras de bombas e coberta por um labirinto de trincheiras, escavações, e posição de tiro usadas pelos alemães no começo daquela manhã."

Parley viu também os primeiros soldados inimigos, dois prisioneiros, mãos na cabeça, sendo mandados encosta abaixo. Eram asiáticos. (Em geral, os soldados *Ost* em uniformes da Wehrmacht tendiam a se render tão logo os americanos se aproximavam deles. Estavam principalmente em trincheiras. Os alemães dentro de fortificações de concreto tendiam a continuar lutando.)[13]

O capitão Sink, comandante da Companhia de Comando, do 116º, desembarcou às 8:00 bem a leste do barranco de Les Moulins. A praia "teve o seu quinhão de mortos, moribundos, feridos e confusos". A Companhia de Comando devia estar no barranco de Vierville; as ordens de Sink eram para subir o barranco até a aldeia, para estabelecer um posto de comando do regimento e uma área de reunião. Mas Sink deu uma olhada e decidiu que movimento lateral na praia através de massas de homens e equipamento e fogo pesado estava excluído. Ele tomou a decisão urgente de abrir brechas nos obstáculos de arame na sua frente, vadear o pântano, escalar o penhasco, e avançar para Vierville ao longo da estrada de terra. O S-1 (Encarregado de pessoal) do regimento recusou-se a acompanhar Sink; tirou a sua ferramenta de abrir trincheiras e começou a cavar na praia. Sink foi adiante.

Depois de vadear através do pântano, ele e o tenente Kelly acharam um caminho que levava ao penhasco. Eles passaram por uma plataforma de canhão desocupada, localizada numa saliência natural cerca da metade do caminho para o cimo. Olhando para trás, eles puderam ver os homens da companhia cuidadosamente empenhados em atravessar a brecha no arame farpado e seguindo a trilha em coluna por um.

Sink e Kelly foram ter num campo aberto no cimo do penhasco, onde imediatamente ficaram expostos ao fogo de armas portáteis. Rastejando por várias centenas de metros, eles chegaram a um local seguro. Olhando do alto do penhasco, ficaram consternados em descobrir que apenas seis homens ainda estavam subindo; os outros haviam voltado para a praia. Sink enviou um mensageiro para retornar à praia, arrebanhar os homens, e fazê-los começar novamente.

Sink e Kelly atraíram o fogo das metralhadoras de St.-Laurent. Eles recuaram e encontraram um grupo do 3º Batalhão, do 116º, incluindo o comandante, tenente-coronel Lawrence Meeks. Eram 10:00. Meeks ordenou que o 3º Batalhão se movesse contra St.-Laurent. A missão de Sink era estabelecer o PC em Vierville, de modo que ele decidiu retornar à praia para reunir seus homens que estavam faltando.[14]

O sargento Warner Hamlett e alguns de seus companheiros da Companhia F, 116º, transpuseram a muralha marítima apenas para serem detidos na base do penhasco pelo fogo dos ninhos de metralhadoras. Eles tentaram pô-las fora de ação fixando TNT a postes compridos, mas o arame farpado que circundava os ninhos evitou que os americanos se aproximassem o bastante das posições para usar o explosivo.

"Decidimos correr entre os ninhos de metralhadoras e entrar nas trincheiras que ligavam uns aos outros. Invadimos aquelas trincheiras, esgueiramo-nos atrás dos ninhos e lançamos granadas dentro deles. Depois da explosão, corremos de volta para matar qualquer sobrevivente. Filas de ninhos achavam-se entre nós e o alto do penhasco. Lentamente, um por um, avançamos. A bravura e a disposição dos soldados foram além do que se possa acreditar."

Hamlett foi ferido na perna e nas costas. Quando chegou no pico do penhasco, "o sargento England disse-me para voltar à praia e arranjar um médico para me etiquetar, de modo que eu pudesse ser transportado para um navio-hospital. Quando eu caminhava penosamente de volta à praia, milhares de membros humanos a juncavam. Eles estavam flutuando, cabeças, braços, pernas. Compreendi o que fora ter participado da primeira leva".

Hamlett concluiu sua descrição oral: "Estive num hospital, na Inglaterra, durante dois meses. Fui em seguida mandado de volta para as linhas de frente. No total, estive sete meses em combate e fui ferido mais duas vezes. Eu faria tudo isso novamente para deter um bandido como Hitler. Meu nome é Warner H. Hamlett."[15]

As Companhias A e B do 2º Batalhão de Tropas de Assalto, juntamente com o 5º, tinham missões alternadas. Se eles fossem informados até as 7 horas pelo coronel Rudder ("Louvai o Senhor" era o sinal) indicando que o 2º estava de posse de Pointe-du-Hoc eles deveriam se deslocar para lá, para reforçar. Se não recebessem a mensagem, deviam entrar em *Dog Green* e *Dog White*, subir na direção do barranco de Vierville, virar à direita e ir em auxílio de seus camaradas em Pointe-du-Hoc.

O tenente-coronel Max Schneider das tropas de assalto estava no comando. Ele adiou sua decisão de desembarque o máximo possível. Por volta das 7:15 não tinha mais condições de adiar. Suas embarcações estavam a meio caminho entre Pointe-du-Hoc e Vierville.

"Schneider tinha de escolher", escreveu o capitão John Raaen, comandante da Companhia de Comando, 5º Batalhão de Tropas de Assalto, numa nota biográfica. "A emoção fervilhava induzindo-nos a ajudar o 2º na Pointe, mas as ordens do plano eram que nos deslocássemos para Vierville (se a mensagem não fosse recebida) e assim fizemos."

Foi uma decisão crucial e sensata. As tropas de assalto forneceram o apoio que o 116º mais necessitava em Vierville e os homens de Rudder logo cumpririam a missão por si mesmos.

Logo depois que a embarcação se dirigiu para a praia, Schneider recebeu a mensagem enviada pelo posto de comando de Rudder, "Louvai o Senhor". Ela chegou tarde demais; Schneider já estava engajado.[16]

As Companhias A e B do 2º Batalhão de Tropas de Assalto chegaram à praia primeiro. O praça Jack Keating estava na Companhia A. Ele recordou que quando o seu LCA se aproximou da praia, o *Texas* estava atirando "por sobre nosso velho barquinho, e cada vez que atirava quase arrancava nosso barco da água." O LCA entrou na divisa entre *Dog Green* e *Dog White*, bem a leste do barranco de Vierville. Ninguém ainda havia desembarcado naquele local que continuava livre do fogo inimigo. O comandante da Companhia A, capitão Dick Merrill, exclamou: "Companheiros, é um desembarque sem resistência."

O patrão arriou a rampa e os alemães começaram a atirar. "Os primeiros minutos em contato com a água", observou Keating, "jamais esquecerei enquanto viver. Havia metralhadoras, tiros de fuzil, disparos de morteiro e de 88, e Deus sabe o que mais. E minha impressão era de que cada alemão estava me alvejando."

Keating levou meia hora para chegar à praia. "Não é como em Hollywood", comentou ele. "Os atores pulam na água e em três segundos estão assaltando a praia. De fato, a coisa não é assim."

Quando, finalmente, eles conseguiram chegar à areia, Keating se pôs atrás de um carro de combate com dois companheiros. "Ficamos próximos do motor, desejando um pouco de calor para aquecer nossos ossos e fumamos nosso primeiro cigarro em solo francês."

Depois que ele recuperou o fôlego, "readquiri a presença de espírito, como quase todos, e compreendi então que só havia um caminho a seguir, e era que devíamos entrar". Quando ele se deslocava através da praia, sua mochila de provisões foi arrebentada por uma rajada de metralhadora. "Acabou com minhas latas de ameixas e peras, minhas barras de açúcar, minhas rações K, cigarros, tudo foi destruído."

Na praia, Keating encontrou um capitão do 116º que fora baleado na cabeça e duas vezes tivera o peito varado "e ainda estava vivo. Ele me perguntou se eu o levaria ao posto-de-socorro médico na praia. Eu disse: "Há apenas uma maneira pela qual posso fazê-lo: rastejando. O senhor fica sobre as minhas costas e eu vou rastejar. O posto ficava a cerca de noventa metros abaixo, na praia. Finalmente levei-o até lá."[17]

O coronel Schneider observava os esforços no desembarque das duas companhias. Ele viu que "era um desastre". O capitão Raaen comentou: "Schneider era judicioso. Ele não estava para perder seu batalhão num assalto infrutífero, por isso tomou uma segunda decisão: ordenou às tripulações britânicas que se deslocassem para o leste, paralelamente à praia, até que ele encontrasse a relativamente tranqüila praia *Dog Red* de *Omaha*. Lá nossas duas colunas evoluíram pelo flanco direito e nosso assalto começou."[18]

O sargento Victor Fast era intérprete de Schneider. Na sua opinião, "a presença de espírito do coronel Schneider e seus cálculos argutos — a mente de um *rangers* funcionando, sem medo de tomar uma decisão — salvou uma multidão de vidas, talvez centenas".[19]

As duas companhias do 2º Batalhão de Tropas de Assalto tinham sofrido baixas quase tão grandes quanto as companhias do 116º, mas o 5º chegou à muralha marítima com apenas seis baixas entre cerca de 450 homens. O tenente Francis Dawson,* da Companhia D, descreveu sua experiência: "O patrão fez um giro repentino para a esquerda e uma tremenda onda atingiu a embarcação e fomos erguidos sobre diversos obstáculos. Em seguida a rampa abriu e eu saí. Cinco dias de navio tinham exercido seu efeito sobre minhas pernas. Depois de ficar de pé várias horas com o impacto do mar, minhas pernas já não se moviam com a rapidez necessária." Mas ele chegou à muralha marítima — que naquele local era construída de toras de madeira — e enviou um mensageiro para informar o tenente George Miller, comandante da Companhia D, onde o seu pelotão estava localizado.[20]

Quando o capitão Raaen desembarcou, "vi uma cena consternadora. Obstáculos por toda parte. Feridos e mortos estendidos na areia. O estampido do fogo de metralhadoras passando por nós. As marcas na areia onde as balas acertavam. Aquelas horríveis granadas de canhões antiaéreos de 20 mm estourando sobre nossas cabeças. E naturalmente as granadas de artilharia rebentando em torno de nós".

Apesar do fogo, Raaen pôde correr até a praia. Posteriormente, muito espantado, ele descobriu que perdera apenas um homem da sua companhia. Ele olhou em redor "e naquele ponto compreendi que *ninguém*, até então, tinha saído daquela parte da praia". As tropas de assalto haviam desembarcado num setor com tropas do 116º, cujos homens estavam em estado de choque pelas bombas, sem liderança, desorganizados. O medo tomara conta deles, e de alguns *rangers* também. Raaen apontou para a muralha marítima e exclamou: "Posto

---

* Dawson permaneceu no Exército. Comandou uma Unidade de Forças Especiais no Vietnã, onde executou 125 saltos-de-combate noturnos. Acabou se reformando como coronel.

de Comando, ali!" Simultaneamente, ele tentou tirar seu cinto salva-vidas mas não conseguiu. Seu radioperador estava atrás dele, "encolhendo-se de medo. Chamei por ele e disse-lhe para cortá-lo".

"Oh, certamente, capitão", retrucou o homem. Ele se pôs de pé ao lado de Raaen e fez o que o capitão lhe dissera. "Dali em diante nunca mais voltou a ter medo, nem eu. Eu tinha visto no meu primeiro minuto de combate o que a completa ausência de medo pode fazer por seus homens." Havia outro fator na recuperação. De um modo geral, os homens que se encolhiam junto da muralha estavam tão confusos quanto exaustos e chocados pelas granadas. Nos setores errados com nenhum dos seus comandantes presentes, eles simplesmente não sabiam o que fazer. Ao receberem uma atribuição específica e ao executá-la, a maioria dos homens manteve seu autocontrole e soube cumprir seu dever.

Embora o 5º Batalhão de Tropas de Assalto tivesse mais facilidade entrando por volta das 7:45 do que o 116º experimentara às 6:30, as coisas não estavam nada boas. Quando os LCI seguiram os LCA das Tropas de Assalto para *Dog White*, a artilharia alemã começou a castigar a praia. Raaen viu a rampa de um LCI ser atingida por uma granada 88 exatamente quando o homem com o lança-chamas pôs o pé nela. "Num instante o barco virou um mar de chamas. Era horrível de ver. Desviei os olhos. Havia outras coisas a fazer."[21]

Padre Joe Lacy estava na praia, cuidando dos feridos. Lacy foi descrito como um "irlandês pequeno, velho e gordo". Os *rangers* haviam insistido que ele não poderia nunca acompanhar-lhes o passo em combate, mas ele insistira. No navio-transporte, na noite de 5-6 de junho, ele disse aos soldados: "Quando vocês desembarcarem na praia e a invadirem, não quero ver ninguém se ajoelhando e orando. Se alguém fizer isso, vou aparecer e dar-lhe uma botinada no rabo. Vocês deixem as orações comigo e tratem de combater."

Na praia, os homens viram o padre Lacy "ir até a beira da água e puxar os mortos, os moribundos e os feridos, colocando-os em posições relativamente protegidas. Ele não ficava só nisso, mas orava pelos homens e com eles, dava conforto aos feridos e aos moribundos. Um verdadeiro homem de Deus".[22]

* * *

Quando o tenente Jay Mehaffey chegou à muralha marítima, podia ouvir apenas fogo alemão, "e tive a impressão de que a invasão havia fracassado e que todos os outros americanos foram mortos ou capturados. Naquele momento, na *praia Omaha*, a invasão da França tinha cessado de existir e era, com efeito, um desastre militar. O grande projeto dos batalhões, de atingirem os objetivos no Dia D, tinha desmoronado completamente".[23]

Mas na realidade as tropas de assalto estavam conseguindo se organizar e trabalhar. O capitão Raaen viu um velho sargento montar num tripé uma metralhadora calibre .30 refrigerada à água. Um tenente engenheiro de suéter verde o estava ajudando, conduzindo água e munição. Eles a montaram, "o sargento se posicionou e começou a girá-la procurando o flanco direito do penhasco, e pude ver tropas do 116º tentando abrir o seu caminho à fogo, penhasco acima. O sargento estava atirando para apoiar a progressão".

O tenente engenheiro, que parecia "completamente distraído do fogo alemão em torno dele", gritou para as tropas amontoadas de encontro à muralha, encolhendo-se, amedrontadas, imóveis, sem realizar nada. "Olhem aqui, vocês pensam que são soldados?! Não servem para coisa alguma."

O general Cota desceu até à praia. Na versão de Hollywood, ele exclama: "Rangers, avançar!" e para à frente eles se lançaram. Na realidade, o barulho no campo de batalha era tamanho que ele não poderia ser ouvido a três metros de distância. O que ele de fato fez foi deslocar-se de grupo em grupo. O primeiro que encontrou incluía Raaen, que o reconheceu (o filho de Cota fôra colega do filho de Raaen em West Point). Raaen informou a localização do PC do coronel Schneider.

Cota começou a encorajar os homens a se moverem, dizendo: "Não morram nas praias, morram no penhasco, se tiverem que morrer, pois nas praias morrerão com certeza." A Raaen ele disse: "Vocês, são *rangers* e sei que não vão me decepcionar."[24]

Cota encontrou Schneider em seu PC e permaneceu de pé. Schneider levantou-se para conversar. De acordo com uma testemunha, disse Cota: "Estamos contando com vocês, tropas de assalto, para ir à frente." O sargento Fast, intérprete de Schneider, lembrou Cota afirmando: "Estou esperando que as tropas de assalto sigam à frente."[25]

Independente de quais as palavras de Cota, o lema das tropas de assalto tornou-se "Os *rangers* lideram". É um lema válido, bem merecido, mas até onde ele implica que era realmente necessário que eles inspirassem as outras tropas, merece alguma correção.

As tropas de assalto não sentiam necessidade de um pontapé de Cota no traseiro. "Havia pouca ou nenhuma apreensão quanto a cruzar o arame farpado e subir a colina", lembrou o cabo Gale Beccue da Companhia B, do 5º Batalhão. "Tínhamos feito aquilo tantas vezes em treinamento que se tornara mesmo uma rotina." Ele e um praça foram à luta; introduziram um torpedo *bangalore* sob o arame farpado e, abrindo brechas com a explosão, começaram a subir. Pouca oposição encontraram: "Os postos avançados alemães haviam recuado para preparar posições de retaguarda." Nesse meio-tempo, a artilharia alemã estava se concentrando nas embarcações de desembarque, tornando as coisas "muito piores na praia do que quando havíamos chegado".[26]

No que toca ao lema, que precisou que os *rangers* liderassem o 116º Regimento de Infantaria para fora da praia, o fato é que a primeira companhia organizada no cimo em Vierville foi a Companhia C, do 116º. No momento em que as tropas de assalto desembarcaram, muitos outros soldados do 116º já estavam no alto. Eles precederam seus companheiros. Os membros do 116º que ainda estavam ao pé da muralha marítima provinham de outras companhias que haviam sido dizimadas na primeira leva. Embora parecessem desamparadas, estavam apenas esperando por alguém que lhes desse instruções, além de algum equipamento — eles não dispunham de torpedos *bangalore*, fuzis automáticos, metralhadoras, rádios e oficiais — e de algum apoio. Quando os comandantes de pelotão das tropas de assalto começaram a se deslocar, eles se incorporaram. Trata-se de uma questão menor, e as tropas de assalto certamente não tinham nenhuma intenção de fazer comentários depreciativos sobre o 116º quando adotaram o seu lema, mais deixou amargurados alguns dos sobreviventes do 116º Regimento.

Quando o capitão Raaen passou pela brecha no arame farpado liderando os seus homens, lembrou que "lá estava o pequeno Tony Vullo, o menor homem do batalhão, deitado sobre um ninho de metralhadora destruído, com as calças arriadas, o seu *gluteus maximus* sendo tratado por causa de ferimento causado por uma bala". Ele fora atingido por uma única bala num ângulo tal que tinha quatro buracos separados no traseiro. "Naturalmente os homens se deleitaram em fazer troça dele quando passávamos."[27]

Para alguns, escalar o penhasco foi relativamente fácil. O tenente Dawson e seu pelotão da Companhia D do 5º Batalhão, estavam entre os mais hábeis. Ele chegou ao cimo, e em seguida virou-se paralelamente à praia e seguiu ao longo da crista numa posição inclinada, lançando granadas de mão contra os alemães nas trincheiras abaixo dele.*

A Companhia de Comando do capitão Raaen foi imobilizada pelo fogo de metralhadoras. O tenente Dawson podia ver a posição de tiro do alemão. Estava a setenta e cinco metros de distância, na crista militar do rochedo, guarnecida por dois homens. Dawson fez sinal para que o seu homem com fuzil automático viesse para adiante, mas os metralhadores alemães observaram o seu movimento, voltaram-se para ele e o mataram.

Dawson recuperou o fuzil automático e atacou a posição alemã, atirando com apoio no quadril enquanto o fazia. Os dois alemães aterrorizados saltaram para fora do ninho de metralhadora e começaram a fugir penhasco acima. Dawson os abateu.

Isso liberou Raaen. Ele se deslocou para cima e deu com espessa fumaça de mato queimado. "Capitão, podemos colocar nossas máscaras contra gases?", exclamou um dos homens.

Raaen duvidou que fosse necessário, mas, com relutância, deu permissão. Como a fumaça se espessasse, ele resolveu colocar a sua. Tirando o capacete, colocou-o entre os joelhos, com a mão esquerda rasgou a tampa da bolsa da máscara contra gases e puxou-a para fora. Ele se havia esquecido da maçã e da laranja que metera na bolsa, e elas saíram pulando penhasco abaixo.

Ele colocou a máscara, respirou profundamente, "e quase morri. Tinha-me esquecido de puxar a tampa que permitia a passagem de ar. Tive que arrancar minha máscara, tomar mais alguns haustos de fuma-

---

* A maioria dos homens que chegaram ao cimo naquela manhã tendiam a se deslocar diretamente para o interior, para o seu ponto de reunião em Vierville. Se mais deles tivessem feito como Dawson, a 1ª e a 29ª Divisões e as unidades de apoio teriam saído da praia muito mais cedo.

ça, pôr a máscara de volta, arrancar a alça, e respirar finalmente. Me ajeitei, dei dois passos, e me vi fora do alcance da fumaça. Eu estava tão furioso que continuei com a máscara cerca de três, seis ou mais metros apenas para me punir por ter fraquejado e usado a máscara".[28]

O praça Carl Weast estava lá. Ele ouviu alguém gritar "Gás!" Weast colocou sua máscara, mas ele havia rachado a extremidade da parte fronteira e pôde sentir pelo cheiro que era apenas fumaça de capim, "por isso tirei a danada daquela máscara e a joguei fora. Aquela foi a última vez durante toda a guerra que eu conduzi um diabo de máscara contra gases".[29]

Quando o grupo de comando do coronel Schneider subia o penhasco, deu com prisioneiros alemães que desciam. Schneider disse a seu intérprete, o sargento Fast, para tirar deles o que pudesse. Fast não tinha treinamento nesta espécie de ação, mas mostrou queda para o assunto.

"Peguei o *kraut* mais jovem, de aparência mais tímida e posto mais baixo que pude encontrar." Afastou-o dos outros e intimou o prisioneiro: "Você vai me informar o que eu quero saber." Em seguida Fast disse ao prisioneiro que relaxasse: "A guerra acabou para você." Depois fez ameaças: "Você tem três escolhas. Se você não contar coisa alguma eu o enviarei para os russos. Se me der informações, mas que me pareçam duvidosas, eu o entregarei ao meu companheiro judeu que está aqui do lado e ele o levará para trás daquele arbusto. (Fast disse na sua descrição verbal que seu companheiro judeu era Herb Epstein, "ele não se barbeava há um bocado de dias, era grande e corpulento, e lembro-me de que tinha uma .45 no quadril, uma faca de assalto na bota e um fuzil-metralhadora automático".)

"Enfim, se me disser o que sabe e me convencer de que está dizendo a verdade, eu o mandarei para a América; lá você terá uma boa vida até a guerra acabar e então você voltará para casa."

Em seguida, a primeira pergunta: "Você viu todos os bombardeiros americanos e britânicos no começo desta manhã?"

"*Ja*", retrucou o prisioneiro. Bom, pensou Fast agora ele está numa disposição de ânimo para o sim. O prisioneiro indicou a posição de campos minados e apontou para fortificações escondidas ao longo do penhasco. Ele disse que não havia tropas alemãs em Vierville (o que era verdade) mas havia "muitas" estacionadas no interior, e deu outras informações úteis.[30]

O grupo de comando de Schneider chegou ao cimo, como o fizeram outras tropas de assalto à esquerda e à direita. Aquilo que eles podiam ver era um campo aberto e um labirinto de sebes vivas. Alemães com metralhadoras estavam atirando de trás dos arbustos.

O praça Weast estava furioso. Ele queria saber: "Onde diabo estava aquele projeto de bombardeio da Força Aérea que devia fazer explodir tudo? Diabo, eu não vejo uma cratera de bomba em parte alguma!"[31]

A história oficial do Exército declara: "As penetrações das defesas costeiras feitas entre 8 e 9 horas representaram um sucesso definitivo conseguido por uma ação firme em face de grandes dificuldades."[32]

As penetrações foram feitas por cerca de 600 homens, na maioria da Companhia C, do 116º, e pelas tropas de assalto. Eles haviam chegado no topo — mas não dispunham de rádios, nem de armas pesadas, nem de carros de combate, nem de artilharia de apoio; enfim, de nenhum meio para se comunicar com a Marinha. Todas as saídas ainda estavam bloqueadas, a praia continuava congestionada de veículos que não podiam se mover, recebendo pesado fogo de artilharia. Os regimentos de reserva não haviam chegado à praia.

O 116º e as tropas de assalto com seus efetivos misturados, ainda estavam agindo por conta própria. Deslocando-se na direção dos alemães nas cercas vivas, enfrentando fogo, movendo-se para flanquear posições, os grupos de assalto *ad hoc* tendiam a desagregar-se, resultando em progressiva perda de controle na medida em que o movimento prosseguia para o interior. Quando o coronel Canham alcançou o alto, logo após as 9 horas e estabeleceu o seu PC, descobriu tropas de assalto e elementos do 116º espalhados por todo o campo, alguns indo na direção da estrada costeira para Vierville, outros empenhados em tiroteios com os alemães nos arbustos.

Esta situação não estava, de modo algum, sob controle. Uma vitória ainda não fora alcançada. Mas havia agora uma considerável força americana no cume do penhasco. A batalha pela *praia Omaha* não ocorrera de acordo com os planos, mas graças a homens como o general Cota, os coronéis Schneider e Canham, os capitães Raaen e Dawson e inumeráveis tenentes e sargentos, o desastre fora evitado.

23. Catástrofe Contida

Setor de Easy Red, Praia Omaha

"PRAIA OMAHA", escreveu o general Bradley três décadas depois do Dia D, "foi um pesadelo. Mesmo agora faz pena recordar o que aconteceu ali no dia 6 de junho de 1944. Voltei muitas vezes para reverenciar os valentes que morreram naquela praia. Eles nunca deviam ser esquecidos. Nem o deviam aqueles que sobreviveram por pouco. Todo homem que pôs o pé na *praia Omaha* naquele dia foi um herói."[1]

O posto de comando de Bradley era uma cabine de aço de vinte por dez pés construída para ele no convés do cruzador *Augusta* dos Estados Unidos. As paredes eram cobertas por mapas rodoviários Michelin, da Normandia. Havia uma mesa de reuniões no centro da sala, com datilógrafos e máquinas de escrever dispostos em um lado. Bradley raras vezes estava lá; passava a maior parte da manhã na ponte, de pé ao lado do almirante Alan G. Kirk, o comandante da Força-Tarefa Naval do Oeste. Bradley tinha algodão nos ouvidos para abafar o rugido dos canhões do *Augusta* e binóculos nos olhos para observar a costa.[2]

Para Bradley, "era um momento de grave ansiedade pessoal e frustração". Ele não podia ver muita coisa a não ser fumaça e explosões.

Não estava obtendo relatórios do seu subordinado imediato, general-de-brigada Leonard Gerow, comandante do V Corpo (1ª e 29ª Divisões), nenhuma notícia da praia, apenas esparsos fragmentos de informação provenientes de patrões de barcos de desembarque que retornavam para a área de transporte em busca de outra carga, e eles ficavam murmurando palavras como "desastre", "baixas terríveis" e "caos".

"Cheguei a ter a impressão", escreveu Bradley posteriormente, "de que nossas forças tinham sofrido uma catástrofe irreversível, que havia pouca esperança de que pudéssemos forçar nosso caminho para a praia. Particularmente, considerei a hipótese de evacuar a cabeça-de-praia... Eu me angustiava pensando na decisão de retirada, orando para que nossos homens pudessem resistir."[3]

Aqueles eram pensamentos de um homem desesperado diante de duas decisões aparentemente dolorosas. Às 9:30, com a maré investindo a ponto de cobrir todos os obstáculos, e com centenas de embarcações de desembarque circulando ao largo, enquanto o congestionamento na praia era ainda tão ruim a ponto de os desembarques estarem suspensos, enviar levas de seguimento como reforços de acordo com o planejado apenas aumentaria o problema — mas não os enviar deixaria as forças já na praia isoladas e vulneráveis a um contra-ataque.

Não obstante os pensamentos de Bradley quanto a uma retirada, "teria sido impossível trazer aquela gente toda de volta", como declarou categórica e corretamente o general Eisenhower.[4] Com quase nenhum rádio funcionando, não havia maneira de chamar de volta os homens do 116º e 16º Regimentos e as tropas de assalto que já estavam — embora sem o conhecimento de Bradley ou de qualquer outro oficial superior — abrindo o seu caminho para o penhasco. Os homens na zona de seixos poderiam ter recebido ordens de recuar à praia para uma retirada, mas, se tivessem obedecido, teriam sido massacrados — a *praia Omaha* foi um dos campos de batalha na história em que o maior perigo ficava na retaguarda. Em qualquer caso, as embarcações de desembarque na praia estavam *kaput*. Os que estavam ao largo regurgitavam de homens e veículos.

A retirada não era uma opção. Nem era a alternativa, que Bradley ruminava na sua mente, a de enviar tropas de apoio para a *praia Utah* ou para as praias britânicas, não só porque isso poderia muito bem significar o sacrifício dos homens em terra na *praia Omaha*, porém ainda mais porque deixaria uma brecha de sessenta quilômetros entre as *praias Utah* e *Gold*, o que teria posto em perigo a invasão como um todo.

Como comandante do Primeiro Exército dos Estados Unidos, Bradley tinha mais de um quarto de milhão de homens sob o seu comando imediato. Mas postado na ponte do *Augusta*, ele era um observador impotente, desesperado por informações. Nas praias, os planos podiam ser modificados ou abandonados como o exigissem as circunstâncias; no *Augusta*, Bradley estava aferrado ao plano estratégico global.

No navio comando anfíbio USS *Ancon*, o general Gerow tinha o seu posto de comando. Durante as primeiras três horas do assalto ele estava tão cego quanto Bradley. Enviou o subchefe do Estado-Maior do V Corpo, coronel Benjamin Talley, num DUKW com o fito de bordejar ao largo e informar sobre a batalha. Talley descobriu que mesmo da distância de 500 metros ele não podia ver muita coisa. Obviamente as praias estavam apinhadas, a artilharia inimiga e o fogo das metralhadoras eram eficazes, e as saídas não tinham sido abertas. Ele não podia ver o alto do penhasco por causa da fumaça, de modo que não tinha conhecimento de progressões individuais ou de pequenas unidades que haviam conseguido chegar as elevações. Talley também não tinha conhecimento da ordem das 8:30 do comando do 7º Batalhão Naval Costeiro para suspender os desembarques, de modo que ele estava perturbado pelo fracasso das embarcações de desembarque irem à terra. Às 9:30 ele informou Gerow de que os LCT estavam se movendo em círculos ao largo, como "um rebanho de gado impelido por um estouro".[5]

Às 9:45 Gerow fez seu relatório inicial ao Primeiro Exército. Era resumido e alarmante: "Obstáculos minados, progresso lento. 1º Batalhão do 116º, relatou às 7:48 estar sendo detido por fogo de metralhadoras — dois LCTs postos fora de combate por fogo de artilharia. Dois carros de combate flutuantes para *Fox Green* submergiram."[6]

Cinco minutos depois, o general-de-brigada Clarence Huebner, que comandava a 1ª Divisão, recebeu um relatório pelo rádio proveniente da praia: "Há veículos demais na praia; envie tropas de combate. 30 LCT esperando ao largo; não podem entrar por causa do bombardeio. Tropas entrincheiradas na praia, ainda sob fogo pesado."[7] Huebner respondeu ordenando que o 18º Regimento desembarcasse imediatamente em *Easy Red* — mas apenas um batalhão estava embarcado em LCVP; os outros dois teriam de ser transferidos de seus LCI para LCVP, e de qualquer maneira a proibição quanto a desembarques posteriores ainda estava em vigor.

Bradley enviou seu ajudante-de-ordens, major Chester Hansen, e o oficial de artilharia do almirante Kirk, capitão Joseph Wellings, num barco torpedeiro à praia em busca de informação, mas tudo o que trouxeram consigo foi uma mensagem de Hansen: "É difícil entender o que está acontecendo."[8]

Do ponto de vista dos generais, o desastre se fazia sentir, um desastre sobre o qual eles nada podiam fazer. Os generais eram irrelevantes para a batalha.

Em *Omaha*, a situação era tão ruim que a evacuação dos feridos se fazia na direção do inimigo, o que pode ter sido um fato único na história militar. Os poucos postos de socorro que haviam sido postos para funcionar estavam junto da muralha marítima de seixos. Os médicos corriam grandes riscos ao arrastar os feridos da praia para os postos de socorro. Pouco podia ser feito por eles além de aplicar ataduras, talas, dar morfina e plasma (se os médicos dispusessem de alguns suprimentos). As unidades médicas desembarcaram fora do horário e nos setores da praia errados, muitas vezes sem seus equipamentos. O 116º perdeu todo o seu suprimento regimental de plasma que estavam em dois LCI afundados.

Todavia, como recordou um oficial do Estado-Maior do 116º, "os elementos de saúde de todas as unidades eram os mais ativos entre os que se comprimiam de encontro à muralha marítima. Com os limitados recursos de que dispunham, eles não hesitavam em tratar os mais graves casos. Cabeças e barrigas abertas eram envolvidas em ataduras com rápida eficiência".[9]

A situação parecia pior para as equipes médicas do que para os generais ao largo. O major Charles Tegtmeyer, cirurgião do 16º, que desembarcou às 8:15, descreveu: "Com o rosto voltado para baixo, até onde os olhos podiam ver em ambas as direções, estavam os corpos amontoados de homens vivos, feridos e mortos, tão apertados uns contra os outros como uma camada de charutos numa caixa... Em toda parte, o grito desvairado: 'Médicos, ei, médicos', podia ser ouvido acima do horrível fragor."

Os médicos de Tegtmeyer, ora vadeando, ora tropeçando sobre homens prostrados, punham ataduras e talas nos feridos na medida em que chegavam às suas mãos, em seguida os arrastavam para o abrigo dos seixos. "Examinei vários quando fui atender", declarou Tegtmeyer, "dizendo aos meus homens a quem tratar e com quem não se incomodar." Em muitos casos simplesmente não havia jeito. Tegtmeyer referiu-se a um soldado com uma perna traumaticamente amputada e múltiplas fraturas compostas na outra. "Ele estava consciente e animado", observou Tegtmeyer, "mas sua única esperança era uma evacuação rápida, e naquela hora não havia como retirá-lo. Uma hora depois ele estava morto."[10]

A confusão na seqüência do desembarque planejado compunha o caos. Os primeiros homens do 61º Batalhão de Saúde a vadear até a praia em *Easy Red* eram membros do destacamento de comando. Eles desembarcaram com máquinas de escrever, arquivos e suprimentos de escritório numa praia juncada de mortos e feridos. Eles abandonaram suas máquinas de escrever, vasculharam à procura de equipamento médico entre os destroços e foram atender os feridos ao redor deles. A cirurgia de emergência à frente jamais teve início em *Omaha* naquele dia; das doze equipes de cirurgiões incorporados ao 60º e ao 61º Batalhões de Saúde, apenas oito chegaram à costa e nenhuma delas dispunha de equipamento operatório apropriado. À semelhança dos burocratas do destacamento de comando, os cirurgiões puseram mãos à obra para prestar os primeiros socorros.[11]

Às 9:50 o general Huebner deu a ordem para que o 18º Regimento da 1º Divisão desembarcasse em *Easy Red*, o maior dos oito setores designados. Situava-se bem a leste do meio da *praia Omaha*. O flanco direito de *Easy Red* era a linha divisória entre a 29ª e a 1ª divisões. Duas companhias da primeira leva do 16º Regimento deviam ter desembarcado em *Easy Red*, com três companhias adicionais na segunda leva.

Mas os desembarques em lugar errado eram tais que o que devia ter sido o setor mais pesadamente atacado era na verdade o mais solitário — apenas partes de uma companhia desceram à praia na primeira hora, partes de duas outras nas três horas seguintes. Mas às 10 horas, com o 1º Batalhão do 18º fazendo sua entrada e o 115º Regimento da 29ª Divisão desembarcando em lugar errado bem em cima do 18º, a situação se tornou a mais congestionada e a mais sangrenta de todos os setores.

Às 10 horas, a maré estava quase na sua marca mais alta. Todos os obstáculos estavam cobertos. Os patrões nas embarcações de desembarque maiores tinham medo de tentar ir a terra, e tinham ordens do Batalhão Naval Costeiro para permanecer afastados. Mas os oficiais do 1º Batalhão do 18º tinham ordens do seu comandante para entrar. Houve algumas discussões violentas entre os patrões e os soldados.

O impasse foi desfeito por volta das 10:10, quando o LCT 30 se dirigiu a toda velocidade através dos obstáculos, com as armas atirando. O LCT 30 continuou o fogo após o desembarque. Por volta da mesma hora, o LCI 544 investiu através dos obstáculos, atirando em ninhos de metralhadoras numa casa fortificada. Estas façanhas demonstraram que os obstáculos podiam ser rompidos e deram coragem a outros patrões, que começaram a ceder às exigências dos oficiais do Exército para acostar.[12]

Os destróieres ajudaram imensamente neste ataque. Como foi observado, eles navegavam perto da costa e castigavam o inimigo — quando podiam localizá-lo. No relatório de ação do *Harding* constou: "Às 10:50 observamos ninho de metralhadora inimigo que estava atirando em nossas tropas do alto do barranco ao norte de Colleville, retardando assim as operações na praia. Abrimos fogo contra o ninho e o demolimos, gastando 30 tiros."[13]

O almirante Charles Cooke, juntamente com o general-de-brigada Thomas Handy do Estado-Maior do general Marshall no Departamento de Guerra, estava no *Harding*. Cooke registrou que quando o *Harding* assomou à praia, "vimos um LCT investir defronte de um barranco disparando suas armas em uma posição alemã em Colleville.

As baterias alemãs estavam escondidas nos arbustos, tinham essa vantagem, e o LCT foi duramente metralhado".[14]

Assim foram muitos outros. O relatório da Marinha referente ao grupo de transporte que conduzia o 18º à terra relacionou vinte e dois LCVP, dois LCI e quatro LCT como perdas na praia, quer por obstáculos minados quer por o fogo da artilharia inimiga.

O sargento Hyman Haas teve sorte. LCTs à direita e à esquerda dele estavam pegando fogo. "O fogo das metralhadoras estava bem em cima deles. Ao seu redor, granadas de morteiro e de artilharia explodiam. Mas tínhamos desembarcado num local que parecia imune."

Haas comandava um veículo meia-lagarta (M-15). Quando saímos do LCT, "a água chegava ao meu pescoço. Meu motorista, Bill Hendrix, tinha a cabeça pouco acima da água. Continuamos indo. Um imbecil soltou um grito rebelde.* O sargento Chester Gutowsky olhou para ele e resmungou: 'Seu idiota! Por que não fica calado?' "

Quando Haas alcançou a praia, "minha respiração estava acelerada, os olhos dardejando em todas as direções, esperando, observando. Era verdadeiramente estonteante". Ele começou a pensar com mais calma imediatamente. Haas ordenou que Hendrix manobrasse de volta para a água, e em seguida colocasse o M-15 em posição de tiro, e começou a disparar seu canhão de 37 mm, visando um ninho de metralhadora no lado ocidental da saída E-1. Os primeiros três caíram curto. Ele regulou o alcance, e os dez tiros seguintes acertaram diretamente na entrada do ninho.

(Posteriormente, naquele dia, Haas foi até o ninho de metralhadora. "Ali, deitado no parapeito, estava um oficial alemão, com a boca sangrando, obviamente em seus últimos momentos de vida, sendo apoiado por outro alemão ferido. McNeil chegou correndo. Ele disse: 'Haas, esse é o seu ninho de metralhadora!' Perdi o fôlego. Uma coisa é atirar de modo impessoal, mas agora eu era responsável por aquele oficial alemão moribundo e pelos homens feridos ali dentro. Senti-me horrorizado e chocado diante da cena."[15])

Com essa espécie de apoio, o 18º desembarcou, mas não sem perdas e não sem confusão, causadas pelo desembarque errado do

---

* Grito proferido pelos soldados confederados na Guerra de Secessão, quando atacavam. (N. do R.)

115º Regimento da 29ª Divisão, previsto para *Dog Red*, mas que, em vez disso, entrou às 10:30 em *Easy Red*, bem em cima do 18º. Isto causou uma terrível mistura de homens e de unidades, impondo demoras, mas colocou um bocado de poder de fogo em *Easy Red*, onde ele era extremamente necessário.

Quando o 18º desembarcou, pareceu aos oficiais que nenhum progresso fora feito. O relatório de ação do regimento declarou: "A zona de seixos da praia estava cheia de tratores, carros de combate, veículos, *bulldozers* e tropas — a elevação ainda estava em poder dos alemães que mantinham todas as tropas na praia confinadas — a praia ainda estava sob fogo pesado das armas portáteis inimigas, dos morteiros e da artilharia."[16]

O capitão (posteriormente major-general) Al Smith era o subcomandante do 1º Batalhão do 16º Regimento. Ele havia desembarcado em *Easy Red* às 7:54. "Cerca de 500 metros fora da costa comecei a compreender que estávamos com problemas", relembrou. "Quanto mais perto chegávamos da linha costeira, mais certo eu ficava de que o desembarque fora um desastre. Mortos e feridos das primeiras levas estavam por toda parte. Havia pouco ou nenhum fogo disparado por nossas tropas. Por outro lado, as metralhadoras alemãs, morteiros e 88 mm estavam desencadeando a mais pesada barragem de que já tive experiência."

Cerca da metade do batalhão de Smith chegou ao desfiladeiro formado pela barragem dos seixos. Smith fez contato com o general Williard Wyman, o subcomandante da divisão. Wyman perguntou se os homens estavam progredindo empregando fogo e movimento, como é ensinado na Escola de Infantaria.

"Sim, senhor!", retrucou Smith. "Eles estão atirando, estamos nos movendo."

Ele seguiu o caminho feito antes, naquela manhã, pelo capitão Dawson da Companhia G para o alto do penhasco. "Próximo do cimo, posso recordar a mais agradável pausa de cinco minutos da minha carreira militar. Com a nossa coluna em uma de suas paradas temporárias (o capitão) Hank (Hangsterfer, comandante da Companhia de Comando) e eu, nos sentamos ao lado da trilha, para comermos as maçãs fornecidas pelo rancho do navio. Também tivemos tempo para um gole de uísque escocês — meu presente de despedida de uma senhora inglesa um pouco idosa."

Smith estabeleceu o PC do batalhão ao lado de uma estrada de terra.* "Mais ou menos a essa hora uma linha telefônica chegou até mim proveniente do QG do regimento na base dos penhascos. O coronel (George) Taylor (comandante do 16º) perguntou sobre a situação e sobre o que ele podia fazer para ajudar. Eu lhe disse que podíamos usar carros de combate — quanto mais cedo, melhor. Ele prometeu fazer todo o possível."[17]

Eram 11 horas. Taylor ordenou que todos os carros de combate disponíveis entrassem em ação no barranco E-3. O capitão W. M. King recebeu a ordem. Ele correu pela praia, notificando cada carro de combate que chegava até ele para prosseguir para E-3 e entrar em ação. Quando alcançou o último carro, King encontrou o comandante ferido. Ele assumiu o comando. Afastando-se da zona de seixos, King dirigiu-se para leste, serpeando por entre os destroços ao longo da praia. Ele percorreu cerca de 200 metros quando atingiu uma mina e quebrou a lagarta. Ele prosseguiu a pé na direção da saída, onde descobriu que, do punhado de carros de combate que haviam começado a se deslocar para a E-3, apenas três haviam chegado. Dois deles foram postos fora de combate quando tentavam forçar caminho para o alto do barranco; o terceiro recuou. A E-3 ainda não estava aberta.

O praça Ray Moon do 116º chegou ao cimo mais ou menos por essa hora. "Voltei os olhos para a praia. A visão era inesquecível. A praia era uma galeria de tiro para metralhadores. A cena embaixo me fez lembrar os currais de gado para corte de Chicago e o seu matadouro. Podíamos ver os homens na água e os que estavam amontoados ao longo da muralha marítima. Havia pouco movimento e todos aqueles que estavam embaixo eram alvos fáceis para atiradores treinados e observadores de artilharia."[18]

Fogo de morteiros, granadas de artilharia e fogo de metralhadoras continuavam a chover sobre a praia. Para os escalões superiores, *Easy*

* O general Smith, numa carta de 1993 ao autor, relembrou que "hoje, o local seria muito próximo da Rotunda do nosso memorial da Normandia". O capitão Dawson, também numa carta de 1993, observa: "Estou orgulhoso e deveras honrado com o fato de que a esplanada que divide o monumento do lago refletor e dos túmulos esteja centrada no local exato onde fizemos a abertura da praia."

Red continuava a parecer uma calamidade. Gerow relatou a Bradley: "A situação das saídas de praia em *Easy* ainda crítica às 11 horas. A 352ª Divisão de Infantaria (alemã) identificada [esta foi a primeira vez em que Bradley teve conhecimento de que seus homens estavam enfrentando a 352ª, o que não fora percebido pelo serviço de informação aliado]... Combates contínuos nas praias."[19]

Mas no local, as coisas pareciam melhores. O coronel Talley, do Destacamento Avançado de Informações, relatou logo após às 11 horas: "Infiltração aproximadamente (valor) de um pelotão, barranco acima a meio caminho entre as saídas E-1 e *Easy* 3", e um pouco mais tarde: "Homens avançando encosta acima por trás de *Easy Red*, homens que se acreditava, nossos, na linha do horizonte."[20]

Um dos soldados americanos na linha do horizonte era o capitão Joe Dawson da Companhia G. Como ele chegou ali é uma história que quem melhor conta é ele próprio: "Ao desembarcar, deparei com o caos quando homens e material estavam se chocando com o banco de areia bem na beira da água. Havia um campo minado que se estendia à minha direita e na direção da crista do penhasco. Depois, com o uso de explosivos, abri uma brecha no obstáculo de arame e conduzi cautelosamente os meus homens por sobre o corpo de um soldado que havia pisado numa mina ao procurar desobstruir o caminho. Reuni minha companhia na base do penhasco e fui adiante. A meio caminho da crista encontrei o tenente Spaulding.

"Prossegui na direção da crista, pedindo a Spaulding para me dar cobertura. Perto da crista, o terreno se tornou quase vertical. Isto proporcionava um ótimo campo de tiro para o inimigo entrincheirado no alto. Um ninho de metralhadoras estava atirando incessantemente na praia e podiam-se ouvir os tiros de fuzis e de morteiros provenientes da crista.

"Joguei duas granadas para cima e quando elas explodiram a metralhadora silenciou. Acenei para que meus homens e Spaulding prosseguissem tão rapidamente quanto possível e então subi na direção da crista onde vi o inimigo deslocando-se na direção da saída E-3 e seus mortos na trincheira.

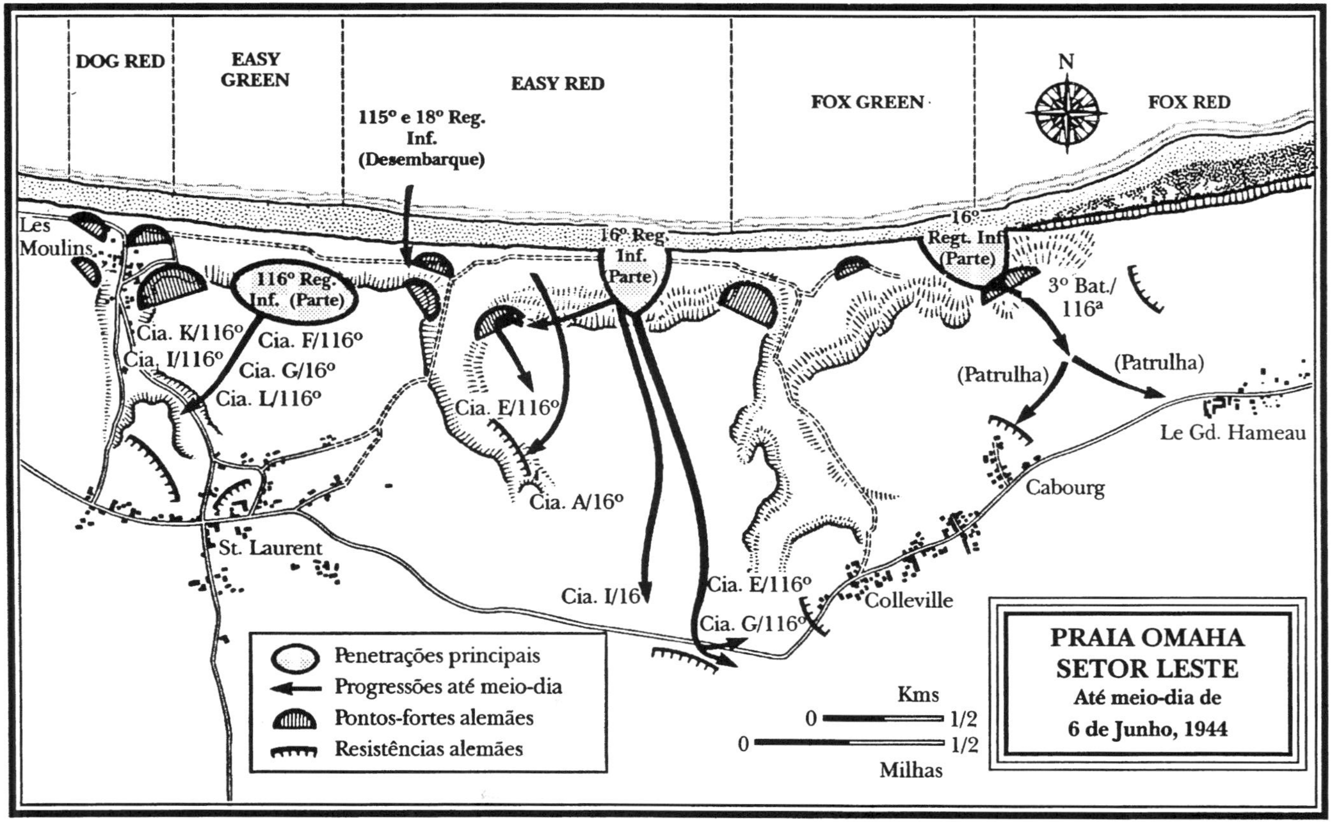
DOG RED
EASY GREEN
EASY RED
FOX GREEN
FOX RED
N
115º e 18º Reg. Inf. (Desembarque)
Les Moulins
116º Reg. Inf. (Parte)
16º Reg. Inf. (Parte)
16º
Regt. Inf (Parte)
3º Bat./ 116ª
(Patrulha)
(Patrulha)
Le Gd. Hameau
Cabourg
Colleville
St. Laurent
Cia. K/116º
Cia. I/116º
Cia. F/116º
Cia. G/16º
Cia. L/116º
Cia. E/116º
Cia. A/16º
Cia. I/16
Cia. E/116º
Cia. G/116º
Penetrações principais
Progressões até meio-dia
Pontos-fortes alemães
Resistências alemães
Kms
0
1/2
0
1/2
Milhas
PRAIA OMAHA
SETOR LESTE
Até meio-dia de
6 de Junho, 1944

"Até onde eu sabia, ninguém tinha penetrado as defesas do inimigo ainda.

"Tão logo os meus homens me alcançaram, desembocamos naquele ponto, atirando no inimigo em retirada e nos movendo na direção de uma... área arborizada, e isto se transformou no campo de batalha que ia até a entrada da cidade."

Numa análise de como ele se tornou o primeiro americano a chegar ao cimo do penhasco naquela área, escrita em 1993, Dawson salientou: "A Batalha da *praia Omaha* foi, em primeiro lugar, fogo mortal do inimigo numa praia exposta onde o controle de tiro total favorecia o defensor e não estávamos recebendo *nenhum* apoio de fogo direto por parte da Marinha ou dos carros de combate. Em segundo lugar, a má pontaria alemã foi a única razão pela qual eu pude atravessar a área exposta, porque eu não podia travar combate com o inimigo e nem mesmo vê-lo até que desse de cara com uma metralhadora. Em terceiro lugar, a afortunada capacidade de controlar o meu comando, tanto no desembarque em conjunto, quanto a nos deslocarmos juntos para subir o penhasco como uma unidade de combate. Em quarto lugar, nosso engajamento com o inimigo fez com que ele cessasse o fogo combinado de armas portáteis, metralhadoras e morteiros com o qual estava varrendo a praia embaixo."*

Enquanto Dawson avançava sobre Colleville, Spaulding ia à direita (a oeste) na direção de St.-Laurent. Spaulding espalhou seus homens por uma área de cerca de 300 metros e avançou. Eles localizaram um metralhador alemão ladeado por dois fuzileiros que atiravam sobre a praia, do seu abrigo na encosta. O sargento Streczyk acertou o metralhador nas costas; os fuzileiros se renderam. Spaulding interrogou os prisioneiros mas eles eram alemães autênticos e se recusaram a dar qualquer informação. Com os prisioneiros a reboque, Spaulding se dirigiu para oeste.

"Estávamos agora na área das cercas vivas e dos pomares", disse ele ao sargento Forrest Pogue da Divisão Histórica do Exército numa

* A rota de Dawson era aproximadamente a mesma que o caminho pavimentado que hoje leva da praia para o mirante com o panorama em bronze de *Omaha* no limite do cemitério americano. Sua história verbal e memórias escritas estão no EC.

entrevista em fevereiro de 1945. "Passamos através de dois campos minados. Não houve nenhuma perda. Ainda tínhamos um anjo em cada lado."

O pelotão da Companhia E topou com uma posição fortificada à cavaleiro do barranco E-1. O sargento Kenneth Peterson disparou contra ela, sua bazuca, mas ninguém veio para fora. Spaulding estava para ir adiante quando avistou um *Tobruk*.

"O sargento Streczyk e eu nos adiantamos para investigar. Descobrimos um abrigo subterrâneo. Havia um morteiro de 81 mm com belos croquis de tiro e muita munição, e uma posição para um canhão de 75 mm, a cavaleiro do barranco E-1. O esconderijo era de cimento, tinha rádios, excelentes acomodações para dormitório; cães. Principiamos a lançar granadas de mão no ventilador, mas Streczyk disse: 'Agüentem um momento', e deu três tiros degraus abaixo para dentro do abrigo. Em seguida, ele gritou em polonês e alemão para que eles saíssem. Quatro homens o fizeram. Eles trouxeram para fora dois ou três feridos."

Os alemães do outro lado do barranco começaram a atirar no pelotão de Spaulding. Os soldados americanos revidaram ao fogo. Destróieres americanos começaram a atirar no rochedo (eram cerca de 10 horas). Spaulding começou a descer a linha de comunicação das trincheiras, que levava ao rochedo a cavaleiro da praia. "Estávamos agora atrás dos alemães, de modo que desentocamos quatro de um buraco e pegamos treze nas trincheiras. As trincheiras tinham minas Teller, centenas de granadas, numerosas metralhadoras."

Spaulding inspecionou as trincheiras. Lá, ele admitiu, "eu cometi uma besteira". Ele havia perdido a sua carabina quando desembarcou, tinha apanhado um fuzil alemão apenas para descobrir que não sabia como usá-lo, e o havia trocado com um soldado por outro fuzil. Mas ele deixou de examiná-lo. "Nas trincheiras, encontrei inesperadamente um *kraut* (alemão) e puxei o gatilho, mas a arma estava travada. Procurei o retentor de segurança mas apertei o rétem do carregador, de modo que ele caiu no chão. Larguei a arma e corri cerca de cinqüenta metros. Por sorte, o sargento Peterson tinha me dado cobertura e o alemão levantou as mãos. Esse negócio de não verificar a arma certamente não deve tornar um hábito."

Spaulding tentou usar um morteiro de 81 mm alemão mas ninguém no seu pelotão soube fazer funcioná-lo. Nesse meio-tempo, ele enviou dezenove prisioneiros alemães de volta à praia, guardados por dois homens. Ele disse aos homens para passar os prisioneiros para quem quer que pudesse os levar e perguntasse onde estava o resto da Companhia E. Ele lançou sua última granada amarela para fazer com que os destróieres americanos soubessem que ele tinha a posse da fortificação, porque "o fogo deles estava chegando muito perto".

Nesta altura, cerca de 10:30, o tenente Hutch e nove praças alcançaram Spaulding. "Eu fiquei muito alegre em vê-los", disse Spaulding a Pogue. Hutch informou que Spaulding devia mudar seu objetivo de St.-Laurent para Colleville, isto é, rumar para leste em vez de tentar cruzar o barranco E-1.[21]

O terreno era plano, uma área de pomares de maçãs e de cercas vivas. Alemães da 352ª Divisão tinham uma companhia lá. O combate tomava agora uma nova forma. Em vez de atirarem na praia do longo sistema de trincheiras sobre o penhasco, os alemães estavam escondidos em cercas vivas. Sua arma principal era o terrivelmente eficaz MG-42. Eles tinham campos de tiro desimpedidos sobre os campos limpos. Os inexperientes soldados americanos achavam difícil localizar as posições de tiro do inimigo num terreno que proporcionava tanta cobertura; dificuldade agravada pelo fogo de franco-atiradores vindos ninguém sabia de onde. Sem morteiros, sem carros de combate ou artilharia de apoio, e com comunicações insuficientes com os destróieres, a infantaria americana mal podia avançar. Freqüentemente, o pelotão da Companhia E encontrava bolsões de resistência em posições preparadas, construídas em torno de metralhadoras entrincheiradas ao longo das cercas vivas. Quando Spaulding e Hutch contornaram tais posições, os pelotões se fragmentaram, de modo que houve progressiva perda de controle. Todavia, eles conseguiram continuar progredindo até se juntar ao capitão Dawson e a Companhia C.

Dawson estava tendo dificuldades semelhantes no seu deslocamento sobre Colleville. Dawson comandava pelo exemplo e dava ordens que eram simples, diretas, impossíveis de não compreender: "Eu dizia: 'Homens, ali está o inimigo. Vamos pegá-lo.' "

A Companhia G conseguiu penetrar até uma distância de um

quilômetro de Colleville. Dawson fez pausa à sombra de um grande carvalho. "Ali, expressando grande cordialidade, uma mulher francesa nos deu as boas-vindas com os braços abertos e disse: 'Bem-vindos à França.' "

Dawson avançou até a margem de Colleville. O edifício predominante, como sempre nas aldeias normandas, era uma igreja normanda, construída de pedra, com o seu campanário estendendo-se para o céu. "Efetivamente", observou Dawson, "no campanário da igreja havia um observador de artilharia." Ele se lançou para dentro da igreja com um sargento e um praça.

"Imediatamente, três alemães dentro da igreja abriram fogo. Felizmente, não fomos atingidos por esta rajada. Mas quando avançávamos através da igreja, o praça foi morto, baleado pelo observador na torre. Voltei-me e ocupamos a torre, eliminando-o. Meu sargento baleou os outros dois alemães e assim eliminamos a oposição naquele ponto."

Quando Dawson correu para fora da igreja, um fuzileiro alemão atirou nele. Dawson revidou ao fogo com o seu fuzil, mas não antes que o alemão fizesse um segundo disparo. A bala passou pelo fuzil de Dawson e espatifou a coronha. Fragmentos da bala atravessaram sua rótula e a sua perna, o que "fez com que meu joelho inchasse e que eu fosse evacuado no dia seguinte".

Além da igreja, a Companhia G encontrou uma companhia alemã completa que ocupava as casas em Colleville. Construídas de pedra, as posições eram quase que inexpugnáveis ao fogo de armas portáteis. A Companhia G entrou no que Dawson chamou de "um tiroteio de grande intensidade", mas não pôde avançar.[22]

Foi logo após o meio-dia. O major William Washington, subcomandante do 2º Batalhão, do 16º Regimento, apareceu, chegando mais ou menos à mesma hora que o pelotão de Spaulding. Washington estabeleceu um posto de comando numa vala de drenagem bem a oeste de Colleville e enviou o pelotão da Companhia E para a esquerda (sul) da aldeia. Spaulding deslocou-se e se separou de Dawson. Os alemães se posicionaram no intervalo entre eles; em quarenta minutos o pelotão de Spaulding estava cercado. Numa fração segundos, ele compreendeu que em vez de atacar ele estava sendo contra-atacado, e estabeleceu uma posição defensiva nos fossos de drenagem. Vários grupos de combate alemães foram em direção ao pelotão. Os homens de Spaulding tiveram condições de repeli-los.

Spaulding viu um mensageiro que vinha do posto de comando do batalhão com uma mensagem do major Washington: "Os alemães abriram fogo nele. Depois que ele caiu, fizeram pelo menos uma centena de disparos de metralhadora. Foi terrível, mas fazemos a mesma coisa quando queremos deter um mensageiro levando informação."

O pelotão de Spaulding passou o resto do dia nos fossos, na defensiva. Ao cair da noite, Spaulding estava reduzido a seis cartuchos de munição de fuzil; a maioria de seus homens não tinha mais que o seu último carregador. O pelotão ainda estava cercado.

Este fora o primeiro pelotão a fazer prisioneiros. Eliminara posições de metralhadoras no penhasco, e o *Tobruk* a cavaleiro do barranco E-1. Desembarcara com trinta homens; ao anoitecer, dois tinham sido mortos, sete feridos. Cinco homens do pelotão receberam a Cruz de Mérito Militar, pessoalmente entregues pelo general Eisenhower: o tenente John Spaulding, Kentucky; o sargento Philip Streczyk, Nova Jersey; o praça Richard Gallagher, Nova York; o praça George Bowen, Kentucky; o sargento Kenneth Peterson, Nova Jersey.[23]

O major Washington se entrincheirou, esperando por um contra-ataque de blindados alemães, como tinha experimentado na Sicília. "Passamos toda a noite do primeiro dia no afã de transportar canhões anti-carro de 57 mm para o alto do rochedo com cordas, com jipes e guinchos, e tudo o mais."

Ao alvorecer, no dia 7 de junho, não houve contra-ataque. O que Washington de fato viu de madrugada foi deveras espantoso: dois soldados americanos conduzindo cinqüenta prisioneiros de guerra alemães para a linha americana. Os dois americanos haviam desembarcado em lugar errado, sendo capturados pelos alemães. Ambos os americanos eram de descendência polonesa; os soldados "alemães" eram recrutas poloneses; quando a escuridão caiu, os dois soldados americanos convenceram seus captores a se esconderem nos arbustos e se renderem de madrugada.

(Washington teve um pessoal bafejo de boa sorte. O correspondente de guerra Dan Whitehead perguntou-lhe como ele conseguiu atravessar a praia com segurança. Washington relata: "Eu não sei o que disse a ele, mas soou bem no jornal. Ele escreveu que eu disse que foram as preces da minha mulher que me levaram através da praia. De modo que isso produziu bom efeito em casa."[24])

As baixas no setor de *Easy Red* foram horríveis. Na companhia F, 16º Regimento, todos os oficiais e mais da metade dos graduados estavam por terra no fim do dia. As perdas nos outros pelotões da companhia E foram quase tão pesadas quanto a dela. A carnificina causou uma indelével impressão no comandante, capitão Fred Hall. Ele concluiu seu relato verbal com estas palavras: "Minha mulher e eu andamos pela praia de *Easy Red* em maio de 1982. Era cedo demais para retornar."[25]

Spaulding lutou por toda a campanha no noroeste da Europa. Ele continuou a inspirar liderança e, como disse a Pogue na entrevista de 1945, o muito que ele aprendeu sobre combate durante a campanha, gostaria de ter sabido no Dia D. Disse ele que foi um homem de sorte.[26]

A maioria dos sobreviventes de *Easy Red* tem uma história como "senhor, eu tive sorte" para contar. O sargento John Ellery recorda que no combate fora de Colleville: "Eu estava para passar através de uma brecha na cerca viva quando minha pulseira de identidade ficou presa num galho meio resistente. Recuei, abaixando-me, e quebrei o ramo para me soltar. Nisso, um companheiro de outra companhia decidiu passar por mim e prosseguir transpondo a cerca. Quando a sua cabeça assomou o alto da cerca viva, ele recebeu um tiro bem no rosto, e caiu para trás em cima de mim, morto."

Ellery saiu à procura do franco-atirador. "Empatei a contagem. Foi um tiro perfeito e o único que dei no Dia D."

Ellery viu que estava com fome. Pensei que seria ótimo comer uma das maçãs. Meteu a mão na mochila de provisões "e descobri que minhas maçãs tinham se tornado pasta de maçã. Assim me contentei com uma ração K, e gostei tanto que decidi comer outra. Eu tinha a impressão de que provavelmente não sobreviveria ao meu suprimento de rações, de modo que não havia necessidade alguma de ficar com fome".[27]

A cena dos americanos no penhasco e a procissão de prisioneiros descendo com suas mãos sobre as cabeças deu ânimo aos homens na praia e aos generais no *Ancon* e no *Augusta*. Mas às 12 horas, *Easy Red* não era de modo algum um lugar seguro para se estar. O fogo de metralhadora havia cessado na área entre E-3 e E-1, graças aos pelotões que tinham escalado o penhasco, eliminando ninhos de metralhadora na medida em que iam subindo, mas o fogo de morteiros e de artilharia continuava a ser lançado — não tão preciso quanto antes, porque os postos de observação avançados tinham sido ultrapassados ou destruídos, mas em maior volume.

Os reforços estavam vindo para a terra, em primeiro lugar do 115º Regimento. Seu 1º Batalhão, embarcado para combate em LCVP, entrou às 11 horas lado a lado com as embarcações que conduziam o 18º Regimento para terra, ou imediatamente atrás. Mas às 12 horas os LCI dos outros dois batalhões do 18º, ainda estavam se movendo em círculos em volta da linha de partida. Era uma hora após a preamar e a maré estava tão forte que era difícil para os LCI evitar o encalhe, de modo que eles descarregavam suas tropas em LCVP, que faziam um serviço de ida e volta entre eles e a praia. Os alemães perceberam isso e começaram a atingir com granadas os pontos de transferência. O LCI 490 não tinha condições de se comunicar com nenhum dos LCVP, mas o patrão localizou um LCM. Ele trocou sua carga de tropas pela indesejada carga de altos explosivos do LCM, que prontamente jogou no mar.[28]

O praça Eldon Wiehe era motorista de caminhão da Bateria de Comando, da Artilharia Divisionária 1. Seu LCT, conduzindo sete caminhões carregados de munição, estava programado para entrar às 8 horas, mas às 11:30 ainda estava circulando ao largo, fora do alcance dos canhões alemães. Quando ele de fato se voltou na direção da praia, um LCT à direita foi atingido por uma granada de 88 mm, de modo que o patrão no LCT de Wiehe fez a volta e retornou ao Canal. Pouco depois ele rumou para a costa novamente, viu-se debaixo de pesado fogo de canhões, e recuou uma vez mais. Às 12 horas, uma embarcação patrulha se aproximou e um oficial de controle com um megafone gritou: "O patrão desta embarcação, leve esta embarcação para dentro, você já esteve dentro duas vezes e recuou duas vezes; agora leve-a para dentro de novo e não volte até que ela seja descarregada."

A maré estava baixando, mas ainda alta o bastante para cobrir os obstáculos. Granadas estavam explodindo em torno do LCT. O patrão entrou até onde estava previsto ir, e ainda bem ao largo, arriou a rampa. O tenente de Wiehe protestou: "Leve-nos mais para perto."

"Salte", retrucou o patrão.

O primeiro caminhão saiu e imediatamente afundou, com a água muito acima do cano de descarga.

"Leve-nos mais para dentro!", gritou o tenente para o patrão. "Salte", retrucou o patrão. "Tenho de descarregar e voltar para o mar."

Um após outro, os caminhões restantes saíram e foram ao fundo. Os motoristas saíram de dentro deles, inflaram seus coletes salva-vidas, e nadaram para o litoral. Ao sair da água, Wiehe ouviu uma granada caindo. Ele pulou para dentro de uma cratera. "Quando a granada explodiu", relatou ele, "entrei em pânico. Comecei a gritar. Meus companheiros me levaram para trás de uma embarcação incendiada, onde chorei pelo que me pareceram horas. Chorei até que as lágrimas não vieram mais. [Finalmente] parei de chorar e voltei a mim".

Havia ninhos de metralhadoras à esquerda de Wiehe, na abertura do barranco E-3, atirando sobre a praia. Ele viu dois *bulldozers* rumarem para as posições, com as pás abaixadas. As escavadoras amontoaram areia nos ninhos de metralhadora e os puseram fora de ação. "Na viagem de retorno à praia, uma das escavadoras recebeu um impacto direto. O homem que estava nela foi pelos ares todo em pedaços." Wiehe e os outros motoristas no seu grupo pegaram submetralhadoras e fuzis e passaram a ser infantes. "Carregamo-nos e nos dirigimos para a frente", disse Wiehe.

Concluindo sua história, Wiehe recordou o episódio em que tinha chorado e declarou: "Até este dia nunca mais derramei uma lágrima. Eu daria tudo para chorar ou para rir de novo. Sofro internamente mas não posso manifestar minhas emoções desde aquele dia. Nunca mais fui capaz de fazê-lo."[29]

Por volta das 12 horas, americanos do 16º, 18º, 115º e 116º regimentos vinham chegando a *Easy Red* durante cinco horas e meia. Não tinham tido vantagem nenhuma no barranco E-3 (diretamente ao norte de Colleville). O engarrafamento de trânsito ainda estava horroroso. Mortos e feridos se espalhavam pela praia e atrás da muralha marítima.

Mas o que parecia catástrofe, não foi. Embora a situação estivesse longe de permanecer bem sob controle, estava melhorando, especialmente em E-1. Graças a Spaulding e a Dawson, a fortificação no lado oriental do barranco tinha sido neutralizada; a fortificação no lado ocidental ainda estava em ação mas sendo contida pela Companhia M, do 116º Regimento. Escavadoras haviam feito uma brecha através da linha de dunas bem a leste do barranco e estavam-na preparando para a passagem de veículos.

O melhor de tudo, uma penetração fora feita quase exatamente entre E-1 e E-3 pelas companhias E, I e G do 16º Regimento, e Colleville estava sob ataque. À direita, cinco companhias do 116º tinham subido o penhasco entre D-3 e E-1, enquanto à esquerda de E-3 patrulhas de três companhias do 16º tinham feito a mesma coisa.

Às 13:09, Gerow pôde fazer seu primeiro relatório favorável a Bradley: "Tropas antes retidas nas praias *Easy Red, Easy Green, Fox Green* avançando para os altos atrás das praias."[30]

"A situação em toda parte na praia ainda era grave", escreveu Bradley posteriormente, "mas nossas tropas... estavam avançando gradualmente para o interior... Renunciei a qualquer pensamento de abandonar a *praia Omaha*."[31]

O general-de-brigada Charles Gerhardt, comandante da 29ª Divisão, escreveu posteriormente um relatório intitulado "Lições e Conclusões de Batalha", sobre o Dia D. Ele resumiu as lições aprendidas em duas frases: "Relatórios de desastre não deviam ser permitidos. ELES NUNCA SÃO VERDADEIROS."[32]

24. Luta por Terreno Elevado

Vierville, St.-Laurent e Colleville

John Raaen, o capitão de vinte e dois anos, comandante da Companhia de Comando do 5º Batalhão de Tropas de Assalto, era filho de um oficial do Exército. Nascido em Fort Benning, formado por West Point em janeiro de 1943, Raaen amava o Exército. Ele permaneceu na ativa durante quarenta anos e lutou em três guerras. Reformou-se como general-de-brigada. "Eu não mudaria um único dia de minha vida militar," concluiu ele no seu relatório oral. "Houve dias maus, é certo, mas eles tornaram melhores os dias bons."

No dia 6 de junho de 1944, minutos antes de entrar em combate pela primeira vez, Raaen aprendera uma importante lição: dar a um homem amedrontado algo de específico para fazer, opera maravilhas para os nervos. Quando chegou ao cimo do penhasco em Colleville mais tarde, naquela manhã, aprendeu mais algumas lições: não confiar em informações e não fazer suposições a respeito do terreno até que o tenha visto com os próprios olhos.

"Quando olháramos para os mapas e para os modelos da área da Normandia", relatou Raaen, "reconhecêramos cercas vivas rodeando todos os campos. Naturalmente todos estávamos familiarizados com cercas vivas na Inglaterra." Como praticamente todos os outros oficiais na invasão, Raaen supunha que as cercas vivas francesas seriam semelhantes às da Inglaterra — baixas, compactas, construídas mais para caçadores de raposas saltarem do que para manter uma barreira. As fotos de reconhecimento tiradas do ar não mostravam a altura das cercas vivas francesas. "Tão logo chegamos ao cimo da crista, longe da praia", disse Raaen, "descobrimos imediatamente que as cercas vivas francesas eram diferentes. Na França, a cerca viva é um monte de terra de 1,80 a 3 ou 3,5 metros de altura com pesadas sebes no alto e raízes que adentram na terra, elas próprias barreiras muito eficazes. Você simplesmente não podia passar através de uma cerca viva. Você tinha de escalar alguma coisa e então, no cimo, você se via praticamente bloqueado pela selva de raízes de plantas e de troncos, videiras, ramos, tudo." Costumava haver uma única abertura na cerca, para permitir que o fazendeiro pudesse transportar suas vacas e seu equipamento para dentro e para fora, mas as aberturas eram batidas por fogo de metralhadoras.*

"Os alemães costumavam cavar na parte posterior de uma cerca viva", lembrou Raaen, "instalar ali um ninho de metralhadora e então cortar uma fenda muito pequena olhando para a frente, que lhes fornecia um campo de tiro com o que era, para fins práticos, absoluta proteção. Você não podia vê-los quando eles atiravam." Caracteristicamente, os alemães costumavam colocar seus MG-42 nos cantos defronte à fenda, de modo que pudessem desencadear fogo cruzado visando quem quer que se aventurasse a penetrar na fenda ou se expusesse em campo aberto. Além do mais, eles tinham fogo de morteiro e de artilharia pré-visados sobre o campo. No combate inicial nas cercas vivas, os alemães permitiam que um grupo de combate americano entrasse no campo para em seguida o abaterem.

Finalmente, os ianques aprenderam a lutar no estilo "cercas vivas". Eles usavam TNT para explodir um buraco na sebe longe da fenda, em seguida um carro de combate Sherman cruzava de modo a dispa-

---

* Cinqüenta anos depois, muitas daquelas centenárias cercas vivas desapareceram. Como os normandos começaram a adquirir tratores depois da Segunda Guerra Mundial, precisavam de aberturas maiores para entrar e sair, e campos maiores onde trabalhar, de modo que começaram a derrubar as cercas vivas. Um dos melhores lugares para ver estas cercas como os soldados americanos as viram é ao longo do rio Merderet, a oeste de Ste.-Marie-du-Mont e Ste.-Mère-Église.

rar granadas de fósforo branco — aterradoras para os alemães, adoradas pelos ianques. Ou soldavam trilhos de aço (apanhados dos obstáculos costeiros, transformando assim as defesas de Rommel em seu próprio proveito) à frente de um Sherman, de modo que, quando ele se dirigia para a sebe, os trilhos penetravam na terra evitando que fincando de barriga para cima contra a linha do horizonte, com o seu fundo desarmado, como um alvo fácil para os metralhadores alemães. Mas esses métodos foram desenvolvidos só depois de algumas semanas de combate nas cercas vivas e de qualquer maneira não houve carros de combate no cimo até tarde no Dia D.

Quando Raaen estabeleceu o posto-de-comando de sua companhia num campo fora de Vierville, viu-se alvejado por fogo de artilharia. Rapidamente ele aprendeu outra lição. "Depois de cinco minutos sob fogo de artilharia, você aprendia quando convinha se esconder e quando não convinha. Você podia dizer pelo som das granadas que se aproximavam quando e onde eles iam cair. Se iam acertar a 45 metros de distância, era transtorno demais se jogar no chão. Você apenas continuava de pé e seguia em frente. Naturalmente, se os tiros fossem chegar um pouco mais perto do que isso, você caía por terra e rezava."

O objetivo do 5º Batalhão de Tropas de Assalto era Pointe-du-Hoc. Isto significava deslocar-se através de Vierville e para o oeste ao longo da estrada costeira. Mas o coronel Schneider, sempre rápido em tomar uma decisão baseado no que ele estava vendo e mesmo quando isso significasse abandonar o plano, enviou uma patrulha da companhia de Raaen para a esquerda (leste), visando comunicar-se com patrulhas provenientes do barranco de Les Moulins. Raaen o fez, deslocando-se pelas valas e estradas afundadas entre as cercas vivas, e "demos com uma patrulha da 1ª Divisão, na verdade, a Companhia K do 116º Regimento da 29ª Divisão, incorporada à 1ª Divisão para o dia 6 de junho. Nela havia um pára-quedista do 101º que aterrara na água na *praia Omaha*, e fisgado pelo pessoal da 1ª Divisão, e que agora estava lutando com eles".

A ligação, provavelmente a primeira para os americanos que chegavam até Vierville e para aqueles que chegavam a St.-Laurent, deteve os alemães no penhasco entre as praias de *Dog Green* e *Easy Green*, bem como para aqueles que estavam na crista e na estrada costeira. Raaen observou que "qualquer comandante sensato devia ter tentado deslocar suas tropas para fora das defesas instaladas na praia, levando-as para o interior de modo que pudessem continuar lutando em vez de serem capturados nas operações de limpeza". Mas os alemães — e as tropas *Ost* — que os sargentos alemães mantinham sob a mira de pistolas — permaneciam leais à doutrina do seu *Führer* e de Rommel, fincando o pé e lutando. Raaen sentiu que eles deviam ter tido conhecimento de que "estavam sendo apanhados numa armadilha", mas permaneceram nas suas trincheiras e nos seus ninhos de metralhadoras. Algo de semelhante estava se passando no oeste, próximo de Colleville.[1]

O tenente Frerking da Wehrmacht, que estivera dirigindo o tiro sobre a praia durante a manhã, finalmente voou pelos ares por um tiro de um Sherman. Sua última mensagem antes de desaparecer foi: "Barragem na praia. Cada granada, um impacto certo. Estamos saindo." Ele esperara por tempo demais. Sua bateria estava sem munição, e ele e a maioria dos seus homens foram mortos tentando escapar.

Outras baterias alemãs estavam ficando sem munição. O coronel Ocker, comandante da artilharia da 352ª Divisão, telefonou para dizer à sua 1ª Bateria que um caminhão com mais granadas estava indo. "Ele já está a caminho", prometeu o coronel. Estava, mas tomou um tiro direto de um canhão naval de 14 polegadas. A explosão não deixou nada descritível.[2]

A maioria dos alemães ainda não sabia disso, mas eles haviam perdido a batalha. Tinham gasto a maior parte da sua munição imediatamente disponível e falharam em deter o assalto. As coisas estavam em sentido contrário. Com linhas terrestres de comunicação, os alemães deviam ter tido condições de deslocar quantidades ilimitadas de munição para seus canhões — como tinham feito na Primeira Guerra Mundial. Mas o poder aliado naval e aéreo havia convertido a costa de Calvados em algo como uma ilha, o que significava que os alemães nas linhas de frente teriam de lutar com o que tinham à mão. Nesse meio-tempo, os americanos deviam ter achado difícil suprir seus homens em terra, já que não dispunham de portos, e todas as balas e granadas tinham de ser trazidas por água para uma praia aberta. Todavia, foram os americanos que tiveram um fluxo constante de reforços e de novos suprimentos que chegavam para a batalha e os alemães não podiam fazer nada para detê-los.

O fracasso geral alemão em recuar e reagrupar-se, uma vez que as patrulhas americanas tinham-se infiltrado na linha alemã, foi um grande erro. Todavia, teve alguns benefícios: em postos de observação no penhasco e na crista, os alemães podiam pedir apoio do fogo de artilharia nas praias e manter as saídas debaixo de fogo, desde que a munição durasse, enquanto os que estavam nas trincheiras e nos ninhos de metralhadoras podiam continuar a visar as praias. Mas o preço foi alto demais. Ficar no lugar significava que os alemães não podiam se grupar para contra-ataques concentrados contra os grupos de combate, pelotões e companhias que conseguiram chegar ao cimo num momento em que os soldados americanos não tinham apoio de artilharia nem armas mais pesadas que fuzis automáticos, metralhadoras calibre .30 e morteiros.

"Eles podiam ter-nos varrido com uma vassoura", declarou um *ranger*,[3] mas em vez disso os soldados da Wehrmacht ficaram nas suas defesas fixas, das quais ainda podiam matar americanos mas não ganhar a batalha. Eles pagaram o preço pela obsessão de Hitler em defender cada polegada quadrada do seu império conquistado, e pela obsessão de Rommel em deter a invasão de uma vez por todas na praia.

Também no solo elevado, os alemães travaram uma ação estritamente defensiva. Isto foi em parte porque as cercas vivas constituíam maravilhosas posições defensivas, e principalmente porque eles estavam recebendo poucos reforços, mesmo quando os americanos enviavam leva após leva de infantaria. Esperava-se que os alemães contra-atacassem imediatamente, com efetivo de batalhão; mas porque estavam confusos com a ausência dos seus comandantes dos escalões superiores, porque tinham suas tropas espalhadas com valor máximo de pelotão pelas pequenas aldeias da Normandia e levaria tempo reuni-los, porque era ainda na maior parte um exército que dependia da tração animal para se deslocar, e principalmente porque as Forças Aéreas aliadas, que fizeram tão pouco para ajudar a infantaria na praia, fizeram um excelente trabalho em metralhar e bombardear pontes, encruzilhadas e áreas de reunião no interior durante todo o

Dia D, dificultando assim o movimento alemão ao som dos canhões, os incapacitaram de lançar, nem mesmo um só contra-ataque em nível de companhia na *praia Omaha* no Dia D.

Eles lutaram com eficiência, infligindo baixas e na maior parte se mantendo em suas cercas vivas, evitando assim que os americanos entrassem no interior mais que alguns quilômetros — muito aquém de seus pretensos objetivos do Dia D — mas eles lutavam isolados, confusos, ações de pequenas unidades destinadas mais a retardar, inquietar e deter do que repelir os americanos.

Quando Raaen estava estabelecendo contato com a Companhia K, do 116º, o coronel Schneider investiu com o restante do 5º Batalhão de Tropas de Assalto através da estrada costeira, na intenção de contornar Vierville ao sul e rumar para Pointe-du-Hoc. Mas as companhias que lideravam o assalto eram detidas por fogo de metralhadoras que vinhas das cercas vivas, ao sul da estrada. Três vezes Schneider tentou flanquear as posições alemães, apenas para se deparar com outras novas.

"Encontramos o mais maldito bando de alemães que jamais se viu", recordou o praça Donald Nelson. "Ficamos confinados e verdadeiramente não podíamos nos mover." O coronel Schneider aproximou-se e quis saber qual era o problema.

"Franco-atiradores", retrucou Nelson.

"Vocês não podem pegá-los?", perguntou Schneider.

"Não, senhor, nem mesmo podemos vê-los", respondeu Nelson.

Schneider tirou o capacete, apanhou um galho e ergueu-o com cuidado.

"No momento em que o capacete chegou acima da cerca viva", contou Nelson, "os franco-atiradores começaram a atirar nele. Foi assim que nós pegamos alguns deles."

Nelson estava bem "na pontinha da linha de frente". Ele queria ver mais, por isso "eu e um companheiro nos arrastamos até aquela cerca, tiramos nossos capacetes e vimos uma guarnição de metralhadora composta de cinco homens posicionar a sua arma bem à nossa frente. Ficamos na verdade bem quietos e os observamos. Estavam a cerca de 6 metros de nós. Eles prepararam a metralhadora, puxaram o cursor para trás e colocaram um cartucho na câmara. Meu companheiro tocou no meu pé com o pé dele, e correspondi ao gesto. Demos em cima deles. Eu o cobri enquanto ele foi revirá-los para ver se estavam todos mortos. Eles estavam".[4]

Enquanto as tropas de assalto tentavam estender a sua linha para o sul na tentativa de flanquear Vierville, a Companhia C do 116º Regimento se deslocava através da aldeia, sem oposição. A Companhia B das tropas de assalto juntou-se a ela; as forças combinadas dirigiram-se então para o oeste, ao longo da estrada costeira, na direção de Pointe-du-Hoc. A cerca de 500 metros de Vierville eles foram detidos por fogo de metralhadora proveniente das cercas vivas. Durante as poucas horas seguintes os americanos tentaram flanquear as posições, apenas para se defrontarem com outras novas. Cada tentativa de se mover através de um campo aberto era impedida pelo tiro de fuzis e armas automáticas alemães a distâncias de 200-300 metros.

Um problema de vulto para os americanos era manter o impulso da progressão. Isto é sempre um problema para uma força atacante, tornado muito pior em *Omaha* pela natural e inevitável tendência de os homens que passaram do inferno na praia para a comparativa quietude do solo elevado sentirem-se triunfantes e assim considerarem cumprida sua missão para aquele dia. Além disso, eles estavam exaustos. Ademais, como aconteceu com os pára-quedistas em *Utah*, quando os homens chegavam à uma aldeia tinham acesso imediato e fácil ao vinho. O sargento William Lewis do 116º recordou que passou a tarde do Dia D "tentando se organizar fora de Vierville. Eu havia liberado um grande jarro de vinho e todos nós tomamos um gole".[5]

(Os residentes de Vierville estavam, naturalmente, aterrorizados. Pierre e Fernand Piprel decidiram fugir para o sul. No caminho, eles viram alguns soldados agachados por trás de uma cerca viva. Pierre Piprel disse que era "difícil saber quem eles eram, uma vez que não conhecíamos os uniformes aliados. Chegando perto, perguntei: ingleses? e eles responderam: não, americanos. Vendo os seus maços de Lucky Strike, sabíamos estar seguros. Eles nos deixaram ir adiante".[6])

A falta de rádios, a falta de coesão das unidades e a natureza do terreno também contribuíram para a incapacidade em manter impulsão à oeste de Vierville. Onde qualquer indivíduo podia dar um exemplo e liderar o caminho para o alto do penhasco; nas cercas vivas os bravos eram abatidos ao se exporem lançando-se para a frente.

"Estivemos sob observação durante toda a tarde", relembrou o cabo Gale Beccue, das tropas de assalto. "Um homem movendo-se sozinho atrairia o fogo de franco-atiradores, mas qualquer concentração de homens resultaria em disparos de artilharia e de morteiros. Tínhamos a aldeia assegurada, mas fora de Vierville tínhamos apenas fugazes vislumbres dos alemães.[7]

Aqueles que lideraram da praia até a subida para o penhasco tinham muito melhor chance do que aqueles que tentaram liderar no cimo. Os homens por trás da muralha marítima podiam ver por si mesmos que ficar onde estavam era morrer, que eles não podiam recuar, que apenas seguindo colunas que avançavam eles tinham realmente alguma chance. No cimo, um homem agachado por trás de uma cerca viva estava em segurança.

O isolamento contribuiu para a perda do impulso, já que levou muitos homens à conclusão de que seus grupos estavam entregues a si mesmos — como era na verdade muitas vezes o caso. "Do meio-dia ao restante do dia 6 de junho", disse o praça Harry Parley do 116°, "sou incapaz de recordar, sob o ponto de vista cronológico, o que aconteceu comigo. O resto do dia é uma embaralhada lembrança de que corríamos, lutávamos, nos escondíamos. Nós nos movíamos como um bando de foras-da-lei, grande parte do tempo sem saber onde estávamos, muitas vezes encontrando outros grupos como o nosso, unindo-nos e separando-nos com o surgir das situações, sempre pedindo notícias da nossa companhia ou batalhão."

Parley relatou um incidente do início da tarde. Ele estava se deslocando ao longo de uma estrada quando ouviu o estrépito característico de um veículo provido de lagartas, em seguida o troar de um canhão alemão. "Aterrorizado, voltei-me, corri como o diabo e mergulhei num fosso de beira de estrada. Já lá estava um velho e rude sargento da 1ª Divisão deitado de lado como se relaxasse num sofá. Eu gritei para ele: 'É um carro de combate — que diabo fazemos agora?' "

O sargento, um veterano da África do Norte e Sicília, fitou calma mente Parley por alguns segundos, com a fisionomia impassível, e disse: "Relaxe, garoto, pode ser que ele vá embora." Realmente, ele foi.[8]

* * *

O coronel Canham, comandante do 116º, saiu de Vierville por volta das 12 horas para posicionar seu QG em um local pré-estabelecido, o *château* de Vaumicel, meio quilômetro ao sul da aldeia. No processo, seu grupo de comando (três ou quatro oficiais e alguns recrutas) ficou isolado por trás de uma cerca viva bem perto do castelo. O praça Carl Weast, com um pelotão de tropas de assalto, apareceu; Canham localizou os homens e lhes ordenou que agissem como a guarda de seu PC.

O *château* estava cheio de alemães. Um alemão em uma bicicleta apareceu na estrada. Os homens da tropa de assalto o acertaram, em seguida estabeleceram postos avançados em torno do *château*. Weast observou quando um pelotão de soldados alemães saiu do *château* e ficaram em volta de uma carroça de duas rodas puxada a cavalo, carregada de feridos. Os alemães não tinham conhecimento da presença dos americanos. Traziam os fuzis em bandoleira.

"Eles estavam movimentando a carroça, dois empurrando e dois puxando. Esperamos até que chegassem realmente perto, talvez 10 metros, e saímos na estrada com nossas armas apontadas para eles, que se renderam imediatamente.

"Agora, numa situação como esta, que diabo você faz com vinte e cinco prisioneiros? Colocamos todos num pomar, pusemos um homem a guardá-los e tentamos interrogá-los. Diabo, não havia alemães. Eles eram húngaros, romenos, russos, tudo menos alemães. Havia um suboficial alemão, de meia-idade, e aquele sujeito parecia que queria fazer tudo menos guerrear. Ele ficou feliz como o diabo em se tornar prisioneiro, embora estivesse preocupado com um contra-ataque alemão, mas nem de longe assustado como nós estávamos.

"A situação estava ficando muito frágil. Aqui estava o coronel Canham com 1.500 metros de frente para cobrir, e para fazê-lo ele dispunha de um total de trinta e cinco homens, esperando um ataque blindado alemão. Oh, cara, nessas horas você fala sobre maus espíritos."

No fim da tarde, houve uma conversa entre os *rangers* em fuzilar os prisioneiros, mas Weast salientou que "isso não só é ilegal e imoral, é estúpido". Quando a luz começou a esmaecer, "nós os pusemos perto um dos outros e colocamos um homem com um fuzil automático na extremidade e deixamos claro para eles que quando ficasse escuro não teríamos condições de observá-los mas podíamos ouvi-los e se alguém fizesse qualquer movimento nós íamos acertar todos com o fuzil automático. Eles ficaram lá a noite toda, e acredite-me, aquele era uma espécie de inimigo danado de quieto".[9]

Às 14:00 o tenente Jay Mehaffey das tropas de assalto estava nos arredores de Vierville. Ele perdeu um homem que atravessara uma brecha numa cerca viva para um franco-atirador alemão. Exatamente naquela hora, um soldado da tropa de assalto descia a estrada com oito prisioneiros de guerra alemães. Mehaffey alinhou os prisioneiros na brecha, com as mãos entrançadas por trás dos capacetes, em seguida fez seus homens passarem a brecha atrás dos prisioneiros.

"Não tínhamos tempo para brincar com prisioneiros", disse ele; assim, uma vez a salvo além da brecha, ele acenou para que os alemães continuassem descendo o penhasco e achassem alguém a quem poderiam se render.[10]

O isolamento do coronel Canham era completo. Seu único rádio que funcionava pertencia ao oficial de ligação do 743º Batalhão de Carros de combate e ele sequer podia contactar qualquer dos carros que ainda se achavam embaixo, na praia. Canham realmente conseguiu alguma ajuda — que pode não ter sido necessária — da Marinha. Às 13:50, um sinaleiro no LCI 538 na praia de *Dog Green* enviou uma mensagem visual ao destróier *Harding*. "Creio ser o campanário da igreja o posto de observação de artilharia do inimigo. Pode destruí-lo?"

O *Harding* retrucou: "A que igreja você se refere?"

"Vierville."

"Você não quer dizer a igreja em Colleville?"

"Não, Vierville."

O *Harding* chamou o comandante da Força O de Observadores Avançados para relatar a solicitação. O CFOOA replicou cinco minutos mais tarde, concedendo permissão para atirar na igreja durante um minuto. O relatório de operação do *Harding* observou: "Às 14:30

abrimos fogo a uma distância de 3.000 metros e demolimos completamente a igreja, gastando 40 tiros, todos atingindo o alvo."[11]

O incidente foi típico de várias maneiras, não só no Dia D, mas no combate posterior na França. Todas as vezes em que os americanos recebiam fogo de artilharia estavam convencidos de que os alemães estavam usando os campanários das igrejas próximas como postos de observação e usavam a sua própria artilharia para derrubá-los. Às vezes eles estavam certos quanto ao PO, outras vezes estavam errados; seja como for, ficaram poucos campanários de pé na Normandia depois da batalha.

No caso de Vierville, a cidade estava em mãos americanas (fato desconhecido pelo LCI 538 e pelo *Harding*) e ninguém no local pensou que aquele campanário estivesse sendo usado como PO. O *Harding* alegou que um oficial das tropas de assalto confirmou que na igreja haviam quatro metralhadoras inimigas "que foram completamente destruídas".

A alegação do *Harding* de ter atingido a igreja com todos os projéteis foi contestada pelo prefeito Michel Hardelay, de Vierville, que disse que a primeira granada explodiu na sua casa, fazendo com que a parede do segundo andar desmoronasse. A segunda atingiu a padaria, matando a empregada e o bebê do padeiro. As granadas seguintes atingiram os edifícios circunvizinhos bem como a igreja. Os soldados americanos na cidade sofreram algumas baixas em decorrência do fogo naval.[12]

Tais contradições na opinião de testemunhas oculares, bem conhecidas entre testemunhas de acidentes de trânsito, são um lugar-comum na guerra; no caso dos combates do Dia D em Vierville, St.-Laurent e Colleville, elas são agravadas pela natureza da ação — pequenos grupos sem conhecimento do que está acontecendo em torno deles, ausência de rádio ou de outro contato, cada grupo engajado em sua própria batalha.

Quando os destróieres americanos tinham um observador de tiro, eles podiam ser mortalmente precisos. O praça Slaughter do 116º viu o *Satterlee* fazer um excelente trabalho. Slaughter estava na beira do barranco de Vierville. Ele viu o sargento William Presley conduzindo um pequeno bando de homens. Presley tinham um metro e noventa e três de altura, pesava cento e quatro quilos, e era, de acordo com

Slaughter, "o epítome de um primeiro-sargento: fisionomia áspera, impecável, e dotado de uma voz retumbante".

Na frente de Presley havia um observador avançado da Marinha, deitado de rosto para baixo, morto, com um rádio preso às costas por correia. Presley estivera observando uma bateria de *Nebelwerfer*, morteiros de 105 mm, disparando de uma posição fixa uma centena de metros à sua frente. As granadas estavam causando grandes danos aos reforços que chegavam à praia. Presley reparou o rádio e fez contato com o *Satterlee*. Ele disse que tinha um alvo e deu as coordenadas. O *Satterlee* atirou; Presley fez uma correção; outro disparo, outra correção; em seguida Presley gritou: "Tiro de eficácia."

Observando este fato, Slaughter recordou: "Ouvimos a salva, 'bum-ba-bum-ba-ba-bum-ba-bi-bum!' Logo as bombas vieram assobiando na direção dos algozes alemães. 'Ker-whum-ker-whum-ker-whum! Ker-whum-um-um-ker-whum-um-um! O chão tremia aos nossos pés. As granadas explodindo saturavam a área. Algumas delas pousando perto demais para conforto da nossa posição. Aquela manobra pôs o *Nebelwerfer* fora de ação e angariou para Presley a Cruz do Mérito Militar."

Logo depois disso, Slaughter viu seu primeiro prisioneiro alemão. Ele estava sendo interrogado por oficial americano que falava alemão, armado com uma carabina. O cativo estava de joelhos, com as mãos por trás da cabeça. O americano insistia em saber onde estavam localizados os campos de minas. O prisioneiro retrucava com o seu nome, posto e número de série.

"Onde estão as malditas minas?", gritava o oficial. Com um aspecto arrogante no rosto, o prisioneiro dava seu nome, seu posto e seu número de série. O americano disparou sua carabina entre os joelhos do alemão. Com um sorriso afetado no rosto, o alemão apontou para o vão das pernas e disse: *Nix hier* (Aqui não!). Em seguida apontou para a cabeça e disse: *Hier!* (Aqui!)

O interrogador desistiu e fez um sinal com a mão despedindo o prisioneiro. Slaughter comentou: "Isto me convenceu de que estávamos lutando contra soldados da melhor qualidade."[13]

"Ao anoitecer, a área de Vierville era a parte mais fraca da cabeça-de-praia", declara a história oficial do Exército.[14] O 5º Batalhão de Tropas de Assalto e elementos do 1º Batalhão, do 116º, com alguns engenheiros de combate, mantinham posições defensivas a oeste e a sudoeste da aldeia. Muitos estavam cercados. (Um pelotão de *rangers* havia, surpreendentemente, conseguido chegar a Pointe-du-Hoc, quase sem incidentes.) As comunicações iam de fracas a uma ausência total. O barranco de Vierville permaneceu fechado quase até o cair da noite. Os setores de *Dog Green, White* e *Red*, na praia, estavam sob pesado fogo de artilharia e poucos desembarques haviam sido tentados depois das 12 horas, o que significava que poucos reforços estavam vindo em auxílio.

O tenente Francis Dawson das tropas de assalto já havia ganho uma Cruz do Mérito Militar por suas ações em conseguir tirar os homens da praia. Quando ele chegou a Vierville sua unidade estava detida no lado ocidental pelo fogo de metralhadoras. "Não conseguimos eliminar aquela metralhadora, por isso nos retiramos e voltamos à estrada de Vierville e tentamos flanqueá-la. Mas quando a noite caiu, nós estávamos longe demais de Vierville. Entrincheiramo-nos."[15]

Outros tiveram experiências semelhantes. O tenente Mehaffey passou por Vierville no meio da tarde, em seguida deteve-se. "Nosso flanco direito era o Canal da Mancha, nosso flanco esquerdo eram os postos avançados. Mantivemos esta posição pelo resto do Dia D. Estávamos a mais de uma milha de onde tínhamos desembarcado."[16]

O praça Paul Calvert do 116º, após descrever o trajeto que a sua companhia fez para Vierville, declarou: "No fim do dia estávamos fatigados, desmoralizados, desorganizados e incapazes de uma ação militar planejada. Os homens estavam espalhados entre as posições alemãs capturadas à cavaleiro do barranco de Vierville, ao PC escolhido, onde estava o coronel Canham."[17]

Mas os alemães em Vierville também estavam fatigados, desmoralizados, desorganizados, e incapazes de agir planejadamente. Por trás de suas cercas vivas, atiradores de elite e metralhadores alemães podiam retardar, fustigar e deter o avanço americano — mas não podiam empurrar os homens das tropas de assalto e do 116º de volta penhasco abaixo.

A aldeia de Vierville não fora defendida pelos alemães, mas St.-Laurent manteve uma companhia de infantaria da 352ª Divisão. Os alemães estavam entrincheirados no solo elevado a cavaleiro da extremidade superior do rochedo de Les Moulins. Eles estavam em ambos os lados da estrada que subia o rochedo e controlavam os acessos à encruzilhada principal nas imediações ocidentais da aldeia. O major Sidney Bingham, comandante do 2º Batalhão do 116º, planejou uma série de ataques contra a posição alemã, apenas para ser detido pelo fogo de metralhadoras de posições que seus homens eram incapazes de localizar.

À tarde, os soldados americanos em St.-Laurent obtiveram auxílio do 115º Regimento da 29ª Divisão. O 115º desembarcou no barranco E-1 pouco antes do meio-dia, mas levou muitas horas para desobstruir a praia e lançar um assalto sobre St.-Laurent a partir do nordeste. Ele foi retardado por minas — e por um boato que se espalhava pelas tropas de que os detectores de minas americanas não podiam localizar minas alemãs, de modo que os caminhos assinalados por fita branca não eram seguros. Os atiradores de elite alemães no penhasco causaram muitas baixas e muitas demoras.

"Deslocamo-nos cautelosa e hesitantemente, em parte devido ao medo e em parte devido à estranheza da situação", relembrou o sargento Charles Zarfass. St.-Laurent estava apenas a cerca de um quilômetro da praia, mas o 2º Batalhão do 115º, só iniciou o seu ataque à aldeia no fim da tarde, enquanto o 1º Batalhão só alcançou seu objetivo ao sul de St.-Laurent às 18 horas.[18]

O praça John Hooper chegou perto de St.-Laurent no meio da tarde. "Engatinhando para a frente, sempre com muita cautela, tropecei numa mina Bouncing Betty. Ela saltou no ar e me pus no chão esperando ser feito em pedaços pela explosão. Ela caiu por terra com um baque — uma mina falhada. Muito fatigado, fiquei ali deitado imaginando se a guerra ainda duraria por muito tempo."

Hooper levantou-se e avançou, apenas para ser detido por fogo de metralhadora proveniente de um bosque. Um prolongado tiroteio se seguiu. A munição para os soldados americanos estava ficando crucialmente escassa. Um tenente com um M-1 e binóculos disse a Hooper para lhe dar cobertura — ele pretendia trepar numa árvore e "pegar aqueles safados".

"Essa não é uma boa idéia, tenente", disse Hooper. O tenente reprovou-o com o olhar, voltou-se, trepou na árvore, achou uma boa posição de tiro e disparou três vezes. Em seguida ele caiu, gritando: "Meu Deus, estou ferido."

Hooper e um companheiro o arrastaram para uma cerca viva. Ele fora baleado no peito. Eles chamaram um médico, que lhe deu um pouco de morfina.

"Que rematado desperdício", comentou Hooper para o seu companheiro. "Tanto dinheiro gasto para pôr este cara em serviço e ele está tentando agir como um Sargento York*. Não durou um dia. Que terrível desperdício." O tenente morreu naquele anoitecer.[19]

Pelo final da tarde, a E-1 estava aberta para viaturas sobre lagartas. Às 20 horas, o major Bingham mandou um mensageiro pedir apoio de carros de combate para o assalto à St.-Laurent. Três carros do 741º Batalhão de Carros de Combate apareceram. Eles liquidaram franco-atiradores e ninhos de metralhadoras nas vizinhanças da aldeia. Mas no momento em que a infantaria iniciou seu deslocamento, começaram a cair projéteis de cinco polegadas provenientes dos destróieres. Como em Vierville, as tropas em St.-Laurent não tinham nenhum meio de entrar em contato com a Marinha, e eles tiveram algumas baixas como resultado do bombardeio.

Depois que o fogo naval foi suspenso, a luta em St.-Laurent atingiu um crescendo. Soldados americanos se esquivavam pelas esquinas, lançavam granadas de mão janelas adentro, abriam portas a pontapés e metralhavam interiores com seus fuzis automáticos e carabinas. Tirando vantagem das casas de pedra que serviam como fortalezas, os alemães revidavam ao ataque furiosamente.

No meio desta luta de rua, vários homens do 115º ficaram espantados ao ver o tenente-coronel William Warfield, comandante do 2º Batalhão, sentado calmamente no meio-fio com os pés estendidos atirando seixos num cão esquálido.

Outra estranha cena: o general Gerhardt havia desembarcado no fim da tarde e estabeleceu o QG da 29ª Divisão numa pedreira no barranco de Vierville. Ele não podia obter muita informação sobre como as coisas estavam indo no cimo, para seus regimentos, mas podia ver uma longa fila de homens subindo penosamente o barranco. Ele localizou um soldado que passava comendo uma laranja. Quando o

* Herói da 1ª Grande Guerra, foi tema de um filme. (N. do R.)

homem jogou fora a casca, Gerhardt, que estava estudando os mapas, pulou e repreendeu furiosamente o soldado americano pela sujeira.[20]

Ao anoitecer, tropas da 29ª Divisão mantinham posições ao norte, a leste e ao sul de St.-Laurent e em partes da cidade. Elementos de cinco batalhões haviam passado a tarde lutando em uma área de cerca de uma milha quadrada sem conseguir tomá-la — e ela estava defendida por apenas uma única companhia alemã. Isto dizia bem dos defensores alemães — e mostrava, que excelentes posições defensivas, forneciam cercas vivas e casas de pedra em ruas estreitas, bem como quão difícil era na Segunda Guerra Mundial, para a infantaria carente de apoio de artilharia, carros de combate ou morteiros, executar um assalto com sucesso.

Mas embora os alemães tivessem se saído bem e os americanos tenham fracassado em atingir seus objetivos, as perspectivas para o dia seguinte eram decididamente sombrias para os alemães. Os soldados americanos tinham novos suprimentos que vinham da praia, mais reforços, mais todos aqueles veículos à espera de uma oportunidade para subir os barrancos e entrar em ação. Os alemães estavam quase cercados, não tinham nenhuma esperança de novos suprimentos ou reforços, e eram muito inferiores em número.

Em Colleville, como nas outras duas aldeias, pequenas batalhas isoladas se desenvolveram pela tarde inteira. As unidades americanas avançavam mais ou menos às cegas, e uma ação coordenada por parte das forças assaltantes era impossível. O capitão Joe Dawson levou seus homens da Companhia G, do 16º Regimento, da 1ª Divisão, na margem ocidental de Colleville de tarde, mas depois de tomar os primeiros edifícios, não pôde avançar mais adiante, devido a uma terrível experiência.

"A Marinha recebera ordens de atirar sobre Colleville tão logo a visibilidade permitisse", explicou Dawson. "Devido a fumaça da batalha que impregnava o céu inteiro e a área, a observação era quase impossível. Todavia, no fim da tarde, nossa Marinha decidiu arrasar Colleville enquanto estávamos lá. Perdemos sessenta e quatro homens em decorrência de nosso fogo naval, enquanto ele varria a cidade de uma extremidade a outra. Essa foi a pior tragédia que nos aconteceu no Dia D."[21]

O *Harding* participou do bombardeio. O relatório de operação do navio registra: "Às 18:54 recebemos ordens do comandante da Força-Tarefa para abrir fogo durante dois minutos sobre a igreja de Colleville, alcance 3.500 metros, ordens cumpridas.

"Às 18:57 cessamos fogo, igreja muito danificada, 73 tiros gastos.

"Às 19:35 recebemos novamente ordens do CFT para voltar a abrir fogo durante dois minutos sobre a igreja de Colleville e bater toda a área.

"Às 19:37 abrimos fogo sobre o mesmo alvo, o alcance desta vez de 3.800 metros, conseguimos acertar diversos tiros na igreja e na área. Sessenta tiros gastos. Supunha-se que a igreja estivesse sendo usada como um posto de observação para fogo de morteiro, considerando que a praia, àquela hora, estava sendo aparentemente bombardeada do interior."[22]

O CTF estava apenas presumindo; as perdas de Dawson e as de outras companhias em Vierville e St.-Laurent para pretenso fogo amigo foram um dos preços pagos pela completa ausência de radiocomunicação entre os que estavam no solo elevado e a Marinha no Canal.

Entre 11 e 14 horas, o 18º Regimento desembarcou em frente do barranco E-1 e começou a se deslocar com o propósito de participar do ataque à área de Colleville. O 2º Batalhão passou a oeste de Dawson para tomar posições meio quilômetro a sudeste da cidade. O 1º Batalhão deparou com dois pelotões alemães que estavam entrincheirados perto da crista do barranco E-1, contornou-os e rumou na direção da cidade.

"Quando nos deslocamos, contra fogo moderado, na direção da cidade de Colleville", relatou o tenente Charles Ryan da Companhia A, "tomei conhecimento de um pequeno grupo de homens que se deslocavam resolutamento na direção de Colleville. Quando cheguei à minha posição, vi que era meu comandante de batalhão, tenente-coronel Robert York, um dos maiores líderes combatentes da Segunda Guerra Mundial ou de qualquer outra guerra.

"Ele tinha consigo o seu grupo de comando. Fez uma pausa para

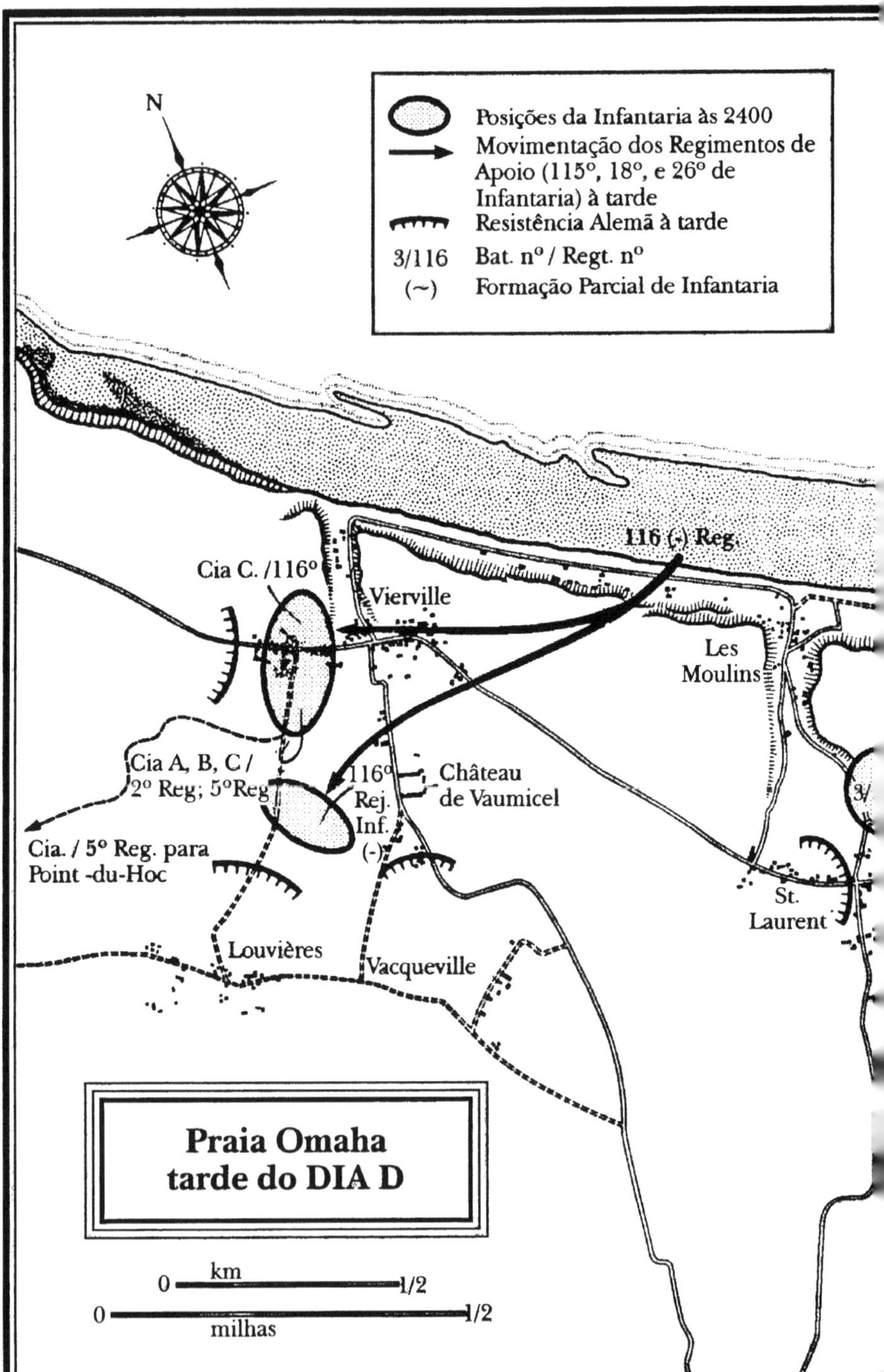
Posições da Infantaria às 2400
Movimentação dos Regimentos de Apoio (115º, 18º, e 26º de Infantaria) à tarde
Resistência Alemã à tarde
3/116 Bat. nº / Regt. nº
(~) Formação Parcial de Infantaria
N
116 (-) Reg.
Cia C. /116º
Vierville
Les Moulins
Cia A, B, C / 2º Reg; 5ºReg
116º Rej. Inf. (-)
Château de Vaumicel
Cia. / 5º Reg. para Point -du-Hoc
St. Laurent
Louvières
Vacqueville
Praia Omaha tarde do DIA D
0 km 1/2
0 milhas 1/2

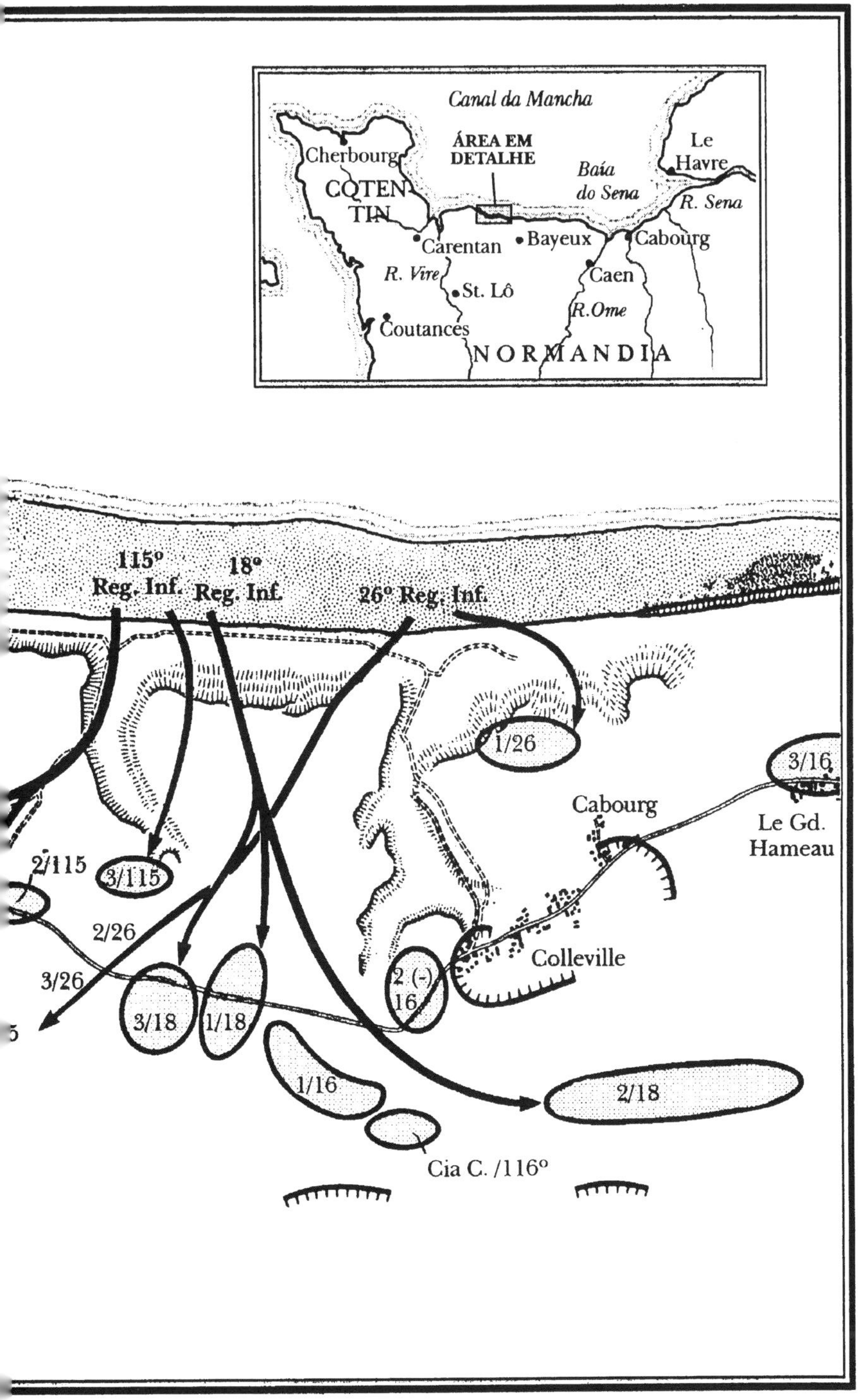
Canal da Mancha
ÁREA EM DETALHE
Cherbourg
COTENTIN
Le Havre
Baía do Sena
R. Sena
Carentan
Bayeux
Cabourg
R. Vire
St. Lô
Caen
R.Ome
Coutances
NORMANDIA
115º Reg. Inf.
18º Reg. Inf.
26º Reg. Inf.
1/26
3/16
Cabourg
Le Gd. Hameau
2/115
3/115
2/26
3/26
3/18
1/18
2 (-) 16
Colleville
1/16
2/18
Cia C. /116º

dizer: 'Continuem andando, rapazes, através da cidade para o outro lado. Estamos conseguindo certo domínio sobre esta situação, mas ainda temos um longo caminho a percorrer.' Em seguida, ele se deslocou para frente."

Às 17:30, o pelotão de Ryan alcançou a estrada costeira, onde ocupou posições defensivas para fazer frente ao contra-ataque previsto. "Naquela noite", lembrou Ryan, "estávamos sujeitos a fogo contínuo de fuzis e metralhadoras." Ele fez uma pausa, em seguida prosseguiu: "Mas havia uma cabeça-de-praia. A 1ª Divisão estava em terra.

"O dia 6 de junho de 1944 foi exaustivo, um dia aterrador, mas também animador, um dia triste, mas também alegre. Foi um dia em que os homens da 1ª Divisão se mostraram à altura do seu lema: NENHUMA MISSÃO É DIFÍCIL DEMAIS, NENHUM SACRIFÍCIO É EXCESSIVAMENTE GRANDE. O DEVER EM PRIMEIRO LUGAR.

"Agora, quarenta e cinco anos depois, é difícil acreditar que fui parte disto. Ainda me correspondo com alguns homens do meu pelotão do Dia D e todos continuamos orgulhosos do que foi feito e felizes por termos sido parte, e perplexos pela sobrevivência. Mas estamos perplexos por muitas coisas acontecidas naqueles dias."[23]

Às 19 horas, o comandante da 1ª Divisão, general Huebner, desembarcou em *Easy Red* e montou seu PC. Às 20:30 o general Gerow e o QG avançado do V Corpo deixaram o *Ancon* para descer à terra. No solo elevado no interior, os homens da 29ª e da 1ª divisões estavam espalhados e isolados em dezoito diferentes bolsões em torno das três aldeias. Não havia uma linha contínua. Eles não possuíam artilharia nem morteiros pesados, apenas alguns carros de combate, sem comunicações com as forças navais ou aéreas. Para a noite, eles estavam na defensiva, entrincheirados.

Mas eles estavam lá. A presença de tantas altas patentes na praia era prova de que eles tinham assegurado a cabeça-de-praia e ganho a batalha.

Os defensores alemães haviam infligido pesadas baixas à força de assalto na *praia Omaha*. O V Corpo teve 2.400 mortos, feridos e desaparecidos ao colocar 34.000 homens do total de 55.000 em terra. Perdas de 7,2 por cento em um dia são horríveis, mas isso foi cinco por cento menos do que se previa.[24]

A 352ª Divisão teve uma perda de 1.200 mortos, feridos e desaparecidos, ou cerca de 20 por cento da sua força total. A 29ª e a 1ª divisões tinham cumprido o seu objetivo principal: estabelecer uma base de operações, mesmo que não tivessem alcançado, nenhum ponto no interior, perto de que haviam planejado ou esperado. A 352ª Divisão não havia atingido o seu objetivo, deter o assalto na praia.

As experiências do praça Franz Gockel da 352ª fornecem algumas vívidas imagens do que pareceu o dia para os soldados de infantaria alemã. Às 8:30 ele havia pensado que a batalha fora ganha, mas os americanos continuavam a desembarcar. À sua esquerda e à sua direita, grupos de combate e pelotões americanos haviam contornado o WN 62 (Ninho de Resistência), e em seguida atacado da retaguarda, "tornando necessário que nos defendêssemos do ataque por trás". Ao meio-dia, ele tinha meia ração de pão e uma lata de leite, mas não vieram nem reforços nem suprimentos. Um mensageiro enviado para buscar ajuda nunca mais foi visto. Os americanos pressionavam e "nossa resistência se tornava mais fraca".

Gockel teve a mão esquerda perfurada por uma bala. O médico que a envolveu em ataduras sorriu e disse que parecia um bom *Heimatschuss* (uma ferida de um milhão de dólares). As tropas americanas penetraram na rede de trincheiras e de repente estavam a apenas vinte metros de distância.

Gockel agarrou seu fuzil e correu na direção de Colleville. Nas proximidades ele se juntou ao comandante da sua companhia e aos poucos sobreviventes do NR 62. Os americanos já estavam na aldeia.

O comandante ordenou a Gockel e a quinze outros homens feridos que entrassem num caminhão para serem transportados para um hospital em Bayeux. O trajeto estava bloqueado. Ruínas e entulhos cobriam as encruzilhadas — era o resultado do bombardeio de B-17s e de encouraçados. "Gado morto jazia nos pastos. As unidades de suprimento também haviam sofrido seu quinhão de baixas. Muitas delas estavam imobilizadas."

O caminhão de Gockel foi alvo do fogo de um avião de caça da RAF. Ele e seus companheiros pularam fora. Aqueles que tinham ferimentos mais leves prosseguiram a pé para Bayeux. À caminho, eles requisitaram o cavalo e a carroça de um fazendeiro francês. Em Bayeux descobriram que o hospital fora evacuado. Disseram-lhes que prosseguissem até Vire. Eles encontraram a cidade muito danificada e ainda em chamas devido ao bombardeio aéreo. Passaram a noite numa casa de fazenda, bebendo Calvados.

Dos vinte homens do NR 62, apenas três escaparam ilesos, e foram feitos prisioneiros. Gockel concluiu: "Nenhum de meus camaradas que conseguiram sobreviver à invasão continuou a acreditar na vitória."[25]

O fracasso dos alemães na *praia Omaha* teve muitas razões. A tentativa de defesa por toda parte, espalhara a divisão em pouquinhos aqui, gotinhas ali. Além do mais, o comandante da 352ª, general Kraiss, fez uma interpretação completamente errada das intenções dos aliados. Às 2 horas, quando ele recebeu relatórios sobre o lançamento de pára-quedistas no seu flanco esquerdo entre Isigny e Carentan, pensou que os americanos estavam tentando separar a 352ª da 709ª. Às 03:10 ele ordenou que sua divisão de reserva, chamada *Kampfgruppe Meyer*, nome do comandante do 915º Regimento, se deslocasse de suas posições ao sul de Bayeux até o estuário do Vire. Mas essa foi uma tentativa absurda; os pára-quedistas eram uns poucos homens do 101º que haviam saltado erradamente.

Às 5:50 Kraiss compreendeu o seu erro. Ele disse a Meyer que detivesse a *Kampfgruppe* e esperasse ordens posteriores. Dentro de meia hora os americanos começaram a desembarcar em *Omaha*, mas só às 7:35 Kraiss enviou reservas para a área, e em seguida apenas um batalhão da *Kampfgruppe*. Às 8:35, ele enviou os outros dois batalhões contra a 50ª Divisão britânica na praia *Gold*. Fracionar a 915ª desta maneira significava que em parte alguma havia condições de desencadear um ataque vigoroso. Os batalhões estavam também várias horas atrasados ao chegar aos locais do combate, porque quando se deslocavam eram alvejados pelos caças e bombardeiros aliados.

Informações insuficientes, em muitos casos, e absolutamente nenhuma em outros, causaram grande embaraço a Kraiss, mas ele era tão culpado de passar adiante más informações quanto uma vítima de recebê-las. Às 10 horas, ele relatou penetrações nas posições avançadas da 352ª em *Omaha,* mas frizou que não eram perigosas. Às 13:35 informou ao QG do 7º Exército que o assalto americano fora repelido de volta para o mar, exceto em Colleville, que, ele afirmou, estava sendo contra-atacada pela 915ª. Apenas às 18 horas ele admitiu que os americanos se haviam infiltrado através dos pontos fortes da 352ª, mas mesmo então ele afirmou que apenas Colleville estava em perigo.

Às 17 horas, o marechal-de-campo Rundstedt exigiu que a cabeça-de-ponte aliada fosse eliminada naquela noite. Alguns minutos depois, o general Jodl enviou uma ordem do OKW — todas as forças disponíveis deviam ser lançadas na batalha. Às 18:25, Kraiss ordenou que sua última unidade não empenhada, o batalhão de engenharia, se deslocasse para St.-Laurent e lutasse como infantaria. No momento em que os engenheiros chegaram ali, estava escuro, tarde demais para fazer outra coisa exceto entrincheirar-se e esperar pelo amanhecer.

Pouco antes da meia-noite, 6 de junho, Kraiss admitiu ao seu comandante de corpo, general Marcks, que a 352ª precisava desesperadamente de ajuda. "Amanhã a divisão será capaz de oferecer ao inimigo a mesma determinada resistência que ofereceu hoje (mas) por causa das pesadas baixas... os reforços devem ser trazidos até depois de amanhã. As perdas em homens e material nos ninhos de resistência são totais."

Marcks retrucou: "Todas as reservas que me eram disponíveis já foram empregadas. Cada polegada de chão deve ser defendida ao máximo até que novos reforços possam ser trazidos."[26]

Em suma, o poder de combate da 352ª tinha sido dissipado pela obstinada ação defensiva dos pequenos grupos que eram capazes de retardar, mas não de deter o avanço americano. A insistência de Rommel em defender perto da praia tornara a fase do ataque inicial mais árdua para os americanos, mas a um custo excessivo para os alemães — e não havia funcionado. "A esse respeito", declara a história oficial do Exército, o "V Corpo havia superado uma severa crise, e o sucesso da sua luta renhida deve ser medido em outros termos que não o tamanho da cabeça-de-praia."[27]

A 352ª estava exaurida. Reforços de espécie alguma eram imediatamente disponíveis. Aqueles que vinham do interior da França, ao som dos canhões, fossem infantaria ou blindados, iam ter de enfrentar um desafio de tiros de canhões aéreos e navais para chegar lá.

A muralha atlântica fora rachada na *praia Omaha*, e não havia nada além dela parecido com fortificações fixas — exceto aquelas horríveis cercas vivas.

Como o V Corpo o conseguiu? O simples peso do assalto foi um dos fatores decisivos, mas por si só não foi bastante para assegurar a vitória. O praça Carl Weast do batalhão de tropas de assalto tem uma resposta para esta questão. Em sua descrição oral, ele estava falando sobre o comandante da sua companhia, capitão George Whittington.

"Era um demônio", disse Weast. "Ele conduzia as pessoas. Lembro-me quando, mais ou menos uma semana após o Dia D, quando atiramos numa vaca, cortamos um pouco de carne e passamos a cozê-la em uma pequena fogueira. O capitão Whittington aproximou-se, jogou uma bota alemã perto do fogo e disse: 'Aposto que algum filho da puta sente falta disso.' Olhamos para a bota. A perna do alemão ainda estava dentro. Aposto, por Deus, que ele realmente sentia falta."

Naquele mesmo dia, Weast ouviu o subcomandante do 5° Batalhão de Tropas de Assalto, major Richard Sullivan, criticar o capitão Whittington por se expor desnecessariamente.

"Whittington disse a Sully: 'Você viu isso acontecer naquela praia maldita. Agora você me diga como diabo liderar homens por trás deles.' "

O batismo de fogo de Weast foi no Dia D. Ele lutou com as tropas de assalto durante os onze meses seguintes. Concluiu que o alto comando aliado estivera certo ao insistir em que "não havia praticamente tropas experimentadas nas forças pioneiras que chegaram à praia, porque um soldado de infantaria com experiência é um soldado de infantaria cheio de terror, e eles queriam caras como eu, que estavam mais admirados do que tremendo de medo, porque quanto mais tempo você se empenha numa guerra, mais imagina que amanhã pode ser seu último dia vivo, e isso passa a ser realmente abominável".

Weast fez uma afirmação final: "Na guerra, o melhor posto é ser praça ou de coronel para cima; quanto aos cargos intermediários, bem, esses têm que se portar como líderes."[28]

Na *praia Omaha*, foi como se portaram.

25. "Foi Realmente Fantástico"

À Tarde, na Praia Omaha

No início da tarde, a maioria dos ninhos de metralhadoras alemãs na praia e no penhasco haviam sido postos fora de ação por destróieres, carros de combate e infantaria, cancelando, se não eliminando inteiramente, o fogo de metralhadoras na praia. O fogo dos atiradores de elite, porém, continuava. Os alemães faziam uso do labirinto de trincheiras de comunicação e de túneis para recuperar posições antes abandonadas e recomeçavam o fogo.

Pior, a artilharia do interior e de posições de flanco mantinham fogo de inquietação no baixio costeiro, um tanto a esmo, um tanto solicitados pelos POs no penhasco. Até o fogo à esmo era eficaz, porque o engarrafamento de tráfego permanecia — era quase impossível uma granada de morteiro ou de canhão disparado sobre o baixio costeiro não acertar.

O capitão Oscar Rich era um observador para o 5° Batalhão de Artilharia de Campanha. Ele estava num LCT com o seu avião L-5 desmontado e chegou a *Easy Red* às 13 horas. "Gostaria de lhe dar minha primeira impressão da praia — por assim dizer, de uns 100 metros ao largo até a hora de saltarmos", comentou ele.

"Olhando em ambas as direções, você podia ver caminhões ardendo, blindados ardendo, amontoados não sei de que ardendo. A munição havia sido descarregada na praia. Eu vi uma pilha de latas de gasolinas de vinte litros, talvez 500 latas ao todo. Um disparo as atingiu. Houve forte explosão e tudo pegou fogo.

Nunca vi um caos tão absoluto e completo na minha vida. Mas o que eu esperava, e isso não vi, foram pessoas tendo crises histéricas. As que estavam na praia, estavam muito calmas. Os homens do Batalhão de Engenharia da Marinha estavam dirigindo o trânsito, trazendo companheiros para dentro, designando-os para áreas e mostrando-lhes o caminho a seguir. Eles estavam muitos tranqüilos diante de tudo aquilo. Dirigiam o trânsito exatamente como se fosse a parada de 4 de Julho na sua cidade e não no lugar onde eles estavam."

Enquanto o LCT circulava fora da costa, procurando um lugar para entrar, um disparo de morteiro o atingiu na proa. O patrão, um guarda-marinha, apesar disso reparou num local que lhe pareceu bom e se dirigiu para lá. O chefe de desembarque fez-lhe sinal para voltar. Ele tinha se esquecido de arriar a âncora, e assim "passamos um tempo enorme tentando nos livrar do banco de areia, mas finalmente conseguimos", disse Rich.

"Tive pena daquele guarda-marinha, que ficou realmente abalado depois de levar o tiro na proa e esquecer-se de arriar a âncora. E ele me perguntou: 'Tenente, o senhor sabe alguma coisa sobre dirigir navios?' E eu disse: 'Diabo, homem, venho dirigindo barcos toda a minha vida.' Na verdade, o maior que eu já havia dirigido havia sido um barquinho à remo em pescaria de rio, mas ele disse: 'O senhor quer dirigir este?' E eu disse: 'Sem sombra de dúvida, quero.'

"Chamei um dos marinheiros e disse-lhe: 'Filho, você tem um trabalho e um trabalho apenas.' Ele disse: 'Que trabalho é esse?' Eu disse: 'Quando chegarmos a 100 metros da costa, você arria esta âncora quer eu lhe diga, quer não.' "

O LCT entrou novamente. De algum modo os marinheiros conseguiram arriar a proa, mesmo quando a embarcação recebeu outro impacto na casa de máquinas. Dois jipes caíram fora. Para a consternação de Rich, "haviam esquecido de enganchar o meu avião e eu não tinha um jipe". Um marinheiro do Batalhão de Engenharia entrou em cena com um *bulldozer*, enganchou uma corda na barra de reboque para o L-5, puxou-o até a praia, desenganchou o avião, disse a Rich que tinha outro trabalho para fazer, desejou-lhe boa sorte e se foi. "Assim, ali estava eu com um avião, sem mecânico, sem ajuda e sem transporte."

Rich viu o chefe de desembarque. "Ele não podia ter mais que vinte e cinco anos de idade. Exibia um belo bigode e estava sentado na praia numa cadeira de capitão; tinha um rádio e meia dúzia de telefones e um punhado de homens servindo-o como mensageiros, e ele dava andamento a tudo. As pessoas o procuravam e queriam saber isto, aquilo e mais aquilo. Ele nunca perdia o bom humor. Não ficava nervoso. Apenas lhes dava as informações e elas iam embora. Não passava de um tenente, mas aqueles coronéis e generais-de-exército vinham até ele e exigiam isto e exigiam aquilo e ele dizia: 'Sinto muito, não tenho. Os senhores têm que aceitar o disponível, e ir adiante.' Eles sacudiam as cabeças e partiam.

"Quando ele localizava um espaço aberto, bem, costumava dizer: 'Vamos dar entrada a uma embarcação aqui. Vamos dar entrada a um barco ali. Vamos tirar aquele do caminho. Peguem um *bulldozer* e empurrem aquele carro de combate para fora do caminho. Dêem espaço para alguém entrar.' Ele mantinha aquela praia em atividade. Eu não tenho idéia de quem ele era, mas a Marinha certamente deve ter-se sentido orgulhosa dele, porque ele fez um tremendo trabalho."

Rich disse ao chefe de desembarque que precisava de um jipe para empurrar seu L-5 para fora da praia. "O chefe disse: 'Há um bem ali. Não há ninguém nele. Vá pegá-lo.' "

Rich o fez, e se foi através do congestionamento na direção do barranco E-1, com o avião a reboque, e começou a subí-lo. Foi possivelmente o primeiro a fazê-lo — o barranco acabara de ser liberado.

No cimo, Rich achou o pomar de maçãs fora de St.-Laurent, local que lhe fora destinado, e começou a montar o avião. Sem nenhum mecânico para ajudar, ele não estava fazendo muito progresso. Vez por outra conseguia algum auxílio de um soldado americano que não podia resistir à tentação de mexer com uma máquina. Mais cedo ou mais tarde um sargento ou um oficial gritaria para o soldado se mandar de volta para a batalha e Rich ficava sozinho de novo. Somente ao anoitecer estava ele com seu avião pronto para voar.[1]

* * *

Rich teve sorte. O fogo da artilharia e dos morteiros alemães se concentrava sobre as saídas; sem aviões de reconhecimento, a Marinha não podia localizar os alvos. Com o declinar da tarde, o bombardeio recrudesceu. O almirante Charles Cooke e o general Tom Handy do Departamento de Guerra, observando a ação do convés do *Harding*, decidiram que precisavam de uma visão mais próxima. Eles passaram para um LCI, aproximaram-se da praia, transferiram-se para um LCM, e entraram, através de uma brecha nos obstáculos.

"A praia estava juncada de embarcações de desembarque destroçadas, carros de combate aos pedaços, e vários outros veículos quebrados", relembrou Cooke. "Também estava cheia de mortos e feridos."

Handy foi para a direita, Cooke para a esquerda. Granadas estouravam por toda parte em torno deles, jogando areia nos seus rostos, forçando-os a se deitar na areia, no caso de Cooke infligindo alguns ferimentos leves de metralha. Após algumas horas, eles se reuniram e decidiram sair, porque, como disse Cooke, "o bombardeio estava ficando muito mais pesado, aumentando o número de baixas e parecia altamente aconselhável ir embora".[2]

O tenente Vince Schlotterbeck da 5ª Brigada Especial de Engenheiros passou sete horas num LCT cruzando fora do alcance dos canhões alemães, esperando por uma oportunidade para entrar. Como a maioria dos outros, o patrão havia soltado o balão de barragem — não havia aviões alemães metralhando a frota, e os balões deram aos alemães um alvo que eles podiam localizar e pôr sob a sua mira. Schlotterbeck passava o tempo empoleirado no cimo da rampa de desembarque, observando tudo aquilo que lhe chamasse a atenção.

"Os obstáculos submarinos podiam ser vistos claramente, desde que a maré não estivesse o tempo todo cheia. Os destroços na praia e na água eram maiores do que tudo que sempre imaginei. Carros de combate estavam espalhados na areia, alguns meio submersos. Podíamos ver que havia apenas dois ou três nos quais podíamos confiar."

Às 18:30, o LCT tentou fazer a sua entrada. "Fomos na direção de um provável local, mas demos de encontro a um banco de areia e tivemos de recuar porque a água era profunda demais. Exatamente quando nos desembaraçamos, uma granada lançou um borrifo no exato local onde estivéramos encalhados." O patrão tentou novamente. Ele descobriu uma brecha nos obstáculos, "mas um grande navio carregado de munição estava adernado e ardendo furiosamente. As explosões quase contínuas tornavam perigoso demais desembarcar ali, de modo que tentamos de novo". Finalmente o patrão viu um bom local em *Fox Red* e voltou-se na sua direção, mas um LCI deslocou-se para o mesmo local, cortando-lhe a frente e fazendo-o atingir outro banco de areia. Desta vez ele ficou encalhado, e ponto final.

"Nossos motores pulsavam em velocidade máxima, e nossa embarcação parecia pronta para se desintegrar com a vibração. A âncora de popa fora lançada e estava sendo recolhida, mas em vez de nos empurrar para fora, a âncora ia se arrastando na areia. Os motores gemiam com toda a potência, sem parar.

Entrementes, o LCI que havia impelido o LCT para a brecha arriou suas rampas e os homens estavam vadeando para a costa. "De repente, uma granada explodiu no meio deles e nunca mais os vimos. Em seguida, os alemães fizeram um disparo contra a frente, o meio, e na popa da embarcação."

O LCT de Schlotterbeck flutuou finalmente livre na maré enchente. Os oficiais na embarcação fizeram uma conferência para decidir se convinha esperar até depois da meia-noite, quando a maré estaria cheia, ou se devia continuar a tentativa de desembarcar.

"Todos estavam a favor de entrar o mais cedo possível porque não gostávamos da idéia de atingir a praia depois do anoitecer, por isso continuamos tentando. E cerca das 20 horas, encontramos o local exato." Schlotterbeck vadeou na direção da praia.

"Minha mente já estava acostumada ao fato de que iria encontrar uma cena horrível, e foi bom que eu me tivesse preparado porque o número de baixas era aterrador. A quantidade de mortos era muito grande, mas o que mais nos chocou foram os rapazes feridos que estavam tentando pegar carona de volta para os navios-transporte, caminhando ao longo da praia. Aqueles que estavam mais gravemente feridos vinham aos pares, apoiados um no outro, quando bem deveriam ter sido levados de padiola."

Schlotterbeck tinha de caminhar sobre cadáveres para prosseguir na direção do penhasco. "Em certo ponto eu estava quase pisando um corpo com o rosto voltado para cima quando o soldado abriu vagarosamente os olhos e eu quase levei um tombo para evitá-lo. Por sorte, não o acertei."[3]

O praça M.C. Marquis do 115º Regimento teve a sua própria experiência enervante. No seu LCVP que entrava naquela tarde, ele havia trocado suas botinas com as do cabo Terry. "Julgamos que ficaríamos com melhor aparência." Ao subir o penhasco, Terry estava em frente de Marquis. Terry pisou numa mina, que lhe rebentou o pé e a botina. "Enquanto prosseguia", relatou Marquis, "eu disse: 'Até logo, Terry.' Ainda imagino se ele conseguiu chegar ao hospital."

Quando Marquis subia, uma dúzia de prisioneiros alemães guardados por um soldado americano vinha descendo. "Aqueles foram os primeiros alemães que eu vi. Eles não pareciam tão durões."

Um americano tombou, atingido por um franco-atirador. Um médico aprestou-se a tratar do homem ferido. O franco-atirador acertou o médico no braço. "Ei", gritou o médico com raiva, "você não têm o direito de atirar em médicos!"

Marquis chegou ao topo e se deslocou para a frente com o seu grupo de combate para participar da luta em St.-Laurent. Tão logo chegou, os tiros dos canhões navais começaram a atingir o solo. Tijolos e morteiros choveram sobre ele, mas um capacete que ele tinha apanhado na praia o protegeu. O grupo de combate retirou-se e se entrincheirou ao lado de uma cerca viva.[4]

Na praia, os homens prosseguiam, apesar do bombardeio. As equipes de demolição estavam fazendo progressos em sua tarefa vital de desobstruir caminhos removendo os obstáculos. Quando, de tarde, a maré baixou, dinamitavam metodicamente os portões belgas de Rommel e os tetraedros, ignorando o fogo dos franco-atiradores. Eles completaram a abertura de três brechas parcialmente abertas de manhã, fizeram quatro novas, e alargaram outras. Pelo anoitecer tinham treze completamente abertas e assinaladas, e haviam removido um terço dos obstáculos da praia.[5]

Os engenheiros, nesse ínterim, estavam abrindo as saídas para veículos. Isto envolvia explodir as barreiras de concreto, aterrar os fossos anti-carros, remover minas e colocar malhas de arame na areia para que os jipes e os caminhões pudessem transitar. Por volta das 13 horas, eles tinham a E-1 aberta ao trânsito.

O movimento começou de repente, mas dentro de algumas horas novo problema surgiu; os veículos que subiam o platô não eram capazes de ganhar o interior porque a encruzilhada em St.-Laurent ainda estava em mãos inimigas. Durante mais ou menos uma hora, os veículos permaneceram imobilizados, pára-choques com pára-choques em todo o percurso, da praia ao platô. Às 16 horas, os engenheiros abriram uma estrada secundária que contornava a encruzilhada defendida e o movimento recomeçou. Às 17 horas, a saída de Vierville (D-1) estava aberta, aliviando ainda mais o congestionamento na praia.[6]

Carros de combate, caminhões e jipes conseguiram chegar ao topo, mas quase nenhuma artilharia acompanhou. Pelo anoitecer, elementos de cinco batalhões de artilharia haviam desembarcado, mas com a perda de vinte e cinco canhões para o fogo inimigo, e grande parte do seu equipamento. Com exceção de uma missão de tiro desencadeada pelo 7º Batalhão de Artilharia de Campanha, canhões americanos, não desempenharam nenhum papel na batalha do Dia D. Os dois batalhões antiaéreos programados para desembarcar nem mesmo chegaram à terra; tiveram de esperar por D mais um. Mais de cinqüenta carros de combate se perderam, quer no mar quer na praia.[7]

Os planejadores haviam programado que 2.400 toneladas de suprimentos deviam alcançar a *praia Omaha* no Dia D, mas apenas 100 toneladas foram desembarcadas. Uma grande proporção foi destruída na praia; muito pouco do que restou subiu ao platô. As tropas que estavam no cimo tinham de lutar com o que eles carregaram nas costas para o penhasco. Havia deficiência de três itens decisivos: munição, ração e cigarros. Alguns só voltaram a ser supridos em D mais dois; as tropas de assalto em Pointe-du-Hoc tiveram de esperar até 6 de junho por novos suprimentos.

Apesar do bombardeio, do congestionamento e dos obstáculos, durante toda a tarde do Dia D embarcações de desembarque continuaram entrando, trazendo mais carros de combate e infantaria. O tenente Dean Rockwell, da Marinha, que trouxera a flotilha de seus LCT para a *praia Omaha* na Hora H e desembarcara os primeiros carros de combate, fez uma viagem de retorno às 14 horas. Sua experiência foi típica dos patrões tentando descer à terra nas levas seguintes.

"Cruzamos paralelamente à praia por centenas de metros", recordou ele, "procurando uma abertura através dos obstáculos. Uma vez tentamos entrar de proa, mas batemos em um dos obstáculos, que tinha uma mina que detonou e abriu um buraco em nosso mecanismo de desembarque, o que significava que não podíamos arriar a rampa."

Rockwell finalmente conseguiu chegar à costa, mas a avaria no seu LCT o impediu de descarregar seus carros de combate e carros-reboque. "Pudemos, contudo, pôr os pobres soldados em terra." Eles pertenciam a um destacamento médico. "Sabe de uma coisa?" continuou Rockwell, "nunca vi ninguém que gostasse menos de executar uma missão do que eles. A praia estava literalmente coberta de militares detidos pelo fogo do inimigo, que estava bombardeando a praia com morteiros de uma posição recuada sobre o penhasco. Os alemães tinham alvos predeterminados; corpos, areia e material voavam quando as granadas explodiam. De qualquer maneira, pusemos os pobres soldados na praia e tivemos muita, muita pena deles, mas agradecemos a Deus por termos decidido entrar para a Marinha e não para o Exército."[8]

Ernest Hemingway, correspondente do *Collier's*, entrou na sétima leva, num LCVP comandado pelo segundo-tenente Robert Anderson, de Roanoke, Virgínia. Para Hemingway, o LCVP parecia uma banheira de ferro. Ele comparou o LCT a uma chata de transporte de carga. Os LCI, de acordo com Hemingway, "eram os únicos barcos de operações anfíbias que pareciam feitos para estar no mar. Quase tinham as linhas de um navio". O canal estava coberto de banheiras, chatas e navios de todas as espécies, "mas muito poucos rumavam na direção da costa. Elas começavam a navegar na direção da praia, em seguida se desviavam e circulavam de volta".

Quando o LCVP de Anderson se encaminhava para a costa, o *Texas* estava atirando por cima dele numa barreira anti-carro em uma das saídas. "Aqueles das nossas tropas que não estavam cor de cera pelo enjôo", escreveu Hemingway, "estavam observando o *Texas* com olhares de surpresa e felicidade. Sob os capacetes de aço, eles pareciam lanceiros da Idade Média em cujo auxílio viera subitamente um estranho e inacreditável monstro." Para Hemingway, os grandes canhões "soavam como se estivessem arremessando trens inteiros através do céu".

Anderson teve um bocado de trabalho para achar a área que lhe foi designada para desembarque, *Fox Red*. Hemingway tentou ajudá-lo a navegar. Eles discutiram sobre marcos. Uma vez Anderson tentou entrar, apenas para ficar sob fogo intenso. "Faça esta merda girar e sair daqui, patrão!", gritou Anderson. "*Tire-o daqui!*" O LCVP recuou e circulou.

Hemingway podia ver a infantaria subindo devagar o penhasco. "Lenta, laboriosamente, como se fossem Atlas carregando o mundo nos ombros, os homens subiam. Não estavam atirando. Apenas se deslocavam com lentidão... à semelhança de um comboio de tropeiros no fim do dia, caminhando no sentido oposto ao de suas casas.

Nesse ínterim, os destróieres haviam chegado quase à altura da praia e estavam eliminando todos os ninhos de metralhadoras com seus canhões de cinco polegadas. Eu vi um pedaço de alemão, de noventa centímetros, com um braço grudado nele, precipitar-se no espaço ao explodir uma granada. Isto me fez lembrar uma cena de *Petroushka*."

Anderson finalmente chegou à praia. Como também o fizeram os outros vinte e três LCVP de *Dorothy Dix*. Seis foram perdidos por obstáculos minados e pelo fogo inimigo. Concluiu Hemingway: "Fora um assalto frontal em plena luz do dia, contra uma praia minada, defendida por tudo que a inventiva militar havia projetado. A praia fora defendida tenaz e inteligentemente, nenhuma tropa o faria melhor. Mas cada barco do *Dix* conseguiu desembarcar suas tropas e seu carregamento. Nenhum barco foi perdido por imperícia náutica. Todos os que se perderam o foram pela ação do inimigo. E tomáramos a praia."[9]

O capitão James Roberts, ajudante-de-ordens do general Gerow, pisou em terra às 17 horas em *Easy Red*. "Quando nos aproximamos, fomos atingidos por fogo de artilharia; fragmentos nos atingiam por todos os lados", lembrou ele. "Várias pessoas foram atingidas, inclusive o patrão do nosso LCI. Ele foi morto. Simultaneamente atingimos um banco de areia e ainda estávamos a mais ou menos cem metros da costa. Havia confusão e medo generalizados e sinceramente eu estava em pânico. É muito difícil cavar um buraco num convés de aço e não há muita cobertura num LCI."

Roberts saiu com água pelo peito e se encaminhou para a costa. "A praia parecia um matadouro. Havia corpos por toda parte e alguns feridos sendo atendidos. Quando eu passei por um carro de combate, ouvi pessoas gritando por morfina. O carro pegara fogo e eles estavam morrendo queimados. Não havia nada que se pudesse fazer quanto a isso e era uma coisa de acabar com os nervos de qualquer um."

Granadas estavam explodindo por todos os lados. Roberts saiu da praia o mais rápido que pôde. Sua missão era deslocar-se para St.-Laurent para estabelecer um PC. Quando ele escalava o penhasco, um atirador de elite abriu fogo. A bala passou por cima da cabeça de Roberts. Roberts tentou revidar, mas sua carabina estava cheia de areia e água do mar e não funcionou, de modo que ele mergulhou numa toca e a limpou. Quando ela voltou a funcionar, o atirador havia desaparecido.

Roberts chegou ao topo do rochedo, mas não pôde encontrar ninguém de sua companhia de comando, nem qualquer rádio funcionando, por isso "eu não tinha muita coisa a fazer". Ele retornou à crista do penhasco e volveu os olhos para o Canal. "Era simplesmente fantástico. Navios de todos os tipos até onde a sua vista podia alcançar."

Logo outros elementos da sua companhia de comando uniram-se a ele, e Roberts estabeleceu o PC do V Corpo ao norte de St.-Laurent. Alguém trouxe tendas para armar. Roberts montou uma barraca de campanha para a primeira noite do general Gerow em terra. Quando Gerow chegou, por volta das 21 horas, suas preocupações consistiam em estabelecer comunicações e na possibilidade de um contra-ataque blindado. O V Corpo não tinha contato com a 50ª Divisão britânica à esquerda nem com o VII Corpo dos Estados Unidos à direita (nem, aliás, com as tropas de assalto em Pointe-du-Hoc). Se os alemães realmente contra-atacassem, o V Corpo só contaria consigo.

A preocupação de Roberts era a segurança do seu general. A linha de frente estava a apenas meio quilômetro adiante do QG do corpo de exército, "que não é onde os planejadores militares gostam que ele esteja".

Quando a escuridão caiu, Roberts abriu uma de suas rações K e ingeriu seu primeiro alimento do dia. Em seguida achou um cobertor e se enrolou, para passar a noite num fosso. "Por volta da meia-noite, quando tudo parecia estar completamente tranqüilo, lembro-me de pensar: Homem, que dia foi este. Se cada dia vai ser tão ruim, jamais sobreviverei à guerra."[10]

Não houve nenhum contra-ataque alemão. Os planos de Rommel para travar a batalha do Dia D nunca foram realizados. Havia muitos motivos.

Primeiro, a surpresa alemã era completa. A *Operação Fortitude* fixara a atenção alemã no passo de Calais. Eles estavam certos de que lá seria o local da batalha, e haviam colocado o grosso de suas divisões blindadas a norte e a leste do rio Sena, portanto não podiam ser usadas para contra-ataque na Normandia.

Segundo, a confusão alemã era ampla. Sem reconhecimento aéreo, com os paraquedistas aliados saltando aqui, ali, em toda parte, com suas linhas telefônicas cortadas pela Resistência, com seus comandantes de exército, de corpo, de divisão e alguns de regimento no jogo da guerra em Rennes, os alemães estavam quase cegos e sem liderança. O comandante que mais fazia falta era Rommel, que passou o dia na estrada dirigindo-se para La Roche-Guyon — outro preço que os alemães pagaram por terem perdido a superioridade aérea; Rommel não ousou voar.

Terceiro, a estrutura de comando foi um desastre. A desconfiança de Hitler em seus generais e a desconfiança dos generais em Hitler tinham imenso valor para os aliados. Bem como o hábito de dormir de Hitler, bem como suas idéias *wolkenkuckucksheim* (castelos no ar, utopia).

O único oficial do alto comando que respondia corretamente à crise próxima era o marechal-de-campo Rundstedt, o velho que ali estava como fachada e que foi tão desprezado por Hitler e pelo OKW. Duas horas antes dos desembarques por mar começarem, ele ordenou que as duas divisões blindadas de reserva disponíveis para contra-ataque na Normandia, a 12ª SS *Panzer* e a *Panzer Lehr*, se deslocassem imediatamente na direção de Caen. Ele procedeu assim baseado num julgamento intuitivo de que os desembarques por ar eram em tão larga escala que não podiam ser uma simples manobra de simulação (como afirmavam alguns membros do seu Estado-Maior) e tinham de ser reforçados a partir do mar. O único lugar em que esses desembarques podiam acontecer na baixa Normandia era nas costas de Calvados e do Cotentin. Ele queria as forças blindadas ali para enfrentar o ataque.

O raciocínio de Rundstedt era correto, sua ação decisiva, suas ordens claras. Mas as divisões blindadas não estavam sob seu comando; estavam na reserva do OKW. Para economizar um tempo precioso, Rundstedt primeiro ordenara que elas se deslocassem, em seguida pediu a aprovação do OKW. O OKW não aprovou. Às 7:30, Jodl informou a Rundstedt de que as duas divisões só podiam ser empregadas depois que Hitler desse a ordem, e Hitler ainda estava dormindo. Rundstedt teve de revogar a ordem. Hitler dormiu até o meio-dia.

As duas divisões blindadas passaram a manhã esperando. Fez um tempo pesadamente encoberto; eles podiam ter-se deslocado livres da séria interferência dos aviões aliados. Eram 16 horas quando Hitler finalmente deu sua aprovação. À esse tempo as nuvens haviam se dissipado e os caças e bombardeiros aliados percorriam os céus sobre a Normandia, destroçando tudo o que se movia. Os *panzers* tiveram que se arrastar para dentro dos bosques à beira das estradas e esperavam escondidos pela escuridão para continuar sua marcha ao som dos canhões.[11]

"A notícia não podia ser melhor", disse Hitler quando foi inicialmente informado de que o Dia D seria ali. "Enquanto estavam na Grã-Bretanha, não podíamos alcançá-los. Agora estão onde podemos destruí-los."[12] Ele tinha um compromisso para uma recepção perto de Salzburg para o novo primeiro-ministro húngaro; entre outros convidados, os diplomatas da Bulgária, Romênia e Hungria. Estavam ali para serem levados por Hitler a fazer ainda mais pela economia de guerra alemã. Quando entrou na sala de recepção, seu rosto estava radiante. Ele exclamou: "Começou, afinal." Depois da reunião, desenrolou um mapa da França e disse a Goering: "Eles estão desembarcando aqui — e aqui: exatamente onde os esperávamos!" Goering não corrigiu esta evidente mentira.[13]

O ministro da propaganda nazista, Goebbels, fora informado dos desembarques aeroterrestre às 4 horas. "Graças a Deus, finalmente", disse ele. "Este é o assalto final."

O pensamento de Goebbels e Hitler foi explicado por um dos ajudantes-de-ordens daquele, que salientara num apontamento de diário de 10 de abril de 1944: "A questão de se a invasão aliada no oeste está vindo ou não domina toda a discussão política e militar.

"Goebbels está com receio de que os aliados não ousem fazer a tentativa. Nesse caso, isso significaria para nós meses de infindável e desgastante espera, que testaria a nossa força além dos limites do suportável. Nosso potencial bélico não pode ser aumentado agora, pode apenas declinar. Cada nova incursão aérea piora o estoque de gasolina."[14] Fora mortificante para os nazistas o fato de que os aliados tivessem podido construir o seu poderio na Inglaterra, sem serem tocados pela Luftwaffe ou pela Wehrmacht. Agora eles haviam chegado ao alcance dos canhões alemães.

Mas Hitler estava mais ansioso para atingir Londres do que para lutar uma guerra defensiva. Ele tinha uma arma com a qual fazê-lo, a V-1. Ela voara pela primeira vez com sucesso na véspera de Natal de 1943; em junho de 1944, estava quase pronta para entrar em ação. A V-1, uma aeronave a jato, conduzia uma carga explosiva de uma tonelada. Era extremamente imprecisa (das 8.000 lançadas contra Londres, apenas 20 por cento atingiram aquele alvo enorme), mas tinha um raio de ação de 250 quilômetros e voava a 700 quilômetros por hora, rápido demais para que os aviões ou o fogo antiaéreo a abatessem.

Na tarde de 6 de junho, Hitler ordenou que os ataques da V-1 sobre Londres começassem. Como acontecia na maioria das vezes, ele estava dando uma ordem que não podia ser executada. Foram precisos seis dias para trazer os pesados equipamentos de catapulta de aço de seus depósitos camuflados para a costa. O ataque só começou no dia 12 de junho, e inicialmente resultou num fiasco: de dez V-1s lançadas, quatro se espatifaram de imediato, duas desapareceram sem deixar traço, uma demoliu uma ponte ferroviária em Londres, e três atingiram campos abertos.[15]

Todavia, o potencial estava lá. Felizmente para os aliados, Hitler escolhera o alvo errado. O bombardeio aleatório de Londres poderia causar noites de insônia e induzir o terror, mas não exercia um efeito militar direto. Se Hitler tivesse enviado as V-1s contra as praias e portos artificiais da Normandia, em 12 de junho, apinhados de homens, máquinas e navios, as armas da vingança (Goebbels escolhera o nome, que estava na inicial — elas poderiam saciar o desejo de vingança de Hitler, mas não afetar a guerra enquanto eram dirigidas contra Londres), talvez houvesse alguma diferença.

No Dia D, Hitler usou mal a sua única arma estratégica, exatamente como usara mal sua força de contra-ataque tático. Sua interferência com os seus comandantes na cena acha-se em acentuado contraste com a atitude de Churchill e de Roosevelt, que não fizeram absolutamente nenhuma tentativa para dizer a seus generais e almirantes o que fazer no Dia D, e com a atitude de Eisenhower, que também deixou a tomada de decisões para os seus subordinados.

Eisenhower estava de pé às 7 horas no dia 6 de junho. Seu ajudante-de-ordens naval, Harry Butcher, foi ao carro-reboque para relatar que os para-quedistas já haviam aterrado e que os desembarques por mar estavam começando. Butcher encontrou Eisenhower sentado na cama, fumando um cigarro, lendo um romance de faroeste. Quando Butcher chegou, Eisenhower lavou-se, fez a barba, e se dirigiu para a tenda que abrigava a seção de operações do SHAEF. Ele ouviu uma discussão sobre como liberar um comunicado dizendo que os aliados tinham uma cabeça-de-praia (Montgomery insistia em que se esperasse até que ele estivesse absolutamente certo de que os aliados iam ficar em terra), mas não interferiu.

Eisenhower escreveu uma breve mensagem a Marshall, informando o chefe do Estado-Maior que tudo parecia estar indo bem e acrescentando que as tropas americanas e britânicas que ele vira no dia anterior estavam cheias de entusiasmo, obstinação e preparo. "A luz da batalha estava nos seus olhos."[16]

Eisenhower logo ficou agastado com a incessante tagarelice na tenda e foi caminhando visitar Montgomery. Ele encontrou o general britânico usando um suéter e um largo sorriso. Montgomery estava ocupado demais para passar muito tempo com o comandante supremo, já que ele se preparava para cruzar o Canal no dia seguinte, a fim de estabelecer seu QG avançado, mas os dois líderes tiveram uma breve conversa.

Em seguida Eisenhower fez uma visita a Southwick House para ver o almirante Ramsay. "Tudo estava bem com a Marinha", registrou Butcher no seu diário, "e seus sorrisos são tão largos ou mais largos do que quaisquer outros."[17]

Ao meio-dia, Eisenhower retornou à barraca, onde observou ansiosamente os mapas e ouviu as perturbadoras notícias que vinham de *Omaha*. Ele chamou alguns membros selecionados da imprensa ao seu alojamento de teto de lona e paredes de pinho e respondeu a perguntas. Em certo ponto levantou-se de sua mesinha e começou a andar compassadamente. Olhou pela porta, deixou reluzir seu famoso sorriso e anunciou: "O sol está brilhando."[18]

Pelo resto do dia, andou de um lado para o outro, alternando o seu estado de espírito à medida que recebia notícias da situação nas praias britânicas e canadenses, e em *Omaha* e *Utah*. Depois de comer, retirou-se cedo para um bom sono noturno.

O comandante supremo não emitiu nenhuma ordem no Dia D. Hitler emitiu duas, ruins.

Quando a escuridão desceu sobre a *praia Omaha*, o fogo intermitente de artilharia continuava desabando. Os homens se entrincheiravam para passar a noite onde quer que pudessem: alguns na areia, alguns junto à muralha marítima, alguns nos declives do penhasco, alguns atrás das cercas vivas no platô. Havia alarmes causados por tropas muito ansiosas, rajadas ocasionais. Não havia áreas de retaguarda no Dia D.

Todavia, as coisas se tinham tranqüilizado consideravelmente. O tenente Henry Seitzler era um observador avançado para a Quinta Força Aérea dos Estados Unidos. Ele estava "recebendo um bocado de interpelações e chacotas da parte dos rapazes" por causa do fracasso das forças aéreas em bombardear e metralhar as praias, como fora prometido. "Naturalmente, eu não tinha nada a fazer com respeito àquela situação; eles queriam apenas alfinetar alguém.

"Meu maior problema foi permanecer vivo. Meu trabalho começaria realmente em D mais três, mas cheguei a H mais duas no Dia D, participando dos seus momentos mais perigosos e quentes; e não tinha nada importante para fazer, nenhuma missão a cumprir, exceto, tanto quanto podia esperar, tentar permanecer vivo, porque eu não tinha quem me substituísse."

No fim da tarde, Seitzler e alguns membros da brigada costeira viram que estavam com fome. "Assim, voltamos e subimos num LCI destruído pelas chamas. Entramos na despensa. Rapaz, aquilo era formidável. Ela não fora danificada. Trouxemos um bocado de comida para fora e nos satisfizemos na praia sob a muralha marítima. A Marinha realmente vivia bem. Tínhamos frango desossado, peru desossado, presunto desossado. Tínhamos tudo que podíamos imaginar, e comemos como uns porcos porque estávamos meio mortos de fome naquela ocasião."

Quando eles terminaram, decidiram que precisavam rematar o seu piquenique na praia com um pouco de café. Fizeram uma pequena fogueira atrás da muralha marítima de seixos, usando madeira que haviam recolhido de uma das casas de veraneio destruídas, e fizeram Nescafé.

Para Seitzler, isto resultou num erro. Quando ficava escuro, a regra era que cada homem devia permanecer na sua trincheira. Tudo o que se movesse seria alvejado. Mas o Nescafé exerceu um efeito diurético em Seitzler.

"Assim foi aquele problema, vou lhe contar. Se eu fizesse ruídos ou gestos, poderia muito bem ser alvejado. Tudo o que eu podia fazer era levantar-me, mover-me cuidadosamente na beira do meu abrigo, rolar algumas vezes, usar uma velha lata de estanho para fazer minha necessidade, jogá-la fora, e rolar de volta, vagarosa e tranqüilamente. Chamei a situação de 'sofrimento por uma questão de higiene'. Desde então jamais voltei a tomar Nescafé."[19]

Na manhã seguinte, o praça Robert Healey do 149º de Engenharia de Combate e um amigo decidiram descer o penhasco e recuperar suas mochilas. Os cigarros de Healey haviam acabado, mas ele tinha um pacote numa bolsa à prova de água dentro da mochila.

"Quando descíamos caminhando para a praia, defrontamo-nos com uma cena inacreditável. Havia destroços por toda parte, e todas as espécies de equipamento boiando para trás e para adiante na maré. Tudo em que você podia pensar parecia estar ali. Topamos com uma raquete de tênis, um violão, jaquetas, mochilas, máscaras contra gases, tudo. Descobrimos meio pote de azeitonas que comemos com grande apetite. Achei minha mochila mas infelizmente os cigarros já não estavam lá.

"No caminho de volta deparei o que foi provavelmente a mais pungente lembrança que guardo de todo este episódio. Deitado na praia estava um soldado jovem com os braços estirados. Perto de uma de suas mãos, como se ele o estivesse lendo, vi um livro de bolso de capa mole.

"*Our Hearts Were Young and Gay (Nossos Corações Eram Jovens e Alegres*), de Cornelia Otis Skinner. O título expressava o espírito da nossa provação. Nossos corações eram jovens e alegres porque pensávamos ser imortais, supúnhamos estar fazendo uma grande obra, realmente acreditávamos na nossa cruzada: a esperança de libertar o mundo do tacão do nazismo."[20]

26. O Mundo Prende a Respiração

O Dia D nas Frentes Domésticas

Às 7 horas da manhã, pelo fuso horário do oeste dos Estados Unidos (13 horas pelo horário francês) três jovens vaqueiros de Montana ocidental entraram a largos passos no Café Mecca em Helena, a capital do estado. Na tarde anterior, haviam-se alistado na Marinha, no posto de recrutamento da cidade. Eles estavam expansivos cheios de fanfarronice e de si mesmos.

"Comida! Serviço! Atenção!", gritaram para a garçonete. Ela e os clientes compreenderam que os rapazes estariam embarcando em algumas horas, quase certamente sua primeira viagem fora de Montana. O tumultuoso e inconveniente comportamento dos "marinheiros" foi perdoado. A garçonete deu-lhes um tratamento *super de luxe*, enquanto em torno das mesas os clientes reiniciaram suas conversas tomando seus cafés.

Alguém ligou o rádio. "Quartel-General Supremo, a Força Expedicionária Aliada acaba de anunciar que a invasão começou. O Dia D chegou. "

Um repórter do *Helena Independent-Record* estava no café. Escreveu ele: "A notícia foi primeiro recebida com descrença, e em seguida com extasiado silêncio. Esqueceu-se a comida. Nem uma voz se levantou solicitando serviço; ninguém queria nada. As pessoas apenas se sentavam e ouviam, e imaginavam."[1]

Foi somente após a invenção do telégrafo que as pessoas nas várias frentes domésticas puderam realmente saber que uma grande batalha estava em andamento, e mesmo como estava sendo travada. Para os americanos em 1861-65, as primeiras notícias vinham de boletins nos jornais, boletins dizendo pouco mais que uma grande batalha estava sendo travada na Pensilvânia ou Mississippi. Durante os dias seguintes, os jornais faziam reportagens sobre a batalha. Costumavam vir então as que pareciam infindáveis listas de mortos. Gettysburg e Vicksburg foram travadas simultaneamente, o que significava que nos primeiros dias de julho de 1863 praticamente cada americano conhecia alguém que estava em uma das batalhas. Filho, marido, pai, mãe, irmão, irmã, neto, namorada, tio, amigo — todos eles tinham de prender a respiração. Esperem, orem, preocupem-se, orem um pouco mais, esperem um pouco mais.

Na Primeira Guerra Mundial, os americanos ainda tinham tais experiências torturantes. Já na Segunda, a transmissão pelo sem-fio havia melhorado; os americanos cujos entes queridos estavam no Pacífico ou na África do Norte ou na Itália ouviam relatos radiofônicos de batalhas enquanto ainda aconteciam, e dentro de mais ou menos uma semana podiam ver uma fita cinematográfica da batalha, cuidadosamente censurada (*nunca* mostrando americanos mortos ou gravemente feridos). O que eles não podiam saber era a situação dos seus entes queridos. Por isso só podiam esperar e orar para que o homem da Western Union não batesse à sua porta.

No Dia D, uma ampla maioria de cidadãos americanos estava envolvida. A maioria deles havia feito uma contribuição direta, como os fazendeiros fornecendo a comida, os trabalhadores nas fábricas fazendo aviões ou blindados ou bombas ou fuzis ou botinas, ou qualquer outra infinidade de itens de que as tropas precisavam para ganhar a guerra, ou como voluntários fazendo o trabalho em centenas de agências. As ataduras que fabricaram, os fuzis que tinham feito estavam sendo utilizados no mesmo tempo em que eles ouviam as notícias. E oravam pedindo que tivessem feito a coisa certa.

Andrew Jackson Higgins absorveu o espírito muito bem. Ele estava em Chicago no Dia D; enviou uma mensagem aos seus empregados em Nova Orleans: "Este é o dia pelo qual estivemos esperando. Agora, o trabalho de nossas mãos, de nossos corações e de nossas cabeças está passando pelo teste. O bônus de guerra que vocês compraram, o sangue que vocês doaram também estão lá, combatendo. Podemos todos ser inspirados pela notícia de que os primeiros desembarques no continente foram feitos pelos aliados em nossos barcos."[2]

Os trabalhadores nas indústrias Higgins e os das fábricas de defesa por toda a nação haviam sacrificado suas rotinas diárias para tornar a invasão possível. Eles tinham trabalho, o que era uma bênção para uma geração que acabara de passar pela Depressão, e eram bem pagos (embora ninguém ficasse rico com um salário por hora). Mas eles se sacrificaram para fazê-lo.

Polly Crow trabalhava no turno da noite na Jefferson Boat Company nas imediações de Louisville, Kentucky. Ela ajudava a fazer LST. Escreveu a seu marido, que estava no Exército, sobre as economias que vinha fazendo — algo com que os casais jovens na Depressão podiam apenas sonhar: "Temos agora 780 dólares no banco e cinco bônus que me parecem bons e assim que eu puser o carro em boa forma, posso ir acumulando."

Para conseguir aquele dinheiro, a senhora Crow trabalhava por dez horas num turno da noite. Ela cuidava de seu filho de dois anos durante o dia; sua mãe tomava conta da criança de noite. Ela fazia um trabalho voluntário na Cruz Vermelha. Dividia seu apartamento com outra mulher e a mãe.[3]

Havia dezenas de milhares de mulheres jovens como a senhora Crow. Casamentos às pressas tinham-se tornado a norma, um milhão a mais durante a guerra do que os índices anteriores à guerra. Os adolescentes se casavam porque o garoto estava partindo para a luta, e, em muitos casos, pela atmosfera moral da época, se eles queriam ter uma experiência sexual antes dele partir, tinham primeiro que ficar diante de um padre.

Enquanto os maridos garotos partiam para a guerra, para se tornarem homens, as esposas garotas se tornavam mulheres. Elas viajavam sozinhas — ou com seu filhos — para lugares distantes em trens quentes e abafados ou frios e superlotados; tornavam-se cozinheiras e donas-decasa competentes, administravam as finanças, aprendiam a consertar carros, trabalhavam numa fábrica, e escreviam cartas a seus maridos soldados que estavam consistentemente otimistas.

"Escrevo para o pai dele tudo o que o nosso bebê faz", explicou uma jovem mãe, "apenas nas cartas eu o faço parecer encantador."[4]

Mulheres de uniforme eram um fenômeno novo para os americanos na década de 40. Elas estavam em todos os ramos de serviço, porém mais severamente segregadas pelo seu sexo do que eram os negros por sua raça. Os nomes dessas organizações segregadas eram condescendentes: Corpo Auxiliar Feminino do Exército (WAAC), Força Aérea Auxiliar Feminina (WAAF), Grupo de Transporte Auxiliar Feminino (WAFS), e WAVES, um acrônimo para mulheres aceitas para Serviços Voluntários de Emergência (Woman Accepted for Volunteer Emergency Services). (No final de 1944 a Marinha abandonou o acrônimo e as mulheres foram chamadas de Reservas Femininas.)

As mulheres de uniforme faziam tudo o que os homens faziam, exceto empenhar-se em combate. Elas eram escriturárias, mecânicas, administradoras, operadoras de rádio, intérpretes de fotografia, cozinheiras, meteorologistas, sargentos intendentes, pilotos de teste, e muito mais. Segundo Eisenhower, ele não poderia ter ganho a guerra sem elas.[5]

A coisa não foi fácil para essas mulheres. Diziam-se piadas cruéis e maldosas sobre elas — embora não pelos feridos sobre suas enfermeiras. Essas mulheres pioneiras perseveraram e triunfaram. A contribuição das mulheres da América, quer na fábrica quer na fazenda ou de uniforme, para o Dia D, foi um *sine qua non* para o esforço da invasão.*

---

* A Grã-Bretanha e a América utilizaram seu potencial feminino ao máximo na Segunda Guerra Mundial. No Japão, as mulheres eram instadas pelo governo a apegar-se ao seu papel tradicional e a ter mais bebês. Na Alemanha, as noções românticas de Hitler levaram-no a fazer concessões em dinheiro às mulheres alemãs que tivessem mais bebês, e lá o potencial feminino só foi utilizado nos últimos meses da guerra.

* * *

O Dia D para as jovens que tinham maridos que mal conheciam servindo no teatro de operações da Europa, foi uma experiência especialmente penosa, mas então poucos americanos desconheciam preocupações pessoais. Quase todo americano conhecia alguém no Exército, na Força Aérea do Exército, na Marinha, ou na Guarda Costeira, servindo no teatro europeu. Apenas alguns sabiam se o soldado ou marinheiro ou aviador estava em ação no Dia D ou se só estaria entrando mais tarde, mas em geral sabiam que, antes que a guerra fosse ganha, todos os seus entes queridos estariam numa zona de combate.

Agora a coisa começara. A fase de preparação estava terminada. Os Estados Unidos se haviam comprometido a lançar na batalha as enormes forças que trouxeram à existência durante os últimos três anos. Isso significava que seu garoto, irmão, marido, namorado, empregado, colega, primo ou sobrinho já estava em combate ou logo estaria.

Em Helena e em Nova York, por toda a nação, as pessoas se sentavam e conjeturavam e ouviam o rádio e corriam para as ruas para adquirir a última edição do jornal com um mapa de primeira página da costa francesa. A frente doméstica ouvia e lia sobre a Segunda Guerra. Aquilo que os americanos ouviam e liam no Dia D continha poucos detalhes.

A agência de notícias oficial nazista, Transocean, foi a primeira a anunciar a invasão. A Associated Press ouviu e colocou-a no telégrafo. O *New York Times* lançou-a nas ruas à 1:30 mas apenas uma manchete — nenhuma história. Às 2 horas, as redes de emissoras interromperam seus programas musicais com um rápido anúncio: "Diz o rádio alemão que a invasão começou." Os alemães relataram uma batalha naval ao largo de Le Havre e desembarques de paraquedista ao norte do Sena (estes eram os falsos pára-quedistas). Os comentaristas logo salientaram que não havia confirmação de fontes aliadas, advertindo que podia muito bem ser um estratagema destinado a fazer com que a Resistência na França se levantasse prematuramente e assim se expusesse a uma destruição.

Às 9:32, em Londres (3:32 pelo horário do leste dos EUA), o SHAEF liberou um breve comunicado do general Eisenhower, lido pelo seu ajudante-de-ordens, coronel Ernest Dupuy: "Sob o comando do general Eisenhower, as forças navais aliadas, apoiadas por poderosos contingentes aéreos, começaram a desembarcar os Exércitos aliados esta manhã na costa setentrional da França."

O SHAEF também enviou pelo rádio à Nova York uma gravação da leitura de Eisenhower de sua ordem-do-dia. Era uma leitura maravilhosa, rica em estilo, ressoante, e proporcionou uma experiência unificadora, visto que fora difundida pelos alto-falantes nos LSTs e navios-transporte nos portos do sul da Inglaterra antes do Dia D, de modo que os americanos ouviram o que a força de invasão tinha ouvido.

Às 4:15 nos EUA, a NBC transmitir as informações, recebidas de Londres, de um repórter, testemunha ocular dos fatos, que voara com a 101ª Aeroterrestre. Durante a manhã, mais relatos de testemunhos oculares chegaram de outros repórteres que estiveram no mar e retornaram à Londres. Eles tinham visto muita fumaça, navios e aviões, porém pouco mais. Não havia nada sobre as praias.

As pessoas ouviam cada novo anúncio com a respiração suspensa, só para ficar em dúvida. Para Eustace Tilley, que assinavasua coluna "*Talk of the Town*", correspondente do *New Yorker*, a situação era de enlouquecer: "A tagarelice idiota do rádio nos seguia a qualquer lugar."[6] As notícias que chegavam eram tão morosas que havia longos períodos, horas e mais, em que nada de novo era difundido. Mas a tensão era tão grande que as pessoas queriam ouvir alguma coisa, por isso os locutores ficavam se repetindo e citando uns aos outros.

Os comentaristas se viam em situação terrível com os nomes de lugares franceses. Eles precisavam de algumas lições de geografia. Suas tentativas de fazer análises militares variavam de enganadoras a tolas. Eles ficavam tagarelando, com quase nada a dizer, exceto que "a coisa estava indo". Falavam sobre tudo, exceto de algo que predominava nas mentes de muitos entre os ouvintes: baixas. Isso era proibido pelo Departamento de Informações de Guerra (OWI).

As omissões do rádio eram causadas primeiro pelo OWI, mas os esquemas de censura do SHAEF contribuíram. O SHAEF recusou-se a liberar as informações que o povo americano mais ansiava por ouvir — quais divisões, regimentos, e grupos de combate, que navios estavam envolvidos na operação. Não haveria nada mais específico na identificação do local dos desembarques do que dizer que se tinham efetuado na "costa francesa". O motivo para esta rigorosa censura era manter viva a *Operação Fortitude*; o preço nos Estados Unidos foi pago em ansiedade intensificada.

O rádio não podia fornecer informações, mas podia fornecer inspiração. Depois da gravação da leitura de Eisenhower da sua ordem do dia, o rei da Noruega falou ao seu povo, seguido pelos primeiros-ministros da Holanda e da Bélgica, em seguida pelo rei da Inglaterra. Todas essas declarações eram repetidas o dia todo.

Escassas como eram, as notícias no rádio não deixavam de ser um conforto. Uma mulher da Califórnia escreveu a Paul White, um locutor da CBS: "São 3:21 aqui na costa do Pacífico. Foi bastante auspicioso ouvir a primeira notícia radiofônica do Dia D ser transmitida pela CBS esta manhã, depois de ter passado todas as minhas noites esperando no rádio durante os últimos dois meses... Seu relatório de Londres, do senhor Murrow, me deu uma sensação de que, embora eu esteja pelo menos a um mundo de distância do meu marido e sozinha, não me sentirei desta maneira enquanto você e o seu pessoal fizerem seu trabalho."[7]

No Dia D, Franklin Roosevelt usou o poder do rádio para unir a nação numa prece. Durante todo o dia, as redes de emissoras difundiram o texto, que foi impresso em edições da tarde dos jornais; às 22 horas, o presidente rezou enquanto os americanos por todo o país se uniram a ele:

"Deus Todo-Poderoso: nossos filhos, orgulho da nossa nação, deram início neste dia a um poderoso esforço...

"Conduza-os na retidão e na verdade; dê-lhes força aos braços, bravura aos corações, firmeza à fé...

"Estes homens foram recentemente tirados dos caminhos da paz. Eles lutam não pelo desejo de conquista. Eles lutam para pôr fim à conquista. Eles lutam para libertar... Eles só anseiam pelo fim da batalha, por seu retorno ao refúgio do lar.

"Alguns nunca voltarão. Acolha-os em Teu seio, Pai, e receba Teus servos heróicos em Teu reino...

"E, oh, Senhor, dai-nos fé. Conceda-nos fé, Senhor; fé em nossos filhos; fé um no outro... Seja feita a Tua vontade, Deus Todo-Poderoso. Amém."[8]

"O que significa o 'D'?", perguntou um passante a Eustace Tilley.

"Ora essa, significa exatamente 'Dia'"*, respondeu corretamente o correspondente do *New Yorker.* Escrevendo sobre o incidente, ele prosseguiu: "O Dia D foi uma experiência ímpar, um momento colossal na história."

Sua caminhada pela cidade levou-o a Times Square, onde uma multidão observava o letreiro elétrico de notícias: E UM CANHÃO ALEMÃO AINDA ESTÁ ATIRANDO, dizia ele. "Ninguém parecia pensar que o canhão alemão fosse insignificante; era solenemente considerado juntamente com outros fragmentos de notícias vindas das cabeças-de-praia." Um repórter do *New York Times* observou que "as pessoas ficavam de pé na calçada perto do meio-fio ou contra as janelas de vidro laminado de lojas e restaurantes em todos os ângulos do pequeno triângulo procurando, sempre procurando apanhar mesmo um vislumbre das notícias da invasão".

Tilley juntou-se a mais ou menos uma centena de cidadãos fora do Teatro Rialto. Os homens estavam "se agrupando e conversando sobre o curso da história nos últimos vinte e cinco anos... Todo mundo esperava sua vez e expunha suas idéias sem levantar a voz mais do que era necessário. A sóbria conversa ainda continuava quando fomos embora".

Ele foi para um dos estúdios da rede de radiodifusão "e achamos os corredores cheios de atores de rádio, todos contrariados pelo cancelamento dos programas de novela".

Pelo rádio, ouvimos mais uma vez a gravação de Eisenhower. "As

---

* A revista *Time* relatou no dia 12 de junho que "até onde o Exército dos Estados Unidos pôde determinar, o primeiro uso de D para Dia e H para Hora foi na Ordem de Operações nº 8, do Primeiro Exército, na 1ª GG, emitida no dia 20 de setembro de 1918, que dizia: "O Primeiro Exército atacará na Hora H no Dia D com o objetivo de forçar a evacuação do saliente de St. Mihiel."

palavras do general Eisenhower estão associadas com a imagem do Dia D, que, pensamos, permanecerá por mais tempo em nossa mente. Lá no Museu Moderno, uma velha senhora, sentada numa cadeira de madeira compensada, estava lendo alto a mensagem do general para várias senhoras idosas que se aglomeravam em torno dela. 'Convoco a todos os que amam a liberdade a permanecer conosco', lia a senhora, numa voz fina, e um calafrio percorria todo o grupo."[9]

A cidade de Nova York no dia 6 de junho de 1944 era um lugar ativo e próspero. Todo mundo tinha trabalho e mais dinheiro do que havia produtos para comprar. Apartamentos eram difíceis, senão impossíveis de achar; as pessoas dobravam e triplicavam os preços. Os bares e cinemas estavam superlotados. A estação de primavera na Broadway foi um grande sucesso, coroado por *Oklahoma!* de Richard Rogers e Oscar Hammerstein, Paul Robeson em *Otelo*, Milton Berle em *Ziegfeld Follies*, e Mary Martin em *Um toque de Vênus* (com música de Kurt Weill, *script* de S.J. Perelman e Ogden Nash, encenada por Elia Kazan, com danças por Agnes de Mille) — aqueles eram os dias.

A Broadway fechou no Dia D. Os atores foram para as cantinas nas portas de trás dos teatros onde executaram algumas cenas de suas peças para os convocados. Apenas uma mesa, "A Mesa do Anjo", estava disponível para não convocados. Ela era reservada "para os civis cujas doações um tanto fartas lhes angariaram o privilégio de admissão à Cantina". As doações iam para as organizações de convocados.[10]

O *New York Daily News* pôs de lado seus artigos de primeira página e em seu lugar imprimiu a Oração do Senhor. O *New York Daily Mirror* eliminou toda a publicidade de suas colunas, a fim de ter espaço para notícias sobre a invasão.

As lojas cerraram as portas. A Macy's fechou ao meio-dia. No entanto, havia uma grande multidão em torno dela, porque a loja instalou um alto-falante que transmitia programas de rádio. Quando um locutor leu um despacho que advertia os americanos contra o regozijo, de acordo com um repórter do *New York Times*, "os rostos daqueles que estavam de pé ouvindo ficaram sombrios e abatidos".

Lord & Taylor sempre mantiveram as portas fechadas. O presidente Walter Hoving disse que estava mandando seus 3.000 empregados para casa rezar. "A loja está fechada", anunciou ele. "A invasão começou. Nosso único pensamento só pode ser para aqueles homens que estão combatendo. Fechamos as portas porque sabemos que nossos empregados e clientes que têm entes queridos na batalha quererão dedicar seu dia às esperanças e orações pela segurança deles."[11]

Os jogos de beisebol e os programas de corridas foram cancelados. Em sua coluna "Sports of the Times", Arthur Daley levantou a questão se todos os eventos esportivos deveriam ser cancelados até que a guerra fosse ganha e decidiu que não. "Assim que o impacto atordoador da invasão tiver diminuído", escreveu ele, "não haverá o mesmo anseio irresistível de colar o ouvido ao rádio para escutar boletins de última hora e a natureza humana novamente exigirá divertimento como um meio de se distrair da guerra — cinema, teatro e todas as outras diversões, inclusive os esportes." Daley disse que ninguém se ressentiria em ver "jovens disputando partidas" enquanto outros morriam, porque todos sabiam que os jogadores de beisebol ou eram homens rejeitados pelo serviço militar ou velhos demais. Todo o time dos *Yankees* no início da temporada de 1941, lembrou ele aos ouvintes, estava de uniforme — militar, não de beisebol. Mas por ruins que fossem as substituições, Daley queria que a temporada "superasse os obstáculos o melhor que pudesse. Acima de tudo, ainda é parte da nossa maneira americana de viver, e esta é uma das coisas pelas quais estamos lutando".[12]

Wall Street prosseguia com os seus negócios. A Bolsa de Nova York exigiu dois minutos de oração silenciosa na abertura, e em seguida entrou em seu ritmo de trabalho. A manchete da edição de 7 de junho do *Wall Street Journal* dizia: IMPACTO DA INVASÃO; O INÍCIO DO FIM DA ECONOMIA DE GUERRA; NOVOS PROBLEMAS PARA A INDÚSTRIA. Isso podia ser caracterizado como pôr as primeiras coisas em primeiro lugar.

O mercado tinha sofrido um caso de "nervosismo de invasão" durante dois meses. De acordo com a revista *Time*, "a Bolsa de Nova York tremia a cada rumor do Dia D. Mas no Dia D, tomando firmemente a sua coragem na mão, a Bolsa: 1) teve o seu dia mais ocupado do ano, movimentando 1.193.080 ações; 2) viu a média industrial Dow-Jones subir para 142,24, um novo pico para 1944". A AT&T, Chrysler, Westinghouse, General Motors, Du Pont e as ações das lojas varejistas, atingiram novos máximos para 1944.[13]

Como sempre, Wall Street estava preocupada com o futuro. Como dizia o *Journal*, "a invasão levantou a cortina sobre a reconversão". Tão logo ficou claro que a invasão tinha sido bem-sucedida, "uma reconversão limitada para a produção civil será possível. Os cancelamentos de contratos aumentarão, liberando mão-de-obra, materiais e instalações para um surto em pequena escala sobre a produção de novos bens para o consumidor. Admitindo que tudo corra como planejado, julga-se que este período dure de dois a quatro meses".[14]

(Em dezembro de 1944, os soldados americanos pagaram por este otimismo exagerado. Os pedidos para fabricação de munição de artilharia foram reduzidos durante o verão; quando a grande contra-ofensiva alemã na Bélgica começou, as baterias americanas estavam sempre com pouca, e algumas até sem munição.)

A seção de finanças do *New York Times* deu um tom patriótico ao seu relatório sobre o dia de Wall Street: "O mercado de ações deu um voto de confiança às forças de invasão aliadas num espalhafato de compras. As emissões sobre os automotores continuaram a atrair a maior demanda especulativa, enquanto outros industriais com altas taxações anteriores à guerra participaram no avanço, que encontrou apoio de todas as seções da nação."[15]

Os nova-iorquinos, mais preocupados com o presente do que com o futuro, compareceram maciçamente ao Departamento de Voluntários da Defesa Civil na Quinta Avenida, e se inscreveram para enrolar ataduras, administrar testes de visão, avaliar cotações para o Departamento de Administração de Preços, e para ajudantes de enfermeiras, atendimento diurno, ajudantes na Cruz Vermelha e outros centros de convocados, as *United Service Organizations*, e as dezenas de trabalhos que os voluntários estavam fazendo através da cidade. Números recordes de doação de sangue.[16]

O prefeito, Fiorello La Guardia, falou aos repórteres em Gracie Mansion às 3:40. Disse ele: "Só podemos esperar por boletins e orar pelo sucesso. É o momento mais emocionante de nossas vidas."[17]

Os editores do *New York Times* tentaram colocar certa perspectiva sobre o Dia D no seu editorial de primeira página para a edição de 7 de junho. "Chegamos à hora para a qual nascemos", escreveram eles. Vamos adiante para enfrentar o supremo teste de nossos braços e de nossas almas, o teste da maturidade da nossa fé em nós mesmos e na humanidade...

"Oramos pelos rapazes que conhecemos e pelos milhões de rapazes desconhecidos que são igualmente uma parte de nós...

"Oramos pelo nosso país...

A causa ora por si mesma, pois ela é a causa de Deus que criou o homem livre e igual."[18]

Ao norte da cidade de Nova York, era o dia da formatura em West Point. Entre os formandos estava o cadete John Eisenhower; entre as famílias reunidas estava a senhora Dwight D. Eisenhower. No dia 3 de junho, de Portsmouth, o general Eisenhower escrevera a Mamie: "Esta nota chegará provavelmente às suas mãos logo depois que você voltar para Washington (de West Point). Não há nada que eu não teria feito para ter estado com você e John no dia 6 de junho, mas *c'est la guerre!*

"Seja como for acho-me tão aprofundado no trabalho que realmente terei sorte de lembrar a data exata de sua formatura."[19]

Mamie veio a ter conhecimento do Dia D por um repórter do *New York Post*, que a acordou com uma chamada telefônica para o seu quarto no Hotel Thayer em West Point.

"A invasão?", Mamie exclamou. "Que me diz sobre a invasão?"

No dia 9 de junho Eisenhower enviou um telegrama a Mamie. Não sendo nunca uma pessoa de exagerar as coisas, escreveu ele: "DEVIDO A PLANOS ANTERIORES FOI-ME IMPOSSÍVEL ESTAR COM VOCÊ E JOHN NA SEGUNDA, MAS PENSEI EM VOCÊS E ESPERO QUE VOCÊ E ELE TENHAM PASSADO BONS MOMENTOS COM A FAMÍLIA. ENVIO-LHE MUITO AMOR COM ESTA NOTA, JÁ QUE O TEMPO NÃO PERMITIU ESCREVER CARTAS RECENTEMENTE E PROVAVELMENTE NÃO O PERMITIRÁ POR ENQUANTO, MAS EU SEI QUE VOCÊ COMPREENDE."

(Segunda-feira foi 5 de junho. Evidentemente Eisenhower se lembrou que John se formara no Dia D, que fora programado para 5 de junho, e misturou as datas.)[20]*

---

* Uma semana depois, o 2º-tenente John Eisenhower juntou-se ao comandante supremo Dwight Eisenhower em Londres (Marshall providenciou isto). Ele permaneceu três semanas antes de ir para a Escola de Infantaria em Fort Benning. As obsessões que John tinha em West Point entraram em jogo imediatamente por ocasião da sua

* * *

Em Nova York e por todo o país, os sinos dobravam. O maior deles era o Liberty Bell, que fora tocado pela última vez no dia 8 de julho de 1835, para o funeral do presidente do Supremo Tribunal, John Marshall. Às 7 horas do Dia D, o prefeito de Filadélfia, Bernard Samuel, bateu no sino com um malho de madeira, enviando seu som por todo o país através da rede de rádio. Em seguida ele fez uma oração.

O impulso para orar era esmagador. Muitas pessoas tiveram as primeiras notícias da invasão quando iniciavam suas rotinas diárias; depois que recuperaram o fôlego, fizeram uma oração silenciosa. Outros ouviram a difusão da notícia em alto-falantes durante seus turnos da noite em linhas de montagem por todo o país. Homens e mulheres fizeram uma pausa sobre suas máquinas, oraram, e retornaram ao trabalho com renovada dedicação.

Através dos Estados Unidos e do Canadá, do Atlântico ao Pacífico, do Ártico à costa do Golfo, os sinos das igrejas tocavam. Não em triunfo ou em celebração, mas como uma solene lembrança da unidade nacional e como um chamado à oração formal. Serviços especiais foram mantidos em todas as igrejas e sinagogas do país. Os bancos das igrejas estavam repletos de devotos.

Em Washington, o general Pershing emitiu uma declaração. O comandante da FEA na Primeira Guerra Mundial disse: "Há vinte e seis anos os soldados americanos, em cooperação com seus aliados, estavam envolvidos em combate mortal com o inimigo alemão... Hoje,

---

chegada a Londres. Caminhando juntamente com o pai no QG do SHAEF, ele perguntou com grande seriedade: "Se encontrarmos um oficial cujo posto está acima do meu e abaixo do do senhor, como lidamos com isso? Devo fazer continência primeiro e quando ele retribuir à minha continência, você retribui à dele?" O comandante supremo riu alto e disse: "John, não há um oficial neste teatro de guerra cujo posto não esteja acima do seu e nem abaixo do meu." (John Eisenhower, *Strictly Personal* [Garden City, N.Y.: Doubleday, 1974], p. 63.)

os filhos dos soldados americanos de 1917-18 estão engajados numa guerra de libertação semelhante.

"É sua tarefa trazer liberdade à povos que foram escravizados. Tenho toda confiança em que eles, juntamente com seus valorosos irmãos em armas, chegarão à vitória."[21]

No Capitólio, os políticos estavam entregues aos seus afazeres. No Dia D, a Casa teve uma votação por 305 contra 35 para dar prosseguimento às cortes marciais do general-de-brigada Walter Short e do contra-almirante Husband Kimmel, a fim de determinar responsabilidade pelo desastre de Pearl Harbor. "É tudo política", confessou um congressista. Os democratas (que se opuseram, mas sentiram que não podiam votar contra a resolução, que haviam retardado durante dois anos) acusaram os republicanos de estar procurando fazer uma questão de ordem num esforço para atrapalhar o presidente Roosevelt. Os republicanos (que patrocinaram a resolução e foram unânimes com respeito a ela) acusaram os democratas de estar tentando retardar quaisquer possíveis revelações até depois da eleição presidencial.[22] Ambas as acusações eram verdadeiras.

No meio da tarde, Roosevelt deu uma entrevista coletiva à imprensa. Mais de 180 repórteres quase lotavam o escritório do chefe do Executivo. De acordo com o repórter do *New York Times*, "eles acharam que o senhor Roosevelt parecia demonstrar certo ar de cansaço em torno dos olhos, mas estava sorrindo. Ele se sentou à sua escrivaninha em mangas de camisa, usando uma gravata-borboleta negra. Fumava um cigarro metido numa piteira de âmbar amarela.

"Como o senhor se sente com respeito ao progresso da invasão?", perguntou um repórter.

"Está de acordo com o programado", retrucou o presidente, e em seguida sorriu.

Ele prosseguiu dizendo que tinha relatórios do general Eisenhower indicando que apenas dois destróieres e um LST haviam sido afundados e que as perdas entre os aviadores eram menos de um por cento.

Outros pontos: o general Eisenhower decidira sozinho a data exata e o lugar. Stálin soubera do plano desde a reunião de Teerã e estava satisfeito com ele. Uma segunda frente, um ano atrás, teria sido impossível devido à falta de homens e de equipamento. A guerra não tinha terminado de modo algum; nem sequer esta operação terminou, e esta não é hora para excesso de confiança.[23]

Depois da conferência, Roosevelt se reuniu com o almirante King e o general Marshall. No seu nível rarefeito, e até então retirados da batalha, eles não podiam dizer ao presidente muito mais do que estavam ouvindo pelo rádio.

Marshall foi detido quando deixava a Sala Oval por um repórter que perguntou se ele passara a noite à sua escrivaninha.

"Não", replicou Marshall. Em seguida sorriu um pouquinho e disse simplesmente: "Já tinha feito meu trabalho antes."[24]

Em Bedford, Virgínia, o jornal local, o *Bulletin*, imprimiu uma oração escrita pela senhora H.M. Lane, da vizinha Altavista: "Querido Pai e Grande Criador de todas as coisas: a beleza que morre mais cedo é a que vive mais tempo. Quem pode deixar de ver a beleza e o sacrifício que nossos bravos rapazes estão fazendo? Pelo fato de eles não se poderem cuidar por um dia, nós os guardaremos para sempre na memória e lhes daremos imortalidade."

Um repórter do *Bulletin* escreveu: "A notícia da invasão trouxe uma sensação de inquietude para centenas de casas do município de Bedford, pois muitas delas têm filhos, maridos e irmãos no Exército, na Inglaterra. A velha Companhia A (do 116º Regimento) esteve em treinamento ali por quase dois anos e provavelmente estava entre as primeiras forças de desembarque, e centenas de outros homens do município de Bedford seriam finalmente lançados no combate, e entre eles algumas baixas podiam ser esperadas." Ele observou que cada igreja na cidade estava lotada para serviços especiais.

Um mês depois, no dia 6 de julho, o *Bulletin* relatou que a "Velha Companhia A" tinha recebido "grandes elogios" por seu papel no Dia D, e prosseguiu: "Até agora não houve relatos de fatalidades, mas por enquanto o governo não emitiu nenhuma lista completa de baixas. Houve considerável inquietação com respeito à sorte dos homens, já que parecia demais esperar que todos eles passassem sãos e salvos pela provação do desembarque e pelo combate subseqüente."

Na edição de 20 de julho, o *Bulletin* relatou que o 116º recebera uma citação presidencial, e registrou a triste notícia de que no dia 19 de julho quatorze famílias em Bedford foram informadas de que seus filhos tinham sido mortos no dia 6 de junho. Haveria mais para vir. Escreveu o editor: "Eles morreram como todos os homens livres devem morrer — valorosos e destemidos. Eles sabiam o que tinham diante de si. Mas não houve debandada ou hesitação, não houve recuo, não houve tentativa de escapar à refrega."[25]

(No cemitério e no monumento americanos na Normandia, a cavaleiro da *praia Omaha*, existem onze filhos de Bedford sepultados com 9.386 outros mortos de guerra da campanha da Normandia. O cemitério é mantido belo e perfeito pela Comissão Americana de Monumentos de Batalha. Nenhum americano consegue visitar o local sem uma onda de orgulho, nem pode nenhum americano reprimir o fluxo de lágrimas. Na capela circular estão inscritas estas palavras: "Pensai não só nas suas passagens. Lembrai a glória dos seus espíritos.")

A histórica catedral de St. Louis, em Nova Orleans, da primeira missa da manhã até a ação de graças na terça-feira à noite, estava cheia. A mãe de um pára-quedista,"meu único filho", orava ao lado de um policial com "dois rapazes lá do outro lado". Uma bonita e jovem noiva se ajoelhava diante de uma estátua de Nossa Senhora do Perpétuo Socorro enquanto num banco vizinho um marinheiro, na pátria de licença, orava.

Os proprietários de lojas de Canal Street tinham feito planos para o Dia D durante três meses; quando ele chegou, fizeram com que seus empregados, em vez de mercadorias, vendessem bônus. A idéia foi assimilada por várias outras cidades. Em Canal Street, música patriótica e apelos para comprar bônus enchiam o ar. Os bônus eram adquiridos num ritmo nunca visto. Uma mulher contou 18,75 dólares em moedas de dez centavos para empregar em bônus. Ela explicou: "Venho economizando este dinheiro para comprar bônus no dia da invasão. Espero que seja um dia que eu possa lembrar com felicidade. Meu marido partiu com as tropas aeroterrestres e esta na Inglaterra há muito tempo esperando por este momento."[26]

Multidões nunca vistas no centro de doadores de sangue da Cruz Vermelha em Carondelet, números recordes de voluntários nas várias agências civis, e numa cidade que lança mão de qualquer desculpa para fazer um desfile, não houve desfile. Explicou o *Times Picayune*: "Nova Orleans estava guardando seus desfiles para o Dia V."

Andrew Higgins lembrou a seus empregados de que havia um longo caminho a percorrer, e não apenas na Europa: "Não deve haver esmorecimento da nossa parte enquanto nossos barcos não tiverem conduzido nossas tropas às costas do Japão."[27]

Em Ottawa, o primeiro-ministro Mackenzie King informou à Câmara dos Comuns que os desembarques estavam progredindo bem. Ele preveniu que havia ainda muito que fazer. O líder da oposição Gordon Graydon disse que não havia divisões de opinião naquele dia. Das fileiras dos membros de língua francesa, Maurice Lalonde ergueu-se para aclamar, em francês, "o histórico fato de que do campanário do tempo soou a hora da libertação da França".

No Dia D, o Canadá, à semelhança dos Estados Unidos, estava unido como nunca antes. Os canadenses franceses e os de língua inglesa tinham iguais interesses na invasão e eram sinceros com respeito ao objetivo. M. Lalonde pediu permissão especial à Câmara: "Pode-se cantar 'A Marselhesa?'" Pela primeira vez na história parlamentar do Canadá todos os membros se uniram cantando "A Marselhesa", seguida por *"God Save the King"*.[28]

Em Columbus, Ohio, o prefeito James Rhodes ordenou que as sirenes antiaéreas e os apitos das fábricas soassem como uma chamada à oração às 7:30 da noite. Toda a cidade parou completamente durante cinco minutos — carros, caminhões e pedestres ficaram imóveis e as pessoas oraram.[29] Em Columbus, como em toda parte, a Cruz Vermelha conseguiu uma doação de sangue sem precedentes, a produção das fábricas aumentou, a falta ao trabalho diminuiu, as igrejas estavam cheias. A Cruz Vermelha divulgou um apelo: "Toda mulher no município de Franklin é convocada a ir imediatamente à unidade de atendimento cirúrgico em sua comunidade", e ficou lotada de voluntários.

A Truck & Equipment Company publicou um anúncio de página inteira no *Columbus Star* com um cabeçalho em que se lia: "Próxima Parada: Berlim", e com um texto sucinto: "Hoje é um dia apropriado para nos perguntarmos: tenho feito o bastante? Se eu encontrasse um homem que estivera na luta, poderia olhá-lo diretamente nos olhos e dizer: fiz a minha parte?"[30]

Em Milwaukee, o centro de doadores de sangue da Cruz Vermelha estava lotado de pessoas esperando para doar. Em Reno, Nevada, as casas de jogo fecharam e apenas dezesseis casais entraram com ação de divórcio, menos de 10 por cento do costumeiro em dia de semana. Em outro lugar, um lado mais feio da vida americana estava se manifestando; em Cincinnati, 450 trabalhadores da Wright Aeronautical Corporation entraram em greve, o que parou a fábrica. O motivo era que sete trabalhadores negros tinham sido transferidos para uma oficina até então equipada inteiramente por mão-de-obra branca. William Green, presidente da Federação Americana do Trabalho (AFL), exortou os trabalhadores americanos a se considerarem parte da força de invasão e a permanecerem em suas atividades "sob quaisquer circunstâncias".[31]

Em Birmingham, Alabama, o *News* relatou que 1.500 mineiros da Steel Republic entraram numa greve selvagem. Os editores do *News* estavam revoltados. Do mesmo modo os funcionários sindicais. "Que se danem os grevistas", disse o presidente da AFL. "Pensar que este grande dia deva encontrar o pessoal da AFL ausentes de seus trabalhos é inconcebível."

Em Marietta, Geórgia, as sirenes da polícia e os sinos das igrejas começaram a soar às 3 horas da manhã. "Muitos cidadãos ficaram histéricos", relatou o *Atlanta Constitution*, quando onda após onda de sirenes se puseram a atordoar seus ouvidos. Os carros da polícia, com as sirenes a todo volume, passavam velozmente pelos bairros residenciais."

O colunista Ralph Jones citou sua mulher, cujas observações, achou ele, eram típicas. O filho deles estava na Inglaterra, possivelmente na Normandia. "Mesmo se isso significasse que eu tinha de morrer", disse a senhora Jones, "eu gostaria de ser parte da invasão.

É a maior, mais importante e mais espetacular ação de toda a história."

Depois de uma pausa, ela prosseguiu: "Não posso estar me preocupando o tempo todo com o jovem Ralph. Se eu o fizesse, ficaria louca. Ele não está em maior perigo do que centenas de milhares de filhos de outras mães."[32]

Em Missoula, Montana, "havia discussão por toda parte, mas a tremenda importância da notícia lançou sobre o espírito da cidade um silêncio que foi definitivamente notável".[33]

No hospital dos veteranos em Helena, um soldado de muletas exclamou: "É isso aí, irmão. Nós os poremos em fuga, agora." Outro gritou do seu leito: "Rapaz, sinceramente, como eu gostaria de estar lá!"

Houve um silêncio na enfermaria. "Sim", disse finalmente o rapaz de muletas, sem entusiasmo. Em seguida acrescentou pensativamente: "Aposto que aquela praia é como o inferno no 4 de Julho."[34]

No Hospital Geral de Lawson, perto de Atlanta, prisioneiros de guerra alemães feridos receberam a notícia com risos sarcásticos e uma atitude de "vocês não perdem por esperar". Um deles disse a um repórter: "O Alto Comando simplesmente deixará os aliados penetrarem algumas milhas e então os arrasará com os milhares de guardas de elite da SS que estão estacionados perto de Paris."[35]

Em Dallas, Texas, o patriotismo estava nas alturas. Às 2:35 um interno de hospital e um motorista de ambulância da cidade ajudaram a senhora Lester Renfrow a dar à luz uma filha. Ela ouviu sirenes passando e perguntou qual era a causa. Ao saber que a invasão havia começado, deu à garotinha o nome de Invasia Mae Renfrow.[36] Em Norfolk, Virgínia, a senhora Randolph Edwards deu à sua filha nascida no 6 de junho o nome de Dee Day Edwards.[37]

No dia 4 de junho, Mollie Panter-Downes relatou em sua "Carta de Londres" para o *New Yorker*: "Todos estão vivendo de um dia comum para o seguinte, à espera do grande, extraordinário dia."

Panter-Downes observou um aumento inexplicável no aluguel de barcos no Tâmisa e uma multidão sem precedentes num jogo de críquete no Lord's. Em seguida, ela se deparou para um fenômeno da guerra na Grã-Bretanha que era sempre irritante e às vezes custoso — a proibição de qualquer notícia sobre o tempo quer nos jornais quer no rádio. Em maio, geadas destruíram as famosas colheitas de morangos e ameixas do vale de Evesham. "Os produtores de frutas lamentavam que o sigilo oficial sobre as condições do tempo não fosse relaxado por uma só vez para lhes dar um aviso que poderia ter ajudado a salvar um pouco da produção."

A perda foi séria para o regime alimentar britânico, agravada por uma seca que prejudicara a colheita de feno, o que significava menos leite. O tempo seria o tópico natural das conversas num *pub* rural que Panter-Downes visitou casualmente, e era o que ela esperava ouvir, mas em vez disso "o único assunto, tanto ali quanto nos clubes e bares de Londres, era a invasão".[38]

No dia 6, Panter-Downes percebeu algo que os outros comentaristas deixaram passar: "Para os ingleses", ela escreveu, "o Dia D poderia bem ter significado Dia de Dunquerque.

"A tremenda notícia de que os soldados britânicos estavam de volta ao solo francês revelou de súbito, exatamente quanto fora doloroso o momento em que eles foram expulsos dali, quatro anos atrás."

Não houve celebração, todavia; longe disso. "A principal impressão que se tinha nas ruas era de que ninguém estava falando... Todo mundo parecia totalmente imerso num preocupado silêncio próprio... Em toda parte, silêncios individuais."

Os negócios estavam extremamente ruins. Os motoristas de táxi diziam que era o seu pior dia em meses. Os teatros e cinemas andavam meio vazios, o que não aconteceu em 1944. Os *pubs* também não se enchiam. Os londrinos ficavam em casa. "Todo mundo parecia sentir que aquela era uma noite em que as pessoas queriam estar com seus próprios pensamentos no seu próprio canto."

Na zona rural, "tudo está diferente agora... cada caminhão na estrada, cada peça de engrenagem nos trilhos, cada jipe e veículo meia-lagarta rumando na direção da frente se tornou uma peça de apaixonado interesse.

"Os fazendeiros que queriam céus cinzentos por causa do seu feno, agora querem céus azuis por causa de seus filhos, que lutavam nos céus e na terra através do Canal." Mulheres que se agrupavam nos cruzamentos dos trens onde as tropas rumavam para a frente de batalha, agiam como se "não soubessem se deviam acenar, dar vivas, ou chorar. Às vezes faziam as três coisas".[39]

O rei Jorge VI se dirigiu à nação, no Dia D, pelo rádio. "Há quatro anos", ele começou, "nossa nação e nosso império permaneciam sozinhos contra um inimigo esmagador, com nossas costas contra a parede... Agora, mais uma vez, um novo teste tem de ser enfrentado. Desta vez o desafio não é lutar para sobreviver, mas lutar para ganhar a vitória final pela boa causa."

O rei sabia que quase todos os seus súditos estavam ouvindo e compreendia que as mães e esposas entre eles mereciam especial interesse. "A rainha se une a mim ao enviar-lhes esta mensagem", disse ele. "Ela bem compreende as ansiedades e o cuidado de nossas mulheres nesta hora e sabe que muitas encontrarão, como ela própria, força e consolação renovadas nesta espera em Deus."

O rei pediu a seus súditos orações. "Neste momento histórico certamente nenhum de nós é ocupado demais, jovem demais ou velho demais para participar numa vigília de oração de âmbito nacional, talvez de âmbito mundial, quando a grande cruzada se inicia."[40]

A Câmara dos Comuns trabalhava normalmente. A primeira questão foi a do senhor Hogg, de Oxford. Ele perguntou ao ministro da Guerra "se ele podia garantir de que todos os postos do Exército tinham sido informados de que, a não ser que a A.F.B. 2626 (nova cédula eleitoral) fosse preenchida, eles não poderiam votar na próxima eleição geral, estivessem ou não no velho registro; e em que quantidade a cédula fora distribuída às unidades".

O ministro da Guerra, senhor John Grigg retrucou, alongando-se por dez minutos, que isso estava sendo feito.

Outro membro queria saber se o primeiro-ministro consideraria a completa restauração da abadia de Monte Cassino como um monumento aos heróis que a haviam capturado, a ser feita a expensas da Alemanha como parte das reparações. O líder do partido trabalhista,

Clement Attlee, membro do Conselho de Coalização de Guerra, retrucou que era "prematuro considerar tais propostas".

O secretário-de-estado para as colônias, coronel Oliver Stanley, levantou-se para lembrar à Câmara que em muitas das colônias "há números consideráveis de pessoas que estão condenadas a viver num péssimo nível de existência. O padrão de vida do povo nas áreas coloniais deve ser melhorado". O senhor Attlee, ao responder a outra pergunta, mudou o assunto para o qual se voltavam as preocupações de pós-guerra das colônias, para a frente doméstica. Ele frisou "a composição e os termos de referência da proposta da Comissão Real sobre o tópico de pagamento igual entre homens e mulheres".

John Grigg fez uma infeliz declaração sobre os homens que haviam estado no ultramar durante cinco anos ou mais: "Muito lamento que devido à escassez de homens possa ser necessário, pelo menos por enquanto, enviar tais homens para o ultramar novamente depois de um período de três meses neste país em vez de seis meses como até agora."

Um membro insistiu com o secretário do Tesouro para que fizesse com que as mulheres da Associação das Limpadoras de Escritórios fossem classificadas como tais e não como faxineiras ou biscateiras, o que suscitava a indignação de 2.400 membros da associação. O secretário retrucou que a palavra "limpadoras" seria usada a partir de então.

Quando o mundano deu lugar ao estúpido na Câmara dos Comuns, a tensão se elevou. Rumores se espalhavam ao redor sobre quando o grande homem apareceria naquele que era o seu maior dia.

Churchill mandou dizer que o esperassem ao meio-dia.

Quando Churchill entrou na Câmara dos Comuns, todos os lugares estavam ocupados, todos os membros se inclinavam para à frente, em expectativa. Eles não estavam tanto esperando (ou mesmo querendo) ser arrebatados pela eloqüência churchilliana quanto estavam ansiosos por toda e qualquer notícia que o primeiro-ministro lhes pudesse trazer.

O mestre brincou com os seus ouvintes. Churchill começou com Roma. Ele estava obviamente se deleitando com seu velho papel de repórter de guerra ("ainda o melhor repórter deste país", escreveu Raymond Daniell no *New York Times*). Churchill se alongou em quinze minutos de detalhes sobre como Roma foi tomada, em seguida passou a fazer uma análise do significado do acontecimento. Foram todas, notícias bem recebidas, da espécie que os primeiros-ministros adoram ficar em posição de dizer aos membros, mas os membros se contorciam no seus bancos. Eles queriam ouvir falar sobre como as coisas estavam funcionando do outro lado do canal.

Finalmente Churchill chegou ao ponto. "Tenho também de anunciar à Câmara que durante a noite e às primeiras horas da manhã uma série de desembarques em grande número realizou-se sobre o continente europeu. Até agora, os comandantes... relataram que tudo está prosseguindo de acordo com o plano. E que plano!

"Os desembarques nas praias estão prosseguindo em vários pontos no presente momento", afirmou. "O fogo das baterias costeiras foi amplamente subjugado. Os obstáculos encontrados no mar não demonstraram ser tão difíceis como se receava."

Ele saiu sob grandes gritos de entusiasmo. Retornou quatro horas depois para acrescentar mais detalhes. "Há muito menos perda do que esperávamos. Os muitos perigos e dificuldades que ontem a esta hora pareciam extremamente formidáveis ficaram para trás.

"Um enorme risco teve de ser corrido com respeito às condições atmosféricas, mas a coragem do general Eisenhower é igual para todas as decisões necessárias que tiveram de ser tomadas nestas questões extremamente difíceis e incontroláveis."

Ele se referiu à operação do major John Howard em Pegasus Bridge e afirmou que as tropas britânicas haviam "aberto o seu caminho à força para a cidade de Caen, nove milhas para o interior".

Churchill gostava de dizer que a primeira baixa da guerra é a verdade. Seu agradável relato caía, às vezes, nesta categoria. Mas ele estava dizendo a verdade quando descreveu que os desembarques aeroterrestres se efetuavam "numa escala muito maior do que tudo o que foi visto até agora no mundo".[41]

Para Edward R. Murrow, em Londres, aquele foi um dia de frustração. A CBS o encarregou de coordenar o trabalho de seus muitos correspondentes e de ler as várias declarações que vinham do SHAEF e de outras fontes. Ele preferia muito mais estar na França. Em adição aos seus pesares, os correspondentes radiofônicos tinham muito pouco para passar para os Estados Unidos. Transmissores móveis não foram instalados na praia ou nos navios. Os repórteres que entraram na praia em embarcações de desembarque, inclusive Bill Downs, Larry LeSueur e Charles Collingwood, não podiam enviar notícias pelo rádio.

Finalmente, nas primeiras horas da madrugada de 7 de junho (23 horas, 6 de junho em Nova York), Murrow conseguiu o que queria. Era uma gravação que tinha sido feita ao alvorecer, bem ao largo da costa francesa, enviada à Londres por um barco pequeno. "Acho que vocês gostarão disto", disse Murrow à Nova York quando à pôs no ar. Era George Hicks da ABC, informando do Ancon. Ele descrevia a formação dos navios, enquanto no fundo se podiam ouvir as trocas de tiro entre as baterias alemãs e os navios de guerra aliados. Aquela radiodifusão, atravessando a estática e pontuada pelos sons da batalha, tornou-se o relato mais amplamente ouvido dos desembarques do Dia D.[42]

Em Paris, o governador militar, general Stulpnagel, emitiu uma proclamação que foi transmitida pela Rádio Francesa: "As tropas alemãs receberam ordens de atirar em qualquer pessoa que for vista cooperando com as forças de invasão aliadas, ou que dê abrigo a soldados aliados, a marinheiros ou a aviadores. Esses franceses serão tratados como bandidos."

O primeiro-ministro Pierre Laval, do governo de Vichy, divulgou pelo rádio um apelo nacional a seus concidadãos para que ignorassem o chamamento de Eisenhower à resistência feita pela BBC: "Com tristeza leio hoje sobre as ordens dadas aos franceses por um general americano... O governo francês toma partido do armistício de 1940 e apela aos franceses para que honrem a sua assinatura. Se tomardes parte no presente combate, a França será mergulhada na guerra civil."

O marechal Pétain solicitou aos franceses que ficassem do lado dos alemães: "Os anglo-saxões puseram o pé no nosso solo. A França está se tornando um campo de batalha. Franceses, não tenteis cometer qualquer ação que possa trazer terríveis represálias. Obedecei às ordens do governo."[43]

Os parisienses ouviram e se mantiveram reservados. O país como um todo estava silencioso. Os franceses entraram em ação, é claro, mas a maioria do povo francês não estava na Resistência. Na Normandia, e em toda parte entre a Normandia e a fronteira alemã, as pessoas estavam apreensivas com respeito à possibilidade de que a sua aldeia ou fazenda ou cidade se tornasse um campo de batalha. Elas mal podiam estar certas quanto a quem ia ganhar; os alemães estavam lá, entre eles, ocupando o seu país, enquanto os aliados eram apenas uma esperança. Eles fizeram o que era sensato, mantiveram-se silenciosos e guardaram seus pensamentos para si.

Nas cidades menores no sul da França, as pessoas eram mais abertas com seus sentimentos. Anthony Brooks do SOE* entrou em Toulouse de madrugada. Ele sabia pelas transmissões da BBC que a hora havia chegado e estava levando a cabo sua operação. Mas apenas ele e outros resistentes sabiam que aquele era o Dia D.

"Assim eu entrei em Toulouse por dentro do mercado e lá estavam todas aquelas casinhas de um só andar e longos trechos com alfaces e cebolas, sendo limpas.

"De repente, quando eu estava passando por uma casa, logo depois do nascer do sol, portinholas foram escancaradas e uma garotinha, suponho que de uns oito anos, completamente nua, gritou no jargão local: 'Eles desembarcaram!'e a libertação da Europa tinha começado."

Brooks foi a uma reunião em Toulouse, onde "levantamos nossos copos para um brinde matinal com vinho branco, porque nunca acreditávamos realmente que a veríamos. Quero dizer a libertação. Eu não podia acreditar, desde que fui lançado de pára-quedas na França em 1942, que veria o Dia D."[44]

Uma famosa expatriada americana, que era residente francesa, pôs no papel as suas sensações e a sua percepção do efeito sobre os alemães. Em 1940, Gertrude Stein tinha fugido de Paris quando os alemães entraram. "Todos eles disseram: 'Parta'", escreveu Stein em 1945, "e eu disse à Alice Toklas: 'Eu não sei — seria terrivelmente desconfortável, e sou meticulosa com a minha comida.' "

Mas elas se foram. Stein e Alice Toklas viviam na aldeia de Belley na divisa entre a Itália e a Suíça. A atitude de Stein era, "Alice podia ouvir o rádio, mas quanto a mim, eu estava aparando as sebes e tentando esquecer a guerra."

É claro que ela não podia. No dia 5 de junho de 1944, ela escreveu:

---

* Serviço de Inteligência Militar, embrião da futura CIA. (N. do R.)

"Roma está tomada; é um prazer e que prazer... e isso afastou um pouco a mente de todos, de seus sentimentos por bombardeios (aliados) na França e sobre os civis mortos... Mas hoje à noite Roma está libertada e todo mundo esqueceu os bombardeios, e para os franceses perdoar e esquecer e esquecer e perdoar é muito fácil, tão fácil quanto o que aí está. Roma foi libertada e isso não é o fim, mas o começo do fim."

Stein saiu andando na manhã de 6 de junho para celebrar. Ela passou por "alguns soldados alemães que disseram muito desoladamente 'como vai', eu naturalmente não disse nada; depois, eu estava sentada com a esposa do prefeito em frente da sua casa, e um soldado alemão passou pela estrada e curvou-se delicadamente para nós e disse 'como vão as senhoras'; eles nunca tinham feito isto antes.

"Bem, hoje é o desembarque e ouvimos Eisenhower dizer que ele estava aqui, que eles estavam aqui, e ontem mesmo um homem nos vendeu dez pacotes de cigarros Camel, glória seja, e estamos cantando glória, aleluia, e nos sentindo em muito boa disposição de espírito, e todo mundo vem nos enviando mensagens de congratulação pelo meu aniversário que não é, mas sabemos o que eles querem dizer. E eu disse em resposta que esperava que seus cabelos estivessem com lindos caracóis, e todos nós esperamos que estejam, e hoje é o Dia D."[45]*

Em Roma ainda estavam celebrando quando a notícia chegou. A celebração passou a tomar proporções maiores. Daniel Lang em sua "Carta de Roma" relatou ao *New Yorker* que os italianos estavam extasiados. "Eles amam o vencedor um pouquinho mais do que o resto do mundo", e estavam "nas ruas aos milhares, apinhando a praça em que Mussolini costumava encenar seus vigorosos comícios. Eles davam vivas e aplaudiam como se estivessem assistindo à melhor ópera de

---

* Stein publicou suas memórias da guerra no outono de 1945. Ela foi libertada no outono de 1944 por dois soldados da 47ª Divisão de Infantaria. "Estávamos agitados", escreveu ela. "Como falamos naquela noite! Eles trouxeram a América para nós, cada pedaço dela. Eles vieram do Colorado, adorável Colorado, eu não conheço o Colorado mas esta é a maneira como eu me sentia com respeito àquele adorável Colorado... Eles me pediram para acompanhá-los a Voiron para transmitir com eles para a América, e eu vou, e a guerra terminou e esta é certamente a última guerra de que se deve ter lembrança."

suas vidas. Eles gritavam qualquer palavra em inglês que sabiam. Um velho entusiasmo gritava 'Weekend! Weekend!' repetidas vezes. Muitos tinham buquês de flores enormes, dos quais eles arrancavam pequenos punhados para jogar nos soldados, nos jipes e nos caminhões, ou nos motoristas dos carros de combate. Dezenas de pessoas estavam acenando bandeiras britânicas, francesas e americanas. Onde elas tinham estado escondidas, só os italianos sabiam."[46]

Em Amsterdam, Anne Frank ouviu a notícia pelo rádio em seu esconderijo no sótão. " 'Este é o Dia D', veio o anúncio pelo noticiário inglês", anotou ela em seu diário. "Este é *o* dia." Ela continuou: "A invasão começou! Os ingleses deram a notícia... Discutimos isso durante o café da manhã às nove horas. Será este apenas um desembarque de experiência como em Dieppe dois anos atrás?" Mas durante todo o dia, confirmações de que aquele era realmente o esperado continuavam a vir pelo rádio.

"Grande comoção no 'Anexo Secreto'", escreveu Anne. "Ainda parece maravilhoso demais, como um conto de fada. Poderíamos contar com a vitória neste ano de 1944? Ainda não sabemos, mas a esperança está reanimada dentro de nós; ela nos dá renovada coragem e nos torna fortes novamente... Agora mais do que nunca devemos cerrar os dentes e não gritar. A França, a Rússia, a Itália e até a Alemanha podem dar vazão à sua mágoa, mas nós ainda não temos o direito de fazê-lo!

"A melhor parte da invasão é da sensação que tenho de que os amigos estão se aproximando. Estivemos oprimidos por esses terríveis alemães durante tanto tempo, eles têm as suas facas tão perto de nossas gargantas, que o pensamento nos amigos e na libertação nos enche de confiança!

"Agora a coisa não diz mais respeito só aos judeus; diz respeito à Holanda e a toda a Europa ocupada. Talvez, diz Margot, eu ainda possa ter condições de voltar para a escola em setembro ou outubro."[47]

Em Moscou as multidões estavam alegres. O povo literalmente dançava nas ruas, relatou o *Time*, e o seu correspondente afirmava que:

"Esta é a mais feliz das capitais." No saguão do Hotel Metrópole, um moscovita extasiado lançou os braços em torno do correspondente e exclamou: "Nós os amamos, americanos. Nós os amamos, nós os amamos. Vocês são nossos verdadeiros amigos."[48]

Os restaurantes estavam lotados em Moscou na noite do dia 6 de junho, com pessoas celebrando — russos dançando com diplomatas britânicos e americanos e repórteres. Alexandre Werth estava nessa reunião quando "um grupo de diplomatas e jornalistas japoneses entrou e se comportou e dançou de modo ostensivo e provocador e quase foram surrados por alguns americanos".

O *Pravda* deu quatro colunas à notícia da invasão com uma grande fotografia de Eisenhower, mas sem nenhum comentário sobre o significado — os editores tiveram de esperar que Stálin desse a sua diretriz. Por uma semana, o ditador não falou sobre a realização dessa segunda frente, a qual há tanto tempo vinha pleiteando. Quando ele o fez, foi generoso e direto: "Este é incontestavelmente um brilhante sucesso para nossos aliados. Deve-se admitir que a história das guerras não tem conhecimento de um empreendimento comparável a este por sua amplitude de concepção, grandeza de escala, e maestria de execução." Ele salientou que o "Invencível Napoleão" não conseguiu cruzar o canal, nem "Hitler, o histérico".

"Somente as tropas britânicas e os americanos conseguiram forçar o canal. A história registrará esta ação como um empreendimento da mais alta ordem." Depois desta declaração, o *Pravda* manifestou seu entusiasmo pelo empreendimento.[49]

Em Berlim, as pessoas cumpriam sua rotina silenciosamente. Poucos falavam da invasão, embora o rádio estivesse cheio de anúncios. A linha de propaganda nazista consistia em "graças a Deus, a intensa tensão da guerra de nervos acabou". Mas o correspondente do *Times* em Estocolmo relatou que "a extensão do primeiro golpe do general Eisenhower causou uma profunda impressão no público em geral em Berlim, especialmente quando o porta-voz alemão enfatiza a sua magnitude e de uma maneira desconcertante acrescenta que ainda não é certo se esta é a principal força de invasão".

Principalmente, porém, as rádios nazistas começaram a trabalhar para convencer as pessoas de que era necessário lutar contra os britânicos e os americanos na França, a fim de salvar a Alemanha do horror de uma ocupação do Exército Vermelho. Num estado totalitário era impossível dizer quantas pessoas, além de Hitler e de seus sequazes, acreditavam nesta lógica.[50]

27. "Recheados de Quinquilharias"

A Abertura Britânica Põe-se em Marcha

O tenente George Honour, da Reserva da Marinha Real, era o patrão do X23, um submarino de bolso de sete metros de comprimento com uma tripulação de quatro homens. Juntamente com o patrão do X20, Honour tinha uma visão singular da invasão. Ao amanhecer, ele estava ancorado a alguns quilômetros ao largo de Ouistreham (*praia Sword*); o X20 estava ao largo de *Juno*. Os submarinos permaneciam entre os invasores e os defensores em águas neutras.

O X23 e o X20 lá ficavam por causa das exigências dos carros de combate flutuantes. Havia apenas estreitas faixas onde os que liderariam a invasão podiam ter acesso às praias; os submarinos serviriam como seus guias, de modo que eles pudessem desembarcar bem no alvo.

Os carros britânicos, Churchill e Sherman, eram equipados para uma variedade de tarefas. Havia os chamados "malhadores", com tambores na frente, conduzindo correntes que batiam no solo quando os tambores giravam (acionados por pequenos motores) e detonavam as minas à sua frente, com segurança. Alguns conduziam destroços para tapar fossos anti-carro ou de drenagem, outros conduziam pontes móveis para cruzar fossos maiores. Para acomodar parte do equipamento especial, os canhões de 75 mm foram substituídos por pequenos morteiros de cano curto. Estes morteiros podiam arremessar vinte e cinco libras de cargas de alto poder explosivo a curta distância, menos de cinqüenta metros, abrir buracos em muralhas de cimento e barreiras. Outros puxavam trailers com 400 galões de combustível, que podiam atirar um jato de chama de alta pressão a uma distância de cem metros.

O capitão Hammerton da 79ª Divisão Blindada fora apresentado aos "Pândegos de Hobart" por seu inventor, general Percy Hobart, na área de treinamento de Oxford, em East Anglia. "O general Hobart reuniu todo mundo em redor e disse: 'Tenho uma notícia para vocês. Vocês souberam do Lord Mares Show', e o coração de todo mundo parou de bater, 'e vocês têm conhecimento das pessoas que vieram depois limpar a sujeira. Bem, o seu trabalho vai ser exatamente o oposto. Vocês vão na frente para limpar a sujeira. Vão ser os abridores de caminho.'"

Hammerton prosseguiu: "Eles estavam fazendo experiências com malhadores, cobras, escorpiões, e todo e qualquer estranho conjunto de coisas. Eles têm arados em forma de chifre de boi que se ajustavam à frente dos Churchills e lavravam enormes sulcos, com a intenção de virar todas as minas para o lado. A cobra era um tubo flexível e a serpente um tubo rígido. A cobra era disparada de um canhão com arpão, a seguir enchida com nitroglicerina por meio de bomba. A serpente era empurrada pelo carro de combate, recheada de alto explosivo. E, ao detonar, fazia explodir as minas."[1]

Os carros com morteiros de cano curto tinham uma multiplicidade de alças extras soldadas na carroçaria, com pesadas cordas de reboque fixadas ao lado; o propósito era arrastar obstáculos do caminho ou remover veículos desmantelados. Eram, chamados Mk. VIII AVREs, e tinham uma plataforma para acondicionar equipamento extra.

O major Kenneth Ferguson, da 3ª Divisão, comandou um esquadrão de assalto de "Pândegos de Hobart" à *praia Sword*. Ele recordou o embarque num LCT. Sua unidade continha dois carros de combate malhadores, um que conduzia uma ponte de metal de 10 metros dobrada pela metade e que se abria à frente do carro, e um outro que conduzia tapetes de toros — dois tambores (quase tão grandes como o próprio carro) presos à frente, um sobre o outro, que podiam formar uma esteira sobre a areia. Os malhadores iriam primeiro, depois a ponte para proporcionar uma passagem para transpor a muralha marítima, fazendo em seguida o estendedor de tapete uma superfície transitável para os carros de combate que os precederiam na entrada, ficariam na linha da água, e destruiriam as posições fortificadas.

Quando Ferguson terminou a supervisão do embarque de seus "Pândegos", um dos marinheiros exclamou: "Oh, senhor, veja, o senhor esqueceu o piano!"

Ferguson queria mobilidade pessoal logo que chegasse a terra, de modo que levou uma moto e uma bicicleta no topo do seu veículo.[2] Milhares de britânicos levaram bicicletas; não há registro de qualquer americano fazendo a mesma coisa (embora um comandante da 101ª tentasse, mas seus homens as lançaram no Canal).

O capitão Cyril James Hendry comandava uma tropa de "Pândegos". Durante a travessia, o patrão do LCT disse-lhe: "Sua ponte está se comportando como uma vela, não pode abaixá-la um pouco?" Hendry dobrou a ponte de modo que o extremo oposto ficasse sobre o carro de combate da frente, o que ajudou.[3]

Os britânicos contavam muito com estes blindados especializados para ajudá-los a descer em terra e romper as primeiras linhas de defesa. Eles ficaram um tanto resentidos pela recusa americana em usar suas invenções (com exceção do conceito do carro de combate flutuante, que os britânicos insistiam que os americanos deitaram a perder lançando-os de muito longe da costa). Alguns oficiais britânicos conjeturavam se não havia um toque de orgulho ferido de permeio. Na sua opinião seria uma boa idéia se os ianques utilizassem cérebros britânicos para guiar a força muscular dos americanos, mas os americanos haviam insistido que fariam o trabalho com o seu próprio equipamento.

Em *Utah*, os americanos estiveram certos. Embora pudessem ter usado carros malhadores, no cômputo geral as unidades blindadas ali se saíram bem. Não tão desajeitados ou lentos como os sobrecarregados carros de combate britânicos especializados, eles se lançaram para o interior e participaram de ações importantes, no processo de levar a cabo a maioria dos objetivos do Dia D em *Utah*.

Em *Omaha*, os carros de combate britânicos especializados não teriam tido função alguma em superar o primeiro problema: transpor a zona de cascalhos. De todas as praias, somente *Omaha* tinha cascalhos tão altos e tão escorregadios, o que tornava impossível a travessia de carros de combate. Uma vez que algumas fendas fossem abertas, os carros americanos poderiam ter feito bom uso de alguns dos dispositivos britânicos, especialmente as faxinas e o equipamento pesado de ponte. Mas os ianques tinham *bulldozers* para esse trabalho, que foi concluído em tempo para que alguns carros chegassem ao platô antes do escurecer.

Seria uma generalização excessiva dizer que os britânicos queriam travar a Segunda Guerra Mundial com brinquedos, técnicas e espionagem, e não com homens — pensar mais do que combater os alemães; e que os americanos queriam travar combates em encontros corpo-a-corpo com a Wehrmacht. Todavia, muitas pessoas, de ambos os países, sentiam que tais generalizações tinham seu valor. Ligado a esse sentimento estava a impressão britânica de que os americanos sofriam baixas desnecessárias por causa da sua mentalidade agressiva; e a impressão americana era de que os britânicos iam sofrer baixas desnecessárias por causa da sua cautela e de que a recusa em atacar o inimigo sem levar em conta as perdas ia prolongar a guerra.

Fosse qual fosse a medida de verdade nessas percepções amplamente adotadas, é certo que no Dia D os britânicos usaram muito mais engenhocas do que os americanos, começando com o X23 e o X20.

"Nós estávamos completamente abarrotados de brinquedos", relembrou o tenente Honour do X23. O submarino tinha um motor a diesel e um elétrico, dois beliches, um banheiro (a escotilha de escapamento), um fogão, equipamento eletrônico para enviar sinais, garrafas de oxigênio (tiradas de aviões da Luftwaffe abatidos sobre a Inglaterra, porque elas eram as mais leves disponíveis na Inglaterra), e mais.

"Assim dispúnhamos de todas essas quinquilharias", insistiu Honour, "e o pior era o maldito do mastro." Tinha 5,40 metros de comprimento e precisava ser amarrado a suportes especiais no casco do submarino. "Dobrava-se deploravelmente", queixou-se Honour.

O codinome para esta operação era *Gambit*. Honour não era um jogador de xadrez; ele procurou a palavra no dicionário e ficou um pouco chateado com o "sacrificar os peões de abertura".

O *Gambit* exigia um tipo especial de homem. Todos no submarino tinham de ser capazes de fazer qualquer trabalho: manejar toda a maquinaria e todo o equipamento eletrônico, navegar, mergulhar e muito mais. Eles também tinham de ser capazes de manobrar, sem perda de eficácia, encerrados num barco fechado pouco maior do que uma canoa durante quarenta horas ou mais. Alguns voluntários chegaram à conclusão, em suas tentativas, de que não podiam completar nem uma hora. "Deixem-me sair!", gritou um homem depois de quarenta e cinco minutos.

Com cinco homens a bordo (o extra era um marinheiro que ia para a praia em uma balsa de borracha, ancorar, e instalar um marcador final para os carros flutuantes), o X23 e o X20 partiram às 18 horas na noite de sexta-feira, 2 de junho. Duas traineiras os escoltaram até além da ilha de Wight. Naquele ponto eles mergulharam e foram para seus destinos, o X23 em *Sword*, o X20 em *Juno*.

Na manhã de domingo, 4 de junho, pouco antes da madrugada, o X23 subiu para tomar ar. "E nós o atingimos bem na mosca. Estávamos exatamente onde era previsto estarmos. Demos uma olhada rápida para o que se passava ao redor." Para surpresa de Honour, os alemães tinham uma luz acesa para assinalar a entrada do rio Orne. Quando a madrugada começou a romper, ele colocou-se à profundidade de periscópio e verificou as torres das igrejas e outros pontos de referência para se certificar duplamente de que estava no alvo. "Havia lá uma vaca pastando na costa", lembrou Honour. Ele levou o submarino até o fundo do Canal, soltou a âncora e esperou.

Ao meio-dia de domingo, Honour voltou à profundidade de periscópio para ver o que estava se passando. "Havia caminhões carregados de alemães que desciam para a praia e jogavam bola e nadavam. Estavam em seus lazeres de domingo, descendo de caminhões carregados, divertindo-se a valer. Nós estávamos dizendo: 'Quão pouco eles sabem.'"

De volta ao fundo para mais espera. Para cima de novo à meia-noite, com o rádio ligado para mensagens codificadas. Veio uma, às claras da ilha de Wight, para X23 e X20: "Sua tia está andando de bicicleta hoje." Isso significava que a invasão fora adiada por um dia. De volta ao fundo para vinte e quatro horas de espera adicional.

Estava frio, úmido, abafado e apertado dentro do submarino. Honour e sua tripulação brincaram com o giroscópio para ter algo a fazer. Eles se preocupavam com o oxigênio; ninguém sabia por quanto tempo ia durar o ar das garrafas. Os homens jogavam pôquer. Tentaram dormir, em turnos nos dois beliches. Não podiam fumar cigarros, uma verdadeira privação; o giroscópio estava fixo, não havia nada para distrair.

"Não gostamos daquele intervalo de 24 horas", declarou Honour. "Não sabíamos como estávamos de oxigênio. Se as garrafas estavam meio vazias ou quase vazias."

Quando os submarinos subiram à superfície à meia-noite de 5 para 6 de junho, não houve mensagem de adiamento. Após recarregar as baterias, de volta para o fundo. Às 5 horas do Dia D, de volta à superfície, balançando na âncora. O tempo estava péssimo. O vento no Canal erguia ondas de um a três metros. Não havia possibilidade alguma de lançar o barco de borracha. Havia certa dúvida se eles poderiam montar devidamente o mastro. As vagas rebentavam sobre o submarino. A íngreme superfície estava escorregadia. O convés estava balançando e escorregadio. Aqueles que estavam embaixo passavam para cima ferramentas e equipamentos: "Que diabo é isto?" os de cima perguntavam.

O X23 concluiu o trabalho cerca de 5:20 e começou imediatamente a enviar sinais de rádio e a piscar a luz verde do topo do mastro. Verde significava que estavam no posto; vermelho teria significado que não estavam. Eles ligaram o rádio debaixo do barco. Honour o descreveu como "uma coisa medonha emitindo o som 'ping' sob a água. O som 'ping' podia ser rastreado pelo sonar, o que daria a posição exata deles".

O dia estava clareando. O tenente Honour deu uma olhada no mar "e gradualmente à distância você podia distinguir os navios maiores e em seguida os menores, os destróieres, e logo o se desencadeou um barulho infernal". Sobre o X23 voavam granadas de 14 polegadas dos encouraçados, as de 5 polegadas dos destróieres. Na costa, os bombardeiros e os caças estavam atingindo a praia. "Eu me mantinha tranqüilamente, observando tudo isso", disse Honour, "quando subitamente meu boné foi arrebatado por um daqueles LCT(R) que atirava cerca de 1.000 foguetes."

Em seguida vieram os carros de combate flutuantes, "esses pobres e miseráveis", como os chamava Honour. Eles acabavam de sair dos LCT. "Tinham duas hélices e se puseram em marcha alinhados com a costa."

Um carro de combate começou a rodar e rodar. Aparentemente, se transformara em um parafuso. Começou a fazer água, e lá se foi para o fundo. "Os rapazes subiram", disse Honour. "Eles saíram exatamente como de um submarino, pela escotilha."

Os carros restantes rumaram para a costa. "Ao passarem por nós", observou Honour, "lhes demos vivas e eles nos deram vivas. Nosso trabalho, então, estava feito."

As ordens de Honour eram encontrar-se com a sua traineira e retornar à Inglaterra. Temeroso de que seu pequeno submarino pudesse ser despedaçado por um LCT ou um LCM, ele amarrou um grande lençol branco ao mastro e veio à superfície na direção da área de transporte.

"Até onde os olhos podiam alcançar, você via as embarcações de desembarque, quer as pequenas quer as que traziam carros de combate, e soldados desembarcando rumo à terra. E os navios de desembarque maiores, e as pequenas embarcações sendo arriadas e deixando os costados, todo mundo se dirigindo para a costa. Era uma colméia de atividades em todas as direções para onde você olhasse."

Honour voltou à Inglaterra e foi participar de outras aventuras na guerra. Indagado quarenta e sete anos depois se chegara a descobrir quanto oxigênio restava, ele retrucou: "Não, nunca chegamos a saber. Não nos importamos muito."[4]

Graças ao X20 e ao X23, os carros flutuantes chegaram aos locais certos. Mas eles eram lentos demais, muito desajeitados para combater os efeitos combinados do vento, das vagas e da corrente marítima. Estavam programados para atingir a praia em primeiro lugar com o fito de desencadear imediatamente fogos de neutralização, mas como se moviam com lentidão no sentido da praia, os LCT que carregavam os carros de combate começaram a ultrapassá-los. "Eles estavam meio parados", lembrou o major Kenneth Ferguson. Quando o seu LCT ultrapassou — os carros de combate flutuantes, "compreendi que eles não iam chegar lá."[5]

"Lá" era uma extensão de trinta quilômetros de praia arenosa que se estendia de Ouistreham na embocadura do rio Orne a Arromanches, onde havia um pequeno porto de pesca. Aqui e ali um rochedo sobressaía no mar, entre Luc-sur-Mer e Lion-sur-Mer havia uma extensão de mais ou menos um quilômetro onde o rochedo era escarpado e tinha 10 metros de altura, claramente inadequado para uma invasão. Mas a maior parte do restante era apropriado até o leste de Arromanches, onde o planalto se erguia e os rochedos desciam diretamente para o mar, a uma altura de trinta metros. Os alemães haviam colocado uma instalação de radar no cimo do rochedo, mas os bombardeiros aliados o tinham posto fora de ação em maio.

A oeste da abertura no pequenino porto de Arromanches os rochedos novamente ficavam escarpados e se estendiam por outros doze quilômetros até *Fox Red*, à margem oriental da *praia Omaha*.

As praias de *Gold, Juno* e *Sword* eram semelhantes a *Utah* no fato de que todas tinham uma elevação gradual e quase imperceptível para o interior. Em todos os quatro casos não havia solo elevado ao pé da praia que permitisse alguém atirar diretamente neles.

Mas as praias britânicas diferiam de *Utah* de várias maneiras. Elas tinham muito mais construções, com balneários e casas de veraneio na costa. A infantaria britânica tinha que enfrentar o inimigo em combates rua a rua. As praias britânicas não eram tão inundáveis como *Utah*, e os britânicos tinham um sistema rodoviário mais extenso à disposição. E um objetivo maior, de acordo com o general Montgomery, a mais importante de todas as missões do Dia D — capturar Caen.

Caen era uma cidade de importância decisiva para os alemães, muito mais do que Carentan ou Bayeux. Caen abria o caminho direto para Paris. Os alemães com certeza despachariam com prontidão reforços blindados para Caen tão logo fosse possível; Montgomery queria ocupar a cidade aproveitando o choque inicial e a surpresa. Ele queria chegar a Caen antes que os alemães pusessem seus blindados lá. Os aviadores também estavam avançando para Caen; eles queriam estabelecer uma base avançada no bem desenvolvido campo de pouso a oeste de Caen, e desejavam começar no Dia D.

Seis semanas se passaram antes que estes objetivos fossem alcançados, e isso só aconteceu porque os americanos romperam o flanco ocidental e estavam ameaçando envolver Caen. Montgomery afirmou posteriormente que sempre havia sido sua intenção manter seu flanco esquerdo em Caen e atacar à direita (em St.-Lô). Há uma controvérsia histórica demasiado longa sobre a afirmação. Geralmente costuma irromper em meio à questões nacionalistas: a maioria dos historiadores britânicos apóia Monty; todos os historiadores americanos dizem que a afirmação de Monty era falsa, um subterfúgio. Não é necessário entrar nos detalhes, sobre os quais já se escreveu demais. Não se pode entrar no coração de Montgomery para ver o que ele realmente pretendia. É possível observar suas ações. Sabemos o que disse a outras pessoas.

O que Montgomery disse foi que Caen era decisiva e que ele a teria pelo fim do Dia D.

Para chegar a Caen, os britânicos realizaram seu maior comprometimento. A 6ª Divisão Aeroterrestre desembarcou à leste do rio Orne, a fim de evitar que os blindados alemães chegassem a Caen. O *Ox and Bucks* de John Howard havia desembarcado em Pegasus Bridge para abrir as encruzilhadas para a investida pelo interior, sobre Caen. As tropas de *Comandos* foram postas em operação.

O historiador oficial britânico concluiu depois que os objetivos do Dia D eram "talvez ambiciosos demais, a saber: a captura de Bayeux e a estrada para Caen, a própria tomada de Caen e a salvaguarda do flanco esquerdo aliado com uma cabeça-de-ponte a leste do Orne... Caen fica a oito milhas da costa... E Bayeux, seis ou sete. Não havia possibilidades de tomá-las naquele dia a não ser que a progressão fosse feita o mais rapidamente possível."[6]

Montgomery prometeu que os britânicos avançariam à toda pressa. Na instrução final, em St. Paul no dia 15 de maio, ele dissera que chegaria "bem no interior" no Dia D e "entraria em ação e forçaria a batalha a pender para o nosso lado". Ele afirmou que lhe era possível chegar a Falaise, cinqüenta quilômetros no interior, no primeiro dia. Ele pretendia enviar colunas blindadas rapidamente na direção de Caen, pois "isto transtornará os planos do inimigo e tenderá a mantê-lo à distância enquanto nos fortalecemos. Devemos ganhar espaço rapidamente e estabelecer nossos limites bem no interior". Garantiu que tencionava tomar Caen no primeiro dia, romper as linhas inimigas e dirigir-se pela costa na direção do rio Sena.[7]

Estes eram pesados compromissos. Para cumprí-los seriam necessários confiança e otimismo. Otimismo, especialmente, estava em alta. No final de maio o serviço de informações relatou a presença da 21ª Divisão *Panzer* em torno de Caen, com um regimento em cada lado do Orne. O QG de Montgomery decidiu não passar a informação às tropas (John Howard e seus homens não foram informados, nem receberam armas anti-carro adequadas).

Não só o quartel-general britânico suprimiu a informação que podia ter sido inestimável para homens que iam para a batalha com medo de enfraquecer o seu moral — sombras da Primeira Guerra Mundial —, como não fez nenhum uso positivo das acuradas informações sobre a posição da 21ª *Panzer*. O historiador oficial do serviço de informações britânicos na Segunda Guerra Mundial escreveu: "Não havia indicação na evidência existente de que ela (a informação) sugerisse qualquer consideração da necessidade de rever e fortalecer os planos britânicos para a captura de Caen... Apesar das fortes advertências feitas pelas autoridades do serviço de inteligência, eles prosseguiram sem contar com a possibilidade de que a 21ª *Panzer* poderia estar posicionada em larga frente em torno de Caen."[8]

A razão apresentada consistiu em que era tarde demais para mudar os planos. Mas durante esses mesmos dias finais, a 82ª Divisão Aeroterrestre dos Estados Unidos mudou suas zonas de lançamento com base na última informação sobre as posições alemãs no Cotentin.

O serviço de informações britânico obteve informação semelhante em setembro de 1944, logo antes dos desembarques aeroterrestre em Arnhem na Operação *Market Garden*, e novamente foi frustrado quando Montgomery se recusou a usar a informação. Os britânicos eram excepcionais em colher informação secreta, ruins em fazer uso dela.

Os obstáculos nas praias britânicas eram semelhantes aos de *Utah*. As defesas do interior variavam muito porque o campo de batalha era muito diferente. Em *Gold, Juno* e *Sword*, depois que os homens e veículos transpuseram a muralha marítima e os fossos anti-carro, encontram ruas pavimentadas nas aldeias. Depois de dois ou três quarteirões, já estavam nos campos de trigo. Amplos campos — o terreno entre Ouistreham e Caen é plano e principalmente livre de cercas vivas.

Para evitar que os britânicos irrompessem no campo aberto, os alemães haviam construído algumas formidáveis defesas. Em Riva Bella, uma aldeia a oeste de Ouistreham, havia um embasamento que tinha vinte e duas peças de todos os tipos, incluindo doze canhões de 155 mm. Em Houlgate, cerca de dez quilômetros do flanco esquerdo de *Sword*, havia uma bateria com seis canhões de 155 mm. Mesmo mais perto, em Merville, havia quatro canhões de 75 mm. Em Longues, a meio caminho entre as praias *Omaha* e *Gold*, a bateria alemã consistia de 4 canhões tchecos de 155 mm, em posição à cerca de um quilômetro da costa, com um posto de observação de concreto armado reforçado com aço, diretamente na margem do rochedo (e podia comunicar-se com as baterias por meio de linha telefônica subterrânea).

Espalhados ao longo da praia havia extensas posições, contendo canhões 75mm e 88mm, morteiros e metralhadoras. Como sempre, as seteiras se abriam ao longo da praia, não voltadas para o mar, e o concreto era sobremaneira espesso e reforçado para se tornar vulnerável até mesmo as granadas navais de maior calibre. Essas posições tinham de ser tomadas pela infantaria. Nas dunas, os alemães tinham alguns *Tobruks*, mas bem menos que em *Omaha*; as trincheiras, também, não eram tão extensas.

O comandante da 716ª Divisão de Infantaria alemã era o general-de-divisão Wilhelm Richter. Responsável pela defesa das praias britânicas, ele estava pessimista quanto às chances de resistir a uma invasão de sérias proporções. Mais de um terço de seus homens eram dos batalhões *Ost*, principalmente da Geórgia soviética e da Rússia. Um oficial general do Estado-Maior observou num relatório de maio: "Estávamos perguntando insistentemente se esperavam que os russos lutassem na França pela Alemanha contra os americanos."[9]

Os pontos fortes de Richter e os ninhos de resistência estavam distantes 800 metros um dos outros, em alguns lugares a mais de um quilômetro. Richter comentou que eles estavam enfileirados ao longo da praia como um cordão de pérolas. Não havia profundidade de espécie alguma para a posição. Para reforços, Richter tinha de confiar na 21ª *Panzer*, a doze quilômetros de distância e paralisada pelas ordens de Hitler, ou na 12ª Divisão *Panzer* que tinha um regimento ao norte de Caen, cerca de vinte quilômetros distante.

O ataque britânico à 716ª Divisão do general Richter começou logo depois da meia-noite com uma incursão de bombardeio ao longo da costa. Nesta parte da costa de Calvados, a população era consideravelmente mais densa do que em *Omaha* e em *Utah*, e os civis franceses sofreram terrivelmente. Mlle. Genget, que morava à beira-mar na aldeia de St.-Côme-de-Fresne, na ponta ocidental da invasão britânica, mantinha um diário: "Acordados esta manhã à uma hora por um bombardeio distante, nós nos vestimos... Ouvimos os grandes bombardeiros chegando e passando constantemente sobre nossas cabeças." Ela e seus pais ficaram no canto onde as paredes eram mais grossas.

De madrugada, "subitamente um grande canhão é disparado do mar e os pequenos canhões dos *boches* estavam respondendo... Tudo na casa — portas, janelas e até o sótão — parecia estar dançando. Tínhamos a impressão de que todas as coisas estavam caindo no quintal. Não nos estávamos sentindo muito corajosos!"[10]

Mme. d'Anselm morava em Asnelles, uma aldeia fora da *praia Gold*. Os alemães tinham uma plataforma de canhão no fundo do seu jardim. Mme. d'Anselm tinha sete filhos. Ela havia cavado uma trincheira no jardim, "grande o bastante para abrigar a nós oito e mais alguns", assegurou.

Quando o bombardeio começou, Mme. d'Anselm aprestou-se em meter sua pequena tropa na trincheira. Eles ficaram ali até a madrugada. Um dos garotos aproveitou a oportunidade de um intervalo de calma no bombardeio para subir no muro do jardim e espiar o que estava acontecendo.

"Mamãe, mamãe!", gritou ele. "Olhe — o mar — está preto de navios!"[11]

28. “Tudo Estava Bem Ordenado”

A 50ª Divisão na Praia Gold

Os homens da Equipe de Demolição Submarina (EDS) e os Engenheiros Reais começaram a descer na *praia Gold* às 7:35, seguidos imediatamente pela primeira leva de LCT conduzindo carros-de-combate e LCA que traziam para a praia tropas de infantaria de assalto. Isso foi uma hora mais tarde que o desembarque americano porque a maré se deslocava do oeste para leste e a baixa-mar chegou depois nas praias britânicas. Mas o vento em *Gold* estava vindo quase diretamente do noroeste, fazendo a água subir tanto, que a linha exterior de obstáculos estava submersa antes que os homens da EDS pudessem chegar a ela.

O retardo foi oportuno por ter dado aos bombardeiros e encouraçados mais tempo para bater as defesas costeiras. Muitos dos alemães estavam nas casas de veraneio que juncavam a costa, concentradas em Le Hamel (centro direito da *praia Gold*) e La Rivière (limite do flanco esquerdo com a *praia Juno*). Diferentes das plataformas de concreto, as casas podiam ser incendiadas pelo fogo naval e pelas bombas lançadas do ar.

O observador britânico descreveu a ação inicial: “Exatamente quando estava clareando, um feroz bombardeio foi lançado no interior e incêndios que pareciam vir de Ver-sur-Mer e La Rivière podiam ser claramente vistos. Salvo algum fogo antiaéreo, não havia oposição inimiga de espécie alguma, embora fosse dia claro e os navios pudessem ser nitidamente visíveis das praias. Só depois que passou a primeira incursão aérea e o H.M.S. *Belfast* abriu fogo foi que o inimigo pareceu se dar conta que algo fora do comum estava acontecendo. Durante certo tempo após esta ocorrência, o ancoradouro foi inutilmente bombardeado pela bateria costeira inimiga situada a cerca de três quartos de milha no interior. O fogo de artilharia era muito irregular e impreciso, e os canhões eram apenas de calibre 6 a 8 polegadas."[1]

Quando o LCT do tenente Pat Blamey se dirigiu para a costa, granadas oriundas dos canhões navais de 5 a 14 polegadas assoviavam por sobre as cabeças. Blamey comandava um carro de combate Sherman equipado com um canhão de 25 libras; atrás dele, no LCT, estavam quatro peças de artilharia de campanha, também de 25 libras, que ele levaria de reboque para a costa. A bateria começou a atirar quando estava a doze quilômetros da costa, e continuou a fazer três disparos por minuto até a altura de três quilômetros.

"Aquele foi um período de furiosa atividade", lembrou Blamey. "Caixas de munição e estojos vazios saltavam borda afora quando transmitia para as peças, as distâncias recebidas das embarcações de controle. O barulho era terrível, mas nada comparado com a explosão dos navios lançadores de foguetes quando abriam fogo na medida em que nossas embarcações de assalto se aproximavam da praia"[2]

Os obstáculos costeiros mostraram ser mais perigosos do que a infantaria ou a artilharia alemãs. Os atiradores de elite alemães concentravam o seu fogo nas equipes de demolição submarina, de modo que quase nenhuma desobstrução fora concluída. Os LCT desembarcaram primeiro, perto de Asnelles, onde lançaram fora duas companhias de "Pândegos" de Hobart. Vinte dos LCT atingiram obstáculos minados, sofrendo danos entre regulares e graves, perdendo alguns carros de combate e alguns homens.

A atitude "ao diabo com os torpedos, toda a força avante" era um procedimento da parte dos LCTs, de acordo com as regras de orientação transmitidas aos patrões pela Marinha Real. "*Ouriços* (arame farpado), *estacas ou tetraedros não os impedirão de descer à praia se vocês derem tudo o que têm*", diziam as instruções. "Suas embarcações os triturarão, os dobrarão, os esmagarão de encontro à areia, e o dano causado à parte exterior do seu casco será aceitável. Portanto, vão em frente.

"O elemento C, todavia, é um obstáculo para os LCT [mas] a toda velocidade vocês podem dobrá-los e passar parcialmente por cima deles.

"Evitem, portanto, se puderem, o elemento C. Se não puderem, tentem dar-lhes um golpe resvalante, de preferência perto de um 'vão'. Isto provavelmente os virará, ou enterrará seus suportes na areia. Um segundo golpe pode capacitá-los a forçar a passagem por eles ou deixá-los para trás.

"Não se preocupem demasiado com a maneira pela qual vocês devem sair novamente. O primeiro e principal objetivo é entrar e desembarcar sem afundar os veículos."[3]

Tão logo a rampa desceu, os homens e os veículos arrojaram-se para fora das embarcações. Um *comando* explicou por quê: "O motivo pelo qual assaltamos a Normandia como o fizemos devia-se ao fato de que os soldados prefeririam ter combatido com todo o Exército alemão a voltarem para os navios e ficarem tão enjoados quanto estavam se sentindo. Meu Deus! Aqueles soldados não podiam esperar mais para pisar em terra firme. Nada se interporia no caminho deles... Eles teriam feito blindados em pedaços com as mãos vazias."[4]

Não tiveram de fazê-lo, porque não havia blindados alemães na praia. Até mesmo a resistência da infantaria era ineficaz. Quando Blamey dirigia o seu LCT, rebocando peças de artilharia, percebeu que "os pontos fortes locais haviam sido neutralizados pelo bombardeio. Tiros de artilharia e de morteiros do interior eram insignificantes e imprecisos. Com a exceção de algumas dezenas de *boches*, não havia a presença de inimigos na praia. Aqueles que eu vi estavam esmagados pelo bombardeio. Pareciam ser mongóis".

Para Blamey, a situação parecia " um exercício comum. A única diferença que havia eram os LCTs explodindo nos obstáculos costeiros e dando voltas de um lado para o outro". Ele pôs mãos à obra, assinalando as posições para os seus canhões, colocando bandeiras onde queria que as peças de 25 libras se posicionassem (os britânicos desembarcaram uns 200 destes excelentes canhões anti-carro no Dia D, um recorde muito maior do que a artilharia americana alcançou).

"Não se tinha consciência de estar no meio de um tumulto", comentou Balmey. "Tudo parecia muito bem ordenado. O material estava chegando e sendo descarregado. Aquelas lindas casinhas de campo francesas bem no interior tinham sido incendiadas e quase todas estavam destruídas. Eu estava mais receoso de fazer alguma tolice no meu trabalho e cometer um ato que repercutisse mal do que qualquer outra coisa."

Perguntado se a organização era melhor do que ele esperava, Blamey respondeu: "Era absolutamente como uma máquina. Sabíamos que seria. Tínhamos toda confiança. Nós a ensaiamos tantas vezes, conhecíamos nosso equipamento, sabíamos que funcionava, sabíamos que, havendo condições razoáveis, desembarcaríamos." Ele deu o crédito à Marinha e à RAF; na sua opinião, "elas tornaram o nosso desembarque uma barbada".

Quando a segunda leva começou a chegar e a maré reduziu a largura da praia, Blamey mandou que seus artilheiros suspendessem o fogo e se preparassem para se deslocar para o interior. Engatou as peças ao seu carro de combate e dirigiu-se para as vizinhanças de Asnelles; ali se deteve para preparar um pouco de chá antes de prosseguir rumo a oeste de Meuvaines, onde começou a receber fogo dos 88s alemães de uma elevação à frente. Blamey pôs seus canhões em posição e respondeu ao fogo, silenciando os canhões alemães em pouco tempo.[5]

Os setores em *Gold* eram, de oeste para leste, *Item*, *Jig*, *King* e *Love*. Os atacantes da Divisão Northumbriana (50ª) eram os regimentos de Devonshire, Hampshire, Dorsetshire e East Yorkshire, acompanhados pela Infantaria Ligeira de Green Howards e Durham, mais unidades de engenharia, de comunicação e de artilharia, seguidas pela 7ª Divisão Blindada, os famosos "Ratos do Deserto".

Blamey desembarcara em *Jig*; o marinheiro Ronald Seaborne, observador avançado para o *Belfast*, desembarcou à sua esquerda em *Love*. Todos no LCM de Seaborne estavam enjoados. "Tínhamos tomado um desjejum composto de ovos fritos, regado por um gole de rum (não por minha escolha, mas obrigatório para todos os que iam desembarcar)."

O LCM encalhou à 200 metros ou mais da linha da água, mas Seaborne — carregando o seu rádio — estava ansioso como todos os demais para correr rampa abaixo e entrar na água — "qualquer coisa para abandonar aquele instrumento de tortura."

LCA passavam por Seaborne quando ele se debatia dentro da água que lhe ia pelo peito. "Na hora em que eu estava na praia havia mais ou menos 200 homens lidando já efetivamente com o fogo disperso de fuzis que vinha das defesas de La Rivière." Depois do bombardeio que os alemães receberam, Seaborne ficou surpreso com o fato de que alguns deles ainda estarem vivos, e até mesmo revidando ao fogo.

O grupo de Seaborne consistia em um capitão da Real Artilharia, um sargento artilheiro e um telegrafista. Eles cruzaram a muralha marítima e a estrada costeira. O capitão disse a Seaborne que relatasse ao *Belfast* que a cabeça-de-praia estava segura e que o grupo ia para o interior e em seguida marchar na direção de *Crepon*.

Seaborne não foi capaz de achar o *Belfast*. Depois de um quarto de hora de frustração, decidiu seguir o capitão. "Quando caminhava por uma estradinha na direção de *Crepon*, não consegui ver ninguém.

"De súbito, de um campo à frente, três homens em uniforme alemão apareceram. Pensei que fosse o fim da guerra para mim, mas eles levantaram as mãos em torno das cabeças e com uma mistura de francês, alemão e inglês, vim a saber que eram russos. Apontei o caminho para a praia e prossegui. Em breve cheguei a uma pequena igreja. Após ter andado meio caminho pelo cemitério, um tiro assoviou perto de mim. Caí no chão em um monte de papoulas, e me movi lentamente na direção de uma pedra tumular à procura de abrigo. Outro tiro soou. Escondi-me por trás do túmulo, espreitei em redor e localizei um capacete alemão. Atirei de volta e os minutos seguintes foram parecidos como um tiroteio entre vaqueiros e índios. Por sorte, disparando meu último cartucho, meu tiro ricocheteou acertando-o e fazendo-o desabar do lugar onde estava escondido, e bem à frente de meus olhos. Fui adiante, fitei-o e descobri que era apenas um garoto, presumivelmente da *Jugend* de Hitler. Senti-me enjoado — mais enjoado até do que estivera no LCM, uma hora antes."[6]

* * *

O capitão-tenente T. Whinney, MR, era chefe de desembarque para os setores de *Item* e de *Jig*. Ele desembarcou às 7:45, à 150 metros da linha da água. No seu caminho de ida "um fogo considerável batia as praias e ao largo, proveniente de baterias do inimigo no interior e de morteiros. Muitos tiros caindo bem próximos foram observados entre os LCA da onda de assalto".

Whinney abriu seu caminho para a muralha marítima, onde "vi uma dezena de homens sentados muito tranqüilamente, ao que tudo indicava, contemplando o mar. Levei alguns segundos para compreender que eles eram os alemães que estiveram guarnecendo as defesas da praia". Agora esperavam para se render.

Mais ao leste, em Le Hamel, as tropas alemãs estavam se mantendo firmes. Uma metralhadora assentada num ninho atirava com grande perícia, apoiada por disparos de morteiros que caíam na praia que ia encolhendo. Todos os carros de combate na praia haviam sido postos fora de ação, seja por obstáculos minados, seja por disparos de morteiro. Sem o apoio dos carros, os engenheiros tinham sido incapazes de desobstruir quaisquer saídas no setor.

Os alemães em Le Hamel (do 1º Batalhão, 916º Regimento, parte da 352ª Divisão) estavam de algum modo protegidos em casas de tijolos e hotéis e mantinham um fogo constante sobre a praia. Whinney decidiu suspender os desembarques defronte de Le Hamel e desviar as levas seguintes para a direita e para a esquerda, onde a oposição era menor e as saídas tinham sido abertas. "Detive também a desobstrução dos obstáculos costeiros em frente de Le Hamel, visto que nenhuma embarcação de desembarque estava aportando, e com a pesada arrebentação o fogo inimigo era um risco grande demais para o pessoal envolvido."

Whinney subiu ao topo da muralha marítima, onde ele teve que se abrigar atrás de um carro de combate desmantelado. Outros homens juntaram-se a ele. "O carro desmantelado foi uma dádiva para nós", lembrou Whinney, visto que proporcionou um pequeno abrigo contra o fogo que vinha dos ninhos de metralhadora. "Sem ele estaríamos numa enrascada muito pior. O único carro de combate a desembarcar na nossa praia com sucesso foi um malhador que conseguiu ensurdecer uma porção de nós explodindo sua impermeabilização antes de prosseguir para o interior, a fim de apoiar os comandos da Marinha."

Whinney e seu pequeno grupo logo receberam a companhia de um inesperado companheiro. Um pequeno avião da Aviação Naval, pilotado por um capitão-tenente da Marinha Real, foi derrubado por seu próprio navio enquanto se comunicava com ele. O piloto conseguiu pular fora e desceu com segurança de pára-quedas, caindo na arrebentação.

"Encontramo-lo quando ele cambaleava para a praia. Estava quase sem fala de raiva, pedindo um barco imediatamente. Estava tão irritadiço como nunca vi e não invejei a guarnição da peça responsável pelo seu pouso na água."[7]

(No dia seguinte houve um incidente meio parecido em *Omaha*. O praça Joseph Barrett da 474º Bateria de Artilharia Anti-Aérea derrubou um P-51 que saiu das nuvens, voando muito baixo. O piloto, um tenente, saltou de pára-quedas sobre a praia. Estava usando seu uniforme de passeio e carregava uma garrafa de uísque. Disse que tinha um encontro naquela noite em Londres e pretendia apenas fazer uma passagem única sobre a praia. "Estava doido varrido", recordou Barrett, "mas em nossa defesa disseram-nos que era lícito atirar em qualquer coisa abaixo de 300 metros de altura."[8])

Exceto em La Rivière, que resistiu até 10 horas, e Le Hamel, que resistiu até o meio da tarde, as defesas alemãs em *Gold* foram incapazes de deter a investida de homens e veículos da 50ª Divisão. Nem havia cercas vivas no interior para conter o seu impulso. O que os alemães contavam, era com sua capacidade de contra-atacar. O *Kampfgruppe Meyer* estava estacionado perto de Bayeux e havia praticado muitas manobras para chegar à praia às pressas.

Mas às 4 horas, dia 6 de junho, o regimento se empenhara numa tentativa absurda de atacar, ao que se dizia, desembarques aeroterrestres em larga escala, do inimigo perto de Isigny. Às 8 horas o general Kraiss compreendeu seu erro e ordenou que voltassem à área de Bayeux, para um contra-ataque na direção de *Crepon*. Mas levou uma hora para que a ordem chegasse ao regimento, que então teve de marchar uns trinta quilômetros para voltar ao seu ponto de partida. A marcha foi feita parcialmente a pé, parcialmente de bicicleta, parcialmente em caminhões franceses que iam entrando em pane. Ela consumiu outras cinco horas antes que os primeiros elementos estivessem se aproximando da área de reunião. Isto fez com que a principal reserva de Kraiss passasse as horas decisivas do Dia D marchando pela zona rural, primeiro nesta direção, depois naquela.

Enquanto a 915ª estava marchando para o leste, perdeu um de seus três batalhões, quando Kraiss mandou o 2º Batalhão para Colleville, para ali enfrentar a ameaça da 1ª Divisão de Infantaria dos Estados Unidos. Quando o grosso do *Kampfgruppe Meyer*, passando pelo sul de Bayeux, chegou à área de reunião de Brazenville eram 17:30 e os britânicos já estavam de posse de Brazenville. Em vez de atacar, o *Kampfgruppe Meyer* instalou-se defensivamente. O coronel Meyer foi morto. Não houve contra-ataque na *praia Gold*.

Mas o *Kampfgruppe Meyer* serviu como um propósito para os alemães; a oposição que ele apresentou em Brazenville impediu o avanço da 50ª Divisão. Devido à maré alta pouco comum e à demora em desobstruir os obstáculos costeiros, as levas seguintes da divisão demoraram duas horas ou mais para chegar à costa. A estrada para Bayeux estava aberta até 17:30, mas os britânicos estavam muito atrasados para tirar vantagem da oportunidade. Todavia, conseguiram chegar a Brazenville a tempo de deter Meyer, e estavam em posição de se deslocar para Bayeux no dia seguinte.[9]

O esquema foi repetido através de todas as praias britânicas e canadenses. As equipes de assalto cruzaram a praia e passaram através da crosta do sistema de defesa alemão com relativamente pouca dificuldade, mas as levas seguintes foram retardadas pela maré alta pouco comum e pela abundância de obstáculos na praia. No interior, as equipes de assalto não conseguiram avançar tão rapidamente ou tão distante quanto Montgomery queria que o fizessem. A tendência era parar para preparar chá e congratular-se por terem realizado seus objetivos — pôr o pé em terra.

Quando se deslocaram naquela tarde, eles o fizeram cautelosamente, confiando em que sua artilharia ou os "Pândegos" de Hobart dominariam a oposição. Havia alguns carros de combate e artilharia opondo-se ao avanço, e os alemães estavam enviando reforços para a área, que era muito mais crítica para eles do que qualquer setor na frente americana. Bayeux estava montada sobre a N-13, a rodovia que ia de Caen a Cherburgo, ao passo que Caen era o portão para Paris ao leste.

As aventuras do marinheiro Seaborne durante o dia ilustram minuciosamente os problemas britânicos após a desobstrução da praia. Depois do tiroteio com o franco-atirador alemão no cemitério, Seaborne aprestou-se a acompanhar o passo do capitão de sua equipe de observação avançada. Ao fazê-lo, descobriu que o capitão havia se unido às primeiras unidades de infantaria. Eles não puderam avançar porque havia um carro de combate alemão escondido no mato à margem da estrada.

O capitão fez Seaborne pôr-se em contato com o *Belfast* pelo rádio e transmir coordenadas ao cruzador para que atingisse o carro, mas o comandante da tropa infantaria recomendou que não empregassem granadas navais, porque seus homens estavam muito próximos do blindado inimigo. O capitão sugeriu um recuo de 100 metros, mas o comandante recusou-se novamente.

"Não adianta nada somente acompanhar as tropas" — comentou o capitão com Seaborne. — "Se devemos fazer alguma coisa de útil, vamos adiante — então poderemos pôr o *Belfast* em ação sem risco do nosso lado."

A equipe partiu para Creully — ficando a infantaria no lugar, nem atacando o carro de combate nem recuando — e chegou à aldeia, a uns sete quilômetros no interior, cerca do meio-dia. Não havia oposição alguma, embora oito soldados em uniformes alemães se rendessem à equipe. Cinco deles eram russos; três negaram veementemente serem russos — eram lituanos que odiavam os russos tanto quanto odiavam os alemães. Os britânicos os enviaram às pressas para a praia.

A equipe de Seaborne continuou a caminhada. Às 15 horas chegou ao N-13 na aldeia de St.-Leger, a meio caminho entre Bayeux e Caen. "Aqui cruzamos cautelosamente a estrada e entramos em um grupo de casas adiante. Encontramos um ambiente verdadeiramente rústico — um relvado, um café, uma grande árvore no meio do campo e dois ou três bancos na relva. Tudo estava muito sossegado e tranqüilo. Quem disse que estava havendo uma guerra?

"Era muito agradável, mas não era para aquilo que tínhamos

vindo." O capitão decidiu trepar na árvore e observar. "Assim, lá fomos nós. De repente, abaixo de nós, ouvimos um ronco. Olhando para baixo, vimos um meia-lagarta alemão entrar na praça e estacionar em baixo da nossa árvore." Seis soldados alemães saltaram, se aliviaram ao pé da árvore e em seguida voltaram para o veículo. "Esperávamos que aquele fosse o único motivo para a parada, mas para nossa consternação o veículo não se moveu." Dez minutos depois outro meia-lagarta invadiu a praça, seguido por um terceiro.

O capitão sussurrou para Seaborne: "Envie um sinal ao *Belfast* — dizendo 'Intercepte em Dédalo'" (codinome para St.-Leger).

O telegrafista ficou branco. "Não seja tolo", murmurou ele furiosamente. "Que diabo de bem isso fará? O *boche* ouvirá a chave Morse com certeza."

O capitão respondeu, sibilando: "Isto é um motim diante do inimigo. Mandarei fuzilá-lo."

"Fique quieto", revidou o telegrafista, "ou fará com que todos sejamos fuzilados."

Seaborne decidiu não enviar mensagem alguma.

Os alemães se dividiram. Metade deles partiu num veículo rumo à leste, a outra metade seguiu para o oeste, deixando o terceiro veículo largado na praça. O telegrafista desceu apressado pelo tronco da árvore, Seaborne bem ao lado dele. Eles fizeram uma ligação direta e partiram, o capitão subindo quando o veículo se deslocou, rogando pragas ao telegrafista e a Seaborne.

"Caímos de volta sobre a N-13", lembrou Seaborne, "e dirigimonos para Creully. Perto da aldeia paramos e saltamos. Comuniquei-me de volta com o *Belfast* e logo em seguida fizemos contato uma vez mais com as nossas tropas."[10]

O pequeno grupo de Seaborne foi a única unidade britânica de *Gold* a cruzar a N-13 naquele dia. Ele fizera a penetração mais profunda entre todas as unidades aliadas. Mas não executara nada de positivo e findou tendo que passar a noite em Creully.

O 47º Comandos dos Fuzileiros Reais desembarcou no setor *Item*, na extrema direita perto de St.-Côme-de-Fresne. Os obstáculos costeiros devastaram suas embarcações de desembarque; quinze das dezesseis foram danificadas. De início o fogo de metralhadora foi pesado; um fuzileiro naval exclamou para seus companheiros: "Talvez estejamos nos intrometendo. Esta parece ser uma praia particular." Mas os alemães da 352ª Divisão logo se retiraram e, alcançando a costa, os fuzileiros navais reais acharam a coisa monótona, "como outro exercício que fazíamos em casa". As equipes médicas tiveram tão pouco a fazer que começaram a descarregar munição.

A missão dos fuzileiros navais era investir para o interior, virar à direita (oeste), passar pelo sul de Arromanches e Longues e conquistar Port-en-Bessin pela retaguarda. Port-en-Bessin ficava a meio caminho entre *Omaha* e *Gold*; esperava-se que os fuzileiros navais se ligassem com os americanos no pequenino porto. Mas nem os fuzileiros navais nem os infantes americanos chegaram a Port-en-Bessin antes do anoitecer, embora os fuzileiros chegassem a um quilômetro e tomassem o porto no dia seguinte.[11]

No caminho para o oeste, os fuzileiros navais passaram por Longues-sur-Mer. No rochedo escarpado nas cercanias da aldeia, os alemães tinham um grande posto de observação soberbamente construído, ligado por linhas telefônicas subterrâneas a uma bateria de quatro canhões de 155 mm, afastado cerca de um quilômetro do rochedo. O posto de observação tinha dois andares. O andar de baixo, em grande parte no sub-solo, tinha uma sala de radiogonometria, uma longa e estreita abertura, uma sala de mapas, uma central telefônica e outros equipamentos. O andar superior era protegido por uma laje de concreto de mais de um metro de espessura, reforçado por varetas de aço e apoiado por barras de aço. Dentro havia um telêmetro. Os canhões estavam em quatro fortificações separadas, também com concreto armado de um metro de espessura e depósitos subterrâneos.

Esta era a bateria cujas coordenadas exatas os britânicos haviam obtido graças ao filho cego do fazendeiro dono da terra e graças aos relatos do rádio de André Heintz transmitidos pelo seu aparelho rádio de fabricação caseira.

Logo depois da madrugada, a bateria — que fora golpeada por toneladas de bombas vindas do ar e granadas vindas do mar no bombardeio de pré-invasão, mas mal foi arranhada — abriu fogo sobre o encouraçado *Arkansas*, ancorado a cinco quilômetros da *praia Omaha*. O *Arkansas* revidou ao fogo, apoiado por dois cruzadores franceses. A bateria voltou então os seus canhões para disparar na direção do HMS *Bulolo*, o navio de comando para a *praia Gold*, que estava a uns doze quilômetros fora no canal. Os tiros foram precisos o bastante para forçar o *Bulolo* a mudar sua posição.

Naquele momento o HMS *Ajax*, famoso por sua participação contra o encouraçado de bolso alemão *Admiral Graf Spee* ao largo de Montevidéu, no rio da Prata, no dia 13 de dezembro de 1939, entrou num duelo navio *versus* fortificação, com a bateria de Longues-sur-Mer. O *Ajax* estava a uns doze quilômetros fora da costa, mas os seus tiros eram tão precisos que dentro de vinte minutos dois canhões alemães foram silenciados. Eles não foram destruídos, mas o choque e a concussão dos impactos diretos sobre o embasamento de concreto de tal maneira abalaram os artilheiros alemães que eles abandonaram a posição.

Num terceiro embasamento, o *Ajax* conseguiu o que foi também o mais preciso e o mais feliz golpe da invasão — talvez as duas coisas. Não houve sobreviventes, por isso não há maneira de saber exatamente o que aconteceu, mas a evidência no local cinco décadas depois indica o que deve ter acontecido. Todo o mecanismo da culatra do canhão de 155 mm simplesmente sumiu. O cano de aço, de três polegadas, jaz em pedaços. O embasamento dá a aparência de que uma arma tática nuclear explodiu no interior.

Evidentemente o *Ajax* acertou uma de suas granadas de 6 polegadas através da seteira do embasamento, numa ocasião em que a culatra estava aberta e os artilheiros estavam carregando. A granada deve ter explodido na culatra. Nesse mesmo instante, a porta de aço que conduzia ao depósito abaixo deve ter sido aberta; o fogo oriundo da explosão entrou pelo depósito e explodiu as pilhas de munição de 155 mm ali armazenadas.

Que explosão não deve ter ocorrido! Rebentou o teto de concreto, espalhando pedaços do tamanho de um automóvel por todos os lados. Tem-se que duvidar de que sequer um pedaço dos artilheiros tenha sobrado.

Vinte e cinco anos mais tarde, o patrão do *Ajax* estava hospedando uma jovem americana que estudava na Inglaterra. Ela era a filha de uma americana com quem ele namorara durante a guerra, e que acabara de retornar de uma visita à Normandia. Ela o fez falar sobre o duelo com a bateria em Longues-sur-Mer. Ele a descreveu, e disse em seguida que sempre cogitara a respeito, mas que nunca descobrira como obtivera as coordenadas exatas daqueles bem camuflados embasamentos.

"Eu sei por quê", retrucou a garota. "Acabei de conversar com André Heintz (então professor de História na Universidade de Caen) e ele me disse." Ela passou então a relatar o caso do rapaz cego e do seu pai medindo as distâncias à passo e conseguindo as informações para Heintz em Bayeux.[12]

A senhorita Genget morava em St.-Côme-de-Fresne, onde os fuzileiros navais desembarcaram. Na noite de 6 de junho, escreveu ela no seu diário: "O que parecia impossível realmente aconteceu! Os ingleses desembarcaram na costa francesa e nossa pequena aldeia se tornou famosa em algumas horas! Nenhum civil morto ou ferido. Como podemos expressar nossa surpresa depois de tão longos anos de espera numa mistura de espanto e medo?"

De manhã ela e um amigo foram até a beira do rochedo para ver o que estava acontecendo. "Que cena se apresentou ali ante nossos olhos! Até onde podíamos ver havia navios de todos os tipos e tamanhos, e acima flutuavam grandes balões prateados ao sol. Grandes bombardeiros passavam e tornavam a passar no céu. Até Courseulles não se podia ver nada exceto navios."

A senhorita Genget retornou a St.-Côme-de-Fresne, onde encontrou soldados britânicos. "Os ingleses haviam pensado que todos os civis tinham sido evacuados da costa e estavam muito surpresos de saber que os habitantes haviam permanecido em suas casas. Nossa igrejinha havia recebido um impacto direto no teto e pegou fogo, mas com a ajuda dos aldeãos o problema logo foi superado. Canhões atiravam. Que barulho por toda parte e que cheiro de queimado!"

Ela perguntava a si mesma se estava sonhando. "Isso tudo será verdade?", escreveu. "Fomos finalmente libertados. O enorme poderio que todo este material de guerra representa é fantástico, e a maneira com que ele foi manejado com tal precisão é maravilhosa... Um grupo de soldados britânicos passa e nos pede água. Enchemos suas garrafas, dizemos algumas palavras, e depois eles dão chocolates e balas às crianças e prosseguem o seu caminho."[13]

Na praia, o capitão-tenente Whinney notou que "tudo ficou calmo" ao cair da noite. Uma sensação estranha permanecia sobre todos eles, e "não havia vivalma à vista". Ele se dirigiu a uma casa de fazenda que dava fundos para a casamata que tanto problema lhes causara em Le Hamel, naquela mesma tarde, e surpreendeu-se ao perceber um ruído em seu interior. Bateu na porta "e, para meu espanto, uma senhora idosa apareceu. Mostrava-se despreocupada, e provavelmente estivera por ali o dia todo, entregue a suas tarefas rotineiras".[14]

Ao anoitecer do dia 6 de junho, os britânicos em *Gold* haviam penetrado uns dez quilômetros no interior e se ligaram com os canadenses em Creully à sua esquerda. Achavam-se no rochedo que dominava Arromanches. Eles não haviam tomado Bayeux ou cruzado a N-13, mas estavam em posição de fazê-lo no dia seguinte. Eles haviam colocado 25.000 homens na costa ao preço de 400 baixas. Foi um bom início.

29. A Desforra

Os Canadenses em Juno

No dia 19 de agosto de 1942, a 2ª Divisão Canadense, apoiada pelos comandos britânicos e uma pequena unidade de tropas de assalto americanas, fez uma incursão anfíbia ao porto de Dieppe, na orla superior da costa normanda, a cerca de 100 quilômetros de Le Havre. Foi uma incursão, não uma invasão, pessimamente planejada e mal executada. Os canadenses sofreram perdas terríveis; três quartos deles foram mortos, feridos, ou feitos prisioneiros dentro de seis horas; todos os sete comandantes de batalhão sofreram ferimentos.

Em Dieppe, os alemães tinham posições fortificadas com canhões de 88 mm nos rochedos em cada lado da praia, mais ninhos de metralhadora e tropas entrincheiradas. A praia era inteiramente de seixos, o que impossibilitava o cruzamento de carros de combate e a passagem de homens. Não houvera nenhum bombardeio de pré-assalto por parte dos navios ou dos aviões. A infantaria atacante superava em número os defensores na proporção de apenas dois por um, e os defensores eram soldados de altíssimo gabarito.

A propaganda aliada tentou considerar Dieppe como um ensaio do qual se tiraram lições fundamentais, lições que foram aplicadas no dia 6 de junho de 1944. Mas de fato a única lição aprendida foi Não

Ataquem Portos Fortificados Frontalmente. Dieppe foi um desastre nacional. Os canadenses deviam ir um pouco à forra contra os alemães. Eles o conseguiram na *praia Juno*.

Courseulles-sur-Mer, no centro da *praia Juno*, era o ponto mais bem defendido na longa extensão que ia de Arromanches na extrema direita das praias britânicas à Ouistreham na extrema esquerda. St.-Aubin e Langrune, à esquerda (leste) de Courseulles, eram também bem defendidas. A 716ª Divisão do general Richter tinha onze baterias pesadas de canhões de 155 mm e nove baterias médias, principalmente de 75 mm. Supunha-se que todas estivessem em espaldões fortificados, mas apenas dois estavam completos. Em outras partes as guarnições eram protegidas por espaldões descobertos ou trincheiras de terra para metralhadoras, em campos abertos.

Haviam posições pesadamente fortificadas com concreto armado (em Vaux, Courseulles, Bernières e St.-Aubin), apoiadas por trincheiras e fossos de metralhadoras, cercados por arame farpado e campos minados. Todas as armas estavam apontadas para atirar ao longo da praia em enfiada, não para o mar; as zonas de tiro eram calculadas para se entrosarem com a formidável disposição de obstáculos costeiros situados bem abaixo da marca de preamar. Para os alemães, como observou John Keegan, "a combinação de obstáculos fixos e fogo de enfiada proveniente dos ninhos de resistência era destinada a garantir a destruição de qualquer força de desembarque."[1]

Mas o general Richter tinha alguns problemas sérios. Suas posições fortificadas ficavam à distância de um quilômetro uma das outras. Sua mobilidade praticamente inexistia — a 716ª usava cavalos para transformar a sua artilharia e suprimentos, enquanto seus homens se deslocavam a pé. Suas armas eram uma misturada de fuzis e canhões capturados. Os homens tinham menos de 18 ou mais de 35 anos de idade, ou eram veteranos da Frente Oriental com cerca de vinte e cinco anos, e que haviam sofrido ferimentos mais ou menos incapacitadores, ou tropas do batalhão *Ost* da Rússia e da Polônia. Tinham ordem de se manter firmes. Ceder uma polegada de solo era proibido, e os suboficiais alemães estavam ali para reforçar essas ordens (de qualquer maneira, os campos minados circundantes e o arame farpado os manteriam dentro, tanto quanto manteriam os canadenses fora). Homem por homem, eles dificilmente seriam páreo para os jovens, vigorosos, magnificamente treinados canadenses, e eram inferiores em número aos canadenses, já na primeira leva numa proporção de seis para um (2.400 canadenses, 400 alemães).

A 3ª Divisão canadense tinha lenhadores, pescadores, mineiros, fazendeiros; todos vigorosos homens do campo e todos voluntários. (O Canadá teve recrutamento na Segunda Guerra Mundial, mas apenas voluntários foram enviados para as zonas de combate.) O sapador Josh Honan "entrou como voluntário" de uma maneira familiar a todos os veteranos. Ele era agrimensor numa empresa de engenharia no Canadá no fim de 1943 quando um coronel o chamou ao quartel.

"Você é irlandês", declarou o coronel.

"Sim, senhor."

"Um irlandês gosta sempre de uma boa briga, não é verdade? Temos um trabalho que gostaríamos que você fizesse."

Honan retrucou que preferia ficar com a sua companhia. "Estamos todos juntos, senhor, vamos para o ultramar e eu não quero ficar separado dos meus companheiros."

"Não se importe quanto a isso, você pode encontrá-los de novo na Inglaterra."

Honan perguntou de que trabalho se tratava; o coronel respondeu que não podia dizer. "A única coisa que posso lhe contar a respeito é que há hoje na Inglaterra muitos homens que de bom grado trocariam de lugar com você."

"Um só é suficiente", respondeu Honan.

"Bem, vocês irlandeses vão ter razão, para fazer piadas. Posso prometer-lhe que ficará totalmente satisfeito se aceitar este trabalho."

"Ficarei?"

"Oh, sim, eu conheço os irlandeses; vocês gostam de uma boa briga, não é verdade?"

Em sua entrevista, Honan comentou: "Eu não estava muito interessado por esta conversa de trabalho envolvendo prazer numa boa briga", mas havia ali alguma coisa. Alguns dias depois ele estava a caminho da Inglaterra, onde descobriu que o trabalho era praticamente o pior que se possa imaginar — ele devia preceder a primeira leva e fazer explodir os obstáculos costeiros.

Na noite em que cruzava no seu LST, Honan observou que os homens com os quais ele estava (o Regimento de Fuzileiros Regina, destinado ao setor Mike na praia *Juno*) passavam o tempo alternando entre o uso de suas pedras para afiar suas facas, adagas e baionetas e o jogo de pôquer. Ele viu um homem que tinha uma faca com cabo de madeira coberto por um trabalho em couro com uma gema parecendo diamante engastada, "afiando-a como um louco". Outros estavam "jogando pôquer de um modo que nunca vi antes. Não adiantava segurar as apostas, pois não faria nenhuma diferença, e, assim, apostavam tudo. Quando os oficiais se aproximavam, eles arranjavam um jeito de cobrir o dinheiro com os cobertores sobre os quais estavam jogando".

Perguntado se os oficiais não tentavam impedir os homens de jogar, Honan disse simplesmente: "Você não podia impedir ninguém de fazer qualquer coisa numa fase como aquela."

Honan viu um navio solitário, passando pelo comboio, entre as filas de navios, "e quando ele passou, podíamos ver na proa o solitário tocador de gaita de foles cuja silhueta se projetava contra o céu do entardecer e o frágil lamento se propagando: "Não voltaremos de novo." Era muito tocante, e todo mundo ficou calado e ali postado, observando, sem emitir nenhum som, e em seguida gradualmente ele passou e desapareceu na distância. E pensamos muitas vezes que não tornaríamos a voltar."[2]

Os canadenses estavam programados para desembarcar às 7:45, mas o mar agitado fez com que se atrasassem mais dez minutos e ficassem extremamente enjoados. ("A morte seria melhor do que isso", murmurou o praça Henry Gerald dos Fuzileiros Reais de Winnipeg para um de seus companheiros.[3]) Eles foram informados no final dos treinamentos de que todos os fortins, metralhadoras e peças de artilharia estariam destruídas como resultado dos bombardeios aéreo e naval, mas as coisas não aconteceram desta maneira.

O bombardeio aéreo da meia-noite de 5 para 6 de junho pelo Comando de Bombardeiros da RAF foi bastante pesado — as 5.268 toneladas de bombas lançadas constituíram a mais pesada incursão que os britânicos já montaram na guerra — mas foi lamentavelmente imprecisa. Os B-17 americanos vieram ao alvorecer, mas em *Omaha* eles demoraram a lançar suas bombas até 30 segundos depois de cruzarem o ponto visado. Como resultado, as bombas caíram bem no interior. Pouquíssimas das fortificações foram atingidas, nenhuma em *Juno*.

Os cruzadores e os encouraçados da Marinha Real começaram a atirar às 6:00. Os destróieres entraram em ação às 6:19. Às 7:10 os carros de combate e os canhões de 25 libras nos LCT se somaram a eles, seguidos pelos foguetes provenientes dos LCT(R). Foi o mais pesado bombardeio já efetuado de navio para a costa. Mas a fumaça e a cerração eram tão espêssas que só um número reduzidíssimo de projéteis atingiu de fato o seu alvo (uma equipe de análise de alvos calculou depois, que apenas cerca de 14 por cento das posições foram destruídas).

A fumaça era tão espessa que a maior parte dos defensores alemães não podia ter uma visão do mar. Às 6:45 o relatório matinal de rotina do Sétimo Exército para o OB West dizia: "Propósito de bombardeio naval ainda incerto. Parece ser uma ação de cobertura em conjunção com ataques que serão feitos depois em outros pontos." De quando em quando, o vento arrastava a fumaça; quando o fazia, os alemães podiam ver "incontáveis navios, grandes e pequenos, além do que se possa compreender".[4]

O bombardeio foi suspenso às 7:30, quando se esperava que a primeira leva estivesse desembarcando. Isto deu aos alemães tempo para se recuperarem e guarnecerem seus canhões. "Tudo o que o abrandamento fez, foi alertar o inimigo do desembarque", observou o praça Henry, "e dar-lhe a oportunidade de se refazer para criar problemas para nossos rapazes."[5] Outro soldado dos Fuzileiros Reais de Winnipeg comentou: "O bombardeio não conseguiu matar um só alemão ou silenciar uma arma."[6]

Todavia, quando as embarcações de desembarque se aproximaram dos obstáculos costeiros, em sua maior parte submersos devido ao forte vento nordeste, havia um estranho silêncio. Os alemães não estavam atirando, o que os canadenses acharam encorajador; eles ainda não haviam compreendido que o motivo daquilo era que todos os canhões alemães estavam assestados para abrir fogo sobre a praia.

Josh Honan estava num LST, esperando para ser passado para um

LCA para a corrida final de mais ou menos cinco quilômetros para a praia. Um de seus companheiros perguntou: "Você acha que isto pode ser apenas um ensaio?"

"Parece um pouco elaborado para isso", respondeu Honan.

Honan fantasiava de que sua equipe de demolição seria esquecida pelo oficial encarregado. "Era algo assim como ser chamado para o dentista", disse Honan. "Eu esperava que não seria o próximo, que talvez algum outro fosse antes de mim. Mas então aquele sujeito com o megafone gritou: "Equipe de sapadores de assalto, à seus postos no barco, no convés número seis, AGORA!"

Desembarcado a salvo, o LCA de Honan juntou-se a outros cinco e começou a circular. Ele foi até a rampa para observar a ação, e notou que todos os soldados canadenses tinham rostos intensamente queimados pelo sol, enquanto os patrões e as guarnições britânicas tinham os seus de um branco cor de lua. Ele procurou as marcações na praia, mas não viu nenhuma através da fumaça. O LCA estava caturrando e empinando-se nas ondas. "Quanto mas agitado ficava", disse Honan, "menos eu olhava em redor para ver o que estava acontecendo aos demais."

As embarcações passaram a se aproximar umas das outras, mas não de uma maneira organizada. Os LCA começaram a perder a direção, chocando-se uns com os outros e com os obstáculos costeiros.

Quando as embarcações de frente — na sua maioria conduzindo engenheiros e equipes de demolição submarina — alcançaram a linha mais externa de obstáculos, um quarto ou mais delas detonou minas Teller. As minas não eram grandes o bastante para lançar as embarcações fora da água ou mesmo destruí-las (as partes de cima abertas faziam com que a maior parte do poder explosivo escapasse para o ar), mas abriam buracos nos fundos ou danificavam as rampas.

O LCA de Honan entrou defronte de Bernières-sur-Mer. Honan tentou dar orientações ao patrão para evitar obstáculos, "mas ele não tinha bastante controle do leme para que o barco respondesse. Assim terminamos indo com a rampa de encontro ao topo de um dos obstáculos. Podíamos ver a mina bem ao nosso lado; uma batida, e bum!

"Por isso o major Stone (comandante de Honan) disse: 'Eu vou indo.' Eu acrescentei: 'Boa sorte para o senhor', mas minhas ordens eram manter Stonie vivo, assim eu tinha que seguí-lo."

Honan despejou todo o seu equipamento pela borda — fuzil, explosivos, *walkie-talkie*, as ferramentas — e mergulhou na água em seguida à seu major.

"E Stonie estava começando a nadar para a frente do barco, e eu disse: 'Com a breca, tenho de fazer isso também', assim nadei para a frente e o obstáculo estava ligado por arame a dois tetraedros adjacentes e o major tinha um alicate de corte e disse: 'Cortarei os arames', e eu falei: 'Tudo bem. Removerei os detonadores.'

"Assim montei sobre o tetraedro, trancei minhas pernas em torno dele, e comecei a desparafusar os detonadores. Stonie gritou para que uma dúzia de homens saltasse da embarcação e para os outros que fossem à popa, a fim de levantar a proa acima do obstáculo. Assim, uma dúzia de soldados mergulhou e nós todos encostamos nossos ombros na proa e empurramos."

Eram cerca de 8:00 horas. Os LCA dianteiros que conduziam equipes de assalto estavam arriando suas rampas. Os canadenses caminhavam a pé através dos obstáculos, para a praia.

Os alemães começaram a atirar. Atiradores de elite e guarnições de morteiros estavam alvejando as embarcações de desembarque enquanto as metralhadoras se concentravam na primeira leva de infantaria. As balas criavam gêiseres em miniatura em torno de Honan. Ele, o major Stone e os homens conseguiram liberar o LCA. Sua rampa desceu e a infantaria se deslocou na direção da costa enquanto Honan se dirigia ao próximo obstáculo para remover o detonador da mina.

"Meus companheiros estavam atacando os ninhos de metralhadoras; essa era a sua incumbência e eu estava cumprindo a minha. Eu era um alvo fácil, não tinha nada com que trabalhar a não ser minhas mãos." A maré enchente cobria os obstáculos com mais rapidez do que Honan podia desparafusar os detonadores. Observou Honan: "Eu fazia meu trabalho apenas entrançando minhas pernas em torno dos obstáculos para não ser levado pelas águas, e só podia usar uma mão."

Por volta das 8:15 ele decidiu: "Ao diabo com esta brincadeira, vou para a costa." E nadou para a costa. Lá ele viu um corpo sem cabeça. O homem tinha sido aparentemente ferido na água e em seguida atropelado por um LCA. A hélice havia decepado a sua cabeça. Ele segurava na mão a faca com uma gema em forma de diamante inserida no couro enrolado em torno do cabo que Honan notara durante à noite.

Quando Honan alcançou a muralha marítima, dois companheiros o içaram. Um deles pegou uma garrafa de uísque ofereceu-lhe um gole.

"Não, obrigado", disse ele.

O próprio soldado tomou um trago e perguntou: "Por que não? Você não é um abstêmio de merda, é?"

"Não", respondeu Honan, "mas receio que essa bebida me faça sentir valente ou alguma outra maldita coisa parecida."

Honan se dirigiu para o interior da aldeia, onde se abrigou até que o fogo de metralhadoras alemãs fosse suspenso. "Eu tinha feito minha parte", explicou ele. "Estava esperando que os outros fizessem as suas." Enquanto a maré não recuou, ele não pôde mais fazer demolição de obstáculos.

Logo os canhões ficaram em silêncio e as pessoas começaram a sair para a rua, acenando para os libertadores, lançando buquês de rosas. O padre da aldeia apareceu.

"Monsieur le curé", disse Honan em seu melhor francês de ginásio, "Espero que o senhor esteja contente por termos chegado."

"Sim", retrucou o padre, "mas ficarei mais contente quando vocês tiverem ido novamente", enquanto apontava com tristeza para o buraco no topo da sua igreja do século dezessete.

O barbeiro saiu e perguntou a Honan se ele gostaria de um conhaque. "Não", respondeu Honan, "mas bem que gostaria de fazer a barba." O barbeiro ficou feliz em concordar, "assim eu entrei e me sentei na cadeira em meu uniforme de combate completamente encharcado, com a água fazendo ruído em meus sapatos, e ele me fez a barba."

Refrescado e descansado, Honan retornou à praia. "Cheguei em tempo de ver os carros de combate flutuantes ganhando a costa. Dois deles saíram da água. Eu nunca os tinha visto nem ouvido falar deles antes. Por isso, para mim, eles pareciam monstros marinhos saindo das profundezas."[7]

* * *

O sargento Ronald Johnston era um motorista de carro de combate. Às 5:00, lá no canal, na área de ancoragem, ele fez a passagem de um LST para uma barca Rhino, experiência que achou desconcertante porque não tinha feito tal manobra anteriormente e as esteiras de aço deslizaram sobre o convés de aço da Rhino e o seu carro quase mergulhou no mar. Finalmente ele chegou à posição que lhe estava destinada. Havia um jipe à sua frente.

Johnston caminhou até o motorista do jipe e perguntou: "Este jipe é impermeabilizado, não é?"

"Sim, por quê?"

"Com toda a certeza espero que assim seja, porque se ele atolar, vou passar bem por cima." Quando a barca atingiu o litoral, recordou Johnston, o motorista do jipe quase quebrou o pescoço olhando para trás, a fim de se assegurar de que o Sherman não estava avançando.

O jipe saiu sem problemas, com Johnston bem atrás. Ele ficou horrorizado quando chegou à costa e descobriu que tinha de atropelar soldados da infantaria mortos e feridos. "Nós simplesmente devíamos não pensar naquilo", comentou ele, "simplesmente esquecer. Havia apenas um caminho para a frente."

O carro de combate de Johnston conduzia duas motocicletas amarradas com correias aos canos de descarga e estava puxando um reboque de munição. Havia um envoltório de cordite em torno da impermeabilização e dos canos de descarga, tudo ligado por arame. Quando as motocicletas foram retiradas, o comandante do carro falou para Johnston apertar o botão que inflamaria a cordite, liberando a impermeabilização. "fez uma explosão infernal."

Na praia, "a coisa era irreal. Fogo de metralhadora, na maior parte desordenado. Grande parte da infantaria ainda estava na água e não podia entrar. Os homens se abrigavam por trás dos carros de combate".

Um oficial dos comandos disse a Johnston que virasse à direita. "Eu olhei e disse: 'Oh, meu Deus, não.'"

O oficial perguntou por quê. Johnston respondeu "Não vou passar por cima de mais nenhum dos meus próprios camaradas hoje."[8]

O sargento Tom Plumb estava com um pelotão de morteiros dos Fuzileiros Reais de Winnipeg. Ele entrou num LCT. Quando a rampa desceu e os carros de combate saíram, o LCT foi impelido de volta para águas mais profundas. O patrão todavia ordenou ao sargento encarregado da primeira seção que saísse com sua viatura transporte de morteiro. O sargento protestou que a água era profunda demais, mas o patrão foi inflexível.

A primeira viatura saiu e imediatamente afundou em quatro metros de água. Os homens vieram à tona, sufocando e praguejando.

O patrão ordenou que a próxima saísse, mas o sargento se rebelou e exigiu um desembarque em terra firme. O patrão ameaçou-o com uma corte marcial, mas o sargento manteve-se firme. Finalmente o patrão cedeu, levantou a rampa, circulou, entrou novamente, e Plumb e os demais fizeram um desembarque em terra firme. "Aquele oficial comandante da embarcação de desembarque recebeu depois baixa por incapacidade moral", comentou Plumb com certa satisfação.[9]

O patrão tinha motivo para estar hesitante, motivo para querer fazer aquela famosa manobra naval conhecida como dar o fora depressa. Por toda parte em seu redor e através da *praia Juno*, as embarcações de desembarque estavam fazendo minas Teller explodir. Muitas o fizeram ao entrar; um número maior o fez quando as tropas e veículos desembarcavam, porque então elas flutuavam a um nível mais alto na água e a ação das vagas as impeliam de encontro à obstáculos minados. Metade ou mais das embarcações em *Juno* foi danificada, um quarto afundou.

O sargento Sigie Johnson dos Fuzileiros de Regina foi o primeiro a sair do seu LCA que havia encalhado num banco de areia; quando Johnson deu uns passos à frente, ele estava com água acima da cabeça. "Então veio uma vaga e levantou o barco e ele passou diretamente por cima de mim." Ele fez uma pausa na entrevista, sacudiu a cabeça, e disse com espanto na voz: "E eu ainda estou aqui falando sobre esse caso." Um de seus companheiros foi atingido no estômago e nas pernas. Apesar de seus ferimentos, ele se dirigiu diretamente para um ninho de metralhadoras.

"Ele matou a tiro um dos atiradores, e apertou com as mãos a garganta do outro. Estrangulou o alemão, ele próprio morrendo em seguida, e quando o encontramos ainda tinha as mãos em torno da garganta do alemão."

Um carro de combate flutuante chegou à costa, deixou cair as saias, e começou a atirar com o seu canhão de 75 mm. Infelizmente, tinha atirado em alguns soldados da infantaria canadense. Johnson encaminhou-se para ele e conseguiu fazer com que o capitão cessasse fogo. Perguntado como isso pôde ter acontecido, Johnson respondeu: "Aquele carro foi um dos primeiros a entrar e eles viram tropas e suponho que o uniforme de todos era negro por estarem molhados, e então começaram a atirar." Johnson apontou para um canhão de 37 mm em frente a um edifício e fez com que o carro o destruísse.[10]

Para as equipes de infantaria de assalto, era uma questão de sorte eles desembarcarem no seu setor antes que qualquer carro de combate chegasse a terra, ou desembarcassem lado a lado com ele, ou os seguissem até à praia. De um modo geral, carros flutuantes estavam atrasados — se por acaso chegassem — enquanto os patrões dos LCTs, que resolveram mandar para o inferno as ordens, tocando em frente sem parar, desembarcando seus carros de combate, mesmo quando os homens das equipes de demolição submarina começavam a trabalhar sobre os obstáculos.

Era também uma questão de sorte se a infantaria desembarcasse em terra firme ou em águas profundas. O sargento McQuaid, um irlandês, saltou da rampa para a água que lhe dava pelo pescoço. Entre muitas outras pragas, ele gritou: "Mas que coisa perversa. Eles estão tentando me afogar antes mesmo que eu chegue à praia."[11]

Os alemães abriram fogo quando a infantaria se encaminhava através dos obstáculos até a muralha marítima. Os canadenses na primeira leva tiveram baixas horríveis, em algumas companhias tão severas quanto a primeira leva em *Omaha*. A Companhia B dos Winnipegs só ficou com um oficial e vinte e cinco homens antes que alcançasse a muralha marítima. A Companhia D dos Fuzileiros de Regina perdeu metade do seu efetivo mesmo antes de alcançar a praia.

O historiador regimental descreve a cena: "A companhia descobriu que o bombardeio não arrebentara a enorme casamata no seu setor. A fortaleza tinha muros de concreto armado de 1,20 metro de espessura e abrigava um canhão de 88 mm, bem como metralhadoras. Além do mais, havia trincheiras de concreto fora do fortim liberalmente pontilhadas de postos com armas leves." Os homens sobreviviam pondo-se atrás dos carros de combate até que pudessem alcançar a muralha marítima.[12]

Os Fuzileiros da Rainha desembarcaram em Bernières, acompanhados por carros de combate provenientes do Fort Garry Horse (10° Regimento Blindado). O sargento Gariepy era motorista de um deles.

"Mais por acidente do que de propósito", relembrou ele, "descobri que liderava a coluna. No meu caminho de acesso à praia fiquei surpreso de ver um amigo — um submarino de bolso que estivera esperando por nós durante quarenta e oito horas. Ele apontou diretamente para o meu alvo... Eu me lembro dele muito, muito distintamente de pé para fora da escotilha juntando as duas mãos num sinal de boa sorte. Eu respondi com o polegar para cima — Para você também, companheiro!

"Eu fui o primeiro a desembarcar e os alemães começaram a abrir fogo com metralhadoras. Mas quando nos detivemos na praia, só então eles compreenderam que eram carros de combate Sherman, ao arriarmos a saia de lona, o equipamento de flutuação.

"Foi deveras assombroso. Eu ainda me lembro com muita clareza de ver alguns dos metralhadores de pé nos seus postos olhando para nós com as bocas bem abertas. Ver carros de combate saindo da água abalou-os seriamente."

O alvo de Gariepy era um canhão de 75 mm que atirava de enfiada através da praia. A infantaria se pôs atrás dele quando ele avançou. "As casas ao longo da praia estavam cheias de metralhadoras assim como as dunas de areia. Mas o ângulo do fortim impediu-os (a guarnição dos 75 mm) de atirar em mim. Por isso levei o carro até o embasamento, muito, muito perto e destruí o canhão atirando quase com alça zero. A infantaria que seguia Gariepy ganhou a relativa segurança da muralha marítima.[13]

No meio desse tumulto, os tocadores de gaitas de foles do Regimento Canadense-Escocês se puseram a tocar. Os homens haviam tocado à saída do regimento do porto quando deixaram a Inglaterra, tocaram de novo quando subiram em seus barcos de assalto, e ainda uma vez quando chegaram à praia. O cabo Robert Rogge era um americano que havia ingressado no Exército canadense em 1940. Ele desembarcou com o Black Watch (Regimento Montanhês Real).

"Foi algo de notável", relembrou. "Enquanto eu estava vadeando na praia, pude ouvir um dos nossos tocadores de gaita de foles executando 'Bonnie Dundee' no navio atrás de nós e estávamos sendo realmente levados à ação pelo som das gaitas."[14]

O cabo G. W. Levers do Regimento Escocês Canadense mantinha um diário. Nele rabiscava notas o melhor que podia quando o seu LCA se movia na direção da costa. "A embarcação está pulando como uma rolha. Só devemos desembarcar às 7:45. À medida que nos aproximamos gradualmente da praia, podemos ver os diferentes navios atirando, e também as baterias de foguetes. Quando eles são lançados, há um terrível lampejo de chamas. Estávamos a cerca de meia milha da costa e vários dos rapazes ficaram muito enjoados.

"Os motores são acelerados e fizemos nossa corrida para à praia. Podemos ver a praia, embora o mar esteja encapelado. Podemos ver um grande ninho de metralhadora com os projéteis explodindo em torno dela e, aparentemente, não causando dano algum.

"As balas de metralhadora estão começando a zunir em torno de nossa embarcação e os rapazes mantêm as cabeças baixas. Aqui vamos nós, a rampa foi arriada."

Levers guardou seu diário e desceu a rampa. Posteriormente, recobrando o fôlego junto à muralha marítima, ele o sacou e escreveu: "Estávamos com água até a cintura e às vezes até o peito. Vadeamos para terra firme com muita lentidão. Alcançamos a praia e as metralhadoras nos faziam brincar de amarelinha quando da nossa caminhada."[15]

Como indica a experiência de Levers, o assalto inicial em *Juno* foi semelhante ao ataque inicial em *Omaha*, mas depois que os canadenses alcançaram a muralha marítima houve diferenças significativas. Havia mais carros de combate em *Juno*, especialmente os mais especializados em ajudar a infantaria a atravessar a muralha marítima (que era consideravelmente mais alta em *Juno* do que em *Omaha*), a passar através do arame farpado, e pelos campos minados. O fogo de flanco era tão intenso em *Juno* quanto em *Omaha*, e os ninhos de metralhadoras e plataformas de canhões tão numerosos quão formidáveis.

Em *Omaha*, um em cada dezenove homens que desembarcaram no Dia D tornaram-se baixas (quase 40.000 desembarcaram houve 2.200 baixas). Em *Juno*, um em cada dezoito foram mortos ou feridos (21.400 desembarcaram, 1.200 foram baixas). Os números são enganadores considerando-se que a maioria dos homens desembarcou no fim da manhã ou de tarde em ambas as praias, mas a maior parte das baixas foram sofridas na primeira hora. Nas equipes de assalto em ambas as praias, as chances de ser morto ou ferido eram quase de um em dois.

A maior diferença entre as praias era que em *Juno* não havia penhasco atrás da muralha marítima. Uma vez que se passasse pela praia e através das aldeias, os canadenses estavam num campo relativamente plano e aberto com poucas cercas vivas, poucas fortificações, e quase nenhuma oposição.

O estratagema consistia em transpor a muralha marítima e atravessar as aldeias. Foi aqui que os "Pândegos" de Hobart entraram em ação. Carros de combate conduzindo pontes colocavam-nas de encontro à muralha marítima. Os malhadores abriam caminho através dos campos minados. Os *bulldozers* empurravam o arame farpado para fora do caminho. Os carros de combate Churchill crocodilo, puxavam 400 galões de combustível em reboques blindados, com canos sob a barriga, para abastecer seus canhões lança-chamas, lançavam labaredas nos ninhos de metralhadoras. Outros conduzindo faxinas soltavam-nas nos fossos anti-carro, e em seguida lideravam o caminho para a frente.

O sargento Ronald Johnston dirigiu seu carro de combate até a muralha marítima. Seu capitão fez quarenta disparos com munição perfurante contra ela, derrubando-a. Um *bulldozer* limpou o entulho. Johnston continuou dirigindo e alcançou a rua que corria paralela à praia. Fecharam as escotilhas; Johnston pôde olhar através do periscópio; ele não viu uma trincheira estreita "e eu fui para a direita e a danada da esteira entrou na trincheira e lá nós ficamos. Mas o Senhor estava conosco".

O carro parou numa posição em que a sua metralhadora calibre .50 ficava voltada bem para a garganta de alguns infantes alemães na trincheira. O atirador disparou o canhão, matando ou ferindo alguns alemães. Vinte e um outros alemães puseram as mãos para cima. Outro carro de combate britânico transpôs o fosso, enganchou-se ao de Johnston, e tirou-o para fora da trincheira.[16]

O capitão Cyril Hendry, o comandante de esquadrão que havia estendido a sua ponte no LCT para que ela não agisse como uma vela, estava "terrivelmente ocupado" na incursão para o litoral. "Pondo todos os nossos carros de combate para funcionar, aquecer, levantar a danada da ponte, colocando todo mundo em posição, todo mundo morrendo de enjôo, foi duro."

Quando ele saltou da rampa, ficou contente em encontrar um *bulldozer* blindado já na praia, usando o seu guincho para remover arame farpado da muralha marítima. "Eu tive de arriar minha ponte nas dunas de areia, de modo que os outros carros pudessem subir e descer no lado oposto." O primeiro dos "Pândegos" a atravessar começou a malhar um caminho entre as minas para o acesso dos veículos de seguimento e da infantaria.

Quando chegou até "aquele maldito buracão de uma armadilha de tanque", manobrou para o lado, a fim de permitir que um Sherman conduzindo uma faxina se movesse para a frente e a soltasse no buraco. Em seguida o Sherman começou a atravessar, apenas para deslizar para um buraco ainda mais profundo, evidentemente criado por uma granada naval. Hendry se dirigiu para a frente com a sua ponte, que tinha um vão de nove metros. A combinação armadilha de tanque e cratera tinha 1,80 m de largura. Hendry usou a torre do carro de combate afundado como um cais. Depois de posicionar a sua ponte, o extremo oposto repousando sobre o Sherman afundado, outro carro também provido de ponte atravessou e, usando o afundado como apoio, arriou a sua ponte para alcançar o solo seco no outro lado.

Por volta das 9:15 as duas pontes que repousavam no carro afundado estavam bastante seguras para permitir que os malhadores atravessassem. A infantaria veio depois deles e atacou as casas de onde estava vindo o fogo de metralhadora.[17]*

A infantaria canadense cruzou a muralha marítima e entrou na rua lutando nas aldeias, ou contra ninhos de metralhadora, com uma fúria que só vendo para crer. Uma das pessoas que viu foi o praça Gerald

* O carro de combate afundado era um Churchill do 26° Regimento Engenharia de Assalto, os Engenheiros Reais, sob o comando da 7ª Brigada de Infantaria Canadense. Posteriormente no Dia D, a 85ª Companhia de Engenheiros Reais melhorou a ponte. Ela permaneceu em uso até 1976. Quando uma ponte nova foi construída, o carro de combate que tinha servido como cais foi içado da cratera e colocado numa fenda nas dunas de areia bem a oeste de Courseulles, onde se encontra hoje um monumento àqueles que vieram da Grã-Bretanha e do Canadá para libertar a França.

Henry. Sua companhia dos Winnipegs Reais estava programada para desembarcar às 8:00 mas atrasou-se, por isso ele era um observador para a ação inicial. Fez um comentário objetivo: "Foi preciso que houvesse um bocado de atitudes heróicas e de baixas para silenciar as plataformas de concreto e os vários ninhos de metralhadoras."[18]

O sargento Sigie Johnson viu uma das mais bravas ações possíveis na guerra. Um pelotão de pioneiros estava detido por arame farpado. Esperava-se que eles usassem um torpedo *bangalore* para abrir uma brecha, mas o torpedo deixou de explodir. Um soldado, desconhecido para Johnson, lançou-se sobre o arame farpado de modo que os outros pudessem atravessar nas suas costas. Johnson viu outros rastejarem através do arame farpado e dos campos minados para ficarem perto o bastante das seteiras dos ninhos de metralhadoras e jogar granadas dentro delas. Ele concluiu sua entrevista com estas palavras: "Pouquíssimas publicações conseguiram expressar a verdade que a nossa infantaria de Winnipeg enfrentou e fez."[19]

Cada pelotão nas companhias de assalto canadenses tinha um setor destinado nas aldeias, para atacar. Em alguns casos eles quase não encontraram resistência, uma vez transposta a muralha marítima. A Companhia B dos Fuzileiros de Regina, por exemplo, desobstruiu o lado oriental de Courseulles numa questão de minutos. Mas a Companhia A, no lado ocidental, foi detida e seriamente atingida por metralhadoras, um canhão de 88 mm ao lado da entrada do porto, e por um 75 mm no flanco direito. Felizmente, quatorze dos dezenove carros de combate lançados pelo Esquadrão B do 1º Regimento de Hussardos, forneceram apoio à infantaria, que forçou seu caminho através das trincheiras e abrigos subterrâneos que ligavam as posições de concreto.

O sargento Gariepy quase ficou detido em Courseulles. Seu carro acabou numa rua estreita "e havia um daqueles caminhões de aparência engraçada ridícula com um queimador de carvão no estribo. Eu não conseguia fazer passar o meu carro, e vi dois franceses e uma francesa em pé num portal olhando para nós. Assim, tirei meus fones de ouvido e lhes disse em bom francês de Quebec: 'Agora, por favor, querem tirar aquele caminhão do caminho, para que eu possa passar?'

"Eles devem ter ficado apavorados porque não se mexiam. Por isso eu os chamei de tudo em que podia pensar no vocabulário militar. Eles estavam espantados por ouvir um soldado britânico, um Tommy —

eles pensavam que éramos soldados britânicos — falar francês no velho dialeto normando!" Mas eles finalmente removeram o caminhão e Gariepy pôde avançar para o interior.[20]

A Companhia B do Regimento da Rainha, atacando Bernières, também deparou com fortificações não danificadas. Antes que pudesse circundar os canhões e pô-los fora de ação, ela sofreu sessenta e cinco baixas. Mas, dentro de uma hora, Courseulles e Bernières estavam em mãos canadenses.[21]

As equipes de assalto do Regimento da Costa do Norte (Brunswick) atingiram St.-Aubin. Dentro de uma hora a Companhia A, na direita, desobstruiu a sua frente com uma perda de vinte e quatro homens. A Companhia B, atacando a própria aldeia, deparou com uma casamata de concreto armado e portas e portinholas de aço, com bem preparadas trincheiras ao seu redor e 100 soldados alemães no interior. Só quando os carros de combate lançaram vários petardos de 11 quilos contra o *bunker* e arrebentaram o concreto para atordoar os defensores, os alemães se renderam. Metade da guarnição estava então morta ou ferida.[22]

Como em *Omaha*, os pontos fortes que os atacantes pensavam haver posto fora de ação ressurgiram depois que os canadenses se foram. Os alemães se infiltraram através do seu sistema de trincheiras de volta para as posições e recomeçaram a luta. Dentro das aldeias, os alemães apareciam subitamente numa janela, em seguida em outra, disparavam um ou dois tiros, e então desapareciam. O combate de rua, às vezes intensa, às vezes esporádica, continuou durante o dia. As equipes de assalto da Costa do Norte só se apoderaram de St.-Aubin totalmente às 18:00.

As levas seguintes entravam constantemente. Muitos dos homens que delas participavam conduziam bicicletas, o que em certos casos funcionava realmente (embora pelo final do dia a maioria das bicicletas tivesse sofrido o destino da maioria das máscaras contra gases trazidas para a costa, isto é, foram descartadas). De bicicleta ou à pé, os reforços transpuseram a muralha marítima e entraram nas aldeias para lançar-se à frente e tomar as encruzilhadas e pontes no interior.

A Companhia C dos Canadenses-Escoceses alcançou a área entre

Ste.-Croix e Banville, onde elementos do segundo escalão do Winnipegs Real estavam envolvidos em um tiroteio com os defensores alemães. Um comandante de pelotão da Companhia C descreveu o que aconteceu: "Uma metralhadora leve que soava como uma Bren (metralhadora inglesa) abriu fogo de uma posição a cerca de 140 metros de distância. Nos jogamos no chão e eu gritei: 'Estes devem ser os Winnipegs! Quando eu disser 'LEVANTAR-SE' — todos se levantam juntos e gritam 'WINNIPEGS!'

Nós o fizemos, e para nossa surpresa duas seções de infantaria inimiga se levantaram... Eles também estavam mudos de espanto... Sua camuflagem era perfeita e não era de admirar que não os víssemos antes. Mas o atordoado silêncio não durou muito tempo. Havia apenas uma linha de ação, e por unanimidade o pelotão investiu contra a posição do inimigo. Foi um combate cruel com muita luta corpo-a-corpo."[23]

Às 9:30 o 12º Regimento de Campanha, Artilharia Real Canadense, começou a desembarcar. Os artilheiros levaram seus canhões de 105 mm auto-propulsado para a praia, alinharam-nos a apenas alguns metros do interior e começaram a atirar, às vezes sobre alças de mira de entalhe. Nesse meio-tempo os sapadores de assalto dos Engenheiros Reais Canadenses estavam desobstruindo a praia e abrindo saídas, permitindo que os carros de combate e outros veículos se deslocassem para o interior.

Por volta das 12:00, toda a 3ª Divisão Canadense estava na costa. Os Winnipegs e Reginas, apoiados por carros de combate, penetraram vários quilômetros para o interior e capturaram as pontes sobre o rio Seulles. Não foram vistos blindados alemães. De manhã cedo o Canadense-Escocês passou o seu batalhão vanguarda através dos Winnipegs e capturaram Colombiers-sur-Seulles.

O sargento Stanley Dudka dos Montanheses da Nova Escócia do Norte (*Highlanders*) desembarcou às 11:00. "Nossas instruções eram penetrar imediatamente atingindo a cabeça-de-ponte, não nos deter para nada, não lutar a não ser que tivéssemos que fazê-lo, mas chegar ao aeroporto de Carpiquet (bem a oeste de Caen, quinze quilômetros no interior) e capturar e manter o aeroporto."

Por uma variedade de razões, os *highlanders* não foram tão longe, sequer chegaram perto de Carpiquet. Dudka explicou que, antes de tudo, o seu pelotão foi detido na praia pelo fogo alemão e pelo congestionamento, e só começou a ir para o interior às 14:00. Quando os soldados realmente se deslocaram, haviam avançado apenas alguns quilômetros para o interior e então era a hora do chá. ("Os exércitos britânicos e canadenses não conseguem lutar três minutos e meio sem chá", de acordo com Robert Rogge, o voluntário americano do Black Watch.)

Dudka preparou seu chá e encontrou-se com seu irmão Bill, também da sua unidade. "Tomamos nosso chá juntos e alertamos um ao outro para ter cuidado, como fazem os irmãos. Em seguida iniciamos nossa caminhada." A marcha era lenta, visto que cada homem estava conduzindo aproximadamente 40 quilos de equipamento, minas terrestres, munição e armas.

"Às vezes os carros de combate se adiantavam demais à nossa frente", prosseguiu Dudka. "Isto se devia à ansiedade dos canadenses para entrar em ação." Quando os *highlanders* estavam a cerca de meio caminho de Carpiquet, eram 20:00. Foram dadas ordens para cavar trincheiras para passar a noite, providenciar patrulhas e preparar-se para um contra-ataque.[24]

Outra causa de demora foi a tendência para parar para saquear — sempre a ruína dos comandantes de infantaria que tentavam acelerar a marcha de seus homens para a frente. O cabo Rogge observou que o Black Watch se deslocava através das casas de fazendas que os alemães estiveram usando para acantonamento, os homens costumavam se afastar da coluna para saquear um pouco. Pistolas Luger, binóculos e suásticas de pano eram os itens mais procurados.[25]

O sargento Dudka descreveu um outro problema. "A relva e o trigo na França estavam prontos para ser cortados, e a visibilidade era nenhuma. Quando nos entrincheirávamos ou nos deitávamos, não tínhamos visibilidade de espécie alguma, apenas um feixe de relva à nossa frente. Você não podia ver onde os outros estavam. Não tínhamos sido preparados para isso."[26]

O praça Henry, dos Winnipegs, chamou essa situação de "um dia muito lento. Estávamos como que nos deslocando o dia todo, mas não íamos muito longe sem parar para nos abrigarmos em fossos ou qualquer tipo de abrigo disponível. Meu primeiro dia na França foi um dia de estupefação. Eu parecia estar sempre longe o bastante do perigo, e todavia era sempre uma parte dele. Quando nos entrincheirávamos para passar a noite, essa era uma parada bem-vinda".[27]

À tardinha o praça Levers pôs o seu diário em dia. Depois de chegar à muralha marítima e descansar por alguns minutos, seu pelotão cortou o arame e começou a se deslocar para o interior. "Continuamos nosso caminho para a frente — temos de atravessar seis ou sete obstáculos para carros de combate. São fossos de um metro e vinte a um metro e cinqüenta de profundidade e de um metro e oitenta a dois metros e quarenta de um lado a outro e cheios de água até a borda. Há uma metralhadora pesada abrindo fogo adiante e nos deslocamos pelo flanco esquerdo para tentar contorná-la". Ao concluir aquela tarefa, "partimos imediatamente para nosso segundo objetivo. Contornamos montes de palha que eram na realidade ninhos de metralhadora. Deixamo-las para as tropas que estão vindo atrás".

Dois alemães apareceram num campo de cevada e se aproximaram com as mãos no ar. "Havia mais dois escondendo-se no campo, de modo que começamos a procurá-los com a baioneta. Aconteceu-me topar com um deles primeiro e estava para cravar a baioneta quando ele gritou: Russky (russo). Detive o meu fuzil quando a baioneta estava a cinco centímetros do seu peito e o entreguei ao nosso oficial."

O pelotão de Levers prosseguiu a sua marcha. Localizou uma metralhadora e avaliou a distância. "Quando nos aproximamos, ficamos sob fogo cruzado de metralhadoras. Nesta hora eu estava muito pretencioso e com toda a confiança do mundo. Eu estava à frente da minha seção, que vinha na dianteira e no flanco direito. Estávamos na relva que nos dava abrigo contra o fogo das metralhadoras. Arrastei-me até uma cerca de arame farpado que estava a aproximadamente 90 metros da trincheira estreita do inimigo. Eu vi um boche bem exposto e como um trouxa me levantei para apontar. Fiz boa pontaria e já estava apertando o gatilho quando uma bala de metralhadora me derrubou. Atingiu-me na perna direita e atravessou a coxa da esquerda para a direita. Cinco centímetros mais acima e eu teria deixado de ser homem."

Levers voltou se arrastando para o seu pelotão. Um médico cuidou do ferimento. Soldados em uniformes alemães vieram através do campo, com as mãos para cima. Eram poloneses e russos. Levers recebeu a incumbência de guardá-los. Finalmente ele foi levado de volta à praia e transportado por uma embarcação de desembarque à um navio-hospital. De noite, dia 7 de junho, ele já estava na Inglaterra, de onde saíra na tarde do dia 5.[28]

Logo depois das 18:00, o regimento dos *Highlanders* chegou a Beny-sur-Mer, a cinco quilômetros no interior. Lá os canadenses foram saudados pela visão de civis franceses nervosos saqueando barracas alemãs. Os homens carregavam sacos de farinha, carrinhos de mão cheios de botas do Exército, pão, roupa, mobília. As mulheres estavam pegando frangos, manteiga, lençóis e travesseiros. O padre da paróquia ajudava a liberar um conjunto de pratos. Os franceses fizeram uma pausa nos seus saques para oferecer aos canadenses copos de leite e vinho.

Os canadenses prosseguiram para o sul, enfrentando uma resistência leve. Um esquadrão de carro de combate do 1º de Hussardos atravessou a ferrovia Caen-Bayeux, quinze quilômetros para o interior. Foi a única unidade da força de invasão aliada a alcançar seu objetivo final no Dia D. Mas teve de recuar porque a infantaria não havia acompanhado. Os carros se reabasteceram de combustível e munição, a fim de se preparar para o esperado contra-ataque.

A oeste, o Canadense-Escocês fizera uma penetração de um quilômetro e se ligara com a 50ª Divisão Britânica em Creully. Entre eles, a 50ª Divisão Britânica e a 3ª Canadense haviam desembarcado 900 carros de combate e veículos blindados, 240 canhões de campanha, 280 canhões anti-carro e mais de 4.000 toneladas de provisões.

Os canadenses não conseguiram alcançar o seu objetivo do Dia D ao sul, o N-13, enquanto a leste havia uma brecha de quatro a sete quilômetros entre os canadenses e a 3ª Divisão Britânica na praia *Sword*.

Os motivos pelos quais os canadenses não atingiram todos os seus objetivos eram muitos. De início, os objetivos tinham sido insensatamente otimistas, especialmente quando se tratava de homens que iam combater pela primeira vez. Eles eram vagarosos em atingir as praias. A maré alta e o vento forte dificultaram os desembarques. Os obstáculos eram mais difíceis do que se esperava (os engenheiros canadenses se queixavam de que os obstáculos ao largo da praia *Juno* eram muito mais pesados, mais fortes e mais numerosos do que aqueles contra os quais haviam praticado na Inglaterra). Os bombardeios aéreo e marítimo foram desapontadores. O cronograma para o desembarque era muito apertado, um número excessivo de veículos foi posto em terra cedo demais, produzindo congestionamento que levou horas para ser corrigido. Como conseqüência, o ataque perdeu seu impulso inicial.

Finalmente, uma vez em terra e através das aldeias, havia uma tendência nos homens em achar que já haviam cumprido a sua parte.[29]

Os soldados alemães encontrados pelos canadenses deram razões para otimismo. Eles eram jovens ou velhos, poloneses ou russos, não os vigorosos fanáticos nazistas que os canadenses haviam previsto. Os prisioneiros de guerra da Wehrmacht formavam um bando de deprimidos de triste aparência. Mas os canadenses sabiam que os alemães tinham tropas melhores na área, especialmente a 21ª Divisão *Panzer*, e previam fortes e determinados contra-ataques. Assim, eles se entrincheiravam perto de seus objetivos.

Mas, como escreve John Keegan, da 3ª Divisão Canadense: "No fim do dia seus elementos avançados achavam-se mais profundamente na França do que os de qualquer outra divisão."[30] Considerando que a oposição que os canadenses enfrentaram era mais forte do que a em qualquer outra praia exceto *Omaha*, essa foi uma realização da qual a nação inteira pôde sentir considerável orgulho.

Depois de dois anos, os canadenses se desforraram da Wehrmacht por Dieppe.

30. "Uma Visão Inesquecível"

Os Britânicos na Praia Sword

A praia *Sword* ia de Lion-sur-Mer a Ouistreham na embocadura do canal de Oran.* Na maioria das áreas viam-se casas de veraneio e estabelecimentos de turismo bem no interior do passeio pavimentado que corria por trás da muralha marítima. Havia os usuais obstáculos costeiros e plataformas nas dunas, com conjuntos de morteiros e peças de artilharia médias e pesadas no interior. Antes de tudo, porém, os alemães pretendiam defender a *praia Sword* com os canhões de 75 mm da bateria de Merville e os canhões de 155 mm em Le Havre.

Mas os homens do tenente-coronel Otway da 6ª Divisão Aeroterrestre tinham tomado e destruído a bateria de Merville, e os grandes canhões em Le Havre se mostraram ineficazes contra a praia, por duas razões. Primeira, os britânicos haviam lançado cortinas de fumaça para impedir a regulação em alcance dos alemães. Segunda, a bateria do Le Havre passou a manhã num duelo com o HMS *Warspite* (que ela

* A extensão de oito quilômetros do flanco esquerdo em *Juno* (St.-Aubin) e do flanco direito da *Sword* (Lion-sur-Mer) era muito rasa e pedregosa para permitir um assalto. Ironicamente, em Ouistreham havia um monumento ao bem-sucedido rechaço de um desembarque britânico tentado no dia 12 de julho de 1792.

nunca atingiu), um grande erro da parte dos alemães quando os alvos na praia eram muito mais compensadores.

Todavia, os 88 mm na primeira elevação, a alguns quilômetros do interior, estavam em condições de desencadear um firme fogo sobre a praia para suplementar o fogo dos morteiros e das metralhadoras que vinha das janelas das vilas à beira-mar e das casamatas espalhados entre as dunas. Além do mais, havia fossos anti-carros e minas para impedir a progressão para o interior, bem como maciças muralhas de concreto bloqueando as ruas. Estas defesas causariam consideráveis baixas e retardariam o assalto.

As equipes de infantaria de assalto eram de companhias provenientes do Regimento de South Lancashire (setor Peter, à direita), do Regimento de Suffolk (setor Rainha, no centro), e do Regimento de East Yorkshire (setor Roger, à esquerda) apoiadas por carros de combate. Sua tarefa era abrir saídas através das quais a segunda leva, que consistia de tropas de comandos e mais carros de combate, pudesse seguir para o interior demandando seus objetivos. Nesse meio-tempo, as unidades de equipes de demolição submarina e engenheiros lidariam com os obstáculos. Outros regimentos da 3ª Divisão Britânica programados para desembarcar mais tarde pela manhã incluíam o Lincolnshire, o King's Own Scottish Borderers, o Royal Ulster Rifles, o Royal Warwickshire, o Royal Norfolk, e o King's Shropshire Light Infantry. A Hora H estava fixada para 7:25.

Na corrida para a praia, o brigadeiro lorde Lovat, comandante da Brigada de Comando, tinha o seu gaiteiro de foles Bill Millin, tocando canções escocesas do Highland no castelo de proa do seu LCI. O major C. K. King do 2º Batalhão, Regimento de East Yorkshire, percorrendo o LCA, lia para os seus homens os versos de *Henrique V*, de Shakespeare: "Avante, avante, nobres ingleses! Cujo sangue vem dos pais experimentados pela guerra... Sede agora exemplos para homens de sangue menos nobre e ensinai-os como guerrear. O jogo está em marcha: segui o vosso espírito."[1]

Esperava-se que os carros de combate flutuantes chegassem em primeiro lugar, mas eles não podiam navegar com bastante rapidez por causa da maré. Os LCT e os LCA os ultrapassavam. Às 7:26, os primeiros LCT começaram a desembarcar, acompanhados pelos LCA que conduziam equipes de infantaria de assalto. Fogo esporádico de metralhadoras e de morteiros, acompanhado por granadas de 88 mm disparadas do interior os saudavam — não tão pesados como em *Juno* ou *Omaha*, porém muito mais do que em *Utah* e em *Gold*.

Os homens-rãs da Marinha Real saltaram pelos costados de suas embarcações e foram destruir os obstáculos enquando a infantaria saltava na água e se deslocava para a costa. As baixas eram pesadas, mas a maioria das equipes de assalto conseguiu chegar às dunas. Embora alguns homens ficassem chocados num desamparo temporário, a maioria começou a lançar fogo de supressão contra os embasamentos. Shermans e Churchills, disparando suas metralhadoras calibre .50 e canhões de 75 mm, foram de grande ajuda — e forneceram alguma proteção para os homens que cruzavam a praia.

O major Kenneth Ferguson fazia parte da primeira leva de LCT. Ele estava na extrema direita, defronte a Lion-sur-Mer. Sua embarcação foi atingida por uma granada de morteiro. Ferguson havia amarrado uma motocicleta ao lado da torre do seu Sherman; a explosão incendiou a gasolina da moto e pôs a embarcação em grande perigo, pois ela continha carregadores de munição, torpedos *bangalore* e tambores de gasolina. Ferguson disse ao patrão que recuasse a ariasse a rampa, a fim de pôr na água a carga do convés. Em seguida desceu a rampa com o Sherman.

Imediatamente atrás de Ferguson vinha outro Sherman com uma ponte. Um canhão anti-carro alemão disparou contra eles. O Sherman dirigiu-se até ele e arriou a sua ponte diretamente sobre o embasamento, pondo o canhão fora de ação. Carros de combate malhadores entraram em ação desobstruindo caminhos através das minas.

"Eles se empenharam na malhação da praia", disse Ferguson. "Malharam diretamente até as dunas, depois viraram à direita malhando e em seguida malharam de volta até abaixo da marca da preamar." Outros carros usavam *bangalores* ou cobras ou serpentes para abrir brechas no arame farpado e nas dunas. Ainda outros, dos "Pândegos" de Hobart, arriaram suas pontes sobre a muralha marítima, acompanhados por *bulldozers* e em seguida por carros de combate conduzindo faxinas que arriavam seus feixes de toros nos fossos anticarro.

Quando a tarefa estava completa, os malhadores podiam cruzar a principal estrada lateral, cerca de 100 metros no interior, e começar a malhar à direita e à esquerda para desobstruir o caminho para a infantaria. "Fomos salvos por nossos carros malhadores", reconheceu Ferguson. "Nenhuma dúvida a respeito."

Todavia, as equipes de infantaria de assalto foram detidas por um atirador de elite e fogo de metralhadora que vinham de Lion-sur-Mer. Esperava-se que os comandos da segunda leva passassem diretamente através de Lion e se deslocassem para o oeste, a fim de se incorporar aos canadenses em Langrune-sur-Mer, mas também eles foram detidos pelo fogo alemão. As ordens de Ferguson eram prosseguir para o sul na direção de Caen, mas em vez disso ele teve de se voltar para o oeste para prestar ajuda em Lion.

"Eu me sentia irritado com o fato de ter que ajudar aqueles comandos, eu estava zangado com aquilo. Abominava pessoas que não saíam das praias tão rápido quanto era preciso e não iam adiante. As pessoas tendiam a embromar demais."

Refletindo sobre aquelas palavras, Ferguson continuou: "Ainda assim, parece inteiramente natural. Suponho que tudo poderia ter saído melhor no Dia D, eu não sei. Entretanto, fizemos nossa parte." Levando tudo em conta, concluiu ele: "Saímos da praia com muita rapidez."[2] Mas não através de Lion, onde a resistência alemã continuava.

Os alemães tinham uma bateria num bosque perto de Lion, protegida pela infantaria em trincheiras e atrás de sacos de areia. Os comandos não podiam desalojar os alemães; a bateria mantinha o seu fogo contra a praia. Às 14:41, o observador naval avançado com os comandos entrou em contato pelo rádio com o capitão Nalecz-Tyminski, comandante do contratorpedeiro polonês *Slazak*. "Com nervosismo na voz", escreveu Nalecz-Tyminski em seu relatório de ação, o observador disse que "os comandos estavam detidos por pesado fogo inimigo, que nem eles nem ele próprio podiam levantar as cabeças de suas trincheiras, que a situação era muito séria e que a missão deles era vital para toda a operação. Ele requisitou insistentemente um bombardeio de vinte minutos em cada alvo, a começar com os bosques".

As ordens de Nalecz-Tyminski eram de não realizar qualquer bombardeio a não ser que a explosão das granadas pudesse ser observada e relatada por um observador avançado, mas "em vista da seriedade da situação, eu não podia perder tempo em requisitar permissão para executar um bombardeio sem que ele fosse corrigido pelo observador avançado. Ordenei ao meu oficial artilheiro que começasse a atirar nos alvos descritos".

O *Slazak* abriu fogo com seus canhões de 4 polegadas durante quarenta minutos. Nalecz informou então ao observador avançado que o bombardeio estava terminado. O observador respondeu que os alemães ainda estavam resistindo e requisitou mais vinte minutos de fogo. O *Slazak* fez como lhe foi pedido. "Quando o bombardeio estava terminado, ouvimos no rádio a sua voz entusiasmada: "Acho que você salvou nossa pele. Obrigado. Esteja a postos para fazê-lo novamente."

Pouco depois, outro pedido de apoio. O *Slazak* aquiesceu. Após aquela ação, o oficial artilheiro relatou a Nalecz-Tyminski que de 1.045 cartuchos que havia nos depósitos no início do dia, apenas cinqüenta e nove restavam. Nalecz-Tyminski teve de interromper. Informou isso ao observador avançado, desejando-lhe o máximo de sorte. O observador recebeu a mensagem e concluiu com as palavras: "Obrigado da parte dos Fuzileiros da Marinha Real."[3]

Apesar do bombardeio, os alemães em Lion não desistiram, não só no curso do Dia D mas também nos dois dias que se seguiram. O grande intervalo entre Langrune, na esquerda canadense em *Juno* e Lion, na direita britânica em *Sword*, permanecia nas mãos dos alemães.

Etienne Robert Webb era o proeiro num LCA que conduzia uma equipe de assalto para a extrema esquerda no setor Roger. Ao entrar, "demos com um daqueles obstáculos que rasgavam o fundo da embarcação como um abridor de latas". O LCA afundou. Webb nadou para a costa, "onde eu pensei: 'que diabos vou fazer agora?' Ele se uniu aos companheiros.

"Havia muita atividade, cornetas soando, gaitas de fole tocando, homens correndo de um lado para o outro, os comandos chegando de uma embarcação de desembarque e deslocando-se para a praia como se fosse uma tarde de domingo, tagarelando sobre o que teriam que passar para cumprir pelo menos um pouco do que lhes cabia." O chefe de desembarque localizou Webb e seus companheiros e disse-lhes para "se manterem fora do caminho, se manterem fora de encrenca, e nós os tiraremos daqui".

Webb chegou à costa às 7:30. Por volta das 8:00 "não havia nenhum combate na praia. Absolutamente nenhum. Desenvolvia-se todo no interior". Granadas de morteiros estavam caindo sobre a praia, juntamente com granadas de artilharia e fogo ocasional de atiradores de elite, que os comandos e soldados do East York ignoravam inteiramente. Às 11:00 Webb foi evacuado por um LCI.[4]

Os comandos vistos por Webb eram franceses, liderados pelo coronel Philip Kieffer. No dia 4 de junho, quando eles embarcavam, os comandos franceses — homens que haviam sido evacuados de Dunquerque quatro anos antes, ou que haviam escapado da França de Vichy para se unirem aos Franceses Livres de De Gaulle — estavam num estado de espírito alegre. "Sem bilhete de volta, 'pliz' ", diziam aos oficiais de controle do embarque militar ao embarcarem nos seus LST.

Na manhã de 6 de junho, faziam parte de um contingente inicial de comandos que desembarcariam na praia em LCA. No último minuto o comandante do grupo, tenente-coronel Robert Dawson, dos Comandos dos Fuzileiros Reais, acenou para que os franceses fossem adiante de modo a serem os primeiros a pôr os pés na terra firme.[5]

Um dos franceses era o praça Robert Piauge, de 24 anos, cuja mãe vivia em Ouistreham. Ele estava no LCI 523, comandado pelo subtenente John Berry, que ficara pendurado num obstáculo costeiro. Piauge e outro comando saltaram no mar, tão impacientes estavam de voltar para a França. Piauge desembarcou com a água pelo peito. Ele vadeou até a costa, sendo o terceiro francês a chegar.

Granadas de morteiro, explodiram ao seu redor, algumas de artilharia, um pouco de fogo de armas leves, muito barulho. Piauge conseguiu chegar à costa e andou dez metros pela praia quando um morteiro explodiu a seu lado, crivando-o de estilhaços (ele ainda hoje traz vinte e dois pedaços de aço no corpo). Seu melhor amigo, perto dele, foi morto pela mesma explosão. Um médico britânico examinou os ferimentos de Piauge, pronunciou-lhe *fini*, deu-lhe uma dose de morfina, e se afastou para tratar homens que podiam ser salvos.

Piauge pensou na sua mãe, que protestara em lágrimas contra seu ingresso no Exército francês em 1939, já que seu marido sucumbira como resultado de ferimentos recebidos na Primeira Guerra Mundial. Em seguida ele pensou na França, e "comecei a chorar. Não de pena de mim mesmo, nem por causa de meus ferimentos, mas pela grande alegria que senti ao estar de volta ao solo francês". Ele desmaiou.

Piauge foi recolhido por um médico, conduzido a um navio-hospital por um LCI, teve os ferimentos tratados, e finalmente se recuperou num hospital na Inglaterra. Hoje, mora num apartamento à beira-mar em Ouistreham. Da janela da sua sala de estar ele pode olhar para o local onde desembarcou.[6]

Os comandos prosseguiram. Movendo-se com vigor e determinação, eles cruzaram a muralha marítima e atacaram os defensores alemães em Riva-Bella e Ouistreham, enxotando-os de suas casamatas de metralhadoras e casas fortificadas. Eles tomaram o pesadamente defendido bastião de Casino pela retaguarda depois de encarniçado combate.

O major R. "Pat" Porteous, que ganhara a Victoria Cross na incursão a Dieppe (depois de ser ferido em uma mão, ele liderou um assalto de baioneta usando somente a outra) comandava uma companhia do Comando nº 4. Sua missão era ir para a esquerda, para a margem de Ouistreham, a fim de destruir uma torre de controle de tiro alemão numa fortaleza medieval e uma bateria costeira próxima, e em seguida ajudar a socorrer o grupo do major Howard que havia lançado um golpe-de-mão em Pegasus Bridge.

Porteous perdeu aproximadamente um quarto dos seus homens transpondo a muralha marítima, seja para obstáculos minados, fogo de morteiro ou de metralhadoras vindo de um ninho à sua esquerda. "Saímos daquela praia tão rápido quanto pudemos. Soltamos granadas fumígenas que nos deram um pouco de cobertura para atravessar a praia. O ninho de metralhadora estava protegido por concreto e a guarnição ficava tão abrigada quanto possível, mas a fumaça permitiu-nos transpor a praia."

Porteous virou à esquerda na estrada costeira, combateu para atravessar as ruas, chegou à bateria, e descobriu que os "canhões" eram postos telefônicos. "Soubemos depois, através de um francês, que a bateria fora retirada cerca de três ou quatro dias antes do Dia D e fora reassestada a uns três quilômetros no interior", recordou Porteous. "Quando chegamos ao local, eles começaram a mandar fogo sobre a velha posição da bateria. Perdemos uma porção de soldados ali."

Porteous compreendeu que os observadores alemães na torre medieval estavam se comunicando com os artilheiros na bateria do interior. Ele se dirigiu para o fundo da torre. "Havia uma única escada no meio dela e aqueles alemães estavam no cimo, com o máximo de segurança. As paredes tinham três metros de espessura." Um de seus companheiros tentou trepar na escada, mas os alemães atiraram uma granada em cima dele. Outro dos homens de Porteous disparou seu projétil de carga oca PIAT na torre, mas o míssil não conseguiu penetrar.

"Assim o PIAT se mostrou inútil. Tentamos dar um jato nos observadores alemães com um lança-chamas, mas eles estavam muito alto; não conseguimos obter bastante pressão daqueles nossos pequenos lança-chamas de carregar nas costas." Não havia nenhuma maneira de desalojar os observadores; Porteous estava sofrendo baixas causadas por tiros de fuzil que vinham da torre; então decidiu deixar o problema para outros e partiu para Pegasus Bridge.

Seus homens não se deslocavam com muita rapidez. "Nós ainda estávamos encharcados, conduzindo nossas mochilas, parecíamos na verdade um bando de caracóis se arrastando. Mas não encontramos nenhum alemão, exceto alguns mortos deitados pelo chão." Mas eles encontraram alguns franceses. Numa casa de fazenda: "Foi uma cena triste, um homem precipitou-se para fora e gritou: 'Minha mulher foi ferida. Há um médico com vocês?'

"Naquele momento ouvi uma granada de morteiro caindo. Estendi-me no chão e quando me levantei vi sua cabeça rolando estrada abaixo. Foi uma coisa horrível. Por sorte eu tinha me jogado no chão com mais rapidez."

A tropa de Porteous deslocou-se para o interior na direção de Pegasus Bridge. "Vimos um grande campo de morangos. A maioria dos rapazes chapinhou na lama para o campo e começou a comer as frutas. O pobre do fazendeiro francês se dirigiu a mim e se queixou:

'Durante quatro anos os alemães estiveram aqui e nunca comeram um.' "

A tropa aproveitou o tempo para fazer um pouco de chá. Um de meus subalternos estava preparando uma xícara, segurando um fogareiro pequeno; numa mão trazia a sua marmita e uma lata de chá na outra; uma granada de morteiro explodiu, jogando-o para trás de pernas para o ar, encheu sua xícara e sua marmita de buracos; quanto a ele, só estava todo esbaforido."[7]

O capitão Kenneth Wright era o oficial de inteligência junto ao comando nº 4. No dia 11 de junho, ele escreveu à seus pais ("Queridíssimos velhinhos" foi a saudação) sobre suas experiências. Ele descreveu o carregamento, a viagem através do canal, o afundamento do destróier norueguês *Svenner*, a investida para a praia no seu LCA.

Wright prosseguiu: "Exatamente quando estávamos nos preparando para desembarcar, houve um terrível estrondo (proveniente de uma granada de morteiro que explodia) e todo o grupo caiu, uns por cima dos outros. Senti uma dormência no lado direito (causada por inúmeros ferimentos feitos por estilhaços) — nenhuma dor, apenas uma súbita ausência de sensação, uma sensação de não poder respirar. No mesmo momento, a rampa foi arriada e um companheiro da Marinha disse: 'É aqui onde você salta.'

"Assim eu saltei, mas apenas depois de fazer esforços para respirar e me mover. Pareciam séculos antes de eu me levantar e saltar do barco. Houve muitos que não puderam seguir-me, inclusive nosso padre. Saltei para dentro de cerca 90 cm de água. Eram quase 7:45 e lembro-me de haver pensado por um segundo se Nellie já teria telefonado para meus pais!"

Wright tinha cinqüenta metros para vadear "e por isso, com o peso da mochila e o peso da água no percurso a transpor, eu estava quase exausto no momento em que cheguei na praia, onde logo me sentei e deixei cair a mochila com todos os meus pertences.

"A praia naquela ocasião estava coberta de homens, deitados em levas em alguns lugares para evitar o congestionamento em torno das saídas: alguns estavam sentados: a maioria deles trotava ou caminhava através da areia para as dunas. Houve um grande número de baixas, sendo as piores a dos atingidos na água e que tentavam se arrastar para a praia com mais rapidez do que a maré que subia.

"O comportamento dos homens naquelas praias era espantoso. Nossos franceses vieram de roldão pela areia, tagarelando muito e sorrindo largamente. Todos passamos pela mesma brecha no arame dos fundos da praia, todo mundo fazendo fila e avançando um a um como se fosse o dia do pagamento. Sentei-me sob um muro e observei os comandos seguirem em fila pela estrada principal para o interior. Todo mundo feliz e cheio de energia." Um soldado trouxe para Wright um pouco de Calvados que conseguira.

Isso ajudou a aliviar-lhe a dor. Ele juntou-se ao dr. Joe Paterson, o oficial médico do comando, que fora ferido na cabeça e na perna mas ainda estava trabalhando. Paterson cuidou do ferimento de Wright e disse-lhe para ficar onde estava e esperar pela evacuação. Dois franceses trouxeram um pouco mais de Calvados para Wright "e uma porção de votos de felicidades. Entrei numa casa e me deitei numa larga cama de penas: e esse foi o fim da minha luta pela Invasão."

Wright foi reconduzido à praia, onde passou vinte e quatro horas numa padiola ao ar livre. Finalmente voltou para um hospital na Inglaterra.[8]

Lorde Lovat entrou à esquerda do Comando nº 4. Ele era, e é, uma lenda. Em Dieppe, seus comandos fizeram um trabalho maravilhoso destruindo uma fortificação alemã, mas perdendo alguns homens no processo. Vieram ordens para a retirada. Os escoceses *nunca* deixam seus mortos para trás. Trazê-los para baixo do rochedo numa retirada às pressas era impossível. Lovat mandou derramar gasolina sobre eles e queimou os corpos.

Lovat estava com o comodoro Rupert Curtis, comandante da 200ª Flotilha (LCIs). Quando os LCI estavam entrando, relembrou Curtis, "um LCT navegando com dificuldade passou por perto, depois de descarregar os seus carros de combate. Lorde Lovat pediu-me para nos comunicarmos com ela, e através do meu megafone falei para um marinheiro no tombadilho: "Como foram as coisas?' Ele abriu um sorriso alegre, levantou os dedos fazendo o sinal familiar do V da Vitória, e disse com prazer: 'Foi moleza.' Fiquei encorajado, mas eu tinha motivos para duvidar do seu relato otimista porque o inimigo estava obviamente se recuperando do choque do bombardeio inicial e revidando ao ataque."

Ao entrar, Curtis levantou a bandeira, que significava "tome a formação em cunha", e cada embarcação se moveu para bombordo ou estibordo, formando um V que constituía um alvo um pouco fácil para os alemães. À sua esquerda, na praia, Curtis pôde ver um LCT em chamas e encalhado. "Julgando pelos feridos à beira das ondas, o fogo dos morteiros alemães estava assestado precisamente sobre a beira da água.

"Agora era o momento. Eu aumentei as rotações do motor para toda velocidade avante e passei à força entre as estacas. Quando encalhamos, mantive os motores funcionando a meio avante para manter a embarcação em posição na praia e ordenei: 'Fora as rampas.' Os comandos continuaram a desembarcar bem tranqüilamente. Cada mínimo detalhe desta cena parecia tomar uma intensidade microscópica, e estampada na minha memória está a figura alta e imaculada de Shimi Lovat caminhando a passos largos através da água, com o fuzil na mão e os seus homens dirigindo-se com ele para a praia ao som da gaita de foles de Millin."[9]

Entre toda a carnificina, bombas que explodiam, fumaça e ruído na *praia Sword,* alguns dos rapazes com o praça Harold Pickersgill afirmaram que viram uma figura notável, uma absoluta e extraordinariamente bela garota francesa de dezoito anos que usava uma braçadeira da Cruz Vermelha e que havia guiado a sua bicicleta até a praia para prestar socorro aos feridos.

O próprio Pickersgill encontrou uma garota francesa no interior mais tarde naquele dia; ela falava um inglês de ginásio, ele um francês de ginásio. Eles trocaram olhares e se apaixonaram; casaram no fim da guerra e ainda estão juntos até hoje, morando na pequena aldeia de Mathieu, a meio caminho entre o canal e Caen. Mas ele nunca acreditou na história da garota da Cruz Vermelha na praia.

"Oh, vocês estão é tendo alucinações", objetou ele aos seus companheiros. "Isso simplesmente não pode ser, os alemães não teriam permitido que passasse através de suas linhas e nós não queríamos nenhum civil xeretando. Isso simplesmente não aconteceu."

Mas em 1964, quando ele estava trabalhando como agente de

embarque em Ouistreham para uma linha britânica de navegação, Pickersgill encontrou John Thornton, que o apresentou à sua esposa, Jacqueline Seu nome de solteira era Noel, ela encontrara Thornton no Dia D mais quatro; ele também era agente de embarque em Ouistreham. Jacqueline estivera na praia, e a história era verdadeira.[10]

Pickersgill organizou uma entrevista para mim com Jacqueline para este livro. "Bem", disse ela, "eu estava na praia por um motivo bobo. Minha única irmã gêmea fora morta numa incursão aérea uma quinzena antes em Caen, ela me dera um traje de banho pelo meu aniversário e eu o deixara na praia, porque tínhamos permissão de pelo menos uma vez por semana remover as cercas, de modo que podíamos passar para ir nadar, eu deixara o traje numa pequena cabana na praia e queria ir apanhá-lo. Não queria que ninguém o pegasse.

"Assim, montei na minha bicicleta e me dirigi à praia."

Eu perguntei: "Os alemães não tentaram detê-la?

"Não, minha braçadeira da Cruz Vermelha evidentemente os fez pensar que não havia problema.

"Havia um pouquinho de atividade" — prosseguiu ela numa excelente atenuação da verdade — "e eu vi alguns cadáveres. E naturalmente uma vez chegada à praia eu não podia voltar, os ingleses não me deixariam. Eles assobiavam para mim, sabe como é. Mas na maior parte estavam surpresos em me ver. Quero dizer, era uma coisa ridícula de fazer. Por isso eu fiquei na praia para ajudar a socorrer os feridos. Só voltei para casa dois dias depois. Havia muita coisa a fazer.'" Ela trocou ataduras, ajudou a arrastar os feridos e os mortos para fora da água, enfim, foi útil.

"Lembro-me de uma coisa horrível que me fez compreender quão estúpida eu era. Eu estava no alto de uma duna e havia um tronco, completamente nu, sem cabeça. Jamais soube se era um alemão ou um inglês. Queimado completamente."

Quando lhe pergunto sobre qual era a sua mais vívida e prolongada lembrança do Dia D, ela responde: "O mar com todos aqueles barcos. Todos os barcos e aviões. Era algo que você não pode imaginar se não viu. Eram barcos, barcos, barcos e mais barcos, barcos por toda parte. Se naquele momento eu fosse um alemão, teria olhado aquela cena, largado minha arma e dito: 'É isso aí. Acabou.' "[11]

Jacqueline e John Thornton (ele entrou na segunda leva no Dia D) vivem hoje perto da aldeia de Hermanville-sur-Mer numa casa adorável com um lindo jardim. Ainda é uma mulher muito bonita, tão bonita quanto corajosa. Os veteranos britânicos cujos ferimentos ela envolveu com ataduras ainda a visitam para agradecer, especialmente nos aniversários do Dia D.

O praça Harry Nomburg (usando o nome "Harry Drew") era um daqueles judeus da Europa Central que se uniram aos comandos e foram colocados na Companhia 3, Comando nº 10, onde ele e seus camaradas judeus receberam um treinamento especial em inteligência e foram preparados para fazer o interrogatório em campo de batalha dos prisioneiros de guerra alemães. Ele usava com orgulho a boina verde dos comandos e foi para terra cheio de expectativa sobre a contribuição que ia dar para derrubar Hitler.

Ele vadeou para a terra conduzindo sua submetralhadora Thompson elevada acima da cabeça. Fora suprido com um carregador de trinta cartuchos para sua pistola-metralhadora, algo de novo para ele — que sempre conduzira antes um carregador de vinte cartuchos. "Ah, ninguém tinha me informado que ao carregar trinta cartuchos .45, o carregador ficava pesado e por isso tendia facilmente a cair. Portanto, nunca deixava que carregassem com mais de vinte e oito cartuchos.

"Sem saber, eu o deixei carregar todo, resultando daí que o carregador se perdeu na água e eu atingi as praias da França e assaltei a fortaleza da Europa sem um único tiro na minha metralhadora."

Olhando em redor, Nomburg viu a frota de guerra estendendo-se por toda a extensão do horizonte. Ele percebeu três corpos na arrebentação, "todavia a oposição findou sendo muito mais leve do que eu esperava".

Quando ele se deslocava pela praia, ao som da gaita de foles, "notei uma alta figura caminhando a passos largos bem à minha frente. Imediatamente reconheci o brigadeiro e, aproximando-me dele, toquei-lhe no cinto por trás enquanto pensava comigo mesmo: 'Se alguma coisa me acontecer agora, que seja dito pelo menos que o praça Drew caiu ao lado de lorde Lovat!' "

Nomburg cruzou a muralha marítima e deparou com dois soldados da Wehrmacht, que se renderam a ele. Nomburg estava certo de que eles tinham sido alimentados com nada mais que propaganda e mentiras, por isso quis revelar-lhes a verdadeira situação em muitas frentes da Alemanha. As últimas notícias que ele ouvira antes de embarcar no seu LCI na Inglaterra eram de que as forças aliadas achavam-se a quinze quilômetros de Roma. Com grande satisfação, relatou esse fato a seus prisioneiros.

"Eles olharam para mim com espanto e retrucaram que haviam acabado de ouvir pelo seu rádio que Roma tinha caído! Concluí então que eles é que estavam me informando e não eu a eles." Nomburg mandou-os de volta para um reduto de prisioneiros de guerra na praia e prosseguiu na direção do seu destino, Pegasus Bridge.[12]

O cabo Peter Masters, um judeu de Viena que também era membro da Companhia 3, Comando nº 10, teve a sua própria odisséia no Dia D. Ele foi o segundo homem a sair do seu LCI. Conduzia a sua mochila e a sua pistola-metralhadora com um carregador de trinta cartuchos ("que não era de nenhuma utilidade porque tendia a cair da pistola-metralhadora devido ao peso extra"), com 200 cartuchos sobressalentes, quatro granadas de mão (duas de fragmentação e duas fumígenas), uma muda de roupa, um cobertor, rações para dois dias, uma pá de tamanho natural ("as ferramentas para abrir trincheiras do Exército não eram boas o bastante para cavar buracos profundos às pressas"), e uma corda de 60 metros de comprimento para puxar escaleres infláveis (carregados por outros) através das vias fluviais do Orne, no caso de as pontes terem sido dinamitadas. Isso seria mais que o bastante para um cavalo arrastar para terra, mas em acréscimo Masters tinha uma bicicleta, como a tinham todos os outros da sua tropa.

"Ninguém correu para a terra", observou ele. "Vacilávamos. Com uma mão eu conduzia minha metralhadora, dedo no gatilho; com a outra segurava o corrimão de corda rampa abaixo, e com a terceira mão arrastava minha bicicleta."

A ordem a que se dava mais ênfase era "saiam da praia". Masters fez o melhor que pôde, observando em seu caminho para a terra dois soldados cavando uma trincheira na água. "Eu nunca pude compreender por que eles estavam fazendo aquilo. Sendo um principiante, eu não sabia o bastante para ficar verdadeiramente apavorado." Ao chegar à duna, ele viu seu comandante da Companhia 3, major Hilton-Jones. "Eu não consegui pensar em nada de melhor para fazer, por isso lhe fiz continência. Deve ter sido a única continência na praia no Dia D."

Cruzando a duna com a sua bicicleta e a corda, "passamos por alguns companheiros que varriam minas com um detector. Mas não podíamos esperar. Nosso líder, o capitão Robinson, passou diretamente por eles, que gritaram: 'Ei, que é que você está fazendo?' Robinson disse: 'Desculpem pelo acontecido, companheiros, mas temos que ir.' "

Os soldados de infantaria que precederam os comandos "pareciam estar apenas sentados aqui e ali, sem fazer nada em particular". Masters reagiu com espírito crítico à passividade deles, até que ouviu um sinaleiro próximo agachado num fosso, decodificando uma mensagem para um oficial: "Pelotão nº 2, restam seis homens, senhor."

"Então eu pensei: eles devem ter feito algo, e nós estamos indo para o lugar onde tudo lhes aconteceu." A tropa passou sob uma barragem de morteiros para chegar à sua área de reunião, a alguns quilômetros no interior, à margem de um bosque. Era preciso atravessar um campo arado para chegar até lá.

Atiradores de tocaia atiravam do bosque. Granadas de morteiro caíam. "Para piorar as coisas, tivemos de atravessar e tornar a atravessar uma pequena enseada lamacenta cheia de água. As bicicletas se mostraram muito difíceis de segurar enquanto escorregávamos na água, que era consideravelmente mais profunda do que a que tínhamos vadeado na praia."

Havia um sulco que se prolongava na direção do bosque. A tropa o utilizou como abrigo, "arrastando-se furtivamente na direção da área de reunião. Eu me juntei à fila. No início, tentei me arrastar, pegar a bicicleta atrás e puxá-la na minha direção, mas isso se mostrou tão extenuante que logo mudei o meu método. A única maneira era empurrá-la verticalmente, visível por milhas enquanto eu ficava bem embaixo no sulco, com apenas o meu braço levantando-a, mas por fim ela rodou melhor verticalmente".

O sulco ficou mais raso a uma centena de metros do bosque. O fogo alemão se tornou mais preciso. Alguns carros de combate britânicos surgiram e abriram fogo contra o bosque. Masters levantou-se "e, empurrando minha bicicleta e passando por cima de todo mundo que se pusesse no meu caminho, consegui chegar ao bosque".

Lorde Lovat caminhava pela área de reunião, incitando as pessoas a agir. "Ele parecia ser um homem completamente à vontade, e os tiros e o barulho não pareciam de modo algum incomodá-lo. 'Bom espetáculo, a gaita de foles', disse ele quando o tocador Millin apareceu correndo. Millin estava ofegando e recuperando o fôlego, puxando a gaita de foles bem como todo o outro equipamento que lhe pertencia."

"Vamos, movimentem-se, isto não é diferente de um exercício", exclamou Lovat.

"Ele estava muito calmo", observou Masters. "Não conduzia nenhuma outra arma além do seu Colt .45 no coldre (Lovat passsara o fuzil para um soldado que perdera o dele na água.) Ele tinha uma bengala, uma bengala comprida e fina bifurcada no punho. É chamada na Escócia de bengala de vadear."

Havia alguns prisioneiros na área de reunião. Lovat notou a presença de Masters e disse: "Oh, você é o camarada que fala outros idiomas. Pergunte a eles onde estão os seus obuses."

Masters o fez, mas não obteve nenhuma reação. Um dos prisioneiros era um sujeito corpulento e meio careca. Os comandos começaram a agrupar-se e a dizer: "Olhem para aquele alemão arrogante e safado. Ele sequer fala com nosso homem quando lhe faz perguntas."

Os rostos inexpressivos dos prisioneiros da Wehrmacht tornaram claro a Masters que eles não estavam compreendendo uma palavra do seu alemão. Ele olhou para seus talões de pagamento e percebeu que um dos prisioneiros era polonês, e o outro, russo. Ele recordou que os poloneses aprendiam francês na escola, por isso tentou o seu francês de ginásio.

"O rosto do polonês iluminou-se e ele começou a falar imediatamente. Mas Lovat falava um francês muito melhor do que o meu e tomou conta do interrogatório e eu prossegui com minhas tropas de bicicleta, sentindo-me um pouco desprezado, já que havia perdido o lugar para um lingüista melhor."

No lado oposto do bosque havia uma estrada pavimentada, "assim começamos a andar nas nossas bicicletas, uma mudança agradável na situação em que estivéramos empenhados até então". A tropa entrou em Colleville-sur-Mer (que subseqüentemente teve o nome mudado para Colleville-Montgomery). O lugar era um matadouro; fora muito danificado pelo bombardeio aéreo e marítimo. Havia vacas mortas e vacas enlouquecidas nos campos que circundavam a aldeia. As pessoas permaneciam de pé nos portais.

"Elas nos fitavam, nos fitavam e acenavam para nós, desatentas ou sem levar em conta o perigo de bombas e de metralha. Um homem jovem de bata azul-clara e boina azul-escura, como os fazendeiros na Normandia estão acostumados a se vestir, afixava cartazes num portal. Sobre os cartazes lia-se Invasão, e neles havia instruções sobre o que fazer. Obviamente estavam esperando por aquele dia, e quando nos aproximamos, disseram: *Vive les Tommies!* e *Vive la France!*" Eram 10:30.

As tropas prosseguiram para o sul, na direção de Pegasus Bridge. Masters foi informado de que devia assegurar que estava sendo propriamente utilizado pelo oficial que comandava a tropa a que estava incorporado. O comandante de Masters lhe dissera: "O comandante da tropa estará muito atarefado e dedicado ao seu próprio trabalho, mas não volte e me diga que ele está ocupado demais para usar você. Incomode-o. Pergunte-lhe se não pode ir junto com as patrulhas de reconhecimento. Assegure-se de que todo o seu treinamento não foi um desperdício."

"Conscientemente, foi o que fiz", disse Masters. "O capitão Robinson, porém, estava deveras preocupado e me considerava um incômodo. Sempre que eu lhe perguntava se devia sair com uma patrulha ou fazer isto ou aquilo, ele simplesmente dizia 'não'. Ele enviava um de seus homens com o qual tinha estado na África do Norte, ou com o qual estivera treinando durante os últimos anos e em quem tinha maior confiança do que naquele engraçado recém-chegado' com o sotaque de quem entrou para a sua tropa no último minuto."

Aproximando-se das aldeias de Le Port e Benouville, no vale das vias fluviais do Orne, a tropa foi confinada pelo fogo de metralhadora. Um dos comandos que que ia de bicicleta foi morto.

"Agora há alguma coisa que você pode fazer, cabo Masters", disse Robinson. "Vá até a aldeia e veja o que está acontecendo."

"Bem, não era muito difícil dizer o que estava se passando", comentou Masters. "Eu imaginei uma patrulha de reconhecimento e perguntei quantas pessoas devia levar. E o capitão disse: 'Não, não, o que eu quero é que você vá sozinho.' Isso não me incomodou. Eu disse: 'Contornarei à esquerda aqui e, por favor, espere porque vou voltar correndo pela direita.'

'Você parece não compreender o que eu quero que você faça', disse Robinson. 'Quero que desça diretamente a estrada e veja o que está acontecendo.' "

Masters compreendeu a intenção: Robinson queria saber de onde estava vindo o fogo e pretendia usar Masters como alvo para atrair o inimigo. Em vez de mandar um de seus homens, ele decidira mandar aquele estranho recentemente incorporado.

"A impressão foi um tanto parecida como subir o cadafalso da guilhotina, embora eu não pudesse censurá-lo muito por me usar de preferência a um de seus próprios homens para aquela missão suicida. Mas eu fora treinado para resolver problemas, de modo que procurei freneticamente por uma saída para melhorar as chances. Mas na verdade não parecia haver nenhuma. Não havia fossos nem abrigos. Era plena luz do dia."

Masters lembrou-se de um filme que tinha visto, com Cary Grant, chamado *Gunga Din*. Ele recordou Grant, enfrentando uma situação completamente desesperada, cercado por rebeldes indianos no passo de Khyber. Grant encarou os indianos pouco antes que eles o esmagassem e disse muito calmamente: "Todos vocês estão presos."

Masters começou a palmilhar a estrada, gritando com o máximo da sua voz, em alemão: "Todo mundo para fora! Saiam! Vocês estão totalmente cercados! Entreguem-se. A guerra acabou para vocês! Vocês não têm chance a não ser que se rendam agora!"

Nenhum alemão se rendeu, mas também não atirou. "Eles provavelmente não imaginavam que alguém sairia alucinadamente daquele jeito a não ser que tivesse uma divisão blindada bem atrás de si, e de qualquer maneira eles podiam atirar em mim se sentissem vontade, de modo que esperaram a marcha dos acontecimentos."

Finalmente, de trás de um parapeito de pedra baixo, um alemão deu as caras. Masters deixou-se cair sobre um joelho. Ambos os homens atiraram. O alemão tinha uma *Schmeisser*. Seu disparo errou. A pistola-metralhadora de Masters disparou um tiro e "engasgou". Exatamente quando ele pensava que estava tudo acabado, o capitão Robinson — evidentemente sentindo que ele vira o bastante — deu a ordem de fixar baionetas e atacar. A tropa avançou passando diretamente sobre o prostrado Masters. Um cabo chegou primeiro ao parapeito, disparando a sua Bren. Ele expulsou os alemães da posição, ferindo dois deles.

Masters se apressou em fazer um interrogatório. Um dos homens não estava em condições de falar, apenas gemia. O outro era um garoto de quinze anos, oriundo de Graz em Estíria, Áustria. Ele afirmava que nunca havia atirado. Masters apontou para o seu cinto de munição de metralhadora meio vazio. O garoto disse que foram os outros que atiraram.

O cabo britânico com a Bren estava postado perto de Masters. O garoto austríaco estava cheio de dores por causa do seu ferimento. "Como é que se diz *sinto muito* em alemão?", perguntou o cabo. "*Es tut mir leid*", disse eu, "ou *verzeihung*."

" '*Verzeihung*', tentou dizer o cabo ao garoto. Ele era um bom soldado e um bom homem, e disse que nunca havia atirado em ninguém antes. No dia seguinte foi morto liderando um ataque e disparando a sua Bren apoiada no ombro."

Masters continuou seu interrogatório, mas o garoto austríaco não sabia muito. Ele pediu para ser evacuado. Impossível, retrucou Masters. As medidas seriam tomadas no momento oportuno.

Dois carros de combate britânicos apareceram. Os comandos estavam recebendo fogo de uma casa próxima. Com gestos, os comandos apontaram para ela. "A torre do carro de combate fez um giro com aquele movimento estranho de mecanismo quase animado. O canhão disparou duas vezes. Rebentou a parede, a uma distância de 3 metros." Isso silenciou o fogo e os comandos prosseguiram na direção de Pegasus Bridge.

Para sua alegria, os comandos acharam as pontes intactas e mantidas pelos Ox and Bucks de Howard. "Os rapazes de boina marrom, que foram transportados por planadores, que estavam em ambos os lados da estrada que conduzia à ponte, transmitiram suas boas-vindas aos nossos boinas verdes. 'Os comandos chegaram', disse o pessoal dos planadores."[13]

Eram 13:00. Os comandos vindos do mar tinham alcançados o seu principal objetivo. Eles haviam feito junção com as tropas aerotransportadas no lado oriental das vias fluviais do Orne.

* * *

No flanco direito da *praia Sword* não havia sido feito junção com os canadenses. E na brecha, às 16:00, os alemães desencadearam seu único contra-ataque sério do Dia D.

O coronel Oppeln, que comandava o 22º Regimento de Carros de Combate da 21ª Divisão Blindada, recebera ordens às 9:00 para atacar os soldados britânicos das tropas aerotransportadas à leste do Orne. Ele se preparara para cumpri-las, mas a progressão foi lenta devido ao fato de os aviões de caça aliados abrirem fogo sobre a coluna. Em seguida, às 12:00, Oppeln recebeu novas ordens: meia-volta, passe através de Caen, desencadeie um ataque na brecha entre os canadenses e os britânicos. Foram necessárias mais quatro horas para executar a manobra. Às 14:00 o regimento havia pelo menos alcançado o fim da linha ao norte de Caen. Ali uniu-se ao 192º Regimento de Infantaria Blindada (*Panzer Grenadiers*).

O major Vierzig comandava um dos batalhões do 22º Regimento. Ele deslocou-se a pé para se unir ao comandante do 192º, major Gottberg. Achou Gottberg, e os dois majores subiram uma colina próxima, onde estava o general Marcks, que chegara de St.-Lô, juntamente com o coronel Oppeln. "Uma verdadeira reunião de generais da velha guarda", comentou Vierzig.

Marcks caminhou na direção de Oppeln e comentou: "Oppeln, se você não conseguir jogar os britânicos no mar, teremos perdido a guerra."

O coronel pensou. Deve a vitória ou a derrota depender dos meus noventa e oito carros de combate? Mas abafou o pensamento, fez continência, e disse: "Atacarei agora."

Marcks dirigiu-se para o 192º Regimento e deu sua ordem: "Avançar para a costa."

Os *granadeiros* eram uma unidade de elite, bem equipada. Tinham caminhões e viaturas de transporte blindadas, mais uma variedade de armas leves. Sua investida saiu-se bem; quase sem oposição, eles alcançaram a praia às 20:00. "Conseguimos!", anunciaram eles nos seus rádios. "Conseguimos!"

Os *granadeiros*, para si mesmos, estavam dizendo: "Se nossos carros de combate se juntarem a nós, não seremos desalojados daqui."

Mas no momento em que seus carros de combate se deslocavam, os canadenses a oeste e os britânicos a leste tinham sido alertados. Eles possuíam canhões anti-carro além dos carros. O 22º Regimento *Panzer* tinha um desafio pela frente.

O carros de combate dianteiro recebeu um impacto direto e explodiu. Um por um, outros tiveram o mesmo destino. Dentro de alguns minutos cinco haviam explodido.

A aviação aliada de caça entrou na refrega. O tenente John Brown da Real Força Aérea Canadense estava pilotando um Hawker Typhoon. Sua esquadrilha lançou bombas sob os blindados alemães, "e então os atacamos individualmente, disparando nossos canhões de todos os ângulos sobre eles".

Oppeln teve de cancelar o avanço. Ele pôs o seu regimento na defensiva com as ordens: "Os carros de combate têm que ser entrincheirados. A posição deve ser mantida." O contra-ataque falhou. Os granadeiros na praia, esperaram em vão pelo apoio dos carros. A brecha permaneceu, mas os alemães foram incapazes de explorá-la.[14]

No fim da tarde, o coronel Oppeln dirigiu-se a um desesperado general Richter lamentando que toda a sua divisão estava acabada. Quando os alquebrados remanescentes da 716ª Divisão passavam diante dele, Oppeln solicitou ordens ou informações sobre as posições do inimigo. Richter olhou para ele inexpressivamente e não respondeu, não pôde responder.[15]

Os britânicos haviam colocado 29.000 homens em terra em *Sword*. Eles tiveram 630 baixas, infligiram muito mais, e aprisionaram muitos. Em ponto algum atingiram seus excessivamente otimistas objetivos do Dia D — eles ainda ficaram a cinco quilômetros aquém das vizinhanças de Caen — mantiveram uma enorme força de seguimento esperando na área de transporte no Canal para entrar como reforços no Dia D mais um. A 21ª Divisão *Panzer* perdera sua melhor oportunidade de arremessá-los ao mar, e o grosso das forças blindadas alemãs na França ainda estava no local na área do Passo de Calais, esperando pela verdadeira invasão.

* * *

Por volta do anoitecer, o comandante Curtis mandou seu LCI fazer uma incursão ao longo da costa. "Partimos num trajeto paralelo à costa", relatou ele posteriormente, "tínhamos agora uma visão privilegiada das praias da invasão pela qual muitos teriam pago milhões para ver. Passamos por Luc-sur-Mer, St.-Aubin, Bernières e Courseulles no setor canadense, passamos pelo farol de La Rivière e Le Hamel e assim até Arromanches. Era tudo uma cena inesquecível. Através da fumaça e da névoa eu podia ver embarcações após embarcações que haviam sido dirigidas para a praia com incansável determinação, com o fito de dar às tropas o máximo possível de desembarque em terra firme. Muitas destas embarcações estavam desamparadamente encalhadas em obstáculos e eu não podia evitar um sentimento de orgulho pelo espírito que seus oficiais e suas tripulações haviam mostrado.

"Ancoramos ao largo de Arromanches e ficamos à postos à espera de ataque aéreo naquela noite. Partes dos portos pré-fabricados Mulberry já estavam sendo rebocados da Inglaterra para serem colocados em posição ao largo de Arromanches e St.-Laurent. Estava claro que a batalha pela cabeça-de-praia nos setores britânicos e canadenses ocorrera bastante bem."[16]

31. "Meu Deus, Nós o Realizamos"

Os Pára-quedistas Ingleses no Dia D

O extremo flanco esquerdo da invasão *Overlord* foi decisivo para o sucesso do todo, porque era ali, entre o rio Dives e as vias fluviais do Orne, que a força aliada era mais vulnerável aos contra-ataques blindados alemães. O 125º Regimento da 21ª Divisão *Panzer* do coronel Haus von Luck estava na área próxima, a leste de Caen; a 12ª Divisão *Panzer* SS e o Grupo *Panzer Lehr* estavam entre a Normandia e Paris, a algumas horas de marcha do local da invasão; a leste do rio Sena havia mais nove divisões *panzer* que podiam ser levadas ao campo de batalha dentro de um dia ou dois. Se elas agissem ativa e energicamente, os alemães poderiam contra-atacar os britânicos em *Sword* dentro de 24 horas com mais de 1.000 carros de combate, muitos deles Tigres novos em folha providos de canhões de 88 mm. Não só estavam os Tigres equipados com melhores canhões, mas eram mais pesados e blindados do que os Shermans e Churchills.

Mas graças à brilhante execução de *Fortitude*, os Tigres a leste do rio Sena foram imobilizados. Felizmente para os aliados, as divisões *panzer* a oeste do Sena estavam imobilizadas pela insistência de Hitler de que apenas ele podia dar ordens para a ação. Melhor do que tudo para os aliados, o único homem que podia ter ignorado essas ordens e lançado um contra-ataque imediato, o general Edgar Feuchtinger, comandante da 21ª *Panzer*, estava em Paris com sua namorada.*

Todavia, as guarnições alemãs entre o Orne e o Dives tinham alguns velhos carros de combate franceses, canhões autopropulsados, veículos blindados de transporte de pessoal e uma abundância de Moaning Minnies (foguetes) montados em diferentes veículos. Isto deu aos alemães um poder de fogo na zona de combate que era superior a tudo que a 6ª Divisão Aeroterrestre britânica possuía.

Os britânicos chegaram no campo de batalha por meio de planadores e de pára-quedas, logo após a meia-noite de 6 de junho. Eles haviam atingido seus principais objetivos noturnos, dinamitando pontes sobre o Dives para isolar a área, destruindo a bateria em Merville que ameaçava a *praia Sword* e capturando intactas as pontes sobre as vias fluviais do Orne. Concluídas aquelas missões ofensivas, seus objetivos diurnos consistiam em estabelecer uma forte posição defensiva ao longo da serra que era a divisa entre os vales do Orne e do Dives (onde o ponto-chave era a encruzilhada na aldeia de Varaville) e manter as pontes sobre a via fluvial de Orne, de modo que os comandos transportados em navios e as forças blindadas britânicas pudessem cruzar e reforçar ao longo da serra.

De madrugada em Pegasus Bridge, sobre o canal do Orne, a Companhia D dos Ox and Bucks transportada por planadores e comandada pelo major Howard, estava se mantendo com dificuldade. A guarnição alemã em Benouville voltara a si. Embora não desencadeasse contra-ataques de maior gravidade, estava colocando os Ox and Bucks sob pesado fogo de fuzis, morteiros e foguetes. O movimento britânico sobre a ponte, que estava sob observação de um castelo próximo, era difícil, senão impossível.

Enquanto o tiroteio prosseguia, o cabo Jack Bailey viu uma cena inesperada. Uma mulher, "vestida de negro, como as mulheres de certa idade usam na França, com uma cesta no braço, caminhava entre nós e os alemães". Todo mundo em ambos os lados parou de atirar e

* Feuchtinger afirmou posteriormente que estava no quartel-general, emitindo ordens, mas de acordo com o coronel Luck e outros que estavam em posição de saber, essa afirmação era mentirosa.

se pôs a olhar. "E ela estava apanhando ovos! Ela se curvou a menos de um metro da minha posição de tiro e apanhou um. Quando terminou e se foi despreocupadamente, voltamos a atirar."[1]

Às 9:00, Howard "teve a maravilhosa visão de três figuras altas caminhando pela estrada". Eram o general de brigada Richard Gale, comandante da 6ª Divisão, que desembarcara de planador durante a noite e estabelecera seu PC em Ranville, o brigadeiro Hugh Kindersley, comandante da Brigada de Desembarque Aéreo e o brigadeiro Nigel Poett, comandante da 5ª Brigada de Pára-Quedistas. Todos três tinham mais de 1,80 m de altura.

Eles vinham marchando com muita elegância e eram na verdade uma visão maravilhosa porque estavam usando boinas vermelhas e uniforme de combate, e marchavam com passo certo e cadenciado", disse Howard. "Foi uma bela inspiração para todos os meus companheiros vê-los aproximarem-se."[2]

O tenente Richard Todd da 5ª Brigada de Pára-Quedistas, que descera de pára-quedas durante a noite e se juntara aos Ox and Bucks pouco antes da madrugada (ele depois tornou-se um famoso ator britânico e fez o papel de John Howard no filme *O Mais Longo dos Dias*), disse que "por pura bravata e bravura", a revista das tropas por Gale, Kindersley e Poett, "foi uma das cenas mais memoráveis já vistas".[3]

Na medida em que marchava, Gale exclamava: "Belo espetáculo, rapazes", para os Ox and Bucks. Depois que Howard lhe assegurou que as pontes estavam em mãos dos ingleses e que um contra-ataque para valer podia mudar aquela situação, Gale cruzou Pegasus Bridge para ir a Benouville. Lá ele conferenciou com o coronel Geoffrey Pine Coffin,* que comandava um batalhão da 5ª Brigada e que se havia unido a Howard durante a noite, e em seguida estabeleceu seu PC em Benouville.

O combate continuava na aldeia. Pine Coffin disse que precisava de ajuda; Gale ordenou que Howard enviasse um de seus três pelotões para Benouville. Quando o tenente Tod Sweeney recebeu a ordem de

* "Isso é um codinome, senhor?", perguntou o praça Wally Parr a Howard quando lhe disseram que o batalhão de Pine Coffin seria o primeiro a reforçar os Ox and Bucks em Pegasus Bridge. Em inglês, *pine coffin* significa "caixão de pinho". Daí a confusão. (N. do T.)

atravessar a ponte e pôr o seu pelotão em posições de combate em Benouville, ele falou: "Pensei que aquilo era um pouquinho injusto. Havíamos combatido durante toda a noite. Antes achávamos que nos deviam deixar em sossego por alguns instantes e que o 7º Batalhão não devia estar contando com nosso pelotão para ir em sua ajuda."[4]

Mas devíamos fazê-lo, já que menos da metade do 7º Batalhão já alcançara Benouville vindo das zonas de salto. Só às 12:00 chegou a maioria do batalhão. Os britânicos estavam sofrendo grande pressão por parte dos alemães com carros de combate franceses e outros veículos blindados. "O dia transcorreu muito, muito, muito exaustivo", relembrou o praça Wally Parr. "O tempo todo você podia sentir movimento de inimigo lá fora e um contato cada vez mais perto".[5]

O major Nigel Taylor, que comandava uma companhia do 7º Batalhão em Benouville, relembrou que "foi uma espera muito longa" para que os comandos fizessem a junção. "Eu conheço o mais longo dos dias e todas essas coisas, mas aquele foi na verdade um inferno de dia longo. Onde estavam os comandos?"[6]

Às 13:00, os primeiros comandos (o pessoal de Peter Masters) chegaram, acompanhados logo em seguida por lorde Lovat e pelo gaiteiro de foles Bill Millin, que estava tocando. Era um verdadeiro espetáculo. "Lovat caminhava a passos largos", afirmou Howard, "como se estivéssemos em exercício lá na Escócia." Havia um carro de combate Churchill com os comandos. "Todo mundo deixou cair os fuzis", recordou o sargento Wagger Thornton dos Ox and Bucks, "e todos se beijaram e abraçaram, e vi homens com lágrimas rolando pelas faces. Eu vi, honestamente. Oh, Deus, foram comemorações que jamais esquecerei."[7]

Lovat encontrou Howard na extremidade leste da ponte. "John", disse Lovat quando eles apertavam as mãos, "hoje a história está sendo feita." Howard instruiu-o sobre a situação. O objetivo de Lovat era Varaville; Howard disse-lhe para tomar cuidado ao atravessar Pegasus Bridge, já que ainda estava sob pesado fogo de franco-atiradores. Lovat, todavia, avançou com seus homens em um só lance, em vez de fazê-lo individualmente, um ato de bravata que custou aos comandos uma dúzia de baixas. O médico que os tratou observou que a maioria foi baleada através de sua boinas, morrendo instantaneamente; os comandos que vieram depois puseram seus capacetes para atravessar a ponte. Mais carros de combate britânicos vieram da costa, alguns cruzando a ponte, outros se deslocando para Benouville para ajudar na defesa. A junção estava agora sólida.[8]

Às 14:00 Luck finalmente recebeu permissão para atacar a ponte. Mas quando se pôs em marcha com seus blindados, os aviões aliados localizaram o movimento e requisitaram apoio de fogo naval. "Todo o fogo do inferno eclodiu", lembrou Luck. "Os pesados canhões navais massacravam-nos sem trégua. Perdemos o contato rádio e os homens do batalhão de reconhecimento foram forçados a procurar abrigo." Luck ordenou ao comando do batalhão da frente que interrompesse o ataque e se entrincheirasse perto de Escoville.[9]

O tenente Werner Kortenhaus estava no batalhão. "Fracassamos", disse ele, "por causa da pesada resistência da Marinha britânica. De dezessete carros de combate perdemos treze."[10] À semelhança do outro regimento da 21º *Panzer* a oeste do Orne, o 125º abandonou seu contra-ataque e se pôs na defensiva. Os Ox and Bucks de Howard, com ajuda dos pára-quedistas e em seguida dos comandos, tinham-se apoderado de Pegasus Bridge.

A leste da ponte, na área entre a serra e as vias fluviais de Orne, os pára-quedistas ingleses estavam engajados em tiroteios dispersos. Peter Masters lembrou que dirigia sua bicicleta para Ranville e além, e viu "pessoas dando-nos as boas- vindas, soldados que vieram de planadores e pára-quedistas, mas nunca soubemos exatamente até onde estávamos de posse da estrada, até onde era sensatamente seguro ir de bicicleta. Às vezes havia fogo vindo dos bosques e instintivamente a gente pedalava mais rápido para conseguir abrigo e mergulhar em um lugar menos exposto".

Masters rumou na direção de Varaville. Naquele momento, por volta das 14:00, "vários dos comandos estavam pedalando bicicletas alemãs, distribuição do Exército, pesadas coisas pretas, melhores do que as nossas; seus legítimos proprietários as haviam abandonado em abundância ao lado da estrada. Alguns de nossos rapazes estavam montados em bicicletas civis coloridas, bicicletas de mulher, tudo o que servisse para chegar a Varaville.

Finalmente nos aproximávamos da aldeia. Pára-quedistas canadenses (do 1º Batalhão de Pára-Quedistas Canadenses da 6ª Divisão Aeroterrestre) nos disseram que eles ainda estavam lutando pelo local".[11]

Os canadenses haviam iniciado o seu ataque à Varaville durante a noite, por volta de 3:30. Um capitão britânico anônimo (que desembarcara às 2:00 no rio Dives) relatou que quando se juntou à luta pouco antes da madrugada "completo caos parecia reinar sobre a aldeia. Contra um fundo de Brens, Spandaus e granadas podiam-se ouvir os gritos dos britânicos e canadenses, alemães e russos. Havia obviamente uma batalha em andamento".[12] Aos russos em uniformes da Wehrmacht, disseram que, se se retirassem, os suboficiais alemães atirariam neles, e que se se rendessem aos aliados, estes atirariam neles como traidores, de modo que eles apresentaram uma dura resistência até o fim da tarde.

Às 19:00, os canadenses haviam tomado a aldeia. Eles pensavam que, com a missão cumprida, seriam evacuados para a Inglaterra. "Eles nos deram os seus cigarros", lembrou Masters. "Doces cigarros Caporal do Canadá, que muito apreciamos, com a promessa de que não precisariam deles, já que logo estariam de volta a casa."

"Mandem-nos para o inferno, rapazes", exclamavam os canadenses para os comandos, "mandem-nos para o inferno."

Um sargento junto com Masters informou aos canadenses que eles estavam se entregando a uma fantasia. Ele salientou: "Se um general os tem sob seu comando, vocês supõem que ele vá deixar vocês irem no meio de uma batalha?" Os pára-quedistas canadenses passaram três meses na Normandia antes de serem retirados.

Na tarde do Dia D, tendo alcançado Varaville, os comandos se entrincheiraram, esperando contra-ataques.[13]

O brigadeiro John Durnford-Slater era o oficial de planejamento de operações dos comandos. No fim da tarde ele se juntou a Shimi Lovat na serra ao sul de Varaville. Os homens de Lovat estavam repelindo contra-ataques ocasionais. "Shimi estava magnífico", relatou Durnford-Slater. "Todas as vezes em que uma granada de morteiro explodia eu pulava alguns centímetros enquanto ele ficava imóvel como uma rocha. Eu me sentia completamente envergonhado.

"Um mensageiro veio pressuroso da parte do Comando nº 4.

'Estamos sendo pesadamente contra-atacados, senhor', disse ele a lorde Lovat.

" 'Diga ao Comando 4 para cuidar de seus próprios contra-ataques, e só me incomode quando as coisas ficarem sérias', recomendou Shimi. Retomamos então nossa conversa."

Durnford-Slater e o major Charlie Head pegaram uma metralhadora Bren e se ofereceram para guarnecer um posto durante a noite. "Estamos ansiosos para nos testar."

"Não, obrigado", retrucou Lovat.

Um tanto deprimidos, Durnford-Slater e Head pegaram a estrada, de volta ao Orne. À caminho, Durnford-Slater viu um enorme soldado alemão em pé junto a um fosso.

"Atire se ele se mover uma polegada!", gritou Durnford-Slater para Head. O alemão levantou as mãos para cima.

Kaput, disse o alemão rindo entre os dentes. Esperava-se que estivesse agindo como um franco-atirador mas ele ficou alegre em ser feito prisioneiro.

Durnford-Slater mandou seu ordenança apontar uma pistola para o prisioneiro enquanto fazia um interrogatório. O prisioneiro estava usando um belo casaco de lenhador.

"Você deve ficar com isso", aconselhou Head a Durnford-Slater. Head disse ao ordenança que tirasse o casaco do alemão. O ordenança irrefletidamente passou sua pistola para o prisioneiro. Recordou Durnford-Slater: "A situação era cômica: um prisioneiro alemão com um revólver carregado, encarado por um brigadeiro britânico desarmado, um major e um soldado raso. Felizmente aquele prisioneiro em particular não tinha nenhuma coragem. Ele entregou seu casaco. Em seguida devolveu o revólver."[14]

Quando o sol começou a se pôr sobre o Canal, o major Nigel Taylor instalou-se numa cadeira fora do café Gondrée em Pegasus. Ele fora ferido na perna. Depois que um médico cuidou do ferimento, "Georges Gondrée me trouxe um copo de champanhe, que foi realmente muito bem recebido depois de um dia como aquele, isso posso dizer-lhe. E em seguida, como já estava ficando escuro, houve uma tremenda revoada de aviões, aviões britânicos, que entraram, largaram planadores e fizeram lançamento de provisões no nosso lado do Canal. Era uma visão maravilhosa, realmente era. Centenas de planadores, lançando suprimentos em pára-quedas de suas portinholas de bombas. Todas essas coisas descendo, e pareceu então, pouquíssimos minutos depois, que todos aqueles rapazes estavam em jipes rebocando canhões anti-carros e Deus sabe o que mais, descendo a estrada e passando pela ponte."[15]

Quando os reforços marchavam sobre a ponte para unir-se aos pára-quedistas e tropas transportadas por planadores a leste do Orne, Wally Parr e outros recrutas na companhia de Howard exclamaram: "Onde diabo vocês estiveram?" e "A guerra acabou", e "Um pouco atrasados para o desfile, camaradas", e outras bobagens semelhantes.[16]

Havia 308 planadores Horsa no vôo, trazendo dois batalhões de 1.000 homens, acompanhados por trinta e quatro dos maiores planadores Hamlicar trazendo jipes, artilharia, suprimentos. As zonas de desembarque tinham sido desimpedidas por pára-quedistas em ambos os lados das vias fluviais do Orne.

O capitão Huw Wheldon, posteriormente um famoso radialista e produtor da BBC, estava num Horsa. Quando o seu pelotão desembarcou, "todas as nossas armas estavam prontas para atirar. Havia planadores por toda parte, alguns empinados e grotescos, alguns no ato de aterrissar. Pareciam enormes".

Onde Wheldon desceu, não havia disparos. "A próxima coisa que observei, e nunca esquecerei, foi a visão das tropas, sempre atentas a situações inesperadas, de pé na grama ao entardecer, urinando com o distraído olhar que os homens costumam ter em tais ocasiões. As primeiras coisas em primeiro lugar.

"Isto feito, lá fomos nós. Toda a companhia havia desembarcado, um efetivo de 120 homens, em cinco planadores; nenhum homem foi ferido ou extraviado." Engenheiros e sinaleiros, artilheiros e armas, suprimentos e serviços de transporte e manutenção, unidades médicas e inclusive capelães desciam por toda parte. "No todo", comentou Wheldon, "parecia, mesmo naquele momento, um emocionante trabalho bem organizado."[17]

Nem tudo funcionou. Após o pôr-do-sol, quarenta DC-3 do 233º Esquadrão da RAF cruzaram o canal conduzindo 116 toneladas de comida, munição, explosivos, rádios sobressalentes, provisões para atendimento médico e gasolina, para lançar de pára-quedas para a 6ª Divisão Aeroterrestre. O cruzamento foi tranqüilo, mas quando os Dakotas passaram sobre os navios da Marinha ao largo da embocadura do rio Orne, os navios abriram fogo contra os aviões que voavam baixo e lentamente. Dois foram forçados a retornar seriamente danificados e um amerissou no canal; cinco outros foram extraviados e o resto se espalhou. Apenas vinte e cinco toneladas de suprimentos foram recuperadas.

Os atiradores da Marinha Real, rápidos no gatilho, não conseguiram reconhecer os Dakotas; eles culparam os aviões por não terem se identificado cedo o bastante, acrescentando a desculpa de que um caça solitário do inimigo os atacara de noite não havia muito tempo.[18]

O capitão John Tillett da Brigada de Desembarque Aéreo passara a maior parte do Dia D no campo de pouso em Tarrant Rushton, na Inglaterra, esperando pela informação de que as zonas de pouso na Normandia haviam sido desobstruídas. Tillett estava encarregado de alguns pombos-correio que deviam ser usados para trazer notícias, caso os rádios falhassem. Um líder de esquadrilha na RAF havia treinado os pombos "e estava muito orgulhoso deles. Eles estavam dentro de cestas. Infelizmente, durante o período de espera, alguns dos rapazes caíram em tentação e mataram, assaram e comeram os pombos".

Finalmente, às 18:30, os bombardeiros que rebocavam os planadores começaram a decolar, com uns 900 Spitfires dando cobertura. Quando a frota se aproximou da costa francesa, recordou Tillett, "o céu estava cheio de aviões num espaço de milhas em todas as direções e eram todos nossos. Havia um montão de navios ao largo das praias, milhares de navios de todas as formas e tamanhos". Às 21:30, o piloto do seu planador largou e o Horsa começou a descer em espiral para pousar.

"Atingimos o solo com uma colisão estilhaçante e nosso planador parou com um tremor. Outros planadores pousavam ao nosso redor, alguns chocando-se com outros — eles estavam pousando de todas as direções.

"Saltamos do planador e entramos em posição para uma defesa

em todas as direções. Para meu espanto, lá na minha frente estava um alemão numa trincheira, um alemão vivo de verdade. Havíamos sido treinados durante três anos para combater alemães mas eu não estava preparado para aquilo. Propusemo-nos a atirar nele, mas ao fitá-lo pude ver que estava completamente aterrorizado e não seria capaz de atirar em nós. Ele sequer conseguia se mover. Fizemo-lo prisioneiro."

Tillett e o seu pelotão foram correndo com passadas curtas para a serra. "Exatamente quando lá chegamos, pude ouvir ruídos de carros de combate e, para o meu horror, vi que o da frente tinha uma suástica pintada no lado, de modo que fugi e desapareci por aquele milharal, numa velocidade de Jesse Owens*, em busca de algum buraco onde me meter quando aquele carro apontasse a torre na nossa direção.

"Assim, em dois minutos de desembarque: a) fizemos um prisioneiro, b) avançamos destemidamente, e c) caímos fora."

Aconteceu que os carros de combate eram britânicos. O que ia à frente dos demais havia posto antes um carro alemão fora de combate e desenhara com giz uma suástica no próprio lado. Tillett levou os seus homens de volta para a serra e se entrincheirou para passar a noite.[19]

Um major na Brigada de Desembarque Aéreo havia notado um jornaleiro vendendo a edição da tarde do *Evening Standard* de Londres fora do seu campo de pouso antes de decolar. A manchete era HOMENS ALADOS POUSAM NA EUROPA. O major comprou todos os números, colocou-os no planador, e os distribuiu na Normandia naquela noite, de modo que pelo menos alguns dos pára-quedistas fossem capazes de ler a seu respeito num jornal londrino no mesmo dia em que haviam saltado.[20]

Quando a noite caiu, a 6ª Divisão Aeroterrestre estava no lugar. Os pára-quedistas estavam, nas palavras de Huw Wheldon, "a salvo em terra firme, e o que é mais, muitos de nós, provavelmente a maioria, estávamos onde se esperava que estivéssemos". Mas o Exército britâni-

---

* Jesse Owens foi detentor de três recordes mundiais por muito tempo insuperados. Venceu várias provas nas Olimpíadas de Berlim (1936) ao tempo em que o Führer proclamava a incontestável supremacia física e mental da raça ariana. Jesse Owens era negro. (N. do E.)

co como um todo não alcançara a sua meta de tomar Caen e Carpiquet.

Algo semelhante a uma paralisia havia se insinuado nos homens. As tropas pára-quedistas britânicas que iam entrar em combate logo depois da meia-noite e aquelas que haviam chegado de manhã e à tarde, haviam-se envolvido em audaciosas e agressivas operações ofensivas. Menos de vinte e quatro horas depois elas estavam na defensiva, entrincheirando-se, esperando por contra-ataques.

Elas logo lamentariam não ter investido contra Caen enquanto os alemães ainda estavam num estado de choque e desorganização. Foram severamente criticadas pelos americanos por perder o seu elã. Mas o fato é que, excetuando-se alguns pára-quedistas e unidades da 4ª Divisão dos Estados Unidos em *Utah*, nenhum dos americanos, por sua vez, conseguiu atingir seus objetivos do Dia D. Os americanos tendiam também a pensar que depois de terem desobstruído as praias tinham feito o bastante para um dia.

O major Taylor fez o melhor. Sentado fora do café Gondrée quando escurecia totalmente, bebericava o seu champanhe e se sentia bem. "E naquele momento posso me lembrar de pensar comigo mesmo: 'Meu Deus, nós o realizamos!' "

32. “Quando Pode a Glória Deles Fenecer?”

O Fim do Dia

Quando a escuridão total desceu sobre a Normandia, cerca das 22:00, o descarregamento nas praias cessou. Quase 175.000 soldados americanos, canadenses e britânicos haviam entrado na Normandia, quer por ar quer por mar, ao custo de umas 4.900 baixas.* Dos pára-quedistas americanos na extrema direita, aos pára-quedistas britânicos na extrema esquerda, a frente da invasão se estendia por noventa quilômetros. Havia uma brecha de dezoito quilômetros entre o flanco esquerdo em *Utah* e o direito em *Omaha* (com as tropas de assalto de Rudder mantendo um pequeno pedaço de território no meio, em Pointe-du-Hoc), uma brecha de onze quilômetros entre *Omaha* e *Gold*, e uma brecha de cinco quilômetros entre *Juno* e *Sword*. Estas brechas eram irrelevantes porque os alemães nelas não tinham tropas capazes de se aproveitar da oportunidade.

Para os alemães, o campo de batalha estava isolado. Rommel estivera certo quanto a isso pelo menos; o comando aliado do ar tornara

* Não é possível dar números exatos, para a quantidade de homens desembarcados ou para as baixas, apenas no Dia D.

difícil, se não impossível, para os alemães deslocarem homens, blindados e canhões para a zona de ação. Quanto aos aliados, virtualmente um número ilimitado de homens, blindados e suprimentos estava ao largo à espera do alvorecer do dia 7 de junho para começar o descarregamento, e por trás deles estavam ainda mais homens, blindados e suprimentos na Inglaterra esperando para cruzar o canal.

Havia pouca profundidade de penetração, em parte alguma mais do que dez quilômetros (*Juno*); e, em *Omaha*, menos de dois quilômetros. Mas em toda parte os aliados haviam passado através da muralha atlântica. Os alemães, porém, tinham a vantagem de lutar na defensiva, e as cercas vivas, sobretudo no Cotentin, lhes deram excelentes posições já disponíveis. Mas suas fortificações fixas na frente da invasão, seus ninhos de metralhadoras e casamatas, seu sistema de trincheiras, seu sistema de comunicação, suas plataformas para artilharia pesada estavam, com apenas algumas exceções, *kaput*.

Os alemães tinham levado quatro anos para construir a muralha atlântica. Haviam derramado milhares de toneladas de concreto reforçado por centenas de milhares de barras de aço. Cavaram centenas de quilômetros de trincheiras. Haviam colocado milhões de minas e instalado milhares de quilômetros de arame farpado. Ergueram dezenas de milhares de obstáculos costeiros. Foi uma colossal façanha de construção que absorvera ampla porcentagem de material, mão-de-obra e capacidade alemã de construir na Europa Ocidental.

Em *Utah*, a muralha atlântica detivera a 4ª Divisão dos Estados Unidos por menos de uma hora. Em *Omaha*, detivera a 29ª e a 1ª Divisões por menos de um dia. Em *Gold*, *Juno* e *Sword*, detivera a 50ª Divisão britânica, a 3ª canadense e a 3ª britânica por cerca de uma hora. Como não havia absolutamente nenhuma profundidade para a muralha atlântica, uma vez que tivesse sido penetrada, mesmo se por apenas um quilômetro, ela se tornava inútil. Pior do que inútil, porque as tropas da Wehrmacht que guarneciam a muralha atlântica a leste e oeste da área da invasão estavam imóveis, incapazes de atacar ao som dos canhões.

A muralha atlântica deve, pois, ser considerada um dos maiores equívocos na história militar.*

---

* O paralelo com a Linha Maginot é óbvio, mas não deve ser excessivamente enfatizado. Como a Wehrmacht passou ao redor, e não através da Linha Maginot em 1940, não podemos saber se ela poderia ter sido rompida.

* * *

Os aliados cometeram erros. Lançar a 82ª e a 101ª Divisões Aeroterrestres no meio da noite foi um deles. Quase certamente teria sido melhor lançá-las ao alvorecer. O grande potencial das frotas aliadas de bombardeiros e navios de guerra não foi usado com plena eficácia no curto e sobremaneira impreciso bombardeio de pré-invasão. A decidida concentração em desembarcar e fender a muralha atlântica era, provavelmente, inevitável, tão formidáveis de fato pareciam aquelas fortificações fixas, mas foi dispendiosa depois que as equipes de assalto penetraram. Levou a uma tendência da parte dos homens a julgar que, uma vez atravessada a muralha, estava feito o trabalho. Exatamente quando eles deviam ter empregado todo esforço humano possível para chegar ao interior enquanto os alemães ainda estavam atordoados, eles se detiveram para se felicitar, preparar um pouco de chá, entrincheirar-se.

O fracasso em preparar homens e equipamentos para o desafio da ação ofensiva no país das cercas vivas foi um grande erro. O serviço de informação aliado fizera o soberbo trabalho de localizar as defesas fixas alemãs e o sólido, se não perfeito, trabalho de localizar as unidades alemãs na Normandia, mas falhou completamente em reconhecer as dificuldades de lutar nas cercas vivas.

Os erros aliados empalidecem ao lado dos cometidos pelos alemães. Ao tentarem defender-se em toda parte, eles foram incapazes de defender-se em parte alguma. Sua estrutura de comando foi um estorvo em vez de uma ajuda. A idéia de Rommel de deter a invasão na praia, contra a idéia de Rundstedt de contra-atacar no interior, contra a solução mista de Hitler entre as duas, impediu uma utilização eficaz do seu potencial. Utilizar prisioneiros de guerra poloneses, russos e de outras nacionalidades para o trabalho de construção fazia sentido; pô-los em uniformes da Wehrmacht e em trincheiras, esperando que opusessem uma firme resistência, não.

Os muitos erros da Wehrmacht foram excedidos pelos da Luftwaffe, que simplesmente não estava lá. Goering exigiu um esforço total por parte da Luftwaffe no Dia D, mas virtualmente não obteve nenhum. O maior receio dos aliados era o de um bombardeio aéreo maciço contra a massa de navios e o congestionamento nas praias, com Goering pondo cada avião alemão que pudesse voar no ataque. Mas Goering estava em Berchtesgaden, concordando com a egoísta e ridícula afirmação de Hitler de que os aliados haviam lançado a invasão exatamente onde os alemães haviam esperado, enquanto a Luftwaffe estava ou na Alemanha, ou se deslocando, ou retida em terra devido a problemas administrativos e de combustível. Em dias passados o terror do mundo, a Luftwaffe, no dia 6 de junho de 1944 era uma piada.*

A *Kriegsmarine* não era melhor. Seus submarinos e cruzadores ou estavam em suas docas ou lá no Atlântico Norte, caçando navios mercantes. Com a exceção de uma ação de menor importância por parte de três torpedeiros, a *Kriegsmarine* não fez um só ataque contra a maior frota de guerra já organizada.

Os V-1, nos quais Hitler pusera tão altas esperanças e aos quais dedicara tanto da capacidade tecnológica e produtiva da Alemanha, não estavam prontos. Quando estavam, uma semana depois do Dia D, ele os lançou contra o alvo errado.

Os erros táticos e estratégicos da Alemanha foram graves, mas os políticos foram ainda maiores. A política de ocupação na Polônia e na Rússia impossibilitou qualquer tipo de entusiasmo dos batalhões *Ost* pela sua causa — ainda que quase todos os que participavam das tropas *Ost* odiassem os comunistas. Embora o comportamento alemão na França fosse imensuravelmente melhor do que na Polônia e na Rússia, mesmo na França os alemães não conseguiram criar entusiasmo pela sua causa, e assim eram incapazes de tirar proveito do grande potencial da França conquistada. O que devia ter sido uma vantagem para a Alemanha — os homens jovens da França —, tornou-se uma vantagem para os aliados, quer como sabotadores nas fábricas quer como membros da Resistência.

* * *

* Uma piada da Wehrmacht dizia que se o avião no céu fosse prateado, era americano; se fosse azul, era britânico; se fosse invisível, era nosso.

O que Hitler considerava o maior potencial alemão — o princípio de liderança no Terceiro Reich, a obediência cega que se esperava do pessoal da Wehrmacht, do marechal-de-campo ao soldado — tudo trabalhou contra os alemães no Dia D.

A verdade é que apesar dos atos individuais de grande bravura e do fanatismo de algumas tropas da Wehrmacht, o desempenho do seu alto comando, oficiais de graduação média e subalternos era verdadeiramente patético. Expressa em termos simples, a razão é que eles tinham medo de tomar a iniciativa. Eles consentiam em ser paralisados por ordens estúpidas vindas de muito longe que não tinham nenhuma relação com a situação no campo de batalha. Os comandantes de blindados que sabiam onde estava o inimigo e como e quando ele devia ser atacado ficavam sentados em seus quartéis-generais durante o dia inteiro esperando que o alto comando em Berchtesgaden lhes dissesse o que fazer.

O contraste entre homens como os generais Roosevelt e Cota, os coronéis Canham e Otway, o major Howard, o capitão Dawson, os tenentes Spaulding e Winters em se ajustarem e em reagirem a situações inesperadas, e suas contrapartes alemãs não podia ser maior. Os homens que lutavam pela democracia eram capazes de decisões rápidas, tomadas no local, e agir segundo elas; os homens que lutavam por um regime totalitário não o eram. Com exceção do coronel Heydte e de um capitão aqui, de um tenente ali, nenhum oficial alemão reagiu apropriadamente ao desafio do Dia D.

Quando a escuridão desceu, as tropas aliadas se entrincheiraram, enquanto as forças aéreas retornavam para a Inglaterra e a frota de guerra aliada se preparava para a possibilidade de um ataque noturno da Luftwaffe. Ele aconteceu às 23:00 e caracterizou a total ineficácia da Luftwaffe.

Josh Honan relembrou-o e descreveu: "Subitamente começaram os grandes estrondos e todos fomos ver o que era, e era um avião de reconhecimento alemão. Ele não estava muito alto nem voava com velocidade suficiente. Fez um círculo completo sobre a baía e cada navio atirava com todos os canhões; jamais se viu na vida tamanha muralha de balas traçantes, artilharia antiaérea e luzes coloridas subindo, e o alemão voou muito calmamente em todas as direções sobre a baía, fez outro círculo e foi embora."[1]*

O praça John Slaughter, do 116º Regimento, da 29ª Divisão dos Estados Unidos, também descreveu a cena: "Depois que a noite caiu, um avião de caça inimigo ME-109 voou sobre toda a frota aliada, da esquerda para a direita, bem acima dos balões de barragem. Cada navio no canal da Mancha abriu fogo sobre aquele avião solitário, iluminando o céu com milhões de traçantes. O heróico piloto da Luftwaffe desafiou todas elas — não tomando sequer medidas evasivas. Eu só me perguntava como ele conseguira passar através daquela cortina de fogo."[2]

Por toda a frente da invasão, homens se entrincheiravam. O capitão John Raaen do 5º Batalhão de Tropas de Assalto estava fora de Vierville, ao largo da *praia Omaha*. "Naquele momento ia escurecendo e era necessário nos organizarmos para fazer frente à contra-ataques noturnos e infiltração dos alemães", conta ele em seu relato verbal. "A companhia de comando estava no pátio de uma fazenda, localizada ao sul da estrada. Foi aí que ocorreu outro erro meu — eu não havia trazido nenhuma ferramenta de sapa.

"Um pátio de fazenda francês é mais semelhante a tijolo do que a terra. Durante séculos os animais o vêm socando. O sol o vem cozendo. A verdade é que não havia maneira alguma pela qual eu pudesse cavar um buraco para me proteger. Os recrutas tinham seus instrumentos de sapa e alguns deles se ofereceram para cavar um buraco para mim, mas eu disse: 'Não, tratem de cuidar de vocês próprios. Cavem seus buracos e depois que estiverem seguros e bem protegidos, então podem me dar a sua pá e eu cavarei um buraco para mim.'

"Estava frio quando a escuridão desceu sobre nós. E dizendo frio, quero dizer frio mesmo. Havia um monte de feno no pátio da fazenda." Raaen resolveu se deitar nele. "Sou apenas um rapaz da cidade. Aprendi um pouco sobre montes de feno nos terreiros franceses naquela noite porque não se tratava de um monte de feno, mas de um

---

* Honan continuou: "Aquilo me convenceu da absoluta inutilidade do fogo antiaéreo. Havia um avião e ele traçou um curso regular numa altitude média com cerca de 20.000 canhões atirando nele; mas fez um segundo círculo e foi embora para casa."

monte de estrume. Mal tinha me deitado no calor daquele estrume quando fui coberto por toda espécie de insetos que você possa imaginar. Saí daquela coisa batendo com as mãos, balançando e beliscando, fazendo tudo que podia para me livrar daqueles bichos mordedores.

"Fui para uma casa de fazenda. Dentro, uma francesa idosa estava pondo lascas de madeira num fogo. Era um fogo muito fraco." O tenente Van Riper, comandante de pelotão na companhia de Raaen, estava lá. "Van Riper e eu passamos o resto da noite aquecendo nossas mãos sobre aquele pequenino fogo ao lado daquela francesa idosa de pequena estatura. Era um fim ignominioso para um dia que de certo modo fora emocionante."[3]

O praça Harry Parley, 116° Regimento, da 29ª Divisão, disse ao contar a sua história que "as últimas horas de 6 de junho estão muito vívidas em minha memória. Quando veio a escuridão, nos achamos num campo circundado por cercas vivas. Sujos, com fome e mortos de cansaço, sem termos idéia de onde estávamos, decidimos nos entrincheirar para passar a noite. Podíamos ouvir o som longínquo da artilharia e ver o percurso dos tiros traçantes ziguezagueando na distância.

"Quando nos espalhamos ao redor do campo, vi-me emparelhado com o meu sargento. Começamos a cavar uma trincheira, mas o chão era duro como pedra e ambos estávamos totalmente exaustos quando o buraco ainda estava com uns noventa centímetros de profundidade. Finalmente, em pé ali no escuro, cientes de que era inútil continuar, meu sargento disse: 'Pros diabos, Parley. Vamos nos deitar e descansar um pouco.' E assim, o Dia D chegou ao fim com nós dois sentados, costas contra costas, numa trincheira rasa, por toda a noite."[4]

Em Pegasus Bridge, os Ox and Bucks passaram o controle para o Regimento de Warwickshire. John Howard conduziu os seus homens através do escuro na direção de Ranville. Jack Bailey achou difícil partir. "Veja", ele explicou, "havíamos estado ali um dia e uma noite inteiros. De certo modo aquele era o pedaço de território que nos pertencia."[5]

* * *

O tenente John Reville da Companhia F, 5º Batalhão de Tropas de Assalto, estava no alto do penhasco em *Omaha*. Quando a luz diminuiu, ele chamou seu mensageiro, o praça Rex Low, apontou para os 6.000 navios no canal e disse: "Rex, dê uma olhada nisto. Você jamais verá de novo uma cena como esta na sua vida."[6]

O praça Robert Zafft, um soldado de infantaria de vinte anos que fazia parte do 115º Regimento, da 29ª Divisão, na *praia Omaha*, expressou seus sentimentos e sua experiência desta maneira: "Cheguei ao cimo da colina, cheguei até onde os alemães nos haviam detido para passar a noite, e presumo que cheguei ao cume da colina da virilidade."[7]

O praça Felix Branham era da Companhia K, do 116ª de Infantaria, o regimento que sofreu as mais pesadas baixas entre todos os regimentos aliados no Dia D. "Passei por muitas outras tragédias desde o Dia D", concluiu ele em sua história. "Mas o Dia D viverá até o dia da minha morte, e o levarei para o céu comigo. Foi o dia mais longo, mais desgraçado, mais horrível pelo qual eu ou qualquer outra pessoa já passou.

"Eu não aceitaria um milhão de dólares pelas minhas experiências, mas certamente não quereria passar por isso novamente por um milhão de dólares."[8]

O sargento John Ellery, 16º Regimento, da 1ª Divisão, setor *Easy Red* de *Omaha*, recordou: "A primeira noite na França passei-a num fosso ao lado de uma cerca viva escondido na úmida metade de um abrigo e completamente extenuado. Mas eu me sentia eufórico. Fora a maior experiência da minha vida. Eu me sentia um gigante. Não obstante o que aconteceu, eu consegui sair da praia e alcançar o solo elevado. Fui o rei da colina, pelo menos na minha mente, por um momento. Minha contribuição à tradição heróica do Exército dos Estados Unidos pode ter sido o menor feito na história da coragem, mas por uma vez, pelo menos, eu havia caminhado na companhia de homens de grande bravura."[9]

* * *

O almirante Ramsay terminou o seu diário de 6 de junho com esta declaração: "Ainda temos de nos firmar na terra. A Marinha cumpriu bem a sua parte. As notícias continuaram satisfatórias por todo o dia sobre a F.T.L. (Força Tarefa do Leste, as praias britânicas) e bom progresso foi feito. Pouquíssimas notícias foram recebidas da F.T.O. (praias americanas) e existe ansiedade quanto à posição na costa.

"No todo, porém, temos muito a agradecer a Deus por este dia."[10]

Um soldado que não se esqueceu de agradecer a Deus foi o tenente Richard Winters, 506º Regimento de Infantaria Pára-quedista da 101ª Divisão Aeroterrestre. À 0:01 no dia 6 de junho, ele estivera num C-47 que rumava para a Normandia. Orara o dia inteiro, orara para sobreviver ao dia, orara para não falhar.

E não falhou. Ele ganhou a Cruz do Mérito Militar naquela manhã. Às 24:00 do dia 6 de junho, antes de se deitar em Ste-Marie-du-Mont, Winters, como escreveu depois em seu diário: "Não esqueci de me ajoelhar e agradecer a Deus por me ajudar a sobreviver àquele dia e pedir a Sua proteção no D mais um." E fez uma promessa a si mesmo: se sobrevivesse à guerra, ia descobrir uma fazenda isolada em algum lugar e passar o resto da sua vida em paz e quietude. Em 1951 ele conseguiu a fazenda, no centro sul da Pensilvânia, onde vive até hoje.[11]

"Quando pode a glória deles fenecer?", perguntou Tennyson ao se referir à Brigada Ligeira, e assim pergunto eu no que se refere aos homens do Dia D.

Oh, a impetuosa investida que eles fizeram!
O mundo inteiro maravilhou-se.
Honrai a investida que eles fizeram!

O general Eisenhower, que começou tudo com sua ordem — "Tudo bem, vamos em frente" — fica com a última palavra. Em 1964, no Dia D mais vinte anos, ele foi entrevistado na *praia Omaha* por Walter Cronkite.

Olhando para o canal, Eisenhower disse:

"A gente vê aquelas pessoas nadando e dirigindo suas pequenas embarcações de recreio, e tirando proveito do bom tempo e da praia encantadora, Walter — e é quase fantástico olhar para ela hoje e lembrar o que ela foi.

"Mas é uma coisa maravilhosa lembrar o motivo pelo qual aqueles indivíduos estavam lutando e se sacrificando, o que eles fizeram para preservar o nosso estilo de vida. Não para conquistar qualquer território, não por ambições pessoais. Mas para assegurar que Hitler não podia destruir a liberdade do mundo.

"Penso que é simplesmente esmagador. Pensar nas vidas que foram doadas por esse princípio, pagando um terrível preço: só nesta praia, naquele dia, 2.000 baixas. Mas eles o fizeram para que o mundo pudesse ser livre. Isso mostra exatamente o que os homens livres farão para jamais serem escravos."[12]

Glossário

AKA	embarcação de carga, ataque
APA	embarcação de transporte, ataque
BAR	fuzil automático Browning
Portões Belgas	obstáculos antidesembarque
CCS	Estado-Maior Combinado
CIC	Centro de Informação de Combate
CO	Comandante
COSSAC	Chefe do Estado-Maior do Comando Supremo Aliado
CP	posto de comando
CTF	força-tarefa do comando
DUKW	caminhão anfíbio de 2,5 toneladas (Pato)
E-boat	lancha torpedeira alemã
ECB	batalhão de engenharia de combate
ESB	brigada especial de engenharia
ETO	Teatro de Operações da Europa
FUSAG	Primeiro Grupo de Exército dos Estados Unidos
GHQ	quartel-general
JCS	Estado-Maior Conjunto dos Estados Unidos
LCA	embarcação de desembarque, assalto (30 homens)
LCC	embarcação de controle de operações anfíbias
LCI	embarcação de desembarque, infantaria (200 homens)
LCM	embarcação de desembarque, média (Viaturas dos navios para praia)

LCT	embarcação de desembarque, carros de combate (5 carros e 55 homens)
LCT(R)	embarcação de desembarque, blindados (lançadores de foguetes) - 780 foguetes
LCVP	embarcação mista de desembarque, veículos e tropas (lancha Higgins) - 1 viatura ou 30 homens
LST	navio de desembarque, carro de combate (35 carros - 175 homens)
MG-34	metralhadora montada em tripé com cadência de tiro de 800 projéteis por minuto
MG-42	metralhadora montada em tripé com cadência de tiro de 1.300 projéteis por minuto
OB West	*Oberbefehlshaber West* (Quartel-General para a Frente Ocidental)
OKH	*Oberkommando des Heeres* (Alto Comando do Exército)
OKW	*Oberkommando der Wehrmacht* (Alto Comando das Forças Armadas)
OP	posto de observação
OSS	Escritório de Serviços Estratégicos
OWI	Escritório de Informações de Guerra
Rhino ferry	barcaça construída com pontilhões (transporta um LST carregado)
SAS	Serviço Aéreo Especial (especializada em operações de "comando")
SCR	Serviço de Comunicação por Rádio
SHAEF	Quartel-General Supremo das Forças Expedicionárias Aliadas
SOE	(Execução) Operações Especiais
SP	canhões auto-propulsados
SS	*Schutzstaffel*
Sten gun	arma automática britânica de 9 mm e 76 cm de comprimento, pesando 3,2 kg
TBS	comunicação entre navios
Tetraedros	obstáculos de aço em forma de pirâmide
UDT	grupos de demolição submarina
Waffen-SS	Unidades de combate da SS
Wiederstandsnest	ninho de resistência

Notas Finais

A maioria das citações deste livro provém de depoimentos verbais, memórias escritas, cartas, relatórios da ação e entrevistas individuais ou em grupo com os homens que participaram do Dia D, variando de patente desde o comandante supremo a marinheiros e soldados rasos, realizadas no Centro Eisenhower (EC), localizado na Universidade de Nova Orleans. Outros arquivos que forneceram material similar foram o Instituto Militar do Exército dos Estados Unidos (AMI), em Carlisle Barracks, Pensilvânia; o Museu Imperial de Guerra (IWM), em Londres; o Centro de Documentação do Museu da Batalha da Normandia, em Caen; a Biblioteca Eisenhower (EL), em Abilene, Kansas e o Museu de Pára-quedismo, em Ste.-Mère-Église.

1. OS DEFENSORES

1. Esta foi a mais idiota de suas loucas decisões. Hitler não era obrigado, pelos termos do *Pacto de Aço*, a acorrer em defesa do Japão, já que o tratado tinha objetivos defensivos. Caso um dos signatários (Itália, Alemanha e Japão) fosse atacado, os demais seriam requisitados a vir em auxílio. Mas o Japão não foi atacado no dia 7 de dezembro e nem acorreu em defesa da Alemanha em junho de 1941, quando os alemães invadiram a União Soviética.

Foi também a mais solitária de suas decisões solitárias. Surpreendentemente, Hitler não consultou ninguém. Jogou fora o plano de longo prazo para a conquista do mundo, no qual a luta final contra os Estados Unidos seria deixada para a geração seguinte, com a utilização dos recursos da União Soviética e do resto da Europa. Poder-se-ia pensar que Hitler teria pelo menos consultado seus comandantes militares sobre quais seriam as implicações de uma declaração de guerra contra os Estados Unidos, que teria consultado Goering, Himmler, Goebbels e outros auxiliares. Mas não discutiu a decisão com ninguém. Em 11 de dezembro, simplesmente comunicou a medida ao *Reichstag*. Ver Sebastian Haffner, *The Meaning of Hitler*, trad. Ewald Osers (Cambridge, Mass.: Harvard University Press, 1979), p. 120.

2. A tradução da Ordem nº 51 está reproduzida em Gordon A. Harrison, *Cross-Channel Attack* (Washington, D.C.: Dept. of the Army, 1951), pp. 464-67.

3. Erwin Rommel, *The Rommel Papers*, ed. B.H. Liddell Hart (New York: Harcourt, Brace, 1953), p. 466

4. Conforme relatado em *Rommel's Last Battle: The Desert Fox and the Normandy Campaign*, de Samuel Mitcham (New York: Stein & Day, 1983), pp. 44-45.

5. Ralph Williams, *The Short, Unhappy Life of the Messerschmitt ME-262*, 6 de abril de 1960, Biblioteca Dwight D Eisenhower, Abilene, Kansas.

6. Citado em *Six Armies in Normandy: From D-Day to the Liberation of Paris*, de John Keegan (New York: Penguin Books, 1983), p. 332.

7. Entrevista com Robert Brewer, EC.

8. Harrison, *Cross-Channel Attack*, pp. 145-147; War Department, *Handbook of German Military Forces* (Baton Rouge, La.: L.S.U Press, 1990), p. 57.

9. U.S. War Department, *Handbook of German Military Forces*, p. 2.

10. Citado em Mitcham, *Rommel's Last Battle*, p. 26.

11. A tradução da Ordem nº 40 está reproduzida em Harrison, *Cross-Channel Attack*, pp. 459-63.

12. Idem, p. 136.

13. Ibid., pp. 136-37.

14. Entrevista de Warlimont com Heckler, 19-20 de julho de 1945, no American Military Institute, Carlisle, Pa.

2. OS ATACANTES

1. Citado em Carlo D'Este, *Decision in Normandy* (London: Collins, 1983), p. 21.

2. Samuel Eliot Morison, *The Invasion of France and Germany 1944-1945* (Boston: Little Brown, 1959), pp. 152-53.

3. Para uma discussão sobre embarcações de desembarque, ver Gordon Harrison, *Cross-Channel Attack* (Washington, D.C.: Dept. of the Army, 1951), pp. 59-63.

4. Geoffrey Perret, *There's a War to Be Won: The United States Army in World War II* (New York: Random House, 1992), pp. 110-12.

5. Citado em Harrison, *Cross-Channel Attack*, p. 64.

6. Entrevista com Jerry Strahan, EC.

7. Perret, *There's a War to Be Won*, p. 25.

8. Entrevista com Carl Weast, EC.

9. Entrevista com Carwood Lipton, EC.

10. Paul Fussell, *Wartime: Understanding and Behavior in the Second World War* (New York, Oxford: Oxford University Press, 1989), p. 282.

11. Entrevista com Charles East, EC.

12. Citado em Max Hastings, *Overlord: D-Day and the Battle of Normandy* (New York: Simon & Schuster, 1984), p. 317.

13. Entrevista com John Howard, EC.

14. Citado em Hastings, *Overlord*, p. 25.

15. Idem, p. 24.

16. Comunicação de Sidey para Ambrose, 9/7/92, EC.

17. Ver J.C. Masterman, *The Double-Cross System in the War of 1939-1945* (New Haven: Yale University Press, 1972) e Ronald Lewin, *Ultra Goes to War* (London: Hutchinson, 1978).

18. Entrevista com Gordon Carson, EC.

3. OS COMANDANTES

1. Sobre a biografia de Rommel, ver David Irving, *The Trail of the Fox* (New York: Dutton, 1977); para a de Eisenhower, ver S.E. Ambrose, *Eisenhower: Soldier, General of the Army, President-Elect*, 1890-1952 (New York: Simon & Schuster, 1983).

2. Irving, *Trail of the Fox*, pp. 14-15.

3. Ambrose, *Eisenhower*, p. 63.

4. Ed Thayer para a mãe, 11/1/1918, Biblioteca Eisenhower, Abilene, Kansas (daqui em diante referida como EL).

5. Irving, *Trail of the Fox*, p. 25.

6. Ambrose, *Eisenhower*, p. 93.

7. Hans von Luck, *Panzer Commander: The Memoirs of Colonel Hans van Luck* (New York: Praeger, 1989), pp. 103-4.

8. Citado em Stephen E. Ambrose, *Eisenhower: Soldier and President* (New York: Simon & Schuster, 1990), p. 88.

9. Da primeira versão das memórias de Eisenhower, na EL. Eisenhower preferiu não publicar este trecho.

10. Martin Blumenson, *"Rommel"*, em *The Simon and Schuster Encyclopedia of World War II*, Ed. Thomas Parrish (New York: Simon Schuster, 1978), p. 532.

11. Sobre as cartas de Eisenhower, ver *Letters to Mamie*, ed. John S.D. Eisenhower (Garden City, N.Y.: Doubleday, 1978). Sobre as cartas de Rommel, ver Irving. *Trail of the Fox*, que contém citações de muitas delas.

12. Irving, *Trail of the Fox*, p. 313.

13. Citado em Samuel Mitcham, Jr., *Rommel's Last Battle: The Desert Fox and the Normandy Campaign* (New York: Stein & Day, 1983), pp. 18-21.

14. FDR para Stalin, 5/12/43, EL.

15. Bernard Law Montgomery, *Memoirs* (Cleveland: World, 1958), p. 484.

16. Cunningham para Eisenhower, 21/10/43, EL.

17. Dwight D. Eisenhower, *Crusade in Europe* (Garden City, N.Y.: Doubleday, 1948), pp. 206-7.

18. Irving, *Trail of the Fox*, p. 317.

19. Eisenhower, *Crusade in Europe*, p. 220.

20. Irving, *Trail of the Fox*, p. 324.

21. Eisenhower para CCS, 23/1/44, EL.

22. Ambrose, *Eisenhower: Soldier, General of the Army, President-Elect*, pp. 187-88.

4. ONDE E QUANDO ?

1. Gordon A. Harrison, *Cross-Channel Attack* (Washington: D.C.: Dept. of the Army, 1951), pp. 48-49.

2. Entrevista com Scott-Bowden, Imperial War Museum, Londres.

3. Idem.

4. Ibid.

5. Harrison, *Cross-Channel Attack*, p. 106.

6. Ánthony Cave Brown, *Bodyguard of Lies* (New York: Harper & Row, 1975), p. 465.

7. Earl Ziemke, Operation Kreml: Deception, Strategy, and the Fortunes of War, *Parameters: Journal of the U.S. Army War College* 9 (março, 1979), pp. 72-81.

8. A história da operação *Fortitude* é melhor contada em James Bowman, *Operation Fortitude*, um manuscrito de 1.000 páginas arquivado no EC.

9. Bowman, *Operation Fortitude*.

10. Eisenhower para os Chefes das Missões Militares da Bélgica, Noruega e Holanda, 23/2/44, EL.

11. Citado em Stephen E. Ambrose, *Ike's Spies: Eisenhower and the Espionage Establishment* (Garden City, N.Y.: Doubleday, 1981), p. 90.

12. Eisenhower para o Comitê do Estado-Maior, 6/3/44, EL.

13. Eisenhower para Brooke, 9/4/44, EL.

14. Citado em Ambrose, *Ike's Spies*, p. 91.

15. Forrest Pogue, *The Supreme Command* (Washington, D.C.: Dept. of the Army, 1954), pp. 163-64.

16. Eisenhower para Marshall, 21/5/44, EL.

17. Citado em Irving, *Trail of the Fox* (New York: Dutton, 1977), p. 336.

18. Harrison, *Cross-Channel Attack*, p. 259.

19. Citado em Irving, *Trail of the Fox*, p. 347.

20. Harrison, *Cross-Channel Attack*, p. 259.

21. Estes resumos semanais estão na EL.

22. Citado em Irving, *Trail of the Fox*, p. 347.

23. Idem, p. 351.

24. Ibid., p. 354.

25. Ibid., p. 342.

26. Dwight D. Eisenhower, *Letters to Mamie*, ed. John S.D. Eisenhower (Garden City, N.Y.: Doubleday, 1978), pp. 165, 183.

5. UTILIZANDO OS MEIOS

1. Marshall para Eisenhower, 10/2/44, EL.

2. Eisenhower para Marshall, 19/2/44, EL.

3. Whiteley para John Kennedy, 23/9/43, EL.

4. Arnold para Eisenhower, 21/1/44, EL.

5. Forrest Pogue, *The Supreme Command* (Washington, D.C.: Dept. of the Army, 1954), p. 127.

6. Stephen S. Ambrose, *Eisenhower: Soldier, General of the Army, President-Elect*, 1980-1952 (New York: Simon & Schuster, 1983), p. 287.

7. Pogue, *Supreme Command*, p. 124; Gordon A. Harrison, *Cross-Channel Attack* (Washington, D.C.: Dept. of the Army, 1951). pp. 219-20; Sir Arthur Tedder, *With Prejudice* (London: Cassel, 1966), pp. 510-12.

8. Diário de Eisenhower, 22/3/44, EL.

9. Tedder, *With Prejudice*, pp. 528-33.

10. Eisenhower para Churchill, 5/4/44, EL.

11. Tedder, *With Prejudice*, pp. 528-33.

12. Idem, pp. 531-33.

13. Winston S. Churchill, *Closing the Ring* (Boston: Houghton Mifflin, 1952), pp. 529-30.

14. Os resumos semanais estão na EL.

15. Wesley Frank Craven e James Lea Cate, eds., *Europe: Argument to V-E Day* (Chicago: University of Chicago Press, 1951), p. 73.

16. Pogue, *Supreme Command*, p. 132.

17. Entrevista de Jodl com Hechler, American Military Institute, Carlisle, Pa.

18. Harrison, *Cross-Channel Attack*, pp. 224, 230.

19. Entrevista com Clement Marie, EC.

20. Citado em Irving, *Trail of the Fox* (New York: Dutton, 1977), p. 343.

21. André Rougeyron, *Agents for Escape*, traduzido por Marie-Antoinette Verchère-McConnel, cópia de manuscrito no EC.

22. Entrevista com André Heintz, EC.

23. Entrevistas com Thérèse Gondrée e John Howard, EC.

24. Entrevista com Richard Winters, EC.

25. Entrevista com Guillaume Mercader, EC.

26. Harrison, *Cross-Channel Attack*, p. 204.

27. Idem, p. 202.

28. Entrevista com Guillaume Mercader, EC.

29. Entrevista com Anthony Brooks, EC.

30. Idem. Ver também M.R.D. Foot, *SOE: The Special Operations Executive 1940-46* (London: BBC, 1984), pp. 226-27.

6. PLANEJANDO E PREPARANDO

1. Entrevista com Eisenhower, EC.

2. Entrevista de Walter Cronkite com Eisenhower no documentário da CBS-TV *D-Day Plus Twenty Years*, levado ao ar em 6 de junho de 1964, transcrição no EC.

3. Entrevista com Smith, American Military Institute, Carlisle, Pa.

4. Entrevista de De Guingand por G. Harrison, idem.

5. Ibid.

6. Entrevista com Friedrich Ruge, EC.

7. David Irving, *Trail of the Fox* (New York: Dutton, 1977), p. 323.

8. Samuel Mitcham, *Rommel's Last Battle* (New York: Stein & Day, 1983), p. 36.

9. Idem, p. 42.

10. Entrevista com Ruge, EC.

11. Irving, *Trail of the Fox*, pp. 344-45.

12. Idem, p. 345.

13. Hans von Luck, *Panzer Commander* (New York: Praeger, 1989), p. 133.

14. Gordon A. Harrison, *Cross-Channel Attack* (Washington, D.C.: Dept. of the Army, 1951), p. 254.

15. Mitcham, *Rommel's Last Battle*, p. 37.

16. Entrevista com Heydte, EC.

17. Entrevista de Bayerlein com Hechler, 12 de julho de 1949, American Military Institute, Carlisle, Pa.

18. Detlef Vogel, *Morale and Fighting Power of the Wehrmacht in the West on the Eve of the Invasion*, documento apresentado na conferência realizada no Military Historical Institute em 1992, cópia no EC.

19. Paul Carell, *Invasion—Theyre Coming!*, tr. E. Osers (New York: Dutton, 1963), pp. 26-27.

20. Carlo D'Este, *Decision in Normandy* (London: Collins, 1983), pp. 74-76.

21. Joseph Balkoski, *Beyond the Beachhead: The 29th Infantry Division in Normandy* (Harrisburg, Pa.: Stackpole, 1989), pp. 142-43.

22. Depoimento de John Barnes, EC.

23. Depoimento de Robert Miller, EC.

24. O relatório datilografado de Lord se encontra no American Military Institute, Carlisle, Pa.

25. Entrevista de Russell Miller com George Lane, EC.

26. Memórias de Van Fleet, cópia no EC.

27. Samuel Eliot Morison, *The Invasion of France and Germany 1944-1945* (Boston: Little Brown, 1959), p. 70.

28. D'Este, *Decision in Normandy*, pp. 83-86.

29. Stephen Ambrose, *The Supreme Commander* (Garden City: Doubleday, 1971), pp. 399-400.

7. TREINANDO

1. Eisenhower para Marshall, 24/2/43, EL.

2. Memórias de Van Fleet, cópia no EC.

3. Memórias manuscritas de John Robert Slaughter, EC.

4. Depoimento de Robert Walker, EC.

5. Depoimento de Felix Branham, EC.

6. Joseph Balkoski, *Beyond the Beachhead: The 29th Infantry Division in Normandy* (Harrisburg, Pa.: Stackpole, 1989), p. 2.

7. Memórias manuscritas de John Robert Slaughter, EC.

8. Carta de Weldon Kratzer, EC.

9. Entrevista com Thor Smith, EC.

10. Depoimento de Tom Plumb, EC.

11. Estou grato a Billy Arthur pela informação sobre Thompson e o Centro de Treinamento de Ataque contida no documento *Pre-Invasion Training: Key to D-Day Success*, apresentado ao American Historical Institute, em Washington.

12. Idem.

13. Relatado em Warren Tute, John Costello e Terry Hughes, *D-Day* (London, Pan Books, 1975), p. 83.

14. Depoimento de Eugene Bernstein, EC.

15. Entrevista com R. Younger, Imperial War Museum (IWM), cópia no EC.

16. Depoimento de David Thomas, EC.

17. Depoimento de Harry Parley, EC.

18. Geoffrey Perret, *There's a War to Be Won* (New York: Random House, 1992), p. 311.

19. Depoimento de Robert Rader, EC.

20. *Currahee!* panfleto publicado na Alemanha em 1945. Páginas sem numeração.

21. Entrevista de Russell Miller com D. Zane Schlemmer, cópia no EC.

22. Entrevista com Jim Wallwork, EC.

23. Depoimento de James Eikner, EC.

24. Memórias manuscritas de John Robert Slaughter, EC.

25. Henry Glassman, *"Lead the Way, Rangers": A History of the Fifth Ranger Battalion* (impresso na Alemanha: 1945), pp. 12-13.

26. Depoimento de Walter Sidlowski, EC.

27. Depoimento de James Eikner, EC.
28. Transcrição do depoimento de Paul Thompson, EC.
29 Depoimento de Barnett Hoffner, EC.
30. Entrevista com Robert Piauge, EC.
31. Depoimento de Peter Masters, EC.
32. Depoimento de Harry Nomburg, EC.
33. Depoimento de Fred Patheiger, EC.
34. Stephen E. Ambrose e James A. Barber, eds., *The Military and American Society: Essays and Readings* (New York: The Free Press, 1972), p. 177.
35. Ulysses Lee, *The Employment of Negro Troops* (Washington, DC: Office of the Chief of Military History, 1966), pp. 623-24.
36. Idem, 627.
37. Ibid., 630.
38. Hans von Luck, *Panzer Commander* (New York: Praeger, 1989), p. 134.
39. Detlef Vogel, *Morale and Fighting Power of the Wehrmacht in the West on the Eve of the Invasion*, documento apresentado na conferência do Military History Institute em 1992, cópia no EC.
40. Depoimento de Peter Masters, EC.

8. ORGANIZANDO E INSTRUINDO

1. Depoimento de Eugene Bernstein, EC.
2. Depoimento de John Robert Slaughter, EC.
3. Memórias de Ralph Eastridge, EC.
4. Depoimento de John Howard, EC.
5. Memórias de John Robert Slaughter, EC.
6. Depoimento de Edward Jeziorski, EC.
7. Depoimento de John Robert Slaughter, EC.
8. Depoimento de Peter Masters, EC.
9. Depoimento de John Barnes, EC.
10. Depoimento de Edward Jeziorski, EC.
11. Depoimento de Richard Winters, EC.
12. Paul Fussel, *Wartime: Understanding and Behavior in the Second World War* (New York: Oxford University Press, 1989), pp. 240-41.
13. Depoimento de Arthur Schultz, EC. Schultz prosseguiu: "Sou um dos personagens de *The Longest Day* de Connie Ryan. No livro, o jogo de dados se deu num aeroporto, o que não é verdade. Ocorreu num acampamento. O autor achou que eu era um bom garoto católico, que não deveria estar apostando. Então me fez perder dinheiro pelas minhas convicções religiosas, o que não foi o caso de forma nenhuma. Eu perdia porque tentava humilhar um cara que detestava." Para a versão de Ryan, ver *The Longest Day: June 6, 1944* (New York: Popular Library, 1959), pp. 63-64.

14. Depoimento the David Thomas, EC.
15. Memórias de John Robert Slaughter, EC.
16. Depoimento de Peter Masters, EC.
17. Gerden Johnson, *History of the Twelfth Infantry Regiment in World War II* (Boston: 4th Division Association, 1991), p. 53.
18. Carta de Ralph Eastridge aos pais, 27 de julho de 1946, EC.
19. Depoimento de Felix Branham, EC.
20. Depoimento de Robert Healey, EC.
21. Depoimento de Merical Dillon, EC.
22. Depoimento de William Dillon, EC.
23. Depoimento de Leroy Jennings, EC.
24. Depoimento de Charles Skidmore, EC.
25. Depoimento de Alan Anderson, EC.
26. Entrevista de Russell Miller com Cyril Hendry, cópia no EC.
27. Depoimento de Arthur Schultz, EC.
28. Depoimento de David Thomas, EC.
29. Depoimento de John Barnes, EC.
30. Depoimento de Joseph Dragotto, EC.
31. Depoimento de Richard Winters, EC.
32. Depoimento de Alan Anderson, EC.
33. Entrevista com Charles Jarreau, EC.
34. Bannerman levou consigo a carta inacabada à Normandia, onde foi confiscada pelos alemães e lida por Rommel (David Irving, *Trail of the Fox* [New York: Dutton, 1977], pp. 356-58).
35. Memórias de Paul Thompson, EC.
36. Depoimento de Richard Freed, EC.
37. John Keegan, *Six Armies in Normandy* (New York: Penguin Books, 1983), p. 331.
38. A cópia nº 42 deste documento "estritamente reservado" se encontra na EL.
39. A cópia do documento se encontra na EL.
40. Memórias de Franz Gockel, EC, traduzidas por Derek Zumbro.

9. CARREGANDO

1. Entrevista com Ronald Lewin, EC.
2. Depoimento de Clair Galdonik, EC.
3. Entrevista com Charles Jarreau, EC.
4. Carta de Ralph Eastridge, EC.
5. Memórias do Gen. James van Fleet, EC.
6. Entrevista com Charles Jarreau, EC.
7. Depoimento de Robert Patterson, EC.

8. Carta de Ralph Eastridge, EC
9. Samuel Eliot Morison, *The Invasion of France and Germany 1944-1945* (Boston: Little Brown, 1959), p. 83.
10. Todas as ordens de Eisenhower para o Dia D estão na EL.
11. Memórias de John Robert Slaughter, EC.
12. Depoimento de Felix Branham, EC.
13. Depoimento de Anthony Duke, EC.
14. Carta de Ralph Eastridge, EC.
15. Depoimento de Oscar Rich, EC.
16. Depoimento de Clair Galdonik, EC.
17. Depoimento de Walter Sidlowski, EC.
18. Entrevista com Frank Beetle, EC.
19. Depoimento de Clyde Kerchner, EC.
20. Depoimento de Robert Walker, EC.
21. Depoimento de Charles Ryan, EC.
22. Entrevista com Michael Foot, EC.
23. Dwight D. Eisenhower, *At Ease: Stories I Tell to Friends* (Garden City, N.Y.: Doubleday, 1967), p. 275.
24. David Irving, *Trail of the Fox* (New York: Dutton, 1977), p. 354; Samuel Mitcham, *Rommel's Last Battle* (New York: Stein & Day, 1983), p. 62.
25. Irving, *Trail of the Fox*, p. 351.
26. Idem, pp. 354-55.

10. DECISÃO DE AVANÇAR

1. Entrevista com Dwight Eisenhower, EC.
2. Dwight D. Eisenhower, *Crusade in Europe* (Garden City, N.Y.: Doubleday, 1948), p. 246; entrevista de Walter Cronkite com Eisenhower para a CBS-TV, transcrição no EC.
3. Entrevista com Eisenhower, EC; Eisenhower para Leigh-Mallory, 30/5/44, EL.
4. Entrevista de Cronkite com Eisenhower, EC.
5. Entrevista com Eisenhower, EC; a minuta do discurso de Eisenhower se encontra na EL.
6. Diário de Eisenhower, 3/6/44, EL.
7. Eisenhower, *Crusade in Europe*, p. 249.
8. Depoimento de Edwin Gale, EC.
9. Depoimento de Dean Rockwell, EC.
10. Depoimento de Homer Carey, EC.
11. Depoimento de Harry Parley, EC.
12. Depoimento de George Roach, EC.
13. Depoimento de Joe Pilck, EC.

14. Depoimento de Robert Miller, EC.

15. Depoimento de Henry Gerald, EC.

16. Eisenhower, *Crusade in Europe*, p. 249.

17. Registro no diário de Eisenhower em 3/6/44, EL.

18. David Irving, *Trail of the Fox* (New York: Dutton, 1977), p. 354.

19. Carta de Benjamin Frans, EC.

20. Depoimento de Dean Rockwell, EC.

21. Depoimento de Samuel Grundfast, EC.

22. Depoimento de Felix Branham, EC.

23. Depoimento de Clair Galdonik, EC.

24. Diário de John Howard, EC.

25. Entrevista com David Wood, EC.

26. Depoimento de Edward Jeziorski, EC.

27. Depoimento de Jerry Eades, EC.

28. Depoimento de James Edward, EC

29. Depoimento de Eugene Bernstein, EC.

30. Gordon A. Harrison, *Cross-Channel Attack* (Washington, D.C.: Dept. of the Army, 1951), p. 276.

31. Depoimento de Kerchner, EC.

32. Entrevista com Kenneth Strong, EC.

33. Entrevistas com Eisenhower, Kenneth Strong, Arthur Tedder, EC; diário de Harry Butcher, 4-6/6/44, EL.

34. Samuel Eliot Morison, *The Invasion of France and Germany 1944-45* (Boston: Little, Brown, 1959), p. 83.

35. Entrevista de Walter Cronkite com Eisenhower, EC.

36. Entrevista com Kenneth Strong, EC.

37. Entrevista de Cronkite com Eisenhower, EC.

38. Diário de Harry Butcher, 4-6/6/44, EL.

39. Esta nota sem data está na EL. Eisenhower colocou-a na carteira e a esqueceu. Algumas semanas depois, quando a encontrou, riu e comentou que, graças a Deus, não teve que despachá-la. Eisenhower jogou o papel na cesta de lixo, mas Butcher o recuperou. Diário de Butcher, 20/6/44, EL.

40. Irving, *Trail of the Fox*, p. 364.

41. Entrevista de Heydte, EC.

42. Hans von Luck, *Panzer Commander* (New York: Praeger, 1989), p. 135.

43. Walter Warlimont, *Inside Hitler's Headquarters, 1939-1945* (New York: Praeger, 1964), p. 422.

44. Entrevista com Nat Hoskot, EC.

45. Memórias de Sam Gibbons, EC. Gibbons tornou-se representante do 7º Distrito da Flórida no Congresso americano, permanecendo neste posto por várias décadas.

46. Depoimento de J. Frank Brumbaugh, EC.

47. Depoimentos de Edward Jeziorski e Donald Bosworth, EC.

48. Depoimento de John Delury, EC.

49. Depoimento de Tom Porcella, EC.

50. Depoimento de Carl Cartledge, EC.

51. Depoimento de Charles Shettle, EC.

52. Depoimento de L. Johnson, EC.

53. Entrevista de Dwight Eisenhower, EC.

54. Carta de Sherman Oyler a Mack Teasley, 6/12/83, EL.

55. Carta de Wallace Stroble, EC.

56. Depoimento de John Richards, EC.

57. Depoimento de Arthur Schultz, EC.

58. Idem.

59. Entrevista com Dwight Eisenhower, EC.

60. Kay Summersby Morgan, *Past Forgetting: My Love Affair with Dwight D. Eisenhower* (New York: Simon & Schuster, 1976), p. 216.

61. O professor Robert Love do Departamento de História da Academia Naval forneceu a transcrição da anotação de Ramsay; Dr. Love está preparando o diário para publicação.

11. ROMPENDO A MURALHA ATLÂNTICA

1. Depoimento de James Elmo Jones, EC.

2. Para uma descrição da ação, ver Stephen E. Ambrose, *Pegasus Bridge: June 6, 1944* (New York: Simon & Schuster, 1985).

3. Matthew Ridgway, *Soldier* (New York: Harper, 1956), p. 4.

4. Depoimento de Eugene Brierre, EC.

5. Depoimento de Dwayne Burns, EC.

6. Entrevista com Ken Russell, EC.

7. Depoimento de Clayton Storeby, EC.

8. Depoimento de Harry Reisenleiter, EC.

9. John Keegan, *Six Armies in Normandy: From D-Day to the Liberation of Paris* (New York: Penguin Books, 1983), p. 82.

10. Depoimento de Sidney Ulan, EC.

11. Depoimento de Earl Peters, EC.

12. Depoimento de Charles Ratliff, EC.

13. Depoimentos de John Fitzgerald e Carl Cartledge, EC.

14. Depoimentos de William True e Parker Alford, EC.

15. Depoimento de Tom Porcella, EC.

16. Depoimento de Dwayne Burns, EC.

17. Entrevista de Russell Miller com Dan Furlong, EC.

18. Keegan, *Six Armies in Normandy*, p. 85.

19. Depoimento de Arthur DeFilippo, EC.

20. Depoimento de John Taylor, EC.

21. Carta de Sherman Oyler a Martin Teasley, EL.

22. Depoimento de Len Griffing, EC.

23. Idem.

24. Depoimento de John Fitzgerald, EC.

25. Depoimento de Ray Aeibischer, EC.

26. Depoimento de Richard Winters, EC.

27. Memórias de Sam Gibbons, EC.

28. Depoimento de Parker Alford, EC.

29. Depoimento de Arthur Schultz, EC.

30. Depoimento de Len Griffing, EC.

31. Depoimento de Clayton Storeby, EC.

32. Conferência de Avaliação de Resultados, 82ª Divisão Aerotransportada, realizada em 13 de agosto de 1944, Leicester, Inglaterra. Cópia no EC.

33. Depoimento de Parker Alford, EC.

34. Conferência de Avaliação de Resultados, 82ª Divisão Aerotransportada, 13 de agosto de 1944. Cópia no EC.

35. Michel de Vallavieille, *D-Day at Utah Beach* (Coutances, Normandy, 1982), p. 22.

36. Entrevista de Ron Drez com Ken Russell, EC.

37. Allen Langdon, *"Ready": A World War II History of the 505th Parachute Infantry Regiment* (Indianapolis, 82nd Airborne Division Association, 1986), pp. 49-51. Este é um relato indispensável, muito detalhado e preciso.

38. Entrevista de Ron Drez com Ken Russell, EC.

39. Depoimento de James Eads, EC.

40. Depoimento de Tom Porcella, EC.

41. Depoimento de David Jones, EC.

42. Há uma cópia do relatório no EC.

43. Beaudin foi libertado em 16 de julho pela 9ª Divisão. Depoimento de Briand Beaudin, EC.

44. *Utah Beach to Cherbourg* (Washington, D.C.: U.S. Army, Center of Military History, 1948), p. 15.

45. Entrevista com Michael Foot, EC.

46. Entrevista com Frederick von der Heydte, EC.

47. Depoimento de Charles Shettle, EC.

48. Entrevista com Frederick von der Heydte, EC

49. Vallavieille, *D-Day at Utah Beach*, pp. 25-26.

50. S.L.A. Marshall, *Night Drop: The American Airborne Invasion of Normandy* (Boston: Little, Brown, 1962), p. 269.

51. Entrevista com Hans von Luck, EC.

52. Depoimento de Zane Schlemmer, EC.

53. Depoimento de James Elmo Jones, EC.

54. Depoimento de Robert Butler, EC.

55. Depoimento de Leonard Lebenson, EC.

56. Depoimento de Charles Skidmore, EC.

57. Depoimento de Harry Reisenleiter, EC.

58. Depoimento de John Fitzgerald, EC.

59. Depoimento de Zane Schlemmer, EC.

60. Depoimento de Carl Cartledge, EC.

61. Conferência de Avaliação de Resultados, 82ª Divisão Aerotransportada, 13 de agosto de 1944, cópia no EC.

12. "VAMOS PEGAR AQUELES SAFADOS"

1. Conferência de Avaliação de Resultados, 82ª Divisão Aerotransportada, 13 de agosto de 1944, cópia no EC.

2. Depoimento de Francis Palys, EC.

3. Citado em Clay Blair, *Ridgway's Paratroopers: The American Airborne in World War II* (Garden City, N.Y.: Doubleday, 1985), p. 233.

4. Depoimento de Dwayne Burns, EC.

5. Depoimento de Lynn Tomlinson, EC.

6. Entrevista de Russell Miller com Dan Furlong, EC.

7. Depoimento de Arthur Schultz, EC.

8. David Howarth, *Dawn of D-Day* (London: Collins, 1959), p. 55.

9. Idem, pp. 56-60; Napier Crookenden, *Drop Zone Normandy* (New York: Scribners, 1976), pp. 205-9.

10. Entrevistas com o Major Roseveare e Bill Irving, Imperial War Museum, London.

11. Entrevista com John Kemp, EC.

12. Depoimento de Carl Cartledge, EC.

13. Depoimento de John Fitzgerald, EC.

14. Memórias de Sam Gibbons, EC.

15. Depoimento de Charles Shettle, EC.

16. História regimentar da 505ª Divisão, pp. 53-54.

17. Gordon A. Harrison, *Cross-Channel Attack* (Washington, D.C.: Dept. of the Army, 1951), p. 288.

13. "O MAIOR ESPETÁCULO JAMAIS ENCENADO"

1. Depoimento de Charles Shettle, EC.

2. Depoimento de Roger Lovelace, EC.

3. Russel Weigley, *Eisenhower Lieutenants: The Campaigns of France and Germany, 1944-1945* (Bloomington: Indiana University Press, 1981), p. 70.

4. Depoimento de Roger Lovelace, EC.

5. Depoimento de Carl Carden, EC.

6. Depoimento de John Robinson, EC.

7. Depoimento de Roger Lovelace, EC.

8. Depoimento de John Robinson, EC.

9. Depoimento de J. K. Havener, EC.

10. Depoimento de James Delong, EC.

11. Depoimento de John Meyer, EC.

12. Depoimento de J. K. Havener, EC.

13. Depoimento de A. H. Corry, EC.

14. Depoimento de Charles Harris, EC.

15. Depoimento de Allen Stephens, EC.

16. Depoimento de William Moriarity, EC.

17. Depoimento de A. H. Corry, EC.

18. Depoimento de Carl Carden, EC.

19. Depoimento de John Meyer, EC.

20. Depoimento de Roger Lovelace, EC

21. Depoimento de J. K. Havener, EC.

22. Depoimento de Ray Sanders, EC

23. Depoimento de A. H. Corry, EC.

24. Depoimento de Ray Sanders, EC.

25. Depoimento de John Robinson, EC.

26. Depoimento de Arthur Jahnke, cópia no EC. A história de Jahnke é contada em detalhe em Paul Carell, *Invasion —They're Coming! The German Account of the Allied Landings and the 80 Days Battle for France* (New York: Dutton, 1963).

27. Depoimento de James Delong, EC.

28. Depoimento de Charles Middleton, EC.

29. Weigley, *Eisenhowers Lieutenants*, p. 94.

30. Depoimento de James Taylor, EC.

31. Depoimento de Jack Barensfeld, EC.

32. Depoimento de James Taylor, EC.

33. Memórias de Charles Mohrle, EC.

34. Depoimento de Edward Giller, EC.

35. Depoimento de Jack Barensfeld, EC.

36. Memórias de Peter Moody, EC.

37. Depoimento de William Satterwhite, EC.

38. Depoimento de Donald Porter, EC.

39. Harry Crosby, *A Wing and a Prayer* (New York: HarperCollins, 1993), pp. 227-28.

40. Depoimento de Charles Shettle, EC.

14. UMA LONGA, INTERMINÁVEL COLUNA DE NAVIOS

1. Samuel Eliot Morison, *The Invasion of France and Germany 1944-1945* (Boston: Little, Brown, 1959), pp. 46-47.

2. Idem, p. 79.

3. Depoimento de Dean Rockwell, EC.

4. Morison, *Invasion of France and Germany*, p. 57.

5. Depoimento de John Robert Lewis, EC.

6. Depoimento de Joseph Donlan, EC.

7. Depoimento de Anthony Duke, EC.

8. Morison, *Invasion of France and Germany*, p. 87.

9. Depoimento de Ross Olsen, EC.

10. Entrevista com B. T. Whinney, EC.

11. Joseph Balkoski, *Beyond the Beachhead: The 29th Infantry Division in Normandy* (Harrisburg, Pa.: Stackpole, 1989), p. 11.

12. Memórias de Ronald Seaborne, EC.

13. Idem.

14. Memórias de Howard Vander Beek, EC.

15. Martin Sommers, "The Longest Hour in History", *Saturday Evening Post*, July 8, 1944.

16. Depoimento de Ross Olsen, EC.

17. Depoimento de James ONeal, EC.

18. Depoimento de Holdbrook Bradley, EC.

19. Diário de Cyrus Aydlett, registro de 6 de junho de 1944, EC.

20. Entrevista com John Howard, EC.

21. "Recollection of Events", de Piprel, EC, traduzido (e doado ao EC) por M. Michael Clemençon.

22. Relatório de Combate do USS *Harding*, cópia no EC.

23. Memórias de William Gentry, EC.

24. Memórias de Romuald Nalecz-Tyminski, EC.

25. Kenneth Wright aos pais, 11/6/44, cópia no EC.

26. Depoimento de Grant Guillickson, EC. Guillickson permaneceu na Marinha por trinta anos. Em 1954 foi aprovado em um concurso para guarda-marinha. Tornou-se finalmente engenheiro-chefe do USS *Forrestal*. Foi reformado em 1969 como capitão-de-fragata.

27. Depoimento de Joseph Dolan, EC.

28. Memórias de A. R. Beyer, EC.

29. Depoimento de Doug Birch, EC.

30. Memórias de Howard Vander Beek, EC.

31. Warren Tute, John Costello e Terry Hughes, *D-Day* (London: Pan Books, 1975), p. 188.

32. Morison, *Invasion of France and Germany*, p. 121.

33. Tute, Costello e Hughes, *D-Day*, p. 188.

34. Idem, p. 167.

35. Ibid., p. 180.

36. Morison, *Invasion of France and Germany*, pp. 122, 125.

37. Depoimento de Eugene Bernstein, EC.

38. Depoimento de W. N. Solkin, EC.

39. Balkoski, *Beyond the Beachhead*, p. 16.

40. Depoimento de Dean Rockwell, EC.

41. Depoimento de Samuel Grundfast, EC.

42. Depoimento de Martin Waarvick, EC.

43. Depoimento de Dean Rockwell, EC.

44. Memórias de Franz Gockel, EC, traduzidas por Derek Zumbro.

15. "COMEÇAREMOS A GUERRA EXATAMENTE DAQUI"

1. Depoimentos de Howard Vander Beek e Sims Gauthier, EC.

2. Depoimento de Arthur Jahnke, cópia no EC; Paul Carell, *Invasion—They're Coming!* (New York: Dutton, 1963), pp. 50-56.

3. Depoimento de Malvin Pike, EC.

4. Idem.

5. Warren Tute, John Costello e Terry Hughes, *D-Day* (London: Pan Books, 1975), p. 182.

6. Uma cópia das memórias não publicadas de Van Fleet encontra-se no EC.

7. Entrevista dos membros do 237º Batalhão de Engenharia de Combate com Ron Drez, EC.

8. Depoimento de Orval Wakefield, EC.

9. Idem.

10. Depoimento de Martin Gutekunst, EC.

11. Entrevista de Drez com o 237º BEC, EC.

12. Depoimento de John Ahearn, EC.
13. Entrevista com Elliot Richardson, EC.
14. Memórias não publicadas de Van Fleet, cópia no EC.
15. Depoimento de Malvin Pike, EC.
16. Memórias não publicadas de Van Fleet, cópia no EC.
17. Depoimento de Malvin Pike, EC.
18. Depoimentos de Malvin Pike e Eugene Brierre, EC.
19. Depoimento de Ralph Della-Volpe, EC.
20. Depoimento de Marvin Perrett, EC.
21. Depoimento de John Beck, EC.
22. Morison, *Invasion of France and Germany*, p. 120.
23. Russell Reeder, *Born at Reveille* (New York: Duell, Sloan & Pearce, 1966), pp. 247-48.
24. Idem, p. 248; Memórias de Charles Jackson, EC.
25. Depoimento de Clifford Sorenson, EC.
26. Memórias de Charles Jackson, EC.
27. Depoimento de Ross Olsen, EC.
28. Depoimento de Vincent del Giudice, EC. Depois da guerra, del Giudice tornou-se médico.
29. Carell, *Invasion—They're Coming!*, pp. 60-61.
30. Depoimento de Orval Wakefield, EC.
31. Para uma excelente descrição de um dos regimentos da 4ª Divisão, ver Gerden Johnson, *History of the Twelfth Infantry Regiment in Word War II* (Boston: Fourth Division Association, 1947).

16. NÓS FICAREMOS AQUI

1. Depoimento de Leonard Lebenson, EC.
2. Memórias de John Delury, EC.
3. Depoimento de D. Zane Schlemmer, EC.
4. Depoimento de Sidney McCallum, EC.
5. Depoimento de L. Johnson, EC.
6. Depoimento de Leland Baker, EC.
7. A história de Summers é contada em detalhe em S. L. A. Marshall, *Night Drop: The American Airborne Invasion of Normandy* (Boston: Little, Brown, 1962). pp. 216-22.
8. Depoimento de Leland Baker, EC.
9. Marshall, *Night Drop*, p. 271.
10. Depoimento de Eugene Brierre, EC.
11. Marshall, *Night Drop*, pp. 273-74.
12. Michel de Vallavieille, *D-Day at Utah Beach* (Coutances, 1982), p. 56.
13. Entrevista de Frederick von der Heydte, EC.

14. Este parágrafo é baseado em entrevistas conduzidas por Ken Hechler com Bayerlein, Speidel, Jodl e outros generais alemães, cópias no EC, e em Max Hastings, *Overlord* (New York: Simon & Schuster, 1984), p. 77.

15. Hastings, *Overlord*, p. 76.

16. Depoimento de Carwood Lipton, EC.

17. Entrevistas de Richard Winters e Harry Welsh, EC.

18. Memórias de Sam Gibbons, EC.

19. Memórias de Heydte, EC.

20. Depoimento de Parker Alford, EC.

21. Depoimento de Charles Shettle, EC.

22. Depoimento de Herbert James, EC.

23. Depoimento de Carl Cartledge, EC.

24. Depoimento de William Sawyer, EC.

25. Depoimento de Jack Issacs, EC.

26. Depoimento de David Thomas, EC.

27. Memórias de Donald Bosworth, EC.

28. Depoimento de Roy Creek, EC.

29. Depoimento de David Jones, EC.

30. Depoimento de O. B. Hill, EC.

31. Marshall, *Night Drop*, pp. 76-77.

32. Depoimento de Roy Creek, EC. Creek prosseguiu: "Prestaria um tributo especial ao Ten. Charlie Ames da Companhia E do 507º, Sarg. Asa Ricks, Companhia A do 507º, e ao Sarg. Glenn Lapne, Companhia A do 507º. Fizeram tudo que lhes pedi e ainda mais. Creek tornou-se Comandande do 507º Batalhão.

33. Memórias de James Coyle, EC.

34. Depoimento de John Fitzgerald, EC.

35. Allen Langdon, *"Ready"* (Indianapolis: 82nd Airborne Division Association, 1986), p. 56.

36. Depoimento de Charles Miller, EC.

37. Langdon, *"Ready"*, pp. 56-57.

38. Depoimento de Otis Sampson, EC. Sampson aparece com destaque em Langdon, *"Ready"*, p. 57. Langdon também relata que os membros do grupo "sempre se mostraram um pouco mais do que indignados sobre o que [S. L. A.] Marshall escreveu em *Night Drop*, 'os homens de Turnbull avançaram todo o caminho até Ste.-Mère-Église.' Além de tudo seria uma impossibilidade física."

39. Langdon, *"Ready"*, p. 57; Stephen E. Ambrose, *Band of Brothers: E Company, 506th* (New York: Simon & Schuster, 1992), p. 103.

40. Depoimento de John Fitzgerald, EC.

41. Idem.

42. Memórias de James Coyle, EC.

43. Depoimento de Otis Sampson, EC.

44. Historical Section European Theater of Operations Staff, *Utah Beach to Cherbourg*, p. 31.

17. VISITANTES DO INFERNO

1. Paul Carell, *Invasion—They're Coming!* (New York: Dutton, 1963), p. 76.
2. Depoimento de Robert Walker, EC.
3. A. J. Liebling, "Reporter at Large", *New Yorker*, 15 de Julho de 1944, p. 40.
4. Depoimento de Robert Walker, EC.
5. U. S. Army, Historical Section Staff, *Omaha Beachhead*, pp. 28-34.
6. Idem, pp. 35-41.
7. Carell, *Invasion—They're Coming!*, p. 76.
8. Francis Fane, *Naked Warriors* (New York: Prentice Hall, 1956), pp. 61-62.
9. Joseph Balkoski, *Beyond the Beachhead* (Harrisburg, Pa.: Stackpole, 1989), p. 145.
10. Depoimento de Joe Smith, EC.
11. Entrevista com Charles Jarreau, EC.
12. Depoimento de John Barnes, EC.
13. Depoimento de Thomas Valance, EC.
14. S. L. A. Marshall, "First Wave at Omaha Beach", *Atlantic Monthly*, novembro de 1960, p. 68.
15. Depoimento de George Roach, EC.
16. Depoimento de Lee Polek, EC.
17. Depoimento de Harry Bare, EC.
18. Depoimento de John Robertson, EC.
19. Depoimento de Harry Parley, EC.
20. Balkoski, *Beyond the Beachhead*, p. 147.
21. Idem, p. 149; Marshall, "First Wave at Omaha", p. 69.
22. Depoimento de Benjamin McKinney, EC.
23. Depoimento de Felix Branham, EC.
24. J. T. Shea para o Coronel Mason, 16/6/1944, cópia no EC.
25. Historical Division, War Department, *Omaha Beachhead*, pp. 55-56; depoimento de Debs Peters, EC.
26. Depoimento de Robert Walker, EC.
27. Depoimento de Sidney Bingham, EC.
28. Citado em Balkoski, *Beyond the Beachhead*, p. 152.
29. Depoimento de George Kobe, EC.
30. Depoimento de John Robert Slaughter, EC. Slaughter escreveu extensas memórias do Dia D para a *Twenty-Nine Newsletter*, novembro de 1990, cópia no EC.
31. Depoimento de John Robert Slaughter, EC; memórias de Ray Moon, EC.

32. Depoimento de Carl Weast, EC.

33. Depoimento de William Lewis, em manuscrito não publicado, coletado por John Robert Slaughter, cópia no EC.

34. Depoimento de Raymond Howell, EC.

18. REINAVA O MAIS COMPLETO CAOS

1. Depoimento de John MacPhee, EC.
2. Depoimento de Clayton Hanks, EC.
3. Depoimento de Warren Rulien, EC.
4. Depoimento de Charles Thomas, EC.
5. Depoimento de Fred Hall, EC.
6. Entrevista de Forrest Poge com John Spaulding, cópia no EC.
7. Depoimento de Kenneth Romanski, EC; U.S. Army, Historical Section Staff, *Omaha Beachhead*, p. 49.
8. Depoimento de H. W. Shroeder, EC.
9. Depoimento de Albert Mominee, EC.
10. Entrevista de Andy Rooney com Joe Dawson, cópia no EC.
11. Depoimento de Joe Pilck, EC.
12. Depoimentos de Paul Radzom e Warren Rulien, EC.
13. Entrevista de Andy Rooney com Al Smith, cópia no EC.
14. Depoimento de Buddy Mazzara, EC.
15. Depoimento de H. W. Shroeder, EC.
16. Memórias de William Dillon, EC.
17. Ernie Pyle, *Ernie's War: The Best of Ernie Pyle's World War II Dispatches*, ed. David Nichols (New York: Simon & Schuster, 1986), pp. 278-80.
18. Depoimento de John Ellery, EC.

19. ENGARRAFAMENTO

1. Eisenhower para Lloyd Fredendall, 4/2/43, Eisenhower Library, Abilene, Kansas.
2. Depoimento de Dean Rockwell, EC.
3. F. S. White, relatório de ação manuscrito, fornecido ao EC por Dean Rockwell.
4. Depoimento de J. C. Friedman, EC.
5. *Move Out, Verify: The Combat Story of the 743rd Tank Batallion* (Dallas, 1981), p. 27.
6. Depoimentos de Paul Radzom e Edward Kelly, EC.
7. Depoimento de George Ryan, EC.
8. Depoimento de Jerry Eades, EC. Eades concluiu: "De uma maneira geral, isto é o que me recordo do Dia D, 6 de junho de 1944. É claro que nossos verdadeiros problemas só começaram no dia seguinte, e no seguinte e no seguinte."

9. Depoimento de R. J. Lindo, EC.
10. Depoimento de William Otlowski, EC.
11. Depoimento de Charles Sullivan, EC.
12. Warren Tute, John Costello e Terry Hughes, *D-Day* (London: Pan Books, 1975), p. 131.
13. Idem, pp. 132-33.
14. Depoimento de Devon Larson, EC.
15. Memórias de Exum Pike, EC.
16. Memórias de Don Irwin, EC.
17. Depoimento de James Fudge, EC.
18. Cornelius Ryan, *The Longest Day* (New York: Popular Library, 1959), pp. 271-72. Ryan escreveu que esta foi a única aparição da Luftwaffe durante o Dia D, mas houve de fato um bombardeio realizado por aviões JU-88. Nenhum provocou sérios danos.
19. Memórias conjuntas de Robert Schober, Ray Howell e Cecil Powers, cópia no EC.
20. Depoimento de Robert Miller, EC.
21. Depoimento de Debbs Peters, EC.
22. Depoimento de John Zmudzinski, EC.
23. Memórias de Allen McMath, EC.
24. Depoimento de Al Littke, EC.
25. Depoimento de John Mather, EC.
26. Depoimento de Barnett Hoffner, EC.
27. Entrevista com Frank Walk, EC.
28. Discurso de Paul Thompson, cópia no EC.
29. Memórias de Franz Gockel, EC, traduzidas por Derek Zumbro.

20. "SOU DA TRIPULAÇÃO DE UM DESTRÓIER"

1. Depoimento de Joe Smith, EC.
2. Depoimento de Robert Giguere, EC.
3. Depoimento de William O'Neill, EC.
4. Samuel Eliot Morison, *Invasion of France and Germany 1944-1945* (Boston: Little, Brown, 1959), p. 148.
5. Owen Keeler, "From the Seaward Side", *U.S. Naval Institute Proceedings*, agosto, 1989, p. 126.
6. Memórias de William Sentry, EC.
7. Memórias de Ken Shiffer, EC.
8. Relatório de ação do *Harding*, cópia no EC.
9. Morison, *Invasion of France and Germany*, p. 144.
10. Depoimento de Ernest Hillberg, EC.
11. Morison, *Invasion of France and Germany*, p. 142.

12. Memórias de William Sentry, EC.
13. Morison, *Invasion of France and Germany*, p. 143.
14. Idem, p. 145.
15. Memórias de Edward Duffy, EC.
16. Keeler, "From the Seaward Side", p. 126.
17. Morison, *Invasion of France and Germany*, p. 144; Keeler, "From the Seaward Side", p. 126.
18. Morison, *Invasion of France and Germany*, p. 147.
19. Depoimento de Robert Miller, EC.
20. Depoimento de Robert Giguere, EC.
21. Depoimento de William O'Neill, EC.
22. Depoimento de Joe Smith, EC.
23. James Knight, "The DD that saved the Day", *U.S. Naval Institute Proceedings*, agosto de 1989, pp. 124-26.
24. Morison, *Invasion of France and Germany*, p. 149.
25. Idem, p. 152.
26. Depoimento de William Bacon, EC.
27. Idem.
28. Pete Martin, "We Shot D-Day on Omaha Beach", *American Legion Magazine*, junho de 1964, p. 19.
29. Depoimento de William O'Neill, EC.
30. Depoimento de Stanley Borkowski, EC.
31. A. J. Liebling, "Reporter at Large", *New Yorker*, 8 de julho de 1944, p. 40.
32. Depoimento de Ferris Burke, EC.
33. Depoimento de Frank Fedvik, EC.
34. Depoimento de William Sentry, EC; memórias de William Carter, EC; relatório de ação do *Harding*, cópia no EC.
35. Depoimento de Charles Jarreau, EC.
36. O depoimento de Capa sobre o Dia D, inicialmente publicado em seu livro *Slightly Out of Focus*, está também em *Robert Capa* (New York: Grossman Publishers, 1974). pp. 68-71; depoimento de Charles Jareau, EC.
37. Martin, "We Shot D-Day on Omaha Beach".

21. " PODE ME DIZER COMO FIZEMOS ISTO ?"

1. Ronald Lane, *Rudder's Rangers* (Manassas, Va.: Ranger Associates, 1979), p. 108.
2. W. C. Heinz, "I Took my Son to Omaha Beach", *Collier's*, 11 de junho de 1954, p. 25.
3. Depoimento de Donald Scribner, EC.
4. Depoimento de Gerald Heaney, EC.

5. Edwin Sorvisto, *Roughing It with Charlie: 2nd Ranger Bn.* (Plzen, Tchecoslováquia, 1945), p. 32.

6. Lane, *Rudder's Rangers,* p. 32.

7. Depoimento de Donald Scribner, EC.

8. Memórias de Sidney Salomon, EC.

9. Robert Black, *Rangers in World War II* (New York: Ivy Books, 1992), p. 197.

10. Depoimento de Donald Scribner, EC.

11. U.S. Army, Historical Section Staff, *Omaha Beachhead,* p. 75.

12. Sorvisto, *Roughing It with Charlie,* p. 28.

13. Depoimento de Gerald Heaney, EC.

14. Memórias de Sidney Salomon, EC.

15. Sorvisto, *Roughing It with Charlie,* p. 34.

16. Depoimento de Donald Scribner, EC.

17. Sorvisto, *Roughing It with Charlie,* pp. 35-36. Sorvisto escreveu este texto no verão de 1945. Disse-lhe o Tenente Salomon: "Com os diabos, sim, tomarei outro barco, de preferência para a costa do Japão! "

18. Heinz, "I Took my Son to Omaha Beach", p. 25.

19. Lane, *Rudder's Rangers,* p. 78.

20. Depoimento de Frank South, EC.

21. Depoimento de James Eikner, EC.

22. Depoimento de George Kerchner, EC.

23. Depoimento de Elmer Vermeer, EC.

24. Heinz, "I Took my Son to Omaha Beach", p 25; depoimento de Elmer Vermeer, EC.

25. Depoimento de George Kerchner, EC.

26. Depoimento de Gene Elder, EC.

27. Depoimento de Sigurd Sundby, EC.

28. Depoimento de Frank South, EC.

29. Depoimento de James Eikner, EC.

30. Depoimento de Frank South, EC.

31. Depoimento de George Kerchner, EC.

32. Idem.

33. Ibid.

34. Depoimento de James Eikner, EC.

35. Depoimento de Frank South, EC.

36. Depoimento de Elmer Vermeer, EC.

37. Depoimentos de James Eikner e Elmer Vermeer, EC.

38. Depoimento de Elmer Vermeer, EC.

39. Heinz, "I Took my Son to Omaha Beach", p. 26.

40. Black, *Rangers in World War II*, p. 218.
41. Lane, *Rudder's Rangers*, p. 124.
42. Idem.
43. Historical Division, War Department, *Omaha Beachhead*, p. 91.
44. Lane, *Rudder's Rangers*, p. 140.
45. Depoimento de Gene Elder, EC.
46. Depoimento de Salva Maimone, EC.
47. Depoimento de Elmer Vermeer, EC.
48. Depoimento de James Eikner, EC.

22. SOBRE O PENHASCO EM VIERVILLE

1. Joseph Balkoski, *Beyond the Beachhead* (Harrisburg, Pa.: Stackpole, 1989), pp. 153-54.
2. Depoimento de Felix Branham, EC.
3. Depoimento de Robert Walker, EC.
4. Relatório de Ação da 741ª, 4 de agosto de 1944, cópia no EC.
5. U.S. Army, Historical Section, *Omaha Beachhead*, p. 81.
6. Memórias de Cecil Breeden, EC.
7. Balkoski, *Beyond the Beachhead*, p. 156.
8. Idem, p. 157.
9. Shea para o chefe do estado-maior, 1ª Divisão de Infantaria, 16 de junho de 1944, cópia no EC.
10. Balkoski, *Beyond the Beachhead*, p. 158.
11. Robert Miller, *Division Commander: A Biography of Major General Norman D. Cota* (Spartanburg, S.C.: Reprint Company, 1989), p. 8.
12. Depoimento de Henry Seitzler, EC.
13. Depoimento de Harry Parley, EC.
14. Memórias para a Companhia HQ, 116ª Infantaria, cópia no EC.
15. Depoimento de Warner Hamlett, EC.
16. Depoimento de John Raaen, EC.
17. Depoimento de Jack Keating, EC.
18. Depoimento de John Raaen, EC.
19. Depoimento de Victor Fast, EC.
20. Depoimento de Francis Dawson, EC.
21. Depoimento de John Raaen, EC.
22. Depoimento de George Kerchner, EC.
23. Memórias de Jay Mehaffey, EC.
24. Depoimento de John Raaen, EC.
25. Depoimento de Victor Fast, EC.

26. Depoimento de Gale Beccue, EC.
27. Depoimento de John Raaen, EC.
28. Idem.
29. Depoimento de Carl Weast, EC.
30. Depoimento de Victor Fast, EC.
31. Depoimento de Carl Weast, EC.
32. Historical Division, War Department, *Omaha Beachhead,* p. 92.

23. CATÁSTROFE CONTIDA

1. Omar Bradley e Clay Blair, *A General's Life: An Autobiography* (New York: Simon & Schuster, 1983), p. 249
2. Max Hastings, *Overlord* (New York: Simon & Schuster, 1984), p. 92.
3. Bradley e Blair, *A General's Life*, p. 251.
4. Entrevista com Eisenhower, EC.
5. Gordon A. Harrison, *Cross-Channel Attack* (Washington, D.C.: U.S. Government Printing Office, 1951), p. 320.
6. U.S. Army, Historical Section Staff, *Omaha Beachhead,* p. 87.
7. Chester Wilmot, *The Struggle for Europe* (London: Collins, 1952), p. 259.
8. Diário de Chester Hansen, 6 de junho de 1944, arquivos do American Military Institute, Carlisle, Pa.
9. Graham Cosmas e Albert Cowdrey, *The Medical Department: Medical Service in the European Theater of Operations* (Washington, D.C.: Center of Military History, U.S. Army, 1992), p. 211.
10. Idem, pp. 211-12
11. Ibid., p. 214.
12. U.S. Army, Historical Section Staff, *Omaha Beachhead,* p. 82.
13. Relatório de ação do *Harding*, 6 de junho de 1944, cópia no EC.
14. Diário de Charles Cooke, 4-8 de junho de 1944, cópia no EC.
15. Depoimento de Hyman Haas, EC.
16. U.S. Army, Historical Section Staff, *Omaha Beachhead,* p. 83.
17. Transcrição da conferência de Al Smith sobre a Operação Overlord, cópia no EC.
18. U.S. Army, Historical Section Staff, *Omaha Beachhead,* p. 82.
19. Idem, p. 87.
20. Ibid.
21. Entrevista de Forrest Pogue com John Spaulding, cópia no EC.
22. Entrevista de Andy Rooney com Joe Dawson, cópia no EC.
23. Entrevista de Forrest Pogue com John Spaulding, cópia no EC.
24. Conferência de Al Smith, cópia no EC.
25. Depoimento de Fred Hall, EC

26. Informação fornecida por carta pelo Maj. Gen. Al Smith ao autor, EC.

27. Depoimento de John Ellery, EC.

28. Samuel Eliot Morison, *Invasion of France and Germany 1944-1945* (Boston: Little, Brown, 1959), p. 150.

29. Depoimento de Eldon Wiehe, EC.

30. U.S. Army, Historical Section Staff, *Omaha Beachhead*, p. 87.

31. Bradley e Blair, *General's Life*, pp. 251-52.

32. Joseph Balkoski, *Beyond the Beachhead* (Harrisburg, Pa.: Stackpole, 1989), p. 168.

24. LUTA POR TERRENO ELEVADO

1. Depoimento de John Raaen, EC.

2. Paul Carell, *Invasion—They're Coming!* (New York: Dutton, 1963), pp. 83-84.

3. Depoimento de Carl Weast, EC.

4. Depoimento de Donald Nelson, EC.

5. Memórias de William Lewis, na coleção de histórias do Dia D de John Robert Slaughter, cópia no EC.

6. Depoimento de Pierre Piprel, EC.

7. Depoimento de Gale Beccue, EC.

8. Depoimento de Harry Parley, EC.

9. Depoimento de Carl Weast, EC.

10. Depoimento de Jay Mehaffey, EC.

11. Relatório de ação do *Harding*, cópia no EC.

12. Depoimento de Michel Hardeley, EC.

13. Memórias de John Robert Slaughter, EC.

14. Historical Division, War Department, *Omaha Beachhead*, p. 95.

15. Depoimento de Francis Dawson, EC.

16. Depoimento de Jay Mehaffey, EC.

17. Memórias de Paul Calvert, EC.

18. Joseph Balkoski, *Beyond the Beachhead* (Harrisburg, Pa.: Stackpole, 1989), p. 164.

19. Depoimento de John Hooper, EC.

20. Balkoski, *Beyond the Beachhead*, pp. 165-66.

21. Entrevista de Andy Rooney com Joe Dawson, cópia no EC.

22. Relatório de ação do *Harding*, cópia no EC.

23. Depoimento de Charles Ryan, EC.

24. Graham Cosmas e Albert Cowdrey, *The Medical Department* (Washington, D.C.: Center of Military History, U.S. Army, 1992), p. 202.

25. Memórias de Franz Gockel, EC, traduzidas por Derek Zumbro.

26. Historical Division, War Department, *Omaha Beachhead*, pp. 113-14; Balkoski, *Beyond the Beachhead*, pp. 171-74.

27. U.S. Army, Historical Section Staff, *Omaha Beachhead*, p. 110.

28. Depoimento de Carl Weast, EC.

25. "FOI REALMENTE FANTÁSTICO"

1. Depoimento de Oscar Rich, EC.

2. Depoimento de Charles Cooke, cópia no EC.

3. Carta de Vince Schlotterbeck para *"Dear Friends"*, 22 de maio de 1945, cópia no EC.

4. Depoimento de M. C. Marquis, EC.

5. Historical Division, War Department, *Omaha Beachheah*, p. 102.

6. Idem, p. 104.

7. Ibid.; *The "B" Battery Story: The 116th AAA Gun Battalion (Mobile) with the First U.S. Army* (Passaic, N.J.: The B Battery Association, 1990).

8. Depoimento de Dean Rockwell, EC.

9. Ernest Hemingway, "Voyage to Victory", *Collier's*, 22 de julho de 1944.

10. Depoimento de James Roberts, EC.

11. Gordon A. Harrison, *Cross-Channel Attack* (Washington, D.C.: Dept. of the Army, 1951), p. 333.

12. David Irving, *Hitler's War* (New York: Viking, 1977), p. 639.

13. U.S. Army, Historical Section Staff, *Omaha Beachhead*, p. 115.

14. Joseph Goebbels, *The Goebbels Diaries* (Garden City, N.Y.: Doubleday, 1948), p. 620.

15. Irving, *Hitler's War*, p. 640.

16. Eisenhower para Marshall, 6 de junho de 1944, EL.

17. Diário de Harry Butcher, 6 de junho de 1944, EL.

18. *Newsweek*, 19 de junho de 1944.

19. Depoimento de Henry Seitzler, EC.

20. Depoimento de Robert Healey, EC.

26. O MUNDO PRENDE A RESPIRAÇÃO

1. Texto anônimo no *Helena Independent Record*, 6 de junho de 1944.

2. *New Orleans Times Picayune*, 7 de junho de 1944.

3. Judy Barrett Litoff e David C. Smith, *Since You Went Away: World War II Letters from American Women on the Home Front* (New York: Oxford University Press, 1991), p. 149.

4. Idem, p. 140.

5. Entrevista com Dwight Eisenhower, EC.

6. *New Yorker*, 10 de junho de 1944.

7. De um anúncio da CBS citando cartas recebidas durante a cobertura do Dia D realizada pela rede, em 15 de julho de 1944, *New Yorker*.

8. *New York Times*, 7 de junho de 1944.

9. *New Yorker*, 10 de junho de 1944.
10. Idem.
11. *New York Times*, 7 de junho de 1944.
12. Idem.
13. *Time*, 12 de junho de 1944.
14. *Wall Street Journal*, 7 de junho de 1944.
15. *New York Times*, 7 de junho de 1944.
16. *New Yorker*, 14 de junho de 1944.
17. *New York Times*, 7 de junho de 1944.
18. Idem.
19. Dwight D. Eisenhower, *Letters to Mamie* (Garden City, N.Y.: Doubleday, 1978), pp. 184-85.
20. Idem, p. 189; *Time*, 14 de junho de 1944.
21. *Washington Post*, 7 de junho de 1944.
22. *New York Times*, 7 de junho de 1944.
23. Idem.
24. *Time*, 14 de junho de 1944.
25. *Bedford Bulletin*, 8 de junho, 6 de julho e 20 de julho de 1944.
26. *New Orleans Times Picayune*, 7 de junho de 1944.
27. Idem.
28. *New York Times*, 7 de junho de 1944.
29. *Ohio State Journal* (Columbus), 7 de junho de 1944.
30. *Columbus Evening Dispatch*, 6 de junho de 1944; *Columbus Star*, 7 de junho de 1944.
31. *Milwaukee Journal*, 7 de junho de 1944.
32. *Atlanta Constitution*, 7 de junho de 1944.
33. *Missoulian*, 7 de junho de 1944.
34. *Helena Independent Record*, 7 de junho de 1944.
35. *Atlanta Constitution*, 7 de junho de 1944.
36. *Helena Independent Record*, 7 de junho de 1944.
37. *Newsweek*, 19 de junho de 1944.
38. Mollie Panter-Downes, "Letter from London", *New Yorker*, 10 de junho de 1944.
39. Idem, ibid., 17 de junho de 1944.
40. *The Times* (London), 7 de junho de 1944.
41. Idem.
42. A. M. Sperber, *Murrow: His Life and Times* (New York: Freundlich Books, 1986), p. 241.
43. Warren Tute, John Costello e Terry Hughes, *D-Day* (London: Pan Books, 1986), p. 225.
44. Depoimento de Anthony Brooks, EC.

45. Gertrude Stein, *Wars I Have Seen* (London: B. T. Batsford, 1945), p. 162.

46. Daniel Lang, "Letter from Rome", *New Yorker*, 17 de junho de 1944.

47. Anne Frank, *The Diary of a Young Girl*, tr. B. M. Mooyaart (New York: Doubleday, 1967), pp. 266-68.

48. *Time*, 17 de junho de 1944.

49. Alexander Werth, *Russia at War, 1941-1945* (New York: Dutton, 1964), pp. 853-55.

50. *The Times* (London), 7 de junho de 1944.

27. RECHEADOS COM QUINQUILHARIAS

1. Entrevista de Hammerton para o Imperial War Museum, cópia no EC.

2. Entrevista de Kenneth Ferguson para o Imperial War Museum, cópia no EC.

3. Entrevista de Cyril Hendry para o Imperial War Museum, cópia no EC.

4. Entrevista de George Honour para o Imperial War Museum, cópia no EC.

5. Entrevista de Kenneth Ferguson para o Imperial War Museum, cópia no EC.

6. L. F. Ellis, *Victory in the West* (London: H.M. Stationery Office, 1962), 1: 212-13.

7. Stephen E. Ambrose, *Eisenhower: Soldier, General of the Army, President-Elect 1880-1952* (New York: Simon & Schuster, 1983), p. 300.

8. F. H. Hinsley, *British Intelligence in the Second World War* (New York: Cambridge University Press, 1981), pp. 134-35.

9. Paul Carell, *Invasion—They're Coming!* (New York: Dutton, 1963), p. 89.

10. Warren Tute, John Costello e Terry Hughes, *D-Day* (London: Pan Books, 1975), p. 197.

11. Idem.

28. "TUDO ESTAVA BEM ORDENADO"

1. Warren Tute, John Costello e Terry Hughes, *D-Day* (London: Pan Books, 1975), p. 197.

2. Entrevista de Russell Miller com Pat Blamey, cópia no EC.

3. Tute, Costello e Hughes, *D-Day*, p. 174.

4. Idem, p. 175.

5. Entrevista de Russell Miller com Pat Blamey, cópia no EC.

6. Memórias de Ronald Seaborne, EC.

7. Depoimento de Brian T. Whinney, EC.

8. Memórias de Joseph Barrett, EC.

9. Gordon A. Harrison, *Cross-Channel Atack* (Washington, D.C.: U.S. Government Printing Office, 1951), pp. 330-31.

10. Memórias de Ronald Seaborne, EC.

11. Tute, Costello e Hughes, *D-Day*, p. 202.

12. Entrevista de André Heintz, EC.

13. Tute, Costello e Hughes, *D-Day*, p. 202.

14. Depoimento de Brian T. Whinney, EC.

29. A DESFORRA

1. John Keegan, *Six Armies in Normandy: From D-Day to the Liberation of Paris* (New York: Penguin Books, 1983), p. 130.

2. Entrevista de Josh Honan para o IWM, EC.

3. Depoimento de Gerald Henry, EC.

4. Keegan, *Six Armies in Normandy*, pp. 132-33.

5. Depoimento de Gerald Henry, EC.

6. Keegan, *Six Armies in Normandy*, p. 138.

7. Entrevista de John Honan para o IWM, EC.

8. Entrevista de Roland Johnston para o Imperial War Museum, cópia no EC.

9. Memórias de Tom Plumb, EC.

10. Entrevista de Russell Miller com Sigie Johnson, EC.

11. Warren Tute, John Costello e Terry Hughes, *D-Day* (London: Pan Books, 1975), p. 207.

12. Reginald Roy, *1944: The Canadians in Normandy* (Ottawa: Canadian War Museum, 1984), p. 13.

13. Tute, Costello e Hughes, *D-Day*, p. 209.

14. Depoimento de Robert Rogge, EC.

15. Diário de G. W. Levers, cópia no EC.

16. Entrevista de Roland Johnston para o Imperial War Museum, cópia no EC.

17. Entrevista de Russell Miller com Cyril Hendry, EC. Ver também David Howard, *Dawn of D-Day* (London: Collins, 1959), pp. 218-21.

18. Depoimento de Gerald Henry, EC.

19. Entrevista de Russell Miller com Sigie Johnson, EC.

20. Tute, Costello e Hughes, *D-Day*, p. 209.

21. Keegan, *Six Armies in Normandy*, pp. 137-38.

22. Roy, *1944: The Canadians in Normandy*, pp. 16-17.

23. Idem.

24. Depoimento de Stanley Dudka, EC.

25. Depoimento de Robert Rogge, EC.

26. Depoimento de Stanley Dudka, EC.

27. Depoimento de Gerald Henry, EC.

28. Diário de G. W. Levers, cópia no EC.

29. Roy, *1944: The Canadians in Normandy*, pp. 22-23.

30. Keegan, *Six Armies in Normandy*, p. 142.

30. "UMA VISÃO INESQUECÍVEL"

1. Memórias de Rupert Curtis, cópia no EC
2. Entrevista de Russell Miller com Kenneth Ferguson, EC
3. Relatório de Ação do *Slazak* 6/6/44, cópia no EC.
4. Entrevista de Russell Miller com Etienne Robert Webb, EC
5. Entrevista com M. R. D. Foot, EC.
6. Entrevista com Robert Piauge, EC.
7. Entrevista de Russell Miller com R. Porteous, EC.
8. Kenneth Wright para seus pais, 11/6/44, cópia no EC.
9. Memórias de Rupert Curtis, EC.
10. Entrevista com Harold Pickersgill, EC.
11. Entrevista com Jacqueline Thornton, EC.
12. Depoimento de Harry Nomburg, EC.
13. Depoimento de Peter Masters, EC.
14. Paul Carell, *Invasion—They're Coming!* (New York: Dutton, 1963), pp. 98-101; depoimento de John Brown, EC.
15. Napier Crookenden, *Drop Zone Normandy* (New York: Scribners, 1976), p. 235
16. Memórias de Rupert Curtis, EC.

31 "MEU DEUS, NÓS O REALIZAMOS"

1. Depoimento de Jack Bailey, EC.
2. Entrevista com John Howard, EC.
3. Entrevista com Richard Todd, EC.
4. Entrevista com Todd Sweeney, EC.
5. Entrevista com Wally Parr, EC.
6. Entrevista com Nigel Taylor, EC.
7. Entrevista com Wagger Thornton, EC.
8. Entrevista com John Howard, EC.
9. Entrevista com Hans von Luck, EC.
10. Entrevista com Werner Kortenhaus, EC.
11. Depoimento de Peter Masters, EC.
12. *By Air to Battle: The Official Account of the British First and Sixth Airborne Divisions* (London: H.M. Stationery Office, 1945), p. 87.
13. Depoimento de Peter Masters, EC.
14. John Durnford-Slater, *Commando: Memoirs of a Fighting Commando in World War Two* (Annapolis, Md.: Naval Institute Press, 1991), pp. 192-93.
15. Entrevista com Nigel Taylor, EC.
16. Entrevista com Wally Parr, EC.

17. Huw Wheldon, *Red Berets into Normandy* (Norwich: Jarrold & Sons, 1982), p. 16
18. Napier Crookenden, *Drop Zone Normandy* (New York: Scribners, 1976), p. 231.
19. Entrevista de J. Tillet para o Imperial War Museum, EC.
20. Crookenden, *Drop Zone Normandy*, p. 228.
21. Entrevista com Nigel Taylor, EC.

32. "QUANDO PODE A GLÓRIA DELES FENECER?"

1. Entrevista de Josh Honan para o Imperial War Museum, EC.
2. Memórias de John Robert Slaughter, EC.
3. Depoimento de John Raaen, EC.
4. Depoimento de Harry Parley, EC.
5. Depoimento de Jack Bailey, EC.
6. Depoimento de John Reville, EC.
7. Depoimento de Robert Zafft, EC.
8. Depoimento de Felix Branham, EC.
9. Depoimento de John Ellery, EC.
10. Registro no diário de Ramsay fornecido por Bob Love.
11. Depoimento e diário de Richard Winters, EC.
12. Entrevista de Walter Cronkite com Eisenhower, cópia no EC.

Bibliografia

Air Ministry. By Air to Battle: The Official Account of the British First and Sixth Airborne Divisions. Londres: H. M. Stationery Office, 1945.

Ambrose, Stephen E. *Band of Brothers: E Company, 506th Regiment, 101st Airborne: From Normandy to Hitler's Eagle's Nest*. Nova York: Simon & Schuster, 1992.

_____. *Eisenhower: Soldier, General of the Army, President-Elect, 1890-1952*. Nova York: Simon & Schuster, 1983.

_____. *Eisenhower: Soldier and President*. Nova York: Simon & Schuster, 1990.

_____. *Ike's Spies: Eisenhower and the Espionage Establishment*. Garden City, N. Y.: Doubleday, 1981.

_____. *Pegasus Bridge: June 6, 1944*. Nova York: Simon & Schuster, 1985.

_____. *The Supreme Commander: The War Years of General Dwight D. Eisenhower*. Garden City: Doubleday, 1971.

Ambrose, Stephen E. e James A. Barber, orgs. *The Military and American Society: Essays and Readings*. Nova York: The Free Press, 1972.

Balkoski, Joseph. *Beyond the Beachhead: The 29th Infantry Division in Normandy*. Harrisburg, Pa.: Stackpole, 1989.

"B" Battery. *The "B" Battery Story: The 116th AAA Gun Battalion with the First U.S. Army*. Passaic, N. J.: The B Battery Association, 1990.

Blair, Clay. *Ridgway's Paratroopers: The American Airborne in World War II*. Garden City, N. Y.: Doubleday, 1985.

Brown, Anthony Cave. *Bodyguard of Lies*. Nova York: Harper & Row, 1975.

Capa, Robert. *Robert Capa*. Nova York: Grossman, 1974.

Carell, Paul. *Invasion —They're Coming: The German Account of the Allied Landings and the 80 Days' Battle for France.* Nova York: Dutton, 1963.

Churchill, Winston S. *Closing the Ring*. (Vol. 5 de *The Second World War.*) Boston: Houghton Mifflin, 1952.

Craven, Wesley Frank, and James Lea Cate, orgs. *Europe: Argument to V-E Day, January 1944 to V-E Day*. (Vol. 3 de *The Army Air Forces in World War II.*) Chicago: University of Chicago Press, 1951.

Cosby, Harry. *A Wing and a Prayer*. Nova York: HarperCollins, 1993.

Cosmas, Graham, and Albert Cowdrey. *The Medical Department: Medical Services in the European Theater of Operations*. Washington, D. C.: Center of Military History, U. S. Army, 1992.

D'Este, Carol. *Decision in Normandy*. Londres: Collins, 1983.

Durnford-Slater, John. *Commando: Memoirs of a Fighting Commando in World War Two*. Annapolis: Naval Institute Press, 1991.

Eisenhower, Dwight D. *At Ease: Stories I Tell to Friends*. Garden City, N. Y.: Doubleday, 1967.

_____. *Crusade in Europe*. Garden City, N. Y.: Doubleday, 1948.

_____. *Letters to Mamie*. John S. D. Eisenhower, org. Garden City, N. Y.: Doubleday, 1978.

Ellis, L. F. *Victory in the West*, vol. 1, *The Battle of Normandy*. Londres: H. M. Stationery Office, 1962.

Fane, Francis. *Naked Warriors*. Nova York: Prentice-Hall, 1956.

Foot, M. R. D. *SOE: The Special Operations Executive 1940-1946*. Londres: BBC, 1984.

Fussell, Paul. *Wartime: Understanding and Behavior in the Second World War.* Nova York: Oxford University Press, 1989.

Glassman, Henry. *"Lead the Way, Rangers": A History of the Fifth Ranger Battalion.* Impresso na Alemanha, 1945.

Goebbels, Joseph. *The Goebbels Diaries: The Last Days*. Louis Lochner, trad. e org. Nova York: Doubleday, 1948.

Haffner, Sebastian. *The Meaning of Hitler.* E. Osers., trad. Cambridge, Mass.: Harvard University Press, 1979.

Harrison, Gordon A. *Cross-Channel Attack*. Washington, D.C.: Gabinete do diretor de história militar, Departamento do Exército, 1951.

Hastings, Max. *Overlord: D-Day and the Battle for Normandy*. Nova York: Simon & Schuster, 1984.

Heinz, W. C. "I Took my Son to Omaha Beach." *Collier's*, 11 de junho de 1954.

Hemingway, Ernest. "Voyage to Victory." *Collier's*, 22 de julho de 1944.

Hinsley, F. H. *British Intelligence in the Second World War: Its Influence on Strategy and Operations.* Nova York: Cambridge University Press, 1981.

Howarth, David. *Dawn of D-Day.* Londres: Collins, 1959.

Irving, David. *Hitler's War.* Nova York: Viking, 1977.

_____. *The Trail of the Fox: The Search for the True Field Marshal Rommel.* Nova York: Dutton, 1977.

Johnson, Gerden. *History of the Twelfth Infantry Regiment in World War II.* Boston: 4th Division Association, 1947.

Keegan, John. *Six Armies in Normandy: From D-Day to the Liberation of Paris.* Nova York: Penguin Books, 1983.

Keeler, Owen. "From the Seaward Side." *U. S. Naval Institute Proceedings*, agosto de 1989.

Knight, James. "The DD That Saved the Day." *U. S. Naval Institute Proceedings*, agosto1989.

Lane, Ronald. *Rudder's Rangers.* Manassas, Va.: Rangers Associates, 1979.

Lang, Daniel. "Letter from Rome." *New Yorker.* Dezessete de junho de 1944.

Langdon, Allen. *"Ready:" A World War II History of the 505th Parachute Infantry Regiment.* Indianapolis, Ind.: 82nd Airborne Division Association, 1986.

Lee, Ulysses. *The Employment of Negro Troops.* Washington, D.C.: Gabinete do diretor de história militar, 1966.

Lewin, Ronald. *Ultra Goes to War.* Londres: Hutchinson, 1978.

Liebling, A. J. "Reporter at Large." *New Yorker.* Oito e 15 de julho de 1944.

Litoff, Judy Barrett e David C. Smith, orgs. *Since You Went Away: World War II Letters From American Women on the Home Front.* Nova York: Oxford University Press, 1991.

Luck, Hans von. *Panzer Commander: The Memoirs of Colonel Hans von Luck.* Nova York: Praeger, 1989.

Marshall, S. L. A. "First Wave at Omaha Beach." *Atlantic Monthly*, novembro de 1960.

_____. *Night Drop: The American Airborne Invasion of Normandy.* Boston: Little, Brown, 1962.

Martin, Pete. "We Shot D-Day on Omaha Beach." *American Legon Magazine*, junho de1964.

Masterman, J. C. *The Double-Cross System in the War of 1939-1945.* New Haven: Yale University Press, 1972.

Miller, Robert. *Division Commander: A Biography of Major General Norman D. Cota.* Spartanburg, S. C.: The Reprint Co., 1989.

Mitcham, Samuel. *Rommel's Last Battle: The Desert Fox and the Normandy Campaign*. Nova York: Stein & Day, 1983.

Montgomery, Bernard Law. *Memoirs*. Cleveland: World, 1958.

Morgan, Kay Summersby. *Past Forgetting: My Love Affair with Dwight D. Eisenhower.* Nova York: Simon & Schuster, 1976.

Morison, Samuel Eliot. *The Invasion of France and Germany, 1944-1945*. (Vol. 11 de *History of United States Naval Operations in World War II*.) Boston: Little, Brown, 1959.

Panter-Downes, Mollie. "Letter from London." *New Yorker*, 10 de junho de 1944.

Parrish, Thomas, org. *The Simon and Schuster Encyclopedia of World War II*. Nova York: Simon & Schuster, 1978.

Perrett, Geoffrey. *There's a War to Be Won: The United States Army in World War II*. Nova York: Random House, 1992.

Pogue, Forrest C. *The Supreme Command*. Washington, D.C.: Gabinete do diretor de história militar, Departamento do Exército, 1954.

Pyle, Ernie. *Ernie's War: The Best of Ernie Pyle's World War II Dispatches.*David Nichols, org. Nova York: Simon & Schuster, 1986.

Reeder, Russell. *Born at Reveille*. Nova York: Duell, Sloan & Pearce, 1966.

Rommel, Erwin. *The Rommel Papers*. B. H. Liddell Hart, org. Nova York: Harcourt, Brace, 1953.

Roy, Reginald. *1944: The Canadians in Normandy*. Ottawa: Canadian War Museum, 1984.

Ryan, Cornelius. *The Longest Day: June 6, 1944*. Nova York: Popular Library, 1959.

Seção Histórica do Estado-Maior do Teatro de Operações Europeu, org. *Utah Beach to Cherbourg*. Nashville, Tenn: Battery Press, 1984.

Seção Histórica do Estado-Maior, Exército dos Estados Unidos, *Omaha Beachhead: June 6-June 13, 1944*. Nashville, Tenn.: Battery Press, 1984.

Sommers, Martin. "The Longest Hour in History." *Saturday Evening Post*, 8 de julho de 1944.

Sorvisto, Edwin. *Roughing It with Charlie: 2nd Ranger Bn*. Pilzen, Tchecoslováquia, 1945.

Sperber, A. M. *Murrow: His Life and Times*. Nova York: Freundlich, 1986.

Tedder, Sir Arthur. *With Prejudice*. Londres: Cassell, 1966.

Tute, Warren, John Costello, and Terry Hughes. *D-Day*. Londres: Pan Books, 1975.

U. S. War Department. *Handbook on German Military Forces*. Baton Rouge: Louisiana State University Press, 1990.

Vallavieille, Michel de. *D-Day at Utah Beach*. Coutances, Normandy, 1982.

Warlimont, Walter. *Inside Hitler's Headquarters, 1939-1945*. Nova York: Praeger, 1964.

Weigley, Russell. *Eisenhower's Lieutenants: The Campaigns of France and Germany, 1944-1945*. Bloomington: Indiana University Press, 1981.

Werth, Alexander. *Russia at War, 1941-1945*. Nova York: Dutton, 1964.

Wheldon, Huw. *Red Berets into Normandy*. Noruega: Jarrold, 1982.

Wilmot, Chester. *The Struggle for Europe*. Londres: Collins, 1952.

Ziemke, Earle. "Operation Kreml: Deception, Strategy, and the Fortunes of War." *Parameters: Journal of the U. S. Army War College, 9* (março de 1979): 72-81.

Este livro foi composto na tipografia
Minion Pro, em corpo 11,5/15, e impresso em
papel off-set no Sistema Digital Instant Duplex
da Divisão Gráfica da Distribuidora Record.